# 庄子本原

黄瑞云　评注

图书在版编目（CIP）数据

庄子本原/黄瑞云评注.—北京：商务印书馆,2023
ISBN 978－7－100－20706－5

Ⅰ.①庄…　Ⅱ.①黄…　Ⅲ.①道家②《庄子》— 研究　Ⅳ.①B223.55

中国版本图书馆 CIP 数据核字（2022）第025858号

权利保留，侵权必究。

## 庄 子 本 原

黄瑞云　评注

商 务 印 书 馆 出 版
（北京王府井大街36号　邮政编码100710）
商 务 印 书 馆 发 行
山东韵杰文化科技有限公司印刷
ISBN 978－7－100－20706－5

2023年7月第1版　　开本 670×970  1/16
2023年7月第1次印刷　印张 50¼ 插页4

定价：182.00元

# 作者简介

黄瑞云，1932年生，别号黄黄山，湖南娄底人，教授。1958年毕业于武汉大学中国语言文学系；先后在湖北工农中学、湖北教育学院、华中师范大学、湖北师范大学任教。从事中国古代文学教学与研究，业馀进行文学创作。著有《老子本原》《论语本原》《孟子本原》《庄子本原》《诗苑英华》《词苑英华》《历代抒情小赋选》《历代绝妙词三百首》《中国历代寓言选》等；参与主编《历代辞赋总汇》；文学创作有《黄瑞云散文选》《长梦潇湘夜雨楼诗词集》《新诗集》《溪流集》《黄瑞云寓言》《快活的答里·坎曼尔》等。

玄门十子图　庄子

# 序

储庭焕

黄瑞云教授经过多年惨淡经营，《庄子本原》一书终于脱稿，嘱我写篇序言；盛情所系，我没有理由辞却。

瑞云研究老庄，二十多年前即已结合教学进行。其《老子本原》，于一九九五年出版，而《庄子本原》的撰著竟又延续了十年，耗费了较前者上百倍的精力。十年之间，他当然做了大量别的工作，但《庄子本原》书稿一直放在案头，随时翻检，未曾一日或忘。其治学之勤，用力之最，不畏艰辛，不辞寂寞，在当前急功近利的浮躁风气下实在难能可贵。

瑞云治学，总能大气磅礴，以高屋建瓴之势，把握对象的整个体系，揭发其内在矛盾，理清其全部脉络，提要以钩玄，举纲而张目，非只寻常诠释而已。《庄子本原》正文之前有一篇总揽全局的长文，对庄子哲学作了全面的论述。文章辩证地分析了庄子所处的时代。持续几百年的战乱给人民带来了无穷的痛苦和磨难，统治者的贪婪残暴更使人民长期处于水深火热之中。但时代毕竟在进步，旧的社会结构正在解体，国家分裂的局面正在向统一发展，学术思想空前活跃，出现了百家争鸣的辉煌。然而各个阶层，各家各派，对时代的认识各异，对社会人生的感受也不同。庄子特别揪心于时代的苦难，痛感统治者的暴虐，因而特别感到生之累患，为其如此他才费尽心力去探索生存之道。一部庄子哲学，从本质上说就是一部探索人生的哲学。一方面消极应世，一方面又向往自由，是同一种社会背景下的产物。宣扬"以无厚入有间"或"无用之用"的方式去求得生存，同时又追求"乘天地之正而御六气之辩以游无穷"的逍遥，两者是同一个庄子，同样是庄子希图摆脱人生桎梏的呼喊。文章指出庄子继承了老子之"道",却同老子走了不同的方向。老子把他认定的"道常无为而无不为"的规律,引向社会政治,发展为"处无为之事,行不言之教,万物作焉而不辞,生而不有,为而不恃,功成而弗居"的政治学说。庄子却把"道"生万物,万物又复归于无的理论,演绎成为齐同万物,泯灭是非的人生哲学。庄子认识到天地万物从无到有,又从有到无,永远处于无始无终的变化之中。他把这种认识同人的生死联系起来,认为人从生到死,是一个自然的过程,死不过是参与另一种变化的开始。他说,如果我们觉得自己生是可喜的事,那么由生到死又由死到生,进入无穷无尽的变化之中,该是何等的欢乐。"特犯人之形而犹喜之,若人之形者万化而未始有极也,其为乐可胜计邪!"由于庄子具有这种超越生死的人生观,因而修养到一种独特的精神境界,即所谓"死生亦大矣而不得与之变,虽天地覆坠亦将不与之遗;审乎无假而不与物迁,命物之化而守其宗也"。表面看来,庄子表现出非常达观,骨子里却是极端悲观的。正是对现实的人生感到绝望,他才创造出如此超脱的理论。瑞云的文章剖析了庄子哲学内部的矛盾,论说其思想之深刻,也揭示其消极的性质,整个文章将庄子虚玄深邃的理论作了深入浅出的评述。

　　《庄子》内篇,哲理深赜,且不无矛盾,清理并不容易。而外杂篇更非常庞杂,不出于一人一时之手,甚至不出于同一学派。尽管清代以来亦有学者知道外杂篇中有非庄周所著的篇章,但除《让王》《盗跖》《说剑》和《渔父》明确为非道家著作外(尚有人持有异义),其他诸篇大多仍解释为庄子之道,乃至曲为解说。瑞云对此作了深入的研究,将外杂二十五篇(即不包括《天下》篇)分成十组,逐篇逐章进行分析:哪些是对老子之道的发挥,哪些属于庄子哲学的演绎,哪些近于老庄之道,哪些假用老庄词语而实与老庄相悖,哪些为儒道混杂,哪些系法家作品、纵横家言抑或其他愤世嫉俗之作。将外杂篇作了一次大的清理,作了一个空前的结论:没有一篇是庄子本人的作品!作者的分析,决非主观臆断,而是尽量发掘内证,实事求是。对这些问题虽也有学者作过研究,似乎没有一本书能有本书那样说得通畅明

— 序 —

白。通畅明白，是本书风格的一大特色。作者曾说，如果他的评析正确，则可供读者参考；如果他的评析错误，也让读者易于发现。这实在是一种难得的至诚慎重的态度。

《庄子本原》的注释全面地吸取并融合了历代注家的成果，但有许多创见发前人之所未发；不惮标新于先哲，不惜立异于今人。如《逍遥游》中大鹏和小雀谁更逍遥，郭象谓"夫小大虽殊，逍遥一也"。郭象之说，千八百年来无人置疑。瑞云看法刚好相反，谓"小大虽殊，其不逍遥一也"。庄子深感系世之罗网，强烈追求自由。如果"小大虽殊，逍遥一也"，这种追求也就没有必要。又如谓《养生主》中庖丁解牛的要义，在于庄子表现其"以无厚入有间"的生存之道，而非赞扬庖丁的绝技。这些论证，都充分而确凿有据。再如论《齐物论》南郭子綦问风吹万窍到其自己"怒者其谁邪"，郭象曰"物皆自生耳"，没有另一个怒者。瑞云作了大不相同的诠释。由于《齐物论》如此开头，最为独特，也最难理解，我曾问过瑞云，他告诉我，按老庄哲学，道生万物，世间一切皆道之体现，则大块噫气万窍怒号也不例外，因此那个怒者就是道。但道作用于万物的方式是"无为"，即任其自然。万窍怒号则任其怒号，万窍为虚则任其为虚。因此那个怒者又是无法感知的。本篇的要义是"齐物论"，道之于物论是非，即如对风鸣万窍，任其自然。明白了此中意蕴，才能理解"齐物论"何以由南郭一番高论开头。读懂了这一段，也就进入了理解"齐物论"的门槛。所作解释或许受前代注家的启发，但似乎没有谁说得如此鞭辟入里。

差不多在整个二十世纪，不少的哲学著作和科普著作，对《庄子·天下》篇中"天下之辩者"的著名论题"一尺之棰，日取其半，万世不竭"大为惊叹，认为这位"辩者"早在两千多年以前就作出了"物质可以无限分割"的科学论断。（还有一些未接触过原著只是以讹传讹者，甚至说成是庄子本人的发现。）瑞云对此特别解释说："这其实是极大的误解。'一尺之棰，日取其半，万世不竭'是逻辑推理，不是物理认知。意思是一尺之棰，如果日取其半则万世不竭，因为不管剩下多少短，反正只取了一半，总还有一半

3

在。用数学公式来表示，就是二分之一的 n 次方永远不等于 0。不是说真可以日取其半而万世不竭。这位'辩者'也许极有智慧，毕竟还不是爱因斯坦或海森贝尔。"这个典型的例子最好地说明了瑞云教授非同一般的睿智。

研究古书，通达训诂是决定性的基础；不通训诂，解说古书就无从谈起。瑞云出于章黄学派嫡传刘赜博平先生、黄焯耀先先生之门——同晚年的耀老过从尤为密切，即在"文革"风雨如磐之日也未曾中断，耀老逝世前五日瑞云还到病床前问安聆教——他不仅领受了尊师的学识，特别是浸染了前辈学者严谨的学风，故其训解诗书特见功力。《庄子》注解，自向秀郭象以至晚清末季所传数十家，注疏固甚深入，而歧义异解亦至为纷繁，爬罗抉择，至为艰巨。本书广泛采用古今注家的注释，皆原文摘引，并加以分析。而瑞云自己探究发明者亦复不少。不妨稍举数例来窥豹一斑。如《养生主》"吾生也有涯而知也无涯"，训解为"知，犹欲也"，句意谓吾生有尽而欲望无穷所以危殆；并特别说明，按常训解为"知识""智识"者极其错误。如《人间世》"无门无毒"，训"门，守也；毒，害也"，句意谓既无防人之心，也无害人之意。又如《在宥》"云将不得问"，训"问，答也"，言云将得不到回答；谓此为"相对义同词"之例。《天下》篇"彭蒙之师曰"，训"师，教也"，言彭蒙之师即彭蒙之教；谓此为"名动同词"之例。揭示古代汉语中"相对义同词""名动同词"，实在是对古汉语研究的重大贡献。特别如《则阳》中"是故丘山积卑而为高，江河合水而为大，大人合并而为公"，"合并"一词一般认为是不需要注的，瑞云特别注明："并，杂也，分散也"，此处为分散杂乱之意，与通常训"并，合也"者不同。"合并"与"积卑、合水"结构相同，是动宾关系，不是同义联合。"合并而为公"，意谓集中分散的意见主张成为共同的认识和行为。还是《则阳》篇"反在通达之国"，以往的注释全都不注意句中这个"在"字，甚至以为是虚词。本书特别注明："在，视也，察也"，"反在"犹言"回看"。如此训解，特见卓识，不能不令人折服。类似如此独特甚至是奇特的训解，全书随处可见，胜义纷呈。作者认为，提出新解，旨在追原其本义，而非有意标新立异。他总结新解的原则：

# 序

一是训诂有根据，解释不牵强；二是意思比旧注更为明白顺畅，与前后文贯通一致；三是更好地发掘原有的修辞艺术；四是尽可能提供旁证。要求如此严格，故他所作新解别训，引证翔实，分析清明，每每的当不可移易。

假借是古书中用字常见现象，清代训诂学家发现古书中许多假借，解决了不少前代注家望文生义的误解。但瑞云说清人讲假借，得之者十六七，失之者亦十二三。所以他不轻易讲假借，他讲假借也有三条原则：一是语音确有根据，二是解释原文旨意比旧解更为通畅，三还是尽可能找到旁证。对于滥用假借却使原文反而扞格难通者，本书作了不少纠正。兹仅举突出的一例，《则阳》篇柏矩对罪人号天而哭之曰："子乎子乎！天下有大灾，子独先离之。""子乎子乎"本是呼唤之词，简单明了。俞樾《平议》却说："'子乎子乎'，乃叹辞也。《诗·绸缪》'子兮子兮'，毛传：'子兮者，嗟兹也。'此云'子乎子乎'，正与'子兮子兮'同义，子当读为嗟。"瑞云按："俞说非是。'子乎子乎'与'子兮子兮'同义是确实的，但都是惊叹地呼唤之词。'子'是人之通称，此处犹言'你呀你呀'。'子乎子乎'之'子'与下句'子独先离之'之'子'是同一对象，意思清楚明白。毛传'子兮者，嗟兹也'，是说'子兮'是嗟呼之词，并非'子兮'当读为'嗟兹'或'子当读为嗟'。'子'在《绸缪》诗中是爱称，在柏矩呼唤中是通称。从王引之、马瑞辰到闻一多费了九牛二虎之力，考证'子兮'是'嗟兹'的假借，都是误读了毛传。大训诂家也不能绝对不错，俞樾云云只是重拾王、马旧说而已。"这样的辩正，坚实有力，一经提出，即不可动摇。

古书中或有错漏，或有衍文，古代注家对待错字衍词，是十分审慎的，一般只分析指出，不轻易改动原文。瑞云坚持前代学者的严谨学风，校勘取舍极其慎重。近代有些人甚为轻率，改易原文现象逐渐泛滥。至"文化大革命"中赵纪彬乱讲《论语》，谭介甫糟蹋《楚辞》，这种恶劣作风达于极际，并一直影响到现在。近年出版的某些《庄子》注本轻率改字现象也相当严重，瑞云于此不惜笔墨，对错误地删改原文的现象予以辨析纠正者不下数十处。兹亦举突出的一例，《胠箧》篇"夫川竭而谷虚"，李勉《庄子总论及分篇评注》谓应作"谷虚而川竭",理由是"盖川之水由众谷而来"。陈鼓应《庄子今注今译》据李说将"川竭而谷虚"径改为"谷虚而川竭"。瑞云曰:"李勉说非是。《尔雅·释水》:'水注川曰谿,注谿曰谷,注谷曰沟,注沟曰浍,注浍曰渎。'郭璞注:'此皆道水转相灌注所入之处名。'《释水》所列水注之名,由小到大,依次为川、谿、谷、沟、浍、渎。是川小于谿,谿小于谷;'川竭而谷虚'正用此义。古今义异,不能以今义乱改古书。此其一。《老子》第三十二章'譬道之在天下,犹川谷之于江海',先川后谷,先江后海;川小于谷之意甚明。此其二。《淮南子·说林篇》亦作'川竭而谷虚',可以作为旁证。此其三。考其古义,足证'川竭而谷虚'不误。李勉理解川必大于谷,其说不当;径改原文,则甚为轻率。"瑞云之所以不惮其烦予以辩正,不单是维护一部珍贵的古籍,更重在维护一种严肃的学风。瑞云所有注释,充分尊重古代注家训诂。自言没有前人的导引,简直寸步难行。但他又不受前人束缚,纠正了大量前人的误解。这种做法,绝不是靠勇气或胆量所能办到,而更需要坚实的功底和卓异的颖悟。

由于各种原因,《庄子》书中某些词语或句段,很难索解。对这些疑难之处,瑞云只转介前代注家之说并提出疑点,或就具体情况进行分析,之后说明其疑难所在,未得确解,不强不知以为知,留待他人再去研究。这也是一种实事求是的态度。

瑞云孜孜不倦,艰苦磨砺达数十年之久。中虽饱经劫煞而矢志不移,故得进入国学深邃的堂奥。其所著《诗苑英华》《词苑英华》《诗义索原》《论语管窥》《历代抒情小赋选》《历代绝妙词三百首》等书,皆能涵容今古,驱驰百家,成一家之言。其《庄子本原》则《老子本原》姊妹篇也。庄子是古代的寓言大师,而瑞云寓言当今之世无与伦比,或亦导源于庄子也。

庭焕与瑞云忝在同乡,少年同塾。记当年风雨对床之夕,绸缪共砚之时,切磋文史,唱酬诗词,犹历历如在目前;而屈指年光,又恍如隔世。有志者事竟成,瑞云终成为杰出的学者诗人,等身著作,成就辉煌;其所作诗词,或浑厚隽永,或清新明丽,自成一家,不失唐人风韵。而我僻处深山,

## — 序 —

碌碌无所施为。瑞云不忘故旧,六十多年间始终珍视童稚莫逆之情。金兰高谊,不让范张千古独标。其《庄子本原》一稿,几番寄我参阅,不揣谫陋,亦常献其绵薄。书中具名引录拙见凡四十三条,《老子本原》亦引录拙见五条。实我平生之幸;然深恐玷污白玉,亦不无忧惧也。

二〇〇五年四月十三日

目录

序 / 储庭焕　　　　　　　　　　1

凡　例　　　　　　　　　　　　1
庄子与庄子哲学　　　　　　　　5
唐陆德明《庄子释文序录》　　　55

内　篇

逍遥游第一　　　　　　　　　61
齐物论第二　　　　　　　　　80
养生主第三　　　　　　　　　117
人间世第四　　　　　　　　　126
德充符第五　　　　　　　　　154
大宗师第六　　　　　　　　　171
应帝王第七　　　　　　　　　204

外　篇

骈拇第八　　　　　　　　　　221
马蹄第九　　　　　　　　　　230
胠箧第十　　　　　　　　　　235

在宥第十一　　　　　　　　　　246

天地第十二　　　　　　　　　　270

天道第十三　　　　　　　　　　300

天运第十四　　　　　　　　　　321

刻意第十五　　　　　　　　　　347

缮性第十六　　　　　　　　　　354

秋水第十七　　　　　　　　　　362

至乐第十八　　　　　　　　　　387

达生第十九　　　　　　　　　　399

山木第二十　　　　　　　　　　423

田子方第二十一　　　　　　　　444

知北游第二十二　　　　　　　　467

## 杂　篇

庚桑楚第二十三　　　　　　　　501

徐无鬼第二十四　　　　　　　　530

则阳第二十五　　　　　　　　　566

外物第二十六　　　　　　　　　596

寓言第二十七　　　　　　　　　615

让王第二十八　　　　　　　　　628

盗跖第二十九　　　　　　　　　652

说剑第三十　　　　　　　　　　679

渔父第三十一　　　　　　　　　684

列御寇第三十二　　　　　　　　693

— 目 录 —

天下第三十三　　　　　　　　713

后　记　　　　　　　　　　　771
附录一：说"十二世有齐国"　　773
附录二：天地与我并生，万物与我为一
　　　——黄瑞云《庄子本原》述评　780
本书引用庄学书目　　　　　　799

# 凡　例

（一）本书《庄子》原文采用王孝鱼整理的郭庆藩《庄子集释》（中华书局一九六一年七月版）——王孝鱼《点校后记》曰："郭庆藩的集释收录了郭象注、成玄英疏和陆德明音义三书的全文，摘引了清代汉学家如王念孙、俞樾等人的训诂考证，卢文弨的校勘，并附有郭嵩焘和他自己的意见。"《庄子集释》"原根据黎庶昌《古逸丛书》覆宋本，但校刻不精，错误很多。现在根据《古逸丛书》覆宋本、《续古逸丛书》影宋本、明世德堂本、《道藏》成玄英疏本以及《四部丛刊》所附孙毓修赵谏议本校记、近人王叔岷《庄子校释》、刘文典《庄子补正》等书加以校正"。"此外，又把陆德明的《庄子序录》和焦竑《庄子翼》所附《阙误》一并列入。"

（二）王孝鱼校勘虽甚精审，但重在文字正误。清人和近代学者发现《庄子》书中有不少错简、误夺或衍文，考订校勘者甚多，为王孝鱼所未涉及者，本书亦斟酌采用。凡根据王孝鱼校正或他人校改，系有本可据者，正文择善而从，注中加以说明。凡根据其他典籍引文（如《列子》《吕氏春秋》《淮南子》引文、《世说新语》《文选》注等）及语言文句分析采用文字，则加方括表示，删去文字用圆括标出，并都在注中说明。也有不用王孝鱼校改而仍用《古逸丛书》覆宋本原文者则不用说明。

（三）本书使用简化字。但有几个字词义甚为复杂，使用频率特高，仍保留繁体。以"適"字为例："去鲁適卫"之"適"，音室，施隻切（shì）；"无適也，无莫也"之"適"，通"敌"，徒历切（dí）；"杀適立庶"之"適"，通"嫡"，都历切（dí）；"適戍之卒"之"適"通"谪"，

1

陟格切（zhé）。如果都用简化"适"字，注释理解都很困难。古人有名"適"（shì）者，有名"适"（kuò）者，如果都用"适"，两者就无法区分。故保留繁体"適"字。出于同样的原因，书中"餘"字（饶也，多也，众也，久也，剩也，残也）、"穀"字（粟也，五穀也，百穀总名也，食也，养也，生也，乳也，仕也，禄也，善也，续也，作炊用餐，穀梁复姓），也保留繁体。又，"髮"与"发"常在同一篇韵文中押韵，为避免重韵，故也保留"髮"字。

对书中生僻古字而有常用体者，直接采用常用体而不特别说明。如"筴"即用"策"字，"遯"即用"遁"字，"黽"即用"蛙"字，"釿"即用"斤"字等，馀可类推。

个别文字需用繁体进行比较者仍用繁体。如"圖"通"啚"，"樸"通"璞"，"徹"通"辙"，不用"圖、樸、徹"等字则无法解释；"却曲"注中不用"卻"字也无法说明。如此种种，都只能仍用原字。

古代人名地名，概用原字，笔画简化者照简。

数词除括号中公元纪年与纯统计数量用阿拉伯数字外，概用汉字，以保持文字纯一。

（四）注解力求训释准确而文字简明。凡属常训，则直接训解。凡采用古今注家之说，皆直引原文，必要时加以疏解。凡注者个人一得之见，必要时引他人相近之说以为佐证。凡提出新见，词义则需有训诂来源，内容则需有事实根据，务使文辞更为顺畅，并尽可能提供旁证。

（五）本书引用郭象注、成玄英疏、陆德明《庄子释文》特多。引用时分别称为"郭象注""成玄英疏"和"《释文》"。——《释文》中凡引用崔譔注、向秀注、司马彪注、孟氏注、王叔文义疏、梁简文帝讲疏者，保持《释文》原貌，分别称为《释文》引"崔曰""向曰""司马曰""孟曰""王曰"和"简文曰"。——《释文》凡注解引用称"李曰"者指李颐集解，凡读音称"李曰"者指李轨音；引徐邈音者称"徐曰"（参见陆德明《庄子释文序录》）。

— 凡 例 —

《庄子集释》中郭庆藩摘引清代学者训解或校勘，引用称"《集释》引某曰"。

凡引用王先谦《庄子集解》者称"王先谦曰"。凡引用其他《庄子》注解或研究著作者，著者书名同时标明。

（六）《庄子》注解和研究著作，数以百计，异解歧见至为纷繁，无法一一论列。但对错误较为突出，或故作艰深，或似是而非，而往往被后来研究者当作正确理解者则适当辩正。凡简易即可明瞭者即在注中说明，并用圆括括出，以不干扰注解正文。凡较为繁难且影响较大者则在"星评"中详加解释。

（七）书中僻难字以汉语拼音注音。联绵词注音意在表示其双声叠韵关系。由于语音变异，拼音未能表出其双声抑或叠韵关系者加注反切。

（八）《庄子》散文中间用韵文，所属韵部皆随文注出。韵字归部，基本上遵用陈复华、何九盈编《古韵通晓》。参见《老子本原·古韵分部说明》。

# 庄子与庄子哲学

## （一）庄子，寂寞的哲人

庄子是道家大师，与老子并称"老庄"，犹儒家之有"孔孟"。关于庄子的生平，史籍提供的材料实在太少。《史记·老子韩非列传》附有一篇二百三十四字的庄子传，内容简略而且不无迷离。司马迁处理似不甚妥当，老子应与庄周同传，法术大师韩非不应该同他们混在一起。庄子传云：

> 庄子者，蒙人也，名周。周尝为蒙漆园吏，与梁惠王齐宣王同时。其学无所不窥，然其要归于老子之言，故其著书十馀万言，大抵率寓言也。作《渔父》《盗跖》《胠箧》以诋訿孔子之徒以明老子之术。畏累虚亢桑子之属，皆空语无事实。然善属书离辞，指事类情，用剽剥儒墨，虽当世宿学不能自解免也。其言汪洋自恣以适己，故自王公大人不能器之。
> 楚威王闻庄周贤，使使厚币迎之。许以为相。庄周笑谓楚使者曰："千金，重利；卿相，尊位也。子独不见郊祭之牺牛乎？养食之数岁，衣以文绣，以入太庙。当此之时，虽欲为孤豚岂可得乎？子亟去，无污我，我宁游戏污渎之中自快，无为有国者所羁，终身不仕，以快吾志焉。"

传只说庄子名周，陆德明《庄子释文序录》在"姓庄名周"之后注曰"太史公云字子休",然《史记》并不言其字子休。又,传中"孤豚"据《列御寇》篇当是"孤犊"之讹。前文明说郊祭之"牺牛",后文亦应为"孤犊",前后文谊才相应。

短短的庄子传主要只告诉了我们庄子的籍贯与大致的年代。

"庄子者,蒙人也",《史记》集解引《地理志》谓"蒙县属梁国"(即魏国),《史记》索隐引刘向《别录》云"宋之蒙人也"。按,《史记·宋微子世家》宋王偃四十七年(前282),"齐湣王与魏楚伐宋,杀王偃,遂灭宋而三分其地"(《六国年表》作偃立四十三年,前286)。是庄子之时,蒙地属于宋国,《别录》谓庄子"宋之蒙人也"是准确的。《地理志》谓"蒙县属梁国"者,是齐魏楚"灭宋而三分其地",蒙县因而成为魏地也。其时庄子已去世。蒙县地在今河南商丘市境;今河南民权县(地在商丘市西)顺河乡青莲寺村有庄子墓,其地传为庄子故里。

庄子"与梁惠王齐宣王同时"。梁惠王(即魏惠王)于前三六九年至前三一九年在位,齐宣王于前三一九年至前三〇一年在位,前后相承六十九年,为庄子生活的年代。梁惠王在中原诸侯中率先称王,齐宣王大兴稷下之学,这两大历史事件在庄子的时代具有重要意义。《庄子·列御寇》篇记宋人有曹商者为宋王使秦,得车百乘炫耀于庄子。宋国只有其最后一位国君亦即亡国之君偃自称王;由此可以推知此宋王必为王偃。如果故事属实,亦由此可以推知庄子活到了宋王偃之时。

现代学术界推定庄子约生于梁惠王元年(前369),约卒于宋王偃四十三年(前286,据《六国年表》),凡八十三年,即以上述记载为据。钱穆《先秦诸子系年》推定庄子生于周显王元年十年间(前364—前359),卒于周赧王二十六年至三十六年间(前289—前279),时间也大体相同。其实都只能说庄子生活在这个时期之内,即与梁惠王齐宣王宋王偃同时,其准确生卒难以考定。

这篇庄子传,司马迁似以整部《庄子》包括《渔父》《盗跖》《胠箧》诸篇皆为庄子本人所作。姑且别开外杂篇内容不说,单其中《胠箧》即可以考定为秦统一以后之作,其时庄子已过世六七十年;而《盗跖》《渔父》不是道家著作,自更与庄子无关(参见各篇评注)。《史记》正义曰:"此《庄子》三篇名,皆诬毁自古圣君贤臣孔子之徒,营求名誉,咸以丧身,非抱素任真之道也。"张守节对原文的理解不错,但他肯定还未能认识到这些篇章并非庄子的作品。

庄子传又谓"畏累虚亢桑子之属,皆空语无事实"。《史记》索隐曰:"庄子畏累虚,篇名也,即老聃弟子畏累。"非常奇怪,博学的司马贞似乎并没有看到名为"畏累虚"的篇章,他只是在猜测。《庄子·庚桑楚》云:"老聃之役有庚桑楚,偏得老聃之道,以北居畏垒之山。"畏累虚无疑即畏垒之山,亢桑子即庚桑楚,《列子·仲尼篇》称为亢仓子。亢仓子,庚桑楚,亢桑子,三而一者也。司马贞以"畏累虚"为篇名,以"畏累"为人名,系误读了原文。"畏累虚亢桑子"应理解为畏累虚之亢桑子,即畏垒之山之庚桑楚。不可理解,为什么会有这样的错误。

关于庄子的生平,正史上仅此一篇极其疏略的小传。但从《庄子》书中还可以看到他的一些生平逸事,看到一个真真实实血肉之躯的庄周:

《外物》:庄周家贫,故往贷粟于监河侯。监何侯曰:"诺,我将得邑金,将贷子三百金,可乎?"庄周忿然作色曰:"周昨来,有中道而呼者。周顾视车辙中,有鲋鱼焉。周问之曰:'鲋鱼来!子何为者邪?'对曰:'我,东海之波臣也。君岂有斗升之水而活我哉?'周曰:'诺。我且南游说吴越之王,激西江之水而迎子,可乎?'鲋鱼忿然作色曰:'吾失我常与,我无所处。吾得斗升之水然活耳,君乃言此,曾不如索我于枯鱼之肆!'"

《山木》:庄子衣大布而补之,正縻系履而过魏王。魏王曰:"何先生之惫邪?"

庄子曰:"贫也,非惫也。士有道德不能行,惫也;衣弊履穿,贫也，非惫也；此所谓非遭时也。王独不见夫腾猿乎？其得楠梓豫章也，揽蔓其枝而王长其间，虽羿蓬蒙不能眄睨也。及其得柘棘枳枸之间也，危行侧视，振动悼慄；此筋骨非有加急而不柔也，处势不便，未足以逞其能也。今处昏上乱相之间，而欲无惫，奚可得邪？"

这两则故事反映庄子的贫穷，也见出庄子桀骜的个性。庄子的出身不详，我们无法了解他的家世，大概是那种落魄的士人。他有不少学生，有很高的声望，特别是有如此深奥的学识，不可能是下层人氏。但他仅仅做过蒙之漆园吏，谈不上有什么官位，而且一生都处于贫困的境地。

《秋水》：庄子钓于濮水，楚王使大夫二人往先焉，曰："愿以境内累矣！"庄子持竿不顾，曰："吾闻楚有神龟，死已三千岁矣，王巾笥而藏之庙堂之上。此龟者，宁其死为留骨而贵乎？宁其生而曳尾于涂中乎？"二大夫曰："宁生而曳尾涂中。"庄子曰："往矣！吾将曳尾于涂中！"

《列御寇》：或聘于庄子。庄子应其使曰："子见夫牺牛乎？衣以文绣，食以刍菽，及其牵而入于大庙，虽欲为孤犊，其可得乎？"

这两则传说是司马迁写庄子传中楚威王使使迎庄子的依据。庄子的回答，一用楚之神龟作比，一用太庙之牺牛为喻；"庄子钓于濮水"只说楚王使二大夫往先焉，庄子传指实为楚威王，皆属传闻异辞也。楚王是否真礼聘过庄子都无从证实。

《秋水》：惠子相梁，庄子往见之。或谓惠子曰："庄子来，欲代子相。"于是惠子恐，搜于国中三日三夜。庄子往见之，曰："南方有鸟，其名为鹓雏，子知之乎？夫鹓雏，发于南海而飞于北海，非梧桐不止，非练实不食，非醴泉不饮。于是鸱得腐鼠，鹓雏过之，仰而视之曰：吓！今子欲以子之梁国而吓我邪！"

《秋水》：庄子与惠子游于濠梁之上。庄子曰："儵鱼出游从容，是鱼之乐也。"惠子曰："子非鱼，安知鱼之乐？"庄子曰："子非我，安知我不知鱼之乐？"

《至乐》：庄子妻死，惠子吊之，庄子则方箕踞鼓盆而歌。惠子曰："与人居，长子、老身，死不哭亦足矣，又鼓盆而歌，不亦甚乎！"庄子曰："不然，是其始死也，我独何能无概然。察其始而本无生，非徒无生也而本无形，非徒无形也而本无气。杂乎芒芴之间，变而有气，气变而有形，形变而有生，今又变而之死，是相与为春秋冬夏四时行也。人且偃然寝于巨室，而我嗷嗷然随而哭之，自以为不通乎命，故止也。"

《徐无鬼》：庄子送葬，过惠子之墓，顾谓从者曰："郢人垩漫其鼻端，若蝇翼，使匠石斫之。匠石运斤成风，听而斫之，尽垩而鼻不伤，郢人立不失容。宋元君闻之，召匠石曰：'尝试为寡人为之。'匠石曰：'臣则尝能斫之。虽然，臣之质死久矣！'自夫子之死也，吾无以为质矣，吾无与言之矣！"

惠子是庄子的论敌，集中与惠子论辩特多。但惠子同时又是庄子的朋友，他们一起论列是非，一起观鱼濠上。庄子妻死，惠子即往吊唁。惠子死后，庄子在他的墓下对他作了很高的评价。看来他们有很深的友谊。但鹓雏腐鼠的故事里，庄子的后学们让庄子说出那样尖刻的话来羞辱惠子，实在也有损庄子的形象。战国杰出的思想家与庄子同时的并不少，而真正与庄子确有交谊又时与交锋者，书中所记，仅有一个惠子，一个实实在在学富五车的人物。

《列御寇》篇曹商的故事里，反映了庄子晚年生活的穷困：

> 宋人有曹商者，为宋王使秦。其往也，得车数乘；王说之，益车百乘。反于宋，见庄子曰："夫处穷闾陋巷，困窘织屦，槁项黄馘者，商之所短也；一悟万乘之主而从车百乘者，商之所长也。"庄子曰："秦王有病召医，破痈溃痤者得车一乘，舐痔者得车五乘；所治愈下，得车愈多。子岂治其痔邪，何得车之多也？子行矣！"

曹商所谓"夫处穷闾陋巷，困窘织屦，槁项黄馘者"，显系嘲讽庄子，可知庄子晚年何等困苦，槁项黄馘，要靠"织屦"才能维持低下的生活。

《列御寇》篇最后记述了庄子之死：

> 庄子将死，弟子欲厚葬之。庄子曰："吾以天地为棺椁，以日月为连璧，星辰为珠玑，万物为赍送；吾葬具岂不备邪，何以加此！"弟子曰："吾恐乌鸢之食夫子也。"庄子曰："在上为乌鸢食，在下为蝼蚁食，夺彼与此，何其偏也！"

将死仍如此诙谐，充分表现了这位哲人对死生的超脱。"適来夫子时也，適去夫子顺也，安时而处顺，哀乐不能入也。"

所有这些故事都非常精彩，虽未必都很真实，但也不会全属子虚。这些故事塑造了一个极其丰满的庄周形象。他曾娶妻，生育子女，一生贫困，有时穷得没有饭吃，直到晚年仍极端困苦，却始终保持着齐生死忘得失的人生观。魏惠王齐宣王时代的政治舞台上十分热闹，百家腾跃，天下之士"足迹接乎诸侯之境，车轨结乎千里之外"；只有庄周先生独守着"穷闾陋巷"，宁曳尾泥涂也决不和统治者合作。他活动的地域主要在梁宋。《至乐》篇说"庄子之楚"，但与他对话的是路旁的一个骷髅，而非楚国的国君，他未必走到了郢都。这位卓越的哲人一生是寂寞的！

今存《庄子》一书，是道家的重要经典。这部书是先秦诸子中最为复杂的著作，不仅因为它的思想内容深赜，有些文辞相当艰涩，更在于整部《庄子》并非一人一时的作品，分析也就很不容易。《汉书·艺文志》著录《庄子》五十二篇，今存仅三十三篇。原五十二篇司马彪（晋人）与孟氏（不详何时人）曾为之作注。当年郭象就发现《庄子》书中杂有不少他人之作，"一曲之才，妄窜奇说"；"凡诸巧杂，十分之三"。陆德明谓其中有些作品"言多怪诞，或似《山海经》，或似占梦书，故注家以意去取"。司马彪孟氏所注原书不存，三十三篇自然是后来注家"以意去取"的结果。今存《庄子》注以晋郭象为最古。陆德明《庄子释文序录》所列七家，谓"其内篇众家并同"，是内篇公认为庄子本人所作，不排斥有后人羼入的个别段落，但大体而言，可视为庄子的作品。外篇杂篇则极为复杂，有些部分与老庄思想一致或相近，有些则与老庄不同甚至相忤。故论列庄子哲学，以内篇为主，外杂篇与庄子思想一致者亦连带论及；其不同于老庄者则需对具体篇章作具体分析。

## （二）生之累患的人间世

春秋战国是中国古代大变动的时代，战乱频仍，斗争复杂。大变动的性质，一是社会结构的改变，由奴隶社会向封建社会发展，一是分散的诸侯国逐步走向统一；两者是紧密相关的。这场巨变从周平王东迁到秦统一，时间长达五百五十年。发展到庄子生活的年代，正是斗争最激烈的阶段。前三七九年田氏代齐，前三七六年韩赵魏三家分晋。前三七〇年魏惠王即位，与中原诸侯先后称王，同南方早已称王的楚国一起，确立了七雄并峙的局面。从此兼并战争的规模愈打愈大，愈打愈激烈，给人民带来惨重的灾难。前三四〇年齐大败魏军于马陵，杀魏将庞涓，虏魏太子申。前三三九年，秦将商鞅联齐赵伐魏，夺取魏河西地，逼近魏都安邑，魏惠王被迫迁都大梁（故魏惠王又称梁惠王）。前三一八年，楚怀王为纵约长，联中原诸国伐秦，秦大败联军，六国联军解体。前三一七年，秦又大败韩赵联军，斩首八万二千。前三〇七年，秦取韩宜阳，斩首八万。前二九三年，秦将白起大败韩军于伊阙，斩首二十四万。这里仅举庄子生活的年代发生的几场大的战争，至于彼此交错的战事，连年相续，从未断过。

《庄子·则阳》有一则"蛮触之争"的寓言，说的是魏莹（魏惠王）怒田侯背约，他的臣僚有的主张发兵攻打，有的反对，众说纷纭，如此惠施引进戴晋人。戴晋人对魏王说："有国于蜗之左角者曰触氏，有国于蜗之右角者曰蛮氏，时相与争地而战，伏尸数万，逐北旬有五日而后反。"魏王以为这是"虚言"。戴晋人解释说：宇宙无穷，在无穷的宇宙中有许多"通达之国"，在这些国中有一个魏国，魏国有一座梁城，梁城中有一位大王；大王与那蜗角上的蛮氏有什么分别？魏莹的故事未必当真，蛮触之争的寓言却形象地反映了战乱频仍的事实，也表现了道家对这些战争发动者的藐视。"时相与争地而战，伏尸数万，逐北旬有五日而后反"，同孟子揭发的"争地以战，杀人盈野；争城以战，杀人盈城。此所谓率土地而食人肉，罪不容于死"（《孟子·离娄上》）反映的是同一现实。七国之间错综复杂的矛盾，纵横交错的战争，没有哪一天停止过。战争沉重的负担，全压在劳动人民的身上。加上统治者奢侈无度的生活，更加重了老百姓的灾难。魏惠王在中原诸侯中不算太坏的君主，孟子仍揭发他"庖有肥肉，厩有肥马，民有饥色，野有饿莩，此率兽而食人也"（《梁惠王上》）。和庄子晚年同时的宋王偃，更是一个有名的暴君："自立为王"，"诸侯皆曰桀宋"（《史记·宋微子世家》）。当时各国统治者的残暴可见一斑。

试看庄子笔下统治者的现状。《人间世》写卫君："其年壮，其行独；轻用其国，而不见其过；轻用民死，死者以国量乎泽若蕉，民其无如矣。"《庄子》书中的某国某人都不必当真，写的就是当时的统治者。清人姚鼐正确地指出："卫君，托词以指时王之糜烂其民者。"统治者不知休止地掠夺人民的财富，又不断轻率地发动战争，使人民丧失生命，死人塞满了薮泽如同草芥；社会现实如此，人民怎么能够生存！

在《庄子》书中涉及统治者残暴，人们生于苦难的篇章所在多有。《胠箧》篇认为统治者都是大盗，而一切"圣知之法"包括各种规章制度以及斗斛权衡符玺"无不是为大盗设者"。社会法则极端地不公正，"彼窃钩者诛，窃国者为诸侯；诸侯之门而仁义存焉，则是非窃仁义圣知耶？"《在宥》篇云："今世殊死者相枕也，桁杨者相推也，刑戮者相望也。"寥寥数语，描绘了一幅刑戮满地、死尸狼藉的惨象。《则阳》篇云："古之君人者，以得为在民，以失为在己；以正为在民，以枉为在己；故一形有失其形者，退而自责。今则不然，匿为物而愚不识，大为难而罪不敢，重为任而罚不胜，远其涂而诛不至。民知力竭，则以伪继之；日出多伪，士民安取不伪！夫力不足则伪，知不足则欺，财不足则盗；盗窃之行，于谁责而可乎？"文章透辟地分析了"士民"犯罪的原因，明确指出一切犯罪行为，责任在于统治者。——外杂篇非庄子所作，有许多出于道家后学，思想内容相当庞杂。本文凡举外杂篇中段落，意在说明当时社会景况；其内容与庄子不相违忤者，亦以说明庄子思想之影响。

这是一个怎样的"人间世"！

但是，事物都有两面性，时代的发展尤其如此。庄子之世，是一个黑暗的时代，一个战乱绵延的时代，一个苦难深重的时代；同时又是一个伟大的时代，一个光辉的时代，一个展示着希望的时代。当时中原诸国，或先或后进行过变法改革，其中秦国商鞅主持的变法尤见功效。变法的实质是给旧贵族以一定的制约，国家的事务有相当的法制可为依循，赏功罚罪，奖励耕战，使国力得以增强。长期兼并战争的冲击，使各国朝廷内部结构发生了重大的变化。对比《左传》和《国策》两部书对各国臣僚的叙述，会发现一个有趣的现象。《左传》中叙述的人物大多是不用姓的，也很少称名，大多称字。子上、子鱼、子西、子皮、子产、子元之类比比皆是。《国策》中的有名人物大多道姓称名，卫鞅、周最、苏秦、张仪、司马错、公孙衍，历历在目。人名称谓的不同，反映出国家权力结构发生了重大变化。春秋时代用事之臣基本上都是贵族，"一家子""自己人"用不着称他的姓名。到了战国，新兴的士人跻身权力的上层，对他们非称名道姓不可。战争的性质也发生了变化，由大国不断吞并小国发展为大国之间的撞碰，预示着散乱分割的列国纷争向统一的方向进展。华夏山河必须统一也必然统一，成了杰出的思想家的共识。梁襄王曾问孟子："天下恶乎定？"孟子曰："定于一。""定于一"三个字是战国时代二百五十五年间分量最重的经典名言，值得用金字刻在战国历史的丰碑上。七雄对峙，为了各国内部统治和对外战争的需要，各种学派也就得以展示各自的才智，如此出现了百家争鸣的辉煌。齐国稷下学宫里的辩论极其热烈，法家拂士们在各诸侯国之间纵横捭阖，合纵连横的论争闹得震天价响。孟老夫子怀着他"仁义而已矣"的纲领，"后车数十乘，从者数百人"不知疲倦地奔走于各诸侯国之间。思想的天空尚未定于一尊，各家各派如群星烂漫放射出各自的光辉；其盛况在整个中国几千年的历史上是仅有的一次。不管是胸怀道术的思想家还是就势论事的游说之士，无不精神抖擞地活跃在中华大地的舞台上。

但以庄子为代表的道家学者感受到的却只有忧伤和累患，他们觉得同统治者打交道尤为可怕。颜回将之卫，仲尼对他说："若殆往而刑耳！""古之至人，先存诸己而后存诸人。所存于己者未定，何暇至于暴人之所行！"叶公子高将使齐，对仲尼说："今吾朝受命而夕饮冰，我其内热与！吾未至乎事之情，而既有阴阳之患矣；事若不成，必有人道之患。"颜阖将傅卫灵公太子，但他对太子的认识是："其德天杀。与之为无方，则危吾国；与之为有方，则危吾身。"楚狂对孔子大声警告："天下有道，圣人成焉；天下无道，圣人生焉。方今之时，仅免刑焉！"（四事并见《人间世》）所有这些仲尼、叶公子高、颜阖、楚狂的感受，其实全都是庄周先生自身的体验。外篇《山木》里庄子对弟子们说："若夫万物之情人伦之传则不然。合则离，成则毁，廉则挫，尊则议，有为则亏，贤则谋，不肖则欺，胡可得而必乎哉！""万物之情"指的是世俗人情，当然是指统治者之间，至少是指官僚社会，而非指劳动人民。庄子说，在这个社会，人们对和合者则离间之，对成功者则毁坏之，对廉正者则挫伤之，对崇高者则倾覆之，对有为者则损害之，对贤明者则谋害之，对弱势者则欺侮之，任何事情怎么可能有定准呢！在这样一个社会，生存何等的艰难！

庄子对人生累患的感受，表面上同佛陀感到人生之苦相似，其实质却有所不同。佛陀着眼于自然的生老病死，而庄子生之累患全出于社会的罪恶。在庄子面前，只有一个可怕的人间世，因此他要考虑的是怎样生存。

## （三）消极应世与向往自由

《养生主》篇写了一则有名的故事"庖丁解牛"。庖丁解牛的绝技为文惠君所叹赏。庖丁讲述他的经验，着重说明怎样运用他的刀。"良庖岁更刀，割也；族庖月更刀，折也。"而他的刀用了十九年"而刀刃若新发于硎"。之所以保护得如此之好的原因在于，"彼节者有间，而刀刃者无厚；以无厚入有间，恢恢乎其于游刃必有馀地矣"。骨节之间总有空隙，薄得近乎没有厚度的刀刃运用于其中，小心翼翼决不让它去碰坚硬的骨头，所以保护得很好。故事诚然精彩，论其实质却是相当悲观的。"以无厚入有间"是一个形象的比喻，社会人生极端的复杂险恶，随处都是"硬骨头"，哪里都碰不得，因此只能以"无厚"的方式在"有间"的空隙里求得生存。文章的开头，作者已明确说明了本文的主旨："吾生也有涯而知也无涯，以有涯随无涯，殆已！"我们的生命是有限的，而欲望是无限的，用有限的生命去追求无限的欲望，是非常危险的。因此要"为善无近名，为恶无近刑，缘督以为经"。为善不要接近声名，声名是危险的；为恶不要触犯刑罚，刑罚当然可畏，只有顺守中道以为常才得安全。"以无厚入有间"是"缘督"二字最好的诠释。人们可以想见，庄周先生生活在那个社会里是多么的诚惶诚恐！

在《庄子》书中这种生之忧患的表述随处可见。外篇《山木》中写市南宜僚见鲁侯，鲁侯身为一国之君，"然不免于患"，是以为忧。市南宜僚劝他去国捐俗，"游于无人之野"。又写孔子围于陈蔡之间，太公任也告诉他免患之道。太公任举了一个"意怠鸟"的比喻。意怠鸟能飞，但飞不高，总杂在别的鸟群中一道飞行，栖息的时候也"胁迫"在鸟群中间，吃食时决不敢先尝，只用众鸟残剩的食物充饥，所以鸟群也不排斥它。"意怠鸟"式的活法也是"以无厚入有间"的生存方式。但这样活着，生存又有什么意义？作者并非真关心鲁侯或孔子的命运，鲁侯孔子也只是托名而已。文章旨意在于说明连国君和圣人也不免于患，人生的累患可想而知。

和"以无厚入有间"相近的生存之道，就是"无用"，或者叫"无用之用"。

《人间世》篇"匠石之齐"是一个宣扬"无用之用"的典型。匠石之齐，看到一棵巨大的栎社树。"其大蔽数千牛，絜之百围，其高临山，十仞而后有枝，其可以为舟者旁十数。"观者如市，匠石连看都不看。弟子们觉得奇怪，这么好的材料，师傅怎么瞧都不瞧。匠石说，那是散木，什么用都没有："以为舟则沉，以为棺椁则速腐，以为器则速毁，以为门户则液樠，以为柱则蠹。"正因为它无所可用，它才能活了这么大。当天晚上，这栎社树就托梦给匠石，说了一大通生存之道。那些柤梨桔柚有用之木，"实熟则剥，剥则辱，大枝折，小枝泄。此以其能苦其生者也"。而它追求的就是无用，假使它也有用，肯定就不存在了，能活这么高大吗？

无用之木能不被砍伐，无用之人同样得以生存。支离疏，一个丑陋无比的残废人，靠为人磨针，为人簸糠，来维持最低限度的生活。国家征兵，支离疏因为是残废不被征用；国家有劳役，他同样不用服役。上头赈济残废人，他倒可以得一份。支离疏就因为"无用"这点"本事"，"犹足以养其身，终其天年"。《人间世》最后有一段总结性的话："山木自寇也，膏火自煎也。桂可食，故伐之；漆可用，故割之。人皆知有用之用，而莫知无用之用也。"以"无用"作为生存之道，这是一种怎样的人生！

庄子如此费劲地鼓吹"以无厚入有间""无用之用"的生存方式，完全是一种消极应世的态度，他会不会感到气闷呢？他肯定感到气闷，所以他希望得到解脱，得到自由，绝对的自由，这就是"逍遥游"。一部《庄子》

以《逍遥游》开篇，可以想见其对自由的渴望。

> 北冥有鱼，其名为鲲。鲲之大不知其几千里也。化而为鸟，其名为鹏，鹏之背不知其几千里也。怒而飞，其翼若垂天之云。是鸟也，海运则将徙于南冥。南冥者，天池也。《齐谐》者，志怪者也。《谐》之言曰：鹏之徙于南冥也，水击三千里，抟扶摇而上者九万里，去以六月息者也。

这段对鲲鹏的描写，形象巨大，气魄宏伟，是庄子书中最壮美的文字。对于鲲鹏的雄图，活跃在篱间的蜩与学鸠却笑之曰："我决起而飞，抢榆枋，时则不至而控于地而已矣，奚以之九万里而南为？"

文章的题目是"逍遥游"，那么横飞九万的大鹏与蹦跳在篱间的小雀子到底谁更逍遥亦即谁更自由呢？现存最古的《庄子》注家郭象曰："夫小大虽殊，而放于自得之场，则物任其性，事称其能，各当其分，逍遥一也，岂容胜负于其间哉！"在蜩与学鸠笑大鹏之后，郭象又注云："苟足于其性，则虽大鹏无以自贵于小鸟，小鸟无羡于天池，而荣愿有馀矣。故小大虽殊，逍遥一也。"总的意思是说无论大鹏还是小雀，都逍遥，亦即都自由。后世学者也都赞同郭说，千八百年来似无异议；其实与庄子原意大相径庭。这是魏晋玄学的观点。魏晋之际是个极为黑暗的时代，统治者互相倾轧，士大夫们身处危境，他们想在精神上找个避难之所。孔孟之道那里无法栖身，如此他们找到了老庄，故研究老庄风行一时，王弼注《老子》，向秀郭象注《庄子》，就是这种风气的表现。但他们把老庄哲学改造成了玄学，玄学也就是变质了的老庄哲学。因为他们要找一个"自得之场"，希望能够"物任其性"，如此他们想方设法回避矛盾，随分自安。正是由于这种精神状态，因而得出了"小大虽殊，逍遥一也"的认识。后世不少知识分子赞赏所谓"魏晋风度"，好像那个时代的士人多么超凡脱俗，其实所谓魏晋文人当时是极端苦闷的，不管你白眼青天也好，穷途痛哭也好，都回避不了残酷的现实，致使许多风流名士死于非命。

郭象之说完全违背了庄子思想。事实恰好是无论大鹏小雀都不逍遥，亦即都不自由。小雀子翱翱蓬蒿之间不值得称羡，是不用证明的。大鹏水击三千里，抟扶摇而上九万里，也要"培风"即凭借风力才有可能，何尝逍遥呢？严酷的事实是：物不得任其性，事无以称其能，其不逍遥一也。

关于"逍遥"之义，《世说新语·文学》刘孝标注所引向秀郭象注，后面还有几句，曰："然物之芸芸，同资有待，得其所待，然后逍遥耳。"向秀郭象认为任何物都须有所待，"得其所待，然后逍遥"，同样不符合庄子的思想。庄子追求的是"无所待"的逍遥，凡有所待，即不逍遥。

《逍遥游》之作只是反映了庄子对逍遥的希冀，对自由的渴望。究竟怎样才能逍遥，庄子本人有个明确的回答："若夫乘天地之正而御六气之辩以游无穷，彼且恶乎待哉！"这话太玄了。清末王先谦的诠释简明扼要："无所待而游于无穷，方是《逍遥游》一篇纲要。"凡是必须"有所待"即有所凭借的活动都不逍遥，只有"无所待"即无所凭借的畅游才算逍遥。

满足于"以无厚入有间"或"无用之用"的生存方式，与追求"乘天地之正而御六气之辩以游无穷"的自由，是同一个庄子。表面看来，两者相悬天壤，论其实质，同是屈伸在桎梏中得不到自由的呼喊，都是深感在"人间世"生之忧患的呻吟。他在宣布了"若夫乘天地之正而御六气之辩以游无穷者，彼且恶乎待哉"之后，接着就说："故曰：至人无己，神人无功，圣人无名。"无功无名也许好说，何谓"至人"？何谓"无己"？应该怎样理解？庄子没有直接回答，综合内篇全部蕴涵，我们会看到，庄子在探索人生，在寻找一种哲学来求得心灵的归宿，正是在这样一种精神状态下他承继了老子之"道"，以求达到"至人无己"的境界。

## （四）齐同物论，泯灭是非

道，是老子哲学的主要范畴，是老子认为的宇宙本原。老子观察到世间万物的存在都很短暂，一种东西生成了，过相当的时候就不存在了。这些东西到底是怎么来的，又到哪里去了？老子因此设想宇宙间有一种客观存在，由这种存在生成了天地万物。这种客观存在，老子称之为"道"。《老子》第二十五章云：

> 有物混成，先天地生。寂兮寥兮，独立而不改，周行而不殆，可以为天地母。吾不知其名，字之曰"道"。

第二十一章云：

> 道之为物，惟恍惟惚：惚兮恍兮，其中有象；恍兮惚兮，其中有物。窈兮冥兮，其中有精；其精甚真，其中有信。自古及今，其名不去，以阅众甫。

"自古及今，其名不去，以阅众甫"三句，意谓道自古至今，其功不减，以总揽万物之始，即生长万物。老子认为，"道"是宇宙的本原，是一种永恒的客观存在，但是人们无法感知，"视之不见"、"听之不闻"、"搏之不得"，它不由任何东西产生，是本然的存在。它产生世间万物。老子所谓万物，"天地"也包括在内，认为"天地"也是"生"出来的，同样有生有灭。在遥远的古代，能有这种认识，简直不可思议。由于"道"无法感知，无形无象，故老子又把它称之为"无"。由"无"衍生出原始的物质，老子称之为"有"，由"有"再衍化为天地万物。《老子》第四十章云："天地万物生于有，有生于无。"这个公式换过来说，就是"无生有，有生天地万物"。道生万物，万物又"复归于无物"。从无到有，从有又到无，这就是老子的宇宙公式，是老子哲学的本体论（参见《老子本原》第四十章）。

宇宙本原学说，就现存资料考察，春秋时代似没有第二个人论及。在中国，老子未免苍茫独立，他的知音远在万里之外的希腊。古代希腊，宇宙本原学说倒相当热闹。希腊的哲学家们或说宇宙本原是水，或认为是气，或认为是火，还有一些别的说法。人类的思维总会有相通之处，老子之"道"与古代希腊哲学家们的思想东西辉映，对后世的思想家们沾溉无穷。

庄子继承了老子的本原学说，他在《大宗师》篇对"道"作了集中的表述：

> 夫道，有情有信，无为无形。可传而不可受，可得而不可见。自本自根，未有天地，自古以固存。神鬼神帝，生天生地。在太极之先而不为高，在六极之下而不为深，先天地生而不为久，长于上古而不为老。

这段话是说，"道"有其真实，有可信验，但不见其所为，也不见其形迹；可以传道却不能授与，可以得到却不可感知。自为本根，自古就存在。它神于鬼神于帝，能生天能生地。在太极之上不为高远，在六合之下不为深邃，先天地存在而不为久，长于上古而不为老。"道"永恒存在，无始无终。庄子对道的描述，全原于老子，把《老子》书中分散在若干章的内容作了集中的表述。还是《大宗师》篇，作者借许由之口对大道进行歌颂，曰："吾师乎！吾师乎！齑万物而不为义，泽及万世而不为仁，长于上古而不为老，覆载天地刻雕众形而不为巧。"这也是篇名"大宗师"的由来。

庄子晚于老子一个多世纪，他认同老子之"道"，这是"老庄"成为道家祖师的基础。但老庄对"道"的运用却有极大的不同。

老子认为道生万物，道以"无为而无不为"的方式发挥作用。大道无为，而天地形成，万物生长。《老子》第五十一章云："道之尊，德之贵，夫莫之命而常自然。"所谓"无为"，其本质就是因顺自然。老子把他认定的这一自然法则引入社会政治，由"道常无为而无不为"引申到"上德无为而无不为"。老子认为，统治者施政就该用"无为"达到"无不为"的效果。老子的"无为"政治，只是一种哲人的遐想。但老子从这一原则出发，主张统治者不要扰乱百姓，不要无所限制地压榨人民，不要用科条法令去损害人民的本性,却是很有价值的。《老子》第五十七章云:"天下多忌讳,而民弥贫;人多利器,国家滋昏;人多伎巧,奇物滋起;法令滋彰,盗贼多有。故圣人云:我无为而民自化,我好静而民自正,我无事而民自富,我无欲而民自朴。"第七十五章云:"民之饥,以其上食税之多,是以饥。民之难治,以其上之有为,是以难治。民之轻死,以其上生生之厚,是以轻死。"认为老百姓生活的贫困,以至被迫铤而走险,起而反抗,都是统治者逼迫的结果。在《老子》一书中,老子反复告诫"人主""侯王"不要过分欺压百姓。他警告统治者:"民不畏威,则大威至。无狎其所居,无厌其所生。"(第七十二章)"民不畏死,奈何以死惧之!"(第七十四章)不管老子的"无为"政治能否操作,老子关注政治、关注民生的用心是坚实的。西汉初年,大乱之后,朝廷"与民休息",在一定程度上体现了老子的政治主张。

庄子则完全不然,"以天下为沉浊,不可与庄语",他是绝对不与"人主""侯王"沾边的,宁可曳尾泥涂也决不同统治者合作。庄子用"天地万物生于有,有生于无",又复归于无的哲学来对待社会人生。

按照庄子的逻辑,既然道生成天地万物,天地万物又复归于无物,则世间一切存在都是一种短暂的现象,因此物的大小高低寿夭从本质上说都没有差别,皆可齐一视之。《秋水》篇北海若曰:"万物一齐,孰短孰长?道无终始,物有死生,不恃其成。""物之生也,若骤若驰,无动而不变,无时而不移。"从道看来,万物齐同,无所谓谁短谁长。道无始无终,没有穷尽,物有生有死,一切成形之物都不足恃,一切都在飞速奔驰,没有一个运动者不在变化,运动是绝对的;没有一个静止者不在移易,静止是相对的。反正一切都在变,无时不在化,也就无所谓大小寿夭。《秋水》虽是外篇,但表述的思想是与庄子一致的。《齐物论》曰:

> 天下莫大于秋豪之末而大山为小,莫寿于殇子而彭祖为夭。天地与我并生,而万物与我为一。

反正都是道的体现，大小寿夭都没有区别。秋毫之末可以看成很大，而大山可以看作很小，殇子可以称为长寿，而彭祖可以视为夭折。从道的角度看，天地生成之时，"我"也同时存在，故曰"天地与我并生"。万物都是道的体现，则万物与"我"皆为一体，故曰"万物与我为一"。这就是齐大小，等寿夭，是"齐物论"的一个重要方面。

道生万物，万物又复归于无物，使庄子对人生也产生了虚无之感。《齐物论》曰："予恶乎知说生之非惑邪！予恶乎知恶死之非弱丧而不知归者邪！丽之姬，艾封人之子也。晋国之始得之也，涕泣沾襟，及其至于王所，与王同筐床，食刍豢，而后悔其泣也。予恶乎知夫死者不悔其始之蕲生乎！"人们悦生而恶死，安知不是一个错误，一种迷惑，说不定死如同家居，生倒如在外流亡不知道回来。庄子打了一个俏皮的比喻，丽姬要嫁到晋国去，临别的时候涕泣沾襟，到了晋国，与王同卧寝，食美味佳肴，后悔当时不该哭泣。人们死时总留恋生命，谁知道死后不后悔这种求生的欲望呢，就像丽姬到了晋国后悔离家时不该哭泣一样。话说得够幽默的，读来未免令人震颤！

做梦也是如此。"梦饮酒者，旦且哭泣；梦哭泣者，旦且田猎。方其梦也，不知其梦也。梦之中又占其梦焉，觉而后知其梦也。且有大觉而后知此其大梦也。而愚者自以为觉，窃窃焉知之。"人生就是一场大梦，做梦的时候并不知道自己在做梦，那么人们自以为"觉"的时候安知不正在做梦呢！

> 昔者庄周梦为胡蝶，栩栩然胡蝶也，自喻适志与，不知周也。俄然觉，则蘧蘧然周也。不知周之梦为胡蝶与，胡蝶之梦为周与？周与胡蝶，则必有分矣。此之谓物化。

这是《齐物论》最后一则奇妙的寓言。庄周梦见自己是一只胡蝶，"栩栩然胡蝶也"，不知道自己是庄周；忽然一下醒来，发现自己明明白白是庄周。"方其梦也,不知其梦也",到底是庄周梦为胡蝶,还是胡蝶梦为庄周呢?做梦的时候不知道在做梦,那么自以为醒着的时候又怎么知道不是在做梦呢?《大宗师》云:"庸讵知吾所谓'吾'之乎?且汝梦为鸟而厉乎天,梦为鱼而没于渊,不识今之言者,其觉者乎,其梦者乎?"这比胡蝶梦说得更为清楚。胡蝶梦郭象注曰:"方其梦为胡蝶而不知周,则与殊死不异也。然所在无不适志,则当生而系生者,必当死而恋死矣。由此观之,知乎在生而哀死者误也。"郭象由梦觉而申言生死,生死亦犹梦觉也。一生死,同梦觉,是"齐物论"又一重要方面。

所谓"齐物论",齐大小,等寿夭,一生死,同梦觉,世间万物纷繁,全可齐一视之。这就是"齐物"。战国时代,百家蜂起,是此非彼,争论不休。庄子认为,一切是非彼此,从道看来,也都可以齐一视之,这就是"齐论"。故"齐物论"可以理解为"齐物"与"齐论"两个方面。

《齐物论》曰:"大知闲闲,小知间间;大言炎炎,小言詹詹。其寐也魂交,其觉也形开,与接为搆,日以心斗。缦者,窖者,密者;小恐惴惴,大恐缦缦。"人世间各种大智小智,大言小言,闹得不可开交,睡觉之时精神烦乱错迕,醒寤之时形体躁动不安。人们如此日夜争斗,却不知道究竟为了什么。从道看来,所有这些争斗都没有意义。"言者有言,其所言者特未定也。果有言邪?其未尝有言邪?其以为异于鷇音,亦有辩乎?其无辩乎?"那些言者都有言,但所言并无定准,不知到底是"有言"还是"未尝有言";他们都自以不同于刚出壳的小鸟的鸣叫,实际上并不知道有分别还是没有分别。《齐物论》曰:"故有儒墨之是非,以是其所非而非其所是。欲是其所非而非其所是,则莫若以明。"儒墨在这里只是作为代表,意谓各家各派,都是彼之所非,非彼之所是,是非没有一定,则不如以大道之明照之,以泯灭各种是非。是非议论可以称为物论,故"齐物论"又可以理解为齐"物论"。

《齐物论》曰:"是亦彼也,彼亦是也;彼亦一是非,此亦一是非。果且有彼是乎哉?果且无彼是乎哉?彼是莫得其偶,谓之道枢。枢始得其环中,以应无穷。是亦一无穷,非亦一无穷也,故曰莫若以明。"此也是彼,彼也是此。彼是一重是非,此是一重是非。其实是否真有是非的分别,都是分不清楚的。让彼此不相对待,这就是道的枢纽。掌握道的枢纽就是在是非的环中,以顺应是非的变化。是的变化无穷,非的变化无穷,因此不如以大道之明照之,以泯灭是非。注家对这些话的解释或有不同,但照以大道之明,泯灭是非彼此,古今注家的理解基本一致。

对于世界上有没有共同认可的真理,庄子的回答是不知道或者说没有。《齐物论》曰:"庸讵知吾所谓知之非不知邪?庸讵知吾所谓不知之非知邪?且吾尝试问乎女:民湿寝则腰疾偏死,鳅然乎哉?木处则惴慄恂惧,猨猴然乎哉?三者孰知正处?民食刍豢,麋鹿食荐,蝍蛆甘带,鸱鸦嗜鼠,四者孰知正味?猨猵狙以为雌,麋与鹿交,鳅与鱼游;毛嫱丽姬,人之所美也,鱼见之深入,鸟见之高飞,麋鹿见之决骤,四者孰知天下之正色哉?自我观之,仁义之端,是非之涂,樊然淆乱,吾恶能知其辩?"在庄子看来世界上没有共同认可的真理,什么是正常的处所,什么是真正的美味,什么是真正的美色,都是没有一定的。因此"仁义之端,是非之涂",只是"樊然淆乱",谁也分辨不清。

对于是非的论辩,庄子认为没有人能判断谁是谁非。《齐物论》曰:"既使我与若辩矣,若胜我,我不若胜,若果是也,我果非也邪?我胜若,若不吾胜,我果是也,而果非也邪?其或是也,其或非也邪?其俱是也,其俱非也邪?我与若不能相知也,则人固受其黮闇,吾谁使正之?使同乎若者正之,既与若同矣,恶能正之?使同乎我者正之,既同乎我矣,恶能正之?使异乎我与若者正之,既异乎我与若矣,恶能正之?使同乎我与若者正之,既同乎我与若矣,恶能正之?然则我与若与人俱不能相知也,而待彼也邪?"彼此发生了争辩,就说不清谁对谁错,也没有人能判断是非,因此是非相对待,如同其不相对待,只有浑合于自然,任其变化发展,没有必要去分辨清楚。

"齐物论"是庄子重要的哲学思想,是庄子哲学的核心。齐大小,等寿天，一生死，同梦觉，齐同物论，泯灭是非，就是它的全部内涵。万物皆齐，实际上也就是万物皆虚。老子从道生万物，万物又复归于无物的宇宙本原学说，得出"道常无为而无不为"的自然法则，他把这一法则引入社会政治，主张施政也要"无为而无不为"。庄子同样从道生万物，万物又复归于无物的宇宙本原学说出发，却得出了社会人生尽皆虚幻的认识，这就是"齐物论"的由来。庄子经过艰苦的追求进入老子的殿堂，出来以后却同老子分道扬镳了。

## （五）至人无己，任物自然

庄子从老子"道"的学说中，领悟到天地万物从无到有，又从有到无，永远处于无始无终的变化之中，演释出齐同万物、泯灭是非的哲理，并由此进入一种超越生死，淡化人生的精神境界；使他从生之累患的桎梏中解脱出来，进入一个驾驭生命的"自由王国"。这在《德充符》篇最充分地表现出来。

《德充符》篇塑造了六个身体残废形容丑陋的人物形象，他们有一种独特的修养，具有极大的魅力。其中鲁国的"兀者王骀"、卫国的"哀骀它"最为典型。兀者王骀，一个受过刖刑被砍断了一只脚的人，从之游者竟然与孔子相若。"立不教，坐不议"，人们却"虚而往，实而归"；而且孔子本人也佩服得五体投地，认为"夫子，圣人也，丘也直后而未往耳。丘将以为师，而况不若丘者乎！奚假鲁国，丘将引天下而与从之"。孔子说，对于王骀——

> 死生亦大矣，而不得与之变；虽天地覆坠，亦将不与之遗。审乎无假而不与物迁，命物之化而守其宗也。

王骀的精神境界，不随人的死生而发生变化，即使天塌地陷他也不会有所失落。他不用任何凭借而不随物迁变，一任外物变化而自守其根本。所谓根本就是"道"。道生万物，从道体现为万物的角度看，物与物不相干，故肝胆甚近也如同楚越；从万物皆道之体现这一角度看，则万物皆为一体。正因为王骀理解到万物皆为一体，所以无论怎么变化他也不感到有任何失落，故少一只脚如同丢失一个土块。《逍遥游》所谓"至人无己"就是这种境界。

卫国有个叫哀骀它的人，形貌丑陋不堪，却到处受到人们的爱戴。"丈夫与之处者，思而不能去也。妇人见之，请于父母曰'与为人妻，宁为夫子妾'者，数十而未止也。"同人们在一起，他并不发表什么高论，"未尝有闻其唱者也，常和人而已矣"。他没有什么地位可以济人之难，又没有积蓄钱粮可以饱人之腹。鲁哀公闻名，召见一看，"果以恶骇天下"。但相处一段时间，哀公也着迷了。授以国事，哀骀它却辞谢走了，使鲁哀公如有所失。哀公问孔子，哀骀它到底是什么样的人？孔子回答说，哀骀它是所谓"才全而德不形"者。"才全"就是质性完美而能任物自然。"死生存亡，穷达贫富，贤与不肖毁誉，饥渴寒暑"，所有这些事物的变化，不由人的主观意志决定，哀骀它都任其自然，任何变化都不能扰乱他的心灵，所以能永远保持其心境的和豫怡悦。"德不形"即德不外露，内心平静而不向外流荡。这些故事中的孔子，是庄子塑造出来的代言人，与真正的孔子没有任何瓜葛。所有的"孔子曰"全是庄子在"曰"。

王骀、哀骀它对人发挥的作用是"不言之教"，就像平静的水一样，人们可以来照一照。"人莫鉴于流水而鉴于止水，唯止能止众止"，只有凝静者才能使求凝静者归于凝静。礼佛者面对波平镜净的恒河，会感到心灵的净化，恒河并没有发出任何声音。这就是这么多人归附王骀、哀骀它的原因，他们对人们的影响是"处无为之事，行不言之教"，这与儒家孔子那样的"诲人不倦""循循然善诱人"是决然不同的。

人生在这个世界上，只是无始无终万千变化中的一个环节，一个瞬间，生死应任其自然。像《齐物论》里所描述的"大知、小知"，"大言、小言"

那样"与接为搆,日以心斗"是很可悲的。《大宗师》云:"死生,命也。其有夜旦之常,天也。"死生如同白天黑夜的循环变化,是自然的现象,因此生活也应该自如适意。《大宗师》里有一段有名的话:

> 泉涸,鱼相与处于陆,相呴以湿,相濡以沫,不如相忘于江湖。与其誉尧而非桀,不如两忘而化其道。夫大块载我以形,劳我以生,佚我以老,息我以死;故善吾生者,乃所以善吾死也。

人生应该像鱼相忘于水一样自适,人与人最美的关系并不是相关相亲,自然更不是相争相斗,而是"相忘"。平平淡淡的生活不会使人感到幸福,到了危难的日子,才会回想到平平淡淡是多么难得的幸福。人从生到死,是一个自然的过程,死不需要悲哀,所以"善吾生者,乃所以善吾死也"。如果我们觉得自己"生"是可喜的事,那么由生而死,又由死而生,无穷无尽,该是何等的快乐。"特犯人之形而犹喜之,若人之形者万化而未始有极也,其为乐可胜计邪!"

在庄子逸事中,妻死鼓盆而歌最为有名。妻子死了,不仅不悲伤哭泣,反而鼓盆歌唱,这是什么缘故?庄子曰:"察其始而本无生,非徒无生也而本无形,非徒无形也而本无气。杂乎芒芴之间,变而有气,气变而有形,形变而有生,今又变而之死,是相与为春秋冬夏四时行也。"因此用不着悲哭。这是"有生于无",又"复归于无"的规律在人生命中的体现。这则故事出于外篇《至乐》,所表现的思想是符合庄子的生死观的。

《养生主》写到老聃之死。老聃死,秦失吊之,看到老老少少都在哭泣。"老者哭之如哭其子,少者哭之如哭其母。"秦失认为,他们的哭泣违背了自然的法则。——这有点像释迦牟尼的涅槃。在许多佛寺里绘制的释迦涅槃图,释迦平静地躺在灵床上,弟子们一个个捶胸恸哭。这其实违背佛家教义,真正懂得涅槃真谛的,只有静卧在灵床上的释迦本人。道家"悬解",佛家"涅槃",教义不同,却有点类似。对于老聃,"适来夫子时也，適去夫子顺也，安时而处顺，哀乐不能入也；古者谓是帝之县解"。死，是自然的解脱。庄子在《逍遥游》里宣布真正的逍遥是"乘天地之正而御六气之辩以游无穷"之后，说，"故曰：至人无己，神人无功，圣人无名"。最高的体道者即为"至人"，超脱生死就是"无己"。秦失对老聃的赞许，可以作为"至人无己"的诠释。

《大宗师》"子祀子舆"等章更把这种生死观发挥得淋漓尽致。子祀、子舆、子犁、子来，四人成为莫逆之交。后来子舆犯病，连身体形象都变了，弯腰曲背，肩高于顶。子祀前往问病，子舆自己在井上照了一下，看到自己的形容，却调侃地说："嗟乎！夫造物者又将以予为此拘拘也！"面对死亡的威胁，子舆说："夫得者时也，失者顺也，安时而处顺，哀乐不能入也。此古之所谓县解也。"这正是《养生主》里秦失赞扬老聃的话。后来子来又病，快要死了，他的妻儿子女围着哭泣。子犁去看望时，竟然叱责子来哭泣的妻儿子女，叫她们不要惊扰他自然物化。而子来本人还发出了关于生死的高论："夫大块载我以形，劳我以生，佚我以老，息我以死；故善吾生者，乃所以善吾死也。"这也是前文已经出现过的名言。

从王骀、哀骀它忘却自身的残废，到"至人"之齐同生死，说了那么多深玄的理论，讲了那么多怪诞的故事，其实并不特别复杂，对待社会人生的真谛，无非是任其自然，处之泰然。王夫之《庄子解》作了很好的解说："能忘形而后能忘生死，能忘生死而后能忘争竞；争竞忘而后不忘其所不忘。才全内充，于物无不宜，而其符也大矣。"（《德充符》题解）

先秦杰出的思想家们无不积极投身于社会政治，老子不断为"侯王"出谋献策，孔子孟子车殆马烦奔走于各诸侯国之间推行他们的仁政，更不用说"摩顶放踵利天下为之"的墨子了，法家术士更无所不用其极，"足迹接乎诸侯之境，车轨结乎千里之外"，使出了浑身的解数。唯独庄子站在一边，漠然地观察着这场旷古空前的争斗。

《秋水》篇有楚王使二大夫礼聘庄子的故事，《列御寇》也有"或聘于庄子"的记载，内容大致相同，司马迁并据以写进庄子传，并指实为楚威王使厚币迎庄子。可能都属于传说，庄子未必真和哪位侯王打过交道。《人间世》里颜回将之卫，叶公子高将使齐，颜阖将傅卫灵公太子，孔子蘧伯玉都认为是极为危险的事。面对干戈扰攘的世界，庄子只感到社会的险恶，感到人生的累患。他始终都在探索生存之道。庄子的思想深玄诡谲，其实说到底，是一个非常现实的问题：人在这个世界上该怎样生存？"以无厚入有间"或者以"无用之用"那样的消极应世，还是追求"乘天地之正而御六气之辩""无所待而游无穷"那样的逍遥遐想，都没有出路。他从道生万物，万物复归于无的哲理，领悟到世间万物无时无刻不在变化，一切现实的存在都是短暂的。"物之生也，若骤若驰，无动而不变，无时而不移"，因而演绎出齐同物论、泯灭是非的理论。一切都在变化，一切都可齐同，生死也就任其自然，还有什么可以畏惧的呢？"无为名尸，无为谋府，无为事任，无为知主。体尽无穷，而游无朕。尽其所受于天，而无见得，亦虚而已。至人之用心若镜，不将不迎，应而不藏，故能胜物而不伤。"不邀名，不主谋，不任事，不用智；无为，顺其自然而已。一切皆虚，也就一切坦然。如同一面明镜，面对这个世界，不迎不送，物来即应，无所隐藏，故能任物自然而不受伤害。他的内心境界是如此的虚静，故到他临终的时候，能够"以天地为棺椁，日月为连璧，星辰为珠玑，万物为赍送"，心怀坦然地告别这个世界；他把这种玄妙的人生哲学，留给后人以无穷的思索！

## （六）谬悠之说，荒唐之言

"齐物论"是庄子哲学的核心。庄子从老子道生万物，万物又复归于无物的哲理中，认识到世间一切都在变，整个世界每时每刻都在变化之中。我们在前文已经提到，外篇《秋水》是与《齐物论》相表里的作品，最足以说明庄子的理论。北海若对河伯说：以道观之，人世间无所谓贵贱，"何贵何贱，是谓反衍"；无所谓多少，"何少何多，是谓谢施"。又说："万物一齐，孰短孰长？道无终始，物有生死，不恃其成。"道是无始无终的，永恒的；而物是有生有死的，短暂的。一切成形之物都不足恃，故任何差别都可以泯合。"物之生也，若骤若驰，无动而不变，无时而不移。"应该说，这中间有一定的真理性。不把事物的差别绝对化，包含有一定的辩证的因素。有生必有死，凡是产生的一切都必然灭亡，是非常正确的认识。庄子的错误，在于否定在有限的范围之内事物的差别。泰山毕竟很大，秋毫毕竟很小，彭祖不等于殇子，这种差别是不能因万物最终将"复归于无物"而可以抹杀的。

"一生死"是齐物论中最重要的内涵。有生必有死，这是客观的事实。"適来夫子时也，適去夫子顺也，安时而处顺，哀乐不能入也"，"至人"们是否真能达到这种境界我们不必管它，庄子人生哲学最大的错误在于完全放弃人的主观能动作用。《秋水》篇中，北海若在说过"物之生也，若骤若驰，无动而不变，无时而不移"之后，结论是"何为乎？何不为乎？夫固将自化"。反正任何事物都是短暂的现象，因之不存在"何为乎？何不为乎？"的问题，一切任其"自化"而已。《知北游》中"舜问乎丞"章，丞曰："身非汝有"，"是天地之委形也；生非汝有，是天地之委和也；性命非汝有，是天地之委顺也；子孙非汝有，是天地之委蜕也。故行不知所往，处不知所持，食不知所味，天地之强阳气也，又胡可得而有邪！"又，"孔子问于老聃"章老聃曰："人生天地之间，若白驹之过隙，忽然而已。"反正生命就是那么一瞬，一晃就过去了，也就完全用不着把握自己，也没有可能把握自己。这种理论是极端消极的，对人生只会起负面的作用。每一朵鲜花，每一片草叶，都在装点着春天；每一只蜜蜂，每一只蝴蝶，都在为春天而飞舞；作为万物之灵的人怎么可能无所作为呢？客观外物永远在不断变化这是事实，但人生必须把握现实，发挥生命的作用。庄子片面地强调任其"自化"，完全放弃或者否定人的主观能动作用。如果人都像《大宗师》篇所说"堕肢体，黜聪明，离形去知，同于大道，此谓坐忘"，这个世界就只能回到荒莽的原始社会去，还有什么文明进步之可言！

《应帝王》篇的"浑沌"寓言特别耐人寻味：

南海之帝为儵，北海之帝为忽，中央之帝为浑沌。儵与忽时相与遇于浑沌之地，浑沌待之甚善。儵与忽谋报浑沌之德，曰："人皆有七窍，以视听食息，此独无有，尝试凿之。"日凿一窍，七日而浑沌死。

浑沌淳厚朴实，代表自然。它没有眼耳口鼻，本来面貌就是如此。儵与忽代表"有为"，他们也许出于好心，给浑沌"日凿一窍"，经过七日，七窍都凿好了，浑沌却死了。这则寓言可以从不同的角度进行分析，内涵都非常丰富。单从维护物之自然本性来说也极为深刻。对于浑沌而言，哪怕是浑浑沌沌地活着，它也非常希望活着。千万不要以"有为"去破坏它的本来面貌，一经破坏它就死了。庄子对于"生"的要求，"生"的欲望，仅此而已，实在是人世的悲哀！

事实上庄子是痛切地思索着人生的意义的。他向往逍遥，追求自由，主张保持人之常性。《养生主》云："泽雉十步一啄，百步一饮，不蕲畜乎樊中。神虽王，不善也。""指穷于为薪，火传也，不知其尽也。"这些格言十分精彩，那种向往自由，希望不受任何束缚的心理跃然纸上。这与不以生死为意的思想是完全矛盾的。

《天下》篇谓庄子"以天下为沉浊，不可与庄语"，他的"缪悠之说，荒唐之言"往往是"正言若反"。正因为对生命的执着，所以庄子反复申言的"夫大块载我以形，劳我以生，佚我以老，息我以生；故善吾生者，乃所以善吾死也"，不过是自我解脱的话。庄子那条涸辙之鱼毕竟还是希望"得斗升之水然活耳"，并不愿意让人们"索我于枯鱼之肆"！

庄子和儒家大师孟子同时，他们的活动有一个交汇点，就是梁惠王。孟子于梁惠王晚年到了梁国——梁惠王称之为"叟"，可知已经年长——直到惠王去世，襄王继位之后才离开。惠王之时，庄子也到过梁国。其时庄子的朋友惠施为梁惠王相。惠王死后襄王嗣位，惠施仍仕于梁。惠施死后，庄子曾在他墓下凭吊。但看来庄子和孟子从未谋面，并世同时的两位大师失之交臂。但我们仍可以将他们进行比较。他们的政治态度悬殊是不用说的。孟子继承孔子的"仁"，发展为系统的"仁政"理论并大力推行。庄子继承老子之"道"却不同于老子对民生民瘼的关注，而致力于生存之道的探求。孟子周游列国，希望找位统治者能实行他的理想；庄子决不同统治者合作，远之唯恐不及。他们的人生追求自然也完全不同。孟子曰："居天下之广居，立天下之正位，行天下之大道。得志与民由之，不得志独行其道。富贵不能淫，贫贱不能移，威武不能屈。此之谓大丈夫。"（《孟子·滕文公下》）庄子曰："死生亦大矣，而不得与之变；虽天地覆坠，亦将不与之遗。审乎无假而不与物迁，命物之化而守其宗也。"（《德充符》）格言都很精彩，内涵却完全不同。孟子表述的是坚贞不渝的人格精神，庄子表现的是任物自然的人生态度。孟子精神代表积极进取，庄子思想实际表现为消极隐遁。中国两千多年封建社会的历史长河中，波翻浪卷，变化无常。每当国家民族危急存亡之时，志士仁人总是从孔孟之道中吸取力量，大义凛然，置生死于不顾；却不可能从老庄之道中得到支持。

　　清末郭庆藩辑《庄子集释》，王先谦为之序，而后王先谦自己又作《庄子集解》。但王先谦对庄子却作了否定的评价。在《庄子集解序》中，王先谦曰：黄帝尧舜之为政，"其不能以虚静治，决矣。彼庄子者，求其术而不得，遂将独立于寥阔之野，以幸全其身而乐其生，乌足及天下！""且其书尝暴著于后矣。晋演为玄学，无解于胡羯之氛；唐尊为真经，无救于安史之祸。徒以药世主淫侈，澹末俗利欲，庶有一二之助焉。"王氏认为庄子书对为政治国没有益处。魏晋时代曾经掀起玄谈之风，就是王先谦说的"演为玄学"。玄学的内涵中除了"以无为本"原于老子外，其馀全是庄学的发挥。何晏王衍之徒，是玄谈的代表人物。何晏乃浇薄势利小人，侈谈玄理，却攀附权贵，不足挂齿。王衍出身名门大族，官至太尉尚书令，而"妙善玄言，唯谈老庄为事"。"居宰辅之位，不以经国为念。"致国事不可收拾，自身也为石勒所杀。临终也颇后悔，顾而言曰："呜呼！吾曹虽不如古人，向若不祖尚虚谈，戮力以匡天下，犹可不至今日！"王衍这段自恨平生的话，应是所有清谈误国者共同的感受。后来出师北伐的桓温也深深地慨叹："遂使神州陆沉，百年丘墟，王夷甫诸人不得不任其责！"魏晋时代的士大夫，大概少有不卷入玄谈者。即使如抗敌志士刘琨也未能免俗，自言"昔在少壮，未尝检括，远慕老庄之齐物，近嘉阮生之放旷，怪厚薄何从而生，哀乐何由而至"。中年经历丧乱，国破家亡，才从这种浮华的幻梦中醒悟过来，"然后知聃周之为虚诞，嗣宗之为妄作"（《与卢谌书》）。其后出任并州，颠连边塞，抚慰伤残，力图恢复，备极艰危。刘琨后来虽遭失败，为国捐躯，当晋室倾危之际，不失为英雄豪杰之士。有晋一代，崇尚虚谈，"爱及江丧，微波尚传"，当时有识之士颇以为忧。王羲之曾劝谏谢安："今四郊多垒，宜人人自效，而虚谈废务，浮文妨要，恐非当今所宜。"（《世说新语·言语》）晋穆帝永和九年，王羲之与当时贤俊，修禊兰亭。这本是一次春游活动，但他在《兰亭集序》中却联系当时风气，发出由衷的感叹："每览昔人兴感之由，若合一契，未尝不临文嗟悼，不能喻之于怀。固知一死生为虚诞，齐彭殇为妄作。"这是务实的王羲之为魏晋玄谈所作的批判性的总结。

人生面对的矛盾虽然万类纷繁，按其性质可以分为两个大类。一类有关重大原则的矛盾，如涉及国家民族的安危，人民的生死，或个人的大节，那只能如孔子所说"杀身以成仁"，如孟子所说"舍生而取义"。古代不少的志士仁人，为后人做出了榜样。如果在那种生死关头，仍像庄子所宣扬的"堕肢体，黜聪明，离形去知"，进入"坐忘"的境界，或者"无为名尸，无为谋府，无为事任，无为知主"，"至人之用心若镜，不将不迎，应而不藏"，采取冷眼旁观的态度，那好极了，等待着当俘虏做奴隶就是了，王夷甫正有那种体验。另一类是普通常见的矛盾，权势的倾轧，意气的较量，财富的掠夺，名位的争竞，"与接为构，日以心斗"，"以是其所非而非其所是"，"苶然疲役而不知其所归"，如此种种，实最为常见，无处不在，无时不有。面对此类矛盾，庄子修养则于人颇为有益。庄子的人生哲学说起来虚玄莫测,"游于大莫之国""无何有之乡""死生亦大矣,而不得与之变;虽天地覆坠,亦将不与之移",回到现实中来,其实只是淡化人生,顺物自然而已。"鱼相忘乎江湖,人相忘乎道术"(《大宗师》),能过一种平静的生活就是理想的人生。让我们再回到晋代去,陶渊明是晋宋之际真正自甘隐退的诗人,做了八十多天县令,毅然挂冠归去。年轻时候的陶渊明也还是有一番壮志的,实在是时势艰难,环境险恶,名士少有全者,才使他归返田园。其《神释》诗云:"甚念伤吾生,正宜委运去。纵浪大化中,不喜亦不惧。"其《归去来兮辞》亦云:"已矣乎!寓形宇内复几时,曷不委心任去留,胡为遑遑欲何之!""聊乘化以归尽,乐夫天命复奚疑。"这些诗赋中没有一个字提到庄子,其实恰好是庄子思想的体现。"纵浪大化中,不喜亦不惧",是全部庄子人生哲学最好的归纳。有晋一代玄风泛滥,而恰好是不把庄生高论含在口里的陶渊明得到了庄学的真髓。如果在古代的诗人中再找一个典型,那就是苏轼。苏东坡贬谪黄州,夜泛赤壁,面对月色江光,感到"寄蜉蝣于天地,渺沧海之一粟。哀吾生之须臾,羡长江之无穷",未免感慨伤怀。但转念一想,看到天上的明月、江中的流水,"逝者如斯而未尝往也,盈虚者如彼而卒莫消长也。盖将自其变者而观之,则天地曾不能以一瞬,自其不变者而观之,则物与我皆无尽也";因此还不如顺其自然,去享受一番清风明月。《赤壁赋》中也没有一个字提到庄子,其实用的全是庄子的哲学。苏东坡几经迁逐,正是庄子精神使他平静地度越崎岖,履险如夷。《庄子·天下》篇提出"内圣外王之道",实儒道的综合,又是儒道的分工,以孔孟之道经营天下大业,以老庄之道对待个人遭遇;宋代学人以此作为修养的箴铭龟鉴,苏东坡是成功的一例。

庄子哲学过分强调人生的累患,容易使人走向悲观绝望。但社会是复杂的,人生确存在着累患。悲观哲人的思想总比他人深刻,往往能透过事物表面的光泽窥见深层的矛盾。思维浮躁的人是读不进庄子的,经过庄子陶冶的人看待人生总比较沉静。淡化人生的得失,冷静地对待道途的坎坷,也是一种珍贵的修养。

## （七）内容庞杂，泥沙俱下
## ——外杂篇提要

《庄子》内篇是庄子本人作品（掺有他人个别章节），古今庄学家的认识基本一致。外杂篇则极其复杂。《庄子》书是汉代人编辑的，收录相当混乱。现存最古的《庄子》注家郭象就说那些掺杂作品系"一曲之才，妄窜奇说。若《阏弈》《意修》之首，《危言》《游凫》《子胥》之篇，凡诸巧杂，十分有三"。现存郭本《庄子》中，没有郭象点出的那些篇目，显然他当时就删去了。大概郭象认为他确定的这些篇章是庄子本人的作品，在他的注中有些明显与庄子思想矛盾的内容也曲为解释。（其中《让王》《盗跖》《说剑》《渔父》例外，四篇中《让王》只有两注，《渔父》仅有一注，《盗跖》也只三注，这些注是否郭象所作很值得怀疑。《说剑》一注也没有。）连《天下》篇郭象也认为是庄子自作，篇中论及庄子本人，郭象说，"庄子通以平意说己，与说他人无异也"。自宋代以来，不断有学者指出外杂篇中某些篇章不是庄子所作，但许多注家仍将它们当作庄子作品，曲加解说者随处可见。至于现在不少新型"学者"在他们的论著中引用外杂篇中几句话，当作庄子思想大加发挥者更比比皆是，很可能他们连《庄子》本书都未曾读过，人云亦云而已。

通过发掘内证，对外杂篇逐篇加以分析，可以断定:《庄子》外杂篇没有一篇是庄子本人的作品，内容庞杂，泥沙俱下。其中多数篇章为道家后学所作，其思想内容，诠释老子之道者居多，亦有发挥庄子之义者；有些篇虽原于老庄而有所变异；有些篇儒道混杂；还有一些是法家、纵横家、杂家作品，以及一些无以名之的愤世嫉俗之作。兹将外杂二十五篇（最末《天下》篇例外）按其内容分为十组，提纲挈领，举其大要。

**一、《骈拇》第八、《马蹄》第九、《胠箧》第十、《在宥》第十一**

四篇思想内容、文章风格与某些独特的词语基本一致，构成一个系列，应出于同一作者之手。《骈拇》《马蹄》《胠箧》都是完整的单篇文章，《在宥》只有一、二两章同前三篇一致，不包括后三章。另外，《天地》最末"百年之木"章也与这几篇相同。外杂篇写作时间大多难以确定，唯本组《胠箧》篇有"田成子一旦杀齐君""十二世有齐国"，可以推知这组文章作于田齐灭亡、秦始皇统一之后。其时庄子已过世半个多世纪（参见后《胠箧》篇星评）。

秦王朝统一中国以后，终结百家争鸣，"史官非秦纪皆烧之"，"天下敢有藏诗书百家语者，悉诣守尉杂烧之；有敢偶语诗书者弃市；以古非今者族"，近乎消灭传统文化。考定《骈拇》这组文章产生于秦统一以后，可知当时仍有士人冒险进行写作，本组文辞之所以扑朔迷离也就不难理解。

这组文章把老子"大道废，有仁义；智慧出，有大伪""绝圣弃智，民利百倍；绝巧弃利，盗贼无有"这些观念推向极端，甚至喊出了"圣人不死，大盗不止""掊斗折衡，而民不争"这样极端激烈的口号。但深入考察，会发现文章真正反对的是统治者的残暴政治。

文章激烈地攻击"仁义"之说，但只字没有批驳孔孟论述仁政的具体内容；且以"曾史"作为攻击的目标，可知作者并不反对孔孟。不反对孔孟也就并非真正反对"仁义"。这种做法，除非理解攻击"曾史""仁义"只是一种遮掩，实际是反对"残生伤性"的暴政，很难作更好的解释。

文章反复强调，"彼至正者，不失其性命之情"，"彼民有常性，织而衣，耕而食，是谓同德"，"彼窃钩者诛，窃国者为诸侯"，这些最具实质性的话，与"曾史""仁义"毫无关系。知道文章作于秦代，这种现象就可以理解了。作者大声疾呼，讨伐"曾史"，抨击"仁义"，表面上同秦统治者完全一致，实质上却激烈地反对"残生伤性""残生损性"，主张"任其性命之情"，"安其性命之情"，简直是维护人权的呐喊，是向往自由的呼唤。其真正立场与秦统治者完全对立。在《在宥》篇中，作者大声惊呼："天下脊脊大乱，罪在撄人心"；"今世殊死者相枕也，桁杨者相推也，刑戮者相望也；而儒墨（应作"杨墨"）乃始离跂攘臂乎桎梏之间。意，甚矣哉！"如此激烈地揭露严刑峻法，凶残至极，却仍然把过错归之"杨墨"，为了回避文网的暴虐而采取遮掩的手法非常明显。

为此可知，这组文章鼓吹老庄是为了宣扬个性，呼唤自由。作者情绪如此激烈，抨击如此猛烈，恰好透露出暴政统治下的时代信息。文章之所以攻击"曾史"，攻击"仁义"，不过是蒙蔽统治者的烟幕，实际上恰好是反对暴秦统治者。这是一个特殊时代采取特殊表现方式的特殊作品。

清末王先谦《庄子集解》引苏舆云："《骈拇》下四篇多释老子之义。周虽悦老风，自命固高绝，观《天下》篇可见。四篇为申老外，别无精义，盖学庄者缘老为之。且文气直衍，无所发明，亦不类内篇汪洋俶诡。王氏夫之姚氏鼐皆疑外篇不出于庄子，最为有见。"王夫之、姚鼐、苏舆、王先谦等人认识到《骈拇》四篇系申老子之义，文章不出于庄子，是他们高明之处。但谓《骈拇》等篇"别无精义"则所见甚偏。文章表面上似是《老子》章句的诠释，但揭露统治者的残暴、社会的黑暗，相当深刻。战国之世，长期的兼并战争，使劳动人民遭受无穷的苦难，而秦统一之后统治者又如此残暴；文章反映了人民希望在一个安宁的社会过和平生活的愿望。作者设想的"至治"之世自然是不现实的，但不干扰老百姓，让他们自在宽舒地生活，仍有其合理的内核。即使对后来的社会，当劳动人民处于水深火热的时候，重温一下《骈拇》《马蹄》《胠箧》《在宥》作者的呼喊，也仍会引起深切的共鸣。

苏舆说《骈拇》等篇"文气直衍"，"直衍"也许"直衍"，但亦自有它独特的风格。议论激越，笔锋犀利，其势如暴风骤雨，江翻海沸，一种愤激的声音从内心深处喷发出来，在诸子散文中极为罕见。《骈拇》等篇语言流畅，个性鲜明，只是嫌于粗厉，缺乏沉郁深淳之致。由于秦王朝统治者反对诗书，抹杀文化，幸有这组文章，在文学史上填补了有秦一代文学的空白。

## 二、《天地》第十二、《天道》第十三、《天运》第十四

这三篇章次特多。其中《天道》篇所谓"玄圣素王"，是汉初谶纬家言，证明这些文章是汉初作品，其时上距庄子年代已大半个世纪。三篇文

章都没有相对统一的思想内容，系杂凑成篇。兹提出比较重要的几章，分成几个类型，略加评述。

第一类，基本上诠释老子之道。

《天地》篇"泰初有无"章，其言曰："泰初有'无'，无'有'无'名'。一之所起，有一而未形。物得以生，谓之德。未形者有分，且然无间，谓之命。留动而生物，物成生理，谓之形。形体保神，各有仪则，谓之性。性修反德，德至同于初。"本章实际上表述《老子》"天地万物生于有，有生于无"，又"复归于无"的本体论，但增加了一些概念，语言比《老子》反为艰涩。

《天地》篇"门无鬼与赤张满稽观于武王之师"章，门无鬼说："至德之世，不尚贤，不使能，上如标枝，民如野鹿，端正而不知以为义，相爱而不知以为仁，实而不知以为忠，当而不知以为信，蠢动而相使不以为赐。是故行而无迹，事而无传。"美化原始社会，大体发挥老子的社会构想。

《天道》篇"孔子西藏书于周室"章，那个老聃反对仁义，反对兼爱，教孔子"放德而行，循道而进，已至矣；又何偈偈乎揭仁义若击鼓而求亡子焉"，基本上申述《老子》"大道废，有仁义"之旨。

《天道》篇"世之所贵道者书也"章，认为"书不过语，语有贵也；语之所贵者意也，意有所随；意之所随者不可以言传也"，系《老子》"知者不言，言者不知"理论的发挥。下一章"轮扁斫轮"是一则精彩的寓言，形象地表现"意之所随者不可以言传"的道理。

三篇中反对儒家仁义之说，主张维护人之"常性"（自然本性）者还有好几章。

第二类，打着道家的旗号，假用《老子》的词语，实际上与老子之道大相抵触；其中以《天地》篇"天地虽大"章，《天道》篇"天道运"章、"帝王之德"章最为典型。

《天地》篇"天地虽大"章，倡言"人卒虽众，其主君也。君原于德而成于天"，"玄古之君天下，无为也，天德而已矣"，充分肯定"君"的绝对合理性。又曰："以道观言而天下之君正，以道观分而君臣之义明，以道观能而天下之官治，以道泛观而万物之应备。"这是某些道家后学为迎合当时统治者制造的理论，将法家的"尊君"思想同道家的"无为"学说硬拉在一起，既要"天下之君正"，"君臣之义明"，"天下之官治"，"万物之应备"，再贴上"无为"的标签，所谓"无为"已大大的"有为"了。

《天道》篇"天道运"章，打着"虚静恬淡寂漠无为"之道的旗号，却衍化而为"天道""帝道""圣道"；将所谓"尧之为君""舜之为臣""帝王天子之德""玄圣素王之道""退居而闲游""进为而抚世"，通通装在一个标着"虚静恬淡寂漠无为"的桶里混搅在一起。这与道家哲学直接抵触，"功大名显"的欲念与老庄思想风马牛不相及。"玄圣素王"乃汉初人的词汇，文章只可能出于汉初。

《天道》篇"帝王之德"章，把老子的"无为"裂变为"无为"和"有为"，提出所谓"上必无为而用天下，下必有为为天下用"，意即君上必须"无为"而享受天下，臣下必须"有为"而治理天下；并把"无为"蜕变为君主驾驭臣下之术，要统治者"知虽落天地，不自虑也；辩虽雕万物，不自说也；能虽穷海内，不自为也"。这与《韩非子·主道》提出的"君无见所欲，君见其所欲，臣将自雕琢；君无见其意，君见其意，臣将自表异"完全一致。作者将老子的"无为"蜕变成了法家的权术。

"帝王之德"章特别强调人伦的"尊卑先后"，认为是神圣的原则，提出"宗庙尚亲，朝廷尚尊，乡党尚齿，行事尚贤"，这是儒家的伦理，既不是道家思想，也不是法家观念。本章后面两段又强调刑名赏罚，但讲得很神秘，提出所谓"是故古之明大道者，先明天而道德次之，道德已明而仁义次之，仁义已明而分守次之，分守已明而形名次之，形名已明而因任次之，因任已明而原省次之，原省已明而是非次之，是非已明而赏罚次之；赏罚已明而愚知处宜，贵贱履位，仁贤不肖袭情"。明明讲形名赏罚，却偏要把所谓"天"与"道德"强调到至高无上的地位，把分别属于道家、儒家、法家的名词概念硬纠到一条锁链上。这在理论上荒谬，逻辑也是混乱的。

第三类，儒道法混杂。

这以《天运》"孔子行年五十有一而不闻道"章最为突出。这一章的"老子"，先把道讲得非常神秘，谓道"中无主而不止，外无正而不行"，然后一下扯到"名，公器也，不可多取"；又提出所谓"古之至人，假道于仁，托宿于义，以游逍遥之墟，食于苟简之田，立于不贷之圃"，把儒家道家混到一起。指斥"大道废，有仁义"的老子，是决不会"假道于仁，托宿于义"的。本章末了还提出"怨恩取与谏教生杀，八者正之器也"，把不那么纯的法家观念也插了进来。作者美其名这是"采真之游"，实在是集多家之"伪"而非"采"哪一家之"真"。

第四类，宣传法家思想。

《天运》篇"孔子西游于卫"章，师金批评孔子"取先王已陈刍狗"，用古代的礼义法度欲行之于当今之世。其言曰："夫水行莫如用舟，而陆行莫如用车。以舟之可行于水也而求推之于陆，则没世不行寻常。古今非水陆与？周鲁非舟车与？今蕲行周于鲁，是犹推舟于陆也。"又曰："夫三皇五帝之礼义法度，不矜于同而矜于治"，"故礼义法度者，应时而变者也"。这是相当正宗的法家理论。《韩非子·五蠹》云："圣人不期修古，不法常可，论世之事，而为之备。""故事因于世，而备适于事。"故欲以先王之政治当世之民，有同守株待兔，是必然要失败的。师金所论与韩非之说如出一辙，并同样说得透彻显豁，是明白无误的法家思想。

第五类，宣扬修炼长生。

《天地》篇"尧观乎华"章，华封人祝愿"多富多寿多男子"，表现强烈的世俗欲望，与道家"无欲"主张背道而驰。末了说到"千岁厌世，去而上仙，乘彼白云，至于帝乡"，这是十足的神仙思想。外篇中讲修炼长生的还有前《在宥》篇"黄帝立为天子十九年"章。该章广成子教黄帝"治身""长久"之道，有所谓"无劳汝神，无摇汝精：乃可以长生"。广成子自言"我守其一以处其和，故我修身千二百岁矣，吾形未尝衰"；宣称"得吾道者上为皇而下为王，失吾道者上见光而下见土"。老庄哲学不是迷信，不讲修炼长生，不讲追求神仙，此等章次与老庄有质的区别。为其混在《庄子》书中，对道家哲学蜕化为迷信起了很大的作用，其负面影响是相当突出的。

《天地》《天道》《天运》内容极为复杂，非此五类所能全部概括。各章的语言艺术水平高下悬殊。如《天道》篇"轮扁斫轮"章极其精彩，而《天运》篇"黄帝论咸池之乐"章集诡秘之大成，作者故弄玄虚，其实并无特别的奥义，充分说明这些章系杂凑成篇。

### 三、《刻意》第十五、《缮性》第十六

这两篇讲身心修养与存身之道，然其主旨与老庄实相违背。《刻意》篇否定刻意尚行者，语仁义忠信者，语大功立大名者，避世之人和导引之士。无论积极的人生还是消极的人生都一概反对，却提出所谓"澹然无极而众美从之"，"不刻意而高，无仁义而修，无功名而治，无江海而闲，不导引而寿"，反正什么都不干却占尽所有的便宜，反映出后期道家某些人士脱离实际而又极端自私的人生态度，调门打得很高而实质非常浅薄。

《缮性》篇美化原始社会，认为在那个社会里人们极端淳朴，淡漠无为，没有任何的矛盾，谓自伏羲神农黄帝以至尧舜以来，日益衰败，浇淳散朴，惑乱不堪。这是一种荒谬的历史观，对一切社会文明都予以否定。作者认为当今之世，简直无法存身，圣人虽在，"其德隐矣"，但并不隐在山林之中；提出所谓"当时命而大行乎天下，则反一无迹；不当时命而大穷乎天下，则深根宁极而待，此存身之道也"，这是道家后学的庸俗派，面对时代的变迁彷徨失措，而又并不甘心。他们打着道家的幌子，骨子里却迫切期望"当时命而大行乎天下"，然而"时命大谬"，只能退隐，但又不退处山林，而是徘徊等待；这种"存身之道"，与"守素抱朴"的老庄之道是不相容的。

### 四、《秋水》第十七

《秋水》篇"秋水时至"章是《庄子》外篇中最精彩也最深厚的一章，

题旨与内篇《齐物论》相表里。文章从河伯同北海若讨论物之大小开始，逐步展开，论及物量没有穷尽，时间没有止境，一切都在变化，一切都是相对的。所以小不以为穷，大不以为多；长不需郁闷，短不用企求；得而不喜，失而不忧；生不以为可喜，死不以为是祸；无论大小、多少、贵贱、寿夭、生死、是非、然否，都可齐一视之。世间事物，一切都是短暂的。"万物一齐，孰短孰长"都没有意义。"道无终始，物有死生，不恃其成"，只有道是永恒的，无始无终，而物随生随死，一切成形之物都不足恃。"年不可举，时不可止：消息盈虚，终则有始。""物之生也，若骤若驰。无动而不变，无时而不移。"时光飞快地闪过，无物不在变化。因此，"何为乎？何不为乎？"都不在话下，一切任其自化而已。

"秋水时至"章是一篇河伯与海若对话录。开头写"秋水时至，百川灌河，泾流之大，两涘渚崖之间，不辩牛马。于是焉河伯欣然自喜，以天下之美为尽在己"。顺流而下，到达大海，看到大海的浩瀚，才感到自身的微渺。这段文字汪洋恣肆，气势纵横，是《庄子》书中最好的文章，足可与《逍遥游》鲲鹏一段媲其壮美。全章河伯海若的对话，层层推进，结构严密；语言也清顺明畅。只最末"然则何贵于道"一节例外，参见该章注。

**五、《至乐》第十八、《达生》第十九、《山木》第二十**

这三篇论处世之道，亦养生之道，是庄子人生哲学的阐释。

《至乐》一开头即提出两个问题："天下有至乐无有哉？有可以活身者无有哉？"人世间有没有最大的快乐，有没有可以"活身"的方式？作者认为世俗所追求的"富贵寿善"，各种享受，都只足以增忧，而不足以"养命活身"，更无所谓"至乐"。只有"无为诚乐"，"至乐无乐"，无为无乐是最大的快乐。

文章把人生乐否同生死联系起来。有名的庄子妻死鼓盆而歌的逸事即在本篇。庄子认为人本来什么也没有，偶然形成了人，之后又回到什么也没有。因此，生无所谓喜乐，死不值得悲哀。到了"庄子之楚"章就更妙了。庄子之楚，路上看到一个骷髅，庄子用马鞭敲打它，问其致死之由：

"夫子贪生失理而为此乎？将子有亡国之事斧钺之诛而为此乎？将子有不善之行愧遗父母妻子之丑而为此乎？将子有冻馁之患而为此乎？将子之春秋故及此乎？"庄子的询问实概括了社会人生的各种苦难。晚上，骷髅托梦对庄子说，你说的那些都是生人的累患，死了这一切都不存在。"死，无君于上，无臣于下，亦无四时之事，从然以天地为春秋，虽南面王乐不能过也。"庄子表示怀疑，提出请司命之神恢复骷髅的形体，回复血肉之躯，返还父母妻子邻里，在世上重新做人。没想到那骷髅表现出极大的忧伤，说："吾安能弃南面王乐而复为人间之劳乎！"在《养生主》《大宗师》里说到生死还是"適来夫子时也，適去夫子顺也"，一概顺其自然，也就无所谓安乐。《至乐》篇竟然认为死是最大的快乐，生倒成了累患。这种理论可以说达观至极，论其实质却是悲观透顶；但论寓言艺术则倒甚为精彩。

《达生》一开头即提出："达生之情者，不务生之所无以为；达命之情者，不务命之所无奈何。"通达生命之真谛者，不追求生命所不用追求的东西，也不追求命运所无能为力的东西。作者认为，"生之来不能却，其去不能止"，生死自然。文章甚至还提出"弃世""遗生"，即遗弃世事，遗忘生命。对生命如此"通达"，还有别的什么可说呢！

《至乐》《达生》结构相似，都是以首章为全篇之纲，后用若干寓言故事加以申述。但这些故事有些杂凑，有的与全篇主题联系密切，有的较为分散，甚至没有联系。

不同于前两篇由首章纯理论开头，《山木》一开始就是"庄子行于山中见大木"。全篇由九则故事组成，但首章庄子的一段话可以作为全篇之纲。

庄子行于山中，见大木因其"不材"得不被砍伐，而到他故人之家，故人却杀那只不善鸣的鹅招待他。弟子问："昨日山中之木，以不材得终其天年；今主人之雁，以不材死；先生将何处？"庄子笑曰："周将处乎材与不材之间！"但庄子又认为即使如此也"未免乎累"。故事表现了庄子的忧世之患、忧生之累，只有"无誉无訾，一龙一蛇，与时俱化，而无肯专为"，才可免于累患，也就是要回避矛盾，随世浮沉，以求得生存。庄子认为这个社会的世俗人情是"合则离，成则毁，廉则挫，尊则议，有为则亏，贤则谋，不肖则欺"，人与人之间的关系非常可怕。在后面的故事里，基本上发挥这一主题。如鲁侯一国之君，孔子作为圣人，都未免于忧患。市南宜僚劝鲁侯"去国捐俗"，"游于大漠之国"；太公任教孔子像意怠鸟一样"迫胁而栖"，致使孔子"辞其交游，去其弟子，逃于大泽"。这些荒诞的故事，无例外地表现了人生的忧患、处世的艰难，发挥的确是庄子的人生哲学，但都走向了极端，面对人生苦难而无可奈何。

**六、《田子方》第二十一、《知北游》第二十二**

这两篇都由若干人物故事组合，间有短论参杂其间。其主要章次阐扬老庄之道，有些章次宣扬道家的思想而对儒家进行讽刺。

"孔子见老聃"是《田子方》篇最重要的一章。老聃曰："至阴肃肃，至阳赫赫；肃肃出乎天，赫赫发乎地；两者交通成和而物生焉，或为之纪而莫见其形。消息满虚，一晦一明，日改月化，日有所为，而莫见其功。生有所乎萌，死有所乎归，始终相反乎无端而莫知乎其所穷。"这些语言显得未免深玄，总谓宇宙之间都由阴阳二气交通成和而生万物，或有一种力量在发挥作用而不见其形迹。《老子》第四十二章云："道生一，一生二，二生三，三生万物。万物负阴而抱阳，冲气以为和。"两者互参，可以更好理解。老聃又曰："夫天下也者，万物之所一也。得其所一而同焉，则四支百体将为尘垢。"喜怒哀乐之情不入于胸中，对死生终始如同日夜相继而不被扰乱，祸与福都无区别。这与内篇《齐物论》一生死，齐得失，同祸福的旨意相同。

《知北游》凡十二章，除最末两章外，都可以称之为"道论"，其第五章"孔子问老聃"尤为突出。老聃曰："夫昭昭生于冥冥，有伦生于无形，精神生于道，形本生于精；而万物以形相生，故九窍者胎生，八窍者卵生。其来无迹，其去无崖，无门无房，四达之皇皇也。"话也有点玄，其实就是老子道生万物，万物以形相生，而后又复归于无的道理。文章还论及道运载万物而不遗漏，万物皆资于道而不匮乏。人也同万物一样，只是偶然成了人，最终也必反其本原。"虽有寿夭，相去几何"，都是须臾间的事，故没有必要分辨尧是而桀非。"人生天地之间，如白驹之过隙"，是一个极其短暂的过程。"已化而生"，由无形到有形，"又化而死"，从有形到无形，没有必要感到悲哀。这与内篇中庄子的生死观是一致的。

**七、《庚桑楚》第二十三**

《庚桑楚》首章形象地表现老子的政治观，这在《庄子》全书中是最突出的一章。庚桑楚得老聃之道，居畏垒之山。居三年而"畏垒大壤（丰饶）"，畏垒之民要为庚桑子"尸而祝之，社而稷之"，即立以为君。这本应是庚桑楚极大的成功，出乎意料之外，庚桑楚竟"南面而不释然"，曰："夫春气发而百草生，正得秋而万宝成，夫春与秋，岂无得而然哉？天道已行矣。吾闻至人，尸居环堵之室，而百姓猖狂不知所如往。今以畏垒之细民而窃窃焉欲俎豆予于贤人之间，我其杓之人邪！吾是以不释于老聃之言。"老子主张无为而治，"生而不有，为而不恃，功成而弗居"。今畏垒之民以庚桑楚有功，故庚桑楚自觉有违老子之道而深感不安。

本章后段庚桑楚反对"尊贤授能，先善与利"，认为"举贤则民相轧，任知则民相盗"，也符合老子的政治思想。

杂篇之有《庚桑楚》表现老子的政治观，如同外篇之有《秋水》阐扬庄子之齐物论，是《庄子》外杂篇中内容最为深厚的两章。

但《庚桑楚》章后段末尾夹杂着"全形养生"的内容，谓"夫全其形生之人，藏其身也，不厌深眇"，是道家后学的养生之道而非老子的思想。《庚桑楚》篇第二章全讲养生哲学，亦处世哲学，主张回避矛盾，消极退缩，是前章"藏其身也，不厌深眇"思想的发展。老子哲学中没有这些内容。

**八、《徐无鬼》第二十四、《则阳》第二十五、《外物》第二十六、《列御寇》第三十二**

这四篇章次特多，内容各异，都系杂凑成篇，杂篇之"杂"，这些篇最为突出。《列御寇》虽编在《渔父》之后，实与《徐无鬼》等三篇同一类型。由于过于杂乱，只能提出突出的几章略加评述，也分成几个类型。

第一类，对统治者贪婪、残暴或好战行为进行揭露。

《徐无鬼》前两章，写徐无鬼见魏武侯。徐无鬼当面指斥魏武侯"盈耆欲，长好恶，则性命之情病矣"。"君独为万乘之主，以苦一国之民，以养耳目口鼻，夫神者不自许也。"当魏武侯告知"吾欲爱民而为义偃兵"，问是否可以，徐无鬼明确回答："不可。爱民，害民之始也；为义偃兵，造兵之本也。"揭露魏武侯借爱民息兵之名，行害民用兵之实，并指出"夫杀人之士民，兼人之土地，以养吾私与吾神者，其战不知孰善？胜之恶乎在？"他劝魏武侯不要这样做，不如修胸中之诚，以应自然之性而勿扰乱，那样则人民已免于死亡，还用什么"为义偃兵"呢？

《则阳》"魏莹与田侯牟约"章，魏君与田侯发生矛盾，有人主张发兵攻打，有人表示反对，臣僚意见不一。惠子引戴晋人见魏君。戴晋人对魏君说了有名的蛮触之争的寓言。蛮触战争是战国之世群雄争战的缩影。寓言不仅揭露了列国统治者不断发动战争的残暴，而且还有更为深刻的意义。哲人站在宇宙的高度来俯视尘世，没有什么事情值得心存芥蒂。

《则阳》"柏矩学于老聃"章，柏矩至齐，看到一个罪人，柏矩"解朝服而幕之，号天而哭之"。柏矩并不认识这个罪人，也不知道罪人犯的什么罪，他何以如此痛心？他认为"荣辱立然后睹所病，货财聚然后睹所争。今立人之所病，聚人之所争，穷困人之身使无休时，欲无至此，得乎！"柏矩认为，人之所以犯罪，全是社会环境造成的。柏矩又说："古之君人者，以得为在民，以失为在己；以正为在民，以枉为在己；故一形有失其形者，退而自责。今则不然，匿为物而愚不识，大为难而罪不敢，重为任而罚不胜，远其涂而诛不至。民知力竭，则以伪继之；日出多伪，士民安取不伪！夫力不足则伪，知不足则欺，财不足则盗；盗贼之行，于谁责而可乎？"道理说得非常透彻，老百姓犯罪，全是统治者的责任。这是《庄子》书中揭露统治者的罪恶，为劳动人民说话，最为深刻的一章。

反对统治者贪婪残暴，反对战争，符合老子之道；故事中人物的见解和语言，都可以在《老子》书中找到源头。

第二类，宣扬大公至正、谦下待人的品格。

《则阳》有一章大公调论"丘里之言"。所谓"丘里之言"，犹言普通道理或社会公论。大公调曰："丘里者，合十姓百名而以为风俗也，合异以为同，散同以为异。"也就是集中十姓百名形成一种风气，包括共同认可的行为，共同认可的道理。说"合异以为同，散同以为异"，实重在"合异以为同"。大公调曰："是故丘山积卑而为高，江河合水而为大，大人合并而为公。""大人合并而为公"，意谓大人集中分散的意见主张成为共同的认识和行为。而且大公调主张谦下地对待他人的意见。其言曰："自外入者，有主而不执；由中出者，有正而不距。"意即意见来自他人，自己虽有主见也不固执；主张出自内心即使正确也不要拒绝他人。大公调还特别强调大公无私，指出：四时气候不同，天不私与，故岁有收成；五官职务不同，君不私与，故国家治理；文武能力不同，大人不私与，故功德完备；万物事理不同，道不私与，故不用施功。尽管大公调最后把"无私"归结到"无为而无不为"，并说"丘里之言"也不能同"道"相比，只有"道"才是最大的公，但前面的部分具有一定的民主精神，这在《庄子》书中是极为少见的，但不是庄子的思想。

《徐无鬼》"管仲有病"章，写管仲临终，回答齐桓公问何人可以属国。鲍叔牙是管仲的恩人，管仲曾说"生我者父母，知我者鲍叔"。当管仲临终，如果他徇私情，正可以借机推荐鲍叔，但管仲认为鲍叔虽是"絜廉之士"，但不能容物，故不可以担当重任。这表现了管仲对挚友的认识，更表现了他对国事极端负责的精神，其实也是对鲍叔的爱护。故事很有意义，但这种品格更近于儒家修养，而与老庄不相干涉。

《列御寇》有"正考父"章，曰："正考父一命而伛，再命而偻，三命而俯，循墙而走，孰敢不轨？如而夫者，一命而吕钜，再命而于车上舞，三命而名诸父，孰协唐许？"正考父"一命"云云，出正考父鼎铭，见《左传》昭公七年。文章将正考父谦恭自律同那些得意忘形的小人进行对比，说明谦恭自律的领导者会树立更高的威信，有一定的教育意义。谦下固然符合老子之道，但正考父的表现更近于儒家，本来也出自儒家典籍。

第三类，抨击仁义，污辱孔子。

《徐无鬼》"啮缺遇许由"章，写许由逃尧，集中攻击仁义，谓"尧畜畜然仁，吾恐其为天下笑，后世其人与人相食与！"《庄子》书中抨击仁义的内容比比皆是，这一章也相当突出。谓"夫仁义之行，唯且无诚，且假夫禽贪者器"，意即凡行仁义者，最无诚实，而且仁义往往成为禽兽般贪婪者的工具。其实尧与仁义毫无关系，道家作者只是抓住一个儒家尊崇的圣君作为靶子而已。本章还有一个重要的内容就是对"民"的看法，说："夫民，不难聚也，爱之则亲，利之则至，誉之则劝，致其所恶则散。"对普通百姓如此轻蔑，与老庄精神是相违背的，自然也不是儒家思想。

《外物》"老莱子之弟子遇仲尼"章，无端攻击孔子。先把孔子的形象丑化一通："修上而趋下，末偻而后耳，视若营四海"，谓孔子身材上长下短，驼背，耳朵反向后边，那眼神仿佛要营造天下。然后由老莱子训斥孔子："去汝躬矜与汝容知！"意即抛开汝骄矜的姿态与装出来的智识。又曰："夫不忍一世之伤而骜万世之患，抑固窭邪？亡其略弗及邪？"谓孔子不忍一世之伤痛而造成万世的祸患，是本来知识贫乏，还是智略不足呢？反正孔子是万世的罪人，怎么辱骂都可以的；这可与两千多年后"文革"中对孔子的谩骂比其无聊。

篇中讽刺儒家，抨击仁义的有许多章，举此两章以见一斑。

第四类，宣扬荒诞迷信或宿命论。

《徐无鬼》"子綦有八子"章，子綦有八子，请九方歅为他们相面。九方歅说，"梱也为祥"，"将与国君同食以终其身"。子綦却为此非常悲哀，因为"与国君同食"，并不知道其所自来，不一定是好事。后来梱也使齐，路上碰到强盗，强盗怕他逃跑，先砍断他一只脚再把他卖掉。梱被卖到齐国，"当渠公之街"（这句话意思不明），果然肉食终身。尽管文中子綦宣扬了一些"乘天地之诚而不以物与之相撄"貌似道家理论，但故事昭示给人的还是一种宿命论。

《外物》"宋元君夜半而梦"章，写一只神龟托梦给宋元君，说它被渔父抓着了，请求救它。宋元君从渔父那里把神龟要了来，却把它杀死，剜掉内脏，用龟壳来占卜。占卜非常之灵，"七十二钻而无遗策"。这只神龟，能托梦于宋元君，却不能逃渔父之网；"七十二钻而无遗策"，却不能避剜掉内脏的灾祸。不管作者的主观意图如何，故事既荒诞而又不合逻辑。

第五类，散布世人全无是处或人心深险的言论。

《徐无鬼》"知士"章曰："知士无思虑之变则不乐，辩士无谈说之序则不乐，察士无凌谇之事则不乐，皆囿于物者也。招世之士兴朝，中民之士荣官，筋力之士矜难，勇敢之士奋患，兵革之士乐战，枯槁之士宿名，法律之士广治，礼教之士敬容，仁义之士贵际。农夫无草莱之事则不比，商贾无市井之事则不比。庶人有旦暮之业则劝，百工有器械之巧则壮。钱财不积则贪者忧，权势不尤则夸者悲。势物之徒乐变，遭时有所用，不能无为也。此皆顺比于岁，不物于易者也。驰其形性，潜之万物，终身不反，悲夫！"短短一章文字，否定社会人生的一切。不分青红皂白，说所有的人都顺附时势，囿于外物，驰其形性，终身不反，是可悲的。老子对当时的社会有所批判，庄子更决不与统治者合作，但老子庄子并不对社会上所有的人一概否定。作者并没有一个字提到究竟怎样的人生才是正常的人生。按照这位作者的高论，这个社会除了毁灭而外别无出路。这是极端愤世嫉俗者的发泄，与任何学术论说都不相干。

《列御寇》"人心险于山川"章，制造人心险恶论。全文如下："孔子曰：凡人心险于山川，难于知天；天犹有春秋冬夏旦暮之期，人者厚貌深情。故有貌愿而益，有长若不肖，有顺懁而达，有坚而缦，有缓而钎。故其就义若渴者，而去义若热。故君子远使之而观其忠，近使之而观其敬，烦使之而观其能，卒然问焉而观其知，急与之期而观其信，委之以财而观其仁，告之以危而观其节，醉之以酒而观其则，杂之以处而观其色。九征至，不肖人得矣。"作者把人心看得"险于山川，难于知天"，而且"凡人"莫不如此。然后他提出一整套驾驭人控制人捉弄人的方式，是狡诈之极、百分之百的权术。如此奸狡之人，其心才真正险于山川！作者把这样一段古今罕有的权谋家言论，在前面加一个"孔子曰"，使孔子一下就成了赵高李林甫袁世凯康生式的人物。在《庄子》外杂篇中，道家后学们随意摆弄孔子，一时把他作为一个反面人物加以抨击，一时把他扮演道家人物让他发表道家言论；一时让孔子痛骂颜回，一时又让颜回教训孔子。同一场孔子厄于陈蔡之间，孔子一时怕得要死，一时又从容自如。出于不同的作者，孔子就有了不同的面目，但揶揄孔子、侮辱孔子是一致的。所有那些侮弄孔子的文字（姑且把《盗跖》《渔父》例外），没有比"凡人心险于山川"这一章更为恶毒。

第六类，记录庄子的逸事。

《徐无鬼》"庄子送葬过惠子之墓"章，《外物》"庄周家贫"章，《列御寇》"宋人有曹商者"章、"人有见宋王者"章、"或聘于庄子"章、"庄子将死"章，都是记述庄子的逸事，表现了庄子的人生哲学，尽管有的可能是传说，仍然是研究庄子的珍贵资料。这只能是他人的作品，而不是庄子本人的著作。

《徐无鬼》等四篇章次甚多，有精彩的内容，也有荒诞的文字；上述六类，只是较为突出的章次，远不能概其全体。作者非一，思想庞杂，艺术水平也高下悬殊。

### 九、《寓言》第二十七

《寓言》篇首章阐述庄子文章的特色，即所谓"寓言十九，重言十七"，意即庄子之文，采用寓言故事之言占十分之九，借重先哲时贤之言占十分之七——谓寓言、重言，占十之九、十之七也。十九、十七，概而言之，不可过于泥实。——又谓"卮言日出，和以天倪"，意即无心于言之言不断出来，浑合于自然。实即以无心于言之言对待是非之言，泯灭是非，任其自然也。这是庄派后学的作品。用一章文字来阐述全书文章的特色，这在先秦诸子中绝无仅有。然亦只是约略言之，不尽然也。

## 一〇、《让王》第二十八、《盗跖》第二十九、《说剑》第三十、《渔父》第三十一

王夫之《庄子解》曰："若《让王》以下四篇，自苏子瞻以来，人辨其为赝作。观其文辞，粗鄙狼戾，真所谓'息以喉而出言若哇'者。"船山所论，至为精当。王先谦亦谓此四篇"古今学者皆以为伪作"。所谓"伪"，不只是说其非庄子之作，更"伪"在其非道家之言。

《让王》辑录十八个历史传说故事，其中八个涉及辞让王位，故名"让王"。这些作品表现"天下至重也，而不以害其生"，"天下大器也，而不易生"的主题，宣扬"重生""贵生"思想，属于杨朱派的作品，而非道家著作。

《让王》中"楚昭王失国"是一篇独特的作品，刻画了《庄子》书中最具光辉的劳动者屠羊说的形象。

《盗跖》篇塑造了先秦著名的大盗盗跖。其实《盗跖》篇是战国末年愤世嫉俗者的作品。文章借盗跖之口，打倒一切，把儒家和其他学派以及楚辞所普遍赞扬的圣王贤士忠臣诸如黄帝、尧、舜、夏禹、商汤、周武、伯夷叔齐、鲍焦、申徒狄、介子推、尾生、王子比干、伍子胥等一概予以否定；一部自远古以至当世的历史简直全无是处。

战国时代百家争鸣，儒家成为主要的"显学"；为其太显，攻击者也就特多，其打击的主要对象当然是孔子；这在《庄子》书中尤为突出，而以《盗跖》篇登峰造极。文章把孔子描绘成一个猥琐的人物，让盗跖把他骂得狗血淋头，而孔子除了阿谀畏缩以外毫无能为。其污辱孔子不择手段而真有手段。

但文章中的盗跖并非正面形象。他"从卒九千人，横行天下，侵暴诸侯，穴室抠户，驱人牛马，取人妇女，贪得忘亲，不顾父母兄弟，不祭先祖。所过之邑，大国守城，小国入保，万民苦之"，甚至干脆吃人，"脍人肝而餔之"，简直是个无恶不作的魔王。盗跖凌辱孔子，和某些道家后学相似，但他的高论，并非道家之言。盗跖是一个现实世界的享受主义者，

其言曰："今吾告子以人之情，目欲视色，耳欲听声，口俗察味，志气欲盈。""天与地无穷，人[生]者有时，操有时之具而托于无穷之间，忽然无异骐骥之驰过隙也。不能说其志意，养其寿命者，皆非通道者也。"这与反对声色享受，主张归真反朴的道家完全相反。历史上没有哪个正常的人士会欣赏盗跖，只有"四人帮"的御用学者例外，他们需要请盗跖来凌辱孔子。

《说剑》篇记述"庄子"为赵文王说剑的故事，这个"庄子"是游说之士，与道家学者蒙漆园吏庄周无关，王夫之斥之为"战国游士逞舌辩以撩虎求荣之唾馀"者。文章系纵横家言，非道家著作。

《渔父》篇在侮辱孔子方面是《盗跖》的姊妹篇，但风格不同。盗跖一出台剑拔弩张，渔父出现时"被髪揄袂"；盗跖否定儒家及其他学派的圣王贤士忠臣，渔父集中打击孔子；盗跖对孔子痛斥怒骂，渔父对孔子冷嘲热讽；在丑化孔子方面则异曲同工。渔父一则提到"守真""贵真"这些貌似道家的概念，然而他解释所谓"真"是"事亲则慈孝，事君则忠贞，饮酒则欢乐，处丧则悲哀"，全盗用儒家的说法。故《渔父》不是道家著作，与《楚辞·渔父》也不能相提并论。王夫之曰："《渔父》《盗跖》则妬妇詈市、瘈犬狂吠之恶声；列之篇中，如蜣蜋之与苏合，不辨而自明。"

外篇杂篇内容庞杂，泥沙俱下，有疏解老庄之道者，有貌似老庄而实已变质者，有与老庄毫不相涉者；有极为精彩的篇章，也有艰涩拙劣之作。研究庄子应以内篇为主，但外篇亦有许多重要内容可以发掘。本文按其内容与体例，分为十组，举其大要，为其过于杂乱，远未能赅其全体。

自魏晋以来，古代注疏家们误以为《庄子》全书皆庄子所作，故对外杂篇中与庄子思想违迕的许多内容曲为解释。得知外杂篇非庄子所作，对那些内容的解释就容易得多，自然也更为通达明畅。通过这些解释，反过来又提供了大量的事例，充分的理由，证明外杂篇不是庄子的著作。

本提要不包括《天下》篇。《天下》篇是评论先秦学派的重要论文，内容与外杂篇都不同；外杂篇分篇或分章专题立论，《天下》篇对几家学派系统论述。《天下》篇的作者也不属外杂篇作者之群。后文对《天下》篇有较为翔实的评析，故不在本文与外杂篇一并论列。

> 二〇〇五年五月五日深夜
> 草于黄石长梦潇湘夜雨楼
> 时窗外震雷闪电大雨倾盆

# 唐陆德明《庄子释文序录》

庄子者，姓庄，名周，（太史公云：字子休），梁国蒙县人也。六国时为漆园吏，与魏惠王、齐宣王、楚威王同时（李颐云：与齐愍王同时）。齐楚尝聘以为相，不应。时人皆尚游说，庄生独高尚其事，优游自得，依老氏之旨，著书十馀万言，以逍遥自然无为齐物而已；大抵皆寓言，归之于理，不可案文责也。

然庄生弘才命世，辞趣华深，正言若反，故莫能畅其弘致；后人增足，渐失其真。故郭子玄云："一曲之才，妄窜奇说，若《阏弈》《意修》之首，《危言》《游凫》《子胥》之篇，凡诸巧杂，十分之三。"《汉书·艺文志》"庄子五十二篇"，即司马彪、孟氏所注是也。言多诡诞，或似《山海经》，或类《占梦书》，故注者以意去取。其内篇众家并同，自馀或有外而无杂。惟子玄所注，特会庄生之旨，故为世所贵。徐仙民、李弘范作音，皆依郭本。今以郭为主。

崔譔注十卷，二十七篇。（清河人，晋议郎。内篇七，外篇二十。）

向秀注二十卷，二十六篇。（一作二十七篇，一作二十八篇。亦无杂篇。为音三卷。）

司马彪注二十一卷，五十二篇。（字绍统，河内人，晋秘书监。内篇七，外篇二十八，杂篇十四，解说三。为音三卷。）

郭象注三十三卷，三十三篇。（字子玄，河内人，晋太傅主簿。内篇七，外篇十五，杂篇十一。为音三卷。）

李颐集解三十卷，三十篇。（字景真，颍川襄城人，晋丞相参军，自号玄道子。一作三十五篇。为音一卷。）

孟氏注十八卷，五十二篇。（不详何人。）

王叔之义疏三卷。（字穆□，琅邪人，宋处士。亦作注。）

李轨音一卷。（晋人）

徐邈音三卷。

★陆德明《庄子释文序录》列举了崔譔等《庄子》注解七家，音两家。本书引用特多，故著其《序录》于全书之前。

《序录》中庄子小传大体据《史记·老子韩非列传》附庄子传。庄子传中有楚威王使使迎庄子事，无齐聘庄子的记录。

《汉书·艺文志》著录《庄子》五十二篇，司马彪、孟氏曾为作注。现存《庄子》仅三十三篇。《序录》云，"［后人］增足，渐失其真"，是古代注家已明知《庄子》书中有后人掺杂篇章，注家"以意去取"，故各家篇数不同。《序录》引郭子玄云："一曲之才，妄窜奇说，若《阏弈》《意修》之首，《危言》《游凫》《子胥》之篇，凡诸巧杂，十分之三。"所举诸篇，皆不见于今本《庄子》，必全为郭象所删除。

陆德明所记七家，今仅存郭象一家。但郭象注涉及一宗著作权案。《世说新语·文学篇》曰："初，注《庄子》者数十家，莫能究其旨要。向秀于旧注外为解义，妙析奇致，大畅玄风；唯《秋水》《至乐》二篇未竟而秀卒。秀子幼，义遂零落，然犹有别本。郭象者，为人薄行，有隽才，见秀义不传于世，遂窃以为己注，乃自注《秋水》《至乐》二篇，又易《马蹄》一篇，其馀众篇，或定点文句而已。后秀义别本出，故今有向郭二庄，其义一也。"这段记录唐初房玄龄撰《晋书》录入《郭象传》。原来这位"慕道好学，托志老庄"的道家学者竟然窃取他人的著作。如此"慕道"，实在太不"道"了。陆德明是亲见向、郭两种注本的，但他作《庄子释文》，"以郭为主"，间亦引用向注，而于郭注是否全同于向注未置一辞，终究是一宗疑案。向秀，字子期，河内怀（今河南武陟西南）人。向秀与嵇

— 唐陆德明《庄子释文序录》—

康吕安友善,为竹林七贤之一。嵇康吕安被司马昭杀害后,向秀经嵇康山阳旧居,无限悽伤,作了有名的《思旧赋》。

《序录》谓《庄子》"内篇众家并同",是内篇注家公认为庄子本人所作,然不排斥亦有个别句段为后人掺杂之语。外杂篇情况则极为复杂,本书各篇注评有所辨析。

陆德明(550?—630),苏州吴人,名元朗,以字行。由隋入唐,任国子博士。陆氏博采汉魏六朝音切二百三十馀家,兼取诸家训诂,考证各本异同,撰成《经典释文》三十卷。所释经典为《易》《诗》《三礼》《三传》《论语》《老子》《庄子》和《尔雅》。新、旧《唐书》并有传。

《序录》王叔之"字穆□"。按,唐释湛然《止观辅行传》引"王瞀夜云",成玄英《庄子序》作"穆夜",知王叔之字穆夜。

《释文》"以郭为主",郭象注是现存最古的《庄子》注。唐成玄英为之疏解,称《南华真经注疏》,共三十卷。郭庆藩《庄子集释》收录了郭象注成玄英疏全文,郭注成疏乃成为后人解读《庄子》的重要导引。成玄英,字子实,陕州(今河南陕县)人,道教学者。贞观五年(631),唐太宗召至京师,加号西华法师。

57

# 内篇

# 逍遥游第一

逍遥（xiāo yáo），叠韵联绵词，自在无拘束之貌。游，遨游。王先谦曰："言逍遥乎物外，任天而游无穷也。"这是《逍遥游》的主旨，即追求绝对的自由。

大鹏一飞九万里，小雀子翱翔蓬蒿之间；然大鹏有待于风才能飞行，小雀子决起而飞，腾跃而上，也还得一丛蓬蒿。它们大小虽殊，相悬天壤，但都要"有所待"才能活动，也就都不逍遥。只有"乘天地之正而御六气之辩"，"无所待而游于无穷"才是真正的逍遥。这种逍遥谁能办到？谁也不能办到。如此庄子用幻想塑造出理想的"至人""神人"和"圣人"，"至人无己，神人无功，圣人无名"；无用声名，不图事功，连"己"也不要，再也不用"有所待"，也就得到彻底的逍遥——庄子生当乱世，感到社会人生是一种桎梏，无处可以容身，所以他"创造"这种幻想的境界来求得精神上的慰藉。

## （一）

北冥有鱼，其名为鲲。鲲之大不知其几千里也①。化而为鸟，其名为鹏，鹏之背不知其几千里也。怒而飞，其翼若垂天之云②。是鸟也，海运则将徙于南冥。南冥者，天池也③。《齐谐》者，志怪者也④。《谐》之言曰：鹏之徙于南冥也，水击三千里，抟扶摇而上者九万里，去以六月息者也⑤。——野马也，尘埃也，生物之以息相吹也⑥。天之苍苍，其正色邪？其远而无所至极邪？其视下也亦若此则已矣⑦。且夫水之积也不厚，则其负大舟也无力。覆杯水于坳堂之上，则芥为之舟，置杯焉则胶，水浅而舟大也⑧。风之积也不厚，则其负大翼也无力。故九万里，则风斯在下矣，而后乃今培风；背负青天而莫之夭阏者，而后乃今将图南⑨。——蜩与学鸠笑之曰："我决起而飞，抢榆枋，时则不至而控于地而已矣，奚以之九万里而南为？"[⑩]适莽苍者，三飡而反，腹犹果然；适百里者宿舂粮，适千里者三月聚粮。之二虫又何知[⑪]！

小知不及大知，小年不及大年[⑫]。奚以知其然也？朝菌不知晦朔，蟪蛄不知春秋，此小年也[⑬]。楚之南有冥灵者，以五百岁为春，五百岁为秋；上古有大椿者，以八千岁为春，八千岁为秋，此大年也[⑭]。而彭祖乃今以久特闻，众人匹之，不亦悲夫[⑮]！

① 冥，通溟，海。陆德明《庄子释文》（后简称《释文》）引"嵇康云：取其溟漠无涯也"。北冥，即北海。鲲（kūn），《尔雅·释鱼》："鲲，鱼子。"庄子用作大鱼之名。

② 鹏（péng），大鸟之名。怒，奋起。翼，翅膀。垂天之云，垂于天上之云。《释文》引崔譔云："垂，犹边也，其大如天一面云也。"往昔华中师范大学高庆赐先生曰："垂犹遮也。垂天之云即遮天之云。"此说最合文意，惜未知所据。

③ 海运，《释文》引向秀曰："非海不行，故曰海运。"王先谦《庄子集解》："《玉篇》：'运，行也。'案，行于海上，故曰海行。"南冥，南海。

④ 齐谐，成玄英疏："姓齐，名谐，人姓名也。亦言书名也。"明说"志"怪，当是书名。志怪者，记述怪异之事者。

⑤ 水击三千里，海水被击起三千里。抟扶摇而上，郭象注："夫翼大则难举，故抟扶摇而后能上。"成玄英疏："扶摇，旋风也。（大鹏）举击两翅，动荡三千。跄踉而行，方能离水。然后缭戾宛转，鼓怒徘徊，风气相扶，摇动而上。"司马彪注："抟，圜也。圜飞而上，若扶摇也。"字亦通"团"，《文选·江文通〈杂体诗〉》"思乘扶摇翰"，李善注引《逍遥游》作"团扶摇而上"。去以六月息，郭象注："大鸟一去半岁，至天池而息。"——引用《齐谐》，以佐证大鹏故事的"真实性"。成玄英疏："齐谐所著之书，多记怪异之事。庄子引以为证，明己所说不虚。"（息，一说：风也。六月息即六月风。释德清《庄子内篇注》："息，即风。"宣颖《南华经解》："息是气息，大块噫气也，即风也。六月气盛多风，大鹏便于

鼓翼。"此说亦勉可通，然不如去以六月止息顺畅。)

⑥野马，郭象注，"游气也"。成玄英疏："青春之时，阳气发动，遥望薮泽之中，犹如奔马，故谓之野马也。"尘埃，扬土曰尘，尘之细者曰埃。生物，犹造物，指大自然。句意谓野马尘埃，是自然界气息吹起来的；比喻大鹏乘大风飞起。上文六月息之"息"，止息；此处"息"为气息。

⑦苍苍，深青色。正色，犹言本色。邪，通"耶"，疑问语气词。全书"邪"作语气词者皆同。"其视下"之"其"，指飞上天空的大鹏。其视下也亦若此，谓鹏从天空俯视地上，也像地上仰望天空为一片青苍。此极言大鹏飞行之高。则已矣，犹而已矣。王孝鱼校引《阙误》即作"而已矣"（明焦竑《庄子翼》附有陈碧虚《阙误》）。"天之苍苍，其正色邪？其远而无所至极邪？其视下也亦若此则已矣"此二十六字似有错简，应在"其翼若垂天之云"句下，文气更顺。

⑧且夫，带有转折语气的发语词。厚，深厚，亦大也。坳（āo）堂，地上低注之处。芥，即《维摩诘经》纳须弥于芥子之"芥子"，此指芥子壳。(《释文》引李颐云："芥，小草也"，固亦勉强可通，然远不如芥子壳形象准确。）胶，胶着，粘住。

⑨负，背运，负载。大翼，指大鹏之翼。斯在下，乃在下。而后乃今，犹言"后来"，此必当时口语。培，王念孙《读书杂志·馀篇上》："培之言冯。冯，乘也。见《周官·冯相氏》注。冯与培声近，故义亦相通。"冯，通"凭"，培风，凭借风力。夭阏（è），《文选·刘孝标〈辨命论〉》注引司马彪曰："夭，折也。阏，止也。言无有夭止使不通者也。"图南，犹言有南行之举。"水之积也不厚，则其负大舟也无力"是陪衬，"风之积也不厚，则其负大翼也无力"是正意。——自"野马也，尘埃也"至"而后乃今将图南"插一段论述性文字，说明大鹏南运系凭借风力。下文"蜩与学鸠笑之"直承大鹏"抟扶摇而上者九万里，去以六月息者也"。

⑩蜩与学鸠，《释文》引司马彪曰："蜩，蝉。学鸠，小鸠也。"学，本又作鷽，音同。按，蝉与鸠不同类，蜩与学鸠当为两种小鸟。蜩，疑为"鹍"之假借。然鹍为鸷鸟。庄子用作小鸟之名。如鲲为鱼子，庄子用作大鸟之名。决起，犹奋

起。(决，旧读血 xué。)抢，字原作"枪"，王孝鱼据《释文》改。《释文》引支遁云："抢，突也。"榆枋，两种木名。"时则"之"则"，或也，如也。"而控"之"而"，则也，乃也。控，《释文》引司马彪曰，"投也"。"时则"句意谓有时或许飞不多远则投于地而已。奚，何。以，用。之，往，此处指飞。为，疑问句助词。"奚以"句意谓何用飞九万里到南方去呢。

⑪适，往。莽苍，指郊野。飡，同"餐"。果，饱。之二虫，那两种小动物，指蜩与学鸠。之二虫又何知，谓二虫不知所适愈远，所待愈多。

⑫知，通"智"。小知，智能小者。大知，智能大者。小年，生命短者。大年，生命长者。

⑬奚，何。然，如此。朝菌，《释文》引司彪曰："大芝也，天阴生粪上，见日则死，一名日及，故不知月之终始也。"崔云："粪上芝，朝生暮死。"此以朝菌为植物。郭庆藩《庄子集释》引王引之说："《淮南·道应篇》引此作'朝秀'"。(今本《淮南》作朝菌，乃后人据《庄子》改之。《文选·辩命论》注及《太平御览·虫豸部六》引《淮南》并作朝秀。)高注曰："朝秀，朝生暮死之虫也。"《广雅》引作"朝蛥"。此以朝菌为虫名。按，当以虫名为是，与蟪蛄同类。晦，阴历月终。朔，阴历月始。晦朔，代指一个月。蟪蛄，虫名。《释文》引司马彪云："蟪蛄，寒蝉也，春生夏死，夏生秋死。"又引崔譔云："或曰山蝉，秋鸣者不及春，春鸣者不及秋。"

⑭冥灵、大椿，成玄英疏："并木名也。"(宋罗勉道《南华真经循本》："冥灵，冥海之灵龟也。"按，应从成疏作木名，与大椿同类。)"此大年也"，原本无此四字。王孝鱼校："《阙误》引成玄英本'秋'下有'此大年也'句。"据补。——朝菌蟪蛄，两种小虫；冥灵大椿，两种大木；彭祖众人，则都是人：皆同类一一相对。

⑮彭祖，传为古之长寿者。成玄英疏："彭祖者，姓籛，名铿，帝颛顼之玄孙也。尧封于彭城。历夏经殷至周，年八百岁矣。"久，指长寿。特，独也。特闻，特别闻名。匹之，以为比。王先谦《庄子集解》："言寿者必举彭祖为比。"句意谓彭祖区区八百岁，微不足道，竟然以长寿闻名，众人以他为比，是可悲的。

★抟扶摇而上，《释文》："抟，一音博。"《艺文类聚》九十七、《白帖》二、《太平御览》九并引作"搏"，《四部丛刊》影印世德堂本亦作"搏"。章炳麟《庄子解故》曰："字当作搏。《考工记》注：'搏之言拍也。'作抟者形误，风不可抟。"近人从章说者甚多，认为"抟"当作"搏"。——按，《说文》："抟，圜也。"段玉裁注："凡物之圜者曰抟。"圜（yuán），通"圆"。又音"環"（huán）。两义相通，围绕、环绕之意。抟扶摇而上者，环绕盘旋上飞也，大鹏起飞时先盘旋而上，然后直飞前进。郭象注、成玄英疏、司马彪标注正确，"抟"字不误。段玉裁谓"凡物之圜者曰抟"，应该说凡物作圆形摇动曰"抟"，字亦作"团"。今湖南湘乡方言，用米筛筛米叫"抟"，因也要作圆形摇动；称雁群在空中盘旋也叫"雁鹅抟"，因雁群下落时，先盘旋以觅宿地，起飞后亦盘旋以聚群体。此古代词语留传在方言中者。太炎先生谓"风不可抟"，理解有误，"抟扶摇而上者"，大鹏抟飞而上也，非风抟也；"抟"字准确无误。

汤之问棘也是已[①]：穷髪之北有冥海者，天池也。有鱼焉，其广数千里，未有知其修者，其名为鲲。有鸟焉，其名为鹏，背若太山，翼若垂天之云，抟扶摇羊角而上者九万里，绝云气，负青天，然后图南，且适南冥也[②]。斥鴳笑之曰："彼且奚适也？我腾跃而上，不过数仞而下，翱翔蓬蒿之间，此亦飞之至也；而彼且奚适也！"[③]此小大之辩也[④]。

① 汤，成汤，商王朝始建者。棘，汤时贤人，《列子·汤问篇》作夏革。革棘古声同字通。

② 穷髪，寓言虚拟地名，犹言不毛之地。《释文》引司马彪曰："北极之下不毛之地也。"修，长。太山，即大山，理解为泰山自亦无不可。羊角，《释文》引司马彪曰："风由上行若羊角。"绝，度越。绝云气，即高出云气之上。适，往。

③ 斥鴳（yàn），小鸟之名。成玄英疏："且，将也，亦语助也。斥，小泽也。鴳，雀也。八尺曰仞。翱翔，犹嬉戏也。"斥，《释文》引一本作"尺"。

④ 辩，通"辨"。小大之辨，小和大的区分。——"汤之问棘"一段是前文鲲

鹏故事的重复，文字小异，内容基本相同。这可能是作者引证"汤之问棘"，说明鲲化为鹏，确有其事；也可能是注家引证，后来混入正文。就文章结构而论，系注文混入正文的可能性更大。

★汤之问棘也是已，闻一多《庄子内篇校释》："此句与下文语意不属，当脱汤问棘事一段。唐僧神清《北山录》曰：'汤问革曰：上下四方有极乎？革曰：无极之外，复无极也。'神清所引，其即此处佚文无疑。惜句多省略，无从补入。"关锋《庄子内篇译解》、陈鼓应《庄子今注今译》即据闻一多说径将《北山录》二十一字补入。按，闻说非是，关锋、陈鼓应补字更属不当。第一，《北山录》所述二十一字，系《列子·汤问篇》中汤问夏革一段的省略，未必是《庄子》佚文。用唐人的文字去修改先秦的经典极为不当。第二，同一故事，古代不同的作者各取所需，非必要后人不必将其互相补足。第三，为古书增补文字，必须有足够的根据，补入之后确能使行文更为完整顺畅，非此不宜代补。此处增补"汤问棘曰：上下四方有极乎？棘曰：无极之外，复无极也"二十一字，与下文鲲鹏故事毫无关系，补入只是徒增累赘。闻一多说"此句与下文语意不属"，其实不然，文意是连属的。"汤之问棘也是已"是远承前文所述鲲鹏故事而来，犹言汤之问棘也是这样说的，"语意"何尝"不属"？无端插入二十一字，倒真的"语意不属"了。闻一多本人都认为"无从补入"，关锋、陈鼓应径自补入更是无端增添蛇足，甚为错误。

故夫知效一官，行比一乡，德合一君，而征一国者，其自视也亦若此矣①。而宋荣子犹然笑之②。且举世誉之而不加劝，举世非之而不加沮③，定乎内外之分，辩乎荣辱之境，斯已矣；彼其于世未数数然也④。虽然，犹有未树也⑤。夫列子御风而行，泠然善也，旬有五日而后反；彼于致福者未数数然也⑥。此虽免乎行，犹有所待者也⑦。若夫乘天地之正而御六气之辩以游无穷者，彼且恶乎待哉⑧！故曰：至人无己，神人无功，圣人无名⑨。

① 故夫，转折进入议论之发语词，犹言"所以那种"。知（zhì），通"智"，

智识，智术。效，致力，犹言胜任。行，行为。比，《释文》引李颐曰："合也。"德，道德。合，符合。而，能也。《淮南子·原道》"行柔而刚，用弱而强"高诱注："而，能也。"句中"知、行、德、而（能）"四者并列。征，取信。"其自视也"之"其"，指上"知效一官，行比一乡，德合一君，而（能）征一国"者。"亦若此"之"此"，指前斥鷃之类。

②宋荣子，人名。《韩非子·显学》："宋荣子之议，设不斗争，取不随仇，不羞囹圄，见侮不辱，世主以为宽而礼之。"当即其人。《庄子·天下》篇称宋钘尹文"见侮不辱，救民之斗；禁攻寝兵，救世之战"，其说与宋荣子之议同，是宋荣子即宋钘。又，《孟子·告子下》有"宋牼将之楚，孟子遇于石丘"，自言"吾闻秦楚构兵，我将见楚王说而罢之。楚王不悦，我将见秦王说而罢之"，其主张正"禁攻寝兵，救世之战"，是宋牼亦即宋钘。诸书涉及宋氏者，唯孟子亲见其人。孟子称之为"先生"，则其年辈长于孟子。犹然，尚且。（《释文》引崔譔、李颐云："犹，笑貌。"不如讲作"尚且"更顺。）

③且，代词，犹彼，指宋荣子。《诗·周颂·载芟》"匪且有且"毛传："且，此也。"既可训"此"自亦可训"彼"。举世，全国，整个社会。誉，赞扬，肯定。劝，鼓舞。非，诋毁，否定。沮，沮丧。"举世誉之""举世非之"，原本作"举世而誉之""举世而非之"，此从王先谦《庄子集解》本，无两"而"字，文气更顺。

④定，判断。内外之分，内我外物的区分。辩，同辨，分得清楚。荣辱之境，荣与辱的境域。斯已矣，如此而已。未数数（shuò）然也，王先谦《庄子集解》："言不数数见如此者也。"句意谓尽管宋荣子不过如此，然其于世并不多见。（数数，《释文》引司马彪云："犹汲汲也。"注家多从之，远不如王先谦说顺当。）

⑤虽然，尽管如此。树，树立，建树。

⑥列子，《释文》引李颐云："郑人，名御寇，得风仙，乘风而行，与郑穆公同时。"成玄英疏："姓列，名御寇，与郑繻公同时。"两说不同。李颐之说，必原于刘向《列子叙录》。《叙录》云："列子者，郑人也，与郑缪公同时。"（缪，通"穆"。）郑缪公于鲁僖公三十三年至鲁宣公三年（前627—前606）在位，早于老子孔子之前半个多世纪，列子必不与郑缪公同时。按《让王》篇，列子不受郑

子阳粟,而后子阳被杀。郑子阳为郑繻公相,郑子阳被杀在郑繻公二十五年(前398)。故应从成疏之说,列子与郑繻公同时,属战国前期。《列子叙录》中"郑穆公"为"郑繻公"之误。列子,本篇与《应帝王》《至乐》篇称为列子,《达生》《让王》篇称为子列子,《田子方》《列御寇》篇直称为列御寇。由于这些文章不出于同一作者,这些作者也不处于同一时代,故对列子的称呼各不相同。《汉书·艺文志》著录《列子》八篇。御风,乘风。泠(líng)然,轻妙之貌。旬有五日,十五天。致福,得福。

⑦ 彼,代词,指列子。有所待,有所凭借,指凭借风力。

⑧ 若夫,如那个。乘、御,皆驾驭、掌握之意。天地之正,大自然的正常规律。六气,《大宗师》篇"在太极之先而不为高,在六极之下而不为深",太极与六极相对。按《易·系辞上》"易有太极"孔颖达疏:"太极,谓天地未分之前元气混而为一。"是极即气也,则六气亦即六极。《大宗师》篇成玄英疏:"六极,六合也。"即天地四方,整个宇宙。句中"天地"与"六气"相对,皆指大自然。辩,通"变"。句意谓掌握天地的正常规律以驾驭自然的变化。恶(wū),何。恶乎待哉,还凭借什么呢。王先谦《庄子集解》:"无所待而游于无穷,是《逍遥游》一篇纲要。"王说最为透辟地把握了《逍遥游》的主旨。(六气,《释文》引司马彪说,谓"阴阳风雨晦明也";又引李颐说,谓"平旦为朝霞,日中为正阳,日入为飞泉,夜半为沆瀣,天地玄黄为六气";又引支遁说,谓"天地四时之气";后世歧异之说尤多。按,诸家所说不一,都甚牵强,各家所列六者皆不同类,不合逻辑。成疏所说,简捷明白。)——这段文章论述了人的四个等次,四种境界,由低到高,按升次幂进行。"知效一官,行比一乡,德合一君,而征一国者",不过是学鸠斥鹢之类,微不足道。"举世誉之而不加劝,举世非之而不加沮,定乎内外之分,辩乎荣辱之境"的宋荣子高于上述"知行德而"者。"御风而行,泠然善也"的列子又高于宋荣子。"乘天地之正而御六气之辩以游无穷者"更高于列子,是最高的境界。文章诚写得波澜起伏,抑扬顿挫,诡谲莫测。如写宋荣子:"举世誉之而不加劝,举世非之而不加沮,定乎内外之分,辩乎荣辱之境",此一扬;"斯已矣",此一抑;"彼其于世未数数然也",又一扬;"虽然,犹有未树也",又一抑;

变化之多，最为典型。但逻辑上亦有疵病："知效一官，行比一乡，德合一君，而征一国者"与宋荣子"举世誉之而不加劝，举世非之而不加沮，定乎内外之分，辩乎荣辱之境"，都属于智能道德修养，而列子"御风而行，泠然善也"，有似一种飞行仙术，两者内容性质不同，用来分别高下，即不合逻辑。

⑨至人、神人、圣人，是庄子塑造的理想人格的体现者。其精神实质一致，但三者有等差：一至人，二神人，三圣人。己，身也。《论语·颜渊》"克己复礼为仁"，邢昺疏："己，身也。"无己，即无身，谓超越生死。《养生主》篇谓老聃死，秦失吊之，曰："适来夫子时也，适去夫子顺也，安时而处顺，哀乐不能入也；古者谓是帝之县解。"《大宗师》篇："夫大块载我以形，劳我以生，佚我以老，息我以死；故善吾生者，乃所以善吾死也。"皆可以作为"无己"注脚。无功，不立事功。无名，不用声名。

★鲲鹏南运是中国古代有名的寓言，形象巨大，气魄雄伟。"鹏之徙于南冥也，水击三千里，抟扶摇而上者九万里。"蜩与学鸠讥笑它，曰："我决起而飞，抢榆枋，时则不至而控于地而已矣，奚以之九万里而南为？"斥鴳也说："我腾跃而上，不过数仞而下，翱翔蓬蒿之间，此亦飞之至也；而彼且奚適也！"单就寓言本身看，显然是这些渺小的东西无法理解大鹏的伟大行动。历代诗人用作典故无不这样理解。李太白《大鹏赋》最为典型，赋的结尾是希有鸟与大鹏欣然相随，"登于寥廓而斥鴳之辈空见笑于藩篱"；寓言的旨意非常明白。

但庄子表达的却不是这个意思。

虽然庄子指斥蜩与学鸠"之二虫又何知"，但他论述大鹏时却说："风之积也不厚，则其负大翼也无力。故九万里，则风斯在下矣，而后乃今培风。"说明大鹏南运是凭借风力的。它"有所待"，并不是真正的逍遥，并不自由。大鹏一飞九万里，小雀子翱翔蓬蒿之间，大小悬殊；但都"有所待"，从本质上看，并无区别。

那么，大鹏与学鸠斥鴳之辈，究竟谁更逍遥，亦即谁更自由呢？古代权威的解释是晋初郭象注。其言曰："夫小大虽殊，而放于自得之场，则物任其性，事称其能，各当其分，逍遥一也，岂容胜负于其间哉！"在蜩与学鸠笑大鹏之后，郭象又注云:"苟足于其性,则虽大鹏无以自贵于小鸟,小鸟无羡于天池,而荣愿有馀矣。故小大虽殊,逍遥一也。"总的意思就是无论大鹏还是学鸠斥鴳,都逍遥,亦即都自由。

自郭象至今千八百年来,学者们大多赞同郭说。其实郭说与庄子原意大相径庭。这是魏晋玄学的观点。魏晋之际是一个极为黑暗的时代,统治者互相倾轧,士大夫们身处危境,他们想在精神上找个避难之所。孔孟之道那里无法栖身,如此他们找到了老庄,故老庄研究风行一时,王弼注《老子》,向秀郭象注《庄子》,就是这种风气的结果。但他们把老庄哲学改造成了玄学,玄学也就是变质了的老庄哲学。正因为他们要找一个"自得之场",希望能够"物任其性",但实际上不可能;那么想方设法回避矛盾,随分自安是最好的办法。如此得出了大鹏与学鸠斥鴳"小大虽殊,逍遥一也"的结论。后世不少知识分子都羡慕魏晋风度,好像那个时代的人多么超凡脱俗,其实当时那些人是极端苦闷的,不管你白眼青天也好,穷途恸哭也好,你都回避不了现实,致使许多风流名士死于非命。

郭象之说违背庄子思想。事实应该是,无论大鹏与小雀,都不逍遥,亦即都不自由。小雀子翱翔蓬蒿之间不可能逍遥;大鹏水击三千里抟扶摇而上九万里,也要"培风"即凭借风力才行,又何尝逍遥呢?严酷的事实恰好是:物不得任其性,事无以称其能;故"小大虽殊,其不逍遥一也"。

要怎样才能逍遥呢?自古代注家莫衷一是。成玄英《庄子序》云:"所言逍遥游者,古今解释不同。今汎举纮纲,略为三释。所言三者:第一,顾桐柏云:'逍者,销也,远也。销尽有所累,远见无为理。以斯而游,故曰逍遥。'第二,支道林云:'物物而不物于物,故逍然不我待;玄感不疾而速,故遥然靡所不为。以斯而游于天下,故曰逍遥游。'穆夜云:'逍遥者,盖是放狂自得之名也。至德充内,无时不适,忘怀应物,何往不通!以斯而游天下,故曰逍遥游。'"这些话都说得很玄,实际上都不得要领,都没有抓住问题的本质。(成玄英引用支道林这段话与支氏原文有很大的距离。支道林所说,见后引《世说新语·文学》刘孝标注。)其实庄子本人有明确的解答:"若夫乘天地之正而御六气之辩以游无穷者,彼且恶乎待哉!"王先谦曰:"无所待而游于无穷,方是《逍遥游》一篇纲要。"王氏为庄子之言作了最好的诠释，也是《逍遥游》全文最好的解答。意谓无论大鹏鸟高飞和小雀子跳跃，都必须"有所待"，也就都不逍遥；只有"无所待而游于无穷"才是真正的逍遥。经历两千多年无数学者的探索争辩，到王先谦才最准确地读懂了《逍遥游》。

其实向秀郭象注原来还有下文。《世说新语·文学》刘孝标注引向子期郭子玄对"逍遥义"的解释，在"小大虽差，各任其性，苟当其分，逍遥一也"之后，又说："然物之芸芸，同资有待，得其所待，然后逍遥耳。"——今本郭象注没有后面这几句——可知向秀郭象都注意到了"有待"这个条件。但他们说的是"得其所待，然后逍遥"，而庄子追求的是"无所待"的逍遥，两者刚好相反。追求"无所待"的逍遥，则凡是"有所待"则并不逍遥。

"乘天地之正而御六气之辩以游无穷"，事实上不存在。如此庄子用幻想塑造了一种理想的"至人""神人"和"圣人"来解决问题。"至人无己，神人无功，圣人无名"，无用声名，不图事功，"安时而处顺"，连"己"都"无"了，自然再不用"有所待"，这才是彻底地逍遥！这种人生观表面上似乎是极高的境界，骨子里其实是极端悲观的。——庄子感到人生是一种桎梏，这个社会无处可以容身，但他对这个世界又未能忘情，庄子的全部人生哲学就是这种悲观而又矛盾的产物。

《世说新语·文学》记支道林对《逍遥游》的理解云："《庄子·逍遥篇》，旧是难处，诸名贤所可钻味，而不能拔理于郭、向之外。支道林卓然标新理于二家之表，立异义于众贤之外，皆是诸名贤寻味之所不得。后遂用支理。"然《世说新语》并未记录支道林解释的具体内容，刘孝标注引支氏《逍遥论》曰："夫逍遥者，明至人之心也。庄生建言大道，而寄指鹏鷃。鹏以营生之路旷，故失适于体外；鷃以在近而笑远，有矜伐于心内。至人乘天正而高兴，游无穷于放浪。物物而不物于物，则遥然不我得（'得'疑当作'待'）；玄感不为，不疾而速，则逍然靡不适。此所以为逍遥也。"支道林所谓"至人乘天正而高兴，游无穷于放浪"，在魏晋人的解释中最接近庄子的本意。这两句话实即庄子"乘天地之正而御六气之辩以游无穷"之意。接着又说什么"玄感不为，不疾而速"，又说得很玄。故支道林的解说远不如一千五百年后王先谦说的明白准确。

支道林，即支遁（314—366），字道林，本姓关，东晋著名高僧。

《世说新语》提到所谓"郭向二家"也需有所说明。同样是《世说新语·文学》记录：原来魏晋之际，注《庄子》者多达数十家，"莫能究其旨要"。"向秀于旧注外为解义，妙析奇致，大畅玄风。"所注《庄子》，只缺《秋水》《至乐》两篇未注就去世了。后郭象"见秀义不传于世，遂窃以为己注。乃自注《秋水》《至乐》二篇，又易《马蹄》一篇；其馀众篇，或定点文句而已。后秀义别本出，故今有向郭二《庄》，其义一也"。根据这段记载，可知今传《庄子注》，除《秋水》《至乐》《马蹄》三篇外，原本皆向秀所注。故称《庄子》为"郭象注"并不妥当，因本帙采用郭庆藩《庄子集释》，所引注文，仍称"郭象注"。谨此说明。（参见《庄子释文序录》）友人储庭焕曰："郭庆藩明知《庄子》系向秀注，特推重其本家郭象而称为'郭象注'。"储君之说，亦颇有意味。

# （二）

尧让天下于许由①，曰："日月出矣而爝火不息，其于光也不亦难乎②！时雨降矣而犹浸灌，其于泽也不亦劳乎③！夫子立而天下治，而我犹尸之，吾自视缺然，请致天下④！"

许由曰："子治天下，天下既已治也，而我犹代子，吾将为名乎？名者实之宾也，吾将为宾乎？鹪鹩巢于深林不过一枝，偃鼠饮河不过满腹。归休乎君，予无所用天下为⑤！庖人虽不治庖，尸祝不越樽俎而代之矣⑥。"

① 尧，传为古代圣王。见司马迁《史记·五帝本纪》。许由，传为尧时高士。成玄英疏："许由，隐者也，姓许名由，字仲武，颍川阳城人也。隐于箕山（在今河南登封市东南），师于啮缺，依山而食，就河而饮。尧知其贤，让以帝位。许由闻之，乃临河洗耳，巢父饮犊，牵而避之，曰：'恶吾水也。'死后，尧封其墓，谥曰箕公，即尧之师也。"此参照《庄子》本书与皇甫谧《高士传》等书所记撰

写，属于故事传说。

② 爝（jué），火炬。爝火与日月相形之下，"其于光也不亦难乎！"

③ 浸灌，用少量的水浸润灌溉。泽，润泽（田地）。个人浸灌与时雨相形之下，"其于泽也不亦劳乎！"

④ 夫子，指许由。尸，主，指占有其位。缺然，欠缺。致，犹言奉送。请致天下，请让我将天下奉送（与许由）。

⑤ 鹪鹩，小鸟名。偃鼠，一名鼢鼠，为一种体型不大的小鼠。为，感叹性语尾助词。

⑥ 庖人，厨人。尸，主也。尸祝，祭祀时主持祷祝之人。一说，古代祭祀时用活人代神灵受祭者曰尸，尸祝指尸与祝，亦通。尊，酒器。俎（zǔ），陈放牲礼之器。尊俎皆祭祀用的礼器。

★许由是道家塑造的至高无上的隐者，尧让天下，故事而已。本段文字则甚为精彩。

# （三）

肩吾问于连叔曰："吾闻言于接舆，大而无当，往而不返。吾惊怖其言，犹河汉而无极也，大有径庭，不近人情焉①。"

连叔曰："其言谓何哉？"

曰："藐姑射之山，有神人居焉②。肌肤若冰雪，绰约若处子，不食五谷，吸风饮露。乘云气，御飞龙，而游乎四海之外③。其神凝，使物不疵疠而年谷熟。吾以是狂而不信也④。"

连叔曰："然。瞽者无以与乎文章之观，聋者无以与乎钟鼓之声。岂唯形骸有聋瞽哉，夫知亦有之。是其言也，犹时女也⑤。之人也，之德也将磅礴万物以为一；世蕲乎乱，孰弊弊焉以天下为事⑥！之人也，物莫之伤，大浸稽天而不溺，大旱金石流土山焦而不热。是其尘垢秕糠犹将陶铸尧舜者也，孰肯以物为事⑦！宋人资章甫而适诸越，越人断发文身，无所用之⑧。尧治天下之民，平海内之政，往见四子⑨藐姑射之山，汾水之阳，窅然丧其天下焉⑩。"

① 肩吾、连叔，皆寓言人物。接舆，《论语·微子》有"楚狂接舆歌而过孔子"，知为春秋楚国的隐者。又见于《庄子·人间世》篇。后文有尧往见是子藐姑射之山，则托为帝尧时事；若然，则接舆不应理解为春秋时之接舆。反正都是语言人物，其生存时代，无须追究。无当，不的当、不实在。往而不返，只放出去而不收回来，意即不落实。河汉，天河。《古诗十九首》："迢迢牵牛星，皎皎河汉女。"无极，没有边际。径庭（jìng tíng），叠韵连绵词，过分过激之貌，指与事实相抵触。（清宣颖《南华经解》："径，门外路也。庭，堂前地也。势相远隔。今言大有径庭，则相远之甚也。"宣说非是，此望文生义，与原意正"大有径庭"。）

② 藐姑射（yè），寓言所设山名。（《释文》引简文云："藐（miǎo），远也。"后世注家多从之。按，简文之说非是。是山名"藐姑射"。若山只名"姑射"，则后文应作"往见四子姑射之山，汾水之阳"，不必再加"藐"字。"藐姑射之山"与"汾水之阳"相连，则其地在山西汾水之北。但不必当真，这是寓言，前人考证山在何处，实属多馀。）

③ 肌肤若冰雪，形容肌肤白嫩。郭庆藩《庄子集释》："冰，古凝字。肌肤若冰雪，即《诗》所谓'肤如凝脂'也。"并引孙炎本即作"凝"，谓"冰脂以滑白言，冰雪以洁白言"。其说甚是。绰约（chuò yuē，绰，昌约切），叠韵联绵词，柔美貌。处子，闺女。

④ 其神凝，谓其神气凝照潜通。成玄英疏："凝，静也。"物，指神人关注的各种物。疵疠，疾病，败坏。狂，通"诳"，欺诳，虚妄。信，真实。狂而不信，欺诳虚妄而不真实。信，诚也。

⑤ 瞽（gǔ），瞎眼。无以与，不能参与。文章，由色彩组成的花纹，如图画

彩绣之类。观，美色。聋瞽，原作"聋盲"，王孝鱼校谓"《阙误》引天台山方瀛观古藏本盲作瞽"，从之。知，通"智"，认识。是其言，即指智亦有聋瞽。犹时女也，说的就像你这种人。林希逸《南华真经口义》："时，是也。女，与汝同。"(《释文》引司马彪云："时女，犹处女也。"司马之说甚误。连叔谓"犹时女也"指肩吾，司马彪误以为指神人。前文说神人"绰约若处子"，谓其和顺美貌如少女，并非说他是女性。)

⑥之人，此人，指神人。德，犹言道行。"之德"即其德。磅礴（páng bó，磅，薄郎反；礴，薄博反），双声联绵词，《释文》引司马彪云："磅礴，犹混同也。磅礴万物以为一，即齐万物之意。"世，世人，指当时的统治者。蕲，求也，致力追求之意。乱，暴乱。弊弊然，劳苦疲惫之意。谓当世的统治者攻城掠地，互相争夺，致力于制造暴乱，（社会如此混乱），谁愿意劳苦疲惫以天下为事！（"之人也，之德也将磅礴万物以为一"，注家或断作"之人也，之德也，将磅礴万物以为一"，如此句读非是。按"之德也将磅礴万物以为一"系说明"之人也"的本性，故"之人也"与"之德也"两者并非并列。)

⑦物，客观外物。物莫之伤，外物莫能伤害他。稽，《释文》引司马彪云："至也。"大浸稽天，洪水滔天。金石流，金石熔化。土山焦，土山焦枯。《释文》："秕糠，犹烦碎。"成玄英疏："散为尘，腻为垢，谷不熟为秕，谷皮曰糠，皆猥物也。镕金曰铸，范土曰陶。"尧舜，并历史上古代圣王。"孰肯以物为事"与上"孰弊弊焉以天下为事"意同，"物"即指"天下"。

⑧宋，古代宋国在今河南商丘。资，贩卖。章甫，冠名。《释文》引李颐云："资，货也。章甫，殷冠也。以冠为货。"越，古代越国在今浙江省境。断髪，剃髪。文身，在身上刺花纹。章甫之冠必结于髪髻，越人断髪，故无所用之。此用以比喻神人不以天下为事，故于天下亦无所用之。

⑨平，理平。四子，"四"乃"是"字之音误，"四子"应为"是子"，即指神人。(《释文》引司马彪李颐说，谓指王倪、啮缺、被衣、许由。《天地》篇曰："尧之师曰许由，许由之师曰啮缺，啮缺之师曰王倪，王倪之师曰被衣。"司马李颐即据《天地》为说。原文未说谁何，注家不能代为指实。《天地》篇所说与本文并无

联系。此处是整段文章的收结，前文明说"藐姑射之山，有神人居焉"，则尧往藐姑射之山所见者应即藐姑射之神人，不应无端冒出前文无任何影迹的"四子"。）

⑩汾水，在今山西境，西南流注入黄河。阳，水北曰阳。尧都平阳（今山西临汾），在汾水南岸。窅（yáo）然，怅然自失之貌。丧，遗忘。丧其天下，不以天下为意。

★"之人也，之德也将磅礴万物以为一；世蕲乎乱，孰弊弊焉以天下为事！之人也，物莫之伤，大浸稽天而不溺，大旱金石流土山焦而不热。是其尘垢粃糠犹将陶铸尧舜者也，孰肯以物为事！"王叔岷《庄子校释》曰："（孰肯以物为事），此与上文'孰弊弊焉以天下为事'对言，'孰肯'下疑有挩文。《淮南·俶真篇》'孰肯分分然以物为事也'，当补'分分然'三字与上文句法一律。"陈鼓应《庄子今注今译》即据王说补入。按，王说非是，三字不宜补入。《淮南·俶真篇》原文曰："若然者，视天下之间，犹飞羽浮芥也，孰肯分分然以物为事也。"此《淮南》作者袭用《庄子》词句而加以变化，不能据袭用而有变化者改变原文。补字的原则，必须是有理由证明确有缺文，非补不可，不补则文意不顺，方可补入。"孰肯以物为事"文词顺畅，不须补字。原文两个以"之人也"开头的复句，并非字字对应；前一句以"孰弊弊焉以天下为事"收结，后一句以"孰肯以物为事"收结，准确而生动；无端插入"分分然"三字，两句仍非字字对应，句式反而显得呆板。《淮南》文辞芜杂，大量因袭老庄文辞语句，或稍作改动，或增加词语，比比皆是。若皆据以反补老庄，则老庄之书将混乱致不可读。此种做法极宜慎重，凡可以不补不改者则不补不改。万不可自我作古，妄改古代经典。

## （四）

惠子谓庄子曰："魏王贻我大瓠之种，我树之成而实五石，以盛水浆，其坚不能自举也。剖之以为瓢，则瓠落无所容。非不呺然大也，吾以为无用而掊之①。"

　　庄子曰："夫子固拙于用大矣。宋人有善为不龟手之药者，世世以洴澼絖为事。客闻之，请买其方百金②。聚族而谋曰：'我世世为洴澼絖，不过数金，今一朝而鬻技百金，请与之③。'客得之，以说吴王。越有难，吴王使之将，冬与越人战，大败越人，裂地而封之④。能不龟手一也，或以封，或不免于洴澼絖，则所用之异也。今子有五石之瓠，何不虑以为大樽而浮于江湖，而忧其瓠落无所容，则夫子犹有蓬之心也夫⑤！"


　　① 惠子，即惠施，宋国人，曾为梁惠王相；为庄子之友，又为庄子之论敌。《天下》篇称"惠施多方，其书五车"。《汉书·艺文志·名家》著录《惠子》一篇，今佚。魏王，当为魏惠王，姓魏名莹。周烈王七年（前369）继魏武侯即位。《史记·魏世家》谓惠王三十一年（前339）为秦所逼，自安邑徙治大梁（今河南开封），故又称梁惠王。然《魏世家》集解引《汲冢纪年》谓魏迁都大梁在惠王九年（前361）。惠王三十五年（前335）孟子见梁惠王。贻，给予。瓠（hù），瓜名，今仍称瓠子。其中一种，上小下圆，形似壶芦，故又称葫芦。过老则皮坚硬如木质，中空，可以盛东西；对半剖开，即成为瓢。树，种植。实五石，指瓠的容积。石，容量单位，一石十斗。其字古音十（shí），今读如担（dàn）。瓠落，同"廓落"（kuò luò）、"濩落"（huò luò），叠韵联绵词，空大虚脆之貌。无所容，不能盛东西。呺（xiāo），虚大貌。掊（pǒu），击破。

　　② 龟（jūn），同"皲"，因寒冷或干燥使皮肤开裂。不龟手，使手皮肤不开裂。洴澼（píng pì），双声联绵词，漂洗。漂洗时用木杵击打，洴澼亦象击打之声。絖（guàng），绵絮。百金，《释文》引李颐云："金方寸重一斤为一金。百金，百斤也。"先秦说金指的是铜。买其方百金，用一百斤铜买取不龟手之药方。这是古籍记载的第一宗技术转让。

　　③ 鬻（yù）技，出卖技术。

　　④ 说（shuì），用言辞说动别人听取自己的意见。此指客劝说吴王采用不龟手之药使冬天水战时战士手脚不致冻坏，有利于进行战斗。越有难，指吴国与越构

难,即发生战争。裂地而封之,分封一分土地作为奖赏。

⑤摅,《文选·谢灵运〈永初三年七月十六日之郡初发都〉》李善注引作"摅","虑"当为"摅"(shū),缚。摅以为大樽,《释文》引司马彪曰:"樽如酒器,缚之如身,浮于江湖,可以自渡。摅,犹结缀也。案,所谓腰舟。"蓬,草名。蓬之心,犹孟子所谓"茅塞"之心。(按,瓠,即瓠子,又称葫芦或壶芦,老化以后,内部枯干,外壳坚硬,缚在身上,可以浮渡江河。从前乡下仍然使用。司马彪所说不误。惠子所说谓其"实五石"则为夸大之辞。)

# (五)

惠子谓庄子曰:"吾有大树,人谓之樗。其大本拥肿而不中绳墨,其小枝卷曲而不中规矩,立之涂,匠者不顾。今子之言,大而无用,众所同去也①。"

庄子曰:"子独不见夫狸狌乎?卑身而伏,以候敖者;东西跳梁,不辟高下;中于机辟,死于网罟②。今夫斄牛③,其大若垂天之云。此能为大矣,而不能执鼠。今子有大树,患其无用,何不树之于无何有之乡,广莫之野,彷徨乎无为其侧,逍遥乎寝卧其下。不夭斤斧,物无害者④。无所可用,安所困苦哉⑤!"

①樗(shū),木名。大本,树干。拥肿(yōng zhǒng),叠韵联绵词,肥大。绳墨,匠人用的墨线,用以画正木料。卷曲,卷结弯曲。规矩,用以量正方圆之器。正圆者谓之规,即曲尺;量方者谓之矩,即角尺。涂,路上。

②独,宁,岂,难道。狸(lí)狌(xīng),野猫。(一说,狸为野猫,狌为黄鼠狼。故事中以释为一种动物为好。)敖,同"遨"。敖者,遨游的小动物,老鼠之类。跳梁,跳跃。"梁"为"踉"之借字,踉亦跳也。《广韵·阳韵》:"踉,跳踉也。"机辟,捕兽设施,机指机关,辟指陷阱。王先谦《庄子集解》:"辟,所以

陷物。《盐铁论·刑法篇》：'辟陷设而当其蹊。'与此同类。"罟，捕兽罗网。

③ 犛（lí，又音 lái）牛，《释文》引司马彪云："旄牛。"

④ 无何有之乡，广莫之野，《释文》："谓寂绝无为之地也。"无何有者，无有也。广莫，同广漠。彷徨（páng huáng），叠韵联绵词，徘徊遨游。不夭斤斧，不夭折于斤斧，即不被砍伐。

⑤ 樗、矩、顾、去、者、下、罟、鼠、野、下、斧、者、苦，古韵阴声鱼部。（《庄子》散文中间用韵文，本书按古韵三十部随文注出，韵字归部遵用郭锡良编《汉字古音手册》。参见《老子本原·古韵分部说明》。）

★《逍遥游》前段是全文主体，后段加四则寓言。

许由不接受尧让与天下，曰："名者实之宾也，吾将为宾乎？""予无所用天下为！"此以寓言申述"圣人无名"。藐姑射的神人，"之德也将磅礴万物以为一"，而不肯"弊弊焉以天下为事"。此申述"神人无功"。其实是以无功为功，犹老子之"我无为而民自化"。不肯以天下为累，"无所待"任何的名与功，自身乃得以"逍遥"。

由于《庄子》成书的过程不清楚，如《逍遥游》本篇，文章至"若夫乘天地之正而御六气之辩以游无穷者，彼且恶乎待哉！故曰：至人无己，神人无功，圣人无名"，即已结束，文意完整，后面四则寓言是庄子原文还是后人增加很难断定。如惠子与庄子的两段对话，按全文结构，似应说明"至人无己"。圣人的代表者是许由，神人的代表是藐姑射之神人。后两段对话中却没有至人，似不甚完整。后两节记庄子与惠子论辩，称为"庄子"就不是庄子本人语气，这两段应为庄子后学所增。文辞亦有模仿形迹。如曰："吾有大树，人谓之樗。其大本臃肿而不中绳墨，其小枝卷曲而不中规矩，立之涂，匠者不顾。"则与《人间世》篇"匠石至齐"，见栎社树，匠伯不顾，内容基本相同。又如"今夫犛牛，其大若垂天之云"，似仿造前文大鹏"其翼若垂天之云"。鹏飞天上，其翼若垂天之云；牛行地上，也说"其大若垂天之云"就显得拙劣，拟于不伦。又，本段独用韵语，也与前文不同。其写作过程究竟如何，只能存疑。

# 齐物论第二

　　庄子是老子的继承者。老子哲学的主要范畴曰"道"。老子认为道是宇宙间的客观存在,"自古以固存",永远也不会消失。但道无法感知,视之不见,听之不闻,搏之不得,故又名曰"无"。道生成天地万物,天地万物又回归于无。庄子认为世间一切皆是道的体现,故"天地与我并生,万物与我为一";因而所有一切皆可同一视之,一生死,同梦觉,齐大小,等寿夭。这就是"齐物"。所有一切是非皆可同一视之,这就是"齐论"。故"齐物论",可以理解为"齐物"又"齐论"。全文涉"齐物"的内容固然很多,但精神实质却重在"齐论",即泯灭是非。"论"亦称为"物论",故"齐物论"亦可以理解为"齐"一切"物论"。

　　"齐物论"是庄子哲学的重要内容。同"逍遥游"之追求"无所待而游无穷"的绝对自由一样,"齐物论"也只是一种玄理,在有限范围的客观世界,事物的差别是客观存在,是非矛盾的存在也是必然的,全都齐一视之纯属虚无的理念。

## (一)

　　南郭子綦隐机而坐①,仰天而嘘,荅焉似丧其耦②。颜成子游立侍乎前③,曰:"何居乎?形固可使如槁木而心固可使如死灰乎?今之隐机者非昔之隐机者也④?"

　　子綦曰:"偃,不亦善乎,而问之也!今者吾丧我,汝知之乎⑤?女闻人籁而未闻地籁,女闻地籁而未闻天籁夫⑥!"

　　子游曰:"敢问其方⑦?"

　　子綦曰:"夫大块噫气,其名为风。是唯无作,作则万窍怒呺。而独不闻之翏翏乎⑧?山林之畏佳⑨,大木百围之窍穴,似鼻似口似耳,似枅似圈似臼，似洼者，似污者⑩；激者謞者，叱者吸者，叫者譹者，宎者咬者⑪；前者唱于而随者唱喁，泠风则小和，飘风则大和；厉风济则众窍为虚，而独不见之调调之刀刀乎⑫！"

子游曰："地籁则众窍是已，人籁则比竹是已，敢问天籁⑬？"

子綦曰："夫〔天籁者〕，吹万不同，而使其自已也咸其自取，怒者其谁邪⑭？"

① 南郭子綦（qí），《释文》引司马彪云："居南郭，因为号。"其人生平原委不详。

② "隐机"三句，《释文》："隐，冯（凭）也。机，同'几'；李本作几。《徐无鬼》篇作'几'。嘘，音虚，吐气为嘘。嗒然，解体貌。耦，本亦作偶，匹也，对也。司马云：耦，身也，身与神为耦。"丧，遗忘。似丧其耦，仿佛遗忘了自身。俞樾《庄子平议》："耦当读为寓。寓，寄也，神寄于身，故谓身为寓。"俞说可供参考。

③ 颜成子游，《释文》引李颐云："子綦弟子也，姓颜，名偃，谥成，字子游。"《徐无鬼》篇作颜成子。刘师培《庄子斠补》引《广韵》十四清："汉复姓十五氏，《庄子》有务成子、广成子、颜成子游、伯成子高。"以"颜成"为复姓。

④ 何居，何故。形固可使如槁木而心固可使如死灰，即"嗒焉似丧其耦"的状态。今之隐机者，此即目所见之南郭；昔之隐机者，指往日所见之子綦。成玄英疏："子游昔见坐忘，未尽玄妙；今逢隐机，实异曩时。怪其寂泊无情，故发惊疑之旨。"

⑤ 偃，子游之名。偃，息也，息则静，游则动；此以动静相对组成名与字。孔子弟子言偃字子游，取义相同。而，通"汝"。吾丧我，亦即"嗒焉似丧其耦"。郭象注："吾丧我，我自忘矣；我自忘矣，天下有何物足识哉！故都忘外内，然后超然自得。"成玄英疏："而，犹汝也。丧，犹忘也。许其所问，故言不亦善乎。而子綦境智两忘，物我双绝，子游不悟，而以惊疑，故示隐几之能。"

⑥ 女，通"汝"。"女闻"二句，郭象注："籁，箫也。夫箫管参差，宫商异

律，故有短长高下万殊之声。声虽万殊，而所禀之度一也。然则优劣无所措其间矣。况之风物，异音同是，而咸自取焉，则天地之籁见矣。"按，"人籁"指箫管一类乐器发出的声音，"地籁""天籁"中的"籁"喻指一切自然的声音。

⑦其方，其中的道理。

⑧大块，地也。《左传》僖公二十三年：晋公子重耳出亡，过卫。"出于五鹿，乞食于野人，野人与之块。"块即土也。地为广大之土，故曰大块。噫气，吐出之气。此设想风为大地所吐之气。作，起。万窍，各种孔穴。怒呺，即怒号。而，通"汝"。独，岂。翏翏（liú，又音 liáo），郭象注："长风之声。"《释文》引李颐本作"飂飂"。

⑨山林，奚侗《庄子补注》谓"林当为陵"。郭象注："大风之所扇动也。"成玄英疏："畏佳，扇动之貌。"郭成以"扇动"释"畏佳"，则郭本原作"山林"。《释文》引李颐云："畏佳，山阜貌。"则李颐本作"山陵"。两相比较，作"山陵"为胜。畏佳，顾野王《玉篇·山部》引作"嵔崔"（wéi cuī），叠韵联绵词，山高低不平貌，亦高峻貌。

⑩窍，孔。《释文》引崔譔本作"窾"。枅，《释文》："音鸡（jī），又音肩（jiān），《字林》云：柱上方木也。简文云：樽栌也。"圈，《释文》："起权反，郭音权，杯圈也。"臼（jiù），石臼，舂米之器。洼，深池，亦指低洼之地。污，小池，亦指低下之地。似鼻似口似耳，以三种器官为比。似枅似圈似臼，以三种器物为比。似洼者似污者，以两种地形为比。

⑪激者，水湍激之声。謞（xiāo）者，飞箭之声。叱者，叱咤之声。吸者，嘘吸之声。叫者，叫喊声。譹（háo），号哭声。宎（yǎo）者，《释文》引司马彪云："深者也，若深宎然。"当指风吹深洞之声。咬者，《释文》引司马彪云："声哀切咬咬然。"八者比喻风吹山林窍穴的各种声音。——叫、譹、宎、咬，古韵阴声宵部。

⑫于、喁（yóng），两种和声。泠风，小风。飘风，大风。厉风，烈风，此泛指风。济，止息。虚，空也，此指寂静。厉风济而众窍为虚，郭庆藩《庄子集释》："济，止也。风止则万籁寂然，故曰众窍为虚。"而，通"汝"。"不见之"之

― 齐物论第二 ―

"之",犹其。调调、刁刁,《释文》引向秀注:"皆动摇貌。"刁刁,原本作"刁刁",此从王孝鱼校所据世德堂本。向秀注即作"刁刁"。——调,古韵阴声幽部;刁,古韵阴声宵部。

⑬ "地籁"三句,成玄英疏:"地籁则众窍之徒,人籁则箫管之类,并皆眼见,此则可知。唯天籁深玄,卒难顿悟。敢陈庸昧,请决所疑。"两"已"(yǐ)字并通"矣"。

⑭ 天籁者,原本无此三字。王叔岷《庄子校释》:"《世说新语·文学篇》注引'吹万不同'上有'天籁者'三字,文意较明。"吹万不同,风吹万窍发出不同的声音。已(yǐ),止也。自已,风停后又各自止息无声。取,《广雅·释诂三》:"取,为也。"自取,犹自为,自发。怒者,《鬼谷子·摩》:"怒者,动也。"此处犹言发动者。使各种孔穴的声音自己者也是使其自发的,那个原始的发动者是谁呢?

★ (一) 此第一段。欲齐物论,开头却有南郭子綦一段高谈,令人颇费思考。"吾丧我",何以引出人籁地籁天籁之说?人籁地籁天籁与齐物论又有何关联?风吹万窍,发出各种声音,与箫管发声无以异。子綦曰:"吹万不同,而使其自已也咸其自取,怒者其谁邪?"子綦的问题非常微妙,他没有作明确的回答。——按,怒,动也。怒者,犹言发动者,主宰者。"怒者其谁邪?"谓到底这怒者即发动者、主宰者是谁?有没有这个怒者?

郭象注:"夫天籁者,岂复别有一物哉,即众窍比竹之属,接乎有生之类,会而共成一天耳。无既无矣,则不能生有,有之未生,又不能为生。然则生生者谁哉?块然而自生耳。自生耳,非我生也。我既不能生物,物亦不能生我,则我自然矣。自己而然,则谓之天然。"又曰:"物皆自得之耳,谁主怒之使然哉!"郭象说得很玄,令人难以理解。似乎"物皆自得之",也就没有"怒者"。但既曰"物皆自得之","得之"必有所"得"之源,应该自有"怒者"。

王先谦曰:"此文以吹引言,风所吹万有不同;而使之鸣者仍使其自止也。且每窍各自成一声,是鸣者仍皆其自取也。然则万窍怒号,有使之怒者。而怒者果

83

谁邪？悟其为谁，则众声之鸣，皆不能无所待，而成形者更可知矣，又何所谓得丧乎？怒者其谁，使人言下自领，下文所谓真君也。"王先谦以庄子本人说的"真君"解释"怒者"，甚为合理。所谓"真君"，实即是"道"，道"无为而无不为"，一切任其自然；故风鸣万窍，鸣则任其自鸣，止则任其自止。

本篇要义是"齐物论"，道之于物论是非，即如同对风鸣万窍，亦任其自然，皆可"齐一"视之。此中玄理，是南郭子綦隐机"答焉似丧其耦"领悟得来。明白了此中意蕴，才能理解"齐物论"何以由南郭一番高论开头。读懂了这一段，也就进入了理解"齐物论"的门槛。

（二）文中南郭子綦绘声绘色地描摹"大块噫气"一段极为精彩，连用八种事物来比喻山间万窍，又连用八种声音来形容万窍齐鸣，"漂忽溯滂，激扬熛怒"，"如波涛夜惊，风雨骤至"。"泠风则小和，飘风则大和；厉风济则众窍为虚，而独不见之调调之刀刀乎！"令人如闻其声，如临其境。这段文字，是中国古籍中咏风名作，只有后来宋玉《风赋》、欧阳修《秋声赋》差可媲美。

（三）南郭子綦，成玄英疏："楚昭王之庶弟，楚庄王之司马，字子綦。古人淳质，多以居处为号，居于南郭，故号南郭，亦犹市南宜僚、东郭顺子之类。其人怀道抱德，虚心忘淡，故庄子羡其清高而托为论首。"按《史记·楚世家》，子綦为楚昭王庶弟，楚惠王司马，成疏"庄王"乃"惠王"之误。楚昭王十年吴师入楚，子綦从昭王奔随。吴人要随杀昭王。"子綦乃深匿王，自以为王，谓随人曰：以我予吴。"后随人卜予吴不吉，昭王与子綦得以不死。十八年之后，楚昭王卒，惠王立，子綦为司马。惠王八年白公胜作乱，司马子綦与令尹子西一同被害。《庄子》书中南郭子綦为"怀道抱德"之士，不可能是楚司马子綦，同名而已。《楚世家》之司马子綦，《左传》作子期，名字亦未必相同。南郭子綦《徐无鬼》篇作南伯子綦，自言"吾尝居山穴之中矣。当是时也，田禾一睹我，而齐国之众三贺之"。则其人为齐人，非楚司马子綦甚明。（成玄英所引市南宜僚见《山木》篇，东郭顺子见《田子方》篇。）

（四）今者吾丧我，朱桂曜《庄子内篇证补》引清杨复吉《梦兰琐笔》："元赵德《四书笺义》曰：'吾、我二字，学者多以为一义，殊不知就己而言则曰吾，因人而言则曰我。'吾有知乎哉'，就己而言也。'有鄙夫问于我'，因人之问而言也。"按，赵德之说自我作故，并不的确。举几个例子是容易的，验之先秦古籍大量词例则完全不然。《左传》襄公二十五年曰"吾亡也""吾死也"，《左传》成公五年曰"我亡"，隐公十一年曰"我死"。《论语·为政》"吾十有五而志于学"，《述而》"我非生而知之者"；《孟子·离娄上》"可以濯我缨，可以濯我足"，《楚辞·渔父》"可以濯吾缨，可以濯吾足"。此等词例，多不胜举，将何以区分"就己而言""因人而言"？"今者吾丧我"句本身"我"字即"就己而言"，并非"因人之问而言也"。

## （二）

大知闲闲，小知间间；大言炎炎，小言詹詹①。其寐也魂交，其觉也形开，与接为构，日以心斗②。缦者，窖者，密者；小恐惴惴，大恐缦缦③。其发若机栝，其司是非之谓也④；其留如诅盟，其守胜之谓也⑤。其杀若秋冬，以言其日消也⑥；其溺之所为之，不可使复之也⑦；其厌也如缄，以言其老洫也；近死之心，莫使复阳也⑧。喜怒哀乐，虑叹变慹，姚佚启态⑨；乐出虚，蒸成菌⑩。日夜相代乎前，而莫知其所萌⑪。已乎，已乎！旦暮得此，其所由以生乎⑫！

非彼无我，非我无所取。是亦近矣，而不知其所为使⑬。若有真宰，而特不得其朕。可行已信，而不见其形，有情而无形⑭。

① 知（zhì），通"智"。《释文》："音智。下及注同。"闲闲，《释文》引李颐云："无所容貌。"又引简文帝云："广博之貌。"间间，细密之貌。《释文》，"有所间别也"。炎炎，成玄英疏，"猛烈也"。詹詹，《释文》引李颐云，"小辩之貌"。大知闲闲者，自以为宽博广大；小知间间者，自以为辨析分明；大言炎炎者，高谈阔论，气焰张狂；小言詹詹者，争辩纠缠，喋喋不休。本篇是"齐物论"，无论

85

大知小知，小言小言，在本质上并无区别。后文"其寐也魂交，其觉也形开，与接为构，日以心斗"，并就大知小知大言小言言之，非专指小小言也。（成玄英疏："夫智惠宽大之人，率性虚淡，无是无非；小知狭劣之人，性灵褊促，有取有舍。有取有舍，故间隔而分别；无是无非，故闲暇而宽裕也。"又云："夫诠理大言，犹猛火炎燎原野，清荡无遗；儒墨小言，滞于竞辩，徒有词费，无益教方。"按，成疏以大知大言为高明，小知小言则卑下，全违齐物论旨意，极其错误。后世注家虽言人人殊，然从成疏之说者甚夥，其误自亦相同。）——闲，间，古韵阳声元部；炎、詹，阳声谈部。

② 其，指上文之"大知""小知""大言""小言"，实概指苦心劳形的世人，以下诸"其"字皆同。寐，睡觉之时。魂交，精神交错烦乱。觉，醒寤之时。开，犹动也。形开，形体躁动不安。接，与相接之外物。构，交合。日以心斗，每天勾心斗角。——构、斗，古韵阴声侯部。

③ 缦（màn），纡缓。窖（jiào），深沉。密，谨密。惴惴（zhuì），恐惧貌。缦缦，惶恐貌。二者皆恐惧之意，只是程度的差别。句意谓无论大知小知大言小言，或纡缓，或深沉，或小心谨慎，实际皆惶惶不安。

④ 发，发表，表现出来。机栝，《释文》："机，弩牙。栝，箭栝。"弩牙，弩箭发射的机关。箭栝，箭末扣弦的部位。成玄英疏："司，主也。"句意谓表现出来，如弩箭发射之锐利，生成各种是非。（发，注家多解释为"发言"；按，应包括各种形式的"发"，不单指发言。）

⑤ 留，即不发，不表现。诅盟，成玄英疏："诅，祝也。盟，誓也。"句意谓或者不表现出来，如发誓决不声张，保持致胜之术。二句之意，谓发表出来即生成是非，不发表出来实隐藏是非。

⑥ 杀，义同《吕氏春秋·应同》"草木秋冬不杀"之杀，衰杀，枯萎。消，消减，消歇。他们衰杀如秋冬（之草木），是说他们的生命日益消歇。

⑦ 溺，沉溺。"溺之"之"之"，犹"于"也。"为之"之"之"，犹"者"也。复，回复，恢复。他们沉溺于其所为，不可使他再恢复（生机）。

⑧ 厌，《集韵·琰韵》："厌，闭藏也。"缄，封固。《广韵·咸韵》："缄，缄

封。"老洫，衰老。《集韵·质韵》："洫，深意。"王先谦《庄子集解》："洫，深也。老而愈深。"复阳，恢复生机。句意谓其心灵闭塞如同缄封，是说他们日益衰老，近死之心，没有谁能使之恢复生机。——"其发"以下诸句："其发若机栝"与"其留如诅盟"对句排比，是说世人对待是非的两种表现形式，或者发表生成是非，或者不发表隐藏是非。"其杀若秋冬""其溺之所为之""其厌也如缄"连句排比，谓世人在"与接为构，日以心斗"，"小恐惴惴，大恐缦缦"的境况下，日益衰杀，日益沉溺，日益闭塞，"近死之心，莫使复阳也"。

⑨ 喜怒哀乐，虑叹变慹，姚佚启态，成玄英疏："凡品愚迷，耽执违顺。故喜则心生欢悦，乐则形于舞忭，怒则当时嗔恨，哀则举体悲号，虑则抑度未来，叹则咨嗟已往，变则改易旧事，慹则屈服不伸，姚则轻浮躁动，佚则奢华纵放，启则开张情欲，态则娇淫妖冶。众生心识，变转无穷，略而言之，有此十二。审而察之，物情斯见矣。"成玄英谓此为世人感情心理的十二种表现。宣颖《南华经解》："虑，多思。叹，多悲。变，多反覆。慹，多怖，意执。"姚佚，通佻佚（yáo yì），双声联绵词。态，古读如替。启态，叠韵联绵词。皆放纵张狂之意。喜怒哀乐，概言人的情感心理。下二句分而言之。虑叹变慹，就其思虑忧惧而言；姚佚启态，就其放纵张狂而言。二种情态相反，其不得安宁则一。

⑩ "乐出虚"二句，紧承上文，谓世人各种复杂的心态，如乐音之出于空虚的箫管，如湿气蒸发生成菌类。刘武《庄子内篇注》："盖此两句，系插喻。言以上所举心斗之各种情态，如乐之出于虚而无形，如气之蒸成菌而无根。"

⑪ "日夜"二句，谓各种"日以心斗"的情态日夜交相变化于前，而不知谁使之萌发。"其所萌"犹前文南郭子綦所说之"怒者"。

⑫ 旦暮，早晚，泛指某个时候。二句谓如果早晚懂得了"其所萌"者，也就懂得了"其所由以生"了。——本段又提出了一个"其所萌"者，"其所由以生"者，同样只是提示，没有作明确的解答。其实皆指"道"。人世间的一切大知小知大言小言，如厉风振发，万窍怒号。大道"无为"，任其自然而已。凡蒙无知，费尽一切心力，"与接为构，日以心斗"，而"莫知其所萌"，实在是人间世莫大的悲哀。

⑬ 彼，宣颖《南华经解》："彼，即上之此也。"亦即"其所萌"者，"其所由以生"者。取，义同《易·系辞下》"远近相取而悔吝生"之取，王弼注："相取，犹相资也。"犹言凭借，体现。近，义同《吕氏春秋·执一》"为有其才者为近之"之近，高诱注，"犹知也"。此处犹言明白。句意谓，没有那个"其所由以生"者就没有我；没有我，"其所由以生"者也无从体现。这是很明白的。但还是不知"其所为使"。——"其所萌""其所由以生""其所为使"，实均指"道"。世间一切皆是道的体现，"我"自然也是道的体现。这几句用探问的语气加以暗示，下文才提出"真宰"这个概念，用"真宰"作为道的别称。

⑭ 真宰，最高主宰。特，独，只是。朕（zhèn），《释文》，"兆也"。征兆，迹象。行，运行，指其作用。情，真实。句意谓，好像有一个最高主宰，只是看不到它的迹象。可其作用已得到验证，而看不到它的形迹，它是有真实的存在而没有形迹的。——此所谓"真宰"即指道。《老子》第二十一章："道之为物，惟恍惟惚：惚兮恍兮，其中有象；恍兮惚兮，其中有物。窈兮冥兮，其中有精；其精甚真，其中有信。"老子所描述的道，是庄子理论的基础，亦即此文的根据。

百骸九窍六脏，赅而存焉，吾谁与为亲？汝皆说之乎，其有私焉？如是皆有为臣妾乎？其臣妾不足以相治也。其递相为君臣乎？其有真君存焉！如求得其情与不得，无益损乎其真①。一受其成形，不[化]以待尽。与物相刃相靡，其行尽如驰而莫之能止，不亦悲乎②！终身役役而不见其成功，苶然疲役而不知其所归，可不哀邪！人谓之不死奚益！其形化，其心与之然，可不谓大哀乎③！人之生也，固若是芒乎？其我独芒，而人亦有不芒者乎④！

① 百骸（hái），人全身的骨骼。九窍，两耳、两目、两鼻孔、嘴和大小二漏。六脏，心肝脾肺加左右二肾。赅（gāi），完备。说，通"悦"。私，偏爱。治，治理，役使，支配。"不足以相治也"之"也"，《集释》本作"乎"，此从王先谦《庄子集解》。此为判断句，非疑问句，作"也"字为顺。递相，交互。真君，犹

真宰，最高的主宰者。情，实在。无益损，既不增益，也不减损。此以人的形体生命立论。人身上有各种器官，人不会对哪一部分特别亲。各个器官之间是一种什么关系呢？它们都是臣妾吗？都是臣妾则彼此不能互相支配。是交互为君臣吗？或许是另有一个真的主宰存在。不管是能否求得它的实情还是求不到，对它的真实性都无所增减。百骸九窍六脏之有"真君"，比喻大知小知大言小言之有"真宰"。

② 不化，原作"不亡"，从刘师培说改字。刘师培《庄子斠补》："《田子方》篇作'不化'。窃以'亡'即'化'之讹。'不化'犹云弗变。下云'其形化'即蒙此言。郭注以'中易其性'为诠，'易、化'义符，是郭本亦弗作'亡'也。"相刃，犹言交锋，相斗。靡，通"摩"，摩擦。《马蹄》篇"交颈相靡"，成玄英疏："靡，摩也。"元戴侗《六书故》："靡与摩通。"尽，"进"之音借。《吕氏春秋·达郁》"近臣尽规"许维遹集释："尽与进通，《列子》书进多作尽。"驰，疾走。句意谓人一旦受命成形，即不加变化一直到死，与外物相互斗争摩擦，生命行进如同迅速奔走而没有什么力量能够使之停止，不是很可悲吗？

③ 役役，奔走劳苦之状。苶（nié）然，困顿貌。疲役，疲困辛劳。归，归宿。奚益，何益。不死奚益，即生不如死。句意谓，人终身奔走劳苦而不见成功，疲困辛苦而不知其所归宿，不是很可悲吗？人不死有什么好处？等到形体化了，心也随之消失，不是极大的悲哀吗？

④ 芒，《释文》，"芒昧也"，昏昧无知。

★ 此第二段。"大知闲闲，小知间间；大言炎炎，小言詹詹"，人间的一切争斗，纷纷扰扰，"日夜相代乎前，而莫知其所萌"，"若有真宰，而特不得其眹"。如百骸九窍六脏，不知上有"真君"。而人生"一受其成形"，便"终身役役"，"苶然疲役而不知其所归"，实在是极大的悲哀！

庄子文章往往间接暗示，而不明言所以。如《逍遥游》大鹏一飞九万里只暗示其"有所待"，《齐物论》首段万窍齐呼，暗示有一个"怒者"；本段也是若明若暗地说明一切纷纷扰扰，其实上有"真宰"。大风一起，万籁轰鸣，风息之后，众窍齐喑，对于那些"激者，謞者，叱者，吸者，叫者，譹者，宎者，咬者"来说，不知何以轰响，亦不知何以止息，"使其自己也咸其自取"；在那个无形无迹的"怒者"面前，一切都没有意义。在人间世，"大知闲闲，小知间间；大言炎炎，小言詹詹"，"与接为构，日以心斗"，对于"可行已信，而不见其形"的"真宰"而言，同样是没有意义的。真宰之于大知小知大言小言，真君之于百骸九窍六脏，如同怒者之于万窍喑鸣，任其自然而已。"物论"之可以"齐"，缘由就在于此。

## （三）

夫随其成心而师之，谁独且无师乎？奚必知代而心自取者有之，愚者与有焉[1]。未成乎心而有是非，是今日适越而昔至也。是以无有为有。无有为有，虽有神禹，且不能知，吾独且奈何哉[2]！

[1] 成心，成玄英疏："夫域情滞著，执一家之偏见者，谓之成心。"即主观成见。师之，以为师法，亦即作为标准。且，句中助词。奚必，何必。代，更也，犹言变化。知代而心自取者，懂得事物变化而心能自作抉择者。

[2] "未成"二句，谓"成心"即主观成见以自我为准，是一切物论是非的根源。谓没有"成心"而有是非，如同今日去越国而昨天就到了。这种观点是把没有当作有，把没有当作有，即使神明的禹也无法理解。"今日适越而昔至"，是《天下》篇惠施辩题之一，庄子笔锋所及，顺带予以讽刺。

夫言非吹也，言者有言，其所言者特未定也。果有言邪？其未尝有言邪？其以为异于鷇音，亦有辩乎，其无辩乎[1]？

道恶乎隐而有真伪？言恶乎隐而有是非[2]？道恶乎往而不存？言恶乎存而不可[3]？道隐于小成，言隐于荣华[4]。故有儒墨之是非，以是其所非而非其所是[5]。欲是其所非而非其所是，则莫若以明[6]。

— 齐物论第二 —

①吹,发风。言者,指各种言者。鷇(kòu),将出壳的幼鸟。成玄英疏:"鸟子欲出卵中而鸣,谓之鷇音。"辩,通"辨",分别。句意谓,言不同于风,风发自然,而各种言论却没有定准。不知其真有言,还是未尝有言。他们都自以为不同于将出壳的小鸟的鸣叫,不知其有分别还是没有分别。

②道,指大道,至道,即老庄之道。恶(wū),何也,下同。隐,隐蔽,隐匿。成玄英疏:"虚通至道,非真非伪,于何逃匿而真伪生焉?"言,此指体道之言,与上文"言者"之言不同。成玄英疏:"至教至言,非非非是,于何隐蔽而有是非者哉?"二句意谓,至道何以隐匿至生出真伪?至言何以隐蔽而生出是非?

③存,在也。可,肯定,确定。二句意谓,至道无处不在,今何所往而不在?至言无有不可,今何以存而不可?

④小成,成玄英疏:"小道而有所成得者,谓之小成也。"谓世俗小有所成,故大道隐匿。犹《老子》所谓"大道废,有仁义"。荣华,成玄英疏:"荣华者,谓浮辩之辞,华美之言也。只为滞于华辩,所以隐蔽至言。"犹《老子》所谓"信言不美,美言不信"。

⑤儒,孔子创建的学派。墨,墨子创建的学派。《韩非子·显学》:"世之显学,儒墨也。儒之所至,孔丘也。墨之所至,墨翟也。""孔墨之后,儒分为八,墨离为三,取舍相反不同,而皆自谓真孔墨;孔墨不可复生,将谁使定世之学乎?"战国之世,儒墨内部即已分成许多派别。儒墨为当时显学,故取以作为代表,实用以概指战国之世的各家各派。各家各派都以自己的是非标准,是他人之所非,非他人之所是。其,犹彼也。是其所非而非其所是,即是彼所非而非彼所是。

⑥明,大道之明,为超越一切的认识。"明"的概念原于老子。《老子》第十六章:"归根曰静,是谓复命;复命曰常,知常曰明。"静,虚静。命,犹言本性。常,永恒的规律。老子谓,归其本根叫作虚静,也就是复其本性;复其本性乃是永恒的规律,懂得这种永恒的规律就叫作明。按,老子哲学中永恒的规律就是道。对于是他人之所非,非他人之所是,是非纷乱,永无定准;只有以道之明以照之,也就无所谓是非。"齐物论"之旨,至此方才点出。王先谦《庄子集解》:

"莫若以明者,言莫若即以本然之明照之。"陈启天《庄子浅说》:"莫若以明,谓不如超出彼此是非之上,而以大道兼明之。"王陈的总结甚为准确。

物无非彼,物无非是①。自彼则不见,自[是]则知之②。故曰彼出于是,是亦因彼,彼是方生之说也③。虽然,方生方死,方死方生,方可方不可,方不可方可④;因是因非,因非因是⑤。是以圣人不由,而照之于天,亦因是也⑥。是亦彼也,彼亦是也;彼亦一是非,此亦一是非⑦。果且有彼是乎哉?果且无彼是乎哉⑧?彼是莫得其偶,谓之道枢。枢始得其环中,以应无穷⑨。是亦一无穷,非亦一无穷也,故曰莫若以明⑩。以指喻指之非指,不若以非指喻指之非指也;以马喻马之非马,不若以非马喻马之非马也⑪。天地一指也,万物一马也⑫。

① 是,此。二句犹言"物无非彼,无非此",即没有不是"彼"与"此"同时并存者。王先谦《庄子集解》:"有对立皆有彼此。"

② "自是"原作"自知"。此处上下文皆"彼、是"相对,故"自知"当为"自是"。"见"与"知"皆清楚明白之意。"自彼则不见,自是则知之",按语意,犹言自彼则不见(此),自此则知之。意谓因有主观成见,从彼一方则看不清此一方;从此一方看自己则清楚明白,其实是自以为是。王先谦《庄子集解》:"观人则昧,返观即明。"陈启天《庄子浅说》:"谓自彼方则不见此方之是,自此方则知此方之是也。"

③ "彼出"三句,王先谦《庄子集解》:"有此而后有彼,因彼而亦有此,乃彼此初生之说也。"说,观念,理论,亦即"物论"。彼此方生之说,谓彼此对立的观念一开始就是同时产生的。

④ "虽然"以下四句,谓尽管彼此一开始即同时发生,但是可以相互转化的,随生亦随灭,随灭亦随生;言可即有不可的一面,言不可即有可的一面。这里说的是事物的普遍性,生中间包含着死的因素,生的开始也是死的开始;死中间包含着生的因素,死的开始也是生的开始。肯定中包含着否定的因素,否定中包含着肯定的因素。

― 齐物论第二 ―

⑤"因是因非"二句，王先谦《庄子集解》："有因而是者，即有因而非者；有因而非者，即有因而是者。既有彼此，则是非之生无穷。"陈启天《庄子浅说》："谓是非相因而生，有是即有非，有非即有是。"

⑥是以圣人不由，宣颖《南华经解》："不由是非之途。"照之于天，成玄英疏："天，自然也。"王先谦《庄子集解》："照，明也。但明于自然之天，无所用其是非。"按，老庄之"天"与"道"是同一的，"照之于天"，亦即"照之于道"。亦因是也，也是由于这个缘故，即不由是非之途。王先谦《庄子集解》引苏舆云："犹言职此之故。"

⑦是，此也。"是亦彼也"四句，谓彼此可以相互转化，此亦可以为彼，彼亦可以为此；彼亦一种是非，此亦一种是非。

⑧"果且"二句，谓彼此可以转化，彼亦此也，此亦彼也，然则真有彼此还是没有彼此呢？且，句中助词，无义。

⑨偶，相对。枢，门的转轴，引申为关键。彼此相对，则是非无穷，然而彼此又可相互转化，也就更为复杂。如果不使彼此相对，也就泯灭是非，这才是道的关键。掌握了道的关键，如同处于环中。是非之环，往复无穷，处于环中，则无是无非，故可应无穷之是非。郭象注曰："夫是非反覆，相寻无穷，故谓之环。环中，空矣。今以是非为环而得其中者，无是无非也。无是无非，故能应夫是非。是非无穷，故应亦无穷。"——中、穷，古韵阳声冬部。

⑩是亦一无穷，非亦一无穷，实即是非无穷；只有以道之明照之，也就无所谓是非。

⑪"以指喻指"二句，郭象注："夫自是而非彼，彼我之常情也。故以我指喻彼指，则彼指于我指独为非指矣。此以指喻指之非指也。若复以彼指还喻我指，则我指于彼指复为非指矣。此以非指喻指之非指也。将明无是无非，莫若反复相喻。反复相喻，则彼之与我，既同于自是，又均于相非。均于相非，则天下无是；同于自是，则天下无非。""以马喻马"二句自亦相同。近人钱穆《庄子纂笺》曰："以我喻彼之非我，不若以彼喻我之非彼也。"——郭象之意，谓以我指喻彼指，则彼指为非指；反过来以彼指喻我指，则我指为非指。按，"以指喻指"四句，自来解说纷纭，郭象所注，与前文"彼出于是，是亦因彼""是亦彼也，彼

亦是也"一致,故姑从其说。又,名家《公孙龙子》有《白马论》,研究个别与一般的区别,又有《指物论》,研究概念与实物的关系,"指"是概念的意思。本篇虽用"以指喻指""以马喻马",与公孙龙名辩无关,"指"即手指。

⑫ "天下一指也"二句,谓天下虽大,万物虽繁,是非道理是一样的。成玄英疏:"以彼我是非反复相喻,则所是者非是,所非者非非,故知二仪万物,无是无非者也。"

★ 此第三段。人们以"成心"为师,如此出现了各种是非,亦即"物论"。其实一切是非彼此,是此非彼,都没有意义。"是以圣人不由,而照之于天",即以本然之明照之,泯灭是非,齐同物论。如风鸣万籁,任其自然。

# (四)

道行之而成,物谓之而然①。有自也而可,有自也而不可;有自也而然,有自也而不然。恶乎然?然于然。恶乎不然,不然于不然。恶乎可?可于可。恶乎不可?不可于不可。物固有所然,物固有所可。无物不然,无物不可②。故是举莛与楹,厉与西施,恢恑憰怪,道通为一③。其分也成也,其成也毁也。凡物无成与毁,复通为一④。唯达者知通为一,为是不用而寓诸庸,(庸也者,用也;用也者,通也;通也者,得也;适得而几矣。)因是已⑤。已而不知其然,谓之道⑥。劳神明为一而不知其同也,谓之朝三⑦。何谓朝三?狙公赋芧,曰:"朝三而暮四。"众狙皆怒。曰:"然则朝四而暮三。"众狙皆悦。名实未亏而喜怒为用,亦因是也⑧。是以圣人和之以是非而休乎天钧,是之谓两行⑨。

① 道,道路。物,指任何事物。然,是,如此。道路是人走出来的,走成了道路就是道路。事物是人叫出来的,叫它什么就是什么。"道行之而成"是比喻,

— 齐物论第二 —

"物谓之而然"是正意，是本段文章之纲。

② "道行之而成"以下十八句，今本作"可乎可，不可乎不可。道行之而成，物谓之而然。恶乎然？然于然。恶乎不然？不然于不然。物固有所然，物固有所可。无物不然，无物不可"。文句有错乱，有脱漏。《寓言》篇中"有自也而可"以下十六句应即本篇原文，文字完整顺畅，故据以订正。——自，原由。可，肯定，正确。"有自也而可"即"可，有自也"，下三句同。意思是，说可，有它的原因；说不可，也有它的原由。说是，有它的原由，说不是，也有它的原由。"物谓之而然"，原由都是人说的，没有绝对的标准。后十二句意思都相同。恶（wū）乎，何以。何以是，说是就是；何以不是，说不是就不是。何以可，说可就可；何以不可，说不可就不可。物固有是的方面，物固有可的方面；没有什么不是，也没有什么不可。总归没有绝对的标准，故可齐一视之，也就是"齐物论"。

③ 莛（tíng），草茎。楹，木柱。莛与楹，细小的草茎与高大的木柱。厉，通"疠"，癞病患者。按，厉与西施相对，当为古代丑女之名。西施，古代美人。厉与西施，丑女和美人。恑憰（huī guǐ），叠韵联绵词。憰怪（jué guài，憰，古穴切；怪，古怀切），双声联绵词。皆离奇怪诞之意，指各种离奇怪诞的事物。道通为一，大与小，美与丑，从"道"看来都是一样。

④ 其，即后文的"凡物"，指一切事物。复，《老子》："夫物芸芸，各复归其根。"句意谓，世间一切事物一边分解，一边就生成；一边生成，一边就毁灭。故分解也是生成，生成也是毁灭；无论生成还是毁灭，从"道"看来皆复归为一。

⑤ 唯达者知通为一，只有达道之人才懂得无论成与毁皆复归为一。为此，因此。不用，不用成与毁的观点来看待事物。寓，寄寓，托付。庸，常也，指"道"之常理。因是已，犹言就是如此。已，通"矣"，语尾助词。《战国策·楚策四》庄辛说楚襄王篇中"黄雀因是以""黄鹄因是以"，用语相同。以，通"已"，亦通"矣"。（前文"亦因是也"，王先谦引苏舆说，解作"犹言职是之故也"，此处"因是已"王先谦解作"因，任也，任天之谓也"。"因是"二字不应作两种解释。"寓诸庸"以下"庸也者，用也；用也者，通也；通也者，得也；適得而几矣"二十

95

字,严灵峰《道家四子新篇》、陈鼓应《庄子今注今译》疑为衍文,系前人为用字作注混入正文者。理由是"为是不用而寓诸庸,因是已",与篇中前文"圣人不由,而照之于天,亦因是也"、后文"为此不用而寓诸庸,此之谓以明"句法一律,中间不应插入此二十字,严陈说是。"为是不用而寓诸庸",如果"庸者用也",则此句成为"为是不用而寓诸用",同一句中前后矛盾。)

⑥"已而"之"已",此也。句意谓本来如此而不知其所以然,这就是"道"。因为"道"无法感知,故不知其所以然。

⑦神明,犹言精神。劳神明,即费神、费心思。"为一"之"为",执也。《老子》第二十九章,"不可为也,不可执也",为犹执也。为一,固执某一点、某一面,如固执地看待分,或看待成,或看待毁。而不知其同也,而不知从"道"看来是相同的,即"道通为一"。谓之朝三,省略"暮四"。句意谓持这种固执一面的观点,就如同朝三暮四的寓言一样。

⑧狙(jū),猴,一说猕猴。狙公,养猴人。芧(xù),栗子,又名橡实。朝三暮四,朝四暮三,实质是一样的,而造成了众狙的喜或怒,这是一种可笑的是非。亦因是也,犹言亦犹是也,或也就是如此。

⑨和,浑同,混合。和之以是非,浑同其是非,说是就是,说非就非,任其自然。休,止,犹言最终达到。天钧,自然均衡。成玄英疏:"天均者,自然均平之理也。夫达道圣人,虚怀不执,故能和是于无是,同非于无非,所以息智乎均平之乡,休心乎自然之境也。"钧,通"均"。两行,是与非都可以,亦即"和之以是非"。

★(一)此第四段。"道行之而成,物谓之而然",一切物论是非,并无一定,说可亦可,说不可亦不可;是非对立,"道通为一"。

(二)西施作为美人的典型,先秦典籍中《庄子》本篇之外见于《孟子·离娄下》《荀子·正论》《管子·小称》,都只是"天下之美人",并不知其为何许人,也与吴越斗争无关。至东汉赵晔《吴越春秋·勾践阴谋外传》、袁康《越绝书》、唐陆广微《吴地记》,才有西施为越苎萝山美女,越王勾践献与吴王夫差,致使夫差荒淫亡国的故事。

## （五）

古之人，其知有所至矣①。恶乎至②？有以为未始有物者，至矣尽矣，不可以加矣③。其次以为有物矣，而未始有封也④。其次以为有封焉，而未始有是非也⑤。是非之彰也，道之所以亏也⑥。道之所以亏，爱之所以成⑦。果且有成与亏乎哉？果且无成与亏乎哉⑧？有成与亏，故昭氏之鼓琴也；无成与亏，故昭氏之不鼓琴也⑨。昭文之鼓琴也，师旷之枝策也，惠子之据梧也，三子之知，几乎皆其盛者也，故载之末年⑩。唯其好之也，以异于彼；其好之也，欲以明之⑪。彼非所明而明之，故以坚白之昧终⑫，而其子又以文之纶终，终身无成⑬。

若是而可谓成乎？虽我亦成也。若是而不可谓成乎？物与我无成也⑭。是故滑疑之耀，圣人之所图也。为是不用而寓诸庸，此之谓以明⑮。

① 知（zhì），智识。有所至，达到极高的境界。成玄英疏："至，造极之名也。"

② 恶（wū），疑问代词，怎样，如何。恶乎至，达到怎样的极高境界。

③ 未始，未也，"始"字助字无义。未始有，即未有。未始有物，即"无"。按老庄哲学，"道"是世界的本原。由于"道"无形无象，无法感知，故老子又称之为"无"。《老子》第四十章："天地万物生于有，有生于无。"故认识到"未始有物"是最高的境界，"至矣，尽矣，不可以加矣"。

④ 有物，《老子》所谓"天地万物生于有，有生于无"，这个命题换个顺序就是"无生有，有生天地万物"。按照老子的哲学，"道"即是"无"，是世界的本原。由"无"生成一种原始物，老子称之为"有"。"有物"即是"有"。封，界限，界域。

⑤ 未始有是非，句意谓虽有事物的界域，都没有高低好歹之类的是非。

⑥ 彰，明也。亏，损坏。句意谓有了明显的是非，"道"就遭到损坏。

⑦ 爱，有爱也就有憎，故说"爱"也就包括"憎"。句意谓，道遭到损坏，如

此出现了爱憎。《老子》第十八章"大道废，有仁义"，与此意思相近。

⑧ 果且，犹果真。"且"字助词无义。成，指"爱之所以成"；亏，指"道之所以亏"。两者是相应的。

⑨ 故，若也，如也。见吴昌莹《经词衍释》。昭氏，成玄英疏："姓昭，名文，古之善鼓琴者也。"按，昭文鼓琴，仅见于此。鼓琴则有宫商抑扬的差别，如同认识上的爱憎是非；不鼓琴就没有这种差别。

⑩ 师旷，春秋时晋国乐师。《孟子·离娄上》："师旷之聪，不以六律，不能正五音。"其事迹散见于《逸周书·太子晋》、《左传》襄公十四年、《国语·晋语八》。枝策，《释文》引崔譔云："举杖以击节。"惠子，即惠施。据梧，成玄英疏："据梧者，只是以梧几而据之谈说，犹隐几者也。"《德充符》篇，庄子谓惠子"倚树而吟，据槁梧而瞑"，成玄英疏："槁梧，夹膝几也。"三子，指昭文、师旷、惠施。知（zhì），通智。几乎，犹言近于。盛，强盛，指极为高明。故，所以。载之末年，《释文》引崔譔云："书之于今也。"

⑪ 好，自以为好，自以为正确。异，示异，即炫耀。彼，指他人。以异于彼，因而炫耀于他人。明，晓喻。"明之"之"之"，代上句之彼，即他人。欲以明之，欲使他人明白，即晓喻他人。——"唯其好之也"以下诸句与前文的承接注家有不同的理解，郭象以为就昭文、师旷、惠施三人而言，注曰："言此三子，唯独好其所明，自以殊于众人。"王先谦以为专承惠施而言，王氏《庄子集解》："案，唯其好之四语，专承善辩者言。"由于后文有"非所明而明之，故以坚白之昧终"句，与《德充符》庄子批判惠施语合（见下注），故王说似较合理。

⑫ 彼非所明而明之，王先谦《庄子集解》："非人所必明，而强欲其明之。"意即他人并不是非了解不可而强迫他人了解。坚白，即"坚白论"。《天下》篇谓墨家相里勤之弟子五侯之徒，南方之墨者苦获、已齿、邓陵子之属"以坚白同异之辩相訾"，本篇庄子指斥惠子"以坚白之昧终"，《德充符》篇亦谓惠施"子以坚白鸣"。可知"坚白论"是战国之世墨家名家普遍论辩的题目。——今存资料，此辩题以《公孙龙子·坚白论》最为明白。然公孙龙晚于庄子约半个世纪，庄子不可能与之论辩。因今存典籍找不到惠子"以坚白之昧终"的资料，故只能用《公

— 齐物论第二 —

孙龙子·坚白论》来说明"坚白论"的内涵。其言曰:"'坚白石三,可乎?'曰:'不可。'曰:'二可乎?'曰:'可。'曰:'何哉?'曰:'视不得其所坚而得其所白者无坚也,拊不得其所白而得其所坚者无白也。'""坚白论"研究事物的属性,一个坚硬(硬度)白色(颜色)的石头,"坚、白、石"三者是综合的,公孙龙认为从视觉上它是一个白色的石头,不存在它的坚硬,从触觉上它是一个坚硬的石头,不存在它的颜色。把一个综合感知的对象的属性加以分离,陷入一种诡辩。本文庄子用"坚白论"作为诡辩或成见的代替词。坚白之昧,像坚白论那样昏昧。

⑬ 而其子又以文之纶终,此句亦有二说。郭象谓"其子"为昭文之子,"文"即昭文。注曰:"昭文之子乃终文之绪,亦卒不成。"成玄英疏:"纶,绪也。言昭文之子亦乃荷其父业,终其纶绪,卒其年命,竟无所成。"林云铭《庄子因》谓"其子"为惠施之子,"文"指惠施之文。曰:"惠施即终,而其子又将坚白之载于书者,寻其纶绪,竟无所得。"按,原文头绪不够清楚。明说"以文之纶终",其子似应指昭文之子。然上句言"以坚白之昧终",必指惠施,此句似也应指惠施之子。疑原文有错迕脱漏,很难作明确的解释。

⑭ "若是"之"是",郭象以为指昭文、师旷、惠施三子,注曰:"此三子虽求明于彼,彼竟不明,所以终身无成。"但如果"唯其好之也"以下诸句单指惠施,则"若是"之"是"似亦应单指惠施。亦姑存疑。我,单称泛指,犹言我们这些人。成玄英疏:"我,众人也。"物,亦指人,泛指人们、他们。"若是而可谓成乎"四句,意谓如果他们(指惠施等)也叫作有成就,那么我们这些人谁都可以叫作有成就,如果他们不算什么成就,那么一般人和我们一样没有成就。意即他们都很肤浅,微不足道。

⑮ 滑(gǔ)疑,惑乱。《释文》引司马彪曰:"乱也。"耀,炫耀。圖,郭象注作"圖而域之",成玄英疏为"域限于分内",都难讲通。王先谦解作"必谋去之",王氏自知无法讲通,故增"去之"二字,自属不当。闻一多《庄子内篇校释》:"鄙古只作啚,校者误为圖字,遂改为圖也。"马叙伦《庄子义证》:"圖借作否。"闻马认为此"圖"应为"鄙"字,否定之意。句意谓惑乱人们以为炫耀,是圣人所否定的,屏弃的;因此圣人不用"滑疑之耀"而寄寓于道之常理。此之谓

以明,这就叫以道之明照之。参见前第三段"夫言非吹也"注⑥。

★(一)此第五段。认识道的最高境界,是"未始有物",有了物就有了界域,有了是非;有了是非,对道就有所亏损,"是非之彰也,道之所以亏也"。是以圣人不由,而照之以本然之"明",泯灭一切是非。

(二)文中"唯其好之也,以异于彼;其好之也,欲以明之。彼非所明而明之,故以坚白之昧终,而其子又以文之纶终,终身无成"诸句,含义不很明白。引用前人不同的解释,也只供参考。

# (六)

今且有言于此,不知其与是类乎?其与是不类乎?类与不类,相与为类,则与彼无以异矣。①

虽然,请尝言之②。有始也者,有未始有始也者,有未始有夫未始有始也者③。有有也者,有无也者,有未始有无也者,有未始有夫未始有无也者。俄而有无矣,而未知有无之果孰有孰无也④。今我则已有谓矣,而未知吾所谓之其果有谓乎,其果无谓乎⑤?

天下莫大于秋豪之末而大山为小,莫寿于殇子而彭祖为夭。天地与我并生,而万物与我为一⑥。既已为一矣,且得有言乎?既已谓之一矣,且得无言乎⑦?一与言为二,二与一为三。自此以往,巧历不能得,而况其凡乎⑧!故自无适有以至于三,而况自有适有乎!无适焉,因是已⑨。

①"与是"之"是",即下文"与彼"之"彼"。句意谓,今有一种言论,不知与另一种言论同类还是不同类;不管同类还是不同类,既然"相与为类"(反正都是一种言论,都有是非),也就没有什么差别,按,这就是泯灭是非,齐同物论。

② 尝，试也。郭象注："至理无言，言则与类，故试寄言之。"成玄英疏："夫至理虽复无言，而非言无以诠理，故试寄言，仿象其义。"

③ 始，指宇宙的开始。未始，犹未尝，未曾。三句意谓，宇宙有"开始"的时候，有"未曾开始的开始"的时候，有"未曾开始的开始的开始"的时候。实际上是说宇宙自然存在，无所谓开始，自然也无所谓终结；宇宙是无始无终的。

④ "有"与"无"，按老子哲学，宇宙的本原叫作"道"，因为"道"无形无象，无法感知，故又谓之"无"，由"无"生出"有"，即最初的存在。庄子认为连"有、无"也是无法分别的。"有有也者"六句谓，宇宙最初有"有"这种存在，有"无"这种存在，有未曾有"无"这种存在，有未曾有"未曾有无"这种存在；后来有了"无"这种存在，也不知"有无"到底是真有还是真无。实质上是说宇宙自然存在，最初的"有、无"无法分别。

⑤ "有谓矣""有谓乎""无谓乎"之"谓"，意义，意思。三句意谓，我现在说了这些意思，不知道到底有意思还是没有意思，庄子否定语言的实在性，言论是非都靠不住，故前文说"类与不类，相与为类，则（此）与彼无以异矣"。

⑥ 秋豪，兽类秋天新换的毫毛。豪，通"毫"。末，末端。大山，王先谦《庄子集解》作"太山"，亦即泰山。殇子，夭亡的小孩。成玄英疏："人生在于襁褓而亡，谓之殇子。"《释文》："殇子，短命者也。"彭祖，传为古之长寿者，年八百岁。参见《逍遥游》注。"天下"以下四句所论，是以"道"为准的，"道"笼盖一切，无所谓大小长短。故秋豪之末可以称为最大，大山可以视为最小，殇子可以称为长寿，彭祖可以视为夭折。天地万物都是道的体现，则天地生成之时，"我"也同时存在，故曰"天地与我并生"。既然我与万物都是道的体现，则万物与我皆为一体，故曰"万物与我为一"。我，泛指所有的个体。——小，夭，古韵阴声宵部。

⑦ "既已为一矣"四句意谓，既然万物为一就不用再说什么；但已经说了"谓之一"，就不能说没有说什么。

⑧ "一与言为二"五句，意谓万物一体加上说明就成了二，二再加推论就成了三。如此反复推论下去，巧于历算的人也算不清，何况一般的人呢！

⑨自无適有，成玄英疏："自，从也。適，往也。"四句意谓，从无发展到有会生出第三者，何况从有到有呢！不向前推论了，如此而已。

★此第六段。"无"，在道家哲学中就是"道"。世间一切都是"道"的体现。因之从"道"的观点看，"天下莫大于秋豪之末而大山为小，莫寿于殇子而彭祖为夭。天地与我并生，而万物与我为一"，一切都是相对的，也就无所谓大，无所谓小，无所谓寿，无所谓夭，这是"齐物论"较为简捷的表述。

# （七）

[夫道未始有封，言未始有常，为是而有畛也①。请言其畛：有左有右，有论有议②，有分有辩，有竞有争，此之谓八德③。六合之外，圣人存而不论；六合之内，圣人论而不议④。春秋经世先王之志，圣人议而不辩⑤。故分也者有不分也，辩也者有不辩也⑥。曰：何也？圣人怀之，众人辩之以相示也⑦。故曰辩也者，有不见也⑧。

夫大道不称，大辩不言，大仁不仁，大廉不嗛，大勇不忮⑨。道昭而不道，言辩而不及，仁常而不周，廉清而不信，勇忮而不成⑩；五者无弃而几向方矣⑪。

故知止其所不知，至矣⑫。孰知不言之辩，不道之道？若有能知，此之谓天府⑬。注焉而不满，酌焉而不竭，而不知其所由来，此之谓葆光⑭。]

①封，封域，界限。常，定准。畛，畛域，界限。三句意谓，道无所不在，没有界限，而言语没有定准，对事物硬加分别，因此乃有是非畛域。

②有论有议，原作"有伦有义"。《释文》："崔本作有论有议。"按，崔本是。下文所谓八德中，左与右，论与议，分与辩，竞与争，皆一一相对，词义相类；而伦与义，词义不相类。作"有论有议"，论与议，则词义相类。

③有左有右，各执一偏之意。左与右，论与议，分与辩，竞与争，如此有是非畛域。八德，是非畛域的八个方面。成玄英疏："德者，功用之谓也。"

④六合，天地四方，实即天宇之内。存而不论，认识其客观实在而不予论说。论而不议，论述而不加评议。曹础基《庄子浅注》："论偏重于客观反映，议偏重于主观评价。"

⑤春秋，孔子整理的鲁史称《春秋》，为儒家经典。一说，泛指史书。王先谦《庄子集解》："春秋经世，谓有年时以经纬世事，非孔子所作《春秋》也。"经世，经理世事。蒋锡昌《庄子哲学》："春秋经世先王之志，即春秋先王经世之志。此谓一切古史乃先王陈迹已行于世之记载。"议而不辩，评议而不争辩。

⑥分，分辨。辩，争辩。"分"与"辩"实同义，分词义较轻，辩词义较重。"故分也者"二句，王先谦《庄子集解》："以不分为分，以不辩为辩。"

⑦圣人怀之，郭象注："以不辩为怀。"王先谦注："存之于心。""圣人怀之，众人辩之以相示也"，意谓圣人存之于心，众人争辩以相夸示。

⑧辩也者，有不见也，凡争辩者实不见道之博大。前文"分"与"辩"对言，此处"辩"实包括"分"。

⑨大道不称，大道不用称道。大辩不言，大辩不用言说。大仁不仁，《老子》第五章："天地不仁，以万物为刍狗；圣人不仁，以百姓为刍狗。"所谓不仁，是以万物为一体，任其自然之意；任其自然，是最大的仁。嗛（qiān），逊让。大廉不嗛，一切自然，无所贪求，自亦无所谓廉，也就不存在逊让。忮，成玄英疏，"逆也"；《释文》，"害也"。大勇不忮，大勇不在于对抗求胜，自亦不会造成伤害。

⑩昭，明也，说明。而，犹则也。五句"而"字并同。道需要说明则不成其为道。《老子》第一章："道可道，非常道。"上承"大道不称"。言需要争辩则有所不及。上承"大辩不言"。常，定也。周，原作"成"，此从王孝鱼校引江南古藏本。仁爱有所固定则不能周遍。郭象注："物无常爱，而常爱必不周。"上承"大仁不仁"。信，诚也。廉如显露清白则不真实。上承"大廉不嗛"。勇造成伤害则不成其为勇。上承"大勇不忮"。

⑪ 五者，即上文大道、大辩、大仁、大廉、大勇。此句原作"五者圆而几向方也"，奚侗《庄子补注》谓《淮南子·诠言篇》载此文作"五者无弃而几向方矣"，据以订正。高诱注："方，道也，庶幾向于道矣。"而，犹则也。

⑫ 知止其所不知，至矣，成玄英疏："夫境有大小，知有明暗。智不逮者，不需强知。故知止其分，学之造极也。"

⑬ 不言之辩，即"大辩不言"。不道之道，即"大道不称"。孰，谁。天府，成玄英疏为"自然之府"。宣颖解作"浑然之中，无所不藏"。

⑭ 注，注入。酌，舀出。竭，尽也。此以大海为喻。道如大海，无比弘深，注之不满，酌之不尽，不知其所由来。葆光，深涵的光明。成玄英疏："葆，蔽也。韬蔽其光，其光弥朗。此结以前天府之义。"


★此第七段。张恒寿《庄子新探》认为"夫道未始有封"一段，同《齐物论》其他各章不是一类。其言曰："《齐物论》全篇的中心问题，是等齐生死，泯除是非，都是些脱离现实的玄想问题。而这一段却说：'六合之外，圣人存而不论；六合之内，圣人论而不议。春秋经世先王之志，圣人议而不辩。'显然，这是一种调和儒道思想的议论。不但'春秋经世先王之志'一类话和《齐物论》主要思想相反，而所说圣人一词，亦和庄子以及一般道家的圣人很不相类。后世解庄家，对这一点不加区别，反而引此数语，宣称庄周是'尊孔之至'，甚至说什么'庄子胸中未尝须臾忘夫子也'，确为误解。"

按，张恒寿先生之说甚为有见。

而且还可以进一步考察，证明其确为掺入文字：

一、"六合之外，圣人存而不论"，这和《论语·公冶长》子贡曰"夫子之言性与天道，不可得而闻也"，《荀子·天论》圣人"不求知天"意思相近，而和老庄思想完全异趣。"春秋经世先王之志，圣人论而不辩"，王先谦《庄子集解》说："春秋经世，谓有年时以经纬世事，非孔子所作《春秋》也。"曹础基《庄子浅注》并特别指出："圣人，指道家的圣人而非指孔丘。"王曹是认定这是庄子之作而为之说。经世，即经理世事。论而不辩，即只作判断，而不加辩析。这恰恰是

— 齐物论第二 —

孔子《春秋》的特点。所谓"先王之志",即《礼记·中庸》说的"仲尼祖述尧舜,宪章文武",而老庄并不称道先王。所以这"圣人"的是儒家的圣人而非道家的圣人。即使这儿的"春秋"不指孔子删定的《春秋》,这段话表述的思想内容属于儒家也是肯定的。

二、"大道不称,大辩不言,大仁不仁,大廉不嗛,大勇不忮"五句,句法系模仿《老子》第四十五章"大成若缺","大盈若冲","大直若屈,大巧若拙,大辩若讷"。思想内容勉可用道家思想来解释(见各句注解),实际逻辑却是混乱的。"道"是老庄哲学的主要范畴,不能与"辩、仁、廉、勇"平列。"仁、廉、勇"不是道家的思想,虽说"大仁不仁,大廉不嗛,大勇不忮",毕竟使用的是儒家的概念。

三、"知止其所不知",与《论语·子路》孔子所说"君子于其所不知,盖阙如也",意思相近。

四、篇中"注焉而不满,酌焉而不竭"二句,取自外篇《天地》,这段文字是在《天地》篇之后羼入的。两篇都有此二句,何以知是这段文章袭取《天地》篇而不是《天地》篇袭取《齐物论》呢?《天地》篇曰:"夫大壑之为物也,注焉而不满,酌焉而不竭。""注焉"二句是对"大壑"的实写,而在这一段里是用以为喻,而且是蓦然而来;当然是写实在前,借以为喻在后。

五、这一段中有些话表现的是道家思想。如"夫道未始有封,言未始有常,为是而有畛也""故分也者有不分也,辩也者有不辩也""大道不称,大辩不言"等等,张恒寿说这段文字"调和儒道",准确地说,是儒道混杂,而儒道混杂是外杂篇中大量存在的现象。

六、这段文章夹在《齐物论》正文与后附五则寓言之间,也显示其为掺入的文字。

七、《释文》引崔譔云:"《齐物》七章,此连上章,而班固说在外篇。"班固说者,班固解说也;可知班固所见,这段文章实在外篇,是外篇羼入本篇的确证。

张恒寿建议谈庄子哲学"不应以这一节的内容为根据"甚为正确。

齐同物论的道理,从开篇到"今且有言于此"一段(即"夫道未始有封"一段除外),已经阐明,后面再用五则寓言加以申述。

## (八)

故昔者尧问于舜曰①:"我欲伐宗、脍、胥敖,南面而不释然,其故何也②?"

舜曰:"夫三子者,犹存乎蓬艾之间。若不释然,何哉③?昔者十日并出,万物皆照,而况德之进乎日者乎④!"

① 故,发语词。尧、舜,皆传为古代圣王。见《史记·五帝本纪》。
② 宗、脍、胥敖,三小国名。《人间世》篇作丛、枝、胥敖。林希逸《南华真经口义》:"宗、脍、胥敖之事,无经见,亦寓言耳。"南面,古代君主临朝,坐北朝南,故南面即临朝听政。不释然,不愉快,有心理负担。
③ 三子,指三小国之君。犹,如同。蓬艾,蓬蒿艾草,喻褊小之地。若,你,指帝尧。
④ 十日并出,神话谓古代十日并出。进,超过。十日并出,万物皆照,圣明之德超过了十日,自应宽大为怀,德遍天下。舜意谓三国不当伐。

★第一则寓言为尧舜对话,重在舜的回答。旨意谓圣君之德过于十日之光,普照万物,大小强弱皆应一视同仁,不应有所高下。比喻大道应包涵一切。

## (九)

啮缺问乎王倪曰:"子知物之所同是乎①?"

— 齐物论第二 —

曰:"吾恶乎知之②!"

"子知子之所不知邪?"

曰:"吾恶乎知之!"

"然则物无知邪③?"

曰:"吾恶乎知之!虽然,尝试言之!庸讵知吾所谓知之非不知邪?庸讵知吾所谓不知之非知邪④?且吾尝试问乎女:民湿寝则腰疾偏死,鳅然乎哉⑤?木处则惴慄恂惧,猨猴然乎哉?三者孰知正处?民食刍豢,麋鹿食荐,蝍蛆甘带,鸱鸦嗜鼠,四者孰知正味⑥?猨猵狙以为雌,麋与鹿交,鳅与鱼游;毛嫱丽姬,人之所美也,鱼见之深入,鸟见之高飞,麋鹿见之决骤,四者孰知天下之正色哉⑦?自我观之,仁义之端,是非之涂,樊然淆乱,吾恶能知其辩⑧?"

啮缺曰:"子不知利害,则至人固不知利害乎⑨?"

王倪曰:"至人神矣!大泽焚而不能热,河汉冱而不能寒,疾雷破山飘风振海而不能惊。若然者,乘云气,骑日月,而游乎四海之外,死生无变于己,而况利害之端乎⑩!"

① 啮(niè)缺、王倪,《天地》:"尧之师曰许由,许由之师曰啮缺,啮缺之师曰王倪。"按,实寓言人物,不必真有其人。物,泛指万物。是,即"是与非"之是。同是,共同认可的"是",共同肯定的认识,共同认可的真理。

② 恶(wū)乎,何以,怎么。

③ 无知,不能知,无法知。

④ 庸,用也。讵,何也。庸讵知,犹言凭什么知道。二句意谓知未必非不知,不知未必非知,知与不知都没有定准。邪(yé),疑问助词。(《大宗师》"庸讵知天之非人乎",成玄英疏:"庸,凡庸之流。"庸讵知,解作"凡庸之人怎能知道"亦通,解作"凭什么知道"更确。)

⑤ 民,人。"民"直贯"湿寝""木处"二句。湿寝,寝卧潮湿之地。腰疾,腰痛。偏死,半身不遂。鳅(qiú),泥鳅。然乎哉,会如此吗。木处,处于树上。

107

惴慄，恐惧貌。恂（xún）惧，恐惧。猨，同"猿"。三者，民、鳅与猿猴。孰，谁。正处，正常的处所。

⑥刍（chú）豢（huàn），喂牛羊的草料叫刍，喂犬豕的谷物叫豢；因此以食草料的牛羊也叫刍，以食谷物的犬豕也叫豢。《释文》引司马彪曰："牛羊曰刍，犬豕曰豢，所以得名也。"《周礼·地官·充人》"刍之三月"郑玄注："（以草）养牛羊曰刍。"《礼记·乐记》"夫豢豕为酒"郑玄注："以谷食犬豕曰豢。"麋（mí）鹿，两种兽名。荐，《释文》引司马彪云："美草也。"《说文》："荐，兽之所食草。"蝍蛆（jí jū），虫名，即蜈蚣。带，蛇。鸱（chī），猫头鹰。鸦，乌鸦。正味，正常的滋味。成玄英疏："麋与鹿而食长荐茂草，鸱鸢鸦鸟便嗜腐鼠，蜈蚣食蛇，略举四者，定与谁为滋味乎？"

⑦猨，通猿。猵狙，《释文》引"司马云：狙，一名獦牂，似猨而狗头，憙与雌猨交也。崔云：猵狙，一名獦牂，其雄憙与猨雌为牝牡"。猨猵狙以为雌，即雄猵狙以猨为雌。交，交配。毛嫱丽姬，古代美女。成玄英疏："毛嫱，越王嬖妾；丽姬，晋国之宠嫔。"丽姬，晋献公夫人。《左传》作"骊姬"。《太平御览》三八一引《庄子》作"毛嫱西施"。决骤，疾走。正色，正常的美色。

⑧端，犹事也。仁义之端，仁义之事。仁与义是儒家主要伦理范畴，庄子否定所有的物论是非，儒家是当时的显学，故常以儒家作为抨击的对象。樊然，纷乱貌。淆乱，混乱；辩，同"辨"，区别。

⑨至人，庄子书中理想的超现实的体道者。参见《逍遥游》篇。

⑩焚，焚烧。大泽系水域，大泽犹焚，世间之旱热可知。不能热，不能使之感到炎热。河汉，天河。冱（hù），冻结。天汉尚且冻结，世间之寒冷可知。（注家或解"河汉"为黄河汉水，非是。）不能寒，不能使之感到寒冷。飘风，大风。原缺"飘"字，王孝鱼校依赵谏议本补。死生无变于己，死生对他没有什么变化。《德充符》"死生亦大矣，而不得与之变"，句意相同。

★第二则寓言是啮缺和王倪的问答，其思想内容在于回答万物之所"同是"，即万物有无共同肯定的认识。

王倪连续三次回答"吾恶乎知之",表现了道家对"知"的态度。《老子》第七十一章:"知不知,上;不知知,病。"意思是,以知为不知是最好的,以不知为知就糟了。老子认为有知就有是非,因此最好是无所知。第十八章云:"大道废,有仁义;智慧出,有大伪。"王倪的回答即体现老子这种观念。

但王倪实际回答了这个问题。既然回答了,就和他一再宣称"吾恶乎知之"的态度相矛盾,所以他用"尝试言之"来加以掩盖。他说:"庸讵知吾所谓知之非不知耶?庸讵知吾所谓不知之非知邪?"说明知与不知其实并无区别。接着举了三个事例,说明没有共同的"正处",没有共同的"正味",没有共同的"正色",也就说明纷繁万物无所"同是",没有共同肯定的认识。因此,"仁义之端,是非之涂",只是樊然淆乱,无法加以区别。

万物纷繁,没有共同的准则,那么只有体道的"至人","大泽焚而不能热,河汉沍而不能寒,疾雷破山飘风振海而不能惊","乘云气,骑日月",超出尘世之外,齐同生死利害,自然也就无所谓是无所谓非了。——本篇的"至人",与《逍遥游》篇中"乘天地之正而御六气之辩以游无穷"的至人、"藐姑射之山"的神人完全一致。

当然王倪的这些理论属于道家的玄谈,是完全脱离现实的。不知"正处"、不知"正味"、不知"正色"的动物(还包括人)的感受,不能用生物学的观点去加以分析。不同的动物有不同的生活习性,不能说明物无所"同是"的道理。这种玄谈实际属于诡辩。作者歌颂的"至人"只是一种幻想,在现实中是不存在的。

## (一〇)

瞿鹊子问乎长梧子曰[①]:"吾闻诸夫子[②],'圣人不从事于务,不就利,不违害,不喜求,不缘道,无谓有谓,有谓无谓,而游乎尘垢之外[③]'。夫子以为孟浪之言,而我以为妙道之行也,吾子以为奚若[④]?"

长梧子曰："是黄帝之所听荧也，而丘也何足以知之[5]！且汝亦太早计，见卵而求时夜，见弹而求鸮炙[6]。予尝为女妄言之，女以妄听之。奚若旁日月，挟宇宙，为其吻合，置其滑涽[8]，以隶相尊。众人役役，圣人愚芚，参万岁而一成纯。万物尽然，而以是相蕴[9]。

"予恶乎知说生之非惑邪！予恶乎知恶死之非弱丧而不知归者邪[10]！丽之姬，艾封人之子也。晋国之始得之也，涕泣沾襟，及其至于王所，与王同筐床，食刍豢，而后悔其泣也[11]。予恶乎知夫死者不悔其始之蕲生乎[12]！

"梦饮酒者，旦旦哭泣；梦哭泣者，旦旦田猎。方其梦也，不知其梦也。梦之中又占其梦焉，觉而后知其梦也。且有大觉而后知此其大梦也[13]。而愚者自以为觉，窃窃焉知之[14]。君乎牧乎，固哉[15]！丘也与女，皆梦也。予谓女梦，亦梦也[16]。是其言也，其名为吊诡[17]。万世之后而一遇大圣，知其解者，是旦暮遇之也。

"既使我与若辩矣[18]，若胜我，我不若胜，若果是也，我果非也邪？我胜若，若不吾胜，我果是也，而果非也邪[19]？其或是也，其或非也邪？其俱是也，其俱非也邪？我与若不能相知也，则人固受其黮闇，吾谁使正之[20]？使同乎若者正之，既与若同矣，恶能正之？使同乎我者正之，既同乎我矣，恶能正之？使异乎我与若者正之，既异乎我与若矣，恶能正之？使同乎我与若者正之，既同乎我与若矣，恶能正之？然则我与若与人俱不能相知也，而待彼也邪[21]？

"化声之相待，若其不相待[22]。和之以天倪，因之以曼衍，所以穷年也[23]。何谓和之以天倪？曰：是不是，然不然[24]。是若果是也，则是之异乎不是也其无辩矣；然若果然也，则然之异乎不然也亦无辩矣[25]。忘年忘义，振于无竟，故寓诸无竟[26]。"

① 瞿鹊子、长梧子，寓言人物。
② 夫子，由下文"丘也何足以知之"，知夫子指孔子，孔子名丘。

— 齐物论第二 —

③从事于务,从事于世务。就利,犹趋利,追逐利益。违害,回避危害。求,追求。道,方也。缘,沿也。不缘道,不拘泥某种方式。谓,言也。"无谓有谓,有谓无谓",犹《寓言》篇"终身言,未尝言;终身不言,未尝不言"。尘垢之外,犹世俗之外。按,"圣人不从事于务"一段是夫子转述道家的话,非夫子自道,由下文"夫子以为孟浪之言"可知。

④孟浪之言,荒诞无稽的话。

⑤黄帝,原文作"皇帝",王孝鱼校"依世德堂本改",庄子时代无"皇帝"一词。听荧,荧,炫惑也。成玄英疏:"听荧,疑惑不明之貌。"丘,孔丘。

⑥太早计,想得太早。卵,鸡蛋。时夜,同伺夜,指公鸡夜间打鸣报时。弹,弹丸,用以打鸟。鸮,鸟名。炙,烧烤。二句意谓,见到鸡蛋就想得到伺夜的公鸡,见到弹丸就想得到鸮鸟的烤肉。因瞿鹊子听到"夫子"转述的那些话,即以为是"妙道之行",长梧子认为他把那些话看得太重了。在道家看来那还是低层次的。

⑦尝,尝试。与前段"尝试言之"意同。女,通"汝"。妄言之,姑且随便言之。以,通"亦"。妄听之,姑且随便听听。

⑧奚若,何如。原无"若"字,王孝鱼校谓"朱桂曜本奚下有若字",从之。旁日月,挟宇宙,依傍日月,怀抱宇宙。成玄英疏:"旁,依附也;挟,怀藏也。天地四方曰宇,往来古今曰宙。"为其吻合,与日月宇宙吻合为一体。滑涽(滑,户骨切;涽,呼昆切),双声联绵词,纷乱貌。置其滑涽,任其纷乱。隶,低贱者。尊,尊崇者。以隶相尊,将低贱尊崇等同对待。成玄英疏:"隶,皂仆之类也,盖贱称也。夫物情颠倒,妄执尊卑。莫若滑乱昏杂,随而任之;以隶相尊,一于贵贱也。"(郭象以"奚(若)"属上句,成玄英疏:"我试为汝妄说,汝亦妄听何如?"《集释》引郭嵩焘说,以"奚(若)"属下谈。就本句而言,郭象成玄英读法亦顺畅,但下句"旁日月,挟宇宙"云云颇嫌陡骤。读作"奚若旁日月,挟宇宙",则上承"圣人不从事于务"一段,较为顺当,故从郭嵩焘说。)

⑨役役,劳碌奔忙之貌。愚芚(tún),浑朴之貌。参,糅合。万岁,极言时间之长,包括千万年间的变化。一成纯,浑然成为一体。蕴,蕴涵。相蕴,相

互蕴涵。《集释》引郭嵩焘曰:"众人役役,较量今日,又较量明日。今日见为是,明日又见为非。今日见为非非,明日又见为是非。圣人愚芚,为是不用而寓诸庸,参万岁以极其量。一者,浑然无彼此之别;纯者,泊然无是非之辩。圣人以是应万物之变而相蕴于无穷,斯为参万岁而一成纯。"

⑩恶(wū)乎,何以。说,通"悦"。惑,迷惑。说生,喜爱活着。恶(wù)死,厌恶死亡。弱,指弱龄,即年少。弱丧,幼年流亡。弱丧而不知归,年幼流亡而不知道回来。

⑪丽之姬,即丽姬。成玄英疏:"秦穆公与晋献公共伐丽戎之国,得美女一,玉环二。秦取环而晋取女,即丽戎艾地守封疆人之女也。"事见《左传》僖公四年、九年,《国语·晋语》一、二。王,晋献公并非王位,行文方便,不计较字面。筐,一作"匡",方也。刍豢,代指美味佳肴。参见前注。

⑫蕲(qí),求也。蕲生,求生。

⑬哭泣,指悲伤之事。占,占候,占测。大觉,领悟大道的觉醒者。

⑭自以为觉,自以为觉醒。窃窃然,浅陋之貌。窃窃然知之,即窃窃然自以为知之也。

⑮君,君主,高贵者。牧,牧人,卑贱者。固,固陋。众人昏昏,自以为觉,无论君主自以为高贵,牧竖自以为低卑,其实都是固陋的。

⑯丘,孔丘。句意谓,孔丘同你都在梦里,我说你们在梦里,其实我也在梦里。

⑰是其言,这些话。吊诡,奇谈诡论。

⑱若,你。

⑲而,通"汝",你。

⑳瞶闇(dǎn àn),黑暗,蒙昧,引申为蒙蔽之意。正,正确地评判。

㉑彼,作指示代词为那,作疑问代词为哪。句意谓既然我、你和他人都不知谁是谁非,那还等待哪一个呢。

㉒化声,是非无定的声音,亦即是非。相待,相对待。若,如也。句意谓是非之相对待,如同其不相对待。因有是才有非,有非才有是,两者相互对待。如

果不相对待，也就没有是非。郭象注："是非之辩为化声。夫化声之相待，俱不足以相正，故若不相待也。"

㉓ 和，浑和，浑为一体。天倪，郭象注："天倪，自然之分也。"实即自然。和之以天倪，以，犹于也，浑合于自然。因之以曼衍，成玄英疏："曼衍，犹变化也。因，任也。"二句谓任其自然变化之意。穷，尽也。穷年，穷尽年光，任其随时间发展变化。郭象注："和之以自然之分，任其无极之化，寻斯以往，则是非之境自泯，而性命之致自穷也。""化声之相待，若其不相待。和之以天倪，因之以曼衍，所以穷年也"二十五字原在"则然之异乎不然也亦无辩"句之后，此从宣颖《南华经解》、王先谦《庄子集解》，移于"何谓和之以天倪"句之前。按，文中先提出"和之以天倪"，然后解释"何谓和之以无倪"，于理为顺。

㉔ 是不是，即以不是为是。然不然，即以不然为然。二句皆泯灭是非之意。

㉕ "是若果是也""然若果然也"，二句皆假定语气。意谓"是"如果是绝对的"是"，则与"不是"就无须辩别了。言外之意，是说正因为没有绝对的"是"，才有"是"与"不是"的争辩。下一句义同。郭象曰："是若果是，则天下不得复有非之者也；非若果非，则天下亦不得复有是之者也。""其无辩矣""亦无辩矣"，原文并作"亦无辩"，此从王孝鱼校据《阙误》引江南古藏本。

㉖ 忘年忘义，即忘却生死，忘却是非。郭象注："夫忘年故玄同死生，忘义故弥贯是非。是非死生荡而为一，斯至理也。"成玄英疏："夫年者，生之所禀也，既同于生死，所以忘年也。义者，裁于是非也，既一于是非，所以忘义也。""振于无竟，故寓诸无竟"，成玄英疏："振，畅也。竟，穷也。寓，寄也。"三句意谓，忘却生死，忘却是非，畅游于无穷之境，也就寄寓于无穷之境。后二句意思相同而特加强调。

★第三则寓言是长梧子对瞿鹊子的回答，最浅显地表述了"齐物论"的理论。

悦生而恶死是常人之情。但长梧子说："予恶乎知说生之非惑邪！予恶乎知恶死之非弱丧而不知归者邪！"说不定死者还反悔原来求生的愿望呢？生与死不知道哪一方更好，是生死可以齐一。

梦幻而觉真也是常人的共识。但长梧子说："丘也与女（汝），皆梦也。予谓女（汝）梦，亦梦也。"人生不过是一场大梦，"有大觉而后知此其大梦也。而愚者自以为觉"。梦与觉并无区别，是梦觉可以等同。

是与非在常人也认为有一定的标准，真理只有一个。但长梧子说："我与若辩"，"若果是也，我果非也邪？""我果是也，若果非也邪？""其或是也，其或非也邪？其俱是也，其俱非也邪？"是与非无法区分，而且没有人能够为之评判，"我与若与人俱不能相知也"。是非永远没有标准，则是非可以无辩。

一生死，同梦觉，等是非，"齐物论"也就到了极点。人生唯一的办法，只有"和之以天倪，因之以曼衍"，任其自然，听其变化。"忘年忘义，振于无竟，故寓诸无竟"，即忘却生死，忘却是非，畅游于无穷之竟。——这种境界玄之又玄，在现实生活中是不存在的，只是庄子的幻想而已。

## （一一）

罔两问景曰[①]："曩子行，今子止；曩子坐，今子起；何其无特操与[②]？"

景曰："吾有待而然者邪？吾所待又有待而然者邪[③]？吾待蛇蚹蜩翼邪？恶识所以然，恶识所以不然[④]！"

[①] 罔两（wǎng liǎng），郭象注，"景外之微阴也"。景，同"影"，《释文》引一本即作影。

[②] 曩（nǎng），先前。今，现在。特，独也。特操，独立的操守。与，通"欤"，疑问语气词，全书"与"作语气词者皆同。

[③] 有待，有所依赖，有所凭借。然，如此。所待，所依凭的形体。

[④] 蛇蚹（fù），蛇腹的鳞片。蜩翼，蝉翅。蛇移动腹鳞得以爬行，蝉展开翅膀可以飞。影子连鳞皮翅膀都没有，言外之意我只能依凭形体才能运动。恶（wū），怎么。

★第四则寓言是罔两问影。罔两随影子行动，故它产生埋怨。但影子依凭形体而行动，所依凭的形体也可能依凭别的什么而行动；反正都"有所待"，没有丝毫的自由。——此节与《逍遥游》的内涵相同，似本属《逍遥游》篇而错简于《齐物论》者。

## （一二）

昔者庄周梦为胡蝶，栩栩然胡蝶也，自喻适志与，不知周也①。俄然觉，则蘧蘧然周也②。不知周之梦为胡蝶与，胡蝶之梦为周与？周与胡蝶，则必有分矣。此之谓物化③。

① 昔，通"夕"，犹言夜间，昨夜。解作从前，亦通。栩栩（xǔ），翩翩飞舞之貌。成玄英疏，"忻畅貌"。《释文》引崔譔本作"翩翩"。自喻，自觉。适志，适意，快意。与（yú），语尾助语。

② 俄然觉，一会儿醒来。蘧蘧（jù），惊疑之貌。《大宗师》篇"成然寐，蘧然惊"义同。

③ 则必有分矣，那一定是有区别的吧。是存疑语，直解作一定有区别，不符原意。物化，物的融化，即庄周可能是胡蝶，胡蝶可能是庄周。

★第五则寓言，庄周梦为胡蝶。这则寓言是"同梦觉"最精彩的表现。"方其梦也，不知其梦也"，不知到底是庄周梦为蝴蝶，还是蝴蝶梦为庄周，都无法判断。做梦的时候不知道自己在做梦，那么反过来自以为醒觉的时候又怎么知道不是在做梦呢？这是对人生的真实性表示怀疑或否定。《大宗师》篇说："庸讵知吾所谓'吾'之乎？且汝梦为鸟而厉乎天，梦为鱼而没于渊，不识今之言者，其觉者乎，其梦者乎？"较之胡蝶梦说得更为清楚。

郭象注云："方其梦为胡蝶而不知周，则与殊死不异也，然所在无不適志。则当生而系生者，必当死而恋死矣。由此观之，知乎在生而哀死者误也。"郭象注由梦觉而申言生死，生死亦如梦觉也。这种理论令人震撼，论其实质却是彻底地悲观的。

同梦觉，一生死，这种人生哲学荒谬之极。

但《庄周梦蝴蝶》作为寓言却是绝妙的作品，与《儵忽与浑沌》是庄子寓言中双璧。

《齐物论》是《庄子》书中最重要的一篇。

山间窍穴，吹万不同，咸其自取，旋亦自已，从实质上看并无不同。人们各以"成心"为师，是此非彼，其实都是相对存在，从"道"的观点看，一切都可齐同。泯灭是非，齐同物论，就是《齐物论》的主旨。

战国时代百家蜂起，是否无定，社会扰攘不安，庄子极为反感，因而采取一概否定的态度。他看到了百家物论是非的相对性，但他不了解这些分争的根本原因，是社会斗争的反映，历史发展的必然。泯灭是非，齐同物论，无济于事，也不可能。

从哲学的角度看，庄子看到了事物差别的相对性，不无辩证的因素；但他否定在有限范围内差别的绝对性，因而是片面的。在逻辑论证上也有许多诡辩，如把不同质的事物加以类比，脱离具体条件把事物的相对性推向极端，都是极其荒谬的。

# 养生主第三

主，根本，义同《易·系辞上》"言行君子之枢机，枢机之发，荣辱之主也"之"主"。养生主，犹言养生的根本。《释文》云："养生以此为主也。"全篇所论，都是说明在矛盾极其复杂、斗争非常剧烈的社会如何求得生存。

## （一）

吾生也有涯而知也无涯，以有涯随无涯，殆已[1]！已而为知者，殆而已矣[2]！为善无近名，为恶无近刑，缘督以为经[3]；可以保身，可以全生，可以养亲，可以尽年[4]。

[1] 生，生命。涯，边际。有涯，有尽，有限。知（zhī），欲望。《礼记·乐记》："好恶无节于内，知诱于外，不能反躬，天理灭矣。"郑玄注："知，犹欲也。"《广韵·支韵》："知，欲也。"随，追逐。殆，危殆。无涯，无限。

[2] "殆已"之已，通"矣"。"已而为知"之已，此也，如此也。"殆而已"之已，甚也。句意谓以有限的生命追逐无限的欲望，是危险的。既已如此而仍然追逐欲望，危险就更为严重。

[3] 缘督以为经，《释文》引李颐云："缘，顺也。督，中也。经，常也。"《文选·左太冲〈魏都赋〉》注引司马彪曰："缘，顺也。督，中也。顺守道中以为常也。"所谓守中以为常，就是要无过不及，没有声名，不露痕迹，以保全自己。——名、刑、经，古韵阳声耕部。

[4] 可以养亲，陈鼓应引日本金谷治说，谓"养生主"与养亲无关，"亲"或为"身"之借字。友人储庭焕曰："前文已有'保身'，后面不会又有'养身'。'养亲'疑为'养性'之误。《韩非子·观行》'董安于心缓，故佩弦以自急'，王

先慎集解谓《意林》'心作性'。此处'养亲'亦疑作'养性'。"储说甚为有见,可供参考。——身、亲、年,古韵阳声真部。生、性,阳声耕部。

★(一)首段为全文之纲,谓人生有限,不要追求欲望,"为善无近名,为恶无近刑,缘督以为经",乃可以全生保身。

(二)"吾生也有涯而知也无涯",郭象注:"夫举重携轻而神气自若,此力之所限也。而尚名好胜者,虽复绝膂,犹未足以慊其愿,此知之无涯也。"扯得很远而不着边际。"知也无涯"之"知",注家多解作"知识"甚为错误。按,"知,欲也"。无限地追求知识固然辛苦但并不危险,无限地追逐欲望才非常危殆。此其一。下文"为善、为恶"皆属欲望而非知识。此其二。林希逸《南华真经口义》训为"心思",宣颖《南华经解》释为"愿望",较解作"知识"为好,但都不如"欲望"准确。

## (二)

庖丁为文惠君解牛①,手之所触,肩之所倚,足之所履,膝之所踦,砉然响然,奏刀騞然,莫不中音;合于桑林之舞,乃中经首之会②。

文惠君曰:"嘻,善哉!技盖至此乎③?"

庖丁释刀对曰:"臣之所好者道也,进乎技矣④。始臣之解牛之时,所见无非牛者。三年之后,未尝见全牛也⑤。方今之时,臣以神遇而不以目视,官知止而神欲行,依乎天理,批大郤,导大窾,因其固然,技经肯綮之未尝,而况大軱乎⑥。良庖岁更刀,割也;族庖月更刀,折也。今臣之刀十九年矣,所解数千牛矣,而刀刃若新发于硎⑦。彼节者有间,而刀刃者无厚;以无厚入有间,恢恢乎其于游刃必有馀地矣,是以十九年而刀刃若新发于硎⑧。虽然,每至于族,吾见其难为,怵然为戒,视为止,行为迟,动刀甚微,謋然已解,如土委地⑨。提刀而立,为之四顾,为之踌躇满志,善

— 养生主第三 —

刀而藏之⑩。"

文惠君曰:"善哉! 吾闻庖丁之言,得养生焉。"

① 庖丁,《释文》:"庖人,丁其名也。"文惠君,其人不详。《释文》引崔譔司马彪说,谓即梁惠王,或系猜测。此寓言故事,文惠君为谁并不重要。解牛,宰牛后分解牛体。

② 触,触摸。倚,靠。履,踏。踦(yǐ),此指用膝抵着。砉(xū),象声词。奏,进。奏刀,指用刀切割。騞(huō),象声词。砉然,騞然,都指解牛时发出的声音。中(zhòng)音,指声音很有节奏,合于音律。桑林,舞乐之名。经首,乐章之名。会,韵会。——倚,踦,古韵阴声歌部。

③ 盖,乃也,犹言竟然。

④ 道,指一种神运的境界。进乎技矣,超越一般的技术。

⑤ "始臣之解牛"二句:开始解牛时,看到牛庞然大物,无从措手;经过多年实践以后,只考虑从哪儿进刀,注意各个解剖的位置,故未尝见全牛。成语"目无全牛"即出于此。

⑥ 神遇,谓非常熟练,以神运行,得心应手。目视,用眼睛看。官知止而神欲行:官,感官;神,心神。感觉器官已不需使用,但凭神运即可进行。天理,指牛的自然腠理。批,刀劈。郤(xì),筋骨之间的空隙。导,通开。窾(kuǎn),骨节之间的空处。技,"枝"之借字。枝经,指牛的经络。肯綮,经络固结之处。尝,试。軱(gū),大骨。句意谓用刀非常慎重,连脉络经结都未曾碰着,更不会去砍大骨头。

⑦ 良庖,好厨工。岁更刀,每年换一把刀。割,《尔雅·释言》,"害也",指损坏,刀刃砍缺砍卷之类。族庖,普通的厨工。月更刀,每月换一把刀。折,折断。郭象注:"中骨而折刀也。"十九年,《庄子》书中"十九年"是虚数,犹十几年。《人间世》篇"吾与夫子游十九年矣",《在宥》篇"黄帝立为天子十九年"皆是。硎(xíng),磨石。若新发于硎,指刀锋锐利,如同刚刚磨砺出来。(折也,俞樾《庄子平议》:"郭注曰:'中骨而折刀也。'此于文义未合。上文云良庖岁更

刀割也，割以用刀言。则折亦以用刀言。折，谓折骨，非谓刀折也。"按，俞说甚误。割也，折也，指刀缺刀折，非指用刀割肉折骨。良庖岁更刀，因用刀不善，刀刃损坏；族庖月更刀，因用刀更糟，刀刃断折；臣之刀用十九年，因用刀慎重，故刀锋锐利，若新发于硎。三者平列而皆就刀刃言，文词顺畅，无有不合。"庖丁解牛"故事皆述说刀的"命运"，注释不能分散主题。）——割、折，古韵入声月部。

⑧节，骨节。有间（jiān），有一定的缝隙。无厚，没有厚度，极言刀刃之薄。以无厚入有间，以极薄的刀刃进入有缝隙的骨节。《淮南子·齐俗篇》："庖丁用刀十九年，而刀刃如新剖硎。何哉？游乎众虚之间。"众虚，即各个空隙。用以解释"有间"，甚为准确。恢恢，宽绰之貌。游刃，活动刀刃。有馀地，有充分的馀地。是以，因此。成语"游刃有馀"即出于此。

⑨族，筋骨固结之处。郭象注："交错聚结为族。""吾见其难为"之其，指刀。怵然，戒慎之貌。謋（huò）然，象声词。成玄英疏："骨肉离之声也。"奚侗《庄子补注》疑"謋"字为"磔"（zhé）字之误。按，《广雅·释诂三》："磔，开也。"又，李白《代寿山答孟少府移文书》"磔裂原野"王琦注引《韵会》："磔，裂也。"则"磔然"为裂开貌。奚说亦可取。如土委地，像土崩塌下来。

⑩踌躇（chóu chú），双声联绵词，小步，此状其得意之状。满志，得意。成语"踌躇满志"即出于此。善，《释文》，"犹拭也"。善刀而藏之，将刀揩拭干净藏入刀套。林希逸《南华真经口义》谓善刀"言好好收拾其刀"，亦通。

★（一）寓言"庖丁解牛"是本文的主体。庖丁解牛的寓意，郭象注成玄英疏都没有明确的解释。王先谦《庄子集解》云："牛虽多，不以伤刃；物虽杂，不以累心。皆得养之道也。"说得相当含糊，也不得要领。现代选寓言者几乎都认为故事说明"熟能生巧"或者提高一点说是"实践出真知"。孤立地看，这样理解似亦未尝不可，但与庄子的作意毫不相干。

庖丁解牛的真谛不在于赞赏庖丁的绝技，而在于说明庖丁如何保护刀的锋利。

庖丁曰："良庖岁更刀，割也；族庖月更刀，折也。今臣之刀十九年矣，所解数千牛矣，而刀刃若新发于硎。"他的体会是，"彼节者有间，而刀刃者无厚；以无厚入有间"，所以能够游刃有余，使刀刃不受任何损伤。"以无厚入有间"是全篇的关键。保持刀的锋利只是一个比喻，旨在说明人生也是如此，"以无厚入有间"，"为善无近名，为恶无近刑，缘督以为经"，才能求得生存。所以文惠君说："吾闻庖丁之言，得养生焉。"——"逍遥游"只是幻想，"齐物论"也无非是一种玄谈，人还是得在人世间活下去，就只有"以无厚入有间"，在矛盾斗争的夹缝中苟且偷生！

故事诚写得精妙无比，其精神实质却是极端悲观的。外篇《山木》大公任教孔子像意怠鸟一样夹在鸟群中，"引援而飞，迫胁而栖；进不敢为前，退不敢为后；食不敢先尝，必取其绪，是故其行列不斥，而外人卒不得害，是以免于患"，就是这种可悲的"以无厚入有间"的生存方式。

（二）《老子》第四十三章云："天下之至柔。驰骋天下之至坚。无有入无间，吾是以知无为之有益。不言之教，无为之益，天下希及之。"所谓"天下之至柔。驰骋天下之至坚。无有入无间"表达的是老子"无为"之"道"的力量和作用。《养生主》篇"以无厚入有间"表述的是庄子的人生感受。语句有点相似，内涵完全不同。

# （三）

公文轩见右师而惊曰[①]："是何人也，恶乎介也？天与，其人与[②]？曰，天也，非人也，天之生是使独也[③]。人之貌有与也，以是知其天也，非人也[④]。"

[①] 公文轩，《释文》引司马彪云："姓公文氏，名轩，宋人也。"右师，《释文》

引司马彪云："宋人也。"又引简文云："官名。"

②是，此。也，犹"邪"。恶（wū），何。介，郭象注，"偏刖之名"。刖是砍断脚的酷刑，然下文"天之生是使独也"，则指天生一足残废，并非刖刑所致。林云铭《庄子因》："介，特也。特足故谓之介。""是何人也，恶乎介也"，言这是何等样人，怎么只有一只脚。右师必为盛德之人。"天与，其人与"，两"与"字并平声，疑问助词。

③曰，释德清《庄子内篇注》："复自应之曰。"以此"曰"字乃公文轩自己解答，不是右师答辞。解释极为有见。然此"曰"不作言说解，理解为自己醒悟过来之后的语气词更好。即所谓"更端之词"，犹现代词"啊"。独，《释文》引司马彪曰，"一足曰独"。

④人之貌有与也，马其昶《庄子故》："形全形独，皆天所与。《德充符》云：'道与之貌，天与之形。'"天与之形，虽"介"亦属自然，形残而神全也。

## （四）

泽雉十步一啄，百步一饮，不蕲畜乎樊中①。神虽王，不善也②。

①泽，草泽。雉，野鸡。蕲，求。畜，养。樊，笼子。郭象注："夫俯仰乎天地之间，逍遥乎自得之场，固养生之妙处也。又何求于入笼而服养哉！"

②神，神气，指那模样。王，林希逸《南华真经口义》："音旺（wàng）。"旺盛。句上省略"蕲乎樊中"四字。"神虽王，不善也"，谓之野鸡关在笼子里，有食物可吃，可以生存，似乎很神气，实际并不是好事，因为他失去了自由，且不会有好的下场。《韩诗外传》曰："君不见大泽中雉乎？五步一啄，终日乃饱。羽毛泽悦，光照于日月；奋翼争鸣，声响于陵泽者何？彼乐其志也。援置之囷仓中，常啄粱粟，不旦时而饱。然独羽毛憔悴，志气益下，低头不鸣。夫食岂不善哉，彼不得其志故也。"此袭用庄子之文，有助于理解原文旨意。

## （五）

老聃死，秦失吊之①，三号而出②。

弟子曰："非夫子之友邪？"

曰："然。"

"然则吊焉若此，可乎③？"

曰："然④。始也吾以为其人也，而今非也⑤。向吾入而吊焉，有老者哭之如哭其子，少者哭之如哭其母。彼其所以会之，必有不蕲言而言不蕲哭而哭者⑥。是遁天倍情，忘其所受，古者谓之遁天之刑⑦。适来夫子时也，适去夫子顺也，安时而处顺，哀乐不能入也；古者谓是帝之县解⑧。指穷于为薪，火传也，不知其尽也⑨。"

① 老聃，《史记·老子韩非列传》谓老子："楚苦县厉乡曲仁里人也，姓李氏，名耳，字聃，周守藏室之史也。""老子修道德，其学以自隐无名为务。居周久之，见周之衰，乃遂去。……乃著书上下篇，言道德之意五千馀言而去，莫知其所终。"老子生于春秋末季，与孔子同时而略长，传孔子曾问礼于老子。老子为道家创始人，庄子为老学继承者，并称"老庄"。《庄子》书中"老子"之称凡四十二见，"老聃"之名凡四十七出。参见《老子本原·老子与老子之道》。秦失，《释文》："本又作佚，各依字读，亦皆音逸。"成玄英疏："怀道之士，不知何许人也。"按，秦佚者，秦之佚民，道行高深人士。寓言人物，无须考其究竟。

② 三号而出，只三号而已，并不过分悲痛。郭象注："人吊亦吊，人号亦号。"郭象之意，谓秦失三号，只是从众而已，老聃之死，安时处顺，无须悲痛。

③ 然则吊焉若此，可乎，弟子以为既是夫子之友，而吊唁只"三号而出"，可乎？

④ 然，秦失回答，如此即可。郭象注："至人无情，与众号耳，故若斯可也。"

⑤ 其人，一般的人，普通的人。"始也"二句，秦失言开始我以为老聃是一般的人，现在我认识到并非如此。由后文"适来夫子时也，适去夫子顺也"可知，

老子原是"安时而处顺"的至人。(成玄英疏:"秦失初始入吊,谓哭者是方外门人,及见哀痛过,知非老君弟子也。"成疏以"其人"指哭者,甚误。此回答弟子"吊焉若此,可乎",秦失说明吊焉若此即可的原因,不涉及哭者。)

⑥彼,指老少之哭者。蕲,求。不蕲言而言,不蕲哭而哭,谓其出自内心,不能自己,然并不理解老子。

⑦遁,避也,引申为违背之意。遁天,违反自然本性。倍,通"背"。倍情,违背情理;指道家观念的情理,与通常概念不同。忘其所受,以死为可哀,忘其所受之本分。刑,法也。《书·尧典》"观厥刑于二女"孔安国传:"刑,法也。"《诗·大雅》"仪刑文王"毛传:"刑,法也。"又,常也。《尔雅·释诂上》:"刑,常也。"郭璞注:"刑,谓常法耳。"遁天之刑,违反自然的法则。谓死本正常,伤心哭泣违反自然的正常法则。——情、刑,古韵阳声耕部。

⑧適来,適时而来,指出生。时,得其时。適去,適时而去,指死亡。顺,顺于理。安时而处顺,故来无所乐,死无所哀。帝,天也,自然也。帝之县解,自然解脱。《释文》引崔譔云:"以生为县,以死为解。"县,通"悬"。《资治通鉴·汉纪六》"天下之势倒县",胡三省注:"县,古'悬'字。"县解,犹《孟子·公孙丑上》所谓"犹解倒悬也"。但孟子说的是仁政对民的解放,庄子则论述死亡对人生的解脱,两者旨意不同。

⑨指,代指手。穷,尽。为,取也。薪,柴薪。手取柴薪是有尽的,火却永远传下去。喻人皆必然死去,道可传之无穷。成语"薪尽火传"即出于此。

★(一)《养生主》篇提出"吾生也无涯而知也无涯,以有涯随无涯,殆已",主张"为善无近名,为恶无近刑,缘督以为经"。养生的关键在于"以无厚入有间",在矛盾复杂斗争残酷的社会里,只能在"间隙"中求得生存。

后面三则寓言:公文轩谓右师,形体虽残而德自全,故无碍其仍可生存。泽雉不蕲畜乎樊中,宁可在草泽中艰难地生活;此表现其摆脱桎梏向往自由之意。秦失论老聃,无论生死皆安时处顺,虽死而薪尽火传,即《逍遥游》所谓"至人无己"者也。三则寓言的主题并不相同,更无"以无厚入有间"以求得生存之意;

但表现如何对待人生这个大题目则是一致的。

（二）"指穷于为薪，火传也，不知其尽也"，此三句需辨析者三。一、郭象注："为薪，犹前薪也。"成玄英疏："为，前也。言人然火，用手前之。"俞樾《庄子平议》："郭注非也。《广雅·释诂》：'取，为也。'然则为亦犹取也。指穷于为薪者，指穷于取薪也。"按，俞说甚是。二、朱桂曜《庄子内篇补证》、闻一多《庄子内篇校释》、陈启天《庄子浅说》皆谓"指"为"脂"字之误。闻一多说之最详，其言曰："古所谓薪，有爂薪，有烛薪。爂薪所以取热，烛薪所以取光。古无蜡烛，以薪裹动物脂肪而燃之，谓之曰烛，一曰薪。烛之言照也，所以照物也，故谓之曰烛。此曰'指穷于为薪'，即烛薪也。"按，朱陈闻之说皆非是。明说是薪，就不会是脂。以脂为薪，违于事理。字书无训"烛"为"薪"者，亦无称"薪"为"烛"者。闻说不知所据。原文断言"火传也"，非谓"取光"之意甚明。校订古书的原则，一曰有据，二曰顺理。凡原文简易明畅者，不宜无端故作繁冗，造作怪诞之说。三、历来治《庄子》者，多将"指穷于为薪，火传也，不知其尽也"三句游离于全文之后，成玄英早知如此割裂之非。成疏云："旧来分此一篇为七章明义，观其文势，过为繁冗。今将'为善'合于第一，'指穷'合于老君，总成五章，无所猜嫌也。"成氏所分，极为合理。然郭庆藩《庄子集释》、王先谦《庄子集解》以及当代诸多注本仍将此三句单置于篇末，游离于全文之外。按，此三句为秦失颂扬老子之语，谓老子人则安时处顺，道则薪尽火传，为最高的礼赞，文章结构亦甚完美。

（三）"老聃死"章是先秦诸子中唯一记述老子之死的作品，也许只是寓言，是庄子对老子最高的评价与歌颂，也精准地表现了庄子本人的生死观。

# 人间世第四

人间世,即人世间。全文论述在险恶的社会,如何求得生存。

颜回将之卫、叶公子高将使齐、颜阖将傅卫灵公太子,三章用寓言故事的形式,揭露了当时社会的险恶和统治者的凶残。后面匠石和栎社树、商丘之大木、支离疏的生存之道三则寓言,和狂接舆之歌,加上"山木自寇""膏火自煎"与"桂可食,故伐之;漆可用,故割之"的比喻,都说明"无用之用"。因为无用,所以得以生存,"人皆知有用之用,而莫知无用之用也"。——靠"无用"来求得生存,同"以无厚入有间"为养生之主,是同一社会背景下产生的可悲的人生哲学。

## (一)

颜回见仲尼,请行[1]。

曰:"奚之[2]?"

曰:"将之卫[3]。"

曰:"奚为焉?"

曰:"回闻卫君[4],其年壮,其行独;轻用其国,而不见其过[5];轻用民死,死者以国量乎泽若蕉,民其无如矣[6]。回尝闻之夫子曰:治国去之,乱国就之,医门多疾[7]。愿以所闻思其所行,则庶几其国有瘳乎[8]!"

仲尼曰:"嘻!若殆往而刑耳[9]!夫道不欲杂,杂则多,多则扰,扰则忧,忧而不救。古之至人,先存诸己而后存诸人。所存于己者未定,何暇至于暴人之所行[10]!

"且若亦知夫德之所荡而知之所为出乎哉?德荡乎名,知出乎争[11]。名也者,相轧也;知也者,争之器也。二者凶器,非所以尽行也[12]。

"且德厚信矼,未达人气;名闻不争,未达人心[13]。而强以仁义绳墨之

— 人间世第四 —

言衒暴人之前者,是以人恶育其美也,命之曰菑人。菑人者,人必反菑之,若殆为人菑夫[14]!且苟为悦贤而恶不肖,恶用而求有以异[15]?若唯无诏,王公必将乘人而斗其捷[16]。而目将荧之,而色将平之,口将营之,容将形之,心且成之[17]。是以火救火,以水救水,名之曰益多,顺始无穷[18]。若殆以不信厚言,必死于暴人之前矣[19]!

"且昔者桀杀关龙逢,纣杀王子比干,是皆修其身以下伛拊人之民,以下拂其上者也,故其君因其修以挤之。是好名者也[20]。昔者尧攻丛、枝、胥敖,禹攻有扈,国为虚厉,身为刑戮;其用兵不止,其求实无已,是皆求名实者也[21]。而独不闻之乎[22]?名实者,圣人之所不能胜也,而况若乎[23]?虽然,若必有以也,尝以语我来[24]!"

①颜回(前522—前481),字子渊,春秋时鲁国人,孔子最得意门生。仲尼,即孔子(前551—前479),名丘,字仲尼,春秋时鲁国人,儒家学派创始人;历史上被尊为圣人。按,本章是作者编的故事,托孔子颜回名义,实与孔子颜回无任何关系。

②奚之,何往。

③卫,先秦诸侯国名,周武王封弟康叔于卫,都于朝歌(今河南淇县)。

④卫君,《释文》:"司马云:卫庄公蒯聩也。案《左传》,卫庄公以鲁哀十五年冬始入国,时颜回已死,不得为庄公,盖是出公辄也。"按,鲁哀公二年(前493)孔子离开卫国;哀公三年(前492)卫出公立,颜回不会前往一个孔子刚离开的国度,而一年多以后颜回即去世。按,此系寓言故事,考证毫无必要。姚鼐《庄子章义》:"卫君,托词以指时王糜烂其民者。"姚说甚是。

⑤年壮,正当壮年。行独,行为专断。轻用其国,指无休止地掠夺财富,奴役人民。不见其过,见,知也。谓卫君残暴奢靡,不自知其过。

⑥轻用民死,郭象注:"轻用之于死地。"如轻率地发动战争,强迫劳役,使人民丧失生命。死者以国量乎泽若蕉,《吕氏春秋·期贤》:"无罪之民其死者量于泽矣。"高诱注:"量,满也。"蕉,《释文》引向秀云:"草芥也。"句意谓死人在国

内塞满薮泽如同草芥。(此句颇多歧解。《集释》引郭嵩焘说,谓"蕉与焦通。若焦者,水竭草枯,如火熟然,即《诗》如惔如焚之意"。可供参考。又,奚侗《庄子补注》以"国"字为衍文。按,若无"国"字,句作"死者以量乎泽若蕉",以,通"已"。死者已塞满薮泽如同草芥,较为顺畅。)无如,犹无奈。无可奈何,指没法活了。

⑦ 去,离开。就,即,进入。

⑧ 所行,《集释》本无此二字。王孝鱼校:"《阙误》引江南李氏本'其'下有'所行'二字,'则'字属下句。"从之。庶几,或许。瘳(chōu),病愈。

⑨ 嘻,感叹词。若,汝。殆,恐怕。刑,遭受刑戮。

⑩ 存,成玄英疏,"立也"。诸,"之于"的合音。句意谓先自己立得起来才能扶助别人。未定,未稳。仲尼以颜回自己修养不够,不能救助卫国。

⑪ 荡,流荡,丧失。知,通"智"。出,表现,外露。《老子》第十八章:"慧智出,有大伪。"第十九章:"绝圣弃智,民利百倍。"老庄认为有智慧就有伪恶。"德荡乎名,知出乎争",郭象注:"德之所以流荡者,矜名者也;知之所以横出者,争善故也。"争善,犹争胜。

⑫ 轧,《集释》本作"札",王孝鱼据赵谏议本及世德堂本改。相轧,相互倾轧。器,工具,引申为手段之意。二者,名与智。

⑬ 矼(gāng),确实。达,了解。气,义同《列子·汤问》"汝志强而气弱"之气,张湛注:"气谓质性。"四句谓汝即使道德纯厚,却不了解别人的质性,信行确实,却不了解别人的心意。人,指卫君。

⑭ 而,通"汝"。绳墨,匠人用的墨线,比喻规矩法度。衒,矜夸。字原作"术",王孝鱼校:"《阙误》引江南古藏本作衒。"从之。(按,"术"字通"述",陈述,于义亦通;而"衒"字义长。)人恶,他人之恶。育,原作"有",《释文》引崔譔本作"育,云:卖也",从之,卖弄炫耀之意。其,己也。其美,自己之美。菑,伤害。句意谓以他人之恶卖弄自己之美,叫作伤害人。伤害人者,人必反伤害之,你恐怕会被人伤害。

⑮ 而,通"汝"。恶用而,何用汝。句意谓如果卫君喜悦贤才而厌恶不肖,

— 人间世第四 —

卫国也有贤人，何用你去追求什么特别的东西。

⑯ 若，汝。詻（è），谏诤。字原作"诏"，《释文》引崔譔本作"詻"。"诏"字诸训皆用于上对下，无谏诤义，故从崔本。王公，旧注谓指卫君，似亦可指卫君周围的阿谀佞臣。此系泛用，若论爵位，卫君本人也非王位。乘人，抓住别人的话。斗其捷，斗其捷辩。句意谓，除非你不进行谏诤，如要直言进谏，卫国的佞臣一定会抓住你的话同你斗其捷辩。

⑰ "而目、而色"之"而"皆通"汝"。目将荧之，荧，眩惑。成玄英疏："心生惶怖，眼目眩惑。"色将平之，神色平和下来，指丧失了开头进谏的势头。成玄英疏："颜色靡顺，与彼和平。"营，惑乱。口将营之，语言将混乱。容，形容，此指畏怯的形容。形，表现。容将形之，畏怯的形容将表现出来。成，就也；屈就，迁就。心且成之，内心将被迫屈就对方。——荧、平、营、形、成，古韵阳声耕部。

⑱ 顺始无穷，王先谦说："始既如此，后且顺之无尽。"意谓开始进谏就顺着卫君，这样发展下去就没有穷尽了。（王先谦以"顺始无穷"属上读，较其他注家属下读者较顺。）

⑲ 若，汝。殆，将。以，因也。厚言，指仲尼的告诫之言。句意谓，汝将因不信忠厚的劝告而必死于暴人之前矣。（旧注以"厚言"为颜回的谏诤之言，句意谓汝将因［卫君］不信忠厚之言而必死于暴人之前矣。这样解说，内容不错，但语句不够通顺。）

⑳ "且昔者"六句：桀，夏代最后的君主。纣，商代最后的君主。皆历史上有名的无道之君。《释文》："关龙逢（páng），夏桀之贤臣。王子比干，殷纣之叔父。"成玄英疏："姓关，字龙逢，夏桀之贤臣，尽诚而遭斩首。比干，殷叔之庶叔，忠谏而被割心。伛拊，犹爱养也。拂，逆戾也。""挤，坠也，陷也，毒也。"句意谓关龙逢和王子比干，修饰其身，在下位而爱抚君上的人民，在下位而拂逆君上，所以为暴君所害；这是他们好名的结果。

㉑ 丛、枝、胥敖，三小国名，《齐物论》篇作"宗、脍、胥敖"。有扈，亦小国名。国为虚厉，国成为废墟，人民成为厉鬼。《释文》引李颐云："居宅无人

曰虚，死而无后曰厉。"身，指三国的君主。刑戮，杀害。其，他们，指尧与禹。实，指利益。求名实，求名求利。句意谓尧与禹攻灭小国，是为了求名求利。（郭象注成玄英疏，皆以"好名"的是桀纣，"求名实"的是丛、枝、胥敖、有扈之君。不少注家也附和其说。郭成之说，与原文意思不符。按，儒家以龙逢比干是贤臣，不能说他们"好名"，唐尧夏禹是圣君，不能说他们"求名实"。郭注成疏正是按儒家的观念曲解原文。庄子书对儒家的圣君贤臣，全是为其所用，操纵自如。一时把他们恭维一番，叫他们发表道家的言论；一时把他们奚落一通，让他们成为疵议的对象。篇中对待龙逢比干尧禹即属于后者）。

㉒ 而，通"汝"。

㉓ 胜（shēng），担当。不能胜，挡不住，指经不住名实的诱惑。若，汝。

㉔ 有以，有根据，指有一定的打算。尝，试。语我，告诉我。来，句末助词。

颜回曰："端而虚，勉而一①，则可乎？"

曰："恶！恶可②！夫以阳为充孔扬③，采色不定，常人之所不违④，因案人之所感，以求容与其心⑤。名之曰日渐之德不成，而况大德乎⑥！将执而不化，外合而内不訾⑦，其庸讵可乎⑧？"

"然则我内直而外曲，成而上比⑨。内直者，与天为徒⑩。与天为徒者，知天子之与己皆天之所子，而独以己言蕲乎而人善之，蕲乎而人不善之邪⑪？若然者，人谓之童子，是之谓与天为徒。外曲者，与人为徒也⑫。擎跽曲拳，人臣之礼也；人皆为之，吾敢不为邪！为人之所为者，人亦无疵焉，是之谓与人为徒⑬。成而上比者，与古为徒。其言虽教，谪之实也⑭；古之有也，非吾有也。若然者，虽直而不病，是之谓与古为徒。若是则可乎⑮？"

仲尼曰："恶！恶可！大多政法而不谍，虽固亦无罪⑯。虽然，止是耳矣，夫胡可以及化，犹师心者也⑰。"

① 端而虚，郭象注："正其形而虚其心也。"王先谦说："端肃而谦虚。"勉而

130

── 人间世第四 ──

一，王先谦说："黾勉而纯一。"

② 恶（wū），惊叹词。恶（wū）可，何可，怎么可以。

③ 夫，犹"彼"也，指卫君。阳为充孔扬，郭象注："言卫君亢阳之性充张于内而甚扬于外，强御之至也。"成玄英疏："阳，刚猛也。充，满也。孔，甚也。言卫君以刚猛之性满实于心，强暴之甚，彰扬外迹。"为，犹"而"也。

④ 采色，神采气色。采色不定，郭象注："喜怒无常。"不违，莫敢违抗。

⑤ "因案人之所感，以求容与其心"，成玄英疏："案，抑也。容与，犹放纵也。"句意谓卫君压抑人们的感受，以求放纵自己的心意。

⑥ 日渐之德不成，而况大德乎，王先谦说："虽日日渐渍之以德，不能有成，而况进于大德乎！"

⑦ 执而不化，顽固不化。外合而内不訾，"訾"义同《礼记·少仪》"不訾重器"之訾，郑玄注："訾，思也。"句意谓卫君外似投合内实不思改变。

⑧ 其庸讵可乎，这怎么可以呢。"庸讵"，犹言凭什么。参见《齐物论》注。

⑨ 内直而外曲，内心诚直而外表委曲。成而上比，林希逸《南华真经口义》："以自己之成说而上合于古人，言古人以为证也。"

⑩ 天，自然也。与天为徒，与自然同类。

⑪ 天子，指君主。所子，犹言所生。独，岂也，独言难道。蕲，求。"而人"之而，通"尔"。而人，犹他人，别人。句意谓君主与我同为自然所生，难道我以自己之言希望他人以为善还是不善？

⑫ 与人为徒，《集释》本作"与人之为徒"，"之"字衍文，王孝鱼校引"赵谏议本无之字"。与人为徒，与一般人同类。

⑬ "擎（qíng）跽（jì）曲拳"二句，成玄英疏："擎手跽足，磬折曲躬，俯仰拜伏者，人臣之礼也。"疵（cī），疵议。句意谓我也像别人一样卑躬屈膝，反正大家都是这样，人们也就不会疵议。这就叫"与人为徒"。

⑭ 与古为徒，与古人同类。教，教导，教育。谪，指责。"其言虽教，谪之实也"，话虽是一般的开导，实际却是批评指责。

⑮ 虽直而不病，话虽率直却不会出麻烦。意谓是引用古人成说，暴君也不至

于加罪。若是，像这样。

⑯ 大，太也。《释文》引崔本即作"太"。政法，法制科条，指颜回说的那些条条。不谍，不妥当。成玄英疏："谍，条理也，当也。"固，浅陋。

⑰ 止是耳，仅此而已。化，感化，指感化卫君。师心，师法自己的成心，即自以为是。

颜回曰："吾无以进矣①，敢问其方？"

仲尼曰："斋，吾将语若。有心而为之，其易邪？易之者，皞天不宜②。"

颜回曰："回之家贫，唯不饮酒不茹荤者数月矣③，如此则可以为斋乎？"

曰："是祭祀之斋，非心斋也④。"

［颜］回曰："敢问心斋？"

仲尼曰："若一志⑤，无听之以耳而听之以心，无听之以心而听之以气。［耳］止于［听］，心止于符。气也者，虚而待物者也⑥。唯道集虚，虚者，心斋也⑦。"

颜回曰："回之未始得使，实［有］回也⑧；得使之也，未始有回也。可谓虚乎？"

夫子曰："尽矣，吾语若。若能入游其樊而无感其名⑨，入则鸣，不入则止⑩。无门无毒⑪，一宅而寓于不得已⑫，则几矣。绝迹易，无行地难⑬。为人使易以伪，为天使难以伪⑭。闻以有翼飞者矣，未闻以无翼飞者也；闻以有知知者矣，未闻以无知知者也⑮。瞻彼阕者，虚室生白，吉祥止止⑯。夫且不止，是之谓坐驰⑰。夫徇耳目内通而外于心知，鬼神将来舍，而况人乎⑱？是万物之化也，禹舜之所纽也，伏羲几蘧之所行终，而况散焉者乎⑲！"

① 无以进，不能更进一步了，指没有更好的办法。

② 斋，洁净身心。有心，有成心。《集释》本无"心"字，王孝鱼校据《阙误》引张君房本补。郭象注："夫有其心而为之者，诚未易也。"可知郭本原有

"心"字。皞天,通昊天,实即指天。成玄英疏:"以有为之心而行道为易者,皞天之下,不见其宜。"

③ 茹,吃。荤,肉类及姜蒜等辛辣之类的食物。

④ 心斋,指内心的虚静。

⑤ 若,汝。一志,纯一心志,排除杂念。

⑥ 耳止于听,原作"听止于耳",从俞樾说改。俞樾《庄子平议》:"上文云:无听之以耳而听之以心,无听之以心而听之以气。此文听止于耳,当作耳止于听,传写误倒也,乃申说无听之以耳之义。言耳之为用止于听而已,故无听之以耳也。心止于符,乃申说无听之以心之义。言心之用止于符而已,故无听之以心也。符之言合也,言与物合也;与物合,则非虚而待物之谓矣。气也者,虚而待物者也,乃申说气字,明当听之以气也。"耳止于听到外界的声音,心止于与外界相符合,言外之意,谓容易受外界的制约。只有气是虚的,虚静才能客观地对待外界的事物。

⑦ "唯道集虚"二句,谓道在于虚静,虚静就是心斋。

⑧ 未始得使,王先谦解作"未得使心斋之教"。指未曾得心斋的教导。实有回也,原作"实自回也",与下句"未使有回也"对应,"自"应作"有"。郭象注,"未始使心斋,故有其身",知郭本原作"实有回也"。

⑨ 樊,樊篱,引申为范围之内。句意谓汝入其范围而不为名位所动。

⑩ 入,进得去,指被接纳。鸣,指说话,发表意见。

⑪ 门,义同《公羊传》宣公六年"无人门焉者"之门,守也。《广雅·释诂三》:"门,守也。"防备之意。毒,义同《左传》僖公二十八年"莫予毒也已"之毒,害也。《国语·周语中》"若登年以载其毒",韦昭注:"毒,害也。"无门无毒,谓既无防人之心,亦无害人之意,一切自然,与下句"一宅而寓于不得已"一致。

⑫ 宅,代指心灵。一宅而寓于不得已,成玄英疏:"处心至一之道,不得止而应之,机感冥会,非预谋也。"释德清《庄子内篇注》:"一宅者,谓安心于一,了无二念。寓意于不得已而应之,切不可有心强焉。"

⑬ 迹，足迹。绝迹，即不行路。无行地，行而不着地。郭象注："不行则易，欲行而不践地，不可能也。无为则易，欲为而不伤性，不可得也。"

⑭ 为人使，为人之情欲所驱使。为天使，按自然之心运用。"人使、天使"皆就自身心性言之，非他人驱使、上天驱使之意。成玄英疏："夫人情驱使，所以易欺；天然驭用，是故难矫。故知人间涉物，必须率性任真也。"

⑮ 翼，翅膀。"有知"之知，同"智"，智识。下句同。"闻以有翼"四句谓有那种修养（指"无门无毒，一宅而寓于不得已"之类）才行得通畅，认识清楚；反之则行不通顺，认识不清。"有翼、无翼"是比喻，"有知、无知"是正意。——飞，古韵阴声微部；知，阴声支部。

⑯ 瞻，望，视。阕，空也。阕者，指空明境界。虚室生白，室，喻心。虚室，虚静的心灵。白，纯白，指光明。《释文》引司马彪云："室比喻心，心能空虚，则纯白独生也。"崔譔云："白者，日光所照也。"吉祥止止，即吉祥止于止。前一"止"字，动词，止也，集也。后一"止"字，名词，静止，引申为凝静之意。郭象注："夫吉祥之所集者，至虚至静也。"成玄英疏："止者，凝静之智。言吉祥善福，止在凝静之心。"三句意谓，试瞻彼空明境界，虚静的心灵会出现光明，吉祥福祉每止于凝静。（俞樾《庄子平议》："止止连文，于义无取。《淮南子·俶真篇》作'虚室生白，吉祥止也'。唐卢重元注《列子·天瑞篇》曰：'虚室生白，吉祥止耳。'亦可证止止连文之误。"按，俞说非是。"吉祥止止"是通的，郭象成玄英注疏理解正确，并非于义无取，"止止"连文不误；没有必要根据后来引文改易原著词语。《德充符》云"唯止能止众止"，"能止众止"与本文"止止"意思相近，足证"止止"连文不误。参见该篇注。）

⑰ "夫且不止"二句，谓若心不虚静，会是形坐而心驰。成玄英疏："苟不形同槁木，心若死灰，则虽容仪端拱，而精神驰骛，可谓形坐而心驰者也。"

⑱ 徇，使也。徇耳目内通，使耳目内向，冥寂而不视听。外于心知（zhì），排除心智。"鬼神"二句，成玄英疏："外遗于形，内忘于智，虚怀任物，鬼神〔将〕冥附而舍止；人伦钻仰而归依，固其宜矣。"

⑲ 化，感化。纽，《释文》引崔譔云："系而行之曰纽。"又引简文云："纽，

本也。"伏羲（xī）、几蘧，成玄英疏："三皇以前无文字之君也。"行终，行之以终身。散焉者，一般的人。成玄英疏："世间凡鄙疏散之人。"

★文中"无门无毒"，句颇独特，不大好理解。解释这种生僻语句，必须做到：一、训诂有根据，解说不牵强。二、思想内容顺畅，与前后文协调。三、尽可能提供旁证。还需注意，不要强用假借。在本句中，还要"门、毒"词义相类。训"门"为守，释"毒"为害，解作既无防人之心，又无害人之意，则文从字顺，意思通畅。前人解说极为纷歧，都欠允妥。郭象谓"毒，治也"，不知于何得义，且解释句意不顺。林希逸谓"毒，药也"，属望文生义。李桢谓"毒"是"壔"之假借，系勉强拉差。此外异说尚多，离题更远。

## （二）

叶公子高将使于齐①，问于仲尼曰："王使诸梁也甚重，齐之待使者，盖将甚敬而不急②。匹夫犹未可动，而况诸侯乎！吾甚慄之③。子常语诸梁也曰：'凡事若小若大，寡不道以欢成④。事若不成，则必有人道之患；事若成，则必有阴阳之患⑤。若成若不成而后无患者，唯有德者能之。⑥'吾食也执粗而不臧，爨无欲清之人⑦。今吾朝受命而夕饮冰，我其内热与⑧！吾未至乎事之情，而既有阴阳之患矣⑨；事若不成，必有人道之患。是两也，为人臣者不足以任之⑩。子其有以语我来！"

仲尼曰："天下有大戒二：其一，命也；其一，义也⑪。子之爱亲，命也，不可解于心⑫；臣之事君，义也，无適而非君也，无所逃于天地之间⑬。是之谓大戒。是以夫事其亲者，不择地而安之，孝之至也；夫事其君者，不择事而安之，忠之盛也⑭；自事其心者，哀乐不易施乎前⑮，知其不可奈何而安之若命，德之至也。为人臣子者，固有所不得已。行事之情而忘其身，何暇至于悦生而恶死⑯！夫子其行可矣。

"丘请复以所闻[17]：凡交，近则必相靡以信，远则必忠之以言[18]，言必或传之[19]。夫传两喜两怒之言，天下之难者也[20]。夫两喜必多溢美之言，两怒必多溢恶之言[21]。凡溢之类妄，妄则其信之也莫，莫则传言者殃[22]。故法言曰：'传其常情，无传其溢言，则几夫全。[23]'

"且以巧斗力者，始乎阳，常卒乎阴，泰至则多奇巧[24]。以礼饮酒者，始乎治，常卒乎乱，泰至则多奇乐[25]。凡事亦然。始乎谅，常卒乎鄙；其作始也简，其将毕也必巨[26]。

"夫言者，风波也；行者，实丧也。风波易以动，实丧易以危[27]。故忿设无由，巧言偏辞[28]。兽死不择音，气息茀然，于此并生心厉[29]。剋核大至，则必有不肖之心应之，而不知其然也。苟为不知其然也，孰知其所终[30]！故法言曰：'无迁令，无劝成，过度益也[31]。'迁令劝成殆事[32]。美成在久，恶成不及改，可不慎与[33]！且夫乘物以游心，托不得已以养中，至矣[34]。何作为报也，莫若为致命，此其难者[35]！"

① 叶公子高，《释文》："叶，音摄（shè）。子高，楚大夫，为叶县尹，姓沈，名诸梁，字子高。"按，据《史记·孔子世家》，孔子自蔡至叶，叶公问政，孔子曰："政在来远附迩。"事在鲁哀公六年（前489）。没有多久即"去叶反于蔡"。叶公的主要业绩，在楚惠王十年（鲁哀公十六年，前479）平白公胜之乱，时孔子已去世两年。史不载叶公使齐事，叶孔对问系作者虚构。齐，先秦诸侯国名，周武王封吕尚于齐，都临缁（今属山东）。

② 敬而不急，接待态度恭敬而不急于解决实际事务。急，犹今言积极。

③ 匹夫，普通人。慄，恐惧。

④ 若小若大，或小或大，即无论大小。寡，少。不道，不合于道。王先谦说："事无大小，鲜不由道而以欢然成遂者。"（成玄英疏："夫事无大小，少有不言以成为欢者耳。"成说以"道"为言道，不如王说准确。又，王孝鱼校：《阙误》引江南古藏本此句作"寡有不道以成欢"。则意谓少有不以道而美满成功者。）

⑤ 人道之患，谓事不成则受楚王加罪。阴阳之患，谓因感情激动引起阴阳失

— 人间世第四 —

调而身生疾病。

⑥ "若成若不成"二句,谓成与不成都无后患,唯有德者才能办到。

⑦ 执,持,犹言使用。粗,指粗劣的饮食。臧,善,指美食。爨(cuàn),烧火做饭。二句叶公自言食用粗粝不求精美,炊爨无须大事烹饪,厨人不会觉得热,故无欲求清凉之人。

⑧ "吾朝受命"二句,谓我朝受使命晚上就感到要饮冰水,我大概是内心焦灼。

⑨ 情,实也,事之实情。二句谓我还没有达到了解行事的实情,就已有"阴阳之患",指已有病了。

⑩ "两也"之"也",犹"者"也。两者,指"阴阳之患"与"人道之患"。二句谓两种灾患都是为人臣者承受不了的。

⑪ 戒,戒律。命,天之所命,犹言命定。义,人道之宜,犹言义务。

⑫ 子,儿女。亲,父母。解,义同《诗·大雅·烝民》"夙夜匪解"之解(xiè),通"懈",松懈,怠忽。不可解于心,即心不能松懈。

⑬ 适,往也。天下没有无君之国,故无往而非君,无所逃于天地之间。

⑭ 不择地而安之,不论什么境地都要安然处之。不择事而安之,不论什么事情都要安然对待。盛,亦至也。

⑮ 自事其心,修养自身心性。施,读为"移","易施"即移易,改易之意。哀乐不易施乎前,不因面前的哀乐而改易。

⑯ 行事之情,按事情的实际办理。何暇至于悦生而恶死,哪有时间去考虑喜悦生而害怕死。按,这里说的是为事亲事君,做忠臣孝子要不顾生死,与《齐物论》中"齐生死"是完全不同的思想观念。"天下有大戒二"一段,宣扬儒家的忠孝大节,与后文思想内容不同。后面星评有所说明。

⑰ 复以所闻,再讲讲我听到的。

⑱ 交,与邻相交。相靡,犹相亲。成玄英疏:"凡交游邻近,则以信情靡顺;相去遥远,则以言表忠诚。"

⑲ 言必或传之,言语须有人传达。

⑳ "夫传"二句,谓传达双方喜怒之言都是很难的。

㉑ 溢,过也。溢美之言,夸大过分的好话。溢恶之言,夸大过分的坏话。

㉒ 类妄,近于妄诞失真。莫,谓不以为然。成玄英疏:"莫,致疑貌。"致疑即由不以为然引申而来。"凡溢"三句,谓凡是夸大的话近于妄诞,妄诞则别人会有所怀疑,怀疑则传言者会遭到祸殃。

㉓ 法言,古代格言。似为书名,其名仅见于本文。"传其常情"三句,意谓传达正常情况的语言,不传过甚的言词,这样也许可以得到保全。

㉔ 巧,智巧,机巧。斗力,角力斗胜。阳,公开的方式。阴,隐蔽的办法。泰至,过分。奇巧,诡异之机巧,指玩弄阴谋诡计。《集释》引郭嵩焘曰:"凡显见谓之阳,隐伏谓之阴。斗巧者必多阴谋,极其心思之用以求相胜也。"

㉕ 治,正常的情况。乱,混乱的状态。奇乐,诡异之乐,指狂欢胡闹。郭象注:"淫荒纵横,无所不至。"

㉖ 谅,诚信。鄙,鄙陋,狡诈。成玄英疏:"凡情常事,亦复如然。莫不始于诚信,终则鄙恶;初起简少,后必巨大。是以烦生于简,事起于微。此合喻也。"

㉗ "言者,风波也",风波喻其没有定准。"行者,实丧也",《集释》引郭嵩焘说:"实丧,犹言得失。实者,有而存之;丧者,忽而忘之。佹得而佹失者,行之大患也,故曰危。"

㉘ "忿设无由,巧言偏辞",忿,忿怒。设,施也,引申为出现、发作之意。无,无不也。忿怒之发作,无不由于巧言过实,偏辞失当。郭象注:"夫忿怒之作,无他由也,常由巧言过实,偏辞失当耳。"

㉙ 茀然,同《德充符》篇"怫然而怒"、《天地》篇"怫然作色"之怫然,暴怒貌。心厉,心生恶厉。三句意谓野兽困窘之时,叫声凶暴,怫然嗔怒,以至产生各种恶厉之心,指可能噬人。

㉚ 剋核(kè hé),同"刻覈",叠韵联绵词,苛刻逼迫。大,同"太",王孝鱼校"世德堂本作太"。不肖,不善。五句意谓,如过于苛刻,则会引起不善之心的回报,自己竟不知何以会如此;如果不知何以会如此,那后果谁也无法估计。

138

前文"兽死不择音"三句是比喻,这五句是正意。

㉛ 无迁令,不要改变使命,即如实传达。成玄英疏:"承君令命,以实传之,不得迁改。"无劝成,不要勉强求成。郭象注:"任其自成。"成玄英疏:"直陈君令,无劳劝奖,强令成就。"益,同"溢"。过度益也,过度就会泛滥成灾。

㉜ 殆,危险。句意谓改变使命,勉强求成,都坏事。

㉝ 美成,好的结果。恶成,坏的结果。三句意谓,求得好的结果需要很久的时间,出现了坏的结果就来不及改正,岂能不慎重。

㉞ 乘物,顺应外物。游心,任心遨游,悠然自适。托不得已,应之而已,不要过于认真。养中,怡养精神。宣颖《南华经解》:"随物以游寄吾心,讬于不得已而应,而毫无造端,以养吾心不动之中,此道之极则也。"

㉟ 作,作意。报,回报。致命,直致君命。其,犹"岂"也。三句意谓,何必作意去考虑回报,还不如直致君命,这有什么为难的。成玄英疏:"直致率情,任于天命,甚自简易,岂有难邪? 此其难者,言不难。"

# (三)

颜阖将傅卫灵公太子①,而问于蘧伯玉曰②:"有人于此,其德天杀③。与之为无方,则危吾国;与之为有方,则危吾身④。其知适足以知人之过,而不知其所以过⑤。若然者,吾奈之何?"

蘧伯玉曰:"善哉问乎! 戒之慎之,正女身也哉⑥! 形莫若就,心莫若和⑦。虽然,之二者有患。就不欲入,和不欲出⑧。形就而入,且为颠为灭,为崩为蹶。心和而出,且为声为名,为妖为孽⑨。彼且为婴儿,亦与之为婴儿;彼且为无町畦,亦与之为无町畦;彼且为无崖,亦与之为无崖⑩。达之,入于无疵⑪。

"汝不知乎螳螂乎? 怒其臂以当车辙,不知其不胜任也,是其才之美者也⑫。戒之慎之,积伐而美者以犯之,几矣⑬。汝不知夫养虎者乎? 不敢以生物与之，为其杀之之怒也；不敢以全物与之，为其决之之怒也[14]。时其饥饱，达其怒心[15]。虎之与人异类而媚养己者，顺也；故其杀者，逆也[16]。夫爱马者，以筐盛矢，以蜄盛溺[17]。适有蚊虻仆缘而拊之不时，则缺衔毁首碎胸[18]。意有所至而爱有所亡，可不慎邪！"

① 颜阖，成玄英疏："姓颜，名阖，鲁之贤人也。"傅，作为师傅，辅佐。《让王》篇，记颜阖坚决拒绝鲁君的礼聘，而此篇谓将傅卫灵公太子。都是故事，不必一致。卫灵公，卫国国君，姬姓名元，鲁昭公八年（前534）即位，在位四十二年。太子，卫灵公太子蒯聩。灵公三十九年（鲁定公十三年，前497），蒯聩与灵公夫人南子"有恶"，谋杀南子，失败后出奔宋国。四十二年（鲁哀公三年，前492）灵公去世，卫人立蒯聩之子辄为卫君，是为出公。出公十三年（鲁哀公十五年，前480）蒯聩回卫夺权，为卫庄公，其子出公辄出奔鲁国。庄公在位仅三年，即在内乱中被杀。见《史记·卫康叔世家》。

② 蘧伯玉，蘧瑗，字伯玉，卫大夫，其行事见于《左传》鲁襄公十四年（前559），二十六年（前547）。鲁定公十五年（卫灵公四十年，前495）孔子再次入卫即主于蘧伯玉家。《庄子·则阳篇》称"蘧伯玉行年六十而六十化"，《淮南子·原道篇》谓"蘧伯玉年五十而知四十九年非"。

③ 人，指卫灵公太子。德，德性。天杀，天生的败坏。《释文》："天杀，谓天杀物也。"成玄英疏："蒯聩禀天然之凶德，持杀戮以快心。"王先谦说："天性嗜杀。"皆可供参考。

④ 与之，给与他，即教导他。方，法也，道也。无方，不得法，无原则。有方，得法，有正确的原则。

⑤ "其知"之知，同智。二句谓其智力恰恰足以知道别人的过错，而不知过错的缘由，即不知其过错即由自己造成。郭象注："不知民过之由己，故罪责于民而不自改。"

⑥ 戒，警惕。慎，慎重。女，通"汝"。正汝身，端正汝自身。

⑦ 就，近也，指亲近。和，柔顺。二句谓外表不如表示亲近，内心不如柔顺。

宣颖《南华经解》:"外示亲附之形,内寓和顺之意。"

⑧就不欲入,亲附不要太深入。和不欲出,柔顺不要太显露。(此所谓柔顺有迁就之意。和不欲出,意即不要使对方感到是在迁就。)

⑨而,如也。且,将。颠,坠落。灭,毁坏。崩,崩塌。蹶(jué),跌倒。四者义近,皆颠仆败坏之意。妖、孽,皆灾祸之意。"形就而入"六句,谓外表亲附如太深入,就有可能颠仆败坏;内心柔顺迁就如太显露,就会招来灾祸。——灭、蹶、孽,古韵入声月部。

⑩为婴儿,如婴儿之无知无识。町(tīng)畦(qí),田间界限。无町畦,没有界限。无崖,不立崖岸。三者皆韬光隐迹、和光同尘之意。——婴、町,古韵阳声耕部;儿、畦、崖、疵,阴声支部。

⑪无疵,犹无害。"达之"二句,谓做到这些则无懈可击,不至招来灾祸。

⑫螳螂,昆虫名,前一对足巨大呈镰刀状,用以御敌和捕杀蚱蜢等小虫。怒,奋力举起。臂,即指其镰刀状前足。当,抵挡,对抗。车辙,即指车。(车两轮之间的宽度和车杠到地面的高度这一部分曰轨,又曰辙,螳螂由下向上望,只看到这一部分,故车辙代指车。此处解"车辙"为车轮碾过的痕迹者误。参见拙著《诗义索原·匏有苦叶》"济盈不濡轨"。)是,肯定,此处乃过分估计之意。才,能力。美,由美好引申为强大高超之意。句意谓螳螂怒臂当车是过分估计自己力量的强大。

⑬积伐,屡屡矜夸。而,通"汝"。几矣,犹言完了。成玄英疏:"几,危也。"句意谓屡屡矜夸你的能力而冒犯太子,那就完了。

⑭生物,活的动物。"杀之"之"之",代指生物。"之怒"之"之",则也,乃也。杀之之怒,扑杀活动物会发怒;由于活动物挣扎会激发老虎发怒。全物,整个动物。决,裂,指撕开。决之之怒,撕裂整个动物会发怒;由于整个动物不易断裂也会激发老虎发怒。

⑮时,通"伺",等候,观察。达,通也,即了解。二句谓,观察老虎的饥饱,了解它爱发怒的性情。

⑯杀,指杀人。逆,触犯。

⑰ 筐，竹筐。矢，通"屎"。蜄（shèn），大蛤，此指蛤壳。溺，尿。

⑱ 適有，偶有。仆缘，附着，指蚊虻叮在身上叮咬。拊之不时，拍打得不是时候；指突然拍打，使马受惊。缺衔，咬断勒口。毁首碎胸，马因受惊狂奔而颠蹶，致毁首碎胸。（拊之不时，也可理解为拍打不及时，大马蝇牛虻等叮咬也可使马受惊。）

⑲ 意有所至而爱有所亡，爱马之意本甚周到，而爱马却有所亡失。

★（一）颜回将之卫，叶公子高将使齐，颜阖将傅卫灵公太子，三个故事组成《人间世》第一大部分。所谓故事其实并无情节，只是三段对话，思想内容基本相同。王先谦说："人间世，谓当世也。事暴君，处污世，出与人接，无争其名，而晦其德，此善全之道。"概括了这三段对话的旨意。

（二）张恒寿《庄子新探》认为这三章是"《庄子》书中另一类型文字"，不是"先秦庄子的早期作品"（张氏用语）。按照历来研究者的看法，内篇是庄子所作，张恒寿则认为这三章是后来羼入的部分。他的主要理由是这三章对统治者的态度和《庄子》书中主要篇目所表现的态度不同。庄子决不和统治者合作，对"王公大人"总是用奚落的语言，表示冷淡和轻蔑。而这三章所述故事的主人公颜回、叶公子高、颜阖三人，却主动接近当权者，要谏诤卫君，受国君命出使齐国，做太子师傅，积极参加政治活动，和庄子的政治态度完全不同。

张恒寿先生很能发现问题，能给人以启发，但他关于这三段文章的论断并不正确。第一，积极参与政治活动，主动为统治者服务的人物是颜回、叶公子高和颜阖，而体现这三章思想内容的主要人物前两章是仲尼，后一章是蘧伯玉，在思想认识上，颜回等三人是作为仲尼、蘧伯玉的对立面存在的，是为了引发议论的需要出场的。尽管如此，颜回等人所描述的社会现实极其险恶，统治者是非常残暴的。卫君是"轻用其国，而不见其过；轻用民死，死者以国量乎泽若蕉"；叶公子高欲使于齐也是提心吊胆，"朝受命而夕饮冰"，感到"未至乎事之情，而既有阴阳之患矣；事若不成，必有人道之患"；而颜阖认识的卫太子是"其德天杀。与之为无方，则危吾国；与之为有方，则危吾身"。这些言语，揭发当时的社会现实相当深刻。这正是庄子认识的人间世,是产生庄子悲观的人生哲学的社会时代背景。

第二,故事中仲尼对颜回適卫并不支持,甚至认为他"必死于暴人之前"。对颜回提出的各种迂论,仲尼用"恶!恶可"这样的严肃的口气断然予以否定,指出"德荡乎名,知出乎争。名也者,相轧也;知也者,争之器也。二者凶器,非所以尽行也"。对付乱世污君,难免于祸;唯不求名,不用智,而后可以免灾。然后提出所谓"心斋",要做到"入则鸣,不入则止。无门无毒,一宅而寓于不得已",全是消极应付,与颜回要求拯世济民的愿望大相径庭。仲尼回答叶公子高,指出在统治者之间"传言"的危险,教他"乘物以游心,讬不得已以养中","何作为报也,莫若为致命",也是消极对待,不要积极追求,与使臣的使命毫不相容。颜阖既不愿"危吾国",也不愿"危吾身",蘧伯玉的回答却只论述了何以保全自己,根本不涉及如何不危国,与辅佐储君的任务邈不相干。三个故事的结尾都是让仲尼蘧伯玉发表一通高论之后即戛然而止,显然,颜回適卫、叶公子高使齐、颜阖傅卫太子之事都没了下文。

张恒寿提到这三章的文辞,与庄子"以天下为沉浊,不可与庄语"的风格不同。实际情况并非如此。仲尼蘧伯玉对污世暴君的分析揭露,那个"天下"已够"沉浊"的了,实在也算不得"庄语"。若说小有不同的话,《庄子》书中凡以庄周本人的形象出场时,对统治者都不屑一顾,尽幽默奚落之能事;而拉扯他人出来表演的,往往叫他们逶迤曲折,言词也带点说教的意味。表现形式有所不同,但统治者不可与同群的基本态度还是一致的。张恒寿还提到篇中两次引用"法言",是其他庄子主要篇目所没有的。这也不足以否定其为庄子作品的理由。《老子》全书都是格言式的韵语,尚且引用了"建言",庄子引用了"法言"有何不可?《逍遥游》中引用了"齐谐",似乎没有人(包括张先生)怀疑这部分不是庄子的著作,有什么理由认为《人间世》这部分引用了"法言"就值得怀疑呢?

张恒寿特别论及仲尼答颜回这一章中出现了关龙逢,认为战国前期诸子书中没有这一人物,关龙逢直到《荀子·解蔽》篇才出现,足以证明这一章不属于"庄子的早期作品"。这一理由也不能成立。荀子年代同庄子相距并不太远,因而关龙逢也出现在庄子书中就不足为奇。张恒寿认为"不能这样推论"。理由是，战国时代诸子百家假托的古人，都是"为了宣扬自己的学说主张"；因此儒家崇奉的人物，如尧、禹、关龙逢、王子比干等只能出现在儒家著作中，如《荀子》，而出现在《庄子》书中说明该章文字不是庄子著作，是后人羼入的。张先生说的道理不错，但他的道理恰好可以否定他的结论。因为儒家著作中对尧、禹、关龙逢、王子比干等，无例外都是极力歌颂；而在仲尼答颜回这一章，仲尼说关龙逢、王子比干"是好名者也"，尧和禹"是皆求名实者也"，全是否定的。你歌颂的人物，我予以否定，不恰好是各自"宣扬他们的学说主张"吗？

这三章中真正值得怀疑的是第二章下面这段文字：

"仲尼曰：'天下有大戒二：其一，命也；其一，义也。子之爱亲，命也，不可解于心；臣之事君，义也，无適而非君也，无所逃于天地之间。是之谓大戒。是以夫事其亲者，不择地而安之，孝之至也；夫事其君者，不择事而安之，忠之盛也；自事其心者，哀乐不易施乎前，知其不可奈何而安之若命，德之至也。为人臣子者，固有所不得已。行事之情而忘其身，何暇至于悦生而恶死！夫子其行可矣。'"

张先生也着重指出了这一段文字。这一段的思想内容与全文相悖。所谓"天下大戒"，宣扬事亲事君的忠孝大节，纯是儒家思想。甚至认为，"为人臣子者，固有所不得已。行事之情而忘其身，何暇至于悦生而恶死"，连生命也置之度外。这与后文提倡"乘物以游心，託不得已以养中"的道家思想，"何作为报也，莫若为致命"的敷衍态度，完全不同。这是游离的一节。如果仲尼的回答，没有这一段，直接从"凡交，近则必相靡以信，远则必忠之以言"开始，则全章前后一致。这一节确属于张恒寿所说的"是羼进去或附加进去的零简"。

（三）郭沫若在其大著《十批判书·庄子批判》中，把《庄子》书中的"孔子颜回"当作历史上的孔子颜回，好像儒家的孔子颜回真的在宣扬道家的"心斋"与"坐忘"，并且断定庄子出自儒家"颜氏之儒"，那是荒天下之大唐。"文化大革命"中"四人帮"的爪牙把《盗跖》篇的"巧伪人孔丘"当作真的孔子，并且接过盗跖的声口把"孔老二"骂得狗血淋头。尽管郭沫若尊孔，"四人帮"反孔，但就这些论述而言，两者在思维方法上并无二致。

## （四）

匠石之齐，至于曲辕，见栎社树①。其大蔽数千牛，絜之百围，其高临山，十仞而后有枝，其可以为舟者旁十数②。观者如市，匠伯不顾，遂行不辍③。

弟子厌观之，走及匠石④，曰："自吾执斧斤以随夫子，未尝见材如此其美也⑤。先生不肯视，行不辍，何邪？"

曰："已矣，勿言之矣！散木也，以为舟则沉，以为棺椁则速腐，以为器则速毁，以为门户则液樠，以为柱则蠹⑥。是不材之木也，无所可用，故能如此之寿。"

匠石归，栎社见梦曰："汝将恶乎比予哉！若将比予于文木邪⑦？夫柤梨橘柚果蓏之属，实熟则剥，剥则辱，大枝折，小枝泄⑧。此以其能苦其生者也，故不终其天年而中道夭，自掊击于世俗者也⑨。物莫不若是。且予求无所可用久矣，几死，乃今得之，为予大用⑩。使予也而有用，且得有此大也邪？且也若与予也皆物也，奈何哉其相物也⑪？而几死之散人，又恶知散木！⑫"

匠石觉而诊其梦⑬。弟子曰："趣取无用，则为社何也？⑭"

曰："密！若无言⑮！彼亦直寄焉，以为不知己者诟厉也⑯。不为社者，且几有翦乎⑰！且也彼其所保与众异，而以义喻之，不亦远乎！⑱"

① 匠石，名石的木匠。之，往。曲辕，地名。栎（lì），树名。社，土神。社祠往往依托一棵树，因而树也被当作神。社与树两者往往合而为一，故此称"栎社树"，后文直称"栎社"。

② 蔽，荫蔽。树枝张开可以荫蔽数千头牛。絜，用绳索围着量。围，树干圆

周一尺为一围。临，从高视下也。其高临山，言树比山高，故向下临山。十仞，七尺为一仞；一说，八尺为一仞。十仞合七、八丈。树干十仞以上才开枝。旁，俞樾《庄子平议》谓"旁读为方。方，且也"。树枝可以为舟者且十数。舟，指独木舟。

③ 市，集市。匠伯，即匠石，匠伯当是尊称。遂，竟。不辍（chuò），不停。

④ 厌观之，饱看一番。走及，快步追及。

⑤ 斧斤，斧头。材，木料，指栎社树。美，好，指其高大。

⑥ 散木，没有用的木料。散，言其木质疏脆。液樠（mán），树脂流也，樠，渗出之貌。《释文》引司马彪曰："樠，谓脂出樠樠然。"蠹，蛀虫，此指被虫蛀。按，寓言中的栎树是虚构的，真正的栎树是优质木材，且无树脂。

⑦ 女，通"汝"。恶（wū），什么。文木，质地坚实的木。郭象注："凡可用之木为文木。"

⑧ 柤，通"楂"，山楂。果蓏（luǒ），果子树的果实叫果，瓜类植物的果实叫蓏。成玄英疏："在树曰果，柤梨之类；在地曰蓏，瓜瓠之徒。"文中"果蓏"复词偏义，只涉及果，不涉及瓜。剥，义同《诗·豳风·七月》"八月剥枣"之剥，毛传："剥，击也。"指果实成熟时即被扑打。辱，《仪礼·士冠礼》"恐不能共事以病吾子"，郑玄注："病，辱也。"则"辱"亦可训"病也"。剥则辱，犹剥则病，谓被扑打则受伤害。泄，通"抴"。义同《管子·山至数》"而天下不吾抴矣"之抴，注："抴，散也。""大枝折"二句，谓大枝折断，小枝散落。——属、剥、辱，古韵入声屋部。折、泄，古韵入声月部。

⑨ 以其能苦其生，以它们的本领害苦它们的生命。天，夭折。掊（pǒu），成玄英疏，"打也"。自掊击于世俗，自取世俗的掊击。

⑩ 几死，几乎死了，指差点被人砍伐。乃今得之，现在才得到"无所可用"而生存下来。为予大用，无用之用，就是我最大的用。

⑪ 若与予，汝与我。相物，看待物。"且也"二句，意谓汝与我皆造化之一物，汝是怎样看待物的！指不该把栎树看成"不材之木"。

⑫ 而，通"汝"。几，近也。几死，将死。散人，此由"散木"衍生之词。成

玄英疏："汝是近死之散人，安知我是散木耶？托于梦中，以戏匠石也。"

⑬ 诊其梦，成玄英疏："诊，占也。占候其梦，说向弟子也。"

⑭ 趣，同"趋"。趣取，犹言追求。二句意谓栎树追求无用之用，又何必为社树。

⑮ 密，默也。《田子方》篇"默，女无言"，与此二句同。

⑯ 彼，指栎树。直，特也。诟厉，侮辱性的非议，谩骂。二句意谓，栎树为社是特意寄托，让那些"不知己者"去疵议它，谩骂它。

⑰ 剪，义同《诗·召南·甘棠》"勿剪勿伐"之"剪"，斩断。几，犹殆也。二句谓，如果栎不为社树，大概早被人砍伐了。即使无用也会被人砍伐，因作为社树就不被砍伐了。

⑱ 所保，保全自己方式。而，通"汝"。义，常理。喻，理解。字原作"誉"，王孝鱼据世德堂本改。二句谓，它保全自己的方式与一般人不同，汝以常理去理解它，不是相距太远了吗？王先谦说："保于山野，究与俗众异，非城狐社鼠之比。"

★ 匠石与栎社树寓言，宣传"无用之用"，是庄子书中精彩寓言之一，情节生动，个性鲜明，匠石与栎社的语言都非常精辟。然而，论其思想，却是极端消极的。"予求无所可用久矣，几死，乃今得之，为予大用。使予也而有用，且得有此大也邪？"依靠完全无用来求得生存，如此人间，何等的悲哀！

## （五）

南伯子綦游乎商之丘①，见大木焉有异，结驷千乘，将隐芘其所藾②。子綦曰："此何木也哉，此必有异材夫！"仰而视其细枝，则拳曲而不可以为栋梁；俯而见其大根，则轴解而不可以为棺椁③。咶其叶，则口烂而为伤；嗅之，则使人狂酲，三日而不已④。

子綦曰："此果不材之木也，以至于此其大也。嗟乎，神人以此不材⑤！宋有荆氏者，宜楸柏桑⑥。其拱把而上者，求狙猴之杙者斩之⑦；三围四围，求高名之丽者斩之⑧；七围八围，贵人富商之家求樿傍者斩之⑨。故未终其天年而中道已夭于斧斤，此材之患也⑩。故解之以牛之白颡者，与豚之亢鼻者，与人之有痔病者，不可以适河⑪，此皆巫祝以知之矣，所以为不祥也；此乃神人之所以为大祥也。⑫"

① 南伯子綦，当即《齐物论》篇南郭子綦。商之丘，今河南商丘。

② 焉，如此，那样。焉有异，犹言如此有异，那样地奇异。结，集结。结驷千乘，集结四马驾的车一千部。"将隐"原作"隐将"，王孝鱼校"《阙误》引张君房本作将隐"，从之。郭象注："其枝所阴，可以隐芘千乘。"知郭本原作"将隐芘"。"隐芘"连文，犹"隐蔽"。籁（lài），成玄英疏，"阴也"。二句意谓，结驷千乘，可以隐蔽在其树阴之下。

③ 轴，车轴在车之中，故引申而有中心之义。轴解，谓木条中心开裂，故不可以为棺椁。

④ 咶（shì），同"舐"，舔。为伤，被伤害。狂酲（chéng），大醉如狂。已，止也。

⑤ 神人，道家设想的人物。参见《逍遥游》篇"神人无功"注。"神人以此"之"以"，用也。句意谓，神人也用这种不材的方式，亦即以无用成其大用。

⑥ 宋，先秦诸侯国名，周成王时周公旦平武庚叛乱后封商王纣庶兄微子为宋公，都商丘（今属河南）。荆氏，宋国地名。楸柏桑，皆有用之树。

⑦ 拱把，量树干的粗细，两手合握曰拱，只手单握曰把。狙（jū）猴，猕猴。杙，小木桩。求狙猴之杙者，求系猕猴的木桩者。

⑧ 围，树干圆周一尺为一围。丽，同《列子·汤问》"馀音绕梁欐"之欐，梁栋。郭庆藩说："名，大也。谓求高大之丽者用三围四围之木也。"

⑨ 樿（shàn）傍，成玄英疏："棺材也。亦言棺之全一边而不两合者谓之樿旁。"即棺材一边为一块整木。

⑩ 已，《集释》本作"之"，此从王先谦《庄子集解》。作"之"者，"之"亦可训"已"。《诗·王风·君子于役》"日之夕矣"，即日已夕矣。未终其天年而中道已夭于斧斤，未终其天年即被砍伐。此材之患，这是有用之材遭受的祸患。

⑪ 解，禳解，除邪免灾的祭祷。颡（sǎng），额。豚，猪。亢，高。適河，祭祀河神时丢进河里。白额的牛，毛色不纯；鼻向上翻的猪，形状怪异；患痔疮的人，身体不洁，都不能用以祭河。古代祭河用牲畜，亦有用人者，《史记·滑稽列传》褚少孙补西门豹传，记邺地以妇女沉河"为河伯娶妇"，即属此类。

⑫ 巫祝，向鬼神祈祷为职业的人。白额牛、翻鼻猪、有痔疮的人，不能用来祭河，巫祝都知道，认为它们是不祥的；神人却认为它们有这些缺陷是最大的吉祥，因为它们得以保全生命。

★商之丘的大木寓言，同匠石与栎社树旨意相同。有用之材"未终其天年而中道已夭于斧斤"，无用才得以成为大木。论艺术则远不如前篇，商之丘的大木寓言似是曲辕栎社树故事的并不高明的模仿。

## （六）

支离疏者①，颐隐于脐，肩高于顶，会撮指天，五管在上，两髀为胁②。挫鍼治繲，足以餬口；鼓筴播精，足以食十人③。上征武士，则支离攘臂而游于其间。上有大役，则支离以有常疾不受功。上与病者粟，则受三钟与十束薪④。夫支离其形者，犹足以养其身，终其天年；又况支离其德者乎⑤！

① 支离疏，虚构人物，支离（zhī lí），叠韵联绵词，残缺之意。疏，不全之貌。释德清《庄子内篇注》："此假设人之名也。支离者谓骧其形，疏者谓泯其智也；乃忘形去智之喻。"

② 颐，面颊。颐隐于脐，极言颈缩头低之状。《释文》引司马彪曰："言脊曲颈缩也。"会撮，司马彪曰："髻也。古者髻在项中，脊曲头低，故髻指天也。"又，《释文》引崔譔云："会撮，项椎也。"按，《大宗师》篇"句赘指天"，崔譔云："句赘，项椎也。"与此同。谓背脊弯曲，故项椎上指。五管，五脏脉管。背驼上拱，故五脏脉管在上。髀（bì），大腿。背脊弯曲，故腿与胁靠在一起。《释文》引司马彪曰："脊曲髀竖，故与胁并也。"五句谓支离疏发育极不正常，弯腰曲背，耸肩缩颈，大腿与两胁相并，体貌奇丑。

③ 挫，通"锉"，《史记·楚世家》"兵锉蓝田"，是"挫、锉"相通之证。锉，磨也。鍼，同"针"。古代针为磨制而成。治，治理。繲（xiè），《集韵》，"故衣也"。挫鍼治繲，即磨针补衣。餬（hú），粥。餬口，用薄粥维持生活。《商君书·农战》："技艺之足以餬口也。"鼓筴播精，《释文》引司马彪曰："鼓，簸也。筴（cè），小箕也。简米曰精。"播，通"簸"，即用小箕簸米。前两句与后两句互文，谓支离疏给人家磨针补衣、小箕簸米这两种轻易的劳动，足以"餬口"养活十口人。

④ 攘臂而游，摆着手臂走来走去。因不怕征兵，故可自由行走。大役，大的劳役。功，义同《诗·豳风·七月》"上入执宫功"之功，劳役。不受功，不用服劳役。常疾，犹痼疾，指生来就残废。钟，容量单位，六斛四斗为一钟。（按，先秦各国容量不全相同。）束，捆。薪，柴。

⑤ 支离其形，指肢体残废。支离其德，由"支离其形"衍生之词，德，即《外物》篇"知彻为德"之德，指智能。句意谓完全无用，得以保全生命。

★ 曲辕栎社与商丘大木是无用之木，支离疏是无用之人，其"无用"以求得生存的方式则基本相同。那位支离疏先生凭借残废的肢体、艰辛的劳动得以"养其身"并"终其天年"，大概活得也并不轻松。作者写来似甚轻淡，然而这样的人生，何等悲哀！白居易诗《新丰折臂翁》写一个新丰青年为逃避征捕用大石砸断自己的右臂。"骨碎筋伤非不苦，且图拣退归乡土。此臂折来六十年，一肢虽废一身全。至今风雨阴寒夜，直到天明痛不眠。痛不眠，终不悔，且喜老身今独在。"

白居易诗的旨意在"戒边功",与庄子寓意不完全相同,其得到"一身全"的方式则没有区别。

## (七)

孔子適楚,楚狂接舆游其门曰①:"凤兮凤兮,何如德之衰也②!来世不可待,往世不可追也③!天下有道,圣人成焉;天下无道,圣人生焉。方今之时,仅免刑焉④!福轻乎羽,莫之知载;祸重乎地,莫之知避⑤。已乎已乎,临人以德!殆乎殆乎,画地而趋⑥!迷阳迷阳,无伤吾行!却曲却曲,无伤吾足!⑦"

① 孔子適楚,適,往也。楚,先秦诸侯国名,始祖鬻熊,西周初立国丹阳,后都于郢(今湖北江陵)。据《史记·孔子世家》,鲁哀公四年(前491),楚昭王兴师迎孔子。孔子在楚为时甚短。前文仲尼答颜回、答叶公子高的"仲尼"是艺术形象,故事中的孔子是道家化了的。本章虽同样是故事,"孔子"却确指儒家大师孔子。楚狂接舆,《论语·微子》注引孔安国曰:"接舆,楚人。"邢昺疏:"姓陆,名通,字接舆也。"邢说不知所据。曹之升《四书摭馀说》:"《论语》所记隐士皆以其事名之。接孔子之舆者谓之接舆,非名亦非字也。"

② 凤,古代传说中有德之鸟,被称为百鸟之王,歌中用以影喻孔子。何如,为何如此。

③ 来世,将来的时代。待,等待。往世,过去的时代。追,追及。《论语·微子》中接舆歌云:"往者不可谏,来者犹可追。"谏,谏阻改正之意。追,犹言来得及。本文"来世不可待,往世不可追",表面看是《微子》接舆歌的因袭,只是将"往"与"来"互换。然而内容实质已大不相同。《微子》中"往者、来者"就孔子本身行事言之,谓过去了的已无法改变,而未来的还来得及进行,劝孔子改弦易辙。本文"来世、往世"就时代言之,谓未来的时代不可能等到,过去的时代不可能追

151

及；言外之意，谓只能面对当前这个黑暗的时代。——衰、追，古韵阴声微部。

④成，成就，指成就其德，成就其事。生，全其生，指保全生命。方今，当今。仅免刑焉，成玄英疏，"仅可免于刑戮"。谓统治者暴虐残忍，人们动辄受到伤害。成、生、刑，古韵阳声耕部。

⑤福，谓韬光养晦，全生无为。祸，谓奔竞世务，追求名利。

⑥已，止也。临，示也。殆，危也。趋，疾走，亦泛指行走。宣颖《南华经解》："亟当止者，示人以德之事。最可危者，拘守自苦也。"

⑦迷阳，王先谦说，"谓棘刺也"，一种有刺的草。却曲却曲——此句字词需校定者二：一、字原作"郤曲"。郭象注："曲成其行，自足矣。"《释文》："郤，去逆反。字书作卻。《广雅》云：卻，曲也。"成玄英疏："郤，空也。曲，从顺也。虑空其心，随顺物性，则凡称吾者自足也。"符定一《联绵词典》注："按注说，字当作卻，在卩部。如疏说，字当作郤，在邑部。"此从郭注，今字书亦多作"郤曲"，简字作"却曲"。二、《集释》本原作"吾行郤曲"，此从王孝鱼校据《阙误》引张君房本改。——却曲，高亨《诸子新笺》说是一种有刺灌木。友人储庭焕曰："'迷阳迷阳，无伤吾行！却曲却曲，无伤吾足'，郭象注：'亡阳任独，不荡于外，则吾行全矣。''曲成其行，自足矣。'以'行'为行为或德行，以'足'为满足；如此注解，极为牵强，且语句不顺。解释这四句，必须考虑前两句和后两句词语对应，内容一致。王先谦谓迷阳为有刺的草，高亨说却曲是有刺灌木，两者合起来，意谓遍地都是荆棘，人间行路艰难；能满足上述条件，解说顺畅。问题在于，谓迷阳为有刺之草，却曲为有刺之木，并无可靠的根据。试另作新解。郭象注，'迷阳，犹亡阳也'，'亡阳'通'眊洋'，叠韵联绵词，望也，视也。却曲，双声联绵词，曲行也。四句谓世路崎岖，需要认真审视，不要有伤行路；注意却步转弯，免得伤害腿脚。"储君之说，可供参考。——阳、行，古韵阳声阳部。曲、足，古韵入声屋部。

★《论语·微子》："楚狂接舆歌而过孔子曰：'凤兮！凤兮！何德之衰？往者不可谏，来者犹可追。已而，已而，今之从政者殆而。'"《人间世》中楚狂接舆唱的这首歌自然是《论语》中那首老歌的改作和丰富。时间过去了一百多年，这个人间世更不像人间世了。接舆先生也更加狂了，"来世不可待，往世不可追也"，他感叹自己看不到清明的时代；而"方今之时，仅免刑焉"，连生存都陷入了绝境，远不是当年"今之从政者殆而"的景况了。"迷阳迷阳，无伤吾行！却曲却曲，无伤吾足！"世路崎岖，已到了步步艰难的程度。无论楚狂接舆还是孔子，对庄子来说都过去一百多年了，歌诗所唱无非是作者自身的感受。作者对他的时代看得过于绝对。其实战国之世，社会正发生激烈的变化，虽然是战乱缤纷，生灵涂炭，残暴的统治者所在多有；但历史毕竟在前进，特别是思想的天空里还有着光明，所以才能有百家争鸣的辉煌；要不然接舆之歌会唱不出来，庄周先生恐怕也不可能发表那么些高论，说什么"无用之用"的废话！

## （八）

山木自寇也，膏火自煎也①。桂可食，故伐之；漆可用，故割之②。人皆知有用之用，而莫知无用之用也。

①寇，成玄英疏，"伐也"。膏，油脂。山木因有材可用才被砍伐，故曰"自寇也"。油脂因可以照明才受煎熬，故曰"自煎也"。
②桂，指肉桂，可为佐料或供药用。割，将漆树干皮割破，让树汁流出，便是漆。

★曲辕栎社树，商之丘大木，支离疏的求生之道三则寓言，加上楚狂接舆歌，组成《人间世》的第二部分；最后一节是这一部分具有总结性的尾声。

山木、油膏、肉桂、漆树，皆因有用而自取其祸。全文的结论是，"人皆知有用之用，而莫知无用之用也"。一种人生哲学，其要义竟然是以无用之用来求得生存，如此人间世，可悲也已！

## 德充符第五

德充符,《释文》引"崔云:此遗形弃智,以德实之验也"。注家大多解作德充之验证。如王先谦曰:"德充于内,自有形外之符验也。"按,符,应也。德充符,犹言德充实的表现。

本篇前五章是全篇的主体,塑造了六个形容丑陋身体残缺的人物,他们自己不以残缺为意,而且能感化他人,就在于他们"死生亦大矣,而不得与之变,虽天地覆坠亦将不与之遗。审乎无假而不与物迁,命物之化而守其宗也",即他们无所凭借而不与外物变迁,一任外物变化而守其根本,亦即守"道";所以他们对外界的声色无所感知,生死对他们不发生影响,天地毁灭对他们无所失落。这就是"德充"之"符"。第六章是对前五章具有总结性的说明。第七章通过惠庄对话,庄子对上一章中"有人之形,无人之情"进行解释。

## (一)

鲁有兀者王骀,从之游者与仲尼相若①。

常季问于仲尼曰②:"王骀,兀者也,从之游者与夫子中分鲁③。立不教,坐不议。虚而往,实而归④。固有不言之教,无形而心成者耶⑤?是何人也?"

仲尼曰:"夫子,圣人也,丘也直后而未往耳。丘将以为师,而况不若丘者乎!奚假鲁国,丘将引天下而与从之。⑥"

常季曰:"彼兀者也,而王先生,其与庸亦远矣。若然者,其用心也独若之何?⑦"

仲尼曰:"死生亦大矣,而不得与之变;虽天地覆坠,亦将不与之遗⑧。审乎无假而不与物迁,命物之化而守其宗也。⑨"

— 德充符第五 —

　　常季曰:"何谓也?"

　　仲尼曰:"自其异者视之,肝胆楚越也;自其同者视之,万物皆一也⑩。夫若然者,且不知耳目之所宜,而游心乎德之和⑪;物视其所一而不见其所丧,视丧其足犹遗土也。⑫"

　　常季曰:"彼为己,以其知得其心,以其心得其常心,物何为最之哉?⑬"

　　仲尼曰:"人莫鉴于流水而鉴于止水,唯止能止众止⑭。受命于地,唯松柏独也正,在冬夏青青;受命于天,唯尧舜独也正,在万物之首⑮。幸能正生,以正众生⑯。夫保始之征,不惧之实。勇士一人,雄入于九军⑰。将求名而能自要者,而犹若是,而况官天地,府万物,直寓六骸,象耳目,一知之所知,而心未尝死者乎⑱!彼且择日而登假⑲。人则从是也,彼且何肯以物为事乎!⑳"


　　① 鲁,先秦诸侯国名。周武王封周公旦于鲁,周公之子伯禽就国,都于曲阜(今属山东)。兀(wù),通"刖"(yuè,两者读音不同),受刖刑被砍断一足。王骀(tái),虚构人名。"骀(tái)、驼(tuó)"双声义通,王骀亦即王驼。相若,相等。孔子弟子三千,而从王骀游学者和孔子相等。

　　② 常季,虚构人名。《释文》引或曰:"孔子弟子。"

　　③ 中分,各占一半。中分鲁,谓王骀与孔子平分鲁国的从学者。

　　④ "立不教"四句,意谓立不教授,坐不议论,从学者去时内心空虚,回时感到充实。

　　⑤ 固有,本有。无形而心成,无形的教化而使人心有所得。

　　⑥ 夫子,指王骀。直后,只是我来迟了。奚,何也。假,读如《礼记·曲礼下》"天王登假"之假(xià)郑氏注:"假,已也。"已,止也。奚假,犹言何止。二句意谓,何止一个鲁国,我将引导天下之人从之学。(郭象注作"何但一国而已哉",是正确的。成玄英疏作"何但假藉鲁之一邦耶",训"假"为假借之意,既误读了原文,也误解了郭注。)

　　⑦ 王(wàng),长(zhǎng)也。《释文》引崔譔云,"君长也"。王先生,为

155

先生之师长。庸，凡庸。亦，甚也。用心，用其心灵。独若之何，犹言到底怎么样。

⑧遗，失也。四句意谓王骀的精神境界，不随人的生死而发生变化，即使天塌地陷也不会失落。《齐物论》"死生无变于己，而况利害之端乎"，与此意同。

⑨审，义同《吕氏春秋·先己》"审此言也"之审，实也，犹言确实。假，借也，藉也。无假，无所假借，犹《逍遥游》之"无所待"。命，任也。宗，本也。二句意谓，确乎无所凭借而不随物迁变，一任外物变化而自守其根本。（注家或解假为真假之假，非是。郭嵩焘谓"无假当是无瑕之误"，亦非。）

⑩"自其异者视之"四句：《老子》第四十章："天地万物生于有，有生于无。""无"即是"道"，谓天地万物皆生于道。又，第十六章："夫物芸芸，各复归其根。"谓天地万物，最终又复归其本原。从道体现于万物这方面看，物与物各不相干，故肝胆甚近也如相隔楚越。从万物皆道体现这方面看，则万物皆是一体。苏东坡《赤壁赋》："盖将自其变者而观之，则天地曾不能以一瞬；自其不变者而观之，则物与我皆无尽也。"其哲学思想与文词风格皆原于此。

⑪耳目之所宜，耳宜于声，目宜于色。二句谓对外界的声色无所感知，而游心于德之和融。

⑫物，外物。丧，失也。对世间万物只看到皆是道之一体而不见丧失了什么，因此看待少一足如同丢一土块。

⑬彼，指王骀。为己，修养自己。知，通"智"。心，心灵，包括认知领悟的能力。常，恒也。常心，恒定的精神，修养的最高境界。物，指从之游的众人。最，聚也。常季认为王骀自己以其智慧达到修养的最高境界，但只是修养自己，人们何以聚集到他身边。（王弼本《老子》第四十九章："圣人无常心，以百姓心为心。"意谓圣人无主观固执之心，以百姓之心为心。本文谓王骀以自心的修养达到恒定的精神境界。"常心"二字，两处字面一样，含义不同。又，长沙马王堆汉墓帛书《老子》此句作"圣人常无心"，连字面也不一样。）

⑭鉴，照。止水，静止的水。唯止能止众止，唯有静止者能使求静止者归于静止，唯有凝静者能使求凝静者归于凝静。成玄英疏："唯止是水本凝湛，能止是

— 德充符第五 —

留停鉴人，众止是物来临照。亦犹王骀忘怀虚寂，故能容止群生，由是功能，所以为众归聚也。"

⑮"受命于地，唯松柏独也正，在冬夏青青；受命于天，唯尧舜独也正，在万物之首"，《集释》本原作"受命于地，唯松柏独也，在冬夏青青；受命于天，唯舜独也正"。缺漏七字，此据王孝鱼校据《阙误》引张君房本补足。独也，犹言特别地。

⑯正，纯正。生，性也，犹言本性。纯正自己的本性，故能使众生本性纯正。

⑰征，犹《逍遥游》"而征一国"之征，信也。实，实力。能保持终始的信念，就会有无所畏怯的力量；故勇士一人，能雄入于九军。九军，泛指大军。

⑱要，约也。自要，约束自己，要求自己。官天地，主宰天地。府万物，苞藏万物，六骸、头、身、四肢，代指整个形体。直寓六骸，只是以形体为寄托。象，犹《老子》所谓"无象之象"，虚象也。象耳目，以耳目为虚象。一，同一。知之所知，前一"知"字通"智"，后一"知"字如字。一知之所知，"一"是动词，"知之所知"是宾语；凡智之所知皆同一视之，即齐同物论。心，犹前文的常心。"官天地"六句所描述者即《齐物论》所说的圣人。"求名而能自要"的勇士尚能雄入九军，何况"官天地，府万物，直寓六骸，象耳目，一知之所知，而心未尝死"的至人，其修养之高自不待言。

⑲择日，选取一个日子。登假，假（xiá），通"遐"，远也。登，就向上言；假，就向远言，合之为升腾达到之意。《大宗师》篇"登假于道者也"，此处"登假"即"登假于道"之省语，犹言超尘绝俗达于大道。释德清《庄子内篇注》："假，犹遐也，谓彼人且将择日而登遐，而超出尘凡也。"（按，"登假"或"登遐"为古籍常语。《墨子·节葬下》："其亲戚死，聚柴薪而焚之，燻上，谓之登遐。"《诗·大雅·下武》"三后在天"，郑玄笺："此三后既没，登遐，精气在天矣。"《礼记·曲礼下》："告丧，曰天王登假。"《列子·黄帝》："天下大治，幾若华胥氏之国，而帝升假。"此皆谓人死精魄上升于天。《庄子》两用，皆谓上达于道。具体内容随语言环境而有所区别，基本词义一致。凡作不同此训解者皆误。"假"

157

皆读"退",不读贾。)

⑳从是,指从王骀游学。彼,指王骀。物,外物,包括从游之人。句意谓人们跟从他,他岂肯把他人从游当回事呢。

★王骀兀者也,而从之游者与孔子中分鲁,孔子甚至要"将引天下而与从之"。孔子描述王骀德之充盈是"死生亦大矣,而不得与之变;虽天地覆坠,亦将不与之遗。审乎无假而不与物迁,命物之化而守其宗也"。简而言之,即死生对他不发生影响,天地毁灭他也不会失落,他无所凭借、一任自然变化,他总守住他的根本。

这个根本是什么?那就是"道",王骀之"德"就在于体道,理解道的本质,适应道的规律,这就是"德充"的内涵。

老庄哲学的核心范畴叫作"道"。道是宇宙的本体。《老子》第二十五章:"有物混成,先天地生。寂兮寥兮,独立而不改,周行而不殆,可以为天下母。吾不知其名,字之曰道。"老子认为,"道"是客观的存在,但无法感知,"自古以固存",永远也不会消失。"道"生成天地万物,天地万物最终又复归于"道"。故《齐物论》谓"天地与我并生,而万物与我为一"。天地与我皆生于道,故曰"并生";万物与我皆是道的一体,故曰"为一"。天地万物不管多么纷繁,"恢恑憰怪,道通为一。其分也,成也;其成也,毁也。凡物无成与毁,复通为一"。仲尼所谓"自其异者视之",即从道生成万物的角度看,"肝胆楚越也";"自其同者视之",即从同生于道这个角度看,"万物皆一也"。——《齐物论》"天地与我并生,而万物与我为一",与《德充符》"自其异者视之,肝胆楚越也;自其同者视之,万物皆一也",正可以结合起来理解,是《庄子》书中体道最精辟的语句。——因为王骀能够理解道的本质,适应道的规律,所以他"物视其所一而不见其所丧,视丧其足犹遗土也"。他"幸能正生,以正众生",所以如此之多的人从之学,此"德充"之"符"也。

兀者王骀故事是《德充符》篇体道最为深微的一章。纯粹的道家哲学,却由"孔子"来宣讲,这个"孔子"是庄子塑造的人物形象,与儒家真正的孔子毫不相干。

— 德充符第五 —

## （二）

申徒嘉，兀者也，而与郑子产同师于伯昏无人①。

子产谓申徒嘉曰："我先出则子止，子先出则我止。②"

其明日，又与合堂同席而坐③。子产谓申屠嘉曰："我先出则子止，子先出则我止。今我将出，子可以止乎？其未邪？且子见执政而不违，子齐执政乎？④"

申徒嘉曰："先生之门，固有执政焉如此哉？子而说子之执政而后人者也⑤？闻之曰：'鉴明则尘垢不止，止则不明也⑥。久与贤人处则无过。'今子之所取大者，先生也，而犹出言若是⑦，不亦过乎？"

子产曰："子既若是矣，犹与尧争善⑧，计子之德，不足以自反邪？⑨"

申徒嘉曰："自状其过以不当亡者众，不状其过以不当存者寡⑩。知不可奈何而安之若命，唯有德者能之。游于羿之彀中；中央者，中地也，然而不中者命也⑪。人以其全足笑吾不全足者多矣，我怫然而怒，而适先生之所，则废然而反，不知先生之洗我以善邪⑫！吾与夫子游十九年矣⑬，而未尝知吾兀者也。今子与我游于形骸之内，而子索我于形骸之外⑭，不亦过乎？"

子产蹴然改容更貌曰："子无乃称！⑮"

① 申徒嘉，《释文》引李颐云："申徒，氏。嘉，名。"实虚拟人名。子产（？—前522），春秋郑国人。名侨，字子产，郑穆公之孙，子国之子；公子之子称公孙，故名公孙侨。郑之贤大夫，执郑国之政，历仕郑简公、定公、献公、声公四朝。时晋楚争霸，郑国弱小，子产周旋其间，国赖以安。事见《左传》与《史记·郑世家》。伯昏无人，虚拟人名。成玄英疏："伯，长也。昏，闇也。德居物长，韬光若闇，洞忘物我，故曰伯昏无人。"名曰无人，明属子虚乌有。

② 止，留也。子产羞与刖者同行。

③ 合堂，同堂。席，坐具，古人坐于席上。

④ 执政，子产自称。子产执郑国之政。不违，不回避。齐，等同。

159

⑤先生，指伯昏无人。说，同"悦"，此处犹言炫耀。后人，把别人放在后面，即看不起别人。也，通"耶"。

⑥鉴，镜。尘垢，灰尘污垢。

⑦取，犹求也。大者，指道德修养之最高者。句意谓汝所追求的道德修养之最高者就是先生，（在先生这儿），竟然说出如此卑下的话来。

⑧若是，指曾受刖刑被砍断一足。尧，古代圣君，此处用作圣人的替代词。意谓汝一个刖足的残废，竟然要同圣人争善。

⑨计，犹言掂量一下。德，品德，此讽刺语气。自反，犹自我反省。《淮南子·氾论篇》"纣居于宣室而不反其过"，高诱注："反，悔。"

⑩状，陈述，辩解。过，罪过。亡，指受刑肢体致残。存，指不受刑保存肢体。四句意谓，为自己的过错辩解认为不应当受刑失去肢体的人很多，不为自己的过错辩解认为肢体不应保全的人很少。

⑪羿，古代的善射者。彀（gòu），拉开弓。彀中，弓箭射程之内。"中央"之中（zhōng）平声，射程的正中。"中地"之中（zhòng）去声，必被射中之地。游于羿之彀中必被射中，而不被射中者，命也，即侥幸不被射中而已。比喻当今之世，动辄遭到刑戮，我被刖足也安之若命，汝不被刑戮亦只是侥幸而已。

⑫怫（fú）然，暴怒貌。适，到。先生，指伯昏无人。废然，消失之貌，指怒气消失。洗我以善，以先生之善使我得到净化。

⑬夫子，亦指伯昏无人。十九年，《庄子》书中"十九年"是概数，犹言多年，十几年。

⑭形骸，形体。游，交游。形骸之内，寄寓在形体之内的精神境界，亦即道德修养。索，求。形骸之外，形体的外部形态。

⑮蹴（cù）然，成玄英疏："惊惭貌。"乃，此也。称，称说。子产自感惭愧，请申徒嘉别那样说。

★兀者申徒嘉和郑国执政子产共同从师的伯昏无人，是一个王骀式的有德者。这个故事没有正面写他的德，而通过兀者申徒嘉谓先生"洗我以善"来表现他的巨大的影响力，"与夫子游十九年矣，而未尝知吾兀者也"，同游于德，形体的残缺是无所谓的。

子产是孔子最尊崇的人物。《史记·郑世家》记"孔子尝过郑，与子产如兄弟云"。《仲尼弟子列传》谓"孔子之所严事"，"于郑子产"。《论语·公冶长》子谓子产"有君子之道四焉：其行己也恭，其事上也敬，其养民也惠，其使民也义"，庄子却让孔子极力歌颂兀者王骀。子产与兀者同师于伯昏无人，庄子故意用子产来作为陪衬。子产竟然摆出一副大官僚架子，羞与兀者为伍。经过申徒嘉一番开导，才"蹴然改容"，认识到自己的错误。庄周先生把儒家的贤哲就如此随心所欲地玩之于股掌之上。

## （三）

鲁有兀者叔山无趾，踵见仲尼[①]。

仲尼曰："子不谨，前既犯患若是矣[②]。虽今来，何及矣？"

无趾曰："吾唯不知务而轻用吾身，吾是以无足[③]。今吾来也，犹有尊足者存，吾是以务全之也[④]。夫天无不覆，地无不载，吾以夫子为天地，安知夫子之犹若是也！"

孔子曰："丘则陋矣[⑤]，夫子胡不入乎，请讲以所闻。"

无趾出。孔子曰："弟子勉之[⑥]！夫无趾，兀者也，犹务学以复补前行之恶，而况全德之人乎！"

无趾语老聃曰："孔丘之于至人，其未邪？彼何宾宾以学子为[⑦]？彼且蕲以諔诡幻怪之名闻，不知至人之以是为己桎梏邪[⑧]？"

老聃曰："胡不直使彼以死生为一条，以可不可为一贯者，解其桎梏，其可乎[⑨]？"

无趾曰："天刑之，安可解[⑩]！"

①叔山无趾,虚构人名。无趾,《释文》引"李云:无足趾"。或刖刑有重有轻,轻者只断其脚趾。踵,脚跟。《释文》引"崔云:无趾故踵行"。踵见仲尼,没有足趾,故丁着脚跟走路来见仲尼。

②不谨,不慎重。犯患,指犯法遭受刑形。

③不知务,不懂世务。无趾必因冒犯统治者而受刑,并非真有罪过。无足,指无完足。

④尊足者,谓我虽残足但追求道德修养。务全之,力求成全德行。

⑤陋,浅陋。仲尼自知失言,故表示歉意。

⑥勉之,努力。

⑦宾宾,《释文》引司马彪云:"恭貌。"成玄英疏:"宾宾,恭勤貌。"认真勤谨之意。学子,友人储庭焕曰:"学子,即《诗·郑风·子衿》毛传'学子之所服'之学子,亦即学生、弟子。以,用也。无趾之意,谓仲尼自己并非至人,何必费劲收那么多学子。"按,储说是。郭象注成玄英疏以"学子"为"学于子"即学于老聃,后世注家多从其说。古籍中"学"皆"学习"之意,如"学文王""学孔子""学文""学礼"之类,无用作"从学"之意。凡"从学"必用"学于"。如"学于仲尼""学于我"之类。郭象成玄英因孔子曾问礼于老子,故以"学子"为学于老子,非是。

⑧彼,指孔丘。蕲,求也。諔诡(chù guǐ),奇异诡诈。桎梏,皆刑具,即手铐脚镣。成玄英疏:"在手曰桎,在足曰梏。"二句意谓,孔丘求怪异的名声,不知至人把名声当作镣铐。

⑨条,贯,皆相通,"死生为一条","可不可为一贯",即把死与生、可与不可,皆齐一视之。此即"齐物论"之意。

⑩天刑之,犹言生来就遭受这种刑罚。安可解,怎么可能解除。无趾把孔丘求怪异之名当作生来就有的刑罚。

★孔子在叔山无趾的故事里,是一个被叔山无趾藐视的人物。叔山无趾认为孔子"以諔诡幻怪之名闻",在至人看来这是一种桎梏。老聃教叔山无趾以齐生死泯是非的思想去解除孔子的桎梏,叔山无趾认为孔子已是"天刑之,安可解",简直不可救药。

# (四)

鲁哀公问于仲尼曰①:"卫有恶人焉,曰哀骀它②。丈夫与之处者,思而不能去也。妇人见之,请于父母曰'与为人妻,宁为夫子妾'者,数十而未止也③。未尝有闻其唱者也,常和人而已矣④。无君人之位以济乎人之死,无聚禄以望人之腹⑤。又以恶骇天下,和而不唱,知不出乎四域,且而雌雄合乎前⑥。是必有异乎人者也。寡人召而观之,果以恶骇天下⑦。与寡人处,不至以月数,而寡人有意乎其为人也;不至乎期年,而寡人信之。国无宰,寡人传国焉⑧。闷然而后应,氾而若辞⑨。寡人丑乎,卒授之国⑩。无几何也,去寡人而行,寡人恤焉若有亡也,若无与乐是国也⑪。是何人者也?"

仲尼曰:"丘也尝使于楚矣,适见独子食于其死母者,少焉眴若皆弃之而走⑫。不见己焉尔,不得类焉尔⑬。所爱其母者,非爱其形也,爱使其形者也⑭。战而死者,其人之葬也不以翣资,刖者之屦,无为爱之;皆无其本矣⑮。为天子之诸御,不爪剪,不穿耳⑯;取妻者止于外,不得复使。形全犹足以为尔,而况全德之人乎⑰!今哀骀它未言而信,无功而亲,使人授己国,唯恐其不受也,是必才全而德不形者也⑱。"

哀公曰:"何谓才全?"

仲尼曰:"死生存亡,穷达贫富,贤与不肖毁誉,饥渴寒暑,是事之变,命之行也;日夜相代乎前,而知不能规乎其始者也⑲。故不足以滑和,不可入于灵府⑳。使之和豫通而不失于兑,使日夜无郤而与物为春㉑,是接而生时于心者也㉒。是之谓才全。㉓"

"何谓德不形?"

曰:"平者,水停之盛也。其可以为法也,内保之而外不荡也㉔。德者,成和之修也㉕。德不形者,物不能离也㉖。"

哀公异日以告闵子曰㉗:"始也吾以南面而君天下,执民之纪而忧其死,吾自以为至通矣㉘。今吾闻至人之言㉙,恐吾无其实,轻用吾身而亡其国。吾与孔丘,非君臣也,德友而已矣。"

① 鲁哀公,鲁国君主,前四九四年至前四六八年在位二十七年。

② 恶人,丑人。哀骀它(tuó),虚构人名,亦背驼残废之人。

③ 丈夫,男人。不能去,不愿离开。夫子,指哀骀它。数十,《集释》本作"十数",王孝鱼校"赵谏议本十数作数十",此从赵本。

④ 唱,唱导。和,应和。

⑤ 济,救助。聚,积蓄。禄,义同《礼记·王制》"王者之制禄爵"之禄,郑氏注:"禄,所受食。"指粮食。望,饱。王先谦引李桢云:"《说文》:'望,月满也。'腹满为饱,月满为望,故以拟之。"

⑥ 恶骇天下,其丑恶使天下之人惊骇。知,通"智"。四域,四方之域。雌雄合乎前,宣颖《南华经解》:"妇人丈夫,皆来亲之。"谓妇人男子都来哀骀它之前。(郭象注成玄英疏解为禽兽群聚于前,非是。)

⑦ 寡人,寡德之人,古代国君的谦称。果,果真。

⑧ 期年,一整年。信,信任。宰,主持国政的官长。传国,指任以国事。宰,《周礼》有冢宰、大宰、小宰之类,此泛指官长。战国秦武王二年(前309)始置丞相,鲁国无丞相之位,春秋无宰相之称,注为丞相宰相者非是。

⑨ 闷然,犹默然,指先沉默了一会儿。氾,淡貌。王先谦说:"闷然不合于其意,而后应焉。氾然不系其心,而若辞焉。"

⑩ 丑,《释文》引李颐云,"惭也";崔譔云,"愧也"。卒,终也。授之国,授以国政。

⑪ 无几何,没多久。去,辞别。恤,忧思之貌。若有亡,如有所失。若无人

与乐是国,好像没有人同我共享这个国家了。

⑫豚子,小猪。食,指食乳。眴(shùn),瞪目惊疑之貌。《释文》引崔譔云:"惊貌。"

⑬不见己,指小猪发现母猪不看自己。焉耳,犹言如此。类,义同《诗·大雅·皇矣》"克明克类"之类,郑玄笺:"类,善也,勤施无私曰类。"不得类,小猪感到得不到母猪的善待。

⑭使其形者,主宰形体的精神。

⑮翣(shà),《礼记·丧服大记》:"饰棺……黼翣二,黻翣二,画翣二。"郑氏注:"翣,以木为筐,广三尺,高二尺四寸,方两角;高衣以白布画者,画云气,其馀各如其象,柄长五尺。车行使人持而从。既窆,树于圹中。"知翣为送葬时护棺的饰物。资,送。前线战死的人无法棺葬,也就没必要用翣资送。砍掉了脚的人,鞋对他已无用。无棺不用翣,无脚不用鞋,都是因为失了根本。

⑯天子,春秋战国时指周王,此系泛指。诸御,指天子嫔妃。不剪指甲,不穿耳环,保持其形体完美。取妻者止于外,男性侍从娶妻后不再供内廷役使。

⑰形全,形体完美,犹,吴昌莹《经词衍释》,"犹则也"。足以为尔,指为天子之诸御与役使。"形全"二句,谓"形全"为天子服役需如此严格,"全德"自然要更高的要求。

⑱才全,质性完美。德不形,德不显露。

⑲相代,交替进行。知,通"智"。始,事物开始,即是发生,故有发生之义。人生的生与死,存与亡,穷与达,贫与富,贤与不肖,毁与誉,这是事物的变化,运命的流行,有它的必然性;日夜交替,随着时间的前进,这一切都会出现,智力是不能规定它们的发生的(规,就是规定。"不能规乎其始",即事物如何发生,不由人的主观意志先行决定。马叙伦《庄子义证》谓"规"为"窥"的省文。原字意思明白,文从字顺,不用再换字为解。)

⑳滑,《释文》"音骨"。成玄英疏,"乱也"。和,和顺。灵府,心灵。郭象注:"灵府,精神之宅,所谓心也。"宣颖《南华经解》:"惟其如此,故当任其自然,不足以滑吾之天和,不可以扰吾之灵府。"

㉑ 和豫，和顺豫悦。通，通畅。兑，《释文》引李颐云，"悦也"。郤，通"隙"，李颐云，"间也"。使心灵和豫顺畅而不失悦怿，日夜无间地与万物同游于春和之中。

㉒ 接，接续，持续。而，如也。此紧承上句，谓日夜无间与万物同游于春和，如此接续如生四时如心中。

㉓ 综前文所述，所谓"才全"即质性完美的关键在于任物自然，永远保持心境的和豫怡悦。

㉔ 停，止也。水停之盛，水最平静的状态。水在不平之处必然流动，只有在最平的状态下才会静止。可以为法，可以作为效法的准绳。内保之而外不荡，保持内心的平静而不外向流荡。此以止水为喻，所谓"德不形"者如止水一样平静而不流荡。

㉕ 成，平也。又，成亦和也，古代求和谓之"行成"。"成和"为同义并列。《田子方》篇"两者交通成和而物生焉"句，交与通并列，成与和并列，可为佐证。句意谓平和的修养就是德。（郭象注谓"事得以成，物得以和，谓之德也"，非是，注解不应添加原文所没有的内容。宣颖《南华经解》："修太和之道既成，乃名为德。"以"成"字属上读，尤误。）

㉖ 物，指人。德不外荡者，人们不能离开他。此即"人莫鉴于流水而鉴于止水，唯止能止众止"之意。王先谦说："含德之厚，人乐亲之。"

㉗ 异日，犹他日。闵子，闵损，字子骞，鲁人，孔子弟子。

㉘ 南面，古人以北为尊，国君坐北朝南。君天下，为天下之君。诸侯国君不能称为"君天下"，《庄子》书中不拘泥。执，掌握。纪，纲纪，法纪。成玄英疏："执持纲纪，忧于兆庶，饮食教诲，恐其夭死。"至通，至为通达。

㉙ 至人之言，孔子论述哀骀它的这些言论。

㉚ 德友，以德相交之友。

★哀骀它形貌丑陋，但"才全而德不形"，故能使天下人受到感化。全文即发挥"才全而德不形"的观念。"才全"者，谓质性完美，即任物自然，永远保持心境的和豫怡悦。"德不形"者，德不显露于外，亦即"内保之而外不荡也"。

在"兀者"王骀故事和"恶人"哀骀它故事中,孔子竟充当道家哲学的解说员;而在叔山无趾的故事中,孔子被讥为受"諔诡幻怪"的声名所"桎梏"的庸人。庄周先生把这位儒家的圣人拉过来扯过去表演各种滑稽的角色,而郭沫若竟然说庄子出自孔门,实在离谱得太远了。

# (五)

闉跂支离无脤说卫灵公①,灵公说之;而视全人,其脰肩肩②。
瓮㼜大瘿说齐桓公③,桓公说之;而视全人,其脰肩肩。
故德有所长而形有所忘④。人不忘其所忘而忘其所不忘,此谓诚忘⑤。

① 闉跂支离无脤,闉(yīn),曲也。跂,行貌,又,虫行貌。闉跂,驼背弯着走路。支离,残废。脤,通"唇"。无脤,即缺嘴。此以残废的形状作为称呼。后面瓮㼜大瘿同。"说卫灵公"之说,音税(shuì),游说,与之言说。下文"说齐桓公"之说同。卫灵公,见《人间世》篇。"说之"之说,通"悦",喜爱。

② 全人,健全的人。脰(dòu),颈。肩肩,《释文》引李颐云,"羸小貌"。又引简文云,"直貌"。二义实通;卫灵公喜悦无脤的臃肿缩颈,反而感到健全人的颈子又瘦又直。

③ 瓮(wèng)㼜(àng),腹大口小的陶器,即坛子。瘿(yǐng),一种囊状瘤子。瓮㼜大瘿,颈上长有坛子大的瘤子。齐桓公(?—前643),春秋齐国君,姜姓,名小白,前六八五年至前六四三年在位,为春秋第一个霸主。

④ 故德有所长而形有所忘,谓德性高明,形体上的残缺就会被人遗忘。

⑤ 其所忘,其所应当忘者,指残缺的形体。所不忘,所不应当忘者,指德性。句意谓如果不遗忘应当忘的形体而遗忘不应当忘的德性,那是真正的遗忘。

★闉跂支离无脤和瓮㼜大瘿同样是形貌丑陋的残废,他们"德有所长而形有所忘",故能使卫灵公齐桓公如此神往,此即所谓"德充符"也。

## (六)

　　故圣人有所游;而知为孽,约为胶,德为接,工为商①。圣人不谋,恶用知?不斫,恶用胶?无丧,恶用德?不货,恶用商②?四者,天鬻也;天鬻者,天食也③。既受食于天,又恶用人④!有人之形,无人之情⑤。有人之形,故群于人⑥;无人之情,故是非不得于身。眇乎小哉,所以属于人也;謷乎大哉,独成其天⑦。

　　① 故,犹夫也。有所游,有其悠游的境界。知,通"智"。孽,灾。智慧是一种灾孽。《老子》第十八章:"智慧出,有大伪。"第十九章:"绝圣弃智,民利百倍。"第六十五章:"民之难治,以其智多。"约,誓约。胶,用胶粘合。誓约如同用胶粘合,失去了自在。德,恩德。施恩德是一种交接手段。又,"接"通"扱",引也,犹今言拉拢。施恩惠是为了拉拢。工,工巧。工巧是商贾行径。

　　② 不谋,无所图谋。恶(wū)用,何用。无所图谋,何用心智。斫(zhuó),斫开,引申为分割之意。不去分割,何用粘合?丧,失也。自己无所丧失,何用恩德?不取货利,何用商贾?

　　③ 四者,指不谋不用智,不斫不用胶,无丧不用德,不货不用商。天,自然。鬻,义同《礼记·乐记》"毛者孕鬻"之鬻,郑氏注:"鬻,生也。"食,养也。自然生之,自然养之。

　　④ 恶用人,何用人为。

　　⑤ 情,下文庄子自有解释,即"不以好恶内伤其身,常因自然而不益生也"。

　　⑥ 群于人,与他人为群相处。

　　⑦ 眇,小貌。《释文》引简文云:"陋也。"謷(áo),成玄英疏,"高大貌"。独成其天,犹成于自然。——天、人、身,古韵阳声真部。情、形,阳声耕部。

★"圣人不谋,恶用知?不斫,恶用胶?无丧,恶用德?不货,恶用商?"此即老子"见素抱朴,少私寡欲"之意,这也就是道家的"德"。这种圣人,"有人之形,无人之情"。形只是一种寄寓,故是否残废,无关重要。情是一种是非好恶,"圣人"当然不需要。

## (七)

惠子谓庄子曰:"人故无情乎?①"

庄子曰:"然。"

惠子曰:"人而无情,何以谓之人?"

庄子曰:"道与之貌,天与之形②,恶得不谓之人?"

惠子曰:"既谓之人,恶得无情?"

庄子曰:"是非吾所谓情也。吾所谓无情者,言人之不以好恶内伤其身,常因自然而不益生也。③"

惠子曰:"不益生,何以有其身?"

庄子曰:"道与之貌,天与之形,无以好恶内伤其身。今子外乎子之神,劳乎子之精④;倚树而吟,据梧而瞑⑤。天选子之形,子以坚白鸣。⑥"

① 惠子,惠施。人故无情乎,紧承上文"有人之形,无人之情"发问,进行论辩。

② 道,老庄的哲学范畴。老子认为"道"是先天地而生的,而又永恒存在。《老子》第二十五章:"有物混成,先天地生。寂兮寥兮,独立而不改,周行而不殆,可以为天下母。吾不知其名,字之曰道。"道又生成天地万物。《老子》第四十二章:"道生一,一生二,二生三,三生万物。""一"为"道"的最新生成物,气也;一分为二,阴与阳也;阴阳合和而产生第三者,如此衍化而生万物。人的形貌也是"道"的体现,故曰"道与之貌"。"道"是自然的,天即自然,故

曰"天与之形"。两句是一个意思。

③情，惠子谓"既谓之人，恶得无情"，指人的一般情感。庄子所谓的情指是非好恶。"无情"就是"不以好恶内伤其身"。常，恒也，永远。因，顺任。永远因顺自然。不益生，宣颖《南华经解》："本生之理，不以人为加益之。"《老子》第七十五章："夫唯无以生为者，是贤于贵生。"生命要任其自然，不以人为硬行增益。

④子，指惠施。"外乎子之神"与"劳乎子之精"相应，意思相同，"外"谓用于外物，犹言放纵。

⑤槁梧，成玄英疏："夹膝几也。"瞑，通"冥"。此与吟相对，冥思之意。谓惠子倚树而吟咏，据几而冥思；即外其神而劳其精。（据梧而瞑，《集释》本作"据槁梧而瞑"。王叔岷《庄子校释》："《事类赋》二五木部二引，'梧'上无'槁'字。《艺文类聚》八八、《御览》九五六、《事文类聚后集》二三、《合璧事类别集》五二，引亦无'槁'字。《齐物论》篇'惠子之据梧也'注，'或据梧而瞑'，即用此文，亦无'槁'字。'倚树而吟，据梧而瞑'，文正相对。"）

⑥"天选子之形"二句，成玄英疏："选，授也。鸣，言说也。"坚白，指"坚白论"，此用作诡辩的代替词。参见《齐物论》"以坚白之昧终"注。惠子同庄子意见相左，其实他的话顺畅明白，并无诡辩。（王先谦曰："言子以此自鸣，与公孙龙坚白之论何异。"按，公孙龙晚于庄子约半个世纪，庄子言中不可能涉及公孙龙。）——人、身、神，古韵阳声真部；情、生、形、精、冥、鸣，阳声耕部；吟，阳声侵部。

★惠子责难庄子"人故无情乎"系针对前一段庄子谓圣人"有人之形，无人之情"而来。庄子解释他所谓的"情"指是非好恶，"无情"即"不以好恶内伤其身，常因自然而不益生也"。圣人"道与之貌，天与之形"，一切因乎自然，自与是非好恶不相涉；这，也就是"德"。

本篇前面五个故事用以说明"德充符"，第六段是结束语，全篇至此，文意完足。第七段惠子与庄子的对话，文中称"庄子"，当是庄子弟子的记录。

# 大宗师第六

大宗师，道也。王先谦曰："本篇云，'人犹效之'，效之言师也。又云：'吾师乎！吾师乎！'以道为师也。"

然本篇思想内容并不统一。第一"知天之所为"章，讲真人的身心修养；第二章至第四、五、六、七章皆表现庄子的生死观。"得者时也，失者顺也，安时而处顺，哀乐不能入也。此古之所谓县解也。""夫大块载我以形，劳我以生，佚我以老，息我以死；故善吾生者，乃所以善吾死也。"齐一生死，一切任之自然。其中第三章专论道之本质性状。第八、第九两章否定儒家的仁义礼乐，弘扬道之至高无上。三者具体内容不同，其以道为师则一也。

## （一）

知天之所为，知人之所为者，至矣①。知天之所为者，天而生也②；知人之所为者，以其知之所知以养其知之所不知，终其天年而不中道夭者，是知之盛也③。虽然，有患④。夫知有所待而后当，其所待者特未定也⑤。庸讵知吾所谓天之非人乎？所谓人之非天乎⑥？

①天，郭象注："天者，自然之谓也。"至，成玄英疏："至者，造极之名。天之所为者，谓三景晦明，四时生杀，风云舒卷，雷雨寒温也。人之所为者，谓手捉脚行，目视耳听，心知工拙，凡所施为也。"三句意谓知道哪些属于自然的作为，哪些属于人的作为，认识就到了极际。

②天而生也，即自然而生也。二句意谓知道哪些属于自然而生者，就应顺其自然。

③"以其知""养其知"之知（zhì），通智。"所知""不知"之知（zhī），如

171

字。养，保养。盛，极点。郭象注："知人之所为者有分，故任而不强也。知人之所知者有极，故用而不荡也。故所知不以无涯自困。"养其知之所不知，如死生命运外物变化之类，亦顺之而已。后文"不逆寡，不雄成，不谟士"，"不知说生，不知恶死；其出不䜣，其入不距"，即养其知之所不知。《达生》篇"达生之情者不务生之所无以为，达命之情者不务命之所无奈何"，亦可作"养其知之所不知"注脚。

④虽然，尽管如此。患，难也。言尽管如此，仍有难处，有问题。

⑤有所待，有所依凭。当，得当；指认识正确。其所待物未定也，所依凭的对象偏偏是变化不定的。如依凭生命，生命是变化不定的。如依凭自然，自然也是变化不定的。

⑥庸讵，凭什么。参见《齐物论》注。二句言哪些属于自然，哪些属于人事，也不容易分辨。

且有真人而后有真知。何谓真人①？

古之真人，不逆寡，不雄成，不谟士②。若然者，过而弗悔，当而不自得也③。若然者，登高不慄，入水不濡，入火不热④。是知之能登假于道者也若此⑤。

古之真人，其寝不梦，其觉无忧，其食不甘，其息深深⑥。真人之息以踵，众人之息以喉⑦。屈服者，其嗌言若哇⑧。其耆欲深者，其天机浅⑨。

古之真人，不知说生，不知恶死；其出不䜣，其入不距；翛然而往翛然而来而已矣⑩。不忘其所始，不求其所终，受而喜之，忘而复之⑪，是之谓不以心[损]道，不以人助天⑫。是之谓真人。若然者，其心志，其容寂，其颡頯⑬；凄然似秋，煖然似春，喜怒通四时，与物有宜而莫知其极⑭。

（故圣人之用兵也，亡国而不失人心；利泽施乎万世，不为爱人。故乐通物，非圣人也。有亲，非仁也；天时，非贤也；利害不通，非君子也；行名失己，非士也；亡身不真，非役人也。若狐不谐、务光、伯夷、叔齐、箕子、胥馀、纪他、申徒狄，是役人之役，适人之适，而不自适其适者也。[15]）

古之真人，其状义而不朋，若不足而不承[16]，与乎其觚而不坚也，张乎其虚而不华也[17]。邴邴乎其似喜也，崔崔乎其不得已也[18]；滀乎进我色也，与乎止我德也[19]；广乎其似世也，謷乎其未可制也[20]；连乎其似好闭也，悗乎忘其言也[21]。（以刑为体，以礼为翼，以知为时，以德为循。以刑为体者，绰乎其杀也。以礼为翼者，所以行于世也。以知为时者，不得已于事也。以德为循者，言其与有足者至于丘也，而人真以为勤行者也[22]。）故其好之也一，其弗好之也一[23]；其一也一，其不一也一[24]。其一与天为徒，其不一与人为徒。天与人不相胜也[25]。是之谓真人。

① 真人，得道之人。郭象注："有真人，而后天下之知皆得其真而不可乱也。"下文四用"古之真人"来描述真人的性状和本质。

② 逆，违逆，犹言拒绝。寡，少也。不逆寡，即不贪多。成玄英疏："虚怀任物，大顺群生，假令微少，曾不逆忤也。"不雄成，郭象注："不恃其成而处物先。"王先谦说："不以成功自雄。"不谟士，谟，谋也。士，通"事"。不谟士，即不谋事，无为之意。（注家以"士"为士人，谓"不谟士"为不谋求士者，非是。）

③ 过，过失，错误。当（dàng），得当，正确。"过"与"当"相对，错误也不后悔，得当也不自得。

④ 慄，颤慄。濡，沾湿。热，烫。

⑤ 登假（xiá），达到。登假于道，达到道的境界。参见《德充符》"彼且择日而登假"句注。

⑥ 其食不甘，成玄英疏："不耽滋味，故不知其美。"《老子》"甘其食"，什么食都以为甘；此云"其食不甘"，什么食都不觉其甘。皆"不耽滋味"之意，貌似相反，其实一致。息，呼吸。深深，《释文》引"李云：内息之貌"。

⑦ 真人之息以踵，成玄英疏："踵，足根也。真人心性和缓，智照凝寂，至于气息，亦复徐迟。脚踵中来，明其深静也。"

⑧ "屈服"二句：郭象注："气不平顺。"成玄英疏："嗌，喉也。哇，碍也。凡俗之人，心灵驰竞，言语喘息，情躁气促，不能深静，屈折起伏，气不调和，咽喉之中恒如哇碍也。""嗌"字《释文》音益（yì），引郭音厄（ài）。"哇"字《释文》引"徐胡卦反（wā），又音絓（guà）。据成玄英疏："哇"实为"絓"之借字，碍也。王先谦说："嗌，喉咽也。嗌，声之未出。言，声之已出。吞吐之际，如欲哇然。"二句意谓，凡俗之人，心多欲念，屈折起伏，故言语吞吐格讷如有阻碍。（句中"屈服"系本文特有词语，指心中欲念屈折起伏，此与真人之深静坦荡无所思虑相对。王先谦按后世常义理解，谓"屈服，谓议论为人所屈"，甚误。文中无与人议论之意，注家不应外加。）

⑨ 耆（shì），通"嗜"。耆欲，同义联合，嗜好欲望。天机，自然生机。成玄英疏："夫耽耆诸尘而情欲深重者，其天然机神浅钝故也。"

⑩ 说，通"悦"。恶（wù），厌恶，害怕。出，出生。訢，同"欣"，欣喜。入，入死。距，通"拒"。其出不訢，即不知悦生；其入不距，即不知恶死。翛（xiāo）然，自然超脱之貌。《释文》引"向云：自然无心而自尔之貌"。

⑪ 始，生也。终，死也。受，受生，指得到生命。受而喜之，宣颖《南华经解》："受生之后常自得。"忘，失也，指失去生命。忘而复之，宣颖云："忘其死而复归于天。"友人储庭焕曰："忘而复之，疑当作复而忘之。复者，复归于无物也。'受而喜之，复而忘之'者，受命则喜，复命则忘也。受与复相对，喜与忘相对，于文更工，于理更顺。"储说可供参考。

⑫ 损，字原作"捐"。王叔岷《庄子校释》谓"捐盖损之坏字。下文'不以人助天'，一损一助，相对而言，意甚明白。"王说是。捐损二字，古籍多互讹，《则阳》篇郭象注"捐其名也"，《释文》"捐本亦作损"。《后汉书·王符传》"消损白日"，李贤注："损或作捐。"此处当作"损"。"不以心损道"二句谓，不以主观意志去损害道，不以人的行为去增益自然。任其自然，既不能损，也不能助。

⑬ 其心志，郭象注："所居而安为志。"《老子》第三十三章："强行者有志。"谓顽强坚持才算有志，与此意相近。容，神容。寂，静寂。颡（sǎng），额。頯（kuí），郭象注："大朴之貌。"

⑭ 喜，指其煖然似春。怒，指其凄然似秋。与物有宜而莫知其极，与万物皆相适应而无法知其极际。

⑮ 自"故圣人之用兵也"至"而不自适其适者也"一段，从闻一多说，"疑系外篇错简于此者"；故特加圆括括出。详星评（二）。

⑯ 状，性状，情态。"其状"总领下文，由"义而不朋"至"怳乎忘其言也"十二句。义，宜也。义而不朋，郭象注："与物同宜而非朋党。"成玄英疏："状，迹也。义，宜也。降迹同世，随物所宜，而虚己均平，曾无偏党也。"若不足而不承，似若有所不足而又不感到有所承受。——朋、承，古韵阳声蒸部。

⑰ 与乎，成玄英疏作"容与自得"，安舒自得之貌。觚，成玄英疏，"独也"。张乎，成玄英疏，"广大貌"，宽广坦荡之貌。"与乎"形容"觚而不坚"，"张乎"修饰"虚而不华"。二句意谓真人安舒自得，独立而不固执；宽广坦荡，虚静而不浮华。——储庭焕曰："'其状义而不朋'以下六组对句，朋与承，喜与已，色与德，世与制，闲与言，五组皆叶韵；'与乎其觚而不坚，张乎其虚而不华'两句似不应有异。'坚'疑当作'固'，郭象注'常游于独而非固守'，似郭本原作'固'也。——固与华，古韵阴声鱼部。"

⑱ "邴邴"二句，《集释》本"喜也"作"喜乎"，"崔崔乎"作"崔乎"，"已也"作"已乎"，此从王孝鱼校引文如海本、成玄英本、张君房本。邴邴，《释文》引"向云：喜貌"。郭象注："至人无喜，畅然和适，故似喜也。"崔崔，《释文》引"向云：动貌"。成玄英疏："迫而后动，不得已而应之。"——喜、已，古韵阴声之部。

⑲ 滀，《释文》引"简文云：聚也"。指内在修养积蓄深厚。进我色也，犹进于色也，"我"字虚词，非自我也。下句"止我德也"犹止于德也。释德清《庄子内篇注》："谓中心湛滀，而和气日见于颜面之间。"与，通"豫"，宽舒貌。止，处也。谓中心和豫处于德也。——色、德，古韵入声月部。

⑳ 广，宽广。《集释》本原作"厉"，此从《释文》所引崔譔本。"世也"，《集释》作"世乎"，此亦从文如海、成玄英、张君房本。謷（áo），《释文》引"司马云：志远貌"。《德充符》篇"謷乎大哉"，成玄英疏："謷，高大貌。"二句

意谓，宽广平易如同世人，然其志高远不可制约。——世、制，古韵入声月部。

㉑连，犹《孟子·梁惠王下》"从流上而忘反谓之连"，流连，悗（miǎn），成玄英疏："无心貌。"闲，《集释》本作"闲"，此从宣颖《南华经解》。二句意谓，流连放逸如甚安闲，虚淡无心而忘其言。——闲、言，古韵阳声元部。

㉒自"以刑为体"至"而人真以为勤行者也"十三句七十二字，从张默生说"以为他书错简于此者"，加圆括括出。详星评（三）。

㉓好，喜好。一，同一。对待事物，其爱好者是同一的，其不爱好者也是同一的。成玄英疏："既忘怀于美恶，亦遗荡于爱憎，故好与弗好，出自凡情；而圣智虚融，未尝不一。"

㉔"其一也"二句，谓其本来同一的固然同一，其不同一的也同一之。

㉕天，自然。为徒，同类。其同一者与自然同类，其不同一者与人同类。但在真人看来，自然与人并无差别，皆同一视之。"故其好之也一"以下诸句，即《齐物论》之旨，无论是非彼我，同与不同，皆同一视之。


★（一）张恒寿《庄子新探》认为"且有真人而后有真知"一段为后来羼杂部分，与《大宗师》开头数语和后面几段内容不同。张氏的主要理由是，《庄子》的"理想人物是圣人、至人和神人，没有真人这一名词"。"真人这一名称中所包括的内容，在一般情况下是指养生长寿者而言，和圣人、至人的内容不同"。张先生并指出："庄子的基本思想中，没有修炼长生的思想。他的理想是齐一死生，超然物外。不但不主张长生久视，而且他所反对的正是这种思想。在《逍遥游》中有游仙思想，但那是一种浪漫主义的诗的幻想，和真正相信修炼的养生思想不同。"

张恒寿说的道理，并不说明"且有真人而后有真知"一段与庄子思想相忤。庄子的理想人物是圣人、至人和神人，并不排斥也可以有真人这一名称。《齐物论》篇以"真君、真宰"作为"道"的别称，本篇称有道之士为"真人"应无足怪。关键还在于"真人"是何等样人，在于其"真知"与庄子思想一致还是相忤。在"古之真人"四解中，第一解曰："古之真人，不逆寡，不雄成，不谟士。"第二解曰："古之真人，其寝不梦，其觉无忧，其食不甘，其息深深。"说的是真人

## 大宗师第六

坦然对待生活事务,包括成败得失。"过而弗悔,当而不自得";虚怀恬静,无梦不忧。至于说真人"登高不慄,入水不濡,入火不热",这与《逍遥游》篇中说藐姑射之神人"不食五谷,吸风饮露,乘云气,御飞龙","大浸稽天而不溺,大旱金石流而不热"并无区别,同样可以理解为"一种浪漫主义的诗的幻想,和真正修炼的养生思想不同"。说"真人之息以踵",无非是"其息深深"的夸大说法。关于真人的第三解曰:"古之真人,不知说生,不知恶死;其出不䜣,其入不距",说的是齐一生死,与《齐物论》主旨完全一致。关于真人的第四解曰:"古之真人,其状义而不朋,若不足而不承;与乎其觚而不坚也,张乎其虚而不华也";说的全是真人虚静恬淡的修养。最后说真人"其好之也一,其不好之也一;其一也一,其不一也一",说的是齐一是非,也与《齐物论》主旨一致。《大宗师》开篇说:"知天之所为、知人所为者,至矣",但"庸讵知吾所谓天之非人乎?所谓人之非天乎?"天与人难以分清。本段结尾时说,"其一与天为徒,其不一与人为徒。天与人不相胜也",正是回答开篇的问题,天与人并无差别,天人合一,皆可齐一视之。——整章文字,开头"知天之所为、知人之所为者,至矣"是总述,"且有真人而后有真知"是用真人的修养来阐明前论。文中"没有修炼长生的思想。他的理想是齐一死生,超然物外",并没有追求长生久视之意;因此,同庄子的整体思想一致而并不相忤。

张恒寿文中也指出了这段文章对务光等人物的评论,对"以刑为体、以礼为翼"之类的论述,与庄子思想不合。这两方面的问题,都包含在闻一多认定为错简的"故圣人之用兵也"一节和张默生指出为错简的"以刑为体"一节。确定这两节为错简,则整个这一章的内涵与庄子思想并不矛盾。

但第一章论述真人"知天之所为,知人之所为"的修养,同第二章以下的文章思想内容确有不同。——第二章以下集中表现庄子的生死观。第一章中只有"古之真人,不知说生,不知恶死,其出不䜣,其入不距,翛然而往翛然而来"一段也是表现生死观的,和后文一致。整个这一章则和第二章以下内容不同。

(二)"故圣人之用兵也,亡国而不失人心;利泽施乎万世,不为爱人。故乐通物,非圣人也。有亲,非仁也;天时,非贤也;利害不通,非君子也;行名失己,非士也。亡身不真,非役人也①。若狐不谐、务光、伯夷、叔齐、箕子、胥余、纪他、申徒狄②,是役人之役,适人之适,而不自适其适者也③。"(注:① 物,指人。任物自然,不与物相通,故乐通物则非圣人。有亲非仁也,郭象注:"至仁无亲,任理而自存。"成玄英疏:"至仁无亲,亲则非至仁也。"天时非贤也,郭象注"时天者未若忘时而自合之贤也",疑郭本原作"时天",与上句"有亲"正相对。时,待也。谓待天则非贤也,贤者应忘天而顺其自然。利害不通,即不通利害,不以利害相通为一。行名失己,为了声名而丧失自身。亡身不真非役人也,成玄英疏:"夫矫名丧真,求名亡己,斯乃受人驱使,焉能役人哉!"② 狐不偕、务光,成玄英疏:"姓狐,字不偕,古之贤人。又云:尧时贤人,不受尧让,投河而死。务光,黄帝时人。又云:夏时人,饵药养性,好鼓琴,汤让天下不受,自负石沉于庐水。"务光负石自沉于庐水,见《让王》篇。伯夷叔齐,商末孤竹君之二子,兄弟相让,不肯嗣位。周武王伐纣,伯夷叔齐扣马谏,武王不从。遂隐于首阳山,采薇而食,终饿而死。《史记》有传。箕子,殷纣叔父,谏纣不听,被髪佯狂而为奴。见《史记·宋微子世家》。胥馀,《释文》引"司马云:箕子名也"。又引《尸子》曰:"箕子胥馀,漆身为厉,被髪佯狂。"(按行文体例,箕子胥馀,当为二人。)纪他、申徒狄,成玄英疏:"纪他者,姓纪,名他,汤时逸人也;闻汤让务光,恐及乎己,遂将弟子陷于窾水而死。申徒狄闻之,因以踣河。"《外物》篇:"尧与许由天下,许由逃之。汤与务光,务光怒之。纪他闻之,帅弟子而踆于窾水。诸侯吊之。三年,申徒狄因以踣河。"③ 役,役使。役人之役,役使于他人之所役使。适,顺心,快意。适人之适,快意于他人之所快意。不自适其适,不快意于自己之所快意。)

——闻一多《庄子内篇校释》:"案,自篇首至'天与人不相胜也,是之谓真人',中间凡四言'古之真人',两言'是之谓真人',文意一贯;惟此一百一字,与上下词指不类,疑系错简。且'圣人之用兵也,亡国而不失人心',宁得为庄子语?可疑者一也。务光事与许由同科,许由者《逍遥游》篇既拟之于圣人,此于务光乃反讥之为'役人之役,适人之适,而不自适其适者',可疑者二也。""此一百一字盖亦庄子后学之言,退之外篇可耳。"按,闻说甚是。还可以稍作补充:

— 大宗师第六 —

本段前后都论述真人,此处忽插入圣人,与前后内容不相连贯。且本段所述,与圣人用兵无涉。此一百一字所述,儒道混杂。"圣人之用兵也,亡国而不失人心",此儒家之说,与道家"以道佐人主者,不以兵强天下"的思想完全不同。当系外篇文字错简于此者。正文将此一百一字用圆括括出,以与前后文有别。

(三)"以刑为体,以礼为翼,以知为时,以德为循①。以刑为体者,绰乎其杀也②。以礼为翼者,所以行于世也。以知为时者,不得已于事也。以德为循者,言其与有足者至于丘也,而人真以为勤行者也③。"(注:①刑,刑法。知(zhì),通"智"。德,恩德,德泽。循,顺也。以德为循,成玄英疏:"以德接物,俯顺物情。""以刑为体"四句,谓以刑法为主体,以礼制为辅翼,以智慧适应时变,以恩德顺应物情。②绰乎其杀,成玄英疏:"绰,宽也。所以用刑法为治体者,以杀止杀,杀一惩万,故虽杀而宽简。是以惠者民之雠,法者民之父。"③"以德为循者"三句,言以恩德顺应人情者,就像与有足者走向土丘一样平常,而一般人真以为是辛勤行走才到达。)

——张默生《庄子新释》谓("以刑为体"至"而人真以为勤行者也"七十二字)与庄子思想不类,疑为他书错简于此者。按,张说是。道家不会"以刑为体",此法家思想,甚至一般法家也不至说到"绰乎其杀也"的程度。成玄英疏谓此"以杀止杀,杀一惩万","是以惠者民之雠,法者民之父",乃严酷的法家思想,与道家学说相悬天壤。然而法家不会"以礼为翼",此儒家思想。可见这段文章属于法家而又儒法混杂。此七十二字用圆括括出,以与下文有别。

(四)"义而不朋",义(義),宜也。郭象注为"与物同宜而非朋党",俞樾《庄子平议》以郭象注为望文生训。谓"义当读为峨,峨与义并从我声,故得通用"。朋读为崩,崩坏之意,"言其状峨然高大而不崩坏也"。按,俞说非是。俞氏以"状"为状貌,形貌之意,故曲解"义而不朋"为"其状峨然高大而不崩坏"。按,迹状、事状、状类皆可谓之"状",此处犹言性状、情态。"其状"总领其下十二句,言古之真人情态如此,非言其形貌也。"与物同宜而非朋党",郭注平顺畅达,并非望文生义,没有必要另寻僻字以为假借。状人形貌"言其状峨然高大而不崩坏",哪有如此形容方式!俞曲园读书深入,很能发现问题;但往往故作艰

179

深，欲益反损。

## （二）

死生，命也。其有夜旦之常，天也①。人之有所不得与，皆物之情也②。彼特以天为父，而身犹爱之，而况其卓乎③！人特以有君为愈乎己，而身犹死之，而况其真乎④！

泉涸，鱼相与处于陆，相呴以湿，相濡以沫，不如相忘于江湖⑤。与其誉尧而非桀，不如两忘而化其道⑥。夫大块载我以形，劳我以生，佚我以老，息我以死；故善吾生者，乃所以善吾死也⑦。

夫藏舟于壑，藏山于泽，谓之固矣。然而夜半有力者负之而走，昧者不知也⑧。藏小大有宜，犹有所遁。若夫藏（天下）于天下而不得所遁，是恒物之大情也⑨。特犯人之形而犹喜之，若人之形者万化而未始有极也，其为乐可胜计邪⑩！故圣人将游于物之所不得遁而皆存⑪。善夭善老，善始善终，人犹效之；又况万物之所系，而一化之所待乎⑫！

①命，指正常的生命。其，犹"如"也。夜旦，黑夜与白天。天，自然也。句意谓死生是生命现象，如同黑夜白天一样的正常规律，都是自然的。

②与，干预。情，实也。紧承上句，谓死生是人力所不能干预的，这是事物的实情。

③彼，指上句的人。特，只是。天生育人，故曰"以天为父"。卓，郭庆藩曰："卓之言超也，绝也。"指超绝于天者，即道。王先谦曰："身知爱天，而况卓然出于天者乎。"

④真，真理。人们以君主的势位高于自己，犹以死效忠，而况于真理性的道呢。

⑤涸（hé），水干。呴（xū），嘘吸。湿，湿气，此指口哈气。濡（rú），沾

湿。沫，唾沫，口水。

⑥誉，赞颂。尧，古代圣君。非，非议，谴责。桀，夏代暴君。"化其道"之"其"，读如《礼记·大学》"其所厚者薄而其所薄者厚"之其，犹"于"也。与其赞誉圣主而谴责暴君，不如既不需赞誉也不需谴责而化于大道。

⑦大块，概指大自然，亦即指道。载，承载。佚，安佚。六句谓，大自然赋予我形体使生命有可承载（有一个载体），以生使我劳苦，以老使我闲佚，以死使我安息；故那个能使我好好地生者，也是能使我好好地死者。（六句皆就"大块"言之，"载我以形，劳我以生，佚我以老，息我以死"者，大块也，指大自然，亦即指道。成玄英疏曰："形生老死，皆我也。"与原意不符，说的不明确。"善"是动词。"善吾生"是动宾关系。"善吾生者"是名词结构，亦指道而言。"故善吾生者乃所以善吾死也"是"大块载我以形，劳我以生，佚我以老，息我以死"的总括，两者不能割裂。注家多把"善吾生""所以善吾死也"理解为我自身的感觉，解释为"以吾生为善""吾死亦善"，亦误。）

⑧壑，深谷，此指水湾深处。泽，水泽。藏山于泽，王先谦曰："岛也。"有力者，假定的一种力量。昧者，蒙昧者。

⑨宜，稳当。藏小大有宜，指舟藏于壑，山藏于泽，藏小藏大都很稳当。遁，失也。若夫藏于天下，原作"若夫藏天下于天下"；"藏天下"之"天下"二字当系衍文。而，犹则也。"藏小大有宜"四句，谓舟藏于壑，山藏于泽，本来都很稳当而犹有所遗失。若藏于天下，则无论如何都不会遗失，此乃物之常理。比喻人生在世，大块载我以形，劳我以生，佚我以老，息我以死，"游于物之所不得遁而皆存"，其为乐可胜计邪！

⑩特，仅。犯，同"范"，《淮南子·俶真篇》即引作"范"，铸造。范人，喻生成为人。人自以生成为人尚且感到喜悦，如果知道人这种形体变化无穷，则其喜乐将不可胜计！按庄子之道，人与天地万物皆道所生，"天地与我并生，万物与我为一"，故曰"人之形者万化而未始有极"。

⑪游于物之所不得遁而皆存，即任物自然则无所谓失而与道永存。

⑫善，犹言正确对待。天，《集释》本作"妖"，二字古通用；王孝鱼校"世

德堂本作天",从之,少也。《阙误》引张君房本即作少。《礼记·王制》"不杀胎,不殀夭"、《国语·鲁语上》"山不槎蘖,泽不伐夭",夭皆幼小之义。效,师法。一化,一切变化。万物之所系、一化之所待,皆指道。善夭善老,善始善终,能正确对待老少,正确对待生死者,人尚且效法他,又何况对"万物之所系而一化之所待"的道呢!

★(一)第二章表现庄子的生死观,即"死生,命也。其有夜旦之常,天也。人之有所不得与,皆物之情也"。死生是生命的正常现象,如大自然之有黑夜和白天,是人力所不能干预的,也不需干预。"夫大块载我以形,劳我以生,佚我以老,息我以死;故善吾生者乃所以善吾死者也",这是庄子生死观的总纲。那个"善吾生者""善吾死者"就是道。道生万物,故"天地与我并生,万物与我为一"。人之所以为人,不过是变化中的一体。仅仅因为成了人尚且喜悦,如果知道人这种形体"万化而未始有极也"该是何等的高兴,"其为乐可胜计邪"?

所有这些变化都原于道,道是"万物之所系,一化之所待",故圣人对待生死是"游于物之所不得遁而皆存,善夭善老,善始善终",一切任之自然。生死皆化于道,故下面插入一章,专论道之本质性状。——这两章是理论部分,下面第四章"女偊章"、第五章"子祀章"、第六章"子桑户章"、第七章"颜回问仲尼章",都是用寓言故事对第二章所论的生死观作形象的表现。

(二)藏山于泽,俞樾《庄子平议》:"山非可藏于泽,且亦非有力者所能负之而走,其义难通。山,疑当读如汕(一种鱼网)。《尔雅·释器》'翼谓之汕'。藏舟藏汕,疑皆以渔者言,恐为人所窃,故藏之,乃世俗常有之事。"按,俞说非是。正因为山非常人能负之而走者,故庄子才假定一个有力者负之而走,文章才诡谲奇特,出人意表,若为渔网被窃,"世俗常有之事",又何需一说!"藏山于泽",王先谦理解为岛屿,也未尝不可。岛屿随水消长,或现或沉,亦属常有;庄子理解为有力者负之而走,其说亦通。俞樾谓"疑当读如汕","疑皆为渔者言",皆只是"疑"而已,然后即把它当作事实来解释原文。如此"平议",极不严肃;尽管出自俞曲园,也不能信以为真。

— 大宗师第六 —

## （三）

　　夫道，有情有信，无为无形①。可传而不可受，可得而不可见②。自本自根，未有天地，自古以固存③。神鬼神帝，生天生地④。在太极之先而不为高，在六极之下而不为深⑤，先天地生而不为久，长于上古而不为老⑥。

　　（狶韦氏得之以挈天地，伏戏氏得之以袭气母；维斗得之终古不忒，日月得之终古不息；堪坏得之以袭昆仑，冯夷得之以游大川；肩吾得之以处大山，黄帝得之以登云天；颛顼得之以处玄宫，禺强得之立乎北极；西王母得之坐乎少广，莫知其始，莫知其终；彭祖得之，上及有虞，下及五伯；傅说得之以相武丁，奄有天下，乘东维骑箕尾而比于列星⑦。）

　　①道，老庄的哲学范畴。情，真实。有情，有其真实性。信，验证。有信，有可信验者。无为，不见其所为。无形，不见其形迹。——信，古韵阳声真部；形，阳声耕部。

　　②受，同"授"，给予。见，读如《淮南子·修务》"而明弗能见者何"之见，高诱注："犹知也。"二句意谓可以传道却不能授与，可以得到却不能感知。成玄英疏："寄言诠理，可传也。体非量数，不可受也。方寸独悟，可得也。离于形色，不可见也。"

　　③自本自根，不由任何地方产生，自为根本。——根、存，古韵阳声文部。

　　④神，神妙，神奇。神鬼神帝，神于鬼，神于帝。成玄英疏："言大道能神于鬼灵，神于天帝。"老庄不讲鬼神，此极言道之神妙。生天生地，天地皆道所生。

　　⑤太极，宇宙形成之前的混沌状态。六极，上下四方，即整个宇宙。王先谦曰："阴阳未判，是为太极；天地四方，谓之六极。"成玄英疏："道在太极之先，不为高也；在六合之下，不为深邃。"

　　⑥长（zhǎng），先也，前也。

　　⑦狶韦氏等十三个"得之"：

　　（一）狶韦氏，成玄英疏："文字以前上古帝王号也。"得之，指得道。下同。

挈（qiè），《释文》引司马云："要也，得天地要也。"成玄英疏："又作契字者，契，合也。言能混同万物，符合二仪也。"

（二）伏戏氏，即伏羲氏，传为古代君主。成玄英疏："能伏牛乘马，养伏牺牲，故谓之伏牺也。"以袭气母，成玄英疏："袭，合也。气母者，元气之母。调阴阳，合元气也。"

（三）维斗，成玄英疏："斗，北斗。为众星纲维，故谓之维斗。"终古，犹言永远，指无限的远古至无限的将来。不忒，不变。

（四）日月，太阳月亮。不息，光明永远不息。——忒，息，古韵入声职部。

（五）堪坏（pēi），山神。袭，入也。昆仑，山名。

（六）冯夷，水神。——仑、川，古韵阳声文部。

（七）肩吾，神名。

（八）黄帝，古帝之名，传为中华民族的祖先。《史记·五帝本纪》："黄帝者，少典之子，姓公孙，名曰轩辕。"以登云天，《史记·封禅书》："黄帝采首山铜，铸鼎于荆山下。鼎既成，有龙垂胡髯，下迎黄帝。黄帝上骑，龙乃上去。"

（九）颛顼（zhuān xū），古帝之名。《五帝本纪》："帝颛顼高阳氏，黄帝之孙而昌意之子也。"玄宫，成玄英疏："颛顼年九十七崩，为北方之帝。玄者北方之色，故处于玄宫也。"

（十）禺强，《山海经·大荒北经》："北海之渚中，有神，名曰禺强。"又《海外北经》："北方禺强，人面鸟身。"郭璞注："字玄冥，水神也。"

（十一）西王母，《山海经·西山经》："玉山，是西王母所居也。西王母，其状如人，豹尾虎齿而善啸，蓬发戴胜。"少广，《释文》引司马彪云："穴名。"又引崔譔云："山名。"

（十二）彭祖，传为古代长寿者，年八百岁。有虞，即帝舜。五伯，即春秋五霸。参见《逍遥游》注。

（十三）傅说（yuè），《史记·殷本纪》："武丁夜梦得圣人，名曰说。使百工营求之野，得说于傅险中。与之语，果圣人，举以为相，殷国大治。故遂以傅险姓之，号曰傅说。"武丁，即殷高宗。奄有，包有，全部拥有。箕，星名。成玄英疏："傅说，星精也。傅说一星在箕尾上。然箕尾则是二十八宿之数。维持东方，故言乘东维骑箕尾，而与角亢等星比并行列，故言比于列星也。"——丁、星，古韵阳声耕部。

★（一）道，是老庄哲学的主要范畴，道家即由是得名。老子认为，道是宇宙的本体，它客观存在，却无形无象，视之不见，听之不闻，搏之不得，故无法感知；它自来存在，永远也不消失；能生成天地万物，而天地万物最终又复归于无，故"无"亦道之别名。《老子》第二十五章云："有物混成，先天地生。寂兮寥兮，独立而不改，周行而不殆，可以为天下母。吾不知其名，字之曰道。"这是"道"这一名称的来原。第二十一章云："道之为物，惟恍惟惚：惚兮恍兮，其中有象；恍兮惚兮，其中有物。窈兮冥兮，其中有精；其精甚真，其中有信。自古及今，其名不去，以阅众甫。"（名，功也。阅，总也。甫，始也。后三句谓道自古至今，其功不减，以总揽万物之始，即生万物。）第十四章云："视之不见名曰夷，听之不闻名曰希，搏之不得名曰微。此三者不可致诘，故混而为一。其上不皦，其下不昧，绳绳不可名，复归于无物。是谓无状之状，无象之象。"（绳绳，无际涯之貌。"不可名"之名，名状。）第四十章云："天地万物生于有，有生于无。"（有，由道所生的实体；无即是道。二句意即道生天地万物。）这是老子对"道"的本质、性状和功用的表述。庄子把老子之道、把老子所分散叙述者，概括在"夫道有情有信无为无形"这一段文章中，其中全部内容都原于《老子》，是《庄子》书中最集中、最精粹地描述"道"的一段文章。

（二）"狶韦氏得之"以下一段文字，十三个"得之"，内容庞杂，旨意肤浅。其中狶韦氏、伏戏氏、西王母、彭祖属于神话传说人物，维斗、日月为自然天体，堪坏、冯夷、肩吾、禺强是神名，黄帝、颛顼、傅说，并见于《史记》，可视为历史人物，但都附上神话内容；逻辑如此混乱，必系后来浅薄之徒所妄加，与前段经典性文字不能相提并论。

（三）张恒寿《庄子新探》谓"'夫道有情有信无为无形'突出地表现神仙思想的一段，决不是庄子的作品"。并指出"在《庄子》较古篇章中没有神仙家思想"，而在这一章段里"却把所谓道描绘成一个具体的东西，为各种神人可得到的精气宝物"，因此"决不是庄子派早期作品"。张先生显然把两段性质完全不同的文字混为一体而得出这样错误的结论。"夫道有情有信无为无形"一段对"道"的表述与老子之"道"完全吻合，并无神仙家思想；把道作为"各种神人可得到的精气宝物"的是"狶韦氏"以下十三个"得之"。前后两段文字迥然有别，不能混而为一。洗婴儿之后泼掉脏水，不要把婴儿一起泼掉。

## （四）

南伯子葵问乎女偊曰："子之年长矣，而色若孺子，何也①？"

曰："吾闻道矣。"

南伯子葵曰："道可得学邪？"

曰："恶，恶可！子非其人也。夫卜梁倚有圣人之才而无圣人之道②，我有圣人之道而无圣人之才，吾欲以教之，庶几其果为圣人乎！不然，以圣人之道告圣人之才，亦易矣。吾犹守而告之，三日而后能外天下③；已外天下矣，吾又守之，七日而后能外物；已外物矣，吾又守之，九日而后能外生④；已外生矣，而后能朝彻⑤，朝彻而后能见独⑥；见独而后能无古今⑦；无古今，而后能入于不死不生⑧。杀生者不死，生生者不生⑨。其为物，无不将也，无不迎也；无不毁也，无不成也⑩。其名为撄宁。撄宁也者，撄而后成者也。⑪"

南伯子葵曰："子独恶乎闻之？⑫"

曰："闻诸副墨之子，副墨之子闻诸洛诵之孙，洛诵之孙闻之瞻明，瞻明闻之聂许，聂许闻之需役，需役闻之於讴，於讴闻之玄冥，玄冥闻之参寥，参寥闻之疑始。⑬"

① 南伯子葵，《释文》引李颐说："葵当作綦，声之误也。"《齐物论》篇有南

郭子綦，《人间世》篇有南伯子綦。寓言人物，为綦为葵，都无不可。《齐物论》中南郭子綦以道教人，本篇南伯子葵问道于人，不作一人理解更好。女偊（yǔ，又音jǔ），成玄英疏："古之怀道人也。"《释文》："一云，是妇人也。"寓言人物，文中没有说明是男是女。当是男性，如果是妇人，就无须问其何以"色若孺子"。色，肌体肤色。孺子，小孩。

②卜梁倚，人名。《释文》引"李云：卜梁，姓；倚，名"。

③守，成玄英疏为"修守"，即修持守道。女偊已闻至道，然欲教人，不敢随意，仍要自己修持而后告人。（守而告之，闻一多谓当作"告而守之"。曰：《疏》曰：'告示甚易，为需修守，所以成难。'是成本正作'告而守之'。"陈鼓应即据闻说改为"告而守之"。按，成疏曰："告示甚易，为需修守，所以成难。然女偊久闻至道，内心凝寂，今欲传告，犹自守之。况在初学，无容懈怠。"成疏明明说女偊自己"今欲传告，犹自守之"，则原文作"守而告之"不误。闻一多误读了成疏。下文"吾又守之"即吾仍守而告之的略语。前后叙述顺畅，不宜妄改。）

④外天下，置天下于度外。外物，置得失利害之类事物于度外。外生，置生命于度外。

⑤朝彻，成玄英疏："朝，旦也。彻，明也。死生一观，物我兼忘，惠照豁然，如朝阳初启，故谓之朝彻也。"

⑥见独，《书·泰誓下》称纣为"独夫受"，《孟子·梁惠王下》"闻诛一夫纣"，是"独"犹"一"也。老子别称道为"一"，见独犹言见一，亦即见道。——彻，古韵入声月部；独，入声物部。

⑦无古今，即不受时间的限制。成玄英疏："任造物之日新，随变化而俱往，不为物境所迁，故无古今之异。"

⑧入于不生不死，即齐一生死。宣颖《南华经解》："生死一也，至此，则道在我矣。"

⑨杀，灭也。杀生者，能灭绝生命者；生生者，能生成一切生命者，皆指道。道不生亦不死。——今，古韵阳声侵部；生，阳声耕部。

⑩其，代指"杀生者""生生者"，即道。其为物，道对于万物。将，送也。

无不将也无不迎也，没有不送走的，也没有不迎来的，即一方面"杀生"，一方面"生生"。无不毁也无不成也，没有不毁的，也没有不成的，毁于彼者成于此，成于此者毁于彼。即《齐物论》"其分也成也，其成也毁也；凡物无成与毁，复通为一"之意。——将、迎，古韵阳声阳部。

⑪撄宁，成玄英疏："撄，扰动也。宁，寂静也。""撄宁"即对前文"吾闻道也"的解答，即在扰乱中保持静寂的境界。后文又进一步解释，"撄宁也者，撄而后成者也"，即要在扰乱中达到这种境界。——宁、成，古韵阳声阳部。

⑫子，指女偊。恶（wū）乎，何以，从哪里。

⑬（一）副墨之子，指文字记载。林希逸《南华真经口义》："副墨，文字也。因有言而后书之简册，故曰副墨。形之言，正也；书之墨，副也。"（二）洛诵之孙，记诵，陈启天《庄子浅说》："洛诵，记诵也，犹言语言也。副墨之子闻之洛诵之孙，谓文字之流传得之于语言之流传也。"（三）瞻明，目视之明。（四）聂许，耳听之聪。（五）需役，陈启天说："需役，谓修行。"指行动实践。又说："洛诵之孙闻之瞻明，谓语言之流传得之于目见也。""瞻明闻之聂许，谓目见得之于耳听也。""聂许闻之需役，谓耳听得之于修行也。"（六）於讴，歌吟咏叹。（七）玄冥，玄远幽深之境。（八）参寥，高邈空廓之境。（九）疑始，迷茫原始之境。宣颖《南华经解》："至于无端倪，乃闻道也。疑始者，似有始而未尝有始。"——"南伯子葵曰'子独恶乎闻之'"这段问答，貌似玄虚而并无深意，歧解甚多，无须深究。

★第二章论人之生死，如"夜旦之常"，"万物而未始有极"，一切任其自然，随道化之而已。第三章插入论述"道"的本质性状。本章描述一位体道之士。

《老子》第二十一章云："孔德之容，唯道是从。"换言之，"唯道是从"，即为"孔德"。孔德，大德，亦即体道之士。女偊就是一位按道的本质、道的规律来理解并对待人生社会的体道之士，道家的"圣人"。这种圣人"闻道"之后，能"外天下"，"外物"，"外生"，不受空间时间的限制，置生死存殁于度外，在纷纷扰扰的尘世独处于虚静空寂的境界。

在老子书中,"道"是纯粹的哲学范畴,用道的法则来对待社会人生,就是"无为而无不为"。老子书中没有神奇的体道之士。庄子书中塑造了许多诸如"肌肤若冰雪,淖约若处子,不食五谷,吸风饮露,乘云气,御飞龙,而游乎四海之外"的藐姑射的神人,"大泽焚而不能热,河汉沍而不能寒,疾雷破山飘风振海而不能惊,乘云气,骑日月,而游乎四海之外,死生无变于己"的至人。这个"色若孺子"的女偊,也是这样的神人或至人。庄子创作的是寓言,塑造这种神人至人旨在表现道的神奇,是一种浪漫主义创造,同后来道家的神仙有别。但使道家后来发展成为一种宗教,出现了"真正"的神仙,老子被称为太上老君,庄子本人也成了南华真人,庄子创作的这些神人形象却起了始根导源的作用。

## (五)

子祀、子舆、子犁、子来四人相与语曰:"孰能以无为首,以生为脊,以死为尻,孰知死生存亡之一体者,吾与之友矣。"①四人相视而笑,莫逆于心,遂相与为友②。

俄而子舆有病③,子祀往问之。曰:"伟哉夫造物者,将以予为此拘拘也!④"曲偻发背,上有五管,颐隐于齐,肩高于顶,句赘指天,阴阳之气有沴⑤。其心闲而无事,跰𨇤而鉴于井⑥。曰:"嗟乎!夫造物者又将以予为此拘拘也!⑦"

子祀曰:"女恶之乎?⑧"

曰:"亡,予何恶!浸假而化予之左臂以为鸡,予因以求时夜;浸假而化予之右臂以为弹,予因以求鸮炙;浸假而化予之尻以为轮,以神为马,予因以乘之,岂更驾哉⑨!且夫得者时也,失者顺也,安时而处顺,哀乐不能入也。此古之所谓县解也⑩。而不能自解者,物有结之。且夫物不胜天久矣,吾又何恶焉!⑪"

俄而子来有病,喘喘然将死⑫,其妻子环而泣之。子犁往问之,曰:

"叱！避！无怛化！"⑬"倚其户与之语曰："伟哉造化，又将奚以汝为，将奚以汝适？以汝为鼠肝乎？以汝为虫臂乎？⑭"

子来曰："父母于子，东西南北，唯命之从。阴阳于人，不翅于父母，彼近吾死而我不听，我则悍矣，彼何罪焉⑮？夫大块载我以形，劳我以生，佚我以老，息我以死。故善吾生者乃所以善吾死也⑯。今大冶铸金，金踊跃曰，'我且必为镆铘'，大冶必以为不祥之金。今一犯人之形，而曰'人耳人耳'，夫造化者必以为不祥之人⑰。今一以天地为大炉，以造化为大冶，恶乎往而不可哉！"成然寐，蘧然觉⑱。

①子祀、子舆、子犁、子来，寓言人物。尻（kāo），脊骨末端，亦指臀部。成玄英疏："夫人起自虚无，无则为先，故以无为首；从无生有，生居其次，故以生为脊；既生而死，死最居后，故以死为尻；亦固然也。"之，犹"为"也。生命从无生有，复归于无，故视死生存亡为一体。

②逆，违也。彼此会心，故相视而笑，于心无所违逆；故曰"莫逆"。后世所谓"莫逆之交"，即原于此。

③俄而，不久。

④曰，子舆自言。伟，大也。造物者，指大自然，亦即指道。将，犹乃也。拘拘（gōu），拘挛弯曲之貌。

⑤曲偻，即伛偻驼背。发背，背曲向上突露。五管，五脏脉管。背驼上拱，故五脏脉管在上。颐，面颊。齐，通"脐"。颐隐于脐，极言颈缩头低之状。顶，头顶。句赘（gōu zhuì），颈椎。句赘指天，头低向下故颈椎上指。《人间世》篇有"会撮指天"，句意相似。有沴（lì），气不和调，犹言错乱。郭象注："沴，陵乱也。"

⑥闲，宽舒。而，犹如也。跰𨇤（pián xiān），叠韵联绵词，犹蹒跚，艰难移步之貌。鉴，照。

⑦又，犹竟也。重复前一句而语气更重。

⑧恶（wù），嫌恶，愤恨。

── 大宗师第六 ──

⑨ 亡，通"无"。浸，郭象注，"渐也"。时夜，司夜，指公鸡夜间啼鸣报时。鸮（xiāo），鸟名。炙，烧烤。求鸮炙，用弹把鸮鸟打下来成为烧烤。成玄英疏："假令阴阳二气，渐而化我左右两臂为鸡为弹，弹则求于鸮炙，鸡则夜候天时。尻无识而为轮，神有知而作马，因渐渍而变化，乘轮马以遨游，苟随任以安排，亦于何而不适者也。"岂更驾哉，谓尻以为轮，神以为马，可以乘之，不用更驾车马。

⑩ 得者时也，得生者适其时也。失者顺也，死者是顺其变化。安时而处顺哀乐不能入也，安其时以生，顺其变以死；生无所乐，死无所哀，故曰哀乐不能入也。县，通"悬"。县（悬）解，犹言解脱，指人从生的桎梏中解脱。"且夫得者"数句又见《养生主》篇，字句小有差异。参见《养生主》注。

⑪ 物，外物，包括人。物有结之，犹言被外物束缚。物不胜天，人不能超越自然。久矣，犹言从来如此。

⑫ 喘喘然，呼吸迫促貌。

⑬ 妻子，妻与子女。曰，此子犁叱斥子来之妻儿子女。叱，呵斥声。怛（dá），惊扰。化，物化，即指死亡。以人由生入死系自然变化，故曰物化。《刻意》篇云："圣人之生也天行，其死也物化。"子犁叱责子来之妻不要哭泣，以免惊扰子来的正常物化。

⑭ 造化，犹造物。奚，何也。为，变也。适，往也。句意谓造物将汝变为何物，送往何方。成玄英疏："叹彼大造，弘普无私，偶尔为人，忽然返化。不知方外适往何道，变为何物。将汝五藏为鼠之肝，或化四支为虫之臂。任化而往，所遇皆适也。"

⑮ 阴阳，指大自然。造物、造化、阴阳，所指皆同。不翅，通"不啻"，犹无异。不翅于父母，与父母无异。近，幸也，爱也。近吾死，犹言希望我死。悍，凶顽不顺。王孝鱼校"赵谏议本作捍"，抵制，抗拒。

⑯ "夫大块载我以形"六句，见前注。成玄英疏："此重引前文，证成彼义，斯言切当，所以再出。"

⑰ 大冶，铸金大匠。铸，冶铸。金，金属，铜铁之类。莫邪，宝剑之名。成

玄英疏："昔吴人干将为吴王造剑，妻名莫邪，因名雄剑曰干将，雌剑曰莫邪。"踊跃，跳跃起来。一，副词，犹言一下。

⑱"成然寐，蘧然觉"，成玄英疏："成然是闲放之貌，蘧然是惊喜之貌。寐，寝也，以譬如死也。觉是寤也，以况于生。然寤寐虽殊，何尝不从容逸乐；死生乃异，亦未始不任命逍遥。此总结子来以死生为寤寐者也。"成疏之意，谓此两句是一般性地总结子来以死生为寤寐，其说可通。王先谦另立新说，曰："成然为人，寐也；蘧然长逝，觉也。"以寤寐为生死之喻，与成玄英疏刚好相反。从死的一方面说，生为寐，死为觉，较成疏更为精辟，与前文"喘喘然将死"正相呼应。（今人或将此二句作为现场描写，陈鼓应即译作"子来说完话酣然睡去，又自在地醒来"。如此理解，甚为肤浅，且"酣然""自在"与前文"喘喘然"相矛盾）。

## （六）

子桑户、孟子反、子琴张，三人相与友①曰："孰能相与于无相与，相为于无相为②？孰能登天游雾，挠挑无极③，相忘以生，无所终穷？"三人相视而笑，莫逆于心，遂相与为友。

莫然有间④，而子桑户死，未葬。孔子闻之，使子贡往侍事焉⑤。或编曲，或鼓琴，相和而歌曰："嗟来桑户乎！嗟来桑户乎！而已反其真，而我犹为人猗！⑥"

子贡趋而进曰："敢问临尸而歌，礼乎？"

二人相视而笑曰："是恶知礼意！⑦"

子贡反，以告孔子，曰："彼何人者邪？修行无有，而外其形骸，临尸而歌，颜色不变，无以命之，彼何人者邪？⑧"

孔子曰："彼游方之外者也，而丘游方之内者也⑨。外内不相及，而丘使女往吊之，丘则陋矣⑩。彼方且与造物者为人，而游乎天地之一气⑪。彼以生为附赘县疣，以死为决𤴯溃痈⑫。夫若然者，又恶知死生先后之所在！

假于异物，托于同体；忘其肝胆，遗其耳目；反覆终始，不知端倪[13]；芒然彷徨乎尘垢之外，逍遥乎无为之业[14]。彼又恶能愦愦然为世俗之礼，以观众人之耳目哉![15]"

子贡曰："然则夫子何方之依?[16]"

孔子曰："丘，天之戮民也[17]。虽然，吾与汝共之。[18]"

子贡曰："敢问其方?[19]"

孔子曰："鱼相造乎水，人相造乎道[20]。相造乎水者，穿池而养给；相造乎道者，无事而生定[21]。故曰：鱼相忘乎江湖，人相忘乎道术[22]。"

子贡曰："敢问畸人?[23]"

曰："畸人者，畸于人而侔于天[24]。故曰：天之小人，人之君子；人之君子，天之小人也。"


① 子桑户、孟子反、子琴张，寓言人物。相与友，相约为友。又，本段与前章首段结构相同，"相与友"或当作"相与语"。

② "相与于无相与，相为于无相为"，于，犹"如"。二句谓相处自然，如鱼之相忘于江湖。

③ 挠挑（náo tiāo），叠韵联绵词。《释文》引"李云：挠挑，犹宛转也，宛转玄旷之中"。"登天游雾，挠挑无穷"，逍遥物外，无所待而游于无穷之意。

④ 莫然有间，没过多久。

⑤ 侍事，助治丧事。王孝鱼校，"世德堂本作待事"。

⑥ 嗟来，叹词。"来"字助词无义。"而已"之而，通"汝"，指子桑户。反其真，反归自然，指其已死。猗，词尾助词。——真、人，古韵阳声真部。

⑦ 是，这个人，指子贡。此孟子反与子琴相互言，对子贡采取轻视态度。恶（wū）知，何知。

⑧ 彼，他们指孟子反、子琴张。下同。修行，指修礼义之行。无有，没有什么收获。外其形骸，置形骸于度外。无以命之，即无以名之，犹今言莫名其妙。（或解"修行无有"为修虚无之道，非是。修虚无之道为道家观念，此子贡按

儒家的观念指责孟子反、子琴张非礼，故谓其修行没有什么收获。）

⑨ 方，成玄英疏，"区域也"，犹言尘世。

⑩ 陋，浅陋。

⑪ 方且，正要。造物者，指道，亦指自然。人，通"仁"，亲也。为人，犹为亲，为伴。《淮南子·齐俗篇》："上与神明为友，下与造化为人。""为人"与"为友"相对，正为亲、为伴之意。与造物者为人，即与造物者为亲。一气，即指天地，道家以天地为一气所生。《淮南子·天文篇》："宇宙生气，气有涯垠。清阳者薄靡而为天，重浊者凝滞而为地。"

⑫ 附赘（zhuì）县疣（yóu），附在身上的肉瘤。疣（huàn）、痈（yōng），皆毒疮。决疣溃痈，破疮流脓使之愈合，解除痛苦。

⑬ 假，凭借，寄托。假于异物，指生成为人。托于同体，指死又回反自然。肝胆耳目，概指形体感官，忘其肝胆遗其耳目，指死乃遗其形骸。反复终始不知端倪，谓生死反复循环，不知始的分际。

⑭ 芒然，通"茫然"，旷远萧闲之貌。彷徨，自在徘徊，与下句"逍遥"同义。尘垢，犹尘世。业，事也。

⑮ 恶能，安能，怎么会。愤愤然，成玄英疏，"犹烦乱也"。观，《释文》，"示也"。

⑯ 何方之依，依从何方，方内还是方外。

⑰ 天之戮民，就道而言是自然之刑戮者，指精神上有各种桎梏。《德充符》篇无趾谓孔子丘"以諔诡幻怪之名闻"，至人以之为桎梏，又曰孔丘"天刑之，安可解"，即"天之戮民"之义。

⑱ 吾与汝共之，谓吾与汝应共同追求，指追求方外之道。

⑲ 方，成玄英疏："犹道也。"犹言途径。

⑳ 造，成玄英疏："造，诣也。鱼之所诣者，适性莫过深水；人之所至者，得意莫过道术。"

㉑ 穿池，挖掘水池。无事，自在无为。生，通"性"。生定，成玄英疏："人处大道之中，清虚养性，无事逍遥，故得性分静定而安乐也。"

㉒ "鱼相忘于江湖，人相忘乎道术"，谓皆得以放任自然。

㉓ 畸人，奇异之人，不合于俗之人。《释文》引"司马云：不耦也。不耦于人，谓阙于礼教也"。

㉔ 畸于人，不耦于人，即不受世俗礼法的束缚。侔，等也，同也。侔于天，同于自然，亦即同于道。

★子祀、子舆、子犁、子来和子桑户、孟子反、子琴张，是两组体道之士，但他们没有发展成为神人或圣人，只是体道而已。

同第四章一样，这两章都是用寓言表现第二章所论的生死观。

子舆有病，成了丑陋不堪的残废。但他却以调侃的口气说"伟哉夫造物者将以予为此拘拘也！"他们对生死的看法是"夫得者时也，失者顺也，安时而处顺，哀乐不能入也"。把死亡当作一种解脱，"此古之所谓县解也"。子来有病"喘喘然将死"，子犁竟叱斥子来的妻儿子女叫他们不要惊扰子来的物化。子来自己也认为造物要他去死如同父母之命子，认为"夫大块载我以形，劳我以生，佚我以老。息我以死；故善吾生者乃所以善吾死也"。一切都是自然的，"以天地为大炉，以造化为大冶，恶往而不可哉！"他们"以生为附赘县疣，以死为决疣溃痈"，死亡是正常的变化，没有什么值得悲哀的。——这是"齐物论"的一个重要方面：齐一死生。

在第六章中，庄子又一次把孔子拿出来戏弄一番，让这位儒家圣人自我贬低，在大道面前显出非常渺小："天之戮民也！"

# （七）

颜回问仲尼曰："孟孙才其母死①，哭泣无涕，中心不戚，居丧不哀。无是三者，以善处丧盖鲁国。固有无其实而得其名者乎？回一怪之！②"

仲尼曰："夫孟孙氏尽之矣，进于知矣③，唯简之而不得，夫已有所简矣④。孟孙氏不知所以生，不知所以死⑤；不知就先，不知就后⑥；若化为物，以待其所不知之化已乎⑦！且方将化，恶知不化哉？方将不化，恶知已化哉⑧？吾特与汝，其梦未始觉者邪⑨！且彼有骇形而无损心，有旦宅而无情死⑩。孟孙氏特觉，人哭亦哭，是自其所以乃⑪。且也相与'吾'之耳矣，庸讵知吾所谓'吾'之乎⑫？且汝梦为鸟而厉乎天，梦为鱼而没于渊，不识今之言者，其觉者乎，其梦者乎⑬？造適不及笑，献笑不及排⑭。安排而去化，乃入于寥天一。⑮"

① 孟孙才，《释文》引"李云：三桓后，名才，鲁之贤人"。春秋鲁桓公之子仲庆父（亦称孟氏）、叔牙、季友的后裔，称为"三桓"，即孟孙氏（一作仲孙氏）、叔孙氏、季孙氏，成为鲁国最有权势的贵族。李颐谓孟孙才为孟孙氏后人，未必可信。

② 一，加重语气的副词，犹"甚"也。

③ 进，超过。知，知丧礼者。

④ 简，简择。《文选·张平子〈东京赋〉》"表贤简能"李善注引《尔雅》："简，犹择也。"唯简之而不得，夫已有所简矣，谓居丧要有所简择，即该怎样对待不该怎样对待，孟孙才已有所简择了。（简非简化之意。注家或解作丧事应当简化而世俗办不到，孟孙才已有所简化。这近于墨家的观点，非本文之意。与孔子所说的"丧，与其易也宁戚"也完全不同，庄子认为死是自然的，不应该悲戚。文中"仲尼"发表的高论，与真正的孔仲尼毫无关系。）

⑤ 不知所以生，不知所以死，不知生死之故。宣颖《南华经解》："生死付之自然，此其进于知也。"

⑥ 就，即也，犹言追求。成玄英疏："先，生也。后，死也。即一于死生，故无去无就。"既不追求生，也不追求死，亦生死付之自然之意。（林云铭《庄子因》："就字疑孰字之误。"陈鼓应径改作"孰"。按，林说并无根据，亦无益于理解，轻率改字尤属不当。）

⑦ 若，顺也。待，对待。二句谓顺自然变化以为异物，以对待不可知之化，

即不知化为何物。王先谦曰:"鼠肝虫臂,所不知之化也。"

⑧ "且方将化"四句,成玄英疏:"方今正化为人,安知过去未化之事乎!正在生日未化而死,又安知死后之事乎!俱当推理直前,与化俱往,无劳在生忧死,妄为欣恶也。"

⑨ 特,独也。其,犹"岂"也。推测之辞,犹言大概。觉,醒。

⑩ 彼,指孟孙才。骇,惊也。句意谓死为自然之化,故只是有惊于形体的变化而并不损害其心。旦,"怛"之借字,即前文"无怛化"之怛,亦惊也。宅,指形体,形体为生命之宅。情,神也。无情死,无精神之死。上下两句同义,"骇形"与"怛宅"一一相对,"损心"与"情死"参差相对。《淮南子·精神篇》"人有戒形而无损于心,有缀宅而无耗精",即此二句的改写,"情死"若作"耗精",则正与"损心"一一相对。(刘师培《庄子斠补》指出《淮南子》这两句"语本庄书"是事实,"本"并不等于原文照引,陈鼓应据此径改原文则不妥。)

⑪ 特,独也。前文谓"吾特与汝其梦未始觉者",故以世俗之礼看待死丧;相形之下,"孟孙氏特觉",只是"人哭亦哭"而已。乃,如此,指"哭泣无涕,中心不戚,居丧不哀"。

⑫ 吾,人各自称为吾。"之"字助词。庸讵,犹何以,见《齐物论》注。"且也"二句,谓人们彼此都说"我呀",何以知我真是那个"我"呢。

⑬ 厉,《吕氏春秋·季冬纪》"征鸟厉疾"高诱注:"厉,高也。""梦为鸟而厉乎天,梦为鱼而没于渊"二语略同于《诗·大雅·旱麓》"鸢飞戾天,鱼跃于渊",知"厉"通"戾"。《诗·小雅·小宛》"翰飞戾天"毛传:"戾,至也。"厉乎天,高飞至天。"不识今之言者"三句,谓不知现在谈话的我们是醒着还是在梦中。

⑭ 造,至也。适,适意。献,凡作动词皆有提出、呈现、进奉之意,如献计、献艺、献爵之类,此处当作发出讲。排,安排。宣颖《南华经解》:"人但知笑为适意,不知当忽造适意之境,心先喻之,不及笑也。及忽发为笑,又是天机自动,亦不及推排而为之。是适与笑不自主也。"

⑮ "安排而去化,乃入于寥天一",郭象注:"安于推移而与化俱去,故乃入于寂寥而与天为一也。"

★第七章表现的仍然是如何待生死。人生如梦，谁也不知道"我"之是否为"我"。"梦为鸟而厉乎天，梦为鱼而没于渊，不识今之言者，其觉者乎，其梦者乎"，这是又一个庄周梦为胡蝶寓言的再现。

作者又将孔子作为道家哲学的解说员。一生死，同梦觉，儒家的孔子绝对没有这种思想。

# （八）

意而子见许由①。

许由曰："尧何以资汝？②"

意而子曰："尧谓我：汝必躬服仁义而明言是非。③"

许由曰："而奚来为轵④？夫尧既已黥汝以仁义而劓汝以是非矣⑤，汝将何以游夫遥荡恣睢转徙之途乎？⑥"

意而子曰："虽然，吾愿游于其藩。⑦"

许由曰："不然。夫盲者无以与乎眉目颜色之好，瞽者无以与乎青黄黼黻之观。⑧"

意而子曰："夫无庄之失其美，据梁之失其力，黄帝之亡其知，皆在炉锤之间耳⑨。庸讵知夫造物者之不息我黥而补我劓，使我乘成以随先生耶？⑩"

许由曰："噫，未可知也！我为汝言其大略。吾师乎！吾师乎⑪！齑万物而不为义，泽及万世而不为仁，长于上古而不为老，覆载天地刻雕众形而不为巧。此所游已。⑫"

①意而子，寓言人物。意而子者，想如此也。

②资，给也，此处为教给之意。何以资汝，犹何以教汝。

③躬，身也。服，行也。"仁义"是孔子孟子的道德伦理范畴，帝尧时代不可

能有，此假用其名而已。

④而，通"汝"。奚，何也。轵，通"只"，语尾助词。句意谓汝来何为。

⑤黥（qíng），刑名，破人面相，用刀刺人面额涂上墨汁。劓（yì），刑名，割掉鼻子。句中把仁义是非当作一种刑罚。

⑥遥荡恣睢（suī）转徙，放任逍遥自在之意。《释文》引"王曰：遥荡，纵放也。恣睢，自得貌"。成玄英疏："转徙，变化也。""夫尧"二句谓汝既已被尧"黥汝以仁义而劓汝以是非"，又安能游于逍遥自在之途？

⑦藩，领域。

⑧盲，瞽，都是瞎眼；眼不能见物者曰盲，眼无法睁开者曰瞽。与，参与。黼黻（fǔ fú），古代礼服上的花绣。《书·益稷》"黼黻"伪孔传："黼，若斧形。黻，为两己相背。"谓礼服上所绣花纹若斧形者谓之黼，若两己字相背者谓之黻。又，《周礼·考工记》："青与赤谓之文，赤与白谓之章，白与黑谓之黼，黑与青谓之黻，五采备谓之绣。"二句意谓，瞎眼的人不能参与美色的观赏，比喻受仁义是非观念伤害的人无法过问大道。

⑨无庄，无所庄饰，作为美人的化名。据梁，强梁也，作为大力士的化名。黄帝，古代圣君。知，通"智"。炉锤，炉为冶铸之器，锤为锻炼之具，合之为冶铸锻炼之意。此以冶铸锻炼喻道化人之意。四句意谓，为化于大道，无庄失其美，据梁失其力，黄帝失其智，都是闻道化人的结果。王先谦注："三人以闻道契真，如器物假炉冶打锻以成用。"

⑩庸讵，何以。造物者，即道。息，平也。息我黥而补我劓，平复我被黥破的面相，补上我被割掉的鼻子，比喻从仁义是非观念中抢救过来。乘，载也。成，犹言完整。意谓安知不是道息我黥而补我鼻，使我得为完整之身以追随先生吗？

⑪吾师乎，师指道。连呼"吾师乎"，惊叹赞颂之辞。篇名"大宗师"或即由此而来。

⑫齑（jī），本义是将调味品切细捣碎用以调味。《周礼·醢人》"五齐七醢"郑氏注："凡醢酱所和，细切为齐。"（齐，通齑。）《释名·释饮食》："齑，济也。与诸味相济成也。"引申而为和调之意。《知北游》篇"故以是非相齑"郭象注：

"斋,和也。"泽,惠泽。刻雕众形,塑造各种形体,即生成万物。游,通"遊",行也,犹言作为。五句谓道和调万物却不为义,泽惠万世而不为仁,长于上古而不为老,覆载天地生成各种形体而不为巧,这就是道的作为。

## (九)

颜回曰:"回益矣。①"

仲尼曰:"何谓也?"

曰:"回忘礼乐矣。"

曰:"可矣,犹未也。"

他日复见,曰:"回益矣。"

曰:"何谓也?"

曰:"回忘仁义矣。②"

曰:"可矣,犹未也。"

他日复见,曰:"回益矣。"

曰:"何谓也?"

曰:"回坐忘矣。③"

仲尼蹴然曰④:"何谓坐忘?"

颜回曰:"堕肢体,黜聪明,离形去知⑤,同于大道,此谓坐忘。"

仲尼曰:"同则无好也,化则无常也,而果其贤乎!丘也请从而后也。⑥"

① 益,进益,进步。

② 回忘礼乐矣,《集释》本作"回忘仁义矣"。回忘仁义矣,《集释》本作"回忘礼乐矣"。刘文典《庄子补正》:"《淮南子·道应篇》'仁义'作'礼乐',下'礼乐'作'仁义',当从之。礼乐有形,固当先忘;仁义无形,次之;坐忘最上。今'仁义''礼乐'互倒,非道家之指。"王叔岷《庄子校释》:"《淮南·道应篇》

'仁义'与'礼乐'二字互错。审文义，当从之。《老子》云：'失道而后德，失德而后仁，失仁而后义，失义而后礼。'《淮南·本经篇》：'知道德，然后知仁义之不足行也；知仁义，然后知礼乐之不足修也。'道家以礼乐为仁义之次，礼乐外也；仁义内也。忘外及内，以至于坐忘。若先忘仁义，则乖厥旨矣。"按，刘王说是。《淮南·道应篇》先曰"回忘礼乐矣"，后曰"回矣仁义矣"，引用确系《庄子》之文。《论语·八佾》："子曰，人而不仁，如礼何！人而不仁，如乐何！"按孔孟之道，仁义是本质，礼乐是表现形式。庄子也按儒家的主次予以否定，故应是先言"忘礼乐矣"，后言"忘仁义矣"。

③ 坐忘，即《齐物论》南郭子綦之"吾丧我"。坐，犹定也，静也。凝静忘却外物。本文"坐忘"之义，解释即在后面。

④ 蹴（cù），突然感到惊异之貌。成玄英疏，"惊悚貌"。

⑤ 堕（huī），毁也，废也，此处为遗忘之意。黜，成玄英疏，"退除也"，犹言抛弃。黜聪明，不闻不见。知，通"智"。离形，离其形体，即"堕肢体"。弃知，弃其智识，即"黜聪明"。

⑥ 同则无好也，同于大道则无好恶。化则无常，与道俱化则不固执。成玄英疏："既同于大道，则无是好恶；冥于变化，故不执滞守常也。"而，通"汝"，指颜回。


★自第二章至第七章，除第三章插入论述道的本质性状外，皆表现庄子的生死观，第八、九两章思想内容却有所不同。

第八章许由与意而子的问答，乃否定儒家的仁义是非，宣扬道的至高无上。"斋万物而不为义，泽及万世而不为仁，长于上古而不为老，覆载天地刻雕众形而不为巧"，是对道的本质功能的又一番描述，可与"夫道有情有信"章合读。

第九章宣扬"坐忘"的境界。所谓"坐忘"就是要忘掉礼乐，忘掉仁义，"堕肢体，黜聪明，离形去智，同于大道"，与上一章精神一致。

《人间世》中孔子教颜回"心斋"，《大宗师》中颜回教孔子"坐忘"，庄子用寓言的形式将他们师生肆意戏弄，让他们彻底放弃仁义礼乐，自觉自愿地向大道俯首投诚。

# （一〇）

（子舆与子桑友。[天]霖雨十日①。子舆曰："子桑殆病矣！②"裹饭而往食之③。至子桑之门，则若歌若哭，鼓琴曰："父邪母邪？天乎人乎？④"有不任其声而趋举其诗焉⑤。

子舆入，曰："子之歌诗，何故若此？"

曰："吾思夫使我至此极者而弗得也⑥。父母岂欲吾贫哉？天无私覆，地无私载，天地岂私贫我哉？求其为之者而不得也。然而至此极者，命也夫！"）

① 子舆，见第五章。子桑，应即第六章的子桑户。"天霖雨"原作"而霖雨"。而，必为"天"字，篆文"天"与"而"形近。霖雨，久雨。《左传》隐公九年："凡雨，三日以往为霖。"

② 殆，大概，估量之词。

③ 食（sì）之，给他吃。

④ "父邪母邪！天乎人乎！"悲苦之极，呼喊父母天人之辞。邪，通"耶"。司马迁《屈原列传》曰："夫天者，人之始也；父母者，人之本也。人穷则反本，故劳苦倦极，未尝不呼天也；疾痛惨怛，未尝不呼父母也。"司马之文似即源于此，又正可作此二句的解说。储庭焕曰："'父邪母邪？天乎人乎？'下文'父母岂欲吾贫哉？天无私覆，地无私载，天地岂私贫我哉？'应即承上二句而来，则'天乎人乎'当作'天乎地乎'。成玄英疏云：'夫父母慈造，不欲饥冻；天地无私，岂独贫我！'是成本作'天乎地乎'也。"储君之说，可供参考。

⑤ 不任，不胜，受不了。不任其声，指发声非常吃力。趋举其诗，声气急促地歌诵其诗。

⑥ "吾思夫"句，意谓不知谁使我窘迫到如此地步。

★ 子舆与子桑是前五、六两章中出场了的人物。在那两章里，他们把生死看成自然的变化,"得者时也,失者顺也,安时而处顺,哀乐不能入也"。甚至"以生为附赘县疣,以死为决疯溃痈",故能一生死,同梦觉。但在这一章里,子桑先生发现生活原来并没有那么轻松,霖雨十日,饿得半死,他就叫起天来了,他不知道谁使他窘困到如此地步,"思夫使我至此极者而弗得也"!文章最后那一句"然而至此极者命也夫",与第二章"死生命也"的思想内涵完全不同;"死生命也"以死生是正常的生命现象,与自然之有白天黑夜没有区别,这里喊出的"然而至此极者命也夫"指的是通常所说的命运,是一种嗟怨而又怀疑的声口。

五、六两章的两组人物是一种哲理的化身,他们可以不食人间烟火,沉溺在一种虚幻思想的空间;在这一章里子桑先生是血肉之躯的凡人,活着原来要吃饭,贫病交加的境况并不好受。他丝毫没有"適来夫子时也,適去夫子顺也,安时而处顺,哀乐不能入也"那种超逸的思想,而是下气不接上气若歌若哭地喊着"父邪母邪,天乎人乎"了。

前后何以有如此之大的差别?古代注家总想把前后的思想内容统一起来。郭象注曰:"言物皆自然,无为之者也。"成玄英疏曰:"一于生死,忘于哀乐。""夫父母慈造,不欲饥冻;天地无私,岂独贫我!思量主宰,皆是自然,寻求来由,竟无兆眹。而使我至此穷极者,皆我之赋命也,亦何惜之哉!"好像子桑仍像以往那样超然自在。后世作类似解说者不乏其人,如王先谦说,"知命所为,顺之而已"。但诵读原文,看到子桑面对饥寒交迫的窘境,决不是"一于生死,忘于哀乐","何惜之有","顺之而已"的精神状态,而是明显的怨恨而又悲哀,悲哀而又怨恨。在一篇文章中,不应出现如此明显的矛盾。

《庄子》成书的过程,现在无法弄清楚,我们无法看到庄子本人著作的原貌;即使是内篇也有他人的章段掺杂其间。《大宗师》最后的这一章就是后人加上去的,使庄子齐一生死的理论处于尴尬的境地。子舆子桑是五、六两章故事中的人物,本章却不连在五、六两章之后,中间还相隔三章。此可疑者一也。子桑在第六章中已经死了,却又在这一章呼天叫地。此可疑者二也。更为重要的是,本章的思想内容与五、六两章完全不同。此可疑者三也。由此可以认定,这一章决非庄子之作,是他人给庄子《大宗师》画的蛇足。

# 应帝王第七

《应帝王》篇反对"君人者以己出经式义度",即不要用人为的法度去束缚人民;主张"功盖天下而似不自己,化贷万物而民弗恃",亦即顺物自然,无为而治。郭象注曰:"夫无心而任乎自化者,应为帝王也。"但作者之意,谓为政应该如此,非真要为帝王。文章主旨没有超出老子"无为"政治的范围,其表达方式与语言风格与前六篇有所不同,是内篇中相对单薄的一篇。

本篇内容前后不完全统一,政治论主要在前四章,"郑有神巫"与"无为名尸"两章表现道家的修养,与政治论联系不密。末章"浑沌与儵忽",形象地表现"有为"之害,"无为之益",主张保持物的自然本性;是《庄子》书中极其精彩的寓言之一。

## (一)

啮缺问于王倪①,四问而四不知②。啮缺因跃而大喜③,行以告蒲衣子④。

蒲衣子曰:"而乃今知之乎⑤?有虞氏不及泰氏⑥。有虞氏其犹藏仁以要人,亦得人矣,而未始出于非人⑦。泰氏,其卧徐徐,其觉于于⑧;一以己为马,一以己为牛⑨。其知情信,其德甚真,而未始入于非人。⑩"

① 啮缺,王倪,皆寓言人物。《天地》篇曰:"尧之师曰许由,许由之师曰啮缺,啮缺之师曰王倪,王倪之师曰被衣。"

② 四问而四不知,《齐物论》:"啮缺问乎王倪:'子知物之所同是乎?'曰:'吾恶乎知之!'曰:'子知子之所不知邪?'曰:'吾恶乎知之!''然则物无知邪?'曰:'吾恶乎知之!'""啮缺曰:'子不知利害,则至人固不知利害乎?'"成

玄英疏谓即此四问。按,《齐物论》中讨论的乃是非利害。王倪实际作了回答,即没有绝对的是非,是非是齐一的;至人则无所谓利害,"死生无变于己,而况利害之端乎"?本章讨论的是有虞氏"藏仁以要人",不如泰氏之宽缓无为,属于社会政治,与《齐物论》所论不同。

③跃而大喜,道家主张无为、无知,《老子》第三十八章曰:"上德无为而无不为。"第七十一章曰:"知不知,上;不知知,病。"(以知为不知,最好;以不知为知,很糟。)不回答实际已经回答,不知道等于作了说明,即必须无为、无知,故啮缺跃而大喜。

④蒲衣子,《释文》引崔云:"即被衣,王倪之师也。"此实据《天地》篇为说。

⑤而,通"汝"。乃今,现在。

⑥有虞氏,即帝舜。泰氏,《释文》引"司马云:上古帝王也"。又引"李云:大庭氏。又云,无名之君也"。成玄英疏:"即太昊伏羲氏。"此虚构的古代君主,无须考证其为谁何。

⑦藏,怀藏。藏仁以要人,《释文》引"崔云:怀仁心结人也"。要人,结人,犹言维系人心。非人,物也。句意谓有虞氏怀仁以维系人心,也得到人心了,但未能超出外物的牵累。宣颖《南华经解》:"非人者,物也。有心要人,犹系于物也,是未能超出物之外。"

⑧卧,睡时。觉,醒时。徐徐、于于,《释文》引"司马云:徐徐,安稳貌。于于,无所知貌"。成玄英疏:"徐徐,宽缓之貌。于于,自得之貌。"——于、徐,古韵阴声鱼部。

⑨"一以己为马,一以己为牛",即《天道》篇"子呼我牛也而谓之牛,呼我马也而谓之马"之意。成玄英疏:"忘物我,遗是非,或马或牛,随人呼召。人兽尚且无主,何是非之有哉!""主"为宗尚之意。于人兽尚且无所宗尚,即是人是兽都一样。

⑩其知情信,成玄英疏:"率其真知,情无虚矫,故实信也。"情,实也。其德甚真,成玄英疏:"以不德为德,德无所德,故不伪。"未始入于非人,与"未

始出于非人"相反,即未曾陷入外物的牵累。——信、真、人,古韵阳声真部。

## (二)

肩吾见狂接舆。狂接舆曰:"日中始何以语女?①"

肩吾曰:"告我君人者以己出经式义度,人孰敢不听而化诸?②"

狂接舆曰:"是欺德也。其于治天下也,犹涉海凿河而使蚊负山也③。夫圣人之治也,治外乎④?正而后行,确乎能其事者而已矣⑤。且鸟高飞以避矰弋之害,鼷鼠深穴乎神丘之下以避熏凿之患,而曾二虫之无知!⑥"

① 肩吾,已见《齐物论》。狂接舆,已见《人间世》。日中始,《释文》引"崔本无日字。云:中始,贤者也"。并寓言人物。语,告知。女,通"汝"。

② 君人者,治理人者,即国君。出,犹言发布。经,读如《左传》隐公十一年"经国家,定社稷"之经,治理也。式,法也。经式,治理的法式。义,通"仪",亦法也。王念孙《读书杂志馀篇》:"经式仪度,皆谓法度也。"人,人民。孰,谁。化,服从教化。

③ 欺德,欺骗人的道理。犹,如同。涉海凿河,在大海里挖河。使蚊负山,让蚊子背山。

④ 治,读如《周礼·夏官·司勋》"治功曰力"之治,郑氏注:"制法成治。"犹上文之经式义度。治外乎,大概在制法治理之外吧。正而后行,成玄英疏:"顺其正性而后行化。""正而后行"与《论语·子路》"其身正,不令而行"似乎相近,其实完全不同。孔子所谓"正"指正身;庄子所谓"正"指正性,犹《淮南子·主术篇》之"正其本而顺自然"。

⑤ 确,《释文》引"李云:坚貌"。犹言认定。能,胜任。句意谓认定各人能干的事而已,即能干什么就干什么,任其自然。宣颖《南华经解》:"不强人以性之所难为。"

⑥ 矰（zēng）弋（yì），尾部系有小丝绳的短箭，用以射鸟，鸟射中后即使带箭飞走也会被丝绳系在树枝上而无法逃脱。鼷（xī）鼠，一种小鼠。深穴，打很深的洞以藏身。神丘，祭神的社坛。熏凿，烟熏铲掘。洞打在神丘之下，人们为不破坏神丘而不去掘洞熏鼠。而，通"汝"。曾，竟，连。二虫，指鸟与鼷鼠。虫，犹言小动物，《齐物论》亦称蜩与学鸠为二虫。而曾二虫之无知，郭象注："言汝曾不知此二虫之各存而不待教乎！"（奚侗《庄子补注》谓"无知"当作"无如"。按，郭注是，奚说非。若作"无如"，则是指责肩吾连二虫都不如。然此句是针对上文"人孰敢不听"而言的，意思是说，汝连二虫会设法避害的道理都不知道；言外之意是，对统治者的"经式义度"人民会设法逃避，怎么会"孰敢不听"呢！）

## （三）

天根游于殷阳，至蓼水之上，适遭无名人而问焉，曰："请问为天下？"①

无名人曰："去，汝鄙人也，何问之不豫也②？予方将与造物者为人③，厌，则又乘夫莽眇之鸟，以出六极之外，而游无何有之乡，以处圹埌之野④，汝又何帠以治天下感予之心为！⑤"

又复问。

无名人曰："汝游心于淡，合气于漠⑥，顺物自然而无容私焉，而天下治矣。⑦"

① 天根、无名人，并寓言人物，子虚乌有。殷阳、蓼水，虚拟地名。遭，遇。为，治也。句意谓请问如何治天下。

② 鄙人，浅陋之人。《释文》引"简文云：豫，悦也"。成玄英疏："所问之旨，甚不悦豫我心。"（俞樾《庄子平议》："《尔雅·释诂》：豫，厌也。《楚词·惜诵篇》行婞直而不豫，王逸注亦曰：豫，厌也。是豫之训厌，乃是古义。无名人

深怪天根之多问，故曰何问之不豫，犹云何许子之不惮烦也。简文云'豫，悦也'，殊失其义。"按，俞氏之言亦只备一说。俞所引"豫，厌也"，见《释诂下》；而《释诂上》云："豫，乐也。"《孟子·公孙丑下》"夫子若不豫色然""吾何为不豫"，赵岐皆注作"不悦"。决不能说"豫，厌也"才是古义，而"豫，悦也"就不是古义。"何问之不豫"解作何问之令人不快比解作何问之不厌足远为顺畅。简文曰"豫，悦也"，未必失其义。）

③方将，正要。人，通"仁"，亲也。与造物者为亲，即与道为友。参见《大宗师》"彼方且与造物者为人"注。

④厌，倦也。莽眇（mǎng miǎo），双声联绵词。《释文》："轻虚之状也。"六极，犹六合，上下四方，亦即天地之间。圹垠（kuàng làng），叠韵联绵词，无际涯之貌。《释文》引"崔云：犹圹荡也"。圹垠之野，犹《逍遥游》之"广莫之野"。五句都谓神游于天地之外，无边之野。

⑤何为，《集释》本作"何帠"，"帠"未详何字，此从《释文》所引崔譔本。感，惑也，动也，犹言扰乱。

⑥"游心"二句，成玄英疏："可游汝心神于恬淡之域，合汝形气于寂寞之乡，唯神与形，二皆寂静；如是则天下不待治而自化者耳。"

⑦顺物自然而无容私焉，郭象注："任性自生，公也；心欲益之，私也。"成玄英疏："随造化之物情，顺自然之本性，无容私作法术，措而治之，放而任之，则物我全之矣。""而天下治矣"之而，犹"则"也。

（四）

阳子居见老聃①，曰："有人于此，响疾强梁，物彻疏明②，学道不倦，如是者可比明王乎？③"

老聃曰："是于圣人也，胥易技系劳形怵心者也④。且也虎豹之文来田，猨狙之便（执斄之狗）来藉，如是者可比明王乎？⑤"

阳子居蹴然曰⑥："敢问明王之治？"

老聃曰："明王之治，功盖天下而似不自己，化贷万物而民弗恃⑦；有莫举名，使物自喜⑧；立乎不测，而游于无有者也。⑨"

① 阳子居，《释文》引"李云：居，名也。子，男子通称"。成玄英疏："姓阳，名朱，字子居。"因成疏谓阳子姓阳名朱，今人乃有阳子居即杨朱之说。按，杨朱为战国时人，生墨子之后，来不及见老聃。关键还在于杨朱与此阳子居思想不同。《吕氏春秋·不二》篇谓"阳生贵己"，他不会关心"明王之治"。此阳子居为寓言人物，不应理解为杨朱。

② 响疾强梁，敏捷强悍。《释文》引"李云：敏疾如响也。简文云：如响，应声之疾，故是强梁之貌"。物彻疏明，认识事物通彻明达。《释文》引"司马云：物，事也。彻，通也。事能通而开明也。崔云：无物不达，无物不明"。——梁、明，古韵阳声阳部。

③ 明王，圣明的君主。

④ 胥，胥徒，古代官府中供役使的人员。易，治也，即作事。技，技艺人员。系，系累。郭庆藩案："郑注《周礼》：胥徒，民给徭役者。易，读如《孟子》易其田畴之易。胥易，谓胥徒供役使治事。易，犹治也。技系，若《王制》凡执技以事上者，不贰事，不移官，谓为技所系也。"怵（chù），惊恐。句意谓，这种人在圣人看来，是胥徒供役使治事、技人为技能所累，因而劳苦其形惊扰其心者也。

⑤ 文，此指虎豹之皮的花纹，因代指有花纹之皮。来田，招来田猎。猨狙，猿猴。便，便捷。藉，用绳系住。句意谓虎豹因有花纹之皮故招来田猎；猿猴因跳跃便捷而被绳索系住；如果响疾强梁之人可比明王，那么虎豹猿猴可比明王乎？（"猨狙之便"后原有"执斄之狗"一句。王叔岷《庄子校释》："'执斄之狗'四字疑涉《天地篇》文窜入。'虎豹之文来田，猨狙之便来藉'文正相耦。《淮南·缪称篇》'虎豹之文来射，猿貁之捷来措。'注：措，刺也。《诠言篇》'故虎豹之强来射，猿貁之捷来措。'《说林篇》'虎豹之文来射，猿貁之捷来乍。'王念

孙云：'措与乍古同声通用。'凡三用此文，皆无'执氂之狗'四字，是其明证。"）

氂（lái，又音lí），野兽名。执氂之狗，捕野兽之狗。

⑥蹴然，惊悚貌。

⑦自，由也。不自己，不由己出。化，化育。贷，施也。恃，依赖。功盖天下而似不由己出，不是自己的作用；化育施于万物而人民不觉有依恃，仿佛一切出于自然。

⑧莫，无也。举，称举。举名，犹言称说。物，人民。有功德而无可称说，人民却自然喜悦。

⑨不测，不可测识。无有，指虚无之道。行为不可测识，而游于虚无之境。——治、己、恃、喜、有，古韵阴声之部。


★《应帝王》前四章是《庄子》内篇表现其政治观的作品。《人间世》虽也涉及政治，但重在揭发当时社会的险恶，统治者的残暴，这四章才是政治观集中的表现，通过四则寓言故事的人物对话来发表政治思想。

四章各有重点，其思维逻辑是递进的。

"啮缺问于王倪"章否定儒家的仁政，谓有虞氏"藏仁以要人"虽也能维系人心，却未能超出外物的牵累。而必须像泰氏一样，让老百姓宽缓自得，"一以己为马，一以己为牛"，为牛为马，随人呼召，也就无所谓是非，乃能超出外物的牵累。

"啮缺"章对仁政的否定还较为和缓，"肩吾见狂接舆"章对法治的批判就甚为激烈。狂接舆认为统治者用"经式义度"亦即法度来强制人民"是欺德也"，是一种欺压的政策。用这种方式进行统治"犹涉海凿河而使蚊负山也"；认为圣人之治应顺其自然之性而不应该强制。

"天根游于殷阳"章对"为天下"（即治天下）从根本上采取否定态度，而主张"游心于淡，合气于漠，顺物自然而无容私焉"。话说得很玄，其实质就是顺物自然，无为而治。成玄英解释为"随造化之物情，顺自然之本性，无容私作法术"，是正确的。老子主张"无为而无不为"，"以无事取天下"（取，治也。）《老子》第五十七章云："我无为而民自化，我好静而民自正，我无事而民自富，我无欲而民自朴。"这是无名人"顺物自然而容私焉"的理论之源,又可以作这句话的注释。

"阳子居见老聃"章正面提出"明王之治",是"功盖天下而似不自己,化贷万物而民弗恃,有莫举名,使物自喜;立于不测,而游于无有者也"。故事已说明是老聃的话,这在《老子》书中可一一找到来源。《老子》第二章云:"圣人处无为之事,行不言之教,万物作焉而不辞,生而不有,为而不恃,功成而弗居。"第十七章云:"功成事遂,百姓皆谓我自然。"第三十四章云:"万物恃之以生而不辞,成功遂事而不名有。"在《老子》中反复表述的思想,在《庄子》中以另一番语言另一种形式表达出来。

此即道家的无为政治。老子概括为"无为而无不为",其本质是"顺物自然"。"无为而无不为"的政治在实际社会生活中是无法实现的,仅仅是哲学家的理念而已。但顺物自然,功成不居,有其合理的因素;特别是对生活在水深火热的暴政下的人民来说,无为政治总还是令人怀想。

## (五)

郑有神巫曰季咸[①],知人之死生存亡,祸福寿夭,期以岁月旬日,若神[②]。郑人见之,皆弃而走[③]。列子见之而心醉,归以告壶子曰:"始吾以夫子之道为至矣,则又有至焉者矣。[④]"

壶子曰:"吾与汝既其文,未既其实,而固得道与[⑤]?众雌而无雄,而又奚卵焉[⑥],而以道与世亢,必信,夫故使人得而相汝。尝试与来,以予示之[⑦]。"

明日,列子与之见壶子[⑧]。出而谓列子曰:"嘻!子之先生死矣!弗活矣!不以旬数矣!吾见怪焉,见湿灰焉。[⑨]"

列子入,泣涕沾襟以告壶子。壶子曰:"乡吾示之以地文,萌乎不震不止,是殆见吾杜德机也。尝又与来。[⑩]"

明日，又与之见壶子。出而谓列子曰："幸矣，子之先生遇我也！有瘳矣，全然有生矣！吾见其杜权矣。[11]"

列子入，以告壶子。壶子曰："乡吾示之以天壤[12]，名实不入，而机发于踵。是殆见吾善者机也[13]。尝又与来。"

明日，又与之见壶子。出而谓列子曰："子之先生不齐，吾无得而相焉[14]。试齐，且复相之。"

列子入，以告壶子。壶子曰："吾乡示之以太冲莫胜，是殆见吾衡气机也[15]。鲵桓之潘为渊[16]，止水之潘为渊，流水之潘为渊[17]。渊有九名，此处三焉[18]。尝又与来。"

明日，又与之见壶子。立未定，自失而走[19]。壶子曰："追之！"

列子追之不及，反，以报壶子曰："已灭矣，已失矣，吾弗及已！[20]"

壶子曰："乡吾示之以未始出吾宗，吾与之虚而委蛇，不知其谁何[21]，因以为弟靡，因以为波流，故逃也。[22]"

然后列子自以为未始学而归，三年不出，为其妻爨，食豕如食人，于事无与亲[23]。雕琢复朴[24]，块然独以其形立[25]，纷而封哉，一以是终[26]。

① 巫，从事祭祀降神占卜相面之类的迷信职业者。神，言其神异。季咸，神巫之名。古代有神巫曰巫咸，传为殷中宗时人。《书·君奭》："巫咸乂王家。"季咸犹言第二巫咸。此寓言故事又见于《列子·黄帝篇》。开篇云："神巫自齐来处于郑，命曰季咸。"

② 期以岁月旬日若神，预言吉凶计其年月旬日，准确如神。

③ "郑人见之"句，郑人恐神巫言其不吉，故皆弃之而走。

④ 列子，见《逍遥游》注。心醉，言倾心至极。壶子，《释文》引"司马云：名林，郑人，列子师"。《列子》作壶丘子。至，极其高深。

⑤ 既，尽也。文，既指文字，也指表面形式。实，指道的实质性内容。而，通"汝"。

⑥ 卵，受孕生育。只有众雌而无雄如何生育，比喻只得道的表面诸端，而未

⑦ 而，通"汝"。道，此指列子仅得道之表相。亢，通"抗"。信，通"伸"。必信，定要表现自己。使人得以相汝，使人得以看准了你，指神巫使列子心醉。尝试以来，（汝）设法让他来。

⑧ 明日，第二天。之，指神巫。

⑨ 湿灰，灰湿不再有火，言绝无生气。成玄英疏："子林示其寂泊之容，季咸谓其将死。"

⑩ 乡，《释文》："亦作向。"先前。地文，成玄英疏："文，象也。"《列子》张湛注引向秀曰："块然若土也。"即寂泊之容。萌然，犹"芒然"，昏昧之貌。震，动也。止，《集释》本作"正"，此从《释文》引崔譔本，《列子》亦作"止"。不震不止，不动又不止，故不可捉摸。杜，闭塞。德，《天地》篇"物得以生谓之德"，犹言生气。机，犹言迹象。篇中"机"凡三用："杜德机""善者机""衡气机"，犹言杜德之象、善者之象、衡气之象。杜德机，闭塞生机之象。季咸只能看到表面的迹象，故无法了解壶子的实质。

⑪ 瘳（chōu），病愈。有瘳，有病愈的可能，犹言有救。权，变也。杜权，林云铭《庄子因》："闭藏之中，稍露动变端倪。"

⑫ 天壤，陶鸿庆《读列子札记》："《说文》：'壤，柔土也。'《书·禹贡》'厥土惟白壤'马注云：'天性和美也。'《周礼·大司徒》'辨十有二壤'郑注云：'壤，和缓之貌。'然则天壤取和美之义。质言之，则为天和。"按，壤，地也。天壤即天地，文中不好理解。向象注为"覆载之功"，今人或解为天地的生气，都不如陶说顺畅，"天和"与"地文"正相对。

⑬ 名实不入，成玄英疏："名誉真实不入于灵府。"踵，成玄英疏："本也。"机发于踵，宣颖《南华经解》："一段生机，自踵而发。"善者机，善者之象，好转之象。

⑭ 齐，《释文》："侧皆反，本又作斋，下同。"《列子》作"斋"。不斋，指心不诚，不静。

⑮ 吾乡，前后三用"乡吾"，照例亦应作"乡吾"。冲，虚。胜，《列子》作

"朕",兆也。王叔岷《庄子校释》谓"胜"通"朕"。太冲莫朕,太虚之象莫见其朕兆。衡,平也。衡气机,神气平顺之象。季咸先见到壶子生气好转之象,故言其有救;后见到壶子神气平顺之象,无法捉摸,故说"吾无得而相焉"。

⑯鲵,小鱼名。《外物》篇"夫揭竿累,趣灌渎,守鲵鲋,其于得大鱼难矣",《释文》引"李云:鲵鲋,皆小鱼也"。桓,盘桓。潘,《集释》本作"审",此从崔譔本。《释文》引"司马云:审当为蟠,蟠,聚也。崔本作潘,云:回流所钟之域也"。《列子》亦作"潘",水洄流处。蟠与潘,音义皆相通。渊,深水渟滀之处。

⑰"鲵桓之潘"三句皆是比喻。鲵桓之潘,小鱼盘桓于深水,与前文"示之以地文,萌乎不震不止"相应,若动若静而甚微弱,似已闭塞生机,故季咸以为将死;止水之潘,表象正常平静,似已有转机,故季咸以为有救;流水之潘,活力充盈,变化甚大,故季咸无法捉摸。

⑱渊有九名,谓渊有九种形态。《列子·黄帝篇》列举九渊云:"鲵旋之潘为渊,止水之潘为渊,流水之潘为渊,滥水之潘为渊,沃水之潘为渊,氿水之潘为渊,雍水之潘为渊,汧水之潘为渊,肥水之潘为渊,是为九渊焉。"按,壶子所谓"渊有九名,此处三焉",是壶子只用以比喻三种状态,故如此云云。《黄帝篇》所列九渊,似为注释之文。"是为九渊焉",明为注释语气。

⑲自失,季咸自己失惊。走,逃也。

⑳"吾弗及已"之已,通"矣"。

㉑宗,根本。未始出吾宗,未尝出示道之根本。郭象注:"虽变化无常,而常根深冥极也。"王先谦曰:"根深冥极,不出见吾之宗主。"委蛇(wēi yí,古音委,于禾反,蛇,徒禾反)叠韵联绵词。成玄英疏:"随顺之貌。"虚与委蛇,郭象注:"无心而随物化。"《列子》注引向秀曰:"无心以随变也。"不知其谁何,人家看不出情况如何。"乡吾示之以未始出吾宗,吾与之虚而委蛇,不知其谁何",与前批评列子"而(汝)以道与世亢,必信,夫故使人得而相汝"正相反。

㉒弟靡,犹颓靡,叠韵联绵词,《释文》:"不穷貌。"波流,《释文》引"崔本作波随",亦委蛇随顺之意。成玄英疏:"夫上德无心,有感斯应,放任不务,顺从于物,而扬波尘俗,随流世间,因任前机,曾无执滞。千变万化,非相者所知,

214

是故季咸宜其逃逸也。"——蛇（徒禾反）、何（胡歌反）、靡（莫婆反），古韵阴声歌部；流，阴声幽部。崔本随（徒禾反），亦歌部。

㉓ 三年，多年。爨（cuàn），烧火为炊。食（sì）豕，喂猪。于事无与亲，于世事无所亲，随分而已。成玄英疏："屏于俗务，为妻爨火，忘于荣辱。食豕如人，净秽均等。""悟于至理，故均彼我，涉于世事，无亲疏也。"——人、亲，古韵阳声真部。

㉔ 雕琢复朴，成玄英疏："雕琢华饰之务，悉皆弃除，直置任真，复于朴素之道也。"

㉕ 块然，无意识之貌。成玄英疏："块然，无情之貌也。外除雕饰，内遗心智，槁木之形，块然无偶也。"

㉖ 纷而，纷乱貌。封戎（fēng róng，封，府容切；戎，如容切），叠韵联绵词，散乱貌。《集释》本作"封哉"，此从《释文》所引崔譔本，《列子》亦作"封戎"。崔云："封戎，散乱也。"是，指"三年不出，为其妻爨，食豕如食人，于事无与亲；雕琢复朴，块然独以其形立"的状态。二句意谓面对纷纭扰乱的世务，列子一直就这样终身。——戎、终，古韵阳声冬部。

★ "郑有神巫"章用故事的形式表述道家的修养，而不同于前四章表现道家的政治观。故事又见于《列子·黄帝篇》，除个别词句小有差别以外基本相同。

故事塑造了三个人物，三个都相当生动，个性鲜明。

季咸是一个有欺诈手段而实际浅薄的"神巫"，他能够欺蒙一般的群众，连学道有年的列子也为之心醉。但在修养极高的壶子面前就全露了底，最后只有慌忙逃窜。在《逍遥游》里，"列子御风而行，泠然善也"，是一个向至人靠近的人物；而在这个故事里，他却是个"既其文未既其实"的学道者，以至同样被季咸所蒙蔽。但通过事实的教育，他认识到自己还未始有学，重新从零开始，"三年不出，为其妻爨，食豕如食人，于事无与亲。雕琢复朴，块然独以其形立"。块然复朴，回到淳朴的自然状态，是道家追求的目标。

壶子是作者塑造的修养高深的典型。他修养到凝远深藏，神妙难知，"其动也天,其静也地,其行也水流,其止也渊默"(郭象注),能完全控制自己的神气,所以能够蒙蔽最善于蒙蔽他人的神巫。孟子曰:"吾善养吾浩然之气。"那是一种刚正之气,一种以天下为己任的正气。壶子完全不同,虚静守真,名实不入,使人不知其为谁何。

故事是精彩的。神巫能够蒙蔽列子,壶子能够蒙蔽神巫,我们可不要受作者的蒙蔽。《庄子》书中那些至人神人和圣人们动不动乘云气,御飞龙,上与造化者为伍,而游于无何有之乡,好像都要遗弃尘世似的,其实只是一种浪漫主义的幻想。正因为他们深感到尘世的羁束苦闷,才用这种梦幻来安慰自己。然而尘世是摆不掉的,他们真正的形象倒是"雕琢复朴,块然独以其形立"!

友人储庭焕曰:"《应帝王》前四章表现庄子的政治观,'郑有神巫'章说的却是道家的修养,而且说得非常神秘,与前四章内容完全不同。文中创造了许多玄奥的术语,有点故作神奇。列子在《逍遥游》中是一个道行很高的人物,在'郑有神巫'章却很平庸,对一个骗人的神巫也为之心醉。同一人物,在前后篇中不应相距如此悬殊。疑本章系外杂篇错入内篇者。"储君之说,可供参考。

## (六)

无为名尸,无为谋府,无为事任,无为知主[①]。体尽无穷,而游无朕[②]。尽其所受于天,而无见得,亦虚而已[③]。至人之用心若镜,不将不迎,应而不藏,故能胜物而不伤[④]。

[①] 无为名尸,尸,主也。不要为名誉寄寓之主。成玄英疏:"身尚忘遗,名将安寄,故无复为名誉之主也。"无为谋府,忘怀任物,不要让心成为谋虑的府藏。无为事任,不要为事务的承担者。无为知主,知,通"智"。不要为运用智慧之主。四者总归是:不邀名,不主谋,不任事,不用智;一切无为,顺其自然而已。——府、主,古韵阴声侯部。

② 体，读如《荀子·解蔽》"知道察，知道行，体道者也"之体，犹今言体会。体尽无穷，体会尽无穷之道。朕，兆也，迹也。游无朕，游于无迹之境，犹言游于无何有之乡。

③ 天，自然也，亦道。尽其所受于自然之道，而不见有所得，只是进入虚无的境界。

④ 将，送也。胜，任也。至人之用心如同明镜，物有来有去，而明镜不迎不送；物来即应，无所隐藏，故能任物自然而不受伤害。——藏、伤，古韵阳声阳部。

★"不为名尸"章是正面表述道家的修养的。文字非常精炼。"无为名尸，无为谋府，无为事任，无为知主"，归纳起来就是无为。"尽其所受于天，而无见得，亦虚而已"，归纳起来就是虚静。无为，虚静，就是他们的人生哲学。他们像镜子一样，面对这个世界，冷眼旁观，"不将不迎，应而不藏，故能胜物而不伤"。《养生主》篇"为善无近名，为恶无近刑，缘督以为经。可以保身，可以全生，可以养亲，可以尽年"，可以作为"不伤"的注脚，求得生存而已。

## （七）

南海之帝为儵，北海之帝为忽，中央之帝为浑沌。儵与忽时相与遇于浑沌之地，浑沌待之甚善①。儵与忽谋报浑沌之德，曰："人皆有七窍，以视听食息②，此独无有，尝试凿之。"日凿一窍，七日而浑沌死。

① 儵，通"倏"。南海之帝倏，北海之帝忽，中央之帝浑沌，皆寓言形象。倏忽（shū hū），叠韵联绵词，疾速之意，喻迅速有为。浑沌（hún dùn），浑然一体之状，叠韵联绵词，喻浑朴无为。《释文》引"简文云：倏忽取神速为名，浑沌以合和为貌。神速譬有为，合和譬无为"。

② 七窍，指眼耳口鼻。以视听食息，眼用以视，耳用以听，口用以食，鼻用以呼吸。

★"儵忽浑沌"章表现顺物自然的思想，即不要破坏物之常性。儵忽代表"有为"。浑沌淳厚朴质，是自然的形象。没有眼耳口鼻七窍，本来面貌如此。无端给它凿上七窍，一日凿一窍，七日浑沌就死了。老子曰："不可为也，不可执也；为者败之，执者失之。圣人无为故无败，无执故无失。"

为政也是如此，必须无为而治。"我无为而民自化，我好静而民自正，我无事而民自富，我无欲而民自朴"。如果不断地骚扰百姓，"日凿一窍"，百姓也就没有命了。但这则寓言的思想博大精深，涵容了"无为"哲学的各个方面，一切都必须顺物自然，"无为而无不为"。

"浑沌和儵忽"与《齐物论》篇"庄周梦胡蝶"是庄子哲理寓言中至高无上的双璧。题材怪诞，设想奇特，文字如此精炼，内涵如此丰富，这在世界寓言史上是无独有偶的杰作。不管人们对它的思想是否赞成，寓言的艺术表现力不能不使人惊叹。

《应帝王》前四章表现庄子的无为政治观，第六章简单地加以归纳，末章用一个精彩的寓言作结。如果没有"郑有神巫"章，全篇结构更为完整；也可以说明该章是掺杂进来的一章。

# 外篇

# 骈拇第八

骈拇，以开头二字名篇。

《骈拇》《马蹄》《胠箧》和《在宥》前二章再加上《天地》最末"百年之木"章，在外篇中自成一组，思想内容一致，文章风格相同，独特的词语在各章重复，当出于一人之手。文章抨击仁义之说，认为仁义"非道德之正"，使天下人心丧失其自然本性；因而主张善其自然所得，"任其性命之情"。也就曲折地反映了人民向往自由的心声。

参见后"百年之木"章星评。

## （一）

骈拇枝指，出乎性哉，而侈于德①。附赘县疣，出乎形哉，而侈于性②。多方乎仁义而用之者，列于五藏哉，而非道德之正也③。是故骈于足者，连无用之肉也；枝于手者，树无用之指也；（多方）骈枝于五藏之情者④，淫僻于仁义之行，而多方于聪明之用也⑤。

是故骈于明者，乱五色，淫文章，青黄黼黻之煌煌非乎？而离朱是已⑥。多于聪者，乱五声，淫六律，金石丝竹黄钟大吕之声非乎？而师旷是已⑦。枝于仁［义］者⑧，擢德塞性以收名声，使天下簧鼓以奉不及之法非乎？而曾史是已⑨。骈于辩者，累瓦结绳，窜句棰辞，游心于坚白同异之间，而敝跬誉无用之言非乎？而杨墨是已⑩。故此皆多骈旁枝之道，非天下之至正也⑪。

彼至正者，不失其性命之情⑫。故合者不为骈，而枝者不为跂⑬；长者不为有馀，短者不为不足。是故凫胫虽短，续之则忧；鹤胫虽长，断之则悲⑭。故性长非所断，性短非所续，无所去忧也⑮。意仁义其非人情乎！彼仁人何其多忧也？

且夫骈于拇者决之则泣,枝于手者龁之则啼[16]。二者或有馀于数,或不足于数,其于忧一也[17]。今世之仁人,蒿目而忧世之患[18];不仁之人,决性命之情而饕贵富[19]。故意仁义其非人情乎!自三代以下者,天下何其嚣嚣也[20]!

① 骈(pián),并合。拇,《释文》:"音母,足大指也。司马云:骈拇,谓足拇指连第二指也。"枝指,《释文》:"《三苍》云:手有六指也。"出乎性哉,系疑问句,谓岂出于本性哉,意即属于畸形,不出于自然本性。而,犹乃也。侈,过分,多馀。德,全文"德、性"并提,德者得也,指其自然所得,则德亦性也,二词实同义。《天运》篇"此皆自勉以役其德者也",成玄英疏:"德者,天性也。"

② 附赘县疣,肉瘤。县,通"悬"。已见《大宗师》。附赘悬疣岂出于正常形体哉?同样是说不出于正常形体,于自然本性是多馀的。

③ 方,术也。此动词,犹言造作。列,《集韵》,"比也"。五藏,《释文》引"《黄帝素问》云:肝心脾肺肾为五藏"。句意谓大量造作仁义之说而施用者,虽比列如人之五藏,然而非道德之正也。骈拇枝指附赘县疣都不出于自然本性是比喻,是陪衬;多方乎仁义非道德之正是正意。下文并同。

④ "骈枝"上"多方"二字,焦竑《庄子翼》曰:"多方骈枝于仁义之情,此'多方'二字疑衍。"按,焦说是。

⑤ 淫僻,惑乱邪辟。此动词。

⑥ "是故骈于明者"一段中,"骈、枝"二字皆比喻性动词。骈、枝、多,三字同义,皆侈用、滥用之意。明者,指视觉特别善于辨析色彩者。五色、文章,成玄英疏:"五色,青黄赤白黑也。青与赤为文,赤与白为章。"淫,与乱同义,指扰乱淫滥之意。青黄黼黻,古代礼服上的花绣,此实泛指各种彩色。参见《大宗师》注。煌煌,光采眩目之貌。非乎,不是吗。而,犹"如"也。下文"而师旷""而曾史""而杨墨"之"而"并同。离朱,传为古代视觉特明的人。《释文》引"司马云:黄帝时人,百步见秋毫之末"。《孟子》作离娄。是已,即"是矣"。

⑦ 聪者,指听觉特别善于辨析声音者。五声,也叫五音,古代五声音阶宫商

— 骈拇第八 —

角徵羽也。六律，古乐十二调，阳律六，即黄钟、太簇、姑洗、蕤宾、夷则、亡射，称六律；阴律六，即大吕、夹钟、中吕、林钟、南吕、应钟，称六吕。合称十二律。见《汉书·历律志》。此称六律，实亦概括六吕。金石丝竹，古以金石丝竹匏土革木为八音，八种音乐器材制的乐器。此称金石丝竹，实亦概括匏土革木。师旷，春秋时晋国乐师，字子野，生而目盲，善辨声乐。见《左传》襄公十四年、《国语·晋语八》。道家主张无知无欲，反对声色之乐。《老子》第十二章云："五色令人目盲，五音令人耳聋。"

⑧ 枝于仁［义］者，原作"枝于仁者"。"仁义"并列，全文凡十四出，此处不应例外。后文"属其性乎仁义者，虽通如曾史，非吾所谓臧也"，则此处也应作"枝于仁义者"，"曾史是已"，才前后一致。

⑨ 擢，拔也。德，此特指曾史之德。塞，闭塞。性，自然本性。成玄英疏："谓拔擢伪德，塞其真性也。"簧，笙竽等管乐器中振动发声的薄片，此代指吹奏管乐器。鼓，击鼓。簧鼓，此处借作鼓吹喧嚷之意。奉，奉行，追求。不及，达不到。法，法式，典范。三句意谓，侈谈仁义者，拔擢所谓仁义之德而闭塞自然本性以收取名声，使天下人喧嚣鼓动以追求无法达到的法式不是吗？——友人储庭焕曰："此处'不及'与下句'无用'对举，亦'无用'之意。'不及之法'即'无用之法'，与下句'无用之言'相对。"储君之说，可供参考。——曾史，成玄英疏："曾者，姓曾，名参，字子舆，仲尼之弟子。史者，姓史，名鱼酋，字子鱼，卫灵公臣。"按，史鱼酋于孔子为前辈，曾参为孔子弟子，少孔子四十六岁，二人不同时。此批判"枝于仁者"，作者故意将曾史作为攻击的目标。参见后"百年之木"章星评。

⑩ 累瓦结绳，《释文》引"崔云：聚无用之语，如瓦之累，绳之结也"。瓦累高则易碎，绳结紧则难解，喻其言之无用而令人费解。《释文》引"一云：瓦当作丸"。丸圆不能累，喻其言之不能成立，于义更好。窜句棰辞，《集释》本无"棰辞"二字，"窜句"连下读。王叔岷《庄子校释》引敦煌唐写本有此二字。又，《后汉书·张衡传》注引作"窜句籍辞"，可知唐人所见本确有此二字者。《释文》引"司马云：窜句，谓邪说隐微，穿窜文句也"。棰辞，巧妙地棰炼辞语。游心，

王先谦曰:"游荡心思于坚白同异之间也。"坚白同异,是战国时代墨家名家的辩论题。公孙龙有《坚白论》,把坚白石(坚硬的白色石头)看成"坚石"和"白石",不能说成"坚白石",因为"视不得其所坚",而"拊不得其所白"。此谓之"离坚白"。参见《齐物论》注。《天下篇》引惠施同异论,曰:"大同而与小同异,此之谓小同异;万物毕同毕异,此之谓大同异。"万物种类,同种之间有其共性,这是大同;种类又各有特性,这是小异,即"大同而与小同异"。万物都有其共性,这是大同;万物又各有特性,这是大异,即"万物毕同毕异"。此之谓"合同异"。敝,罢敝,此处犹言劳心费力。跬(kuǐ),一只脚跨出为一跬,两只脚走完为一步。《司马法》:"一举足曰跬,两举足曰步。"引申为很短很近之意。《集释》引郭嵩焘说:"跬誉者,邀一时之近誉也。"杨墨,杨朱墨翟。杨朱,战国魏国人,主张"贵生"、"重己","全性葆真,不以物累形"。墨翟,生于春秋战国之际,鲁国人,曾仕于宋。主张"兼爱""非攻"。传世有《墨子》。《天下篇》曰:"南方之墨者苦获、已齿、邓陵子之属,俱诵《墨经》,而倍谲不同,相谓别墨,以坚白同异相訾。"此批判"骈于辩者","坚白同异"只是作为诡辩的举例,杨墨亦只是作为辩者的代表。全文重在否定仁义之说,"骈于明者""多于聪者"只是作为比喻;此处又以"骈于辩者"作为陪衬。辩者亦在否定之列,但着重还在于仁义者。

⑪ 多骈旁枝之道,犹言邪说,故曰"非天下之至正也"。至正,事物的正常状态。

⑫ 至正,《集释》本作"正正",此从宣颖《南华经解》。二字紧承上文,"正正"乃"至正"之误。情,实也,犹言本然。

⑬ 跂(qí),多出的脚趾,此取其多馀之意。枝,通"支",分也,与"合"相对。"故合者不为骈"四句,谓故该合者不谓之骈,该分者不谓之跂,该长者不算有馀,该短者不算不足;皆属于自然本性也。"合者不为骈"二句泛说,未举例加以申述;"长者不为有馀,短者不为不足"二句,后面举凫胫鹤胫具体说明。(对"合者不为骈,而枝者不为跂"二句,注家误解者甚多。大多理解为相连的脚趾不为骈,枝生的手指不为跂。由于误解此二句,因而对开头"骈拇枝

— 骈拇第八 —

指,出乎性哉"也误解为骈拇枝指附赘县疣皆出于自然本性;与作者原意正好相反。)

⑭ 凫,水鸭,其脚甚短。胫,自膝至脚跟的部分。鹤,鸟名,其胫甚长。

⑮ 无所去忧,《广雅·释诂》:"去,行也。"行犹用也。无所去忧,言无所用忧也。

⑯ 决,裂开,指将骈合的脚趾割开。齕(hé),咬断,指将多出的手指咬掉。

⑰ "二者"三句:枝于手者,多出一个手指,故"有馀于数";骈于拇者,少一个脚趾,故"不足于数"。二者或决之,或齕之,其于忧一也。

⑱ 蒿,《释文》引"司马云:乱也"。成玄英疏:"蒿,目乱也。"林希逸《南华真经口义》:"蒿目者,半闭其目也。欲闭而不闭,则其睫蒙茸然。""且夫骈于拇者决之则泣,枝于手者齕之则啼。二者或有馀于数,或不足于数,其于忧一也",本系违反自然本性之物,决之齕之则泣则啼,皆以为忧。比喻仁义本非道德之正,而所谓"仁人"却不肯舍弃,"淫僻于仁义之行","蒿目而忧世之患"!

⑲ 决,绝也。饕(tāo),贪财曰饕,此取其贪义。句意谓那些所谓"仁人",自以为是,"蒿目而忧世之患";而"不仁之人",更绝性命之情而贪图富贵。

⑳ 三代,指夏商周。三代以下,即春秋战国之世。嚣嚣(xiāo),喧闹声,指百家争鸣,重在儒家仁义之说。

★(一)第一章以骈拇枝指附赘县疣或"侈于德",或"侈于性"为喻,指斥仁义"非道德之正"。一切"多骈旁枝之道,非天下之至正也"。

(二)蒿目而忧世之患,俞樾《庄子平议》:"蒿乃睺之假字。《玉篇·目部》:睺,目明,又望也。是睺为望视之意。"按,俞说非。蒿目而忧世之患,成玄英疏为"目乱也",林希逸谓"其睫蒙茸然",符合忧思的神态。若作明目而望,与忧思的神态不符。"睺"(yù 余六切)与"蒿",字形既不相同,读音也无联系,两字何从假起?凡原字可以讲通者无须再用假借;假用生僻字且使文意不顺则尤为不当。俞曲园评议古书多有发明;但俞氏好炫渊逞博,往往故弄玄虚,本来平易词语,评议之后,反觉奥深莫测。

## (二)

且夫待钩绳规矩而正者,是削其性者也[①];待绳约胶漆而固者,是侵其德者也[②];屈折礼乐,呴俞仁义,以慰天下之心者,此失其常然也[③]。天下有常然。常然者,曲者不以钩,直者不以绳,圆者不以规,方者不以矩,附离不以胶漆,约束不以纆索。故天下诱然皆生而不知其所以生,同焉皆得而不知其所以得[④]。故古今不二,不可亏也[⑤]。则仁义又奚连连如胶漆纆索而游乎道德之间为哉,使天下惑也[⑥]。

① 钩,曲尺。绳,墨线。规,量圆之器。矩,量方之具。皆木工量木成形的工具。正,使材料符合需要的标准。削其性,削毁其自然本性。

② 绳约,绳索,用于捆绑。胶漆,用以粘合。固,使之固定,或用绳索缚紧,或用胶漆粘合。侵其德,侵犯其自然所得,与"削其性"实同义。钩绳规矩绳约胶膝毁坏物的自然本性是比喻,是陪衬,下文屈折礼乐呴俞仁义破坏人的本性是正意。马叙伦《庄子义证》:"案下文曰:'附离不以胶漆,约束不以纆索。'又曰:'仁义又奚连连如胶漆纆索而游乎道德之间为哉。'并'胶漆、纆索'对文,此亦宜然。"意谓"绳约胶漆"应作"纆索胶漆"。按,马说有理,前后同义统一,"绳"字不与上文犯复,于修辞更为精密。

③ 屈折礼乐,《释文》:"谓屈折支体为礼乐也。"屈折,此处犹言周旋矫作。呴俞(xǔ yú),呴为吐气,俞为应声,此处犹言吹嘘、唠叨。慰,抚慰。虽用褒词,实意在否定,犹言哄骗。常然,本然,自然本性。"屈折礼乐"四句,谓造作礼乐之事,吹嘘仁义之说,以哄骗天下人心,此皆失其自然本性。

④ 附离,附着,结合。成玄英疏:"离,依也。"纆,两股索;一说,三股索。纆索与绳约实同义。诱然,犹油然,自然而然。同然,犹一起,一齐。

⑤ 亏,损也。自然之理古今一样,不可损害,即不要损害其自然之性。

⑥ 奚,何用。连连,不断也。游,游荡,引申为搅乱之意。惑,惑乱,迷惑。

── 骈拇第八 ──

★第二章以钩绳规矩胶漆纆索伤害物的自然本性为喻，使天下人心"失其常然"，亦即失其自然本性。

## （三）

夫小惑易方，大惑易性①。何以知其然邪？自虞氏招仁义以挠天下也②，天下莫不奔命于仁义，是非以仁义易其性与？故尝试论之，自三代以下者，天下莫不以物易其性矣③。小人则以身殉利，士则以身殉名，大夫则以身殉家，圣人则以身殉天下④。故此数子者⑤，事业不同，名声异号，其于伤性以身为殉，一也。臧与榖二人相与牧羊而俱亡其羊。问臧奚事，则挟策读书；问榖奚事，则博塞以游。二人者，事业不同，其于亡羊均也⑥。伯夷死名于首阳之下，盗跖死利于东陵之上⑦。二人者，所死不同，其于残生伤性均也。奚必伯夷之是而盗跖之非乎⑧！天下尽殉也，彼其所殉仁义也，则俗谓之君子；其所殉货财也，则俗谓之小人。其殉一也，则有君子焉，有小人焉。若其残生损性，则盗跖亦伯夷已，又恶取君子小人于其间哉⑨！

① 方，向也。性，本性。郭象注："夫东西易方，于体未亏；矜仁尚义，失其常然，以之死地，乃大惑也。"

② 虞氏，成玄英疏："舜也。"《庄子》书中称舜为有虞氏者凡八出，此处"自虞氏"，疑亦当作"有虞氏"。招，成玄英疏："取也。"取，犹用也。此处犹言主张。挠，扰乱。有虞氏招仁义以挠天下，《应帝王》篇"有虞氏其犹藏仁以要人"，句意相同。按，"仁义"作为一种学说，是孔孟之道，有虞氏不存在所谓"招仁义以挠天下"。作者要在否定仁义之说，就势立言，不顾及其渊源。

③ 物，外物。以物易其性，以外物变易其本性，亦即伤害其本性。

④ 殉，追逐。以身殉，为有所追求而付出生命。

⑤ 数子，指上文的小人、士、大夫、圣人等几种人。

⑥臧、穀，两种男仆。策，竹简，古代书写在竹简上。博塞，赌博。事，从事。业，业务，行当。"事业"为动宾结构，所从事的行当。均，同也。

⑦伯夷，商末孤竹君之子，与弟叔齐皆让位出逃，一起奔周。周武王伐纣，伯夷叔齐扣马谏阻。商亡，伯夷叔齐义不食周粟，隐于首阳山，采薇而食，终饥饿而死。见《史记·伯夷列传》。盗跖，传为春秋时大盗。东陵，山名。一说，陵名。

⑧"二人者"四句，谓伯夷盗跖虽死的原因不同，但"残生伤性"一样，何必肯定伯夷而否定盗跖呢？

⑨恶，何也。取，读如《孟子·告子下》"取士必得"之取，选也，引申为分辨、辨别之意。意谓就其残生损性而言，盗跖也同伯夷一样，何必在他们之间分别为君子小人呢。

★第三章言自三代以来仁义之说伤害人的本性。认为凡有所追求而付出牺牲者无论殉名殉利殉家殉天下，"其于伤性以身为殉，一也"。故伯夷盗跖所死不同，其"残生伤性"则并无区别。

## （四）

且夫属其性乎仁义者，虽通如曾史，非吾所谓臧也①；属其性于五味，虽通如俞儿②，非吾所谓臧也；属其性乎五声，虽通如师旷，非吾所谓聪也；属其性乎五色，虽通如离朱，非吾所谓明也。吾所谓臧者，非仁义之谓也，臧于其德而已矣；吾所谓臧者，非（所谓）仁义之谓也，任其性命之情而已矣③；吾所谓聪者，非谓其闻彼也，自闻而已矣；吾所谓明者，非谓其见彼也，自见而已矣④。夫不自见而见彼，不自得而得彼者，是得人之得而不自得其得者也，适人之适而不自适其适者也⑤。夫适人之适而不自适其适，虽盗跖与伯夷，是同为淫僻也⑥。余愧乎道德，是以上不敢为仁义之操而下不敢为淫僻之行也⑦。

① 属，归属。成玄英疏："系也。"通，精通。吾，作者自称。臧，善也。

② 五味，酸苦甘辛咸；实泛指诸味。俞儿，传说为善于辨味之人。《释文》引"司马云：古之善识味人也。崔云：《尸子》曰：膳俞儿和之以姜桂，为人之上食。《淮南》云：俞儿狄牙，尝淄渑之水而别之。一云：俞儿，黄帝时人。狄牙则易牙，齐桓公时识味人也。一云：俞儿亦齐人"。

③ 德，得也。臧于其德，郭象注："善于自得。"与下句"任其性命之情"实同义，即任其自然本性。"臧于其德"泛言之，"任其性命之情"具体言之。两句排比以加重语气。——"吾所谓臧者，非仁义之谓也"；"吾所谓臧者，非所谓仁义之谓也"，后句中"所谓"二字衍文；两句并列，含意相同，句式也应一样。又，句中"所谓""之谓"词语犯重。也说明"所谓"一词多余。

④ "闻彼、见彼"之彼，指外物。"自闻、自见"皆省察自己之意。

⑤ 得人之得而不自得其得，得于他人而丧失自我。郭象注："此舍己而效人者也，虽效之若人，而已已亡矣。"適，安適，欣悦。適人之適而不自適其適，欣悦他人而不欣悦自我。

⑥ 淫僻，此名词，惑乱邪僻的行径。

⑦ 愧乎道德，于道德修养上有愧。操，操守。行，行径。表面上说"上不敢""下不敢"，其实是一回事；因前文已明言仁义"非道德之正"，"殉仁义"之伯夷"是同为淫僻也"。此貌似谦卑，实为反语。

★在前三章充分否定仁义之说以后，第四章正面提出作者自己的观点：事物以何者为臧？回答是："吾所谓臧者，非仁义之谓也，臧于其德而已矣；吾所谓臧者，非（所谓）仁义之谓也，任其性命之情而已矣。"臧于自然之所得，亦即"任其性命之情"。

馀详后"百年之木"章星评。

# 马蹄第九

马蹄，以开头二字名篇。全文以马为喻。马生于原野，"龁草饮水，翘尾而陆"，有其自然本性。伯乐治马，乃使马易其真性，甚至丧其生命。民亦有其常性，"织而衣，耕而食"；"圣人"用仁义礼乐，制订各种规范，同样是伤害其本性。

## （一）

马，蹄可以践霜雪，毛可以御风寒，龁草饮水，翘尾而陆，此马之真性也[①]；虽有义台路寝，无所用之[②]。及至伯乐，曰："我善治马。"[③]烧之剔之，刻之雒之，连之以羁馽，编之以皂栈，马之死者十二三矣[④]；饥之渴之，驰之骤之，整之齐之，前有橛饰之患，而后有鞭策之威，而马之死者已过半矣[⑤]！陶者曰："我善治埴，圆者中规，方者中矩。"匠人曰："我善治木，曲者中钩，直者应绳。"夫埴木之性，岂欲中规矩钩绳哉[⑥]？然且世世称之曰，"伯乐善治马，而陶匠善治埴木"；此亦治天下者之过也[⑦]。

[①] 践，踏。御，防御，抵御。龁（hé），咬，吃。尾，《集释》本作"足"，此从《释文》所引崔譔本。陆，《文选·郭璞〈江赋〉》注引作"翘尾而踛"。可知字本作"踛"（lù），跳跃之意。作"陆（陸）"者，通假字。真性，自然本性。

[②] 义台，《天道》篇"而状义然"，郭庆藩读义为峨。峨，高也。义台即高台。路寝，成玄英疏："路，大也，正也，即正寝之大殿也。言马之为性，欣于原野，虽有高台大殿，无所用之。"

[③] 伯乐，《释文》："姓孙，名阳，善驭马。"《列子·说符》有伯乐为秦穆公相马故事，知为春秋秦穆公时人。治，整治。治马，指对马的驯养驾驭。

[④] 烧之，烧铁熨烫。剔之，剪理马毛。刻之，刻修马蹄。雒，通"烙"。烙

之，烙印标志。《集释》引郭嵩焘说："烧之剔之以理其毛色，刻之雒之以存其表识。"羁，笼络马头。馽（zhí），通"絷"，拴缚马足。皂（zào），马槽。栈，马床；马厩中下安木条，使马免受潮湿。

⑤整之齐之，指对马的训练。橛（jué），马衔，衔在马口的横木。饰，马缨，马镳上的饰物。鞭策，皮鞭竹策，都是赶马之具。

⑥陶者，制陶工。埴（zhí），制陶的粘土。中规，符合规的标准。后文"中矩、中钩、应绳"用法皆同。规矩钩绳，参见《骈拇》注。匠人，指木工。埴木，粘土与树木。陶匠，陶工和木匠。

⑦亦，犹也，如同。此亦治天下者之过也，意谓此如同治天下者之过错一样；指治天下者加给人民无数羁绊束缚，伤害人的自然本性。


★（一）马本来生活在原野，"龁草饮水，翘尾而陆，此马之真性"。经伯乐一治，反复折腾，给马许多束缚，伤害马的自然本性，甚至大量地丧送了它们的生命。陶者治埴，匠人治木，都莫不如此。文章以此为喻，最末"此亦治天下者之过也"一句，承上启下，引入正题。

（二）蹄可以践霜雪，《释文》引"司马云：蹄，马足甲也"。按，司马说非。马足甲即马掌，用铁片制成，钉在马蹄上，以防蒺藜砂石之类伤害马蹄。此"蹄"必指马之本蹄。马足甲系人为设置，非"马之真性"，正本文所反对。虽只是一个词的解释，却涉及对整篇文章旨意的理解，故特此为之辩正。

# （二）

吾意善治天下者不然①。彼民有常性，织而衣，耕而食，是谓同德；一而不党，命曰天放②。故至德之世，其行填填，其视颠颠③。当是时也，山无蹊隧，泽无舟梁，万物群生，连属其乡；禽兽成群，草木遂长④。是故禽兽可系羁而游，鸟鹊之巢可攀援而窥⑤。夫至德之世，同与禽兽居，族与万物并，恶乎知君子小人哉⑥！同乎无知，其德不离；同乎无欲，是谓素朴。素朴而民性得矣⑦。

乃至圣人，蹩躠为仁，踶跂为义，而天下始疑矣⑧；澶漫为乐，摘僻为礼，而天下始分矣⑨。故纯朴不残，孰为牺尊？白玉不毁，孰为珪璋⑩？道德不废，安取仁义？性情不离，安用礼乐⑪？五色不乱，孰为文采？五声不乱，孰应六律？夫残朴以为器⑫，工匠之罪也；毁道德以为仁义，圣人之过也！

① 吾意，我想，我认为。不然，不应如此，即不应如伯乐治马、陶匠治埴木那样伤害人之天性。

② 常性，自然本性。同德，成玄英疏："德者，得也。率其真常之性，物各自足，故同德。"一，对所有的人都一样。党，偏也。不党，无所偏私。命，名。天放，自然放任，即无为而治。——食、德，古韵入声职部。党、放，古韵阳声阳部。

③ 填填，从容徐行之貌。《释文》："质重貌。崔云：重迟貌。一云：详徐貌。"颠颠，自然平视之貌。《释文》引"崔云：专一也"。成玄英疏："高直之貌。"——填填、颠颠，古韵阳声真部。

④ 蹊，道路。隧，隧道。舟，船舶。梁，桥梁。连属，接连不断。遂长、成长，滋长。——梁、乡、长，古韵阳声阳部。

⑤ 系羁而游，牵引同游。窥，探视。

⑥ 族，群聚；与上句"同"实同义。知，《淮南子·说林》"故见其一本而万物知"，高诱注："知，犹别也。"辨别、区分之意。恶知君子小人哉，怎么会有君子小人的区别呢？与《骈拇》谓"有恶取君子小人于其间哉"含义相同。

⑦ 民性，人的本性。——知，古韵阴声支部；离，阴声歌部。欲、朴，古韵入声屋部。

⑧ 圣人，此指儒家圣人。蹩躠（bié xiè），叠韵联绵词，费力跛行貌。踶跂（tí qì），叠韵联绵词，疾驰貌。《释文》引"李云：蹩躠踶跂，皆用心为仁义之貌"。疑，迷惑。

— 马蹄第九 —

⑨ 澶漫（dàn màn），叠韵联绵词，淫滥之貌。《释文》引"李云，犹纵逸也。崔云：淫衍也"。摘僻（tì pì），叠韵联绵词，《集释》引郭嵩焘说："摘辟，当作摘僻。谓其烦碎也。"《后汉书·隗嚣传》"东摘濊貊"李贤注："摘，扰也。"《楚辞·九歌·湘夫人》"擗蕙櫋兮既张"王逸注："擗，析也。"烦扰析分，与郭说烦碎之义合。分，分裂，分争。

⑩ 纯朴，原木。牺尊，刻作牛形的酒器。珪璋，玉器名。《释文》引"李云：锐上方下曰珪，半珪曰璋"。

⑪ 离，失去。《国语·周语下》"日离其名"韦昭注："离，失也。"二句意谓，如果道德不废，何需用仁义；如果本性不失，何需用礼乐。此即《老子》第十八章"大道废，有仁义；智慧出，有大伪"句意。

⑫ 残朴以为器，残毁原材以为器具。此用《老子》第二十八章"朴散则为器"原句。

★"善治天下者"应保持民之"常性"，一切保持原始的自然状态。这是道家的社会理想。《老子》第八十章云："小国寡民，使有什伯之器而不用，使民重死而不远徙，虽有舟舆无所乘之，虽有甲兵无所陈之。使人复结绳而治之，甘其食，美其服，安其处，乐其俗；邻国相望，鸡犬之声相闻，民至老死不相往来。"这是老子设计的社会模式。本文所谓"至德之世"就是老子小国寡民社会的复制。

文章接着对儒家仁义礼乐进行激烈的抨击，认为仁义使天下惑乱，礼乐使天下分裂。"道德不废，安取仁义？性情不离，安用礼乐？""毁道德以为仁义，圣人之过也！"

（三）

夫马，陆居则食草饮水，喜则交颈相靡，怒则分背相踶，马知已此矣①。夫加之以衡扼，齐之以月题②，而马知介倪、闉扼、鸷曼、诡衔、窃辔③。故马之知而态至盗者，伯乐之罪也④。

夫赫胥氏之时，民居不知所为，行不知所之，含哺而熙，鼓腹而游，民能以此矣⑤。及至圣人，屈折礼乐以匡天下之形，县跂仁义以慰天下之心，而民乃始踶跂好知⑥，争归于利，不可止也。此亦圣人之过也。

① 靡，摩也。《释文》引"李云：摩也"。按，《齐物论》"与物相刃相靡"，靡亦通摩，为倾轧摩擦之意；马"喜则交颈相靡"，为嬉戏摩擦之意。取义不同，基本词义一致。踶，踢也。知，通"智"。已，止也。马知已此矣，马之智识止此而已。——靡，古韵阴声歌部；踶，阴声支部。

② 衡，车辕前端的横木。扼，通"轭"，套着马颈的曲木，两头与衡相连。齐，修剪整齐。题，额。月题，马额修剪如月形故曰月题。

③ 介，隔开，分开。倪，"輗"之借字，拴住车辕与车衡的部件。介輗，套车时马转动使车輗无法拴住。闉（yīn），曲。扼，通"轭"。闉扼，马耸颈使车轭难以套上。鸷（zhì），抵。曼，"幔"之借字，车幔。鸷曼，马抵触车幔。诡衔，不肯衔住嚼子。窃辔（pèi），偷咬笼头。五个动宾词组皆写马不服驾驭的行动。

④ 知，通"智"。而，与。态，神态。盗，引申为抗拒之义。二句谓使马之智能与神态发展以至于抗拒，此伯乐治马之罪也。

⑤ 赫胥氏，《释文》引"司马云：上古帝王也"。实为传说人物。哺，口中食物。熙，通"嬉"。以，通"已"，止也。

⑥ 屈折，周旋矫作。参见《骈拇》篇注。匡，匡正。形，形态，包括人的行为仪态各个方面。县，通"悬"。跂，通"企"。县跂，高悬高举。慰，抚慰，用作贬义，犹言哄骗。参见《骈拇》篇注。踶跂，奔走跳跃。参见前注。知，通"智"。

★最末一段重新回到马的比喻，使马改变其自然本性，"伯乐之罪也"。而使天下人失其素朴的常性，"好智""争利"，"圣人之过也"。

馀详后"百年之木"章星评。

# 胠箧第十

以首句中"胠箧"二字名篇。本篇论述"圣知之法"只有利于大盗而不利于治国,为老子"以智治国国之贼"的诠释。其所谓"至德之世",乃老子"小国寡民"模式的翻版。

## (一)

将为胠箧探囊发匮之盗而为守备,则必摄缄縢,固扃鐍,此世俗之所谓知也[1]。然而巨盗至,则负匮揭箧担囊而趋[2],唯恐缄縢扃鐍之不固也。然则乡之所谓知者,不乃为大盗积者也[3]?

故尝试论之,世俗之所谓知者,有不为大盗积者乎[4]?所谓圣者,有不为大盗守者乎?何以知其然邪?昔者齐国邻邑相望,鸡狗之音相闻,网罟之所布,耒耨之所刺,方二千余里[5]。阖四竟之内,所以立宗庙社稷,治邑屋州闾乡曲者,曷尝不法圣人哉[6]!然而田成子一旦杀齐君而盗其国[7]。所盗者岂独其国邪?并与其圣知之法而盗之[8]。故田成子有乎盗贼之名,而身处尧舜之安[9],小国不敢非,大国不敢诛,十二世有齐国[10]。则是不乃窃齐国,并与其圣知之法以守其盗贼之身乎?

尝试论之,世俗之所谓至知者,有不为大盗积者乎?所谓至圣者,有不为大盗守者乎?何以知其然邪?昔者龙逢斩,比干剖,苌弘胣,子胥靡,故四子之贤而身不免乎戮[11]。故跖之徒问于跖曰:"盗亦有道乎?"跖曰:"何适而无有道邪!夫妄意室中之藏,圣也;入先,勇也;出后,义也;知可否,知也;分均,仁也。五者不备而能成大盗者,天下未之有也。[12]"由此观之,善人不得圣人之道不立,跖不得圣人之道不行。天下之善人少而不善人多,则圣人之利天下也少而害天下也多。故曰:唇竭则齿寒[13],鲁酒薄而邯郸围[14],圣人生而大盗起。掊击圣人,纵舍盗贼,而天下始治矣[15]。

夫川竭而谷虚，丘夷而渊实。圣人已死，则大盗不起，天下平而无故矣⑯。

① 胠（qū）箧（qiè），偷开箱箧。《释文》引"司马云：从旁开为胠"。大者曰箱，小者曰箧，泛指则无区别。探囊，摸袋子。发匮，开柜子。胠箧探囊发匮，都是偷盗行为。摄，结也。缄縢，绳索。摄缄縢，用绳索缚紧。扃（jiōng），关钮。鐍（jué），锁钥。固扃鐍，坚固关钮锁钥。知，通"智"。

② 负匮，背起柜子。揭箧，提起箱箧。担囊，担着袋子。趋，很快逃跑。

③ 乡，通"向"，先前。知，通"智"。也，犹"耶"，疑问语气词。

④ 积，储积，积聚，积蓄。

⑤ "邻邑相望，鸡狗之音相闻"，用《老子》第八十章中句。网罟（gǔ），捕鱼鸟之网；捕鸟者曰网，捕鱼者曰罟。耒（lěi）耨（nòu），犁与锄，都是农具。刺，指刺入土中，即犁田挖地。

⑥ 阖（hé），合。竟，通"境"。四竟，四方之境。宗庙，祖宗之庙。社，土神祠。稷，谷神祠。古代建国必立社稷，故社稷代表国家。邑屋州间，皆行政区划之名。成玄英疏："司马云：六尺为步，步百为亩，亩百为夫，夫三为屋，屋三为井，井四为邑。又云：五家为比，五比为间，五间为族，五族为党，五党为州，五州为乡。"乡曲，偏僻乡村。曷尝，何尝。法，取法，效法。

⑦ 田成子一旦杀齐君而盗其国：齐国原为周初太公望吕尚封地，姜姓，都营丘，后称临淄（今山东临淄县）。齐桓公十四年（前672）陈国内乱，陈厉公子陈完奔齐，齐桓公使为工正。陈完改姓田氏，即田敬仲，为田齐之始祖。五传至田釐子田乞，事齐景公。"其收赋税于民以小斗受之，其禀予民以大斗"，以收买民心。田乞立齐悼公，自为相，专齐国之政。齐悼公四年（前485）田乞卒，子田常代立，即田成子。齐悼公死于内乱，子简公立，田常复相简公。简公四年，田常弑简公。——《论语·宪问》"陈成子弑简公。孔子沐浴而朝，告于哀公曰：'陈恒弑其君，请讨之。'"即其事，陈恒即田成子。——田成子弑简公，复立简公弟平公，仍为相。成子相齐悼公、简公、平公三代，齐国之政尽归田氏。田常三传至田太公和，相齐宣公、康公。康公十四年（前391）田和迁康公于海上，

食一城以奉其先祀。康公十九年周安王承认田和为齐侯,姜齐如此嬗变为田齐。事见《史记·田敬仲完世家》。自陈完奔齐至田和为齐侯,历时二百八十六年;自田成子杀简公(鲁哀公十四年,前481)至齐康公十九年(前386)田和为齐侯亦九十五年,并非"一旦"之事。

⑧知,通"智"。

⑨"有乎"之"乎",通"夫",彼也。名,功也。《国语·周语下》"勤百姓以为己名"韦昭注:"名,功也。"《广韵·释诂三》:"名,成也。"二句谓田成子有彼盗贼之事功,却身处尧舜之安。

⑩非,非议,反对。诛,责难,讨伐。十二世有齐国,即田齐传世凡十二代。馀详星評。

⑪"至知"之知,通"智"。龙逢,即关龙逢,传为夏之贤臣,为夏桀所杀。比干,商纣王庶叔,谏纣王不听,纣王剖其心。参见《人间世》注。苌弘,《释文》:"周灵王贤臣也。"案《左传》苌弘乃周景王敬王之大夫。鲁哀公三年六月,"周人杀苌弘"。胣,《释文》引"崔云:读若拖"。《集韵》丑豸切,读如侈(chǐ)。剖腹刳肠。子胥,即伍员,字子胥,本楚人,奔吴,为吴王阖闾、吴王夫差重要谋臣;后因谏夫差,夫差赐属镂之剑使自杀,尸体投之江中。靡,通"糜",烂也,指尸体烂于江中。戮,杀。

⑫跖,即盗跖。见《骈拇》篇注。妄,虚也。妄意,犹言凭空猜想。跖之徒问跖一则又见于《吕氏春秋·仲冬纪·当务》,曰:"跖之徒问于跖曰:盗有道乎?跖曰:奚啻其有道也!夫妄意关内中藏,圣也。入先,勇也。出后,义也。知时,智也,分均,仁也。不通此五者而能成大盗者天下无有。"再见于《淮南子·道应篇》,曰:"跖之徒问跖曰:盗亦有道乎?跖曰:奚適其无道也!夫意而中藏者圣也,入先者勇也,出后者义也,分均者仁也,知可否者智也。五者不备而能成大盗者,天下无之。由此观之,盗贼之心,必托圣人之道而后可行。"盗跖论道,是对儒家圣、智、义、勇、仁之说的讽刺。

⑬竭,犹亡也,缺也。唇竭齿寒,犹唇亡齿寒。

⑭鲁酒薄而邯郸围,《释文》:"邯郸,赵国都也。楚宣王朝诸侯,鲁恭公后

至而酒薄。宣王怒,欲辱之。恭公不受命,乃曰:'我周公之胤,长于诸侯,行天子礼乐,勋在周室。我送酒已失礼,方责其薄,无乃太甚!'遂不辞而还。宣王怒,乃发兵与齐攻鲁。梁惠王常欲击赵,而畏楚救。楚以鲁为事,故梁得围邯郸。言事相由也,亦是感应。"又引许慎注《淮南》云:"楚会诸侯,鲁赵俱献酒于楚王。鲁酒薄而赵酒厚,楚之主酒吏求酒于赵,赵不与。吏怒,乃以赵厚酒易鲁薄酒,奏之。楚王以赵洒薄,故围邯郸也。"按,"鲁酒薄而邯郸围"文中作为"圣人生而大盗起"的比喻,然上述故事无论哪一说喻意都不明,或另有所据。

⑮掊(pǒu)击,抨击,打倒。纵舍,放走,即不加拘禁惩处。始,才。天下始治,天下才得以治理。

⑯川,山间水流。而,犹"则"也。谷,聚水之处。丘,山丘。夷,平。渊,深水潭。五句意谓川干涸则谷空虚,山丘平则渊填满;比喻圣人死去则大盗自然不起。(按,如此比喻实甚不伦。)

★(一)"田成子一旦杀齐君而盗其国","十二世有齐国"——

据《史记·田敬仲完世家》,田齐的国君,田成子之后,依次为襄子盘、庄子白、太公和、桓公午、威王因齐、宣王辟疆、湣王地、襄王法章与齐王建;王建四十四年(前221)亡于秦。是年秦始皇帝统一天下。自田成子至齐王建,仅十世,与本文谓"十二世有齐国"相差两世。前代注家对"十二世有齐国"迷惑不解,如此采取了两种错误的作法。一是曲为解释。如《释文》曰:"自敬仲至庄子九世知齐政,自太公和至威王三世为齐侯,故云十二世。"陆德明误以《庄子》全书皆庄子自著,为了使文章与庄子年代吻合,所以把十二世从田敬仲(即田完,亦即陈恒)划到齐威王止。原文明明说"田成子一旦杀齐君",怎么能从田成子前五代的田敬仲算起呢?其谬误极为明显。王先谦《庄子集解》引姚鼐说:"自田常至王建十世,上合桓子无宇、釐子乞,为十二世。"姚王之说更妙了,他们将田成子(即田常)之祖桓子无宇、父釐子乞拉来,凑合为十二世。这种办法更无道理。另一种错误作法是改易字句。如俞樾《古书疑义举例》曰:"疑《庄子》原文作'世世有齐国'。"马叙伦《庄子义证》附和其说,谓"十二世乃世字之烂文"。

— 胠箧第十 —

严灵峰、陈鼓应更擅自将原文"十二世有齐国"直接改为"专有齐国"。无论"世世有齐国",还是"专有齐国",语句都不顺畅。没有根据怀疑原文有错已属不当,径改原文则甚为轻率。

按,《田敬仲完世家》司马贞《索隐》引《纪年》(即《竹书纪年》):"齐宣公十五年,田庄子卒。明年,立田悼子。悼子卒乃次立田和。"又,"齐康公五年,田侯午生。二十二年,田侯剡立。后十年,齐田午弑其君及孺子喜而为公。"是田庄子之后有田悼子,太公和之后有田侯剡。《索隐》并引《鬼谷子》亦云"田成子杀齐君,十二代而有齐国"。《史记》遗漏了两代。据此,可见田成子至齐王建确为十二世。了解了《庄子》外篇为庄子以后之人所作,且考定自田成子至齐王建确有十二世,这些怀疑就自然冰释。

(二)故田成子有乎盗贼之名——

成玄英疏:"田恒篡窃齐国,故有巨盗之声名。"后世注家多从成疏以"名"为常训,解有盗贼之名为有盗贼的名声。田氏代齐,周天子即承认其为诸侯,成为诸侯中大国,田成子何尝有盗贼的名声!按,名,成也,功也。句意谓田成子取得了盗贼的事功,而身处尧舜之安。成则为王,历史的事实从来如此!

(三)"川竭而谷虚"——

李勉《庄子总论及分篇评注》谓"川竭而谷虚"应作"谷虚而川竭",理由是"盖川之水由众谷"而来。陈鼓应《庄子今注今译》据李说径改为"谷虚而川竭"。按,李说非是。《尔雅·释水》:"水注川曰谿,注谿曰谷,注谷曰沟,注沟曰浍,注浍曰渎。"郭璞注:"此皆道水转相灌注所入之处名。"《释水》所列水注之名,由小到大,依次为川、谿、谷、沟、浍、渎。是川小于谿,谿小于谷;"川竭而谷虚"正用此义。古今义异,不能以今义乱改古书。此其一。《老子》第三十二章"譬道之在天下,犹川谷之于江海",先川后谷,先江后海;川小于谷之意甚明。此其二。《淮南子·说林篇》亦作"川竭而谷虚",可以作为旁证。此其三。考其古义,足证"川竭而谷虚"原文不误。李勉理解川必大于谷,其说甚误。陈鼓应经常的做法是只要有人提出有"疑",不管是否"疑"得有理,他就据以改字。轻"疑"已属不当,轻"改"更为轻率。陈鼓应这种不负责任的修改,书中比比皆是。

（四）本篇首章抨击"圣知之法"，只有利于大盗而无益于治。以田成子为例，"一旦杀齐君而盗其国"，"并与其圣知之法而盗之"。又以盗跖为例，论证圣人之道只有益于大盗。结论是"掊击圣人，纵舍盗贼，而天下始治矣"。馀详"百年之木"章星评。

# （二）

圣人不死，大盗不止。虽重圣人而治天下，则是重利盗跖也[①]。为之斗斛以量之，则并与斗斛而窃之；为之权衡以称之，则并与权衡而窃之；为之符玺以信之，则并与符玺而窃之；为之仁义以矫之，则并与仁义而窃之[②]。何以知其然邪，彼窃钩者诛，窃国者为诸侯；诸侯之门而仁义存焉，则是非窃仁义圣知邪[③]？故逐于大盗，揭诸侯，窃仁义并斗斛权衡符玺之利者，虽有轩冕之赏弗能劝，斧钺之威弗能禁[④]。此重利盗跖而使不可禁者，是乃圣人之过也。

故曰："鱼不可脱于渊，国之利器不可以示人。"[⑤]彼圣人者，天下之利器也，非所以明天下也[⑥]。故绝圣弃知，大盗乃止；摘玉毁珠，小盗不起，焚符破玺，而民朴鄙；掊斗折衡，而民不争；殚残天下之圣法，而民始可与论议[⑦]。擢乱六律，铄绝竽瑟，塞瞽旷之耳，而天下始人含其聪矣；灭文章，散五采，胶离朱之目，而天下始人含其明矣[⑧]。毁绝钩绳而弃规矩，攦工倕之指，而天下始人有其巧矣[⑨]。故曰："大巧若拙。"[⑩]削曾史之行，钳杨墨之口，攘弃仁义，而天下之德始玄同矣[⑪]。彼人含其明，则天下不铄矣；人含其聪，则天下不累矣；人含其知，则天下不惑矣；人含其德，则天下不僻矣[⑫]。彼曾史杨墨师旷工倕离朱，皆外立其德以爚乱天下者也，法之所无用也[⑬]。

①虽，犹"若"也，犹言如果。刘淇《助字辨略》："《论语》'仁者虽告之曰

— 胠箧第十 —

井有仁焉，其从之也'，虽告之曰，犹云若告之曰，亦假令之辞也。"《左传》昭公七年："圣人有明德者，若不当世，其后必有达人。"《史记·孔子世家》作："吾闻圣人之后，虽不当世，必有达者。"是"虽"同"若"之证。——死，古韵阴声脂部；起、止，阴声之部。

②斗斛，量具。古代十斗为一斛。窃，盗窃。权衡，衡器，即秤砣与秤杆。符，古代朝廷传达命令调遣兵将的凭证，用金玉或竹木制成。上书文字，分为两片，朝廷将帅双方各存其一，用时相合以为征信。玺（xǐ），印。符玺皆征信之物。矫，矫正，引申为规范制约之意。为之仁义而矫之，用仁义来规范人的行为，制约人的行动。

③钩，成玄英疏，"衣带钩也"。代指价值不大之物。古代贵族用钩亦有金玉制成者，《墨子·辞过》曰："铸金以为钩，珠玉以为佩。"即使是金制带钩，毕竟是微小之物。（按，钩又是兵器之名，似剑而曲，用以钩杀人，故曰钩。解为兵器，固亦可通，但解作金制带钩更好。）诛，刑杀。窃国者为诸侯，如田氏窃得齐国即为诸侯。——诛、侯，古韵阴声侯部。门、存，古韵阳声文部。

④逐，追逐，追求。于，犹"为"也。揭，《天道》"又何偈偈乎揭仁义"成玄英疏："揭，担负也。"犹言担任。"于大盗""揭诸侯"，两个动宾词组平列，即为大盗、作诸侯。"窃"字直贯"仁义并斗斛权衡符玺"。虽，即使。轩，大夫以上官员乘的车。冕，大夫以上官员的礼冠。轩冕即代指高官。劝，劝阻。斧钺（yuè），小曰斧，大曰钺。代指杀头的重刑。句意谓故追逐做大盗、为诸侯、窃取"仁义并斗斛权衡符玺之利者"，即使有"轩冕之赏"不能劝阻，有"斧钺之威"不能禁止。

⑤"鱼不可脱于渊，国之利器不可以示人"，《老子》三十六章文。脱，离也。利器，喻权威，包括筹谋、赏罚之类。老子之意，谓筹谋赏罚之类统治者的权威，未发之前必须隐藏于心，不要轻易示人，以免他人利用。如鱼不可脱出水潭，离水就失去生机。文章借用，以利器比喻圣人，包括圣人的仁义智慧，不可用于天下；于老子原意有所歪曲。——渊、人，古韵阳声真部。

⑥明，示也。示天下，犹言公之于天下，使用于天下。

⑦ 擿（zhí），《释文》："义与掷字同。崔云：犹投弃之也。"朴鄙，犹质朴也。鄙，野也。《寓言》"自吾闻子之言一年为野"成玄英疏："野，质朴也。"掊，打破。殚，尽也。残，毁。圣法，圣智法制，包括仁义礼乐诸端。民始可与论议，没有任何约束，人民才可以自由议论。——止、起、鄙，古韵阴声之部。衡，古韵阳声阳部；争，阳声耕部。

⑧ 擢（zhuó），成玄英疏："拔也。"擢乱，犹言拔乱，搅乱。铄（shuò），《释文》引"崔云：烧断之也"。塞，堵塞。瞽旷，即师旷，师旷眼瞎，故称瞽旷。人含其聪，保有自己的听觉，不受竽瑟六律的干扰，可以听自然之音。胶，粘合。含，成玄英疏，"怀养也"。人含其明，保有自己的视觉，不受文章五采的制约，可以观自然之色。郭象注："夫声色离旷，有耳目者之所贵也。受生有分，而以所贵引之，则性命丧矣。若乃毁其所贵，弃彼任我，则聪明各全，人含其真也。"

⑨ 钩绳规矩，木工量木定形的工具。参见《骈拇》注。攦（lì），折断。工倕，古代巧匠之名。《释文》："尧时巧者也。"人有其巧，不受巧匠的钩绳规矩的限制，各有自然之巧，可以自由施行。郭象注："夫以蜘蛛蛣蜣之陋，而布网转丸；不求之于工匠，则万物各有能也。"

⑩ 大巧若拙，《老子》第四十五章："大直若屈，大巧若拙，大辩若讷。"老子之意，谓有道之士，当深藏不露，清静无为，乃可以为天下之正。文章引用，不符老子原意，故王懋竑《庄子存校》以此句为衍文。按，王说甚是，没有"故曰大巧若拙"这一句，文气更为顺畅。

⑪ 削，削去，除掉。曾史，曾参、史鱼。杨墨，杨朱、墨翟。并见《骈拇》篇注。攘弃，排除，丢弃。玄同，老子用语，保持纯朴状态，冥然浑同之意。《老子》第五十六章："塞其兑，闭其门，挫其锐，解其分，和其光，同其尘，是谓玄同。"

⑫ 不铄，《释文》引"崔曰：不消坏也"。成玄英疏："铄，消散也。累，忧患也。只为自炫聪明，彼苍生颠仆而销散也。若能含抱聪明于内府而不炫于外者，则物皆适乐而无忧患也。"僻，邪僻。

⑬ 外，格外，自然之外。立，树立。德，术也，道也。爚（yuè），本义是火光，引申为炫耀之意。爚乱，犹惑乱。法，效法。宣颖释为"正法"，亦通。

— 胠箧第十 —

★第二章紧承上文，说明既然圣人之道、圣知之法只有利于大盗，故"圣人不死，大盗不止"。

（三）

子独不知至德之世乎？昔者容成氏、大庭氏、伯皇氏、中央氏、栗陆氏、骊畜氏、轩辕氏、赫胥氏、尊卢氏、祝融氏、伏羲氏、神农氏①，当是时也，民结绳而用之，甘其食，美其服，乐其俗，安其居，邻国相望，鸡狗之音相闻，民至老死而不相往来②。若此之时，则至治已。今遂至使民延颈举踵曰，"某所有贤者"，赢粮而趣之③；则内弃其亲而外去其主之事，足迹接乎诸侯之境，车轨结乎千里之外，则是上好知之过也④。

上诚好知而无道，则天下大乱矣⑤。何以知其然邪？夫弓弩毕弋机[辟]之智多，则鸟乱于上矣⑥；钩饵网罟罾笱之知多，则鱼乱于水矣⑦；削格罗落罝罘之知多，则兽乱于泽矣⑧；知诈渐毒、颉滑坚白、解垢同异之变多，则俗惑于辩矣⑨。故天下每每大乱，罪在于好知⑩。故天下皆知求其所不知而莫知求其所已知者⑪，皆知非其所不善而莫知非其所已善者⑫，是以大乱。故上悖日月之明，下烁山川之精，中堕四时之施⑬；惴耎之虫，肖翘之物，莫不失其性⑭。甚矣夫好知之乱天下也！自三代以下者是已，舍夫种种之民而悦夫役役之佞，释夫恬淡无为而悦夫啍啍之意；啍啍已乱天下矣⑮！

① 至德之世，理想的社会。容成氏等十二氏，皆传说中远古之君。《史记·五帝本纪》谓黄帝姓公孙名轩辕，然轩辕氏未必即黄帝。伏羲氏、神农氏，见于《易·系辞下》。据传伏羲氏始画八卦，教人鱼猎畜牧；神农氏教民稼穑，尝百草为医药以治疾病。馀九氏不可考。

② 结绳，远古无文字数策，结绳以记事。甘其食，以其饮食为甘；美其服，

243

以其服饰为美；乐其俗，以其习俗为美；安其居，以其居处为安。满足于自然简朴的生活，无过高的欲求。"民结绳而用之"八句基本上用《老子》第八十章原文。参见《马蹄》篇星评。

③延颈举踵，伸长脖颈，踮起脚跟。赢粮，背着粮食。趣，通"趋"，快步走去。

④则，犹"乃"也。上，指居上位者。知，通"智"。之过，原作"也过"，王孝鱼"依世德堂本改"。

⑤知，通"智"。下文"之知多""知诈""好知"之知皆同。

⑥弩（nǔ），用机械发射的弓。毕，有长柄的小网。弋，系有小丝绳的箭。机辟，原作"机变"，武延绪《庄子札记》疑"变"当作"辟"。《逍遥游》"中于机辟"、《山木》篇"不免于机辟网罟之患"，皆"机辟"连用。此处上下文皆以物言，而"变"非物，故疑"机变"为"机辟"之误。其说甚是。机辟是用机械捕捉鸟兽之具，此专就捕鸟者言。

⑦饵，钓鱼之饵。网罟罾笱，皆捕鱼之器。

⑧削格，遮拦野兽的尖木桩。罗落，装有网的陷阱。罝罘（jū fú），捕兽罗网。泽，凡泽皆水陆交错，草木丛生，为鸟兽生藏之地，故楚人常猎于梦泽。

⑨知诈，智巧诈伪。渐，亦诈也。《荀子·正论》"上凶险则下渐诈"，渐与诈同义。毒，毒害。颉滑（颉，古黠切；滑，古忽切），双声联绵词，犹狡黠。《释文》："谓难料理也。"解垢（解，苦懈反；垢，苦豆反），双声联绵词，《释文》引"或云：诡曲之辞"。"颉滑"修饰"坚白"，"解垢"修饰"同异"。"坚白""同异"是战国时代墨家名家等学派的辩论题。参见后《秋水》篇公孙龙问于魏牟章"合同异，离坚白"注。

⑩每每，《释文》引"李云：犹昏昏也"。郭庆藩案"每每即梦梦也"。今言"每每"为总是、常常之意。罪在于好知，《老子》第六十五章："故以智治国国之贼，不以智治国国之福。"

⑪求，追求。其所不知者，圣人的仁义圣智之类。其所已知者，自身的自然纯朴。成玄英疏："所以知者，分内也；所不知者，分外也。舍内求外，非惑

— 胠箧第十 —

如何也！"

⑫ 非，否定，非议。其所不善者，认定为不好的事物。其所已善者，认定为好的事物。"其所不善者"未必不善，"其所已善者"未必真善。

⑬ 悖，乱也。烁，销蚀。堕，通"隳"（huī），破坏。施，犹言运行。

⑭ 耎，通"软"。惴耎（chuǎn ruǎn），王孝鱼校：赵谏议本作"喘耎"。叠韵联绵词，虫蠕动之貌。肖翘（xiāo qiáo），叠韵联绵词，小虫飞貌。成玄英疏："附地之徒曰喘耎，飞空之类曰肖翘，皆轻小物也。"

⑮ 种种，《释文》引"李云：谨悫貌。一云：淳厚也"。役役，《释文》引"李云：鬼黠貌"。佞，巧佞狡诈。恬淡，淡泊闲适。啍啍（tūn），无知而喋喋不休之貌。《释文》："以己诲人之貌。司马云：少智貌。"

★第三章正面提出作者的社会理想，基本上重复《老子》第八十章所描绘的"小国寡民"的社会模式；并进一步论证"上诚好知而远道，则天下大乱"，此实老子"以智治国国之贼"之意。

馀详后"百年之木"章星评。

# 在宥第十一

以首句中"在宥"二字名篇,二字亦本篇题旨。在宥,自在宽宥。成玄英疏:"贤圣任物,自在宽宥,即天下清谧;若立教以驭苍生,物失其性,如伯乐治马也。"

《在宥》五章只有一、二两章属于上述主题,内容风格与《骈拇》《马蹄》《胠箧》基本一致。后三章内容各异,系凑合成篇。

## (一)

闻在宥天下,不闻治天下也[1]。

在之也者,恐天下之淫其性也;宥之也者,恐天下之迁其德也[2]。天下不淫其性,不迁其德,有治天下者哉[3]!昔尧之治天下也,使天下欣欣焉人乐其性,是不恬也;桀之治天下也,使天下瘁瘁焉人苦其性,是不愉也[4]。夫不恬不愉,非德也[5]。非德也而可长久者,天下无之。

人大喜邪,毗于阳;大怒邪,毗于阴[6]。阴阳并毗,四时不至,寒暑之和不成,其反伤人之形乎!使人喜怒失位,居处无常,思虑不自得,中道不成章,于是乎天下始乔诘卓鸷,而后有[桀]跖曾史之行[7]。故举天下以赏其善者不足,举天下以罚其恶者不给[8];故天下之大,不足以赏罚。自三代以下者,匈匈然终以赏罚为事[9],彼何暇安其性命之情哉!

而且说明邪?是淫于色也;说聪邪?是淫于声也[10];说仁邪?是乱于德也;说义邪?是悖于理也[11];说礼邪?是相于技也;说乐邪?是相于淫也[12];说圣邪?是相于艺也;说知邪?是相于疵也[13]。天下将安其性命之情,之八者,存可也,亡可也[14];天下将不安其性命之情,之八者,乃始脔卷獊囊而乱天下也[15]。而天下乃始尊之惜之,甚矣天下之惑也!岂直过也而去之邪[16],乃斋戒以言之,跪坐以进之,鼓歌以儛之,吾若是何哉[17]!

— 在宥第十一 —

故君子不得已而临莅天下,莫若无为[18]。无为也,而后安其性命之情。故"贵以身于为天下,则可以托天下;爱以身于为天下,则可以寄天下[19]"。故君子苟能无解其五藏,无擢其聪明[20];尸居而龙见,渊默而雷声[21],神动而天随[22],从容无为而万物炊累焉,吾又何暇治天下哉[23]!

① 在宥,成玄英疏:"宥,宽也。在,自在也。"此动词。在宥天下,即使天下自在宽舒。治,成玄英疏:"统驭也。"在宥天下,无为任之也;治天下,有为驭之也。郭象注:"故所贵圣王者,非贵其能治也,贵其无为而任物自为也。"此全篇主旨。

② 淫,乱也,荡也。《孟子·滕文公下》"富贵不能淫"赵岐注:"淫,乱其心也。"《左传》襄公二十九年"迁而不淫"杜预注:"淫,过荡。"迁,变易。德,得也。不迁其德,不变其自然本性。

③ 不淫其性,不迁其德,实际是一个意思。有治天下者哉,反问句,无须治天下也。

④ 欣欣焉,欢欣貌。不恬,不恬静。乐其性,不恬静,"淫其性"矣。瘁瘁焉,忧劳貌。不愉,不欢愉。苦其性,不欢愉,"迁其德"矣。

⑤ 非德,非正常之德性。

⑥ 毗(pí),《广雅·释诂二》:"毗,㦘也。"㦘,伤也。"人大喜邪,毗于阳;大怒邪,毗于阴",即大喜伤阳,大怒伤阴。《淮南子·原道篇》"人大怒破阴,大喜坠阳",义正相同。

⑦ 中道,半途。章,条理。中道不成章,做事思维混乱,半途没有条理。乔诘(jiǎo jié,乔,去夭切;诘,去吉切),双声联绵词,犹狡黠也。卓鸷(zhuó zhì,卓,敕角切;鸷,敕力切),双声联绵词,桀鸷悍鸷。桀跖,原文作"盗跖"。下文有"下有桀跖,上有曾史",此处也当作"桀跖",与"曾史"对应。——常、章、行,古韵阳声阳部。

⑧ 故,犹夫也。给,亦足也。不给,不足。

⑨ 匈匈,通"讻讻",喧扰貌。成玄英疏:"匈匈,謹哗也,竞逐之谓也。"

247

⑩ 说，本段八"说"字皆通"悦"。淫，沉溺，迷恋。

⑪ 悖，违逆。

⑫ 相，《释文》："助也。"助长。技，巧技，指矫饰的表演式的礼仪。淫，淫乱，邪淫。

⑬ 艺，词语同于《论语·述而》"游于艺"、《礼记·学记》"不兴其艺，不能乐学"之艺，技艺。但儒家用于褒义，指礼乐射御书数之类；道家用于贬义，认为一切巧艺都乱人之性。知，通"智"。疵，是非疵病。成玄英疏："说圣迹，助世间之艺术；爱智计，益是非之疵病也。"

⑭ 之，此。"存可也，亡可也"，可有可无，实重在无。

⑮ 脔卷（luán juǎn），叠韵联绵词，《释文》引"司马云：不申舒之状也。一云：相牵引也"。纠结之貌。伧囊（cāng rǎng），叠韵联绵词，《释文》引"崔云：伧囊，犹抢攘"。成玄英疏："匆遽之貌。"仓皇扰攘之貌。

⑯ 直，但。岂直过也而去之邪，岂只是一过即任其去之吗？（意即完全不然，观下文便知。）

⑰ 进，奉行。僊，《类编·人部》，"乐也"。若此何，奈他何。

⑱ 临莅（lì）天下，统治天下，即为政。莫若无为，不如无为。

⑲ "贵以"四句，《老子》第十三章文。原文作"贵以身为天下，若可寄天下；爱以身为天下，若可托天下"。无两"于"字。若，乃也。则，亦乃也。《集解》引郭嵩焘曰："言贵其身重于所以为天下，爱其身甚于所以为天下。惟贵惟爱，故无为。"馀详星评。

⑳ 解，《释文》："散也。"此处为放纵之意。擢，用也。成玄英疏："五藏，精灵之宅；聪明之用。""不解其五藏，不擢其聪明"，不放纵其心灵之思虑，不运用其耳目之聪明。

㉑ 尸居，安居。古代祭祀时代神受祭的人曰尸，尸只是静坐其上。而，如也。见，通"现"。渊默，深沉静默。"尸居而龙见，渊默而雷声"，安居而如龙之显现，静默而如雷之震响。——藏、明，古韵阳声阳部；声，阳声耕部。

㉒ 神动而天随，精神一动而自然之理随之，天人完全一致。王先谦曰："精神

248

方动，天机自随。"《集释》引郭嵩焘曰："尸居龙见，不见而章；渊默雷声，不动而变；神动天随，无为而成。"

㉓ 炊，通"吹"。炊累，郭象注："若游尘之自动。"以尘释"累"，则"累"为"塿"之借字。《说文》："塿，塺土也。"即细尘。《逍遥游》"野马也，尘埃也，万物之以息相吹也"，可为"万物炊累"注脚。谓万物如风吹游尘，任其飘荡。何暇治天下，何需费闲工夫去治天下，即不需治天下。

★《在宥》第一章主张"在宥天下"，即让天下人自在宽舒，保持其自然本性；反对"治天下"，认为只要是"治"，无论是尧之使天下欣欣，还是桀之使天下瘁瘁，都是对人的自然本性的伤害；所有儒家的道德伦理观念，如"聪、明、仁、义、礼、乐、圣、智"，通通有害于人的"性命之情"，都只会纠结扰攘以乱天下。

文章提出的政治思想是老子的"无为"，但仅有笼统地说"无为也，而后安其性命之情"一句，更无具体的申述。引用《老子》"贵以身于为天下则可以托天下，爱以身于为天下则可以寄天下"两句，其运用却不符合老子原意。郭嵩焘解释这两句引文说："言贵其身重于所以为天下，爱其身甚于所以为天下；惟贵惟爱，故无为。"按照这一解释，则是杨朱"重己""为我"的观念，不是老子的思想。《老子》第十三章原文没有引文中的两个"于"字看来不是偶然的，未必如注家所说是衍文，作者原是断章取义，甚至有意加以改变——因此删掉并不妥当，没有一个学派的后继者完全遵守祖师的教言而不作任何改变——郭嵩焘之说可以解释这句引文，与老子原意却相违背。《老子》原文如下："何谓贵大患若身？吾所以有大患者，为吾有身；及吾无身，吾有何患？故贵以身为天下若可寄天下，爱以身为天下若可托天下。"若，乃也。后两句的确切解释是，"贵以其身为天下而非为自己者乃可托天下，爱以其身为天下而非为自己者乃可寄天下"。此与老子一再宣布的"以其无私，乃能成其私""万物作焉而不辞，生而不有，为而不恃，功成而弗居"相一致。如果理解为"贵其身重于所以为天下，爱其身重于所以为天下"，则与"吾所以有大患者，为吾有身；及吾无身，吾有何患"意思完全相

反。"有身"已是大患,怎么可能贵其身、爱其身"重于所以为天下"呢!(参见《老子本原》第十三章注)

## (二)

崔瞿问于老聃曰:"不治天下,安臧人心。①"

老聃曰:"女慎无撄人心②。人心排下而进上,上下囚杀③。淖约柔乎刚强;廉刿雕琢,其热焦火,其寒凝冰,其疾俛仰之间而再抚四海之外④。其居也静而渊,其动也悬而天⑤。偾骄而不可系者,其唯人心乎⑥!

"昔者黄帝始以仁义撄人之心,尧舜于是乎股无胈,胫无毛,以养天下之形⑦,愁其五藏以为仁义,矜其血气以规法度,然犹有不胜也⑧。尧于是放讙兜于崇山,投三苗于三危,流共工于幽都,此不胜天下也夫⑨。施及三王而天下大骇矣⑩。下有桀跖,上有曾史,而[杨墨]毕起⑪。于是乎喜怒相疑,愚知相欺,善否相非,诞信相讥,而天下衰矣,而性命烂漫矣⑫;天下好知,而百姓求竭矣⑬。于是乎斤锯制焉,绳墨杀焉,椎凿决焉⑭;天下脊脊大乱,罪在撄人心⑮。故贤者伏处大山嵁岩之下,而万乘之君忧栗乎庙堂之上⑯。

"今世殊死者相枕也,桁杨者相推也,刑戮者相望也⑰;而[杨墨]乃始离跂攘臂乎桎梏之间⑱。意,甚矣哉!其无愧而不知耻也甚矣!吾未知圣知之不为桁杨椄槢也,仁义之不为桎梏凿枘也,焉知曾史之不为桀跖嚆矢也⑲!故曰'绝圣弃知而天下大治'。⑳"

①崔瞿,寓言人物,书中仅此一见。臧,《集释》本作"藏",此从王孝鱼校所引世德堂本。藏则臧之借字。臧,善也。此动词。安臧人心,安能使人心向善。

②撄(yīng),扰乱。无撄人心,不要扰乱人心。

③排,排斥,压抑。进,激励,推进。人心受到排压则下滑,受到激励则上

进。"排"与"进"都属"撄人心"。郭象注:"排之则下,进之则上,言其易摇荡也。"宣颖《南华经解》:"排抑则降下,稍进则亢上。"上下囚杀,无论上进还是下滑都如被拘囚杀伤。

④淖约,同"绰约"(chuò yuē,淖,昌略反;约,于略反),叠韵联绵词,柔弱貌。柔,动词,使之柔。柔弱则刚强为之柔化。郭象注:"言能淖约,则刚强者柔矣。"廉,棱角,锋利。刿(guì),刺也,伤也。语本《老子》第五十八章"廉而不刿",谓虽有廉棱而并不伤人,"廉、刿"两者词义有别,此处两者词义一致,都有割伤刺伤之意。疾,快速。抚,临也,到达。"淖约"五句申说"无撄人心"即不要搅乱人心:淖约使刚强柔化,则人心安静;若廉之刿之雕之琢之,肆意搅乱人心,则人心摇荡,其热如焦火,其寒如凝冰,其躁动飞驰俯仰之间可再临四海之外。

⑤居,不动,安静。动,扰乱,躁动。原作"其居也渊而静,其动也悬而天",当作"其居也静而渊,其动也悬而天","静"与"悬"、"渊"与"天"皆一一对应。——又,"渊、天"叶韵,属古韵阳声真部。——郭象注:"静之可使如渊,动之则悬天而踊跃也。"成玄英疏:"有欲之心,去无定准。偶尔而静,如流水之遇渊潭;触境而动,类高天之悬。"可知郭成本前一句皆作"其居也静而渊"。两"而"字并"如"也。二句再申说"无撄人心":人心不被扰乱则静如深渊,被扰乱则如悬天空不可控制。

⑥偾骄,偾发骄恣。郭象注:"偾骄者,不可禁之势。"前文分两层申说人心不可搅乱,此总结一句,谓偾发骄恣而不可控制者大概只有人心了。

⑦胈(bá),腿上肉。股无胈,言其奔走劳苦故腿脚瘦损。胫无毛,长期在泥汙中奔走故胫毛脱落。养,其义略同于《周礼·天官·疾医》"疾医掌养万民之疾病"之养,调治之意。以养天下之形,指以仁义法度调治天下人的行为,非指以衣食供养其身体。

⑧矜,《尔雅·释言》:"苦也。"五藏,代指心神。血气,代指形体。愁其五藏矜其血气,犹言劳其心神,苦其形体。二句谓尧舜劳心尽力以为仁义法度。不胜,指不能控制人心。

251

⑨"尧于是"三句见《尚书·尧典》:"流共工于幽州,放讙兜于崇山,窜三苗于三危,殛鲧于羽山,四罪而天下咸服。"成玄英疏:"昔帝鸿氏有不才子,天下谓之浑沌,即讙兜也;为党共工,放南裔也。缙云氏有不才子,天下谓之饕餮,即三苗也,为尧诸侯,封三苗之国。国在左洞庭,右彭蠡,居豫章,近南岳。三危,山名,在西裔,即秦州西羌地。少昊氏有不才子,天下谓之穷奇,即共工也,为尧水官。幽都在北方,即幽州之地。《尚书》有殛鲧,此文不备也。四人皆包藏凶恶,不遵尧化,故投诸四裔,是尧不胜天下之事。放四凶由舜,今称尧者,其时舜摄尧位故耳。"按,四凶之放涉及许多古史传说,成疏述其大略。

⑩施(yí),延也。三王,夏商周三代。骇,惊也。天下大骇,天下大受惊扰。

⑪桀跖,夏桀、盗跖。曾史,曾参、史鱼。毕,《礼记·月令》"寝庙毕备",郑玄注:"毕,犹皆也。"皆起,同时皆起。杨墨毕起,原作"儒墨毕起",据文意改。谓杨朱墨翟同时并起。(说详星评)——史、起,古韵阴声之部。

⑫喜怒相疑,成玄英疏:"喜是怒非,更相疑贰。"愚知相欺,成玄英疏:"饰智惊愚,互为欺侮。"善否相非,成玄英疏:"善与不善,彼此相非。"诞信相讥,成玄英疏:"诞虚信实,自相讥诮。"性命,自然本性。烂漫(làn màn),叠韵联绵词,成玄英疏:"散乱也。"——疑、欺,古韵阴声之部。非、讥、衰,古韵阴声微部。

⑬知,通"智"。求竭,追求竭尽全力。

⑭斤,斧。制,制裁,截断。绳墨,木工正木之具。杀,害也。决,伤也。此用木工伤害原木喻仁义法度伤害人性命。斤锯、绳墨、椎凿,都有比喻性质。制、杀、决,在本章中词义都相近。王先谦注:"工匠以绳墨正木,人君与礼法正人;工匠以斤锯椎凿残木,人君以刑法残人。"

⑮脊脊,犹"藉藉",交横杂乱。天下大乱,罪在搅乱人心。

⑯嵁岩,高岩。万乘,周制天子兵车万乘,故以万乘代指天子;战国时代,大国诸侯亦称万乘。忧栗,忧虑恐惧。庙堂,朝廷。大乱之世,上下不安。

⑰殊,《释文》引"司马云:决也。一云:诛也"。殊死,因刑杀而死者。相

— 在宥第十一 —

枕,尸体相互枕藉。桁杨(háng yáng),扣在犯人颈上和脚上的刑具,即枷锁。相推,互相推挤。刑戮者,受各种刑杀者。

⑱ 杨墨,原文作"儒墨","儒"乃"杨"之误。详见星评(三)。乃始,犹如此,"始"字助词无义。离跂,犹言阔步。攘臂,甩着手臂。离跂攘臂,形容行动放纵之意。桎梏,脚镣手铐。

⑲ 意,叹词。知,通"智"。楔槢(jié xí),连接桎梏的木梁。凿枘(zuò ruì),榫头和榫眼。嚆(hāo)矢,响箭,盗贼行动时发响箭作为信号。三句意谓圣知仁义是造成各种罪恶刑罚的关键,又安知曾参史鱼不是夏桀盗跖的先导。郭象注:"言曾史为桀跖之利用也。"

⑳ 知,通"智"。绝圣弃知而天下大治,《老子》第十九章云:"绝圣弃智,民利百倍。"第六十五章云:"故以智治国国之贼,不以智治国国之福。"《胠箧》篇云:"故绝圣弃智,大盗乃止。"

★(一)《在宥》一、二两章思想内容与《骈拇》《马蹄》《胠箧》三篇基本相同,同样抨击"仁义""圣知",等同"曾史""盗跖"。提出"无撄人心"即不要搅乱人心,同"任其性命之情"意思也相近。有些语句情绪之激烈,措辞之尖锐,较之《骈拇》三篇有过之而无不及。参见后"百年之木"章星评。

《在宥》第二章与《骈拇》等篇和"百年之木"章体裁有所不同。《骈拇》等篇章都是一般论文,而本章用崔瞿和老聃问答的方式。特别是让当过孔子老师的老子来攻击小孔子四十六岁的曾参就极为荒诞。

(二)《在宥》第二章引用《尚书·尧典》,《尧典》产生的时间,最早也在战国之世。老子没有可能读到《尧典》。如此引用,恰好证明了文章产生在秦统一以后。

(三)《骈拇》诸篇和"百年之木"章反复攻击"杨墨",《在宥》第二章却说"儒墨乃始离奇跂攘臂乎桎梏之间"。本章和《骈拇》诸篇的思想内容整体倾向一致,一些关键词如"曾史""桀跖""仁义""人心""性命"之类都相同,不应在"杨墨""儒墨"上出现歧异。因此,此章中"儒墨"当是"杨墨"之误。

## [百年之木]①

百年之木,破为牺尊,青黄而文之,其断在沟中②。比牺尊于沟中之断,则美恶有间矣,其于失性一也③。[桀]跖与曾史,行义有间矣,然其失性均也④。

且夫失性有五:一曰五色乱目,使目不明;二曰五声乱耳,使耳不聪;三曰五臭薰鼻,困惾中颡;四曰五味浊口,使口厉爽;五曰趣舍滑心,使心飞扬⑤。此五者,皆生之害也⑥。而杨墨乃始离跂自以为得,非吾所谓得也。夫得者困,可以为得乎⑦?则鸠鸮之在于笼也,亦可以为得矣⑧。且夫趣舍声色以柴其内⑨,皮弁鹬冠缙笏绅修以约其外⑩;内支盈于柴栅,外重[约于]缠缴,睆睆然在缠缴之中而自以为得⑪,则是罪人交臂历指而虎豹在于囊槛之中亦可以为得矣⑫!

①"百年之木"章是《天地》篇最末一章,全章旨意,在于任物自然,反对损害自然本性。以其思想内容与某些独特的词语,都和《骈拇》《马蹄》《胠箧》三篇和《在宥》一、二两章相同,故移置于此进行注释。《天地》篇仍保留原文,以存其旧。

②"百年之木"七句,用精彩的比喻开头,而后引入正题。破为,剖开制作。破为牺尊,剖开原木制作成牛形的酒器。《马蹄》篇"纯朴不残,孰为牺尊",句意相同。青黄以文之,加上青黄的文饰。断,指原木制作牺尊后弃置的另一截。

③美恶有间(jiàn),好歹有极大的差别,指同一木料,一截制成牺尊作为礼器,一截成为弃木被丢在沟中。失性一也,丧失自然本性一样。

④"桀"字原缺。成玄英疏,"桀跖之纵凶残,曾史之行仁义","桀跖"与"曾史"相对,正文亦必如此。《在宥》篇云,"上有桀跖,下有曾史",亦两者相对。据以补"桀"字。行义有间,犹言所行之道有极大的不同。失性均也,丧失自然本性相同。

⑤五色,《骈拇》篇"乱五色",成玄英疏:"青黄赤白黑也。"五声,《骈拇》

篇"乱五声"成玄英疏:"谓宫商角徵羽也。"五臭,五种气味,成玄英疏:"谓膻薰香鲑腐。"(薰,辛辣气味。嵇康《养生论》:"薰辛害目。"薰亦辛也。)困偬(zōng),闷塞。中(zhòng),中伤。颡,额,实指大脑。五味,成玄英疏:"谓酸辛甘苦咸也。"厉爽,害病伤痛。趣舍,即取舍。滑,乱也。成玄英疏:"顺心则取,违情则舍,挠乱其心,使自然之性驰竞不息,轻浮躁动,故曰飞扬也。"《老子》第十二章:"五色令人目盲,五音令人耳聋,五味令人口爽,驰骋畋猎令人心发狂,难得之货令人行妨。"所谓"失性有五"全阐述《老子》旨意。——明、颡、爽、扬,古韵阳声阳部;聪,阳声东部。

⑥ 生,性也,本性。

⑦ 杨墨,杨朱墨翟。参见《骈拇》篇注。离跂,犹言阔步,形容行动放纵之意。困,指行动不得自由,本性受到损害。

⑧ 鸠鸮(xiāo),两种飞鸟。

⑨ 趣舍,此处犹言得失。柴,梗塞。句意谓患得患失追声逐色之心梗塞于内。

⑩ 皮弁,皮冠。鹬,鸟名。鹬冠,以鹬鸟毛装饰之冠。缙,插。笏,手板,用玉或象牙制成,插于腰带,朝见君主时双手拿着,板后可以记事以备忘。绅修,修长的大带。约,拘束。句意谓冠冕服饰拘束于外。

⑪ "内支盈"三句:支盈,塞满。柴栅,木制栏栅。重,加上。繂缴(zhuó),绳索。内支盈于柴栅,承"趣舍声色以柴其内"句,谓内府如趣舍声色塞满的木栅。外重繂缴,储庭焕曰:"上句作'内支盈于柴栅'下句作'外重繂缴',语意不顺。据前文'柴其内,约其外'句例,加'约于'二字,作'外重约于繂缴'使句意完整。"按,储说可取,从之。此承"皮弁鹬冠缙笏绅修以约其外"句,谓外表冠冕服饰如被绳索重重捆绑。睆睆(huǎn),《释文》引"李云:穷视貌"。犹言眼睁睁的样子。

⑫ 交臂,反手交缚。历,"捩"之借字。历指,同捩指,即扭手。《晋书·安平献王孚传》附司马威传:"惠帝反正曰:'阿皮捩吾指,夺吾玺绶,不可不杀。'"(阿皮,司马威小字。)囊,通"笼";二字一声之转,故得相通。囊槛,即笼槛,用以关野兽者。

★《骈拇》《马蹄》《胠箧》和《在宥》前二章,加上《天地》"百年之木"章,成为外篇中独特的一组。这组文章,思想内容一致,语言风格相同,几个特有的词在各篇重复,必出于同一作者。

王先谦《庄子集解》引苏舆云:"《骈拇》下四篇多释老子之义。周虽悦老风,自命固高绝,观《天下》篇可见。四篇于申老外,别无精义,盖学庄者缘老为之。且文气直行,无所发明,亦不类内篇汪洋俶诡。王氏夫之姚氏鼐皆疑外篇不出庄子,最为有见。"王夫之、姚鼐、苏舆、王先谦"皆疑外篇不出庄子",对《骈拇》这一组更明确为"学庄者缘老为之",并非庄子所作。但他们尚不知道这组文章写作的时间,因而认为文章除申老外"别无精义"。

经考证,"田成子一旦杀齐君""十二世有齐国"文字并无错误(见《胠箧》篇星评),知文章产生于田齐亡国、秦始皇统一天下之后。就会发现这组文章不仅不是"别无精义",而是意义极其重大。

《史记·秦始皇本纪》记始皇三十四年廷议,丞相李斯曰:"臣请史官非秦记皆烧之。非博士官所职,天下敢有藏诗书百家语者,悉诣郡守尉杂烧之。有敢偶语诗书者弃市。以古非今者族。吏见知不举者与同罪。令下三十日不烧黥为城旦。"始皇制曰"可"。李斯这一"议",始皇这一"可",战国时代百家争鸣便到此戛然而止,众喙息响,万马齐喑;致使短命的有秦一代,艺术的文学近乎一片空白。考定《骈拇》《马蹄》《胠箧》与《在宥》前二章加上《天地》"百年之木"章产生于秦统一以后,可知当时仍有士人冒险进行写作,文辞之所以扑朔迷离也就不难理解。

这组文章把老子"大道废,有仁义;智慧出,有大伪""绝圣弃智,民利百倍;绝巧弃利,盗贼无有""以智治国,国之贼"这些观念推向极端,以至喊出了"圣人不死,大盗不止""掊斗折衡,而民不争"这样极端激烈的口号。但深入考察,会发现文章真正反对的是统治者的残暴政治。

《骈拇》篇曰:"枝于仁义者,擢德塞性以收名声,使天下簧鼓以奉不及之法非乎?而曾史是已。骈于辩者,累瓦结绳,窜句棰辞,游心于坚白同异之间,而敝跬誉无用之言非乎?而杨墨是已。"《马蹄》篇曰:"乃至圣人,蹩躠为仁,踶跂为义，而天下始疑矣。澶漫为乐，摘僻为礼，而天下始分矣。""毁道德以为仁义，圣人之过也。"《胠箧》篇曰："绝圣弃知，大盗乃止。""削曾史之行，钳杨墨之口而天下之德始玄同矣。"整个这一组文章激烈地攻击"仁义"，却以"曾史"作为靶子。曾史，曾参与史鱼。《左传》襄公二十九年（前544）吴季札適卫，称赞"卫多君子"，史鱼即是"君子"之一，其时孔子还不到八岁。史鱼时代以仁义学说作为核心的儒家学派尚未形成。而小孔子四十六岁的曾参，上距史鱼作为卫之"君子"已半个多世纪，"曾史"不是同一代人。批判"仁义"之说却以"曾史"作为攻击的目标，可知作者并不反对孔子。"仁义而已矣"是孟子的政治纲领，这组文章却没有一个字涉及孟子。文章激烈地攻击"杨墨"；"杨墨"不仅与"仁义"无关，而且正是孟子批判的对象，可知作者也不反对孟子。不反对孔孟，则说明他们实际上不反对儒家。不反对儒家，也就并非真反对"仁义"。这种做法，除非理解攻击"曾史""仁义"只是一种遮掩，实际是反对"残生伤性"的暴政，很难作别的更好的解释。

　　文章反复强调："彼至正者，不失其性命之情。""彼民有常性，织而衣，耕而食，是谓同德。一而不党，命曰天放。""彼窃钩者诛，窃国者为诸侯。"这些最具实质性的话，显然与文章极力攻击的"曾史""仁义"毫无关系，而完全是反对暴政的。得知文章作于秦代，这种现象就可以理解了。作者大声疾呼，讨伐"曾史"，抨击"仁义"，表面上同秦统治者完全一致；实质上却激烈地反对"残生伤性"，"残生损性"，谓"曲折礼乐，呴俞仁义"，是"削其性者也"，是"侵其德者也"，是"失其常然也"；极力主张"任其性命之情"，"安其性命之情"，简直是维护人权的呐喊，是向往自由的呼唤，其真正立场实与秦统治者完全对立。文章如此激烈地反对"仁义"，却又说"自三代以下匈匈然以赏罚为事，彼何暇安其性命之情哉！""仁义"怎么会"匈匈然以赏罚为事"呢？

　　作者大声惊呼，"天下脊脊大乱，罪在撄人心"。"今世殊死者相枕也，桁杨者相推也，刑戮者相望也；而［杨墨］乃始离跂攘臂乎桎梏之间。意，甚矣哉！"如此激烈地揭露严刑峻法，凶残至极，显系控诉暴秦的严刑峻法，却仍然把过错归之"杨墨"，为了回避文网的暴虐而采取遮掩的手法非常明显。试设想奴隶们像牲畜一样拘禁在统治者设置的栏栅里面,没有丁点儿自由,动辄刑戮相加,听听《骈拇》《马蹄》《胠箧》《在宥》作者的呼喊,就不会认为这些文章"别无精义"了!

为此我们有理由认为,文章鼓吹老庄是为了宣扬个性,呼唤自由。作者情绪如此愤激,抨击如此猛烈,仿佛满腔恨焰从万重压抑之下喷薄而出;这恰好透露出暴政统治下的时代信息。不断攻击"曾史",攻击"仁义",不过是蒙蔽统治者的烟幕,是避免统治者镇压的幌子,实际上恰好是反对暴秦统治者。这是一个特殊时代采取特殊表达方式的特殊作品。

更有意义的是,通过"十二世有齐国"一句传达的时间讯息,知《骈拇》《马蹄》《胠箧》和《在宥》前二章加上"百年之木"章,在文学史上填补了秦代文学的空白。也由此亦可断定,《庄子》是汉代人编辑之书。

## (三)

黄帝立为天子十九年,令行天下,具闻广成子在于空同之上①,故往见之,曰:"我闻吾子达于至道,敢问至道之精②。吾欲取天地之精,以佐五谷,以养民人,吾又欲官阴阳以遂群生③,为之奈何?"

广成子曰:"而所欲问者,物之质也;而所欲官者,物之残也④。自而治天下,云气不待族而雨,草木不待黄而落,日月之光益以荒矣⑤。而佞人之心翦翦者⑥,又奚足以语至道!"

黄帝退,捐天下,筑特室,席白茅,闲居三月,复往邀之⑦。

广成子南首而卧,黄帝顺下风膝行而进,再拜稽首而问曰⑧:"闻吾子达于至道,敢问治身奈何而可以长久?"

广成子蹶然而起⑨,曰:"善哉问乎!来!吾语女至道⑩。至道之精,窈窈冥冥;至道之极,昏昏默默⑪。无视无听,抱神以静,形将自正;必静必清,无劳汝神,无摇汝精:乃可以长生。目无所见,耳无所闻,心无所知，汝神将守形，形乃长生。慎女内，闭女外，多知为败⑫。我为女遂于大明之上矣，至彼至阳之原也；为女入于窈冥之门矣，至彼至阴之原也⑬。天地有官，阴阳有藏，慎守女身，物将自壮⑭。我守其一以处其和，故我修身千二百岁矣，吾形未尝衰。⑮"

黄帝再拜稽首曰："广成子之谓天矣！⑯"

广成子曰："来，余语汝！彼其物无穷，而人皆以为有终；彼其物无测，而人皆以为有极⑰。得吾道者上为皇而下为王，失吾道者上见光而下为土⑱。今夫百昌皆生于土而反于土⑲，故余将去女，入无穷之门，以游无极之野⑳。吾与日月参光，吾与天地为常㉑。当我，缗乎！远我，昏乎！人其尽死，而我独存乎㉒！"


① 广成子，寓言人物。空同，山名。空同之上，王孝鱼校依《阙误》引张君房本作"空同之山"。（《释文》："广成子，或云，即老子也。"成玄英疏："广成，即老子别号也。"此出《神仙传》，属无稽之谈。详见星评。）

② 精，精华，精气。

③ 官，管也，治也。官阴阳，犹言协调阴阳。遂，顺也。以顺群生，以顺应所有生灵。

④ 而，通"汝"。质，本质，根本。官，治也。残，伤残。治理则伤害物的本性，故伤残。郭象注："不任其自尔而欲官之，故残也。"

⑤ 族，聚集。荒，昏晦。

⑥ 而，通"汝"。佞人，鄙佞之人。謏謏，浅狭之貌。《释文》引"一曰：佞貌。李云：浅短貌。或云：狭小之貌"。

⑦ 捐，放弃。特室，别室，独室。邀，请也，求也。

⑧ 南首，头向南面。再拜，拜而又拜。稽首，叩头。再拜稽首，恭敬礼拜。

⑨ 蹶（jué）然，疾起貌。

⑩ 女，通"汝"，下同。

⑪ 窈窈冥冥，深远幽邃之貌。昏昏默默，虚静无声之貌。——精、冥，古韵

阳声耕部。极、默，古韵入声职部。

⑫慎女内，内，指心。成玄英疏："忘心，全真也。"闭女外，外，指耳目。成玄英疏："绝视听，守分也。"多知为败，犹《老子》所谓"为学日益，为道日损"。——听、静、正、清、精、生、形、生，古韵阳声耕部；神，阳声真部。外、败，古韵入声月部。

⑬遂，达到。大明之上，最为光明的境界。原，本也。窈冥之门，极其深邃的门径。

⑭天地有官，天地各有职守。阴阳有藏，阴阳各得其所。慎守女身，谓慎守生命的本真，即上文之"无视无听，抱神以静""无劳女神，无摇女精"。"物"，即上句之"身"，指生命。谓慎守汝身，生命自然健壮。——藏、壮，古韵阳声阳部。

⑮一，指道。和，阴阳和顺。前四句"天地有官，阴阳有藏，慎守女身，物将自壮"，是广成子对黄帝在理论上进行教导；后三句"我守其一以处其和，故我修身千二百岁矣，吾形未尝衰"，是广成子用自己的实例作为证明。"物将自壮"即"形未尝衰"。

⑯广成子之谓天，成玄英疏："叹圣道之清高，可与玄天合德也。"

⑰彼其物，既指道，也指世间万物，因万物皆道之体现。无穷，没有穷尽。无测，不可测量。有极，犹言有尽。——穷、终，古韵阳声冬部。测、极，古韵入声职部。

⑱上见光而下为土，上见光明而瞬息之间下为土壤。

⑲百昌，凡百昌盛之物，指各种生命。生于土而反于土，言旋生旋死，生命短暂。

⑳入无穷之门以游无极之野，成玄英疏："反归冥寂之本，入无穷之门，应变天地之间，游无极之野。"——土、女、野，古韵阴声鱼部。

㉑参，同也。常，久也。两句袭用《楚辞·涉江》"吾与天地兮比寿，与日月兮同光"而略加变化。——光、常，古韵阳声阳部。

㉒当我，迎我而来。缗，泯也，与道泯合。远我，背我而去。昏，通"昏"，

昏暗，亦即死亡。——缗，古韵阳声真部；昏、存，阳声文部。

★黄帝问广成子章，思想内容与前两章完全不同。

《老子》第二十一章云："道之为物，惟恍惟惚：惚兮恍兮，其中有象；恍兮惚兮，其中有物。窈兮冥兮，其中有精。其精甚真，其中有信。"这是老子描述"道"之性状有名的词句。所谓"广成子"的"至道"论中，剽窃《老子》的一些词语，论述如何修炼长生。整个论述，充满了诡秘的色彩。"至道之精，窈窈冥冥；至道之极，昏昏默默"；"我为女遂于大明之上矣，至彼至阳之原也；为女入于窈冥之门矣，至彼至阴之原也"，这些话都无法探其究竟。"我修身千二百岁矣，吾形未尝衰"，"人皆尽死，而我独存乎！"已是信口开河。老庄哲学不是迷信，没有修炼长生的内涵；"广成子"的理论却是修炼长生的，属于荒谬的神仙家言：两者有质的不同。这是道家由哲学嬗变为迷信的滥觞。这个广成子到了传为晋葛洪撰的《神仙传》里，俨然就成了神仙。而且莫名其妙地和老子扯到一起，说老子"黄帝时为广成子，颛顼时为赤精子"。从此广成子的神像就端坐在各种道观的神龛里了。——本章与《天地》篇"尧观乎华"章，是《庄子》书中涉及修炼长生最突出的两章，实与庄子和庄子哲学风马牛不相及。

本章前后内容混乱。开头黄帝问"至道"，目的在于"欲取天地之精，以佐五谷，以养民人"，"欲官阴阳以遂群生"，广成子的回答，却指责黄帝"治天下"如何如何糟糕。到黄帝第二次还是问"至道"，目的却变成了"治身奈何而可以长久"，广成子的回答也变成了如何修炼长生。前后内容完全不同。末了广成子说，"当我，缗乎！远我，昏乎！人其尽死，而我独存乎！"这位活神仙已是胡言乱语。

## （四）

云将东游，过扶摇之枝而适遭鸿蒙，鸿蒙方将拊脾雀跃而游[①]。云将见之,倘然止,贽然立②,曰:"叟何人邪?叟何为此?③"

鸿蒙拊脾雀跃不辍④,对云将曰:"游。"

云将曰:"朕愿有问也。⑤"

鸿蒙仰而视云将曰:"吁!⑥"

云将曰:"天气不和,地气郁结,六气不调,四时不节。今我愿合六气之精以育群生⑦,为之奈何?"

鸿蒙拊脾雀跃掉头曰:"吾弗知!吾弗知!"

云将不得问⑧。又三年,东游,过有宋之野而适遭鸿蒙。云将大喜,行趋而进曰:"天忘朕邪!天忘朕邪!"再拜稽首⑨,愿闻于鸿蒙。

鸿蒙曰:"浮游不知所求,猖狂不知所往;游者鞅掌,以观无妄⑩。朕又何知!"

云将曰:"朕也自以为猖狂,而民随予所往;朕也不得已于民,今则民之放也⑪。愿闻一言。"

鸿蒙曰:"乱天之经,逆物之情,玄天弗成⑫;解兽之群,而鸟皆夜鸣⑬;灾及草木,祸及止虫⑭。意,治人之过也!⑮"

云将曰:"然则吾奈何?"

鸿蒙曰:"噫,毒哉!僊僊乎归矣。⑯"

云将曰:"吾遇天难,愿闻一言⑰。"

鸿蒙曰:"意!心养。汝徒处无为,而物自化⑱。堕尔形体,吐尔聪明,伦与物忘,大同乎涬溟⑲。解心释神,莫然无魂⑳。万物云云,各复其根㉑。各复其根而不知,浑浑沌沌,终身不离。若彼知之,乃是离之㉒。无问其名,无窥其情,物固自生。㉓"

云将曰:"天降朕以德,示朕以默;躬身求之,乃今也得㉔。"再拜稽首,起辞而行。

①云将,《释文》引"李云:云主帅也"。鸿蒙,《释文》引"司马云:自然元气也"。此为借云气形象虚拟的寓言人物。扶摇,《释文》引"李云:神木也,

生东海。一云：风也"。遭，遇也。拊，拍击。脾，通"髀"，大腿。雀跃，如雀之跳跃，欢欣之貌。

② 倘然，《释文》引"司马云：欲止貌。李云：自失貌"。赟然，《释文》引"李云：不动貌"。

③ 叟，《释文》引司马云："长者称。"指鸿蒙。

④ 不辍，不止。

⑤ 朕（zhèn），我。先秦朕为第一人称，秦始皇帝始用作帝王自我专称。

⑥ 吁，呼应之词。

⑦ 郁结，犹郁积。六气，成玄英疏："阴阳风雨晦明，此六气也。"四时，春夏秋冬。不节，不协调。我愿合六气之精以育群生，成玄英疏："我欲合六气精华以养万物。"——结、节，古韵入声质部。精、生，古韵阳声耕部。

⑧ 云将不得问，云将未得到回答。问，回答。此相对义同词之例。

⑨ 行趋而进，急走上前。天，代指鸿蒙。成玄英疏："敬如上天。"稽首，跪拜磕头。

⑩ 浮游不知所求，成玄英疏："浮游处世，无贪取也。"猖狂（chāng kuáng），叠韵联绵词，自在无羁束之貌。鞅掌（yāng zhǎng），叠韵联绵词，成玄英疏："众多也。"《诗·小雅·北山》"或王事鞅掌"郑玄笺："言促遽也。"无妄，真也。二句谓从仓皇游荡的众多事物以观其真相。——浮游、求，古韵阴声幽部。猖狂、往、鞅掌、妄，古韵阳声阳部。

⑪ 放，仿也，效也。四句谓我自以为自在无所羁，而民相随我往；我不得已，而今为民所仿效。——狂、往、放，古韵阳声阳部。

⑫ 经，常也，指常道。情，真性。玄天，指自然。成玄英疏："乱天然常道，逆物真性，即谲诈方起，自然之化不成也。"

⑬ 解，散也。三句谓自然扰乱，兽群为之惊散，鸟雀为之夜鸣。——经、情、成、鸣，古韵阳声耕部。

⑭ 止，通"豸"。王孝鱼校"赵谏议本作昆"。

⑮ 意，通"噫"，叹词。治人之过，此治人之过失。

⑯ 毒，害也。郭象注："言治人之过深。"僮僮，成玄英疏："轻举之貌。"

⑰ 遇天难，谓遇鸿蒙不易。——难、言，古韵阳声元部。

⑱ 心养，修养其心。徒，但也。汝徒处无为而物自化，《老子》第五十七章："故圣人云：我无为而民自化，我好静而民自正，我无事而民自富，我无欲而民自朴。"——为、化，古韵阴声歌部。

⑲ 堕，通"隳"，废弃。吐，弃也。伦，类也。滓溟（xìng míng），叠韵联绵词，自然元气。四句谓忘汝形体，弃汝聪明，与物俱忘，大同于自然元气。《大宗师》篇云："堕肢体，黜聪明，离形去知，同于大道，此谓坐忘。"词语旨意略同。（刘文典《庄子补正》："吐尔聪明，文不成义。吐疑绌字之坏。《淮南子·览冥篇》'隳肢体，绌聪明'，即袭用此文，字正作绌，是其塙证。"陈鼓应径改"吐"为"绌"。按，刘说可供参考，改字则宜慎重，吐字义亦可通。）——明、忘，古韵阳声阳部；溟，阳声耕部。

⑳ 解、释，都有散逸之意，散逸心神任其自然。莫然，无知之貌。魂，亦神也。莫然无所用其心神。

㉑ 云云，同"芸芸"，众多也。《老子》第十六章："夫物芸芸，各复归其根。"意谓万物众多，最终各归返其本根。——神，古韵阳声真部；魂、云、根，古韵阳声文部。

㉒ 浑浑沌沌，无知之貌。郭象注："浑沌无知而任其自复，乃能终身不离其本也。"若彼知之乃是离之，不自知其自复则是不离其本根，如若知之则离其本矣。——知，古韵阴声支部；离，阴声歌部。

㉓ 情，真也。三句谓不必问其名称，无须探其究竟，让万物自然生长。两"其"字皆代指物。——名、情、生，古韵阳声耕部。

㉔ 天，代指鸿蒙。四句谓鸿蒙降我以恩德，示我以静默。我曾亲身求之，而今才得到。——德、默、得，古韵入声职部。

★云将提出的问题是如何"合六气之精以育群生"。鸿蒙认为这是"治人"，治人的后果是"乱天之经，逆物之情，玄天弗成。解兽之群，而鸟皆夜鸣。灾及草木，祸及止虫"，简直天下大乱。他提出的解决办法是"心养"，即"徒处无为，而物自化。堕尔形体，吐尔聪明，伦与物忘，大同乎涬溟"，一切任其自然。与《大宗师》颜回所谓"坐忘"之旨略同。

本章故事若隐若现地表现云气的形象，云将为云之神，鸿蒙则为云本身。云将遇鸿蒙在"过扶摇之枝"，鸿蒙则始终在"浮游"，而云将的困境在于"天气不和，地气郁结，六气不调，四时不节"，无不与云气有关。云将谓"我愿合六气之精以育群生"，正是云的事业。表现形式极为独特。但故事过于曲折，内容并不深厚，云气的形象与主题也并无有机的联系，是故作离奇以文其肤廓。

## （五）

世俗之人，皆喜人之同乎己而恶人之异于己也。同于己而欲之，异于己而不欲者，以出乎众为心也①。夫以出乎众为心者，曷常出乎众哉②！因众以宁所闻，不如众技众矣③。

而欲为人之国者，此揽乎三王之利而不见其患者也④。此以人之国侥幸也，几何侥幸而不丧人之国乎⑤！其存人之国也，无万分之一；而丧人之国也，一不成而万有馀丧矣⑥。悲夫有土者之不知也⑦！

夫有土者，有大物也⑧。有大物者不可以物物，而不物故能物物⑨。明乎物物者之非物也，岂独治天下百姓而已哉！出入六合，游乎九州，独往独来，是谓独有⑩。独有之人，是谓至贵。

① 欲，受也，乐也。为心，为其心愿，为其内心的追求。以出乎众为心也，以超出众人为其心愿。

② 曷尝，何尝。

③ 宁，安也。技，技能，本领。二句谓只想自己出众的人以所闻于众人（奉承赞誉之类）而心安，其实是远不如众人本领多的。

④欲为人之国者，要做一国的统治者。揽，《释文》："音览，本亦作览。"三王，夏禹商汤周文王武王。二句意谓那些为人之国者，只看到夏商周三王得到的利益而看不到他们带来的祸患。（作"揽"亦通，取也。但与下文"见"相应，则以作"览"为是。）

⑤侥幸，偶然获得成功或意外免于不幸。二句谓这是侥幸在一个国家获得成功，但有多少这种侥幸不丧失国家呢？

⑥"其存人之国"四句，谓欲以侥幸为国者，能存人之国者无万分之一，而丧人之国者一不成功而万有馀丧。

⑦有土者，即拥有天下国家者，亦即在上位者。知，通"智"。

⑧大物，以天下国家为物，故称大物。成玄英疏："九五位尊，四海弘巨，是称大物也。"

⑨有大物者，即在上位者。"物物"前一"物"与"不物"之"物"，动词，役使。"物物"后一"物"，名词，外物，包括天下国家。故，乃也。二句意谓在上位者不可以役使外物，不役使（外物）乃能真正役使外物，亦即任物自化。（此从郭象本句读。俞樾《庄子评议》谓"郭断'不可以物物'五字为句，失其读矣。此当读'不可以物'为句，'物而不物'为句"。近人多从俞说，通常解作在上位者不可以被外物役使，役使外物者而不被外物役使故能役使外物。如此解释，把原文动词"物"分解成"被外物役使"和"役使外物"两个意思，同一词在同一句中而词义混淆不清；从郭断句，动词"物"即"役使"一个意思，词义单一明白。此其一。其二，原文在上位者不存在"被外物役使"之意，无端增加了一个概念，只是自找麻烦，反而使句意纠缠不清；故应从郭断句，解释通顺明畅。）

⑩之，乃也。六合，上下四方，即宇内。六句谓，懂得役使万物者自身则非物矣（即已成为体道者），岂只是能治理天下百姓而已，出入宇内，游于九州，独往独来，是谓"独有"。

★"世俗之人"一段文字凡三层意思。一层意思是世俗之人"喜人之同乎己而恶人之异于己"；他们"以出乎众为心"，而实际众人的本领比他们强得多。第

# 在宥第十一

二层意思是"欲为人之国者"只看得三王得国的利益而看不到他们带来的祸患；他们总侥幸得人之国，其实能存人国者无万分之一，而丧人之国者万而有馀。第三层意思是，在上位不能役使外物，懂得不役使外物者即进而成为体道者，可以"出入六合，游乎九州，独往独来，是谓独有"。

文章逻辑结构极不严谨甚至混乱，三层意思之间联系甚为勉强。"夫有土者"云云与庄子思想实相违背，庄子从不涉及"有土者"应如何如何。最后几句从"有土者"治天下百姓一下跳到"出入六合，游乎九州"，实甚为荒诞。

大人之教，若形之于影，声之于响[1]。有问而应之，尽其所怀，为天下配[2]。处乎无响，行乎无方[3]。挈汝適复之挠挠以游无端[4]。出入无旁，与日无始[5]；颂论形躯，合乎大同[6]。大同而无己，无己恶乎得有有[7]！睹有者，昔之君子；睹无者，天地之友[8]。

[1] 大人，成玄英疏："圣人也。"响，回响。若形之于影，声之于响，郭象注："百姓之心，形声也；大人之教，影响也。"（郭象注以形与声比喻受教益者，影与响比喻大人之教。近世注家或反过来，以形与声比喻大人之教，影与响比喻受教益者。理由是，有形才有影，有声才有响；只有形声引导影响，不可能影响引导形声。按，这对比喻仅取大人之教总是随着需要而来，人们有何需要大人即作出回应，郭注不误。下文云："有问而应之，尽其所怀，为天下配"，正与郭注一致。）——形、声，古韵阳声耕部；影、响，阳声阳部。

[2] 尽其所怀，谓大人之教能满足人们心里所想的各种问题。配，配对，指为天下人对答。郭象注："问者为主，应故为配。"

[3] 处乎无响，郭象注："寂以待物。"行乎无方，郭象注："随物变化。"——响、方，古韵阳声阳部。

[4] 挈（qiè），提挈，引导。適复，《尔雅·释诂》"適，往也"，適复同往复。挠挠，犹挠乱。无端，犹言无穷之域。句意谓大人将提挈汝往复于挠乱之世而游于无穷之域。

⑤旁,通"傍"。二句谓就空间言,则出入无所依傍;就时间言,则与日常新。成玄英疏:"与日俱新,故无终始。"

⑥颂,容也。论,同"伦",类也;类,貌也。《楚辞·橘颂》"类可任兮"王逸注:"类,犹貌也。"颂论形躯,即容貌形躯。合乎大同,犹泯合于大道。

⑦而,犹"则"也。无己,犹无我,丧我。"有有"为动宾结构,后一"有"字指实体,句中指自身的形相。句意谓泯合于大同则无我,无我安得还有自身。——己、有,古韵阴声之部。

⑧君子,指世俗所谓圣明之人。天地,自然,亦即指大道。——子、友,古韵阴声之部。

★本段论"大人之教"对世人的作用,所论貌似玄虚而实空洞。

贱而不可不任者物也;卑而不可不因者民也①;匿而不可不为者事也;粗而不可不陈者法也②;远而不可不居者义也;亲而不可不广者仁也③;节而不可不积者礼也;中而不可不高者德也④;一而不可不易者道也;神而不可不为者天也⑤。故圣人观于天而不助,成于德而不累⑥,出于道而不谋,会于仁而不恃⑦,薄于义而不积,应于礼而不讳⑧,接于事而不辞,齐于法而不乱⑨,恃于民而不轻,因于物而不去⑩。物者莫足为也,而不可不为。不明于天者不纯于德,不通于道者无自而可⑪;不明于道者,悲夫! 何谓道,有天道,有人道。无为而尊者天道也,有为而累者人道也⑫。主者天道也,臣者人道也。天道之与人道相去远矣,不可不察也。

①任,用也。因,任也。成玄英疏:"民虽居下,各有功能;物虽轻贱,咸负材用。物无弃材,人无弃用,庶咸亨也。"

②匿,《尔雅·释诂》:"微也。"成玄英疏:"藏也。"粗,暴也。法是强制性的,故曰粗。陈,敷布施行。句意谓事虽隐微也不可不为,法虽严酷也不可不施行。

③居,守也。远而不可不居,义即使远也不可不遵守。广,推而广之。《孟

子·尽心上》："亲亲，仁也。"又云："亲亲而仁民，仁民而爱物。"句意谓由"亲亲"推而广之即为仁。

④ 节，即《论语·微子》"长幼之节不可废也"之"节"，指一定的行为规范。行为规范必须特别注重，就是礼。中，合格，指行为修养合格。合格还必须提高才够得上德。《商君书·君臣》："行中法，则高之。"商书就法言之，此就德言之，逻辑则相同。

⑤ 一，纯一，恒一。易，变易。道既是纯一的，永恒的，又是变易的。神，神妙。天，自然也。

⑥ 助，促进。郭象注："顺自为而已。"累，劳也，犹言操劳。

⑦ 不谋，不用谋划，任其自然。会，合也。不恃，不自恃以为仁。

⑧ 薄，犹《书·益稷》"外薄四海"之"薄"，靠近。积，厚也。靠近而不过厚，适度曰义。《礼记·中庸》："义者，宜也。"讳，俞樾《庄子平议》："《广雅·释诂》曰：讳，避也。应于礼而不讳，即不违也。"

⑨ 齐，齐一。

⑩ 恃，依恃。因，用也。去，弃也。

⑪ 天，自然之道。自，由也。

⑫ 无为而尊者天道也，郭象注："在上而任万物之自为也。"有为而累者人道也，郭象注："以有为为累者，不能率其自得也。"

★ "贱而不可"一段，将"物、民、事、法、义、仁、礼、德、道、天"等性质不同的十个概念并列，儒法道混淆，命题杂乱无章，与前文更毫无联系。

"世俗之人"一章三段文字，内容庞杂，旨意肤浅，末段尤为混乱。

# 天地第十二

天地，以开头二字名篇。全篇十五章，内容杂乱。除第二章、第三章属于同一"夫子曰"外，各章之间没有联系，主题各不相同，文字风格差别很大。此出于道家后学之手，非一时一地更非一人之作，系杂凑成篇。最末"百年之木"章内容风格都与《骈拇》四篇相同。

——《天地》《天道》《天运》为一组。三篇章次甚多，皆系杂凑而成。其中有些章释老庄之义，有些章与老庄思想相悖，没有相对统一的思想内容。

## （一）

天地虽大，其化均也；万物虽多，其治一也。人卒虽众，其主君也①。君原于德而成于天②，故曰：玄古之君天下，无为也，天德而已矣③。

以道观言而天下之君正④，以道观分而君臣之义明，以道观能而天下之官治，以道泛观而万物之应备⑤。故通于天者道也，顺于地者德也，行于万物者义也⑥，上治人者事也，能有所艺者技也⑦。技兼于事，事兼于义，义兼于德，德兼于道，道兼于天⑧。故曰：古之畜天下者，无欲而天下足，无为而万物化，渊静而百姓定⑨。记曰：通于一而万事毕，无心得而鬼神服⑩。

① 化，演化。"天地"二句，郭象注："均于不为而自化也。"治，犹《素问·五常政大论》"治而善下"之治，化也。其治一也，与上文"其化均也"意同。人卒，百姓。百姓虽多，以君为主。

② 原，《释文》："本也。"王夫之《庄子解》："有德乃可君天下"。天，自然也。

③ 玄古，远古。成玄英疏："玄，远也。"君天下，即统治天下。天德，自然

— 天地第十二 —

之德。郭象注:"任自然之运动。"成玄英疏:"言玄古圣君,无为而治天下也。"

④观,察也,观察,考察。言,《诗·小雅·彤弓》"受言藏之",郑玄笺:"言者,谓王策命也。"《大雅·抑》"慎尔出话"毛传"话,善言也",郑玄笺:"言,谓教令也。"《战国策·齐策四》"制言者王也",鲍彪注:"言,谓命令。"可知言包括政策教令法制诸端。句意谓以道来考察政令策命则天下之君乃定。馀详星评。

⑤分,职分。能,能力。治,治理。泛观,观察一切。万物,实指天下人众。郭象注:"无为也,则天下各以无为应之。"应,反应,回应。备,完备。

⑥"故通于天者道也,顺于地者德也,行于万物者义也"三句,《集释》本原作"通于天地者德也,行于万物者道也",此从王孝鱼校据"《阙误》引江南古藏本"。按江南古藏本,"故"以下十句,前五句由道而德而义而事而技,后五句由技而事而义而德而道,其顺序前后顺逆相反,两两相应,故知此本为是。

⑦上,在上者。能,任也,指任事者;与上句"上"相对应。艺,才艺。事,指在上者治的大事;技,指一般任事有才艺者的末技。郭象注:"技者,万物之末用也。"

⑧兼,成玄英疏:"带也。"犹言连着。

⑨畜天下,畜养天下,亦即治天下。畜天下者,即治天下者。"无欲而天下足,无为而万物化",二句源于《老子》第五十七章:"故圣人云:我无为而民自化,我好静而民自正,我无事而民自富,我无欲而民自朴。"

⑩记,《释文》:"书名也。"一,道也。老子以道为宇宙之始基,故又以始基之数一为道之别名。毕,完成,完备。

★(一)以道观言而天下之君正,严灵峰《道家四子新编》:"钱穆曰:按'君'或'名'字之讹。钱说是也。按《论语》'名不正则言不顺'。反之,言顺则名正。故云:以道观言,而天下之名正。"陈鼓应据以将原文"天下之君正"改为"天下之名正"。

按,钱严之说非是。其一,钱严只是推测,并无根据。其二,孔子论述的是君臣的名分，提出"正名"；不能以孔子之言作为修改道家之文的根据。原文的意思是君的政令策命要以道考察者为准，与孔子思想完全不同。其三，关键的问题还在于，本文是君德论，首段以"其主君也"立论，而以"故曰玄古之君天下"衔接。第二段以"天下之君正"开头，下文四句排比，依次是"天下之君正"、天下"君臣之义明"、"天下之官治"、天下"万物之应备"，由君到君臣到官到物，四者具体实在。将"君"改为相对抽象的"名"，便破坏了原来的顺序。文章最后以"故曰古之畜天下者"应如何如何结之。畜天下者，即治天下者；畜天下者，亦即君也。可知"天下之君正"句中"君"字不误。钱穆严灵峰之说甚为荒谬，陈鼓应轻率修改原文则是对古代典籍的破坏行为。

（二）"天地"章表面上宣扬老子的"无为"政治。——老子主张回到"小国寡民"的原始社会去，他没有论及他的"无为"政治如何适应当时的统治体制。本文妄图将"无为"同当时的统治体制拉在一起。文章一而曰："人卒虽众，其主君也。"再而曰："君原于德而成于天。"三而曰："以道观言而天下之君正。"充分肯定"君"的绝对合理性。这是某些道家后学为迎合当时统治者制造的理论，将法家的"尊君"思想同道家的"无为"学说硬拉在一起。既要"天下之君正"，"君臣之义明"，"天下之官治"，"万物之应备"，却偏要打着"无为"的旗号。明明是五味俱全的酸辣汤，却贴个纯净水的标签，味道完全不对。

# （二）

夫子曰①："夫道，覆载万物者也，洋洋乎大哉！君子不可以不刳心焉②。无为为之之谓天③，无为言之之谓德，爱人利物之谓仁，不同同之之谓大④，行不崖异之谓宽⑤，有万不同之谓富⑥。故执德之谓纪⑦，德成之谓立⑧，循于道之谓备⑨，不以物挫志之谓完⑩。君子明于此十者，则韬乎其事心之大也，沛乎其为万物逝也⑪。若然者，藏金于山，藏珠于渊⑫；不利货财，不近贵富；不乐寿，不哀夭；不荣通，不丑穷；不拘一世之利以为己私分，不以王天下为己处显⑬。（显则明）⑭。万物一府，死生同状⑮。

① 夫子，《释文》引"司马云：庄子也。一云：老子也"。此作者记其老师之言，夫子即指其师。文章内容，混乱不堪，其所谓师，非老亦非庄也。宣颖曰："孔子也，下言夫子问于老聃可知。"宣颖把《天地》杂凑之文当作一人之作，故有此说，自属无稽。

② 道，凡道家言"道"皆老子之道。（文章所论是否符合老子之道自当别论。）洋洋，浩大貌。刳（kū），成玄英疏："刳，去也，洒也。洗去有心之累。"

③ 无为为之，即任其自然。天，天道。

④ 不同同之，将"不同"者"同之"，即齐物之意。

⑤ 崖异，突出乖异。

⑥ 有万不同，"有"是谓语，"万不同"是宾语，即包有不同的万物。

⑦ 执，掌握。执德之谓纪，郭象注："德者人之纲要。"

⑧ 立，立身。德成之谓立，郭象注："非德而成者，不可谓立。"

⑨ 循，遵循。备，完备。

⑩ 物，客观外物。挫，伤也，折也。

⑪ 韬，深藏。此形容词，韬乎，包容大貌。事心，俞樾《庄子平议》引《礼记·郊特牲》篇郑注："事，犹立也。"谓"事心，犹立心也。言其立心之大也"。沛，《释文》引《字林》云：流也。沛乎，流逝貌。为，与也。逝，往也。谓与万物一起变化发展。《释文》引崔本"逝"作"启"。启，开启，亦发展变化之意。

⑫ "藏金于山，藏珠于渊"二句，紧承上文"韬乎其事心之大也，沛乎其为万物逝也"，若然者，道之在心，如金之藏于山，如珠之藏于渊。有此深厚的修养，才有下文八"不"的表现。"藏珠"，《阙误》引张君房本作"沉珠"。"沉珠于渊"与"藏金于山"相对，文更生动。（郭象注："不贵难得之物。"后代注家多遵用郭注。按，后文八"不"平列，一样重要，则"不利货财"一句不应用"藏金于山，藏珠于渊"特别强调。将二句作修辞比喻理解，较实指藏金藏珠内涵更

⑬ 近，爱好。《荀子·解蔽》"妒缪于道而人诱其所迨也"杨倞注："迨，近也。近，谓所好也。"拘，取也。八句谓，不谋财货，不爱富贵，不以长寿为乐，不以夭折为哀，不以通达为荣，不以穷困为耻，不取举世之利以为个人私有，不以统治天下为自己显耀。

⑭ 显则明，三字衍文，似为上句"处显"二字注语。

⑮ "万物一府，死生同状"，犹齐万物，同生死。同状，犹言一样。成玄英疏："忘于物我，故万物可以为一府；冥于变化，故死生同其形状。"

★这位"夫子"宣扬"道"之伟大。"夫道，覆载万物者也，洋洋乎大哉！君子不可以不刳心焉"，四句是全文之纲，下文即论述君子如何"刳心"体道。文章提出体道"事心"的十个方面：天、德、仁、大、宽、富、纪、立、备、完。十者平列，不仅内容庞杂，逻辑亦极为混乱。后文八"不"为所谓体道者达到的修养。

# （三）

夫子曰：夫道，渊乎其居也，漻乎其清也①。金石不得无以鸣②。故金石有声，不考不鸣③。万物孰能定之④？

夫王德之人⑤，素逝而耻通于事⑥，立之本原而知通于神⑦。故其德广，其心之出，有物采之⑧。故形非道不生，生非德不明⑨。存形穷生，立德明道，非王德者邪⑩！荡荡乎！忽然出，勃然动⑪，而万物从之乎！此谓王德之人。

视乎冥冥，听乎无声。冥冥之中，独见晓焉；无声之中，独闻和焉⑫。故深之又深而能物焉，神之又神而能精焉⑬。故其与万物接也，至无而供其求，时骋而要其宿⑭。大小，长短，修远⑮。

― 天地第十二 ―

① 渊，深也。居，止也，引申为静寂之意。漻（liáo），《广雅》云："清貌。"三句谓道渊深静寂，清澈澄明。

② 金石，指金石制的乐器，即钟与磬。不得，指不得道。道家以万物皆道的体现，故金石不得道的作用亦不能发声。

③ 考，敲击。金石有声不考不鸣，郭象注："喻体道者物感而后应也。"

④ 定，确定。万物孰能定之，言外之意，谓万物非道不能定之。——清、声、鸣、定，古韵阳声耕部。

⑤ 王（wàng），大也，盛也。王德之人，犹盛德之人，指体道者。

⑥ "素逝"句，成玄英疏："素，真也。逝，往也。王德不骄不矜，任真而往，既抱朴以清高，故羞通于物务。"

⑦ 本原，指道。知，通"智"。神，"神者，不测之用也"。

⑧ 其心之出有物採之，成玄英疏："採，求也。"林希逸《南华经解》："物有取于我而后其心应之。採，犹感也。出，犹应也。"

⑨ "形非道"二句，成玄英疏："形者，七尺之身；生者，百龄之命。德者，能澄之智；道者，可通之境也。道能通生万物，故非道不生；德能鉴照理原，故非德不明。"

⑩ 穷，尽也。穷生，指充分发挥生命的作用。王德，盛德。

⑪ 荡荡，广宽之貌，亦浩大之貌。忽然、勃然，皆无心之貌。

⑫ 冥冥，幽深无所见之貌。视乎冥冥，听乎无声，《老子》第十四章："视之不见名曰夷，听之不闻名曰希。"晓，明亮。和，和谐，指和谐的声音。"冥冥"二句，谓冥冥中有象，无声中有声。——冥、声，古韵阳声耕部。

⑬ 能物，指生成万物。能精，能衍成精气。《老子》第二十一章："道之为物，惟恍惟惚。惚兮恍兮，其中有象；恍兮惚兮，其中有物。窈兮冥兮，其中有精。其精甚真，其中有信。"第四十章："天下万物生于有，有生于无。"

⑭ 至无而供其求，道至为虚寂却能供万物之所需。时，犹时时。时骋而要其宿，永远在驰骋而又成为万物的归宿。

⑮ "大小长短修远"六字，文句不全。《淮南子·原道篇》引作"至无而供其求，时骋而要其宿；小大修短，各有其具"，可知原有缺文。

★第三章和第二章出于同一位"夫子",内容大体一致。第二章从道之广大立论,第三章从道之渊深澄澈着意。前章语言顺畅,此章则较为格讷。如"金石不得无以鸣。故金石无声,不考不鸣。万物孰能定之",这些语句意思都不甚明了,注家勉强为解。"视乎冥冥"一段描述道之性状,实据《老子》敷衍成文,与前文联系并不紧密。

## (四)

黄帝游乎赤水之北,登乎昆仑之丘而南望,还归遗其玄珠[1]。使知索之而不得,使离朱索之而不得,使喫诟索之而不得也。乃使罔象,罔象得之[2]。黄帝曰:"异哉!罔象乃可以得之乎?"

[1] 赤水之北,昆仑之丘,寓言中地名。玄珠,喻"道"。

[2] 知(zhì),通"智",虚拟人名,喻智慧。离朱,古代视觉特明者,详《骈拇》篇注,喻聪明。喫诟(chī gòu),成玄英疏:"言辩也。"喻巧辩。

[3] 罔象,《集释》本作"象罔"。成玄英疏:"罔象,无心之谓。"是成疏本作"罔象"也。王叔岷《庄子校释》:"案,覆宋本'象罔'作'罔象',《御览》八〇三引同。李太白《大猎赋》'使罔象掇玄珠于赤水',《金门答苏秀才》诗'玄珠寄罔象'、白居易《求玄珠赋》'与罔象而同归',并用此文,皆作罔象。"罔象得之,无求索形迹,自然得之也。

★寻找玄珠是一则象征性寓言。玄珠喻道,凭巧智聪明皆不能得,无心求索,乃可得之。成玄英疏:"罔象,无心之谓。离声色,绝思虑,故知与离朱自涯而反,喫诟言辩,用力失真,唯罔象无心,独得玄珠也。"又曰:"离娄迷性,恃明目而丧道;轩辕悟理,叹罔象而得珠。勖诸学生,故可以不离形去智黜聪黩体也?"也,通"耶",此疑问句。这种作品,故作离奇,决不可取。

## （五）

尧之师曰许由，许由之师曰啮缺，啮缺之师曰王倪，王倪之师曰被衣①。

尧问许由曰："啮缺可以配天乎②？吾藉王倪以要之。③"

许由曰："殆哉圾乎天下④！啮缺之为人也，聪明睿知，给数以敏，其性过人，而又乃以人受天⑤。彼审乎禁过，而不知过之所由生⑥。与之配天乎？彼且乘人而无天⑦，方且本身而异形⑧，方且尊知而火驰⑨；方且为绪使，方且为物絯⑩；方且四顾而物应⑪；方且应众宜，方且与物化而未始有恒⑫。夫何足以配天乎？虽然，有族，有祖；可以为众父，而不可以为众父父⑬。治，乱之率也，北面之祸也，南面之贼也。⑭"


① 许由，已见《逍遥游》。啮缺、王倪，已见《齐物论》。被衣，或即蒲衣子，已见《应帝王》。皆寓言人物。这种师承关系，也是作者随意拉扯。

② 配天，郭象注："谓为天子。"

③ 藉，借助。要（yāo），请。

④ 殆，危也。圾，通"岌"，亦危也。殆哉圾乎，重言之，言极其危也。

⑤ 睿，圣也。知，通"智"。给（jí）数（shuò），敏捷。给数以敏，谓机警灵敏。以人受天，以人之睿知去感受自然。郭象注："用知以求复其自然。"

⑥ 彼，指啮缺。审，明白。禁，制止。二句谓啮缺懂得怎样制止过错，却不知道过错产生的原因。郭象注："夫过生于聪知，而又役知以禁之，其过弥甚矣。故曰：无过在去知，不在于强禁。"成玄英疏："过之所由生者知也。言啮缺但知审禁苍生之过患，而不知患生之由智也。"

⑦ 且，将。乘人而无天，用人之智而无视自然。郭象注："若与之天下，彼且使后世任知而失真。"

⑧ 方且，将也。本身而异形，以己身为本而异化他人。成玄英疏："今啮缺以己身为本，引物使归，令天下异形，从我之化。物之失性，实此之由。后世之患，

自斯而始也。"

⑨尊知，尊尚智慧。火驰，如火之驰，言其蔓延迅速。

⑩为绪使，言为细事所役使。于省吾《庄子新证》："按《尔雅·释诂》：'绪，事也。'言方且为事使也。下句'方且为物絯'，事、物对文。"为物絯（gāi），《释文》引"《广雅》云：束也"。言为外物所拘束。

⑪四顾而物应，郭象注："将遂使后世指麾以动物，令应上务。"成玄英疏："方将顾盼四方，抚安万国，令彼之氓黎，应我之化法。"

⑫应众宜，成玄英疏："用一己之智，应众物之宜。"与物化，成玄英疏："将我之智，令庶物从化。"恒，常也。未始有恒，未有常则。

⑬"虽然"四句：同宗曰族，族之上有祖；同宗之祖为"众父"，众父之祖为"众父父"。此以宗族关系比喻管属关系；"众父"喻一般官长，"众父父"喻天子。谓啮缺可以为官长，而不可以为天子。

⑭治，指用法制进行治理。率，成玄英疏："主也。"道家主张任其自然，反对任何治理，有"治"就必然有"乱"，故曰治为乱之主。又，《孟子·滕文公上》"是率天下而路也"焦循正义："率，即导也。"治，乱之率也，犹言治是乱之先导。亦通。北面南面，古代君主坐北朝南，人臣北面而朝，故北面代指人臣，南面代指君主。贼，害也。"北面"二句互文，谓治无论对君主对人臣都是祸害。

★《老子》第六十五章："以智治国国之贼。"道家主张任其自由，反对任何智治，本章许由论啮缺，提出所谓"治，乱之率也，北面之祸也，南面之贼也"，与老子"以智治国国之贼"之意略近。但其中提到什么可不可以"配天"，并指责啮缺"彼且乘人而无天，方且本身而异形，方且尊知而火驰；方且为绪使，方且为物絯；方且四顾而物应；方且应众宜，方且与物化而未始有恒"，也就不足以"配天"。语言乖僻怪诞，与老子思想无干；在前代注家的指引下，勉为注释，实不知所云。

《庄子》书中凡对师多无比尊崇，此章许由对其师啮缺却采取批判态度。认为以之配天，则"殆哉圾乎天下"，认为其水平只"可以为众父，不可以为众父父"；

在全书中颇为出格。

## （六）

尧观乎华。华封人曰："嘻，圣人！请祝圣人，使圣人寿！"①尧曰："辞②。""使圣人富！"尧曰："辞。""使圣人多男子！"尧曰："辞。"

封人曰："寿，富，多男子，人之所欲也，女独不欲，何也？③"

尧曰："多男子则多惧，富则多事，寿则多辱。是三者，非所以养德也，故辞。④"

封人曰："始也吾以女为圣人邪，今然君子也。天生万民，必授之职，多男子而授之职，则何惧之有？富而使人分之，则何事之有？夫圣人，鹑居而鷇食，鸟行而无彰⑤。天下有道，则与物皆昌；天下无道，则修德就闲⑥。千岁厌世，去而上仙，乘彼白云，至于帝乡。三患莫至，身常无殃，则何辱之有？⑦"

封人去之。尧随之，曰："请问……"封人曰："退已！⑧"

① 华，华山。华山为五岳之一，古代帝王巡狩之地。见《史记·封禅书》。华封人，《释文》引"司马云：守封疆人也"。按，华封人为人祷祝，似为某种神职人员。嘻，叹美之辞。请祝圣人，请为圣人祷祝。使，祈使。

② 辞，《国语·周语中》"王劳之以地，辞"，韦昭注："不受也。"

③ 女，通"汝"，下同。

④ "多男子"三句：多男子则易引起纷争，故多惧，多惊扰之事。富则需防盗贼，故多事。寿长多招致困辱。养德，修养德性。

⑤ 鹑，鸟名，居无定所。鷇（kòu），靠母鸟喂食的小鸟。鹑居而鷇食，即居无求安食无求饱之意。彰，痕迹，如鸟飞没有痕迹。

⑥ 物，人也，指人民大众。昌，昌盛。就闲，犹言退隐。二句意谓天下有道，

279

则与人民一道昌盛；天下无道，则修德隐居。

⑦厌世，犹弃世。帝乡，天帝所居之乡。陶渊明《归去来兮辞》"帝乡不可期"，"帝乡"一词即出于此。三患，即指上文多惧、多事、多辱。常，久也。身常无殃，身永远没有祸殃。——彰、昌，古韵阳声阳部；闲、仙，阳声元部；乡、殃，阳声阳部。

⑧"请问"句意未完。华封人不让说完，即从中打断，命其"退已"。已，通"矣"。

★"华封人"章内容与道家思想相违背。道家主张无欲，尧辞寿辞富辞多男子，是符合道家人生观的，而华封人认为尧非圣人，君子而已。倘若尧欲寿欲富欲多男子，华封人又将如何说？此其一。所谓"天下有道则与物皆昌，天下无道则修德就闲"，与孟子"得志与民由之，不得志独行其道""穷则独善其身，达则兼善天下"略近，而与道家"无为"哲学无涉。此其二。"千岁厌世，去而上仙，乘彼白云，至于帝乡"，此神仙思想。老庄哲学不言神仙，其与老庄相悖甚明。此其三。

# （七）

尧治天下，伯成子高立为诸侯①。尧授舜，舜授禹，伯成子高辞为诸侯而耕。禹往见之，则耕于野。禹趋就下风②，立而问焉。曰："昔尧治天下，吾子立为诸侯。尧授舜，舜授予，而吾子辞为诸侯而耕。敢问其故何也？"

子高曰："昔尧治天下，不赏而民劝，不罚而民畏③。今子赏罚而民且不仁，德自此衰，刑自此立，后世之乱自此始矣。夫子阖行邪，无落吾事！"④俋俋乎耕而不顾⑤。

① 伯成子高，寓言人物。

② 下风，犹下方。

③ 劝，同《论语·为政》"举善而教不能则劝"之劝，努力上进。畏，敬畏。余详星评。

④ 阖，通"盍"，何不。落，《释文》："犹废也。"

⑤ 俋俋，专心之貌。

★（一）不赏而民劝，劝，通常解为劝勉或勉励。不赏而民劝勉，句意不顺。成玄英疏作"百姓不待其褒赏而自勉行善"，即用勉励之意，且添字为训，不很准确。按，《战国策·宋策》"齐攻宋，宋使臧子索救于荆。荆王大悦，许救甚劝"，高诱注："劝，力也。"同样，《管子·轻重乙》"若此则田野大辟而农夫劝其事矣"之"劝"，也应训"力也"。又，《战国策·秦策》"则楚之应之也必劝"高诱注："劝，进也。"鲍彪注："劝，乐之也。"力也，进也，乐之也，努力上进之意。不赏而民劝，谓不用奖赏而民努力上进也。

（二）伯成子高赞许"不赏而民劝，不罚而民畏"，"不赏""不罚"，与老子"无为"而治相同；然使"民劝"、使"民畏"与老子"无为"而治相悖。老子"无为"的本质是任其自然，没有要使"民劝"、使"民畏"之意。此道家后学之作，与老子并不相同。

# （八）

泰初有"无"，无"有"无"名"①。一之所起，有一而未形②。物得以生，谓之德③。未形者有分，且然无间，谓之命④。留动而生物，物成生理，谓之形⑤。形体保神，各有仪则，谓之性⑥。性修反德，德至同于初⑦。同乃虚，虚乃大，合喙鸣⑧；喙鸣合，与天地为合⑨。其合缗缗，若愚若昏，是谓玄德，同乎大顺⑩。

① 泰初，宇宙元气之始。《释文》引"《易说》云：气之始也"。成玄英疏："泰，太；初，始也。元气始萌，谓之太初。言其气广大，能为万物之始本，故名太初。"无，按老子哲学，宇宙之本原曰"道"，"道"无形无象，故又名曰"无"。由"无"衍生出最初的实体，名曰"有"。《老子》第一章："无，名天地之始；有，名万物之母。"道本无名，老子名之曰"道"。《老子》第二十五章："有物混成，先天地生。寂兮寥兮，独立而不改，周行而不殆，可以为天地母。吾不知其名，字之曰道。"二句意谓宇宙之初，只有"无"，即无实体，也无名称。

② 一，即"道"，老子用作"道"之别名。二句意谓，道之原始，只有道而未成形。郭象注："一者，有之初，至妙者也。"成玄英疏："一者，道也。有一之名而无万物之状。"——名、形，古韵阳声耕部。

③ 德，得也。万物由道得以生成。《老子》第四十章："天地万物生于有，有生于无。"

④ 未形者，犹未成形之元气，即道。有分，由道分而为阴阳。且然，尚且。且然有间（jiàn），虽分为阴阳而尚无间隙。此谓之命。

⑤ 留，通"流"。《释文》："或作流。"元气流动衍化而生万物。成玄英疏："化生万物，物得成就，生理具足，谓之形也。"

⑥ 保，守也。神，精神。仪则，仪态规范，此处指物之形象特性。形体寄寓着精神，各有其仪范特性，此谓之性。——命、形、性，古韵阳声耕部。

⑦ 性修反德，性修反至于物得以生之德。德至同于初，德之至则同于太初。

⑧ 虚，虚豁。合，浑合。喙，鸟嘴。喙鸣即鸟叫，鸟叫出于自然，故犹言自然之音。"同乃虚"三句：谓性修至同于太初则虚豁，虚豁故能包容广大，乃浑合发而为自然之音。犹《齐物论》之自然生而为天籁。

⑨ "喙鸣合"二句，谓自然之音浑合，乃与天地合德。

⑩ 缗缗（mín，武巾反），泯合之貌。成玄英疏："合也。"玄德，幽远之德。大顺，即自然。《老子》第六十五章："玄德深矣，远矣，与物反矣，然后乃至大顺。"深矣远矣，即"玄"字之义。反犹合也。此即用老子术语。——缗、昏、顺，古韵阳声文部。

★ "泰初有无"章阐述老子"天下万物生于有,有生于无"即道生万物之义。

## (九)

夫子问于老聃曰①:"有人治道若相放②,可不可,然不然③。辩者有言曰:'离坚白若县宇'④,若此则可谓圣人乎?⑤"

老聃曰:"是胥易技系劳形怵心者也⑥。执留之狗成思,猿狙之便自山林来⑦。丘!予告若而所不能闻与而所不能言⑧。凡有首有趾无心无耳者众⑨,有形者与无形无状而皆存者尽无⑩。其动,止也;其生,死也;其废,起也,此又非其所以也⑪。有治在人,忘乎物,忘乎天,其名为忘己⑫。忘己之人,是之谓入于天⑬。"

① 夫子,下文老聃称其为"丘",故知此夫子指孔子。老聃,即老子。

② 治道,从事于道。放,读如《书·康诰》"惟威惟虐大放王命"之放,违也。若相放,若相违逆,即总是与道相违。(郭象读"放"为"仿",注作"若相放效",非是,与下文意思不相关联。)

③ "可不可"二句,即以不可为可,以不然为然。

④ 辩者,指公孙龙惠施等名家。离坚白,公孙龙有《坚白论》,谓"坚白石",由触觉得"坚石"的概念,凭视觉得"白石"的概念,因之"坚"与"白"是分离的。参见《齐物论》注。县,通"悬"。若县宇,郭象注:"言其高显易见。"成玄英疏:"如县日月于区宇。"(老子孔子生存于春秋末年,惠施公孙龙之类的"辩者"生于战国后期,年代相距甚远。文中夫子老聃是随意拉差,不计年代。)

⑤ 则,犹"者"也。"若此则可谓圣人乎",句式与《应帝王》篇"如是者可比明王乎"相同。"若此则"即"若此者"。

⑥ 胥,胥徒,古代官府中供役使的人员。易,治也,即作事。技,技艺人员。

系，系累。怵，惊恐。胥易技系劳形怵心，谓胥徒供役使治事、技人为技能所累，因而劳苦其形惊扰其心。参见《应帝王》篇注。

⑦留，《释文》引"本又作狌。司马云：狌，竹鼠也。"又，《释文》引"一本作狸"。王孝鱼校引"赵谏议本作狸"，狐狸。两者并通。成，生也。思，悲也。成思即生悲。《释文》云："成愁思也。"亦通。猨狙，猿猴。二句谓，会捕捉野兽的狗而自身生悲，猿猴因便捷善跳而被从山林捉来；皆因它们的能力而失去自由。这是老聃对"有人治道"者、"辩者"的评论，认为他们只是为自己的巧智所牵累，不值得一谈。(《应帝王》篇云："虎豹之文来田，猨狙之便执嫠之狗来藉。"二处意思相同，文不必同也，不必强为统一。)

⑧丘，老聃称孔子之名。若，汝。而，通"尔"，亦汝也。

⑨有首有趾，人之形体，代指人。无心无耳，谓无知无闻。众，谓如此者甚多。

⑩有形者，即上句之"有首有趾"者，指人。无形无状，指道。谓有形的人与无形无状的道并存者根本没有。这是老聃对"有人治道"者、"辩者"们的藐视。

⑪以，为也。"其动，止也"四句，谓世间事物，动同时也在止，生同时也在死，废同时也在起，此自然变化，非人之所为也。(成玄英疏："时有动静，物有死生，事有兴废，此六者，自然之理，不知所以然也。"成玄英将此三句误断作"其动止也，其生死也，其废起也"，故有如此疏解。按，三句即《齐物论》"方生方死、方死方生"之意，句法则与"其分也，成也；其成也，毁也"一律，应断作"其动，止也；其生，死也；其废，起也"，才符合道家哲学原意。)

⑫治，指治道。有治在人，有治道在于人，即"忘乎物，忘乎天，其名为忘己"之人。

⑬入于天，进入自然的境界，与自然融而为一。

★"夫子问于老聃"章是《应帝王》篇"阳子居见老聃"章的仿作，内容相类，结构相同。

阳子居问老聃"有人于此,响疾强梁,物彻疏明","如是者可比明王乎"?夫子问老聃"有人治道若相仿","若此则可谓圣人乎"?提问的方式相同。老聃的回答对两者完全一样,"是胥易技系劳形怵心者也",予以彻底否定。

但两章内容亦有不同。阳子居问"如是者可比明王乎",问题是如何为政;夫子问"若此则可谓圣人乎",问题是如何"治道"。老聃对阳子居的回答,谓"明王之治,功盖天下而似不自己,化贷万物而民弗恃",可以在《老子》书中直接找到根据。老聃对夫子的回答,谓"有治在人,忘乎物,忘乎天,其名为忘己",则在《老子》书中找不到根据,老子并无"忘物、忘己"之说,此与庄子"至人无己"的思想较为接近。

# (一〇)

蒋闾勉见季彻曰①:"鲁君谓勉也曰:'谨受教。'辞不获命,既已告矣,未知中否,请尝荐之②。吾谓鲁君曰:'必服恭俭,拔出公忠之属而无阿私,民孰敢不辑!'③"

季彻局局然笑曰④:"若夫子之言,于帝王之德,犹螳螂之怒臂以当车轶,则必不胜任矣⑤。且若是,则其自为处危,其观台多物,将往投迹者众。⑥"

蒋闾勉觑觑然惊曰:"勉乎汇若于夫子之所言矣。虽然,愿先生之言其风也。⑦"

季彻曰:"大圣之治天下也,摇荡民心,使之成教易俗,举灭其贼心而皆进其独志,若性之自为,而民不知其所由然⑧。若然者,岂兄尧舜之教民,溟涬然弟之哉⑨? 欲同乎德而心居矣。⑩"

① 蒋闾勉、季彻,寓言人物。
② 辞不获命,辞谢而不被允许。中(zhòng),妥当。荐,进也。请尝荐之,

谓试进与季彻一听。

③服，实行，做到。恭俭，恭则尽职，俭则节用。拔出，选拔。公忠，公正尽责。阿私，曲徇私情。辑，和辑，犹言顺从。谓统治者恭敬节俭，用人则选拔公忠尽责之人而不曲徇私情。

④局局然，《释文》："大笑之貌。"成玄英疏："俛身而笑也。"（俛，通"俯"。）

⑤帝王之德，帝王为政之道。怒臂，奋起两臂，指螳螂前足。轶，《释文》："音辙。"车轶，通"车辙"。辙字古作徹，后派生出"辙"字，指车舆至地面和两轮之间的空处，因代指车。螳螂怒臂当车，又见《人间世》篇。

⑥"其观台多物"之其，若也，如也。观台，观望之台。郭象注："此皆自处高显，若台观之可睹也。"成玄英疏："夫恭俭公忠，非能忘淡，适自显耀以炫众。人既高危，必遭骧败。犹如台观峻耸，处置危显。"按，"观台"不误，《左传》僖公五年："公既视朔，遂登观台以望。"注疏误作"台观"。投迹，投足。句意谓若服恭俭而拔出公忠之属，"观台多物"，前往投足观看的人太多，观台将不堪重负而垮塌。

⑦觑觑（xì）然，惊疑之貌。《集韵》："觑觑，惊惧貌。"按，《集释》本正作"觑觑"，成疏误作"觑觑"。汒若，犹茫然，无所知貌。成玄英疏："风，教也。"奚侗《老子补注》谓"风"与"方"通。"言其风"犹《战国策·齐策三》"言其方"；鲍彪注："方，大略也。"言其风，犹言其大略。

⑧摇荡，宣颖《南华经解》，"犹言鼓舞"，纵任自由之意。成教易俗，成其教化，易其风俗。举，皆也，全也。贼，害也。贼心，贼害之心。独志，犹言个性。若，顺也。若性，顺自然之性。民不知其所由然，即不知其所以然而然，犹"百姓皆谓我自然"之意。

⑨兄，以为兄，推尊之意。弟，以为弟，跟从之义。溟涬（míng xìng），叠韵联绵词，《在宥》篇中"涬溟"，是名词，指茫茫一片的自然元气；此处是形容词，茫然之貌。二句意谓岂必推尊尧舜之教民而茫然跟从呢。

⑩同乎德，同于自然之德。居，安也。心居，心安。

— 天地第十二 —

★老庄反对儒家，反对仁义慧智，其要在任其自然，认为儒家的仁义慧智损害了人的自然本性；其哲学思想，有他自身的逻辑。到了道家的后学，凡儒家的主张就反对，却偏离了老庄的实质。如《老子》与《庄子》内篇中并不反对"恭俭"、反对"拔出公忠之属而无阿私"这些内容。按照正常的思维，"必服恭俭，拔出公忠之属而无阿私"虽不是道家的主张，但并不错。而季彻的批判，说"于帝王之德犹螳螂之怒臂以当车轶"，话说得如此严重，但他并没有提出任何具体的理由来说明这些主张究竟错在何处。

而季彻的正面主张，于老庄的政治观也是变质了的。"摇荡民心，使之成教易俗，举灭其贼心而皆进其独志"，显然已不是"我无为而民自化"，而是大大的"有为"了。"摇荡民心"与《在宥》篇所反对的"撄人之心"至少在词面上没有区别。而"成教易俗"与老子"莫之命而常自然"显相矛盾；与《诗序》中"美教化移风俗"、《礼记·学记》中"化民成俗"倒非常相似。注疏家显然感到了这些矛盾，但他们先已错误地认定了这是庄子的文章，故尽量用庄子的思想去加以曲解。如"摇荡民心"，郭象注云："因其自摇而摇之，则虽摇而非为也；因其自荡而荡之，则虽荡而非动也。"成玄英疏："大圣治天下，大顺群生，乘其自摇而作法，因其自荡而成教。"但"摇荡民心"四个字，不管注疏家怎么摇怎么荡，也摇不出荡不出老百姓"自摇、自荡"的意思来！——所以这种文章，表面极端地反对儒家，鼓吹祖师爷的原旨，而实际上已变得面目全非，文辞也很不顺畅。

# （一）

子贡南游于楚，反于晋，过汉阴，见一丈人方将为圃畦①；凿隧而入井，抱瓮而出灌，搰搰然用力甚多而见功寡②。

子贡曰："有机械于此，一日浸百畦③，用力甚寡而见功多，夫子不欲乎？"

为圃者仰而视之曰："奈何？"

曰:"凿木为机,后重前轻,挈水若抽,数如泆汤,其名为桔槔。④"

为圃者忿然作色而笑曰⑤:"吾闻之吾师,有机械者必有机事,有机事者必有机心。机心存于胸中则纯白不备,纯白不备则神生不定,神生不定者,道之所不载也⑥。吾非不知,羞而不为也。"

子贡瞒然惭,俯而不对⑦。

有间,为圃者曰:"子奚为者邪?⑧"

曰:"孔丘之徒也。"

为圃者曰:"(子)非夫博学以拟圣,於于以盖众,独弦哀歌以卖名声于天下者乎⑨?汝方将忘汝神气,堕汝形骸,而庶幾乎⑩!汝身之不能治而何暇治天下乎?子往矣,无乏吾事!⑪"

子贡卑陬失色,顼顼然不自得,行三十里而后愈⑫。

其弟子曰:"向之人何为者邪?夫子何故见之变容失色,终日不自反邪?⑬"

曰:"始吾以夫子为天下一人耳,不知复有夫人也⑭。吾闻之夫子,事求可,功求成,用力少见功多者圣人之道。今徒不然⑮。执道者德全,德全者形全,形全者神全;神全者圣人之道也⑯。托生与民并行而不知其所之,汒乎淳备哉⑰!功利机巧必忘夫人之心。若夫人者,非其志不之,非其心不为⑱。虽以天下誉之,得其所谓,謷然不顾;以天下非之,失其所谓,傥然不受。天下之非誉,无益损焉,是谓全德之人哉⑲!我之谓风波之民。⑳"

反于鲁,以告孔子。孔子曰:"彼假修浑沌氏之术者也㉑;识其一不知其二㉒,治其内而不治其外㉓。夫明白入素,无为复朴,体性抱神以游世俗之间者,汝将固惊邪㉔。且浑沌氏之术,予与汝何足以识之哉!㉕"

①子贡,孔子弟子端木赐,字子贡。汉阴,汉水之南,水南曰阴;或系地名。丈人,老人,长者。方将,正在。圃,菜园。畦(xī),田地中分开的小块区域。为圃畦,此实指提水灌园,由下文可知。

288

— 天地第十二 —

② 隧，通入井的隧道。瓮，水罐。出灌，盛水灌地。搰搰（gǔ），用力貌。见功寡，成效甚少。

③ 机械，《集释》本作"械"，此从王孝鱼校，《阙误》引张君房本，指提水的桔槔。浸，浸灌。百畦，《说文》："田五十亩曰畦。"百畦言其多。

④ 挈（qiè）水，提水。数，速也。数如泆汤，《释文》引"李云：疾速如汤沸溢也"。其名为桔槔，《集释》本作"其名为槔"，《阙误》引张君房本作"其名桔槔"，此综合两者为句。桔槔，利用杠杆原理制作的提水之具。

⑤ 忿然，怒貌。忿然作色而笑，突然生气而又转为讥笑。

⑥ 机事，机巧之事。机心，机巧之心。纯白，纯朴素白之心。神生，神性。道之所不载，即不能载道，有机心者与道不相容。

⑦ 瞒（mén）然，惭颜貌。

⑧ 有间（jiàn），过了一会儿。奚为，何为。

⑨ 博，借作薄。博学以拟圣，有点浅薄的学识就自拟于圣人。於于，《释文》："本或作唹吁。司马云：夸诞貌。"按，本或作"唹吁"，二字从口，当为呼叫之词，犹今言咋咋呼呼。盖，蔽也，犹言蒙蔽。於于以盖众，咋咋呼呼以蒙蔽群众。友人储庭焕曰："'子'字疑为衍文。有'子'则必指子贡，而此系指斥孔子。子贡告知自己是'孔丘之徒也'，为圃者即问，（孔子）不就是那个有点浅薄的知识就自拟于圣人，咋咋呼呼以欺蒙群众，独弦哀歌以卖名声于天下者乎？尽管此语是指斥之词，也只有孔子才足以当之；子贡还不够资格。"储君之说甚是。

⑩ 方将，此处为现在只有之意。堕，同"隳"。成玄英疏："幾，近也。汝忘遗神气，堕坏形骸，身心既忘，而后庶近于道。"三句是丈人对子贡的告诫。

⑪ "而身""而何"之而，通"尔"，汝也。乏，《释文》："废也。"

⑫ 卑陬，《释文》引"李云：愧惧貌。一云：颜色不自得也"。项项（xū），《释文》引"李云：自失貌"。愈，指恢复常态。

⑬ 夫子，子贡弟子称呼子贡。反，复。不自反，不曾恢复常态。

⑭ 王本"始吾以"后无"夫子"二字，《事文类聚续集》九、《合璧事类别集》二一，有此二字，从之。此"夫子"是子贡称孔子。夫人，这样的人，指丈人。

⑮ 事求可，做事求适当。功求成，功业求成效。徒不然，偏偏不是如此。

⑯ 执道，掌握道者。德全，德行完备。形全，形体健全。神全，精神完美。

⑰ 托生，托生于世。与民并行，同众人一道行进。之，往也。不知其所之，谓一任自然，不知其所往也。汒乎淳备，成玄英疏："芒昧深远，不可测量，故其操行淳和，道德圆备。"

⑱ "非其志不之"二句，不合其意志者不去，不合其心愿者不为。二句实同义。

⑲ 得其所谓，指赞美合其心意。謷然，王先谦曰："犹傲然。"失其所谓，指非议不合其心意。侥然，成玄英疏："无心之貌。""虽以天下"六句，谓无论天下赞誉还是非议，他都不在乎。

⑳ 我之谓风波之民，成玄英疏："夫水性虽澄，逢风波起，我心不定，类彼波澜，顾谓之风波之民也。"

㉑ 浑沌氏，寓言人物，作为道家思想的代表。浑沌氏之术，即道术。后文"明白入素，无为复朴，体性抱神以游世俗之间"即浑沌氏之术的内涵。假修浑沌氏之术者，郭象注："以其背今向古，羞为世事，故知其非真浑沌也。"

㉒ 识其一不知其二，郭象注："徒识修古抱灌之朴，而不知因时任物之易也。"成玄英疏："识其一，谓向古而不移也；不知其二，谓不能顺今而适变。"

㉓ 治其内不治其外，成玄英疏："抱朴守素，治内也；不能随时应变，不治外也。"

㉔ 明白入素，心地空明入于朴素的境界。无为复朴，无为而复归朴素。"入素"与"复朴"同义。体性抱神，体其真性，抱其精淳。固，必也，此处有更加之义。"夫明白入素"四句，谓汉阳丈人"识其一不知其二，治其内不治其外"尚汝如此失惊；夫"明白入素，无为复朴"，体其真性，抱其精神，而又能和光同尘以游世俗之间者，汝将更加惊骇。

㉕ "且浑沌氏"二句，孔子又退一步说，浑沌氏之术，予与汝不足以识之。

★ 汉阴丈人抱瓮灌园，宁可"用力甚多而见功寡"，不肯使用桔槔"用力甚寡而见功多"，理由是"有机事者必有机心"，机心存于胸中则有害于道。这是老庄后学中的极端派，机械地遵守祖师"使有什伯之器而不用"的教条，拒绝任何文明进步。再说这位汉阴丈人的言论和行动是矛盾的。他如此激烈地反对"机事"与"机心"，但凿隧掘井，治埴制瓮，同样要使用一定的"机事"，运用一定的"机心"，照说他都不该采取；他唯一可做的事，就是寂漠无为地坐在地里，等待着自然的降水来滋润他的庄稼，又何必费那么大劲去抱瓮灌园呢！

汉阴丈人的高论使子贡极为神往，认为是"全德之人"。郭象批评说："此宋荣子之徒，未足以为全德，子贡之迷没于此人，即若列子之心醉于季咸也。"

寓言中的"孔子"则是一位调和派，他批评汉阴丈人是"假修浑沌氏之术者"，"识其一不知其二，治其内不治其外"，又赞赏"明白入素，无为复朴，体性抱神以游世俗之间者"。可知战国末年之道家后学也知道绝对地遵守老子的教条是不行的，需要有所进步了。

文中的"孔子、子贡"师徒是作者拉差来代他说话的，属于寓言人物，与真正的孔子、子贡都无关。

· 本文中提到桔槔，可知先秦已有这种提水机械。

## （一二）

谆芒将东之大壑，适遇苑风于东海之滨①。

苑风曰："子将奚之？②"

曰："将之大壑。"

曰："奚为焉？③"

曰："夫大壑之为物也，注焉而不满，酌焉而不竭，吾将游焉。④"

苑风曰："夫子无意于横目之民乎？愿闻圣治。⑤"

谆芒曰："圣治乎，官施而不失其宜，拔举而不失其能⑥，毕见其情事而行其所为⑦，行言自为而天下化⑧，手挠顾指，四方之民莫不俱至，此之谓圣治⑨。"

"愿闻德人。"

"德人者,居无思,行无虑,不藏是非美恶⑩。四海之内共利之之谓悦,共给之之为安⑪;怊乎若婴儿之失其母也,傥乎若行而失其道也⑫。财用有馀而不知其所自来,饮食取足而不知其所从,此谓德人之容。⑬"

"愿闻神人。"

曰:"上神乘光,与形灭亡,此谓照旷⑭。致命尽情,天地乐而万事销亡⑮,万物复情,此之谓混冥。⑯"

① "谆芒"二句,成玄英疏:"谆,淳也。苑,小风也,亦言是扶摇大风也。滨,涯。大壑,海也。谆芒苑风,皆寓言也。假为宾主,相值海涯。"

② 奚之,何往。

③ 奚为,何为。

④ 注焉,水注入。酌焉,指水舀出来;《释文》:"一本作取焉。"成玄英疏:"夫大海泓宏,深远难测,百川注之而不溢,尾闾泄之而不干。以譬至理,而其义亦然。故虽寄往沧溟,实乃游心大道也。""注焉"二句又见《齐物论》,参见该篇注。

⑤ 横目之民,即人。圣治,圣人之治。

⑥ "官施"二句,谓设官施政不失其宜,选拔举用不失其能。

⑦ "毕见"句,谓全部弄清事情的真象而行其所当为。

⑧ 行,施行,引申犹发布之意。句意谓发布教言先自为之则天下化。——为、化,古韵阴声歌部。

⑨ 挠,动也,挥动。顾,视也;此名词,目也。顾指,以目指挥。《释文》:"顾,本亦作颐。"谓举颐指挥也。

⑩ "居无思"三句,谓一切自然,无所思虑,胸中无是非美恶的观念。

⑪ 给,足也。为,通"谓"。

⑫ 怊(chāo),《释文》引"《字林》云:怅也"。傥,成玄英释为"傥莽"。

《文选·王子渊〈洞箫赋〉》"弥望傥莽"李善注:"傥莽,宽广之貌。"此处犹坦然之意。成玄英疏:"夫婴儿失母,心怊怅而无所依;行李迷途,神傥莽而无所据。用斯二事,以况德人也。"此状德人之坦荡天真,非言其惊慌也。

⑬不知其所从,即"不知其所自来"。德人之容,德人的情状。——从、容,古韵阳声东部。

⑭"上神乘光"二句,王先谦曰:"上品神人,乘光照物,不见其形迹。"照旷,成玄英疏:"无幽不烛,岂非旷远!"

⑮"致命尽情"二句,成玄英疏:"穷性命之致,尽生化之情,故寄天地之间而未尝不逍遥快乐。既达物我虚幻,是以万事销亡。"

⑯情,实也,真也。万物复情,万物皆复其真,即《老子》第十六章"万物并作,吾以观复。夫物芸芸,各复归其根"之意。混冥,混同于玄冥,亦即混同于大道。——光、亡、旷、亡,古韵阳声阳部;情、冥,阳声耕部。

★内篇《逍遥游》将体道者分为三种,曰:"至人无己,神人无功,圣人无名。"层次虽不尽同,实质是一致的。"谆芒"章显受其影响,内容已大不相同。苑风谆芒将体道者分为三个阶梯:圣治、德人、神人。三者相距甚远。

"圣治",即圣人之治。后两者称为"德人、神人",而前者不称为"圣人",而称"圣治",即因圣人涉及到"治"。"官施而不失其宜,拔举而不失其能,毕见情事而行其所为,行言自为而天下化,手挠顾指,四方之民莫不俱至",这是积极从政的态度,与儒家选贤授能、守官尽职的"有为"政治十分相近,而与道家的"无为"相悖,与庄子宁可曳尾泥中也决不涉足政坛的态度更相距千里。

第二阶梯是"德人",则儒道杂糅。"居无思,行无虑,不藏是非美恶",是道家修养;"四海之内共利之之谓悦,共给之之为安",颇有与天下人共安乐的儒家理念;"怊乎若婴儿之失其母也,傥乎若行而失其道也",则有点莫名其妙;至于"财用有馀而不知其所自来,饮食取足而不知其所从",天上不断地掉下馅饼来,好像是痴人说梦。

第三阶梯是"神人","上神乘光,与形灭亡","致命尽情,天地乐而万物销亡",以达到"混冥"的境界。说得非常神秘,难以捉摸。

这种寓言,说明道家后学已非常庞杂,他们不可能像庄子那么远离现实政治,不得不吸取一些儒家思想,而又必须用神秘的"混冥"之说来守住门庭,老庄哲学发展到这一步已经破绽百出,混乱不堪。

# (一三)

门无鬼与赤张满稽观于武王之师①。赤张满稽曰:"不及有虞氏乎!故离此患也。②"

门无鬼曰:"天下均治而有虞氏治之邪?其乱而后治之与?③"

赤张满稽曰:"天下均治之为愿,而何计以有虞氏为④?有虞氏之药疡也,秃而施髢,病而求医⑤。孝子操药以修慈父,其色燋然,圣人羞之⑥。

"至德之世,不尚贤,不使能⑦,上如标枝,民如野鹿⑧,端正而不知以为义,相爱而不知以为仁,实而不知以为忠,当而不知以为信⑨,蠢动而相使不以为赐⑩。是故行而无迹,事而无传。⑪"

①门无鬼,《释文》:"司马本作无畏。"赤张满稽,皆寓言人物。《释文》引"李云:门、赤张,氏也。无鬼、满稽,名也"。武王之师,周武王伐纣之师。师,军队。

②有虞氏,即虞舜。离,遭也。《艺文类聚》卷十一引《帝王世纪》:"有苗氏负固不服,禹请征之。舜曰:'我德不厚而行武,非道也,吾前教由未也。'乃修教三年,执干戚而舞。有苗请服。"虞舜以干戚之舞使有苗请服,而周武王兴师伐纣。赤张满稽以周武王不及有虞氏,故使天下遭受战争的祸患。

③均,平也。天下均治,即天下太平。门无鬼问,有虞氏是天下太平之时进而治理,还是乱而后治者。

④之,乃也。计,谋也,虑也。"有虞氏为"之为,疑问语尾助词。二句意

谓，天下太平乃人之所愿，何需考虑有虞氏呢。

⑤之，如也。药，治疗。疡（yáng），头疮。施，用也。髢（dí），假髮。三句谓，有虞氏之治如治疗头疮，秃头才用假髮，有病才求医。

⑥操，拿。修，诊治。燋然，憔悴貌。三句谓，孝子用药诊治慈父，颜色因忧虑而憔悴，圣人犹以为羞。意谓应不使慈父生病，已病虽治疗亦有痛楚；比喻治天下亦应当其未乱即治之。言有虞氏乱而后治，非至德也。

⑦"不尚贤"二句，不尊尚贤人，不使用能者。（郭象注："贤当其位，非尚之也。能者自为，非使之也。"按，郭注非是。《老子》第二章："不尚贤，使民不争。"老子之意谓崇尚贤能，则民有争心。故至治之世，当任其自然，不需尚贤，不用使能。照郭象之说，贤者在位，能者为之，与原意正好相反。）

⑧上，在上位者。标枝，高枝，树杪之枝。二句谓上则如高树之枝，自在无为；下则如原野之鹿，放任自如。

⑨端正，心地端直，行为正当。实，真实，实在。当，得当，正确。四句谓心地端直，相互亲爱，待人实在，处事得当，却没有"义、仁、忠、信"这些道德伦理意识，一切出于自然。

⑩蠢动，蠕动，此指率性而动，出于自然。相使，指相互帮助。相互自然，不以为恩赐。

⑪"是故"二句，故其行为没有形迹，其事没有留传。

★赤张满稽认为周武王发动干戈，乃天下之患；有虞氏乱而后治，如有病而后求医，亦不理想。至治之世，必须是无为而治，一切任其自然。这种社会模式实际上是把原始社会理想化，是违背社会发展规律的；与老子的政治思想相近。

# （一四）

孝子不谀其亲，忠臣不谄其君，臣子之盛也①。亲之所言而然，所行而善，则世俗谓之不肖子；君之所言而然，所行而善，则世俗谓之不肖臣。而未知此其必然邪[2]？世俗之所谓然而然之，所谓善而善之，则不谓.之道谀之人也。然则俗故严于亲而尊于君邪[3]？谓己道人，则勃然作色；谓己谀人，则怫然作色[4]；而终身道人也，终身谀人也，合譬饰辞聚众也，是终始本末不相坐[5]。垂衣裳，设采色，动容貌，以媚一世，而不自谓道谀[6]。与夫人之为徒，通是非，而不自谓众人，愚之至也[7]。知其愚者，非大愚也；知其惑者，非大惑也。大惑者终身不解，大愚者终身不灵[8]。三人行而一人惑，所适者犹可致也，惑者少也；二人惑则劳而不至，惑者胜也[9]。而今也以天下惑，予虽有祈向，不可得也，不亦悲乎[10]！

大声不入于里耳[11]，折杨皇华则嗑然而笑[12]。是故高言不止于众人之心[13]，至言不出，俗言胜也。以二垂踵惑，而所适不得矣。而今也以天下惑，予虽有祈向，其庸可得耶[14]！知其不可得也而强之，又一惑也。故莫若释之而不推；不推，谁其比忧[15]？厉之人夜半生其子，遽取火而视之，汲汲然唯恐其似己也[16]。

①谀（yú），阿谀。谄（chǎn），谄媚。

②不肖，不似，本指子不似父子贤能，后用作不贤之意，具贬义。"亲之所言"七句，谓不顾是非无原则地肯定父亲的言行，世俗谓之不肖子；不顾是非无原则地肯定君主的言行，世俗谓之不肖臣；然不知是否如此。"未知此其必然邪"系明知故问，是相对下文所说情况而言的。

③"道谀"之道，郭庆藩案："道与谄同义。《荀子·不苟篇》'非谄谀也'、《贾子·先醒篇》'君好谄谀而恶至言'，《韩诗外传》并作道谀。谄与道，声之转。"严，敬也。"世俗之所谓然"四句：上文谓世俗以无原则肯定父与君之言行则谓之不肖子不肖臣，然无原则地以世俗之然为然、以世俗之善为善，却不谓之谄谀之人，难道世俗比父更可敬比君更可尊吗？

④道人，谄媚人。谀人，阿谀人。勃然作色、怫然作色，皆怒形于色之意。

⑤合譬饰辞聚众，用各种譬喻巧饰言辞以邀聚众人，谓众人皆受其欺骗。

坐,犹连也;如"连坐""坐此获罪"皆牵连得罪之意。不相坐,犹不相连,不一致。终始本末不相坐,谓谄谀之人,称他为谄人、谀人,则怒形于色,实际上却终身以谄谀为事,此始终本末不相连,即表里不一,本末相反。(不相坐,《阙误》引张君房本作"不相罪坐"。)

⑥垂衣裳,穿衣着裳。古人长袍大袖,故用垂字。设采色,装饰文采。动容貌,表演容貌。媚,取媚,迷惑。句意谓乔妆打扮,装模作样,取媚一世,而不自认为谄谀之人。

⑦夫(fú)人,这种人,指上述取媚一世而不自认为谄谀之人。与夫人之徒,犹言同这种人一伙。不自谓众人,自以为非同一般。

⑧不解,终身不理解不觉悟。不灵,不自知,不自觉。成玄英疏:"解,悟也。灵,知也。"

⑨所适,所往。致,到达。胜,多也。

⑩予,作者自称,然不知谁何。祈,求也。祈向,犹言追求的目标。

⑪大声,高雅之乐。里,通"俚"。里耳,俚俗之耳。

⑫华,《集释》本作"荂",《释文》引"本又作华",从之。折杨皇华,里巷通俗歌曲。《释文》引"李云:折杨皇华,皆古歌曲也。嗑,笑声也"。

⑬止,至也。

⑭垂踵,《集释》本作"岳锺",《释文》:"岳应作垂,锺应作踵。"从之。成玄英疏:"踵,足也。夫迷方之士,二惑既生,指北为南,垂脚不行,一人亦无由独进,欲达前所,其可得乎。"是成疏本亦作"垂踵也"。"而所适"之而,犹则也。"二垂踵惑,而所适不得矣",言二人裹足不行而又迷惑,则所往之地不能到达。("二垂踵惑"句颇费解,姑从成疏。)庸,何也。"以二垂踵惑,而所适不得矣。而今也以天下惑,予虽有祈向,其庸可得耶"五句,即前文"二人惑则劳而不至,惑者胜也;而今也以天下惑,予虽有祈向,不可得也"五句意思的重复。

⑮释,放也。推,推究。比,与也。"故莫若"三句,谓既已迷惑,不若放下不加推究;不加推究,谁还与之忧虑。此无可奈何之语。

⑯厉,即《齐物论》"厉与西施"之厉,貌丑之人。遽,急速。汲汲然,急迫之貌。丑人夜半生了孩子,急忙取火照看,唯恐婴儿像自己。知其不可而强为之是一种迷惑,无益于事,不如放下不去考虑反倒坦然;孩子生下是否丑陋,匆忙照看一下并无济于事,亦大可不必。此亦无可奈何之语。

★(一)本章作者有感于世风的颓败,以激烈的语言抨击"世俗所谓然而然之,世俗所谓善而善之"的谄谀之人。此等人不承认自己是谄谀之人,而又终身以谄谀为事。作者愤疾之极,却无可奈何;天下皆惑,"予虽有祈向,不可得也"!孤独之感,溢于言表;最后只能以"莫若释之而不推"聊以自解。

(二)道谀,通"谄谀"。郭庆藩谓"道与谄同义"。并指出《韩诗外传》也有这种词例。《汉书·贾邹枚路传》"是以道谀嬬合苟容",王念孙按:"道谀即谄谀之声转。""道"义同谄,是"道"在古籍中极为少见而独特的词义,是古代汉语中最荒谬的词语。

# (一五)

百年之木,破为牺尊,青黄而文之,其断在沟中。比牺尊于沟中之断,则美恶有间矣,其于失性一也。[桀]跖与曾史,行义有间矣,然其失性均也。

且夫失性有五:一曰五色乱目,使目不明;二曰五声乱耳,使耳不聪;三曰五臭薰鼻,困惾中颡;四曰五味浊口,使口厉爽;五曰趣舍滑心,使心飞扬。此五者,皆生之害也。而杨墨乃始离跂自以为得,非吾所谓得也。夫得者困,可以为得乎?则鸠鸮之在于笼也,亦可以为得矣。且夫趣舍声色以柴其内,皮弁鹬冠搢笏绅修以约其外;内支盈于柴栅,外重[约于]缰缴,睆睆然在缰缴之中而自以为得,则是罪人交臂历指而虎豹在于囊槛之中,亦可以为得矣!

## 天地第十二

★《天地》篇极为庞杂，系杂凑而成。最末"百年之木"章主张任物自然，反对损害自然本性。思想内容与文字风格以及"桀跖、曾史"并提，"离跂、纆徽"等特殊词语的使用，都与《骈拇》等三篇及《在宥》前二章相同；故将本章移置《在宥》第二章"崔瞿问于老聃"章之后，注解详见该处。原文仍留《天地》最末，以存其旧。

# 天道第十三

天道，以开头二字名篇。全篇九章，内容庞杂，没有统一的主题。

首章论述"虚静恬淡寂漠无为"之道，作者将道演释成为"天道、帝道、圣道"，将"为君、为臣、帝王天子之德、玄圣素王之道、退居江湖、进而抚世"全混在一起，是道与儒的混合。

二章论述"天乐"，议论玄虚而文词夸诞。

三章论"帝王之德"内容尤为驳杂。作者将"无为"和"有为"并提，以"无为"为君道，"有为"为臣道；并把"无为"蜕变为君主驾御臣下的权术；强调"尊卑先后"，"刑名赏罚"；打着道家"无为"的旗号，而实为刑名家言。

四章"舜问于尧"，表现道家"无为而无不为"的思想。

五章表现《老子》"大道废，有仁义"之旨，认为仁义只会扰乱人的自然本性。

六章作者试图歌颂老子修身的超脱，但表现出来却并不超脱。

七章"夫子"论道，是一篇"至人"的颂赞。

八章论"意之所随者不可以言传"，故"知者不言，言者不知"。

九章轮扁说斲轮是一则精彩的寓言，说明古人之书是古人的糟粕，实即表现上章"意之所随者不可以言传"的道理。

本篇首章"玄圣素王"是汉初谶纬家用语，说明《天道》诸篇是汉初作品。其时上距庄子已大半个世纪。

## （一）

天道运而无所积，故万物成[1]；帝道运而无所积，故天下归[2]；圣道运而无所积，故海内服[3]。明于天，通于圣，六通四辟于帝王之德者，其自

— 天道第十三 —

为也昧然无不静者矣[4]。圣人之静也,非曰静也善,故静也;万物无足以铙心者,故静也[5]。水静则明烛须眉,平中准大,匠取法焉[6]。水静则明,而况精神!圣人之心静乎,天地之鉴也,万物之镜也[7]。夫虚静恬淡寂漠无为者,天地之平而道德之至,故帝王圣人休焉[8]。休则虚,虚则实,实者备矣[9]。虚则静,静则动,动则得矣。静则无为,无为也则任事者责矣[10]。无为则俞俞,俞俞者忧患不能处,年寿长矣[11]。

夫虚静恬淡寂漠无为者,万物之本也[12]。明此以南乡,尧之为君也;明此以北面,舜之为臣也[13]。以此处上,帝王天子之德也;以此处下,玄圣素王之道也[14]。以此退居而闲游江海,[则]山林之士服;以此进为而抚世,则功大名显而天下一也[15]。静而圣,动而王[16],无为也而尊,朴素而天下莫能与之争美[17]。

① 天道,犹自然规律。运,运行,运转。积,《释文》:"谓积滞不通。"自然规律运行而无所积滞则万物生成。

② 帝道,帝王之道。归,归顺,归向。帝王之道运行而无所积滞则天下归顺。

③ 圣道,圣人之道。帝指施政者,圣指修德者。服,悦服。圣人之道无所积滞则海内悦服。

④ 通与辟为近义词,皆通达晓畅之意。六通四辟,犹言全面通晓。成玄英疏:"六通,谓四方上下也;四辟者,谓春夏秋冬也。"意即无论空间时间尽皆通晓。《释文》:"六通,阴阳风雨晦明。四辟,四方开也。"自为,自身的表现。昧然,无形迹之貌。四句意谓,明于天道,通于圣道,全面通晓帝王之德者,其自身的表现则是无形无迹无不入于静的境界。(六通四辟,实不得确解。成玄英疏比较合理,然不知所据。)

⑤ 铙,通"挠",扰乱,干扰。

⑥ 明,清澈。烛,照。中,正也。准,亦平也。大,《易·大壮·象传》:"大者,正也。"《助字辨略》卷四:"大,甚也。""平中""准大"为同义联合结构。

301

二句谓水之平准度甚大,故匠人取以为法。(注家或以"平中准,大匠取法焉"断句。则"中"读去声,合也。准,指水平标准器。二句谓水平符合标准器,故大匠取以为法。如此断句,固亦可通,然不如"平中准大"断句为胜。水平水准,匠皆取法,非独大匠也。语句亦更谐调。)

⑦"静乎"犹"静也"。圣人之心静乎,是陈述语气,非疑问语气。鉴,亦镜也。

⑧虚静、恬淡、寂漠、无为,都是对"静"的描述。平,犹准也,准平,准则。至,极致。休,止也。三句谓虚静恬淡寂漠无为者,是天地间的准则而道德的极致,故帝王圣人止于这种境界。成玄英疏:"虚静恬淡寂漠无为,四者异名同实者也。叹无为之美,故具此四名,而天地以此为平,道德用兹为至也。"

⑨者,通"则"。实者即"实则"。备,《集释》作"伦(倫)",王孝鱼校:《阙误》引张君房本作"備",完备。"实者备矣"与下句"动则得矣"相对,于义为长。虚,陈鼓应译作"空明"。实,充实。

⑩无为则任事者责矣:道家所谓"无为"是因顺自然。顺其自然则事无不成,故老子曰:"无为而无不为。"句意谓无为则事无不成,故任事者皆尽了责任。

⑪俞俞,通"愉愉",愉悦之貌。心境愉悦,没有忧患之感,故能长寿。

⑫物,事也。万物,犹万事。本,根本。

⑬乡,通"向"。南向,亦即南面。古代君主坐位南向,臣下北面而朝,故"南向"即指为君,"北面"即指为臣。

⑭处上,处于上。处下,处于下。玄圣素王,道德高深而无爵位的圣人。成玄英疏:"夫有其道而无其爵者,所谓玄圣素王,自贵者也,即老君尼父是也。"

⑮退,指隐居,即"闲游江海"。"则"字原本缺,按下句例应有"则"字,有"则"字文气方顺。服,敬服。进,指为政。抚世,安抚天下。天下一,天下一统,太平安定。

⑯"静而圣,动而王",犹言退则为玄圣,进则为帝王。郭象注:"时行则行,时止则止。"

⑰朴素,即虚静恬淡寂漠无为之意。

## 天道第十三

★（一）"天道运"章论述"静"亦即所谓"虚静恬淡寂漠无为"之道的意义和作用。

"静"作为哲学范畴原于《老子》。《老子》书中所谓"静"不是绝对的静止，与"动"不是对立的，而是潜移默化的运动，因顺自然的变化。(参见《老子本原·老子与老子之道》)本章作者把"静"解释为"运而无所积"，是其较为独到之处。但作者把"昧然无不静"之道演释出天道、帝道、圣道，谓"天道运而无所积故万物成，帝道运而无所积故天下归，圣道运而无所积故海内服"，则不是老庄的思想，尤其不是庄子的思想。作者将所谓"尧之为君"，"舜之为臣"，"帝王天子之德"，"玄圣素王之道"，"退居而闲游江海"，"进为而抚世"显功名于天下统一起来，全都装在"虚静恬淡寂漠无为"亦即"圣人之静"这个神秘的桶里，这与庄子思想是直接抵触的。庄子"以天下为沉浊，不可与庄语"，决不与统治者合作，因此诸如抚世治国，"功大名显"，都与庄子思想格格不入。

（二）"玄圣素王"一词不见于先秦其他典籍，是汉代才有的名称。《后汉书·班固传》"故先命玄圣"注引《春秋演孔图》："孔子母徵在梦感黑帝而生，故曰玄圣。"《史记·殷本纪》："或曰：伊尹处士，汤使人聘迎之，五反然后肯往从汤，言素王及九主之事。"所引"或曰"，自是汉人用语。《汉书·董仲舒传》："孔子作《春秋》先正天而系万事，见素王之文焉。"《文选·曹摅〈思友人〉诗》注引《论语崇爵谶》："子贡共操仲尼微言以当素王。"《太平御览》二百七引《论语摘辅象》："仲尼为素王，颜渊为司徒。"可知"玄圣素王"是汉初谶纬家常用词语，用以指称孔子。本文用"玄圣素王"泛指有道圣人。可以推知文章出于汉初，作者则是汉初变质了的儒家和道家的混血儿。

# （二）

夫明白于天地之德者，此之谓大本大宗与天和者也[①]，所以均调天下与人和者也[②]。与人和者，谓之人乐；与天和者，谓之天乐。

庄子曰,"吾师乎！吾师乎！齑万物而不为义,泽及万世而不为仁,长于上古而不为寿,覆载天地刻雕众形而不为巧",此之为天乐③。故曰：知天乐者,其生也天行,其死也物化④。静而与阴同德,动而与阳同波⑤。故知天乐者,无天怨,无人非,无物累,无鬼责⑥。故曰：其动也天,其静也地,一心定而王天下⑦；其鬼不祟,其魂不疲,一心定而万物服⑧。言以虚静推于天地,通于万物,此之谓天乐。天乐者,圣人之心以畜天下也⑨。

① 天地之德,即上章虚静恬淡寂漠无为也。大本大宗,即上章万物之本也。与天和,与自然和调一致。郭象注："天地以无为为德,故明其宗本,则与天地无逆也。"

② 均调,均平协调。与人和,与人和调一致。郭象注："夫顺天所以应人也,故天和至而人和尽也。"成玄英疏："均,平也。调,顺也。均平万有,大顺物情,而混迹同尘,故与人和也。"

③ 齑（jī）,和调。泽,惠泽。刻雕众形,塑造各种形体,即生成万物。"齑万物"四句见于《大宗师》,为许由赞美"道"之语,此处引用作庄子赞美虚静恬淡寂漠无为之德,并谓"此之为天乐"；两者意思一致。先秦某子所著书称某子,《大宗师》中许由语,此处引作"庄子曰",恰好证明《大宗师》为庄子所著,同时也证明本篇非庄子所著。——"齑万物而不为义",本篇原作"齑万物而不为戾",此据《大宗师》改。按,作"齑万物而不为戾"也讲得通,但含义有所不同。"齑"之本义是捣碎葱韭之类调味品,引申为摧残之意。戾,暴虐。"齑万物而不为戾,泽及万世而不为仁",两句相对,"戾"与"仁"为反义。谓大道顺其自然,摧残万物不为暴,泽及万世不为仁。"齑万物而不为义,泽及万物而不为仁",则两句平列,"义"与"仁"为类义。齑则捣碎调味品,引申而有和调之义,谓大道顺其自然,和调万物无所谓义,泽及万世无所谓仁。因"齑万物"四句中"不为义、不为仁、不为寿、不为巧","义、仁、寿、巧"词义皆属同类,故首句应从《大宗师》作"齑万物而不为义"。

④ 知天乐者,即"明白于天地之德者",亦即明无为之道者。天行,自然运

行。物化,与物俱化。其生也天行,其死也物化,生死皆顺其自然。

⑤"静而与阴同德"二句,谓动静皆与阴阳相合。

⑥"故知天乐者"五句,成玄英疏:"德合于天,故无天怨;行顺于世,故无人非;我冥于物,故物不累我;我不负幽显,有何鬼责也?"

⑦"其动也天"二句,谓动则如天,静则如地。王天下,与下文"万物服"都是说明"一心定"的作用。

⑧"其鬼不祟"二句:魂,精神。就外界言,鬼神不为祸祟;就自身言,则精神不致疲病。

⑨推,行也,进也。畜,养育。

★本章紧承上章,谓明于天地之德,即明于虚静恬淡寂漠无为之德,则与自然和调一致,这就叫"天乐"。全章即论述"天乐"巨大的作用,并谓"天乐者,圣人之心以畜天下也"。议论玄虚而言词夸诞,内容实甚空洞。

# (三)

夫帝王之德,以天地为宗,以道德为主,以无为为常①。无为也,则用天下而有馀;有为也,则为天下用而不足②。故古之人贵乎无为也。上无为也,下亦无为也,是下与上同德,下与上同德则不臣;下有为也,上亦有为也,是上与下同道,上与下同道则不主③。上必无为而用天下,下必有为为天下用,此不易之道也④。故古之人王天下者,知虽落天地,不自虑也;辩虽雕万物,不自说也;能虽穷海内,不自为也⑤。天不产而万物化,地不长而万物育,帝王无为而天下功⑥。故曰莫神于天,莫富于地,莫大于帝王;故曰帝王之德配天地。此乘天地,驰万物,而用人群之道也⑦。

本在于上,末在于下;要在于主,详在于臣⑧。三军五兵之运,德之末也;赏罚利害,五刑之辟,教之末也;礼法度数,形名比详,治之末也;

钟鼓之音，羽旄之容，乐之末也；哭泣衰绖，隆杀之服，哀之末也⑨。此五末者，须精神之运，心术之动，然后从之者也⑩。

末学者，古人有之，而非所以先也⑪。君先而臣从，父先而子从，兄先而弟从，长先而少从，男先而女从，夫先而妇从⑫。夫尊卑先后，天地之行也，故圣人取象焉⑬。天尊，地卑，神明之位也⑭；春夏先，秋冬后，四时之序也。万物化作，萌区有状；盛衰之杀，变化之流也⑮。夫天地至神，而有尊卑先后之序，而况人道乎！宗庙尚亲，朝廷尚尊，乡党尚齿，行事尚贤，大道之序也⑯。语道而非其序者，非其道也；语道而非其道者，安取道哉⑰！

是故古之明大道者，先明天而道德次之⑱，道德已明而仁义次之，仁义已明而分守次之⑲，分守已明而形名次之⑳，形名已明而因任次之㉑，因任已明而原省次之，原省已明而是非次之㉒，是非已明而赏罚次之；赏罚已明而愚知处宜，贵贱履位，仁贤不肖袭情㉓。必分其能，必由其名㉔。以此事上，以此畜下，以此治物，以此修身，知谋不用，必归其天，此之谓大平，治之至也㉕。

故书曰㉖："有形有名。"形名者，古人有之，而非所以先也㉗。古之语大道者，五变而形名可举，九变而赏罚可言也㉘。骤而语形名，不知其本也；骤而语赏罚，不知其始也，倒道而言，迕道而说者，人之所治也，安能治人㉙！骤而语形名赏罚，此有知治之具，非知治之道；可用于天下，不足以用天下㉚。此之谓辩士，一曲之人也㉛。礼法数度，形名比详，古人有之，此下之所以事上，非上之所以畜下也。

①宗，根本。常，准则。

②"无为"四句：本文所谓"用天下"即统治天下，"为天下用"乃为天下统治者所用。句意谓"无为"则统治天下而有馀，"有为"则为天下统治者所用犹不足。

③"上无为也"八句，谓无为是君德，有为是臣道。如果臣下也无为则不成其为臣，君主也有为则不成其为君。成玄英疏："无为者君德也，有为者臣道也。

— 天道第十三 —

若上下无为，则臣僭君德；上下有为，则君滥臣道。君滥臣道，则非主矣；臣僭君德，岂曰臣哉！"

④ 不易，不变。"上必无为"三句，谓君必无为，臣必有为，是不易之道。成玄英疏："夫处上为君，则必须无为任物，用天下之才能；居下为臣，亦当亲事有为，称所司之职任，则天下化矣。斯乃百王不易之道。"

⑤ 知，通"智"。落天地，成玄英疏为"笼落二仪"，则"落"通"络"。虑，谋虑。辩，辩说之才。雕万物，雕镂万物，形容万事都能辨析清楚。能，能力。穷，尽也。

⑥ 产，生产。化，化育。长，生长。育，生成。功，成功，成效。天下功，天下见其成效。

⑦ 乘，凭依。驰，驱使。

⑧ 本，根本。末，枝节。要，纲要。详，琐细。四句中，"本"与"要"类义，根本与总纲；"末"与"详"类义，枝节琐细的事务。"上"与"主"同义，指君主；"下"与"臣"同义，指臣下。《释文》引李云："本，天道；末，人道。"

⑨ 三军，周制大国三军。五兵，五种兵器。成玄英疏："五兵者，一弓，二殳，三矛，四戈，五戟也。"运，动也。三军五兵之运，泛指军事行动。赏罚利害，即赏利罚害，有利者赏，有害者罚。五刑，五种刑罚，一般指墨、劓、剕、宫、大辟。辟，刑法。赏罚实重在罚，此泛指各种刑罚。礼法度数，指礼法规定的度数，各种等级制度条文。形，实也。形名，指名实的关系。比详，考校审核。形名比详，即名实的考校审核。钟鼓，皆乐器。羽旄，鸟羽兽毛，用作舞具的装饰；羽旄之容即代指舞蹈。衰绖（cuī dié），都是丧服。隆杀，犹高下，指丧服的等级。"三军五兵"十四句，谓无论军事行动、刑罚措施、礼法刑名、音乐舞蹈、哀丧体制，五个方面的具体事务，皆"末"也；都是"末在于下""详在于臣"的事。

⑩ "此五末者"四句，谓上述五个方面的具体事务，都须运精神，动心术才能办到。从，来到，办到。

⑪ 先，根本，首要。郭象注："所以先者本也。"

⑫ 从，跟在后。"君先"六句，表述君臣、父子、兄弟、长少、男女、夫妇

六种尊卑关系。

⑬ 行，行为现象。取象，效法。

⑭ 神明，犹言神圣。

⑮ 化作，犹言化育生长。萌区（gōu），植物发芽。直出的芽叫萌，屈曲的芽叫区。区，通"句（勾）"。《礼记·乐记》："草木茂，区萌达。"《史记·乐书》"区萌达"正义："曲出曰区，菽豆之属；直出曰萌，稻稷之属。"豆类出芽是曲的，谷类出芽是直的。有状，有或曲或直的形状。杀，等差。盛衰之杀，变化之流也，王先谦曰："盛衰之等杀，乃变化之流行也。""万物化作"四句甚觉累赘，无此四句文气似更顺。

⑯ 尚，尊崇，崇尚。尚尊，尊崇爵位高者。尚齿，尊重年辈长者。序，顺序。

⑰ 安取道哉，《集释》本无"哉"字。王孝鱼校："《阙误》引文如海本'道'下有'哉'字。"

⑱ 先明天而道德次之，郭象注："天者，自然也。自然既明，则物得其道也。"成玄英疏："言古之明开大道之人，先明自然之理。为自然是道德之本，故道德次之。"次之，在其后，跟着来。

⑲ 分守，王先谦曰："上下有分，庶职有守。"犹言上下的职责。

⑳ 形名，犹名实。按实定名，循名责实。

㉑ 因任，王先谦曰："因材授任。"

㉒ 原省，追原省察，犹今言调查研究。是非，指明其是非。

㉓ 知，通"智"。愚知处宜，愚者智者各处所宜。履，践也。贵贱履位，贵者贱者各就其位。袭，因也。情，实也。仁贤不肖袭情，仁贤者不成材者各因其情实得到恰当的对待。

㉔ 分，别也。由，因也。必分其能必由其名，分别他们的能力，根据他们的名分，来安排处置。

㉕ 事，事奉。畜，抚育。治物，处理事务。知谋，即智谋。归其天，归于自然。大平，即太平。

㉖ 书，所引不知何书。

㉗"形名者"三句,言形名之说,古已有之,但不处于首要的地位。首要的即下文的"大道"。

㉘古之言大道者,五变而形名可举,言由大道到形名有五变,即前文之"先明天而道德次之,道德已明而仁义次之,仁义已明而分守次之,分守已明而形名次之,形名已明而因任次之"。九变而赏罚可言,即上述五变再加"因任已明而原省次之,原省已明而是非次之,是非已明而赏罚次之,赏罚已明而愚知处宜,贵贱履位,仁贤不肖袭情"。

㉙骤,立即。本、始,均指大道。迕,逆,与"倒"同义。"骤而语形名"八句,言大道是形名赏罚的根本,如果不讲大道,立即讲形名赏罚者,只能被别人统治,不能统治别人。

㉚有知治之具非知治之道,只是懂得统治的具体做法,不懂得统治的大道。可用于天下不足以用天下,可以被天下统治者所用,而不足以享用天下即不能统治天下。

㉛辩士,游说之士,策士。一曲之人,即有一偏之见而不懂大道之人。

㉜事上,事奉在上的统治者。畜下,畜养臣下,亦即统治臣下。

★"夫帝王之德"章内容庞杂而逻辑混乱。

一、"无为"是老子的哲学思想。《老子》第三十七章:"道常无为而无不为。"第三十八章:"上德无为而无不为。"老子所谓"无为",是"莫之命而常自然","辅万物之自然而不敢为"。简捷言之,就是因顺自然。天地无为,而日月运行,风行雨施,万物生长,故"无为而无不为"。为政者无为,让老百姓织而衣耕而食,故"无为而无不为"。老庄哲学中只有"无为",反对"有为"。本章作者盗用"无为"的概念,以之和"有为"并提,认为"无为"是君道,"有为"是臣德。"无为"只能为君上所有,如果臣下"无为"则不成其为臣;"有为"则是臣下之事,如果君上"有为"则不成其为君。"上必无为而用天下,下必有为为天下用,此不易之道也。"这种思想与老庄哲学风马牛不相及。

二、作者把君上无为解释为"知虽落天地,不自虑也;辩虽雕万物,不自说也；能虽穷海内，不自为也"。实际上把"无为"作为一种神秘地驾驭臣下的权术，"故曰莫神于天，莫富于地，莫大于帝王；故曰帝王之德配天地，此乘天地，驰万物，而用人群之道也"。把帝王之权绝对化，臣下必须无条件地服从，一切具体举措都是臣下的事。"本在于上，末在于下；要在于主，详在于臣"，这是极端的法家术士的理论。《韩非子·主道篇》曰：为君之道，"君无见其所欲，君见其所欲，臣将自雕琢；君无见其意，君见其意，臣将自表异"。"故有智而不以虑，使万物知其处；有贤而不以行，观群下之所因；有勇而不以怒，使群臣尽其武。是故去智而有明，去贤而有功，去勇而有强。群臣守职，百官有常，因能而使之，是谓习常。故曰：寂乎其无位而处，漻乎莫得其所。明君无为于上，群臣竦惧乎下。"韩非这些论述，与"上必无为而用天下，下必有为为天下用"一段完全合拍，把道家的"无为"蜕化为法家的"无为"，名词一样，实质已完全改变。

三、作者特别强调"尊卑先后"，认为是神圣的原则。所谓"君先而臣从，父先而子从，兄先而弟从，长先而少从，男先而女从，夫先而妇从；夫尊卑先后，天地之行也，故圣人取象焉"。又曰："夫天地至神，而有尊卑先后之序，而况人道乎！宗庙尚亲，朝廷尚尊，乡党尚齿，行事尚贤，大道之序也。"这些观念又来自儒家，与《孟子·公孙丑下》"朝廷莫如爵，乡党莫如齿，辅世长民莫如德"略为相近，而与法家思想不相涉；法家只讲刑名赏罚，而不涉宗庙乡党亲尊齿贤之类的伦理。

四、文章后面两段论述形名赏罚——所谓"形名"，又作"刑名"，形者实也，原是研究名与实的关系。《尹文子·大道上》："名者，名形者也；形者，应名者也。"法家把"刑名"和"法术、赏罚"联系起来，把"名"引申为法令、科条等等，主张循名责实，慎赏明罚。《韩非子·二柄》："人主将欲禁奸，则审合刑名。刑名者，言与事也。为人臣者陈而言，君以其言授之事，专以其事责其功。"法家讲"形名"是简要明白的，什么样的事对应什么样的名，什么样的事实就做什么样的处理。本文却把"形名"讲得非常神秘，把"天、道德、仁义、分守、形名、因任、原省、是非、赏罚"分别属于道家、儒家、法家的概念全搓在一根由作者捏造的所谓"明大道"的绳索上。明明是讲"形名、赏罚"，却偏要把所谓"天、道德"强调到至高无上的地位,以之为形名赏罚之"本";这在理论上荒诞,逻辑也是混乱的。

王夫之《庄子解》指出"此定非庄子之书,且非善学庄子者之所拟作"。"其意以兵刑法度礼乐委之于下,而按分守执名法以原省其功过。此形名家之言,而胡亥督责之术,因师此意,要非庄子之旨。"船山的见解极为精辟正确。但作为形名家言也不是干脆明白的,而拖泥带水掺杂了许多庞杂的内容。

## (四)

昔者舜问于尧曰:"天王之用心何如?①"

尧曰:"吾不敖无告,不废穷民②,苦死者嘉孺子而哀妇人③,此吾所以用心已!"

舜曰:"美则美矣,而未大也。④"

尧曰:"然则何如?"

舜曰:"天德而出宁:日月照而四时行,若昼夜之有经,云行而雨施矣。⑥"

尧曰:"胶胶扰扰乎!子,天之合也;我,人之合也。⑤"

夫天地者,古之所大也,而黄帝尧舜之所共美也。故古之王天下者,奚为哉,天地而已矣⑦。

① 天王,指尧。
② 敖,通"傲",慢侮。无告,孤苦无告的人。废,弃也。穷民,穷困之民。《孟子·梁惠王下》:"老而无妻曰鳏,老而无夫曰寡,老而无子曰独,幼而无父曰孤。此四者,天下之穷民而无告者。"此言"穷民""无告"应与孟子所说相同。
③ 苦,悲悯。嘉,关爱。句意谓悲悯死者,关爱其孩子,哀怜其妇人。
④ 美,善。未大,不是最好的。

⑤天德而出宁，天之德乃使一切安宁。日月照，四时行，昼夜有常，云行而雨施，上天无为而一切自然运行。（孙诒让《庄子札迻》："出当作土，形近而误。天与土，日月与四时，文皆平列。"按，孙说非是。这段话重在说明"天德"，"天德而出宁"总冒下文日月四时云雨，不涉及土。）

⑥胶胶扰扰，《释文》，"动乱之貌"。成玄英疏，"皆扰乱之貌也"。此尧言自己的作为徒扰乱而已。子，指舜。天之合，合于天德。人之合，合于人事。

⑦美，赞颂。天地而已矣，合于天地之德而已矣。"夫天地者"一节是作者叙述尧舜对话之后作的小结。

★"舜问于尧"章虽没有出现"无为"之类的词语，实表现"上德无为而无不为"的思想。

# （五）

孔子西藏书于周室。子路谋曰①："由闻周之征藏史有老聃者，免而归居，夫子欲藏书，则试往因焉。②"

孔子曰："善。"

往见老聃，而老聃不许，于是繙十二经以说③。

老聃中其说，曰："大谩，愿闻其要。④"

孔子曰："要在仁义。"

老聃曰："请问，仁义，人之性邪？⑤"

孔子曰："然。君子不仁则不成，不义则不生。仁义，真人之性也，又将奚为矣？⑥"

老聃曰："请问，何谓仁义？"

孔子曰："中心物恺，兼爱无私，此仁义之情也。⑦"

老聃曰："意，几乎后言⑧！夫兼爱，不亦迂乎！无私焉，乃私也⑨。

— 天道第十三 —

夫子若欲使天下无失其牧乎[10]！则天地固有常矣[11]，日月固有明矣，星辰固有列矣，禽兽固有群矣，树木固有立矣[12]。夫子亦放德而行，循道而趋[13]，已至矣；又何偈偈乎揭仁义若击鼓而求亡子焉[14]。意，夫子乱人之性也！"

① 子路，孔子弟子，姓仲，名由，字子路。

② 征藏史，《释文》引"司马云：征藏，藏名。一云：征，典也"。藏书之所，犹今之图书馆。征藏史，当是官名。老聃，即老子。《史记·老子列传》：老子，"名聃，周守藏室之史也"。免，免职。因，依也。谓藏书可请老子提供帮助。

③ 繙（fán），成玄英疏："委曲敷演，故繙复说之。"十二经，所指不详。《释文》引说者云："《诗》《书》《礼》《乐》《易》《春秋》六经，又加六纬，合为十二经也。一说云：《易》上下经并十翼为十二。又一云：《春秋》十二公经也。"自先秦至汉代典籍中所谓"十二经"仅见于此。《释文》所引，说法不一，皆属猜测。

④ 中其说，中断孔子的话。大，同"太"。大谩，太繁琐冗长。老子嫌孔子的演说太繁，故中断他的话，要他述其简要。

⑤ 性，本性。

⑥ 又将奚为，此强调仁义乃人之性，谓除了仁义，还要什么呢。

⑦ 中心物恺，成玄英疏："恺，乐也。忠诚之心，愿物安乐。"照成疏之意，则"中心物恺"即中心于物恺；物指一切人，谓中心愿一切人都快乐。情，实也，实情。兼爱，对人一视同仁。

⑧ 意，叹词。几（幾），危也。几乎后言，谓后面这些话是危险的。《释文》："幾，司马本作颀。云：颀，长也，后言长也。"按，后言长也，与前文老子曰"大谩"意思相类。

⑨ 无私焉，乃私也，按照老子哲学，一切顺其自然，无所谓爱，也无所谓私；宣称"无私"，本身就有"私"的观念。所以说"无私焉，乃私也"。

⑩ 牧，《释文》引"司马云：牧，养也"。

⑪ 固，本来。常，正常的运行。

⑫ 立，树立，指生长。

313

⑬放，通"仿"，效法。德，指自然之道，下文"道"义同。循，因顺。

⑭偈偈（jié），费力之貌。揭，标举。亡子，逃亡者。击鼓而求亡子，打着鼓去追逃亡者，逃亡者会逃得更快；比喻用仁义去论人性离人性更远。

★（一）《老子》第十八章云："大道废，有仁义。"老子主张因顺自然，所谓仁义只会扰乱人的自然本性；即本章之旨。

（二）十二经，陈鼓应据严灵峰说改为六经。严氏之言曰："诸说并傅会也。按，孔子之时无纬书，十翼亦未成。《天运》篇云：'丘治《诗》《书》《礼》《乐》《易》《春秋》六经。'又云：'夫六经，先王之陈迹也。'皆举六经，未及六纬。'十二'字疑系'六'字缺坏，拆而为二，改为十二耳。兹据《天运》篇文改。"按，严灵峰之说决不可取。《释文》所引三说可能都是傅会，但严氏之说亦只是"疑"而已，离"傅会"也不远。"孔子之时无纬书，十翼亦未成"，是确实的；但孔子之时又何尝有六经之说？作为经典的《礼》也未必就"成"了！无论《天运》所说，抑或本文所述，无非都是寓言，都是故事，怎么可能认定《天运》一定是而本篇就一定非呢！改易古书极宜慎重。严灵峰只是"疑"，陈鼓应即当作事实而径改原文，极不严肃。

# （六）

士成绮见老子而问曰①："吾闻夫子圣人也，吾固不辞远道而来愿见，百舍重趼而不敢息②。今吾观子，非圣人也。鼠壤有馀蔬而弃妹之者，不仁也③，生熟不尽于前，而积敛无崖。④"

老子漠然不应。

士成绮明日复见，曰："昔者吾有刺于子，今吾心正却矣⑤，何故也？"

老子曰："夫巧知神圣之人，吾自以为脱焉⑥。昔者子呼我牛也而谓之牛，呼我马也而谓之马。苟有其实，人与之名而弗受，再受其殃⑦。吾服也

## 天道第十三

恒服，吾非以服有服⑧。"

士成绮雁行避影，履行遂进而问⑨："修身若何？"

老子曰："而容崖然，而目冲然，而颡頯然，而口阚然，而状义然，似系马而止也⑩。动而持，发也机，察而审，知巧而睹于泰⑪，凡以为不信⑫。边竟有人焉，其名为窃⑬。"

① 士成绮，寓言人物。

② 固，通"故"。百舍，《释文》引"司马云：百日止宿也"。重趼（jiǎn），脚底长了厚茧。

③ 鼠壤，老鼠土穴。蔬，《释文》引"司马云：蔬读为糈，粒也"。指粮食。妹，通"昧"。昧之者，昏昧无知之人。对昏昧者亦不应弃之，而汝竟弃之，是不仁也。又，昧亦可指衰老者，取其老而昏昧之义。见《白虎通义·礼乐》。老鼠洞穴中有馀蔬而弃衰老穷困者，两者相关。"弃昧之者"与前章"不教无告"义正相反。（注家或有望文生义者，解"弃妹"为"抛弃妹妹"，肯定不是。）

④ 生熟，泛指各种生熟物品。成玄英疏："生，谓粟帛；熟，谓饮食。"积敛，积聚财物。无崖，无限，言甚多。

⑤ 刺，讥刺。却，成玄英疏，"空也，息也"。吾心正却，谓心里感到不踏实。友人储庭焕曰："正，诚也。却，通怯，畏怯。吾心正却矣，谓我真害怕了。"储君之说，可供参考。

⑥ 知，通"智"。脱，《田子方》"孰能脱焉"成玄英疏："脱，免也。"老子认为自己不是巧知神圣之人。

⑦ "昔者"五句，谓你叫我为牛我就自认为牛，叫我为马我就自认为马。如果我真是牛马，人们这样叫我却不接受，我就更要遭殃了。

⑧ 服，顺从。恒，常也。"吾服也"二句，谓我之所以顺从是因为我总是顺从的，并非为了有意去顺从而顺从，一切顺其自然而已。

⑨ "雁行避影，履行遂进"，成玄英疏："成绮自知失言，身心惭愧，于是雁行斜步，侧身避影，随逐老子之后，不敢履蹑其迹。"

⑩ 而，通"汝"。后四"而"字并同。容，容态。崖然，犹岸然，傲岸之貌。目冲然，指目光射人。颡（sǎng），额头。頯（huì），高耸之貌。成玄英疏："颡额高亢，显露华饰，持此容貌，矜敖于物。"《大宗师》篇写真人亦有"其颡頯"之词，用于褒义，此用于贬义。閜（hǎn）然，大张阔口之貌。郭象注："虓豁之貌。"成玄英疏："谓志性强梁，言语雄猛，夸张虓豁，使人可畏也。"义（義），借作"峨"。峨然，高傲之貌。似系马而止也，像想要奔驰而被系住了的马，被迫站在那儿。

⑪ 动而持，想动而强自控制。发也机，发动起来如放弩矢。成玄英疏："机，弩矢。"察而审，苛察而精审。用于贬义，犹《贾子·道术》所谓"纤微皆审谓之察"。知，通"智"。泰，骄纵。智巧而睹于泰，王先谦曰："智巧而见于骄泰之色。"

⑫ 信，实也。凡以为不信，"以"犹所也，凡所为皆不真实。

⑬ 边竟，即"边境"。窃，贼。"边竟"二句，言边境有这种人，其名叫贼。实际是说，你就是这种人。郭象注："亦如汝所行，非正人也。"

★这个士成绮不自量力，竟然敢尖锐地指斥老子。接着他又害怕了，前倨后恭，结果还是讨得一场没趣。故事作者的主观意图，大概是要歌颂老子"吾自以为脱焉"，不自以为圣人，也不在乎别人的指责；同时说明傲慢巧智之人是谈不上"修身"的。但故事塑造的老子并不成功。"鼠壤有馀蔬"，"积敛无崖"，与守拙抱朴的老子太不相称。（如果是士成绮的诬蔑，文中并未说明。）被士成绮无端指斥了一通，老子表面上似乎很谦卑，一抓住机会，却把人家骂得狗血淋头。这样的老子形象太不成其为老子了。

## （七）

夫子①曰："夫道，于大不终，于小不遗，故万物备②；广广乎其无不容也，渊渊乎其不可测也③。形德仁义，神之末也，非至人孰能定之④！夫至

## 天道第十三

人,有世不亦大乎而不足以为之累⑤。天下奋棅而不与之偕⑥,审乎无假而不与利迁⑦。极物之真,能守其本⑧,故外天地,遗万物,而神未尝有所困也⑨。通乎道,合乎德,退仁义,宾礼乐⑩,至人之心有所定矣。"

① 夫子,与《天地》"夫子曰"之夫子相同,作者称其老师。
② "于大不终,于小不遗",成玄英疏:"终,穷也。""大无不包,细无不入。"万物备,万物皆备于道,即皆道之体现。
③ 广广,极广大之貌。渊渊,甚深沉之貌。《集释》本不叠"渊"字,此从王孝鱼校据"《阙误》引江南古藏本","渊渊"与"广广"相对。成玄英疏:"广广叹其宽博,渊乎美其深远。"
④ 形,通"刑"。神,精神。成玄英疏:"夫形德仁义者,精神之末迹耳。"至人,最高的体道者。
⑤ 有世,拥有天下。累,拖累。句意谓,即使拥有天下也不足以为之拖累。
⑥ 奋,奋争。棅,同"柄",权柄。偕,一起参与。不与之偕,谓不参与争夺权力。
⑦ 审,确实。假,借也,凭也。无假,犹《逍遥游》所谓"无所待"。不与利迁,不随利而转移。
⑧ "极物"二句,谓极尽物之真性,能守道之根本。
⑨ 外,置于外。遗,遗忘。困,困扰。
⑩ 退,去掉。宾,通"摈",摈弃。

★本章谓至人不与物争,不为利诱,外落天地,遗忘万物,退仁义,摈万物,而通于道德;这是一段至人的颂赞。

## (八)

世之所贵道者书也,书不过语,语有贵也;语之所贵者意也,意有所随;意之所随者不可以言传也①。而世因贵言传书②。世虽贵之,我犹不足贵也,为其贵非其贵也③。故视而可见者形与色也,听而可闻者名与声也④。悲夫,世人以形色名声为足以得彼之情⑤!夫形色名声果不足以得彼之情⑥,则"知者不言,言者不知",而世岂识之哉⑦!

①随,从也。"世之所贵"七句,谓世俗所贵于道者是书上说的,书不过是语言的记录,语言有可贵者;语言所贵在于有所表述的意思,意思是从属一种东西的;而意思所从属的东西是不可以言传的。"意之所随者"指精妙无比之道。

②"而世"句,谓世俗因贵重语言而传之于书。"不可以言传"之传,传达;"贵言传书"之传,传写。

③贵非其贵,真可贵者是道,而世俗"贵言传书",所以说贵非其贵。

④故,犹"夫"也。此发语词,非转折之词。

⑤情,实也,指真象。得彼之情,得到事实的真象。

⑥果,确实。

⑦"知者不言,言者不知"引用《老子》五十六章文。知者不言,因为是不可以言传的,世俗哪里懂得这个道理!

★"意之所随者不可以言传也",故"知者不言,言者不知",即本章之旨。

## (九)

桓公读书于堂上①。轮扁斫轮于堂下,释椎凿而上②,问桓公曰:"敢问,公之所读者何言邪?"

公曰:"圣人之言也。"

曰:"圣人在乎?"

公曰:"已死矣。"

## 天道第十三

曰:"然则君之所读者古人之糟魄已乎③!"

桓公曰:"寡人读书④,轮人安得议乎!有说则可,无说则死!"

轮扁曰:"臣也以臣之事观之。斫轮,徐则甘而不固,疾则苦而不入⑤。不徐不疾,得之于手而应之于心,口不能言,有数存焉于其间⑥。臣不能以喻臣之子⑦,臣之子亦不能受之于臣,是以行年七十而老斫轮。古之人与其不可传也死矣,然则君之所读者古人之糟魄已夫!⑧"

① 桓公,自春秋至战国,郑、曹、陈、卫、鲁、燕、姜齐、田齐、宋、秦各国都有桓公,姜齐桓公最有名,为五霸之首,故注家多注为姜齐桓公。寓言人物,是哪位桓公无法确定,也无须追究。

② 轮扁,斫轮匠人名扁。斫(zhuó),砍削。斫轮,据文意,是用原木砍削成为车轮。释,放下。椎凿,槌子凿子,匠人所用工具。

③ 糟魄,通"糟粕"。

④ 寡人,寡德之人,古代帝王或国君的谦称。

⑤ 斫轮,用斧头砍削车轮。因前文有"释椎凿"之文,故或以是椎凿打孔调榫,其实不是,斫必须用斧。《淮南子·主术》曰:"凿者不斫,工无二伎。"此指砍削圆木车轮,需要很高的技术。甘与苦相对,甘指太轻,苦言太重。成玄英疏:"甘,缓也。"《尔雅·释诂》:"苦,急也。"固,定也,不固指不能命中。入,《淮南子·主术》"曲直之不相入"高诱注:"入,中也。"不入,即不中,不合。徐则甘而不固,慢了用力太小,因是圆木,砍下去斧头滑动不能命中。疾则苦而不入,快了用力过猛,砍坏了不合要求。

⑥ 数,术,指独到的技巧。"不徐不疾"四句,谓必须不快不慢,恰如其分,就能得之于手而应之于心。这里面有一种独到的技巧,是说不出来的。此犹庖丁所谓"臣之所好者道也,进乎技矣"。成语"得心应手"即出于此。

⑦ 喻,清楚地告知。

⑧ "古之人"二句,谓古代的人连同他们无法传授的东西都已死去,所以你们读的只是古人的糟粕。

★轮扁所论即前章"意之所随者不可以言传"道理的形象表现。两者合为一章亦无不可。

"意之所随者不可以言传"的道理,通过轮扁的经验之谈,表述得更为清楚明白。老师教学生,师傅带徒弟,固然可以教一些要领,但真正掌握,却只能学者自己去实践体会,而不能通过语言简单地得到,任何学问、知识、经验、技能、技巧都莫不如此。元好问论诗云:"鸳鸯绣就从教看,莫把金针度与人。"也正是这个意思。鸳鸯绣好了,只能让别人去揣摩研究,刺绣者不可能把针法的奥秘授予别人。不是不愿授予,而是无法授予。(莫,同李白诗"一夫当关,万夫莫开"之莫,不能也,非"不要"之意。)

当然话说回来,古人的思想、理论、知识,毕竟是通过书流传下来的,不能把轮扁的话绝对化,书还是要读的,而且要认真深入地读。也应该用轮扁精神去对待书本身,即对书也要通过实践体会,变成自己的心得。

轮扁理论与孟子说的"尽信书不如无书"表面上相似,实质是不同的。孟子说的是书所记载的事物有些可能不真实不正确,所以不能尽信,轮扁说的是事物的精神实质无法用语言表达。

现代"糟粕"一词往往同"精华"相对。"精华"指事物中珍贵的有用的部分,"糟粕"则指无用的甚至有害的部分。本文的"糟魄"(即糟粕)则与"实质"相对,比喻无法表达实质的语言形式特别是书面语言形式。

轮扁斫轮是《庄子》书中最精彩的寓言之一。《庄子》书的寓言多用神奇荒诞题材,而这则寓言却来于生活。内容浅显明白,表达的哲理却极为深刻。

# 天运第十四

以首句中"天运"二字名篇,由八章文字杂凑而成,没有统一的思想内容。

首章提出有关天地日月云雨风的十五个问题,表现出一种科学探索精神,然后文巫咸所说答非所问。

二章商大宰荡问仁,说明道之真谛在于纯任自然,儒家所谓仁孝之类只是成为道之拖累。

三章黄帝论咸池之乐,用以喻道之修养,然所论极为神秘,语言亦甚艰涩。

四章师金论述不同的时代需有不同的政治措施,"礼义法度者,应时而变者也",表现的是法家思想。

五章老聃论道,将道、儒、法三家思想强行拉在一起,内容相当混乱。

六章老聃主张"使天下无失其朴",反对儒家仁义之说。

七章老聃论三皇五帝之治,攻击极其尖锐。

八章老聃论六经乃先王之陈迹,治之无益;物各有其本性,应任其自然。

## (一)

"天其运乎?地其处乎?日月其争于所乎[1]?孰主张是?孰维纲是?孰居无事推而行是[2]?意者其有机缄而不得已邪?意者其运转而不能自止邪[3]?云者为雨乎?雨者为云乎[4]?孰隆施是[5]?孰居无事淫乐而劝是[6]?风起北方,一西一东,在上彷徨,孰嘘吸是?孰居无事而披拂是[7]?敢问何故?[8]"

巫咸袑曰[9]:"来,吾语女[10]!天有六极五常[11],帝王顺之则治,逆之则凶。九洛之事⑫，治成德备，监临下土，天下戴之，此谓上皇⑬。"

① 其，犹岂也，疑问副词。三句"其"字并同。运，运行，运转。处，静处，静止。古人从地上观察，天寰转动不停，大地似静止不动，日月仿佛在追赶争夺处所，故发此奇问。文章没有说问者是谁。——处、所，古韵阴声鱼部。

② 孰，谁。主张，主宰，张罗。维纲，二者都是绳索，此动词，用绳索系住。三句谓，谁主持天的运行？谁用绳索固定大地？日月追逐谁推而行之？《楚辞·天问》："圜则九重，孰营度之？惟兹何功，孰初作之？斡维焉系？天极焉加？"所问内容相似。——张、纲，古韵阳声阳部。

③ 意者，疑想之词。机缄（jiān），犹机关。"意者"二句，谓天地日月的运行是某种机关在推动还是自身运转不已。——已、止，古韵阴声之部。

④ "云者"二句，谓是云为雨而生，还是雨为云而生。

⑤ 隆，兴。施，降也。句意谓谁在兴云降雨。

⑥ 劝，助成。作者设想是否宇宙间阴阳交合而生云雨，故曰谁居无事淫乐而助成其事。

⑦ 一西一东，谓风一时西一时东。彷徨，来回飘荡。嘘吸，呼吸。披拂，犹言扇动。——方、徨，古韵阳声阳部。

⑧ 敢问何故，文章依次问到天地、日月、云雨和风，问是何缘故。

⑨ 巫咸，传说中神巫之名，见于《楚辞》《淮南子》《山海经》等书。《楚辞·离骚》王逸注："巫咸。古神巫也，当殷中宗之世。"袑（tiáo，又 shào），典籍中仅见于此，含义不详。（成玄英疏："袑，名也。"非是，巫咸即巫名咸，袑自非其名。）其字从示召声，当为告示之意。"巫咸袑曰"犹言"巫咸告之曰"。

⑩ 语（yù），告诉。女，通"汝"。

⑪ 六极五常，成玄英疏："六极，谓六合，四方上下也。五常，谓五行，金木水火土。"

⑫ 九洛，成玄英疏："九洛之事，九州聚落之事。"意谓即九州之事。《集释》引郭嵩焘说："九洛之事，即禹所受之九畴也。"郭说据《书·洪范》："天乃锡禹洪范九畴。"《易·系辞上》："河出图，洛出书，圣人则之。"汉儒谓洛出书即洪范九

322

畴。按，注家皆猜测，九洛之事，义实不详。

⑬治成德备，其治成功，其德完备。监临，犹照临，实即统治。戴，拥戴。

★本章前段，是一篇小《天问》，作者提出有关天地日月云雨风等十五个问题，表现出一种探索自然的可贵精神。这些问题在当时的条件下要作出科学的回答是不可能的。但如果请老子来回答，其必曰："天地万物生于有，有生于无。"如果请庄子来回答，他可能说："必有真宰，而特不得其眹。"如果让具有道家精神的大诗人李太白来回答，他会高唱："谁挥鞭策驱四运，万物兴歇皆自然！"文中巫咸却说什么六极五常，顺之则治，逆之则凶；貌似高深，实答非所问。提问者具有科学探求精神，解答者莫名其妙，毫无意义。

"天运"所问，与《楚辞·天问》精神相通，巫咸亦见于《楚辞》，因疑此文或出于楚人。《天下》篇云："南方有倚人焉，曰黄缭，问天地所以不坠不陷风雨雷霆之故。"黄缭所提的问题，实与《天运》所提相同，《天运》的提出者是否即黄缭？这些问题在当时虽无法得到解答，却是《庄子》书中难得有的直接涉及探索天地自然的内容，因而极为珍贵。

# （二）

商大宰荡问仁于庄子①。

庄子曰："虎狼，仁也。"

曰："何谓也？"

庄子曰："父子相亲，何为不仁②。"

曰："请问至仁？"

庄子曰："至仁无亲。③"

大宰曰："荡闻之，无亲则不爱，不爱则不孝。谓至仁不孝，可乎？"

庄子曰："不然。夫至仁尚矣，孝固不足以言之④。此非过孝之言也，不及孝之言也⑤。夫南行者至于郢，北面而不见冥山，是何也，则去之远也⑥。故曰：以敬孝易，以爱孝难；以爱孝易，以忘亲难；忘亲易，使亲忘我难；使亲忘我易，兼忘天下难；兼忘天下易，使天下兼忘我难⑦。夫德遗尧舜而不为也，利泽施于万世天下莫知也，岂直大息而言仁孝乎哉⑧！夫孝悌仁义，忠信贞廉，此皆自勉以役其德者也，不足多也⑨。故曰：至贵，国爵并焉；至富，国财并焉⑩；至愿，名誉并焉⑪。是以道不渝。⑫"

①商，即宋国，周初封商后于宋，地在今河南东部，都商丘。庄子即为宋人。太宰，官名。荡，太宰之名。

②父子，指虎狼父子。——亲，仁，古韵阳声真部。

③至仁，最高境界的仁。庄子所说的"至仁"进入道的境界，一切自然，也就无所谓亲疏，犹《齐物论》所谓"大仁不仁"。成玄英疏："夫至仁者，忘怀绝虑，与太虚而同体，混万物而为一，何亲疏之可论乎！泊然无心而顺天下之亲疏也。"

④"至仁尚矣"二句，谓至仁是最高的境界，所谓孝不足以论至仁。

⑤"此非过孝"二句，王先谦曰："如子所言，以亲爱为至仁，非过孝之言，不及孝之言也。"

⑥郢，楚国首都，今湖北江陵。冥山，山名，不知所指何山，必在北方。向郢都南走，北面不见冥山，是因为相距远了。比喻以亲爱为孝来谈至仁，只会离至仁愈远。

⑦"以敬孝易"十句："以敬孝"注重外表形迹故容易，"以爱孝"出于感情故比较难；"以爱孝"出于一般的情感相对容易，"忘亲"则顺乎自然本性又比较难；从自己一方"忘亲"相对容易，"使亲忘我"即使父母也顺乎自然本性而忘我则比较难；"使亲忘我"支点很小比较容易，"兼忘天下"即忘怀一切更难。兼，尽也。自身忘怀一切又比较容易，"使天下兼忘我"即使整个天下让我守其本性，顺其自然、物我皆忘，则尤其难。储庭焕曰："所谓忘者，无爱亦无增也。所谓天下兼忘我者，让我自然自在不受任何干扰之意；此尤难也。"

⑧遗，成玄英疏，"忘弃也"。为，指为天下。直，但。大息，同太息。犹言

长叹息,忧虑之貌。"夫德遗尧舜"三句:道德之高至遗落尧舜也不去治天下,此我忘天下也。利泽施于万世而天下也不知道,此天下忘我也。到达这种境界,哪里还会去忧虑什么仁不仁孝不孝呢。

⑨ 自勉,犹言自我强迫。役其德,役使其德,拖累其德。多,称美,着重。"夫孝悌"四句,谓世俗所谓孝悌仁义忠信贞廉的修养,都是自己难为自己而拖累大德,是不值得看重的。

⑩ 国爵,国之爵位,公侯之类,此泛指高位。并,通"屏",屏弃。

⑪ 至愿名誉并焉,成玄英疏:"夫至愿者,莫过适性也。既一毁誉,混荣辱,忘物我,泯是非,故令闻声名,视之如涕唾也。"奚侗说,"至愿"当为"至显"之误。因下文有"以显为是者不能让名",显与名相关,此处"愿"亦当作"显"。奚说可供参考。

⑫ 渝,变也。是以道不渝,成玄英疏:"既忘富贵,又遗名誉,是以道德淳厚,不随物变也。"

★本章说明道之真谛在于纯任自然,忘怀一切,所谓仁孝之类的修养只是成为道德的拖累。

章中所谓"忘"即"鱼相忘于江湖"之"忘"。我"忘亲","亲忘我",我"忘天下","天下忘我",都是顺其本性,放任自然之意。

作者的锋芒是指向儒家的,所谓孝悌仁义忠信贞廉都是儒家的理念,而文章认为"此皆自勉以役其德者也",意即皆是自我强迫而拖累道德的。

凡有所谓"庄子曰",说明文章是庄子后学所作。"庄子曰"未必真是庄子在"曰",实际"曰"的是文章的作者。

## (三)

北门成问于黄帝曰①:"帝张咸池之乐于洞庭之野②,吾始闻之惧,复闻之怠，卒闻之而惑，荡荡默默，乃不自得。③"

帝曰："汝殆其然哉④！吾奏之以人，徵之以天，行之以礼义，建之以太清⑤。四时迭起，万物循生；一盛一衰，文武伦经；一清一浊，阴阳调和，流光其声；蛰虫始作，吾惊之以雷霆⑥；其卒无尾，其始无首⑦；一死一生，一偾一起⑧；所常无穷，而一不可待⑨，汝故惧也。

"吾又奏之以阴阳之和，烛之以日月之明⑩，其声能短能长，能柔能刚，变化齐一，不主故常⑪，在谷满谷，在坑满坑⑫，涂郤守神，以物为量⑬。其声挥绰，其名高明⑭。是故鬼神守其幽，日月星辰行其纪⑮。吾止之于有穷，流之于无止⑯。子欲虑之而不能知也，望之而不能见也，逐之而不能及也，傥然立于四虚之道，倚于槁梧而吟⑰。[心穷乎所欲知]，目穷乎所欲见，力屈乎所欲逐⑱，吾既不及已夫⑲！形充空虚，乃至委蛇。汝委蛇，故怠⑳。

"吾又奏之以无怠之声㉑，调之以自然之命㉒，故若混逐丛生㉓，林乐而无形㉔；布挥而不曳，幽昏而无声㉕。动于无方，居于窈冥㉖。或谓之死，或谓之生；或谓之实，或谓之荣；行流散徙，不主常声㉗。世疑之，稽于圣人㉘。圣也者，达于情而遂于命也㉙。天机不张而五官皆备㉚，无言而心悦，此之谓天乐㉛。故有焱氏为之颂曰：'听之不闻其声，视之不见其形，充满天地，苞裹六极㉜。'汝欲听之而无接焉，而故惑也㉝。

"乐也者，始于惧，惧故祟。吾又次之以怠，怠故遁；卒之于惑，惑故愚；愚故道㉞，道可载而与之俱也㉟。"

① 北门成，寓言人物。成玄英疏："姓北门，名成，黄帝臣也。""黄帝臣"其实是假想之词。

② 帝，称黄帝。张，施也，指演奏。咸池之乐（yuè），乐章之名。洞庭，叠韵联绵词。洞庭之野，犹广漠之野。成玄英疏："洞庭之野，天地之间，非太湖之洞庭也。"按《楚辞·九歌·湘君》"遵吾道兮洞庭"王逸注："洞庭，太湖也。"洪兴祖补注："按吴中太湖，一名洞庭；而巴陵之洞庭，亦谓之太湖。逸云太湖，

326

盖指巴陵洞庭耳。"此寓言中太湖,成玄英特别说明,非太湖之洞庭,自亦非湖南之洞庭。

③"吾始闻之而惧"五句：惧、怠、惑,三词都有特定的含义。惧,惊惧,不可理解。怠,成玄英疏为"退息",松弛、宽适之意。惑,成玄英疏为"暗也",指迷茫不知所以的状态。荡荡默默,恍惚迷离之状。不自得,犹言不自知所以然。郭象注为"坐忘之谓也"。成玄英疏："不悟至乐（yuè），初闻之时,惧然惊悚；再闻其声,稍悟音旨,故惧心退息；最后闻之,知至乐与二仪合德,视之不见,听之不闻,故心无分别,有同暗惑者也。""体悟玄理,故荡荡而无偏,默默而无知,芒然坐忘,物我俱丧,乃不自得。"——野、惧,古韵阴声鱼部。怠,古韵阴声之部；惑、默、得,入声职部。

④汝殆其然哉,你会这样的。这是一种轻蔑语气。

⑤奏之以人,以人事演奏。徽,《集释》本作"徵",《释文》谓"古本多作徽"。成玄英疏"徽,顺也",是成玄英本亦作"徽"。徽之以天,顺之以天理。行之以礼义,表现礼义之宜。建之以太清,建,立也。成玄英疏："太清,天道也。"建立于天道。（"建之以太清"之后,《集释》本有"夫至乐者,先应之以人事,顺之以天理,行之以五德,应之以自然,然后调理四时,太和万物"七句三十五字,敦煌唐写本、宣颖《南华经解》、赵谏议本、王元泽《南华真经新传》、林希逸《南华真经口义》,并无此七句。"应之以人事,顺之以天理"即解释上文"奏之以人,徽之以天"。"行之以五德,应之以自然",即解释上文"行之以礼义,建之以太清"。五德所指不详,必包有礼义,五德为礼义之扩展。太清,天也,亦即自然。"调理四时,太和万物",即解释下文"四时迭起,万物循生"。此七句三十五字疑为郭象注文错入正文者,注文当在"万物循生"句之后。无此七句,则"建之以太清"句末"清"字与下文"生、经、声、霆"诸字为韵,亦可证此七句非正文。）

⑥迭,更迭。循,顺也。伦经,犹经理,经纶。"四时迭起"九句,皆描绘音乐的情状,如四时之更迭而起,万物循序而生；时盛时衰,文武协调经理；或清或浊,阴阳调和,声音如流光闪烁；蛰伏的昆虫开始活动,我即以雷霆使之惊

醒。——清、生、经、声、霆，古韵阳声耕部。

⑦"其卒无尾"二句，乐声终了似乎没有结尾，开始又似乎没有原头。

⑧偾，倒下。一死一生，一偾一起，指乐声忽而消逝忽而兴起，忽而低沉忽而高亢。

⑨常，章炳麟《庄子解故》谓"常从向声，故借为向"。所常无穷，指乐曲变化无穷。一不可待，皆不可预期。

⑩烛，照。"阴阳之和"二句，成玄英疏："言至乐之声，将阴阳合其序，所通生物，与日月齐其明。"

⑪变化齐一，变化而有规律。故常，《广韵·暮韵》："故，常也。""故常"为联合结构。不主故常，即不拘旧套。

⑫"在谷"二句，言乐声无处不在。郭象注："至乐之道，无不周也。"

⑬涂，充塞，充满。郄（xì），通"隙"，空穴。涂郄守神，成玄英疏："闭心知之孔郄，守凝寂之精神。"以物为量，随物之大小，无不充盈。王先谦曰："即上在谷二句意。"

⑭其声挥绰，成玄英疏："挥，动也。绰，宽也。"飞扬激越之意。其名高明，名亦声也；高明，高亢明快。——明、长、刚、常、坑、量、明，古韵阳声阳部。

⑮纪，度也。"是故"二句，谓鬼神守其幽昧而不相挠，日月星辰依次运行而不乱。

⑯止，住也。流，动也。"吾止之"二句，谓音乐演奏，止于所当止，行于所当行，一切任之自然。——纪、止，古韵阴声之部。

⑰子，《集释》本作"予"，马叙伦《庄子义证》据唐写本改为"子"。照文意，应作"子"。此指北门成，非黄帝自指。虑，思索。逐，追赶。傥然，成玄英疏，"无心貌"。四虚之道，四方空茫之道。倚于槁梧而吟，《德充符》篇"倚树而吟，据槁梧而瞑"，与此略同。

⑱"心穷乎"三句，《集释》本无"心穷乎所欲知"句，下句作"目知穷乎所欲见"。马叙伦《庄子义证》："案此有脱误。上文'子欲虑之而不能知也，望之

— 天运第十四 —

而不能见也，逐之而不能及也'，是'目穷乎所欲见'应'望之'句，'力屈乎所欲逐'应'逐之'句，则上宜有一句以应'虑之'句。此'目'下'知'字即夺文之迹犹可寻者，今在'目'下则文义不顺。"马叙伦补"□穷乎所欲知"，陈鼓应改为"心穷乎所欲知"，因"心"与"虑"相应。

⑲ 吾既不及已夫，此为北门成设词，感叹自己已追不及矣。

⑳ 形，身也，实亦包括心。充，《列子·仲尼篇》"南郭子貌充心虚"高诱注："充犹全也。"委蛇（wēi yí），叠韵联绵词，宽舒自得之貌。句意谓身心全已空明虚静，进入宽舒自得的境界，故感到宽适。成玄英疏："夫形充空虚，则与虚空而等量；委蛇任性，故顺乎境而无心；所谓隳体黜聪，离形去智也。只为委蛇任性，故悚惧之情息息，此解第二闻乐也。"

㉑ 无怠之声，奏乐第二阶段使听者惊惧之感松弛，第三阶段又奏出使其不松弛之声，但不是使之回到惊惧状态，而是进入"惑"的境界。

㉒ 调，和。调之以自然之命，成玄英疏："凡百苍生，皆以自然为其性命。所以奏此咸池之乐者，方欲调造化之心灵，和自然之性命也已。"

㉓ 混逐丛生，林云铭《庄子因》："混然相逐，丛然并生。"

㉔ 林乐，丛木曰林，林乐（yuè），犹言众乐。林乐而无形，五音繁会，众乐齐奏，而不见其形迹。

㉕ 布挥，指乐声散发。曳，牵引，拖着。布挥而不曳，谓乐声悠扬而无所阻碍。幽昏，指乐声幽咽。无声，没有声音。"布挥"句指声音高扬，"幽昏"句指声音幽咽。

㉖ 无方，无所限制。居，停住。窈冥，幽暗貌。动于无方，指乐声高扬，应上"布挥而不曳"；居于窈冥，指乐声幽咽，应上"幽昏而无声"。

㉗ 实，果。荣，花。死、生、实、荣、行流散徙，都形容乐声的变化。不主常声，犹"不主故常"。"或谓之死"六句，成玄英疏："夫春生冬死，秋实夏荣，云行雨散，水流风行，自然之理，日新其变，至乐之道，岂主常声哉！"——声、命、生、形、声、冥、生、荣、声，古韵阳声耕部。

㉘ 稽，考，验。

329

㉙ 达，通。遂，顺也。达于情而遂于命，成玄英疏："通有物之情，顺自然之命。"

㉚ 天机不张而五官皆备，成玄英疏："天机，自然之枢机。五官，五藏也。言五藏各有主司，故谓之官。""五藏职司，素分备足。"句意谓一切出于自然，天机不用声张而五官职司自然备足。

㉛ "无言而心悦，此之谓天乐"，原作"此之谓天乐，无言而心悦"。王懋竑《庄子存校》谓此二句倒错。王说是，据以校正。

㉜ 焱，通"炎"。有焱氏，成玄英疏，"神农也"。"听之不闻其声"二句，见于《老子》第二十一章。六极，上下四方，实与"天地"同义。大音希声，故听之不闻其声；大象无形，故视之不见其形；无所不在，无所不包，故充满无地，囊括六合。这都是老子描绘"道"之性状的内容。文中用以描述天乐，所谓天乐，本用以喻"道"，两者是同一的。——声、形，古韵阳声耕部。

㉝ 无接，成玄英疏为"不可以耳根承接"。而故惑也，汝故进入迷蒙不知所以的状态。

㉞ 乐，指天乐，咸池之乐。祟，祸灾。惧故祟，意谓惧故以为灾祟。怠故遁，意谓怠故惧心遁迹。惑故愚，意谓惑故进入愚的境界。愚故道，意谓愚故同于道。这些句式貌似相同，而语意结构大不相同。"乐也者"八句，成玄英疏："以下重释三奏三听之意，结成至乐之道。初闻至乐，未悟大和，心生悚惧，不能放释，是故祸祟之也。百闻之后，情意稍悟，故惧心怠退，其迹循灭也。最后闻乐，灵府淳和，心无分别，有同暗惑；荡荡默默，类彼愚迷。不惧不怠，雅符真道。"成疏所释，大体符合原意。惟"惧故祟"，应为惧故以为祸祟，不应讲作"是故祸祟之也"。愚，当为无知无识之状，不应释为"愚迷"。《老子》第三章云："使民无知无识。"第十章云："明白四达，能无知乎？"第十九章云："绝圣弃智，民利百倍。"第二十章云："俗人昭昭，我独昏昏；俗人察察，我独闷闷。"无知无识，绝圣弃智，昏昏，闷闷，可以作为"愚"的注脚，无知无识，才能复归于自然淳朴，故同于道。

㉟ 道可载而与之俱也，谓到了"惑故愚"的境界，即由迷蒙不知所以因而进

入昏昏闷闷无知无识的状态，即可以载道而与道同在。

★黄帝论咸池之乐一章，述说演奏天乐与听乐由"惧"而"怠"而"惑"的三个过程，实际是论修道的过程，最后一段点明了题旨："乐也者，始于惧，惧故祟；吾又次之以怠，怠故遁；卒之于惑，惑故愚；愚故道，道可载而与之俱也。"成玄英的疏解颇为明白。

这是很难讲的一章。作者把奏乐听乐的过程讲述得非常神秘，世界上绝对没有这样的天乐，有些词句倒很像天书，故作迷离，使人无法捉摸。如所谓"奏之以人，徽之以天，行之以礼义，建之以大清"，"奏之以阴阳之和，烛之以日月之明"，"奏之以无怠之声，调之以自然之命"，这些话要作为一种音乐来解释，令人如入五里雾中，注家其实只是以意会之而已，是很难说清楚的。文中造作一些生僻词语，如"涂郤""挥绰""混逐""林乐""布挥"之类，人们只能大致捉摸，很难字字落实，说明说透。

最难讲的莫过于"惧、怠、惑"三个关键词，即听乐三个阶段的感觉。惧、惊惧也，还好说。"怠"就很难讲，所有"怠"的词义"怠忽、怠荒、怠倦、怠惰"等等在这里都套不上。成玄英疏为"退息"，后来注家解作"松驰、宽适"等都由成疏启发而来。这些讲法，也许勉强可以讲通，但"吾又奏之以无怠之声"则与前文很难连贯。郭象注曰："言既怠矣，乃复无怠"，说了等于没有说。后来有些注家或译者也采取郭象的办法，不加解释，讲作"无怠的声音""无怠的乐曲""无怠主题的音乐"，同样讲了等于没有讲。勉强解作"使其不松驰的声音，但不是使之回到惊惧状态，而是进入'惑'的境界"，是否勉强合乎原意，实在并无把握。再说"惑"，成玄英疏为"暗惑"，只是略可捉摸。注家或解作"迷惑""惑乱"，则决非原意。兹释为"迷茫不知所以的状态"，似较旧注为妥，然亦不敢自以为是。最后还有"愚"，大概不应讲作"愚迷"，兹据《老子》语意解作"昏昏闷闷无知无识的状态"，注中有所说明，或许可备一说。这些词语，取义都很特别，不能以常义为解。

不少句子表意不畅。如"吾又次之以怠"，句式很像前文"吾又奏之以无怠之声",主语都是"吾",然两者大不相同。"吾又次之以怠"说的是第二奏,揣语意应是"吾又奏之以阴阳之和而使汝怠",原句表意极不明畅。又,注中已指出,"惧故祟""怠故遁""惑故愚""愚故道",外表形式完全一样,内容结构却大不相同。这些语言表达都极不严密。

作者故弄玄虚,文章如此艰涩,使后世注家绞尽脑汁,说穿了却并无多少特别的奥义,"惑"故愚、愚故"道"而已!(到了迷蒙不知所以因而进入昏冈无知的状态,到了这种状态即同于大道。)这是先秦古籍中最无聊的文字。

## (四)

孔子西游于卫①。

颜渊问师金曰②:"以夫子之行为奚如?③"

师金曰:"惜乎,而夫子其穷哉!④"

颜渊曰:"何也?"

师金曰:"夫刍狗之未陈也,盛以箧衍,巾以文绣,尸祝斋戒以将之。及其已陈也,行者践其首脊,苏者取而爨之而已⑤。将复取而盛以箧衍,巾以文绣,游居寝卧其下,彼不得梦,必且数眯焉⑥。今而夫子,亦取先王已陈刍狗,聚弟子游居寝卧其下⑦。故伐树于宋,削迹于卫,穷于商周,是非其梦邪⑧?围于陈蔡之间,七日不火食,死生相与邻,是非其眯邪⑨?

"夫水行莫如用舟,而陆行莫如用车。以舟之可行于水也而求推之于陆,则没世不行寻常。古今非水陆与?周鲁非舟车与?今蕲行周于鲁,是犹推舟于陆也⑩,劳而无功,身必有殃。彼未知夫无方之传,应物而不穷者也⑪。

"且子独不见桔槔者乎?引之则俯,舍之则仰。彼,人之所引,非引人也,故俯仰而不得罪于人⑫。故夫三皇五帝之礼义法度,不矜于同而矜于治⑬。故譬三皇五帝之礼义法度,其犹柤梨桔柚邪,其味相反而皆可

― 天运第十四 ―

于口⑭。

"故礼义法度者,应时而变者也。今取猨狙而衣以周公之服,彼必龁啮挽裂,尽去而后慊⑮。观古今之异犹猨狙之异乎周公也。故西施病心而矉其里,其里之丑人见之而美之,归亦捧心而矉其里。其里之富人见之,坚闭门而不出;贫人见之,挈妻子而去走⑯。彼其矉美,而不知矉之所以美。惜乎,而夫子其穷哉!"

① 西游于卫,卫在今河南东北部,自鲁适卫,故称西游。

② 师金,寓言人物。《释文》引"李云:师,鲁太师也。金,其名也"。李颐之说,未知所据。

③ 行,行为,做法,包括政治思想主张等等。奚如,何如。此句紧承"孔子西游于卫"之后,"夫子之行为奚如"注家解作夫子此行结果何如。单就此句而言,这样解释本亦通顺。但全文师金批评孔子"取先王已陈刍狗","行周于鲁",无一字涉及"西行于卫",故释"行"为行为做法,包括政治思想主张等等;可以理解为孔子去卫以后,师金对孔子的行为进行评论,而非指其游于卫也。

④ 而,通"汝"。夫子,指孔子。其穷,会很穷困,指必然失败。

⑤ 刍狗,束草为狗,为巫祝祭祀用物,用后即弃去。未陈,尚未陈列献祭之时。箧衍,竹筐。《释文》引"李云:衍,笥也,盛[刍]狗之物也"。巾以文绣,巾是动词,系上绣巾。将,送也,指送神。已陈,已陈列献祭之后。苏,柴草。苏者,采柴草者。爨,生火作炊。参见《老子本原》五章"天地不仁,以万物为刍狗"注。

⑥ 将,犹如也,如果。数(shuò),屡次。眯,成玄英疏,"魇也",梦中被惊吓。"将复"三句,谓如果复取刍狗游居寝卧其下,即使不做梦,也一定不断遭梦魇,实即一定做恶梦。

⑦ 先王已陈之刍狗,比喻古代圣王流传下来的礼义法度。成玄英疏:"先王,谓尧舜禹汤,先代之帝王也。宪章文武,祖述尧舜,而为教迹,故集聚弟子,遂游于仁义之域,卧寝于礼信之乡。古法不可执留,事同已陈刍狗。"

⑧ "故伐树于宋"八句,成玄英疏:"伐树于宋者,孔子曾游于宋,与门人讲说于大树之下,司马桓魋欲杀夫子。夫子去后,桓魋恶其坐处,因伐树焉。削,划也。夫子尝游于卫,卫人疾之,故划削其迹,不见用也。商是殷地,周是东周,孔子历聘,曾困于此。良由执于圣迹,故致斯敝,狼狈如是,岂非恶梦耶!"划,通"铲"。据《史记·孔子世家》,鲁定公十四年(前496)孔子由大司寇行摄相事,因季桓子受齐女乐,定公怠于政事,孔子去鲁适卫。居卫凡十月,或谮孔子于卫灵公,孔子恐获罪,去卫適陈。过匡(卫邑),匡人以为鲁之阳虎,阳虎尝暴匡人,匡人遂止孔子,"拘焉五日"。复反于卫,居月馀,又去卫过曹,时在鲁定公十五年(前495)。"孔子去曹適宋,与弟子习礼大树下。宋司马桓魋欲杀孔子,拔其树,孔子去。"此即"伐树于宋"事。鲁哀公二年(前493),孔子再次入卫,卫灵公老,怠于政,孔子遂行。按,孔子三次適卫,均不见用。削,除也,消也。削迹,谓除其形迹,非铲削也。宋是殷商之后,卫是周武王弟康叔封地,商周即指宋卫,"穷于商周"即指上文"伐树于宋,削迹于卫"。

⑨ "围于陈蔡之间"四句,成玄英疏:"当时楚昭王聘夫子,夫子领徒宿于陈蔡之地,蔡人见徒众甚多,谓之为贼,故兴兵围绕。经乎七日,粮食罄尽,无复炊爨,从者饿病,莫之能兴,忧悲困苦,邻乎死地,岂非遭于已陈刍狗而魇耶!"按,据《史记·孔子世家》,鲁哀公四年(前491),孔子在陈蔡之间,楚使人聘孔子。陈蔡大夫谋曰:"孔子贤者,所刺讥皆中诸侯之疾。今者久留陈蔡之间,诸大夫所设行皆非仲尼之意。今楚,大国也,来聘孔子。孔子用于楚,则陈蔡用事大夫危矣。"于是发徒众围孔子于野,不得行,绝粮,从者病,莫能兴。孔子使子贡至楚,楚昭王兴师迎孔子,然后得免。

⑩ 没世,至死,终身;喻时间之长。寻常,长度单位,八尺为寻,倍寻为常;言距离甚短。周,指西周。蕲,求也。今蕲行周于鲁是犹推舟于陆也,今想行西周之体制于鲁国,就像推船行于陆地。

⑪ "无方之传"二句:成玄英疏:"方,犹常也。传,转也。"无方之传,犹言不固定的变通之道。物,事也。句意谓孔子不懂得变通之道可以应付事物的发展而无穷尽,却固守先王礼法,所以总是遭受失败。

― 天运第十四 ―

⑫桔槔，利用杠杆原理制作的提水的器具。见《天地》篇注。引之则俯，舍之则仰，桔槔前端吊个水桶较重，提水时扳下木杆即"引之则俯"，将前端的水桶提上来；放下时木杆翘上即"舍之则仰"。桔槔俯仰不得罪于人，是说它能适应需要，而孔子固执陈法，所以处处碰壁。人之所引，非引人也，比喻桔槔根据需要发挥作用，而不是固定一种状态强加于人。

⑬三皇五帝，泛指古代先王。"三皇五帝"并提，先秦至汉代典籍中始见于《庄子》本篇与《周礼·春官·外史》，后者谓外史"掌三皇五帝之书"。三皇与五帝，在古代典籍中所指各不相同。矜，成玄英疏，"美也"。三皇五帝在不同的时代，他们的礼义法度不是好在相同而是好在有利于治。

⑭柤（zhā），通"楂"。楂梨桔柚，都是水果。三皇五帝的礼义法度是各不相同，就像几种不同的水果，味道不同而都很可口。

⑮猨狙，猿猴。衣，穿着。衣以周公之服，给它穿上周公的衣服。龁啮（hé niè），用牙齿咬。挽裂，用爪撕裂。尽去，全部撕掉。慊（qiè），心足，快意。

⑯西施，传为古代美人。参见《齐物论》注。矉，通"颦"，皱眉。挈（qiè），带领。妻子，妻儿子女。

★本章师金所论，谓不同的时代需有不同的政治措施。"三皇五帝之礼义法度，不矜于同而矜于治。""故礼义法度者，应时而变者也。"没有一成不变的礼义法度，关键在于解决当时的具体问题。用先王的陈法来处理后世的事务，"行周于鲁"，则必然失败。这是法家的理论。《韩非子·五蠹》云："圣人不期修古，不法常可，论世之事，因为之备。""故事因于世，而备适于事。"欲以先王之政，治当世之民，有同守株待兔，是必然要失败的。"师金"所论与韩非之说完全一致，并同样说得透彻明白。

有些注家囿于《庄子》是道家之书，仍用"无为而治"来解释"无方之传"是错误的，和全文的思想内容完全不符。《庄子》外杂篇相当复杂，必须具体分析，不能一概而论。此法家作品，与道家实不相干。把孔子作为批判对象，是法家通常做法。

本章文字极为生动,连用比喻,把道理说得明白透彻。如刍狗之喻,舟车之喻,桔槔之喻,柤梨桔柚之喻,猨狙之喻,西施之喻,除桔槔一喻差逊以外,他都极其精彩。

某些道家后学,往往故弄玄虚,以艰深文其浅陋,文辞诡秘怪谲,"黄帝论咸池之乐"章即其一例。法家文辞,总是明净畅达,"师金论孔子"章即为典型。两者形成鲜明对比。《天地》《天道》《天运》三篇系杂凑而成,非一人一时之作,比较上述两章即足以说明。

## (五)

孔子行年五十有一而不闻道,乃南之沛见老聃[①]。

老聃曰:"子来乎,吾闻子北方之贤者也,子亦得道乎?"

孔子曰:"未得也。"

老子曰:"子恶乎求之哉?[②]"

曰:"吾求之于度数[③],五年而未得也。"

老子曰:"子又恶乎求之哉?"

曰:"吾求之于阴阳[④],十有二年而未得。"

老子曰:"然。使道而可献,则人莫不献之于其君;使道而可进,则人莫不进之于其亲[⑤];使道而可以告人,则人莫不告其兄弟;使道而可以与人,则人莫不与其子孙。然而不可者,无它也,中无主而不止,外无正而不行[⑥]。由中出者不受于外,圣人不出;由外入者无主于中,圣人不隐[⑦]。名,公器也,不可多取[⑧]。仁义,先王之蘧庐也,止可以一宿而不可久处,觏而多责[⑨]。

"古之至人,假道于仁,托宿于义,以游逍遥之墟,食于苟简之田,立于不贷之圃。逍遥,无为也;苟简,易养也;不贷,无出也。古者谓是采

## 天运第十四

真之游⑩。

"以富为是者不能让禄,以显为是者不能让名,亲权者不能与人柄⑪。操之则栗,舍之则悲⑫,而一无所鉴,以窥其所不休者,是天之戮民也。怨恩取与谏教生杀,八者正之器也,唯循大变无所湮者为能用之⑬。故曰:正者,正也⑭。其心以为不然者,天门弗开矣⑮。"

① 沛,今江苏沛县。

② 恶(wū),何也,如何。

③ 度数,林云铭、宣颖皆释为"制度名数"。

④ 阴阳,指阴阳变化。

⑤ 亲,指父母。

⑥ 无它,没有别的原因。中无主而不止,止,停留。中心无主则道不停留。郭象注:"若使中心无受道之质,则虽闻道而过去也。"外无正而不行,正,通"证",《仪礼·士昏礼》:"女出于母左,父西面戒之,必有正焉,若衣若笄。"清胡培翚正义引盛世佐云:"以物为凭曰正。"林希逸《南华真经口义》谓"今禅家所谓印证也"。外界无从印证道亦不能通行。

⑦ "由中出者不受于外,圣人不出",出自心中而不为外物所承受者,则圣人不出以示人。成玄英疏:"若使外物不能禀受,圣人亦终于出教。""由外入者无主于中,圣人不隐",隐,藏也。学由外入而心中不能领受者,则圣人不藏之于心。

⑧ 名,声名。公器,人所共争,故称公器。

⑨ 蘧(qú)庐,旅舍。蘧是草名,似为临时搭盖的草屋。觏(gòu),成玄英疏:"见也,亦久也。"责,成玄英疏为"过责"。"仁义"四句,谓先王把仁义作为临时旅舍,只可住一宿而不可久留,久留就会招惹许多过责。意即仁义只可临时使用,不能作为永久的原则。

⑩ 逍遥之墟,逍遥自在的境界。苟简,简略之意。苟简之田,简略粗放的田地。不贷,不施与。不贷之圃,不施与不借贷的园圃。采真,犹言追求自在。

⑪ 亲权,迷恋权力。柄,权柄。

⑫ 一，全，皆也。一无所鉴，犹一无所知，一点不明智。窥，审视。休，止。天之戮民，自然的罪犯，必然的罪犯。"操之则栗"五句，总上三句而言，谓那些热衷于富贵权势，抓住又感到恐惧，放弃又感到悲哀，而毫不明智地去审视一下他们无休无止地追求的人，是自然的罪犯。

⑬ "怨恩"三句：结怨与施恩，索取与给与，谏阻（使之不为）与教授（使之为），使之生与使之死。正，轻而言之为规范，重而言之为整治。正人之器，整治人的工具。循，顺也。湮，塞也。唯循大变无所湮者为能用之，只有能顺应变化无所阻塞的人才能运用。

⑭ "正者"之正，整治。"正也"之正，使之正。

⑮ "其心以为不然"二句，成玄英疏："正变合于天理，故曰正者正也。其心不能如是者，天机之门壅而弗开。天门，心也。"

★这一章如果简单地说，可以叫老聃论道或老聃论"采真之游"。采真之游，讲得艺术一点，可以翻译为探求真理的旅程。

实际却远不那么简单。文中所说的"道"内涵非常混乱，老聃也不是真正的老聃。

"使道而可献，则人莫不献之于其君；使道而可进，则人莫不进之于其亲；使道而可以告人，则人莫不告其兄弟；使道而可以与人，则人莫不与其子孙。"表面上看，这些话与轮扁斲轮之说很相似，实质却大不一样：轮扁的感受是实在的、具体的；而这里的"道"是相当神秘的，很难捉摸的。"中无主而不止，外无正而不行。由中出者不受于外，圣人不出；由外入者无主于中，圣人不隐"，虽经注家多方探求，究竟这个"道"为何物还是不清楚。

如此神秘的"道"，突然一下转到了非常具体的"名，公器也，不可多取"，转到了非常具体的"仁义，先王之蘧庐，止可以一宿而不可久处"。不可多取，那么少取还是可以的；止可一宿，毕竟还是可以一宿。这与否定仁义、反对声名的老庄思想是决不相容的。

"古之至人，假道于仁，托宿于义"，与孟子说的"仁，人之安宅也；义，人之正路也"，显然脱不了干系。但他决不像孟子那么理直气壮，而要躲躲闪闪地

— 天运第十四 —

"假""托"一通,老子庄子是绝对不会"假道于仁,托宿于义"的。然后作者又把它和道家的"逍遥之墟、苟简之田、不贷之圃"扯到一起。"怨恩取与谏教生杀,八者正之器也,唯循大变无所湮者为能用之。"主张用赏罚生杀进行统治,系法家思想,与老庄哲学相距遥远。本章作者打着老子的旗号,把道、儒、法三者搓在一起;文中左一个"老子曰",右一个"老子曰",其实那"曰"的决不是老子。

文中孔子求道,一而曰"吾求之于度数",再而曰"吾求之于阴阳",也故作诡秘,无论从哲学角度进行研究还是从训诂角度进行解释,都无法弄清楚到底是什么意思;这样的话与真真实实的孔子毫不相干。那位"老子"的"采真之游"只会"游"到那永远找不到方向的歧路。

## （六）

孔子见老聃而语仁义。

老聃曰："夫播穅眯目,则天地四方易位矣;蚊虻噆肤,则通昔不寐矣①。夫仁义憯然乃愤吾心,乱莫大焉②。吾子使天下无失其朴,吾子亦放风而动,总德而立矣;又奚桀桀然［揭仁义］若负建鼓而求亡子者邪③？夫鹄不日浴而白,乌不日黔而黑。黑白之朴,不足以为辩④;名誉之观,不足以为广⑤。泉涸,鱼相与处于陆,相呴以湿,相濡以沫,不若相忘于江湖⑥。"

① 播穅,即簸糠。米舂好以后,用簸箕把糠簸出,糠飞扬起来,眯人眼目。天地四方易位,糠使人迷失方向。蚊虻,两者皆吸血的昆虫。噆（zǎn）,叮咬。通昔,通夜。昔,同"夕"。

② 憯,通"惨"。愤,搅乱。《集释》本作"愤",《释文》引"一本作愤",从之。按,"愤"亦可训乱。《汉书·叙传上》"周贾荡而贡愤兮",师古注引孟康曰:

"愤，乱也。"但"愤"训乱句例极少，而"愦"训乱句例甚多，故仍以作"愦"为优。乱莫大焉，没有比仁义更大的祸乱。

③ 朴，自然淳朴。放，依也。总，犹《离骚》"总余辔乎扶桑"之总，此处犹言把握，执持。"吾子亦放风而动，总德而立矣；又奚桀桀然若负建鼓而求亡子者邪！"与《天道》篇"夫子亦放德而行，循道而趋，已至矣；又何偈偈乎揭仁义若击鼓而求亡子焉！"句式内涵都同。桀桀然，犹"偈偈乎"，费力之貌。《集释》本作"桀然"，王孝鱼校谓《阙误》引张君房本、赵谏议本叠"桀"字，从之。又据《天道》篇补"揭仁义"三字。建，成玄英疏，"击也"。揭，标举。标举仁义，如同打着鼓去追赶逃亡者，逃亡者听到追赶的鼓声会逃得更快；比喻以仁义论道，离道更远。

④ 鹄，天鹅，其羽毛色白。《释文》引一本作"鹤"。乌，乌鸦，其羽毛色黑。黔，黑色；此动词，染黑。朴，朴质，指其自然本色。不足以为辩，不必为之分辨。

⑤ "名誉之观"二句，标榜名誉给人家看，其实不用张扬，意谓应任其自然。

⑥ 涸（hé），水干。呴（xū），嘘吸。湿，湿气。濡（rú），沾湿。沫，唾沫，口水。"泉涸"五句，引《大宗师》语。成玄英疏："此总结前文，斥仁义之弊。"

★ 本章主张"使天下无失其朴"，任其自然，反对儒家仁义之说。符合老庄本义，文词亦甚精萃。引用《大宗师》语，稳当贴切。

前后两章都是老聃教育孔子：前章之老聃要"假道于仁，托宿于义"，本章之老聃谓"仁义憯然乃愦吾心，乱莫大焉"。两个老聃对仁义的态度截然不同，两者无疑不可能是同一个"老子"；文章也就不是同一个作者。

## （七）

孔子见老聃，归，三日不谈。弟子问曰："夫子见老聃，亦将何规哉？"①

孔子曰："吾乃今于是乎见龙！龙，合而成体，散而成章，乘云气而养乎阴阳②。予口张而不能嗋③，予又何规老聃哉！"

子贡曰："然则人固有尸居而龙见，渊默而雷声，发动如天地者乎？赐亦可得而观乎？④"

遂以孔子声见老聃⑤。

老聃方将倨堂而应，微曰："予年运而往矣，子将何以戒我乎？⑥"

子贡曰："夫三皇五帝之治天下不同，其系声名一也⑦。而先生独以为非圣人，如何哉？"

老聃曰："小子少进，子何以谓不同？"

对曰："尧授舜，舜授禹，禹用力而汤用兵⑧，文王顺纣而不敢逆，武王逆纣而不肯顺，故曰不同。"

老聃曰："小子少进！余语汝三皇五帝之治天下。黄帝之治天下使民心一，民有其亲死不哭而民不非也。尧之治天下使民心亲，民有为其亲杀其服而民不非也。舜之治天下使民心竞，民孕妇十月生子，子生五月而能言，不至乎孩而始谁，则人始有夭矣。禹之治天下使民心变，人有心而兵有顺，杀盗非杀人，自为种而天下耳，是以天下大骇⑨。儒墨皆起，其作始有伦⑩。而今乎[归]，女何言哉⑪，余语汝，三皇五帝之治天下，名曰治之，而乱莫甚焉！三皇之知，上悖日月之明，下睽山川之精，中堕四时之施⑫；其知憯于蛎虿之尾，鲜规之兽，莫得安其性命之情者，而犹自以为圣人，不亦可耻乎？其无耻也！⑬"

子贡蹴蹴然立不安⑭。

① 规，规劝，规谏。

② 龙，比喻老聃。章，文采。散，指其活动。养，犹隐也。"合而"三句，谓合而成一整体，活跃起来成其文采，驾乘云气而隐于阴阳二气之间。《史记·老子列传》：孔子曰："龙，吾不能知，其乘风云而上天。吾今日见老子，其犹龙邪？"与本文所述略同。

③ 嗋（xié），合。

④ 尸，古代祭祀时代神受祭的人。尸居而龙见（xiàn），静如尸之安处，动如龙之显现。渊默，深沉静默。渊默而雷声，看似静默而震若雷声。原作"雷声而渊默"，"尸居"二句又见《在宥》篇，此据该篇改。发动如天地，发动如同天地之壮伟。赐，子贡姓端木，名赐。

⑤ 以孔子声，以孔子的名义。

⑥ 倨，通"踞"。倨堂，坐于堂上。微，指声音小。年运，犹行年。年运而往，谓年已老迈。戒我，犹规我。

⑦ 三皇，原文作"三王"，《释文》引"本或作三皇"，从之，后文都作"三皇"，前后一致。其系声名一也，成玄英疏："声名令闻，相系一也。"

⑧ 尧授舜，舜授禹，谓尧舜禅让。禹用力而汤用兵，夏禹治水用力，商汤伐桀用兵。

⑨ 使民心一，使心民淳一。杀其服，《集释》本作"杀其杀"，王孝鱼校引唐写本作"杀其服"，从之。杀，等差，此动词。服，指丧服。杀其服谓丧服有等差，亦即按亲疏而有差别。《天道》篇"隆杀之服"可以互参。竞，争竞。未至乎孩，指尚未长大。始谁，郭象注："谁者，别人之意也。未孩已择人，言其竞教速成也。"言其很小就能识别谁是谁。夭，夭折。人有心，人有私心。兵有顺，以用兵为正常。自，由也。为，是也。种（種），假借为腫，疾也，病也，引申为灾祸之意。自为种而天下，犹言由此祸及天下。"黄帝之治天下"十四句，历述黄帝尧舜之治，使民心每况愈下，谓黄帝使民心淳一，生死自然，故亲死不哭而人不以为非。尧使民心相亲，故为其亲之丧服有等差之别，民亦不以为非。舜使民有争心，民生孩子教之使其早熟，早熟也就引起早夭。禹使民心变乱，人有私心而以兵为正常之事，谓杀盗不是杀人，由此祸及天下，致使天下惊骇。（本段若干词句很难解释。不至乎孩，《释文》引《说文》"笑也"，故成玄英疏为"未解孩笑，已识是非"。婴儿能笑本属正常，故成疏似非，在所不取。"始谁"二字，郭象注谓"谁者，别人之意"。注虽采用，实甚勉强。自为种而天下耳，成玄英疏作"人人自为种见"，然与下文"而天下耳"很难讲通。王先谦解作"自为党类而成天下"。

# 天运第十四

此外歧解尚多,都系强为作解。解作"由此祸及天下"亦只备一说。未敢自以为是,仅供参考。)

⑩ 皆,并也。伦,序也。二句意谓儒墨并起,其开始发展有个过程。言舜禹之治使天下人心扰乱,才使儒墨并起。

⑪ "而今"二句,原作"而今乎妇女,何言哉",郭象注作"以女为妇而上下悖逆",成玄英疏亦作"庄子之世,淫风大行,以女为妇,乖礼悖德"。注疏都极为牵强怪诞。奚侗《庄子补注》谓:"妇为归字之误。女属下读,谓子贡。"奚说甚为合理。"而今乎归,女何言哉";而,通"汝"。女,亦通"汝"。老聃谓子贡,汝现在回去,汝还有什么可说!

⑫ 悖,逆也,乱也。睽,违背,乖离。堕,通"隳",败坏。施,犹言运行。三句又见《胠箧》篇,文字小异。

⑬ 知,通"智",心智。憯,通"惨",毒害。蛎虿(lì chài),毒虫,即蝎子,其尾部有毒刺。鲜规之兽,王先谦曰:"鲜规未详,噬人之兽。""三皇之知"十句,谓三皇之心智,上扰乱日月之明,下乖违山川之精,中败坏四时之运行;其心智之毒,过于蝎子之尾,吃人之兽,没有什么东西能安其性命之本性,而他们犹自以为圣人,不很可耻吗,实在是无耻!此回答子贡"先生独以为非圣人如何哉"。三皇五帝,成玄英疏:"三皇,伏羲、神农、黄帝也。五帝,少昊、颛顼、高辛、唐、虞也。"文中论及黄帝、尧舜、禹、商汤、周文王、武王,不涉及伏羲、神农、少昊、颛顼和高辛。三五云云,笼统言之,概指古代先王。

★本章这位老聃同代表儒家的子贡针锋相对,将所谓三皇五帝彻底否定。他述说尧舜禹之治天下是一代不如一代,最后干脆就是痛骂:"三皇五帝之治天下,名曰治之,而乱莫甚焉!三皇之知,上悖日月之明,下睽山川之精,中堕四时之施;其知憯于蛎虿之尾,鲜规之兽,莫得安其性命之情者,而犹自以为圣人,不亦可耻乎?其无耻也!"儒家的圣王,在他看来简直不是人,坏得透顶。这种观点虽原于老庄,却走向了极端。这位老聃如此之大的火气,决不可能是那位真正的"守素抱朴"的老子。

在《庄子》书中，古代帝王都是作者们的工具，一时让他们高为圣哲，一时让他们不如禽兽，编排的事实都是随心所欲，不需要任何根据。文中塑造的孔子、子贡、老聃三个人物倒相当生动，当然与真的孔子子贡老聃毫不相干。他们的对话真所谓如闻其声，如见其人；文章还是精彩的。然词句或有错漏，个别词语很难索解。

## （八）

孔子谓老聃曰："丘治诗、书、礼、乐、易、春秋六经，自以为久矣，孰知其故矣；以奸者七十二君，论先王之道而明周召之迹，一君无所钩用①。甚矣夫，人之难说也②！道之难明邪？"

老子曰："幸矣，子之不遇治世之君也！夫六经，先王之陈迹也，岂其所以迹哉③！今子之所言，犹迹也。夫迹，履之所出，而迹岂履哉④！夫白鶂之相视，眸子不运而风化；虫，雄鸣于上风，雌应于下风而风化⑤。类自为雌雄，故风化⑥。性不可易，命不可变，时不可止，道不可壅⑦。苟得于道，无自而不可；失焉者，无自而可。⑧"

孔子不出三月，复见曰："丘得之矣，乌鹊孺，鱼傅沫，细要者化⑨，有弟而兄啼⑩。久矣夫丘不与化为人⑪！不与化为人，安能化人⑫！"

老子曰："可，丘得之矣！"

①治，攻，犹言研究。诗、书、礼、乐、易、春秋，称为六经，始见于此。孰，通"熟"。故，内容。奸，通"干"，干谒。七十二君，泛言干谒君主之多，"七十二"是虚数。明，阐明。周召，周公旦、召公奭，二人皆周武王之弟，周初功臣。迹，事迹、功业。钩用，取用。

②说（shuì），说服。

③陈迹，过去的足迹。所以迹，产生足迹者，指鞋；后文已说明。

— 天运第十四 —

④履，鞋。"夫迹"三句，谓足迹是鞋踏出来的，足迹难道就是鞋吗。比喻典籍是前人对客观事物的反映，并不就是客观事物本身。《天道》篇轮扁谓"古之人与其不可传也死矣，然则君之所读者古人之糟魄已夫"，意思一致。

⑤白鶂（yì），鸟名。眸子不运，言雌雄鸟定睛对视。风，即《尚书·费誓》"马牛其风"之风，雌雄相诱。风化，雌雄相诱而孕育。上风、下风，犹言上方、下方。白鶂雌雄不用交配定睛对视即能孕育，虫子不用交配雄鸣于上雌应于下即能孕育，这是古人观察的粗略，不了解那些动物交配的方式而产生的误解。

⑥类，指各类动物。故，犹"乃"也。各类动物都有各自的雌雄，乃能相诱而孕育。（郭象注："夫同类之雌雄，各自有以相感。"郭氏对"类"的理解正确，即指动物的类别。自为雌雄者，各类有各自之雌雄也。《释文》引《山海经》以"类"为动物之名，误以"自为雌雄"为"皆自牝牡也"，甚为荒谬。近世注家亦有不信郭注而从《释文》所引者，以"类"为一种动物，"一身两性"，同样错误。）

⑦性不可易，本性不可变易。命不可变，性命不可变更；此句与上句实同义。时不可止，时间不可留住。道不可壅，大道不可壅塞。

⑧自，由也，往也。"苟得于道"四句，谓如果得道，无往而不可；如果失道，无往而可，即行不通。

⑨孺，《说文》"乳子也"，交配生子。乌鹊孺，乌鹊雌雄交配受孕。傅，附也，覆也。鱼傅沫，鱼以口沫附着而孕育。《释文》引"一云：傅口中沫，相与而生子也"。细要者化，要，同"腰"。细要，指细腰蜂。《释文》："蜂之属也，司马云：取桑虫祝使似己也。案即诗所谓'螟蛉有子，螺蠃负之'是。"成玄英疏："鹊居巢内，交尾而表阴阳；鱼在水中，傅沫而为牝牡；蜂取桑虫，祝为己子。是知物性不同，禀之大道，物之自然，各有性也。""丘得之矣"五句，谓一切出乎自然。（成玄英疏对原文的理解是正确的，这位孔丘先生的伟大发现却需要解释：乌鹊孺，谓乌鹊交配生子，没有错。鱼傅沫，鱼类雄性无外生殖器，故鱼类在体外受精。"细要者化"则是古人观察不精。古人误以为细腰蜂把小青虫抓到自己穴内，并祝曰"似我！似我！"结果小青虫就孵化成了小蜂。实际情况是细腰蜂用

它的针形生产器刺进小青虫体内,把受精卵排在里面,然后把小青虫抓进穴内,小青虫被麻痹而又不腐烂,蜂卵就在青虫体内发育,青虫成为细腰蜂的育儿温床并给幼蜂提供营养。等到青虫的体汁被全部吸尽,幼蜂即已长成。)

⑩ 有弟而兄啼,恐弟夺其父母之爱。郭象注:"言人之性舍长而亲幼,故啼也。"

⑪ 与化为人,犹《大宗师》之"与造物者为人",即与造化为亲。参见该篇注。不与化为人,即不与造化为亲。

⑫ "不与化为人"二句,谓我不与造化为亲,安能教化他人。

★本章老子论述六经乃先王之陈迹,治之无益。然后扯到物各有其本性,应任其自然。"苟得于道,无自而不可;失焉者,无自而可。"最后的结论是必须与造化为亲。

所谓"六经"乃儒家经典,而始见于反对儒家的道家著作中,成为一种有趣的讽刺。其中所谓"礼",汉代指《仪礼》,后世指《礼记》。而《乐经》是否存在还是一个谜。先秦儒家著作中并无"五经""六经"之说。到汉代才有"五经"之称,汉武帝建元五年,始置五经博士。《汉书·武帝纪》赞曰:"孝武初立,卓然罢黜百家,表章六经。"颜师古注:"六经,谓《易》《诗》《书》《春秋》《礼》《乐》也。"由此可以大致推断,本文之作必已到汉代。时上距老子之卒已二百五六十年甚至近三百年。

本篇后面四章都是老聃和孔子对话。但四个老聃思想不同,形象各异,文词风格高下悬殊;只有板着脸孔教训孔子,他们是一致的。道家后学们都爱胡弄孔子,不时把他揪出来,假托一个老聃来教训一通。《庄子》书的编者把这些不同作者的创作胡乱编在一起,而不管其内容是否一致;这是同一篇书里各章内容相互抵触的原因。

# 刻意第十五

刻意以开头二字名篇。本篇论养身之道。文章否定刻意尚行者、语仁义忠信者、语大功立大名者和避世之人、导引之士等各种积极的人生或消极的人生，提出"澹然无极而众美从之"，"不刻意而高，无仁义而修，无功名而治，无江海而闲，不导引而寿"，什么也不干却占尽所有的好处，反映了某些后期道家人士脱离实际而且极端自私的人生态度。

——《刻意》《缮性》两篇为一组，都讲身心修养与存身之道，然其主旨与老庄实相违背。

## （一）

刻意尚行，离世异俗，高论怨诽，为亢而已矣；此山谷之士，非世之人，枯槁赴渊者之所好也①。语仁义忠信，恭俭推让，为修而已矣；此平世之士，教诲之人，游居学者之所好也②。语大功，立大名，礼君臣，正上下，为治而已矣；此朝廷之士，尊主强国之人，致功并兼者之所好也③。就薮泽，处闲旷，钓鱼闲处，无为而已矣；此江海之士，避世之人，闲暇者之所好也④。吹呴呼吸，吐故纳新，熊经鸟申，为寿而已矣；此导引之士，养形之人，彭祖寿考者之所好也⑤。——若夫不刻意而高，无仁义而修，无功名而治，无江海而闲，不导引而寿；无不忘也，无不有也⑥，澹然无极而众美从之⑦。此天地之道，圣人之德也。

① 刻意尚行，刻砺其意志，高尚其品行。亢，高也。为亢而已矣，以此鸣高而已。非世，否定世俗。枯槁赴渊，《释文》："枯槁，若鲍焦介推；赴渊，若申徒狄。"《楚辞·渔父》："屈原既放，游于江潭，行吟泽畔；颜色憔悴，形容枯槁。"又，《惜往日》："宁溘死以流亡兮，恐祸殃之有再。不毕辞而赴渊兮，恐壅君之不

识。"即所谓"枯槁赴渊"者。"刻意尚行"七句，写"刻意而高"者。

②仁义忠信，《孟子·告子上》："仁义忠信，乐善不倦，此天爵也。"恭俭推让，《论语·学而》："夫子温良恭俭让。"为修，从事修身。平世，治平之世。游居学者，或外出游说，或安居讲学；如孔子孟子。"语仁义忠信"六句，写"仁义而修"者。

③为治，从事治国。致功并兼，致力事功，并兼他国。"语大功"八句，写立"功名而治"者。

④薮（sǒu）泽，湖泽。避世，逃避世俗。"就薮泽"七句，写处"江海而闲"者。

⑤吹呴，与"呼吸"义同。吐故纳新，吐故气，纳新气。经，织丝直线曰经，此取其直义，与下文"申"义相类。熊经，指熊直立运气。申，通"伸"。鸟申，鸟伸头之状。"吹呴呼吸，吐故纳新，熊经鸟申"，皆导引运气的动作，如后世之气功。成玄英疏："斯皆导引神气，以养形魂，延年之道，驻形之术。"为寿，追求长寿。彭祖，传说中长寿者，寿八百岁。"吹呴呼吸"七句，写"导引而寿"者。（熊经鸟伸，成玄英疏："如熊攀树而自经，类鸟飞空而伸脚。"此望文生义，其说非是。凡取喻必以事实为依据，熊不会有上树自经的事实，也就不会有此比喻。又，用喻必取吉祥事物，导引之士也不会用吊颈自经一类词语。熊经鸟伸都状头部运气，申指伸头而非伸脚。）

⑥"无不忘也，无不有也"，无所不忘却无所不有，即上文之"不刻意而高，无仁义而修，无功名而治，无江海而闲，不导引而寿"。

⑦澹然，恬淡无为。澹，通"淡"。无极，无限。澹然无极也就是淡泊之至。众美从之，诸多好处随之而来。"澹然无极"即"无不忘也"，"众美从之"即"无不有也"。

★《刻意》篇谈养身之道。首章是全篇的总纲。文章先提出五种人生形态：刻意尚行者，语仁义忠信者，语大功立大名者，就薮泽处闲旷者，导引养形者，然后全部加以否定。作者提出理想的人生是"不刻意而高，无仁义而修，无功名而治,无江海而闲,不导引而寿;无不忘也,无不有也,澹然无极而众美从之"。所谓"澹然无极"即下一章的"恬淡寂漠虚无无为"。

　　文章反映了某些后期道家人士的人生观,所体现的并非庄子的思想。说是"澹然无极"却什么好处都要占全,无所不忘,而又无所不有,"不刻意而高,无仁义而修,无功名而治,无江海而闲,不导引而寿",世界上哪里还有比这更好的事!这与"至人无己,神人无功,圣人无名"的思想是完全矛盾的。主张因顺自然的老庄哲学发展到后来一些人走向了极端的自私,他们的人生理想蜕变成了胡思乱想的梦呓。

　　文中否定的五种人生,在作者必定是有一些具体对象的。刻意尚行,离世异俗,并终于枯槁赴渊者,在战国末年,无过于屈原。语仁义忠信,恭俭推让,游居学者,春秋战国之世自无过于孔孟。语大功立大名,尊主强君,致攻并兼,最突出的无疑是法家的人士,代表人物甚多。至于避世之人,导引之士,亦必有具体对象,没有根据也就无法确指。

　　本文之作,当在屈原"赴渊"之后,其产生年代最早也在战国末年,甚至已到汉代。

# (二)

　　故曰:夫恬惔寂漠虚无无为,此天地之平而道德之质也。故曰圣人休焉[①];休则平易矣[②],平易则恬惔矣。平易恬惔,则忧患不能入,邪气不能袭,故其德全而神不亏[③]。

　　故曰:圣人之生也天行,其死也物化,静而与阴同德,动而与阳同波[④];不为福先,不为祸始[⑤],感而后应,迫而后动,不得已而后起。去知与故,循天之理[⑥]。故无天灾,无物累,无人非,无鬼责[⑦]。不思虑,不豫谋。光矣而不燿,信矣而不期[⑧]。其寝不梦,其觉无忧。其生若浮,其死若休[⑨]。其神纯粹,其魂不罢[⑩]。虚无恬惔,乃合天德[⑪]。

故曰：悲乐者德之邪，喜怒者道之过，好恶者［心］之失⑫。故心不忧乐，德之至也；一而不变，静之至也；无所于忤，虚之至也⑬；不与物交，惔之至也；无所于逆，粹之至也。故曰：形劳而不休则弊，精用而不已则（劳劳则）竭⑭。

水之性，不杂则清，莫动则平；郁闭而不流亦不能清，天德之象也⑮。故曰：纯粹而不杂，静一而不变，惔而无为，动（而）以天行，此养神之道也⑯。夫有干越之剑者，柙而藏之，不敢用也，宝之至也⑰。精神四达并流，无所不极⑱，上际于天，下蟠于地，化育万物，不可为象，其名为同帝⑲。

纯素之道，唯神是守，守而勿失，与神为一；一之精通，合于天伦⑳。野语有之曰：众人重利，廉士重名，贤人尚志，圣人贵精㉑。故素也者，谓其无所与杂也；纯也者，谓其不亏其神也。能体纯素，谓之真人㉒。

①"夫恬惔寂漠虚无无为，此天地之平而道德之质也。故曰圣人休焉"三句，又见于《天道》篇，文字小有不同。《天道》篇作"夫虚静恬淡寂漠无为者，天地之平而道德之至，故帝王圣人休焉"。两相对照，知"恬惔"通"恬淡"，"虚无"犹"虚静"，"质"通"至"。休，止也。句意谓恬淡寂漠虚静无为，是天地间的准则而道德的极致，故圣人止于这种境界。参见《天道》篇注。

②"圣人休焉。休则平易矣"，《集释》本作"圣人休休焉则平易矣"。王孝鱼校"《阙误》引张房本"，"圣人休焉"连上句，下句作"休则平易矣"，与《天道》篇同。易，《汉书·晁错传》"若夫平原易地"，颜师古注："易，亦平也。"平易，犹平静，指平静的心境。

③德全而神不亏，德性完备而精神不亏。

④天行，自然运行。郭象注："任自然而运动。"物化，与物变化。"静而与阴同德"二句，谓动静皆与阴阳一致。成玄英疏："凝神静虑，与大阴同其盛德；就感而动，与阳气同其波澜；动静顺时，无心者也。""生也天行"四句又见《天道》篇。——化、波，古韵阴声歌部。

350

⑤ "不为福生,不为祸始",成玄英疏:"夫善为福先,恶为祸始,既善恶双遣,亦祸福两忘。"

⑥ 知,通"智"。故,巧也。《集释》引郭嵩焘曰:"故,诈也。《晋语》'多为之故以变其志',韦注曰:'谓多作诈术以变易其志。'《吕览·论人篇》'去巧故',高注:'巧故,伪诈也。'《淮南·主术篇》'上多故则下多诈',高注:'故,巧也。'皆其例。《管子·心术篇》'去智与故',尹知章注:'故,事也。'失之。"循,顺也。"去知与故"二句,谓去心智与巧诈,顺自然之理。——始、起、理,古韵阴声之部。

⑦ 无天灾,无自然灾害。无物累,无外物牵累。无人非,无他人非毁。无鬼责,无鬼神责罚。四句又见《天道》篇,其顺序作"无天怨,无人非,无物累,无鬼责"。——累、非,古韵阴声微部。

⑧ 光矣而不燿,语出《老子》第五十八章"光而不燿"。燿,照耀。信矣而不期,信实而不期求。——谋、期,古韵阴声之部。

⑨ "其寝不梦"二句,见于《大宗师》篇。"其生若浮"二句,谓生如浮游,死如休息。"浮生"一词即出于此。此二句原在"无鬼责"句下,陈鼓应据严灵峰说,谓敦煌写本《列子》抄残卷,作"其寝不梦,其觉不忧;圣人也其生若浮,其死若休也",据此将此二句移到"其觉无忧"句后。按,严说是。移易之后,前文"无天灾,无物累,无人非,无鬼责,不思虑,不豫谋"皆三字句,后文"其寝不梦,其觉无忧;其生若浮,其死若休。其神纯粹,其魂不罢。虚无恬淡,乃合天德"皆四字句。又,二句移到"其觉不忧"后,则"忧、浮、休"三字为韵,古韵阴声幽部。

⑩ 神,精神。魂,亦神也。罢,通"疲"。

⑪ 天德,自然之德,自然本性。

⑫ 好恶者心之失,原作"好恶者德之失"。前文已有"悲乐者德之邪",后文不应又言"德之失"。《淮南子·原道篇》曰:"夫喜怒者道之邪也,忧悲者德之失也,好憎者心之过也,嗜欲者性之累也。"又,《精神篇》曰:"夫悲乐者德之邪也,而喜怒者道之过也,好憎者心之暴也。"皆"德、道、心"三者并列(《原道

篇》多"性之累也"），其言必原于《庄子》。刘文典《庄子补正》、王叔岷《庄子校释》皆据以改"德之失"为"心之失"。从之。

⑬ 一而不变，抱纯一之道而不变易。无所于忤，无与外物相忤。

⑭ "形劳而不休则弊，精用而不已则竭"，后一句原作"精用而不已则劳劳则竭"。《淮南子·精神篇》有"形劳而不休则蹶，精用而不已则竭"二语，必袭用此文。王叔岷谓"竭上'劳劳则'三字，疑传写误衍，或浅人妄加"。其言甚是，三字衍文。——弊、竭，古韵入声月部。

⑮ "水之性"五句，谓水静则清，然郁闭不流则腐，虽静而又运行，如同天德。

⑯ 惔，通"淡"。动以天行，原作"动而以天行"，"而"字衍文。"纯粹而不杂"五句，谓纯粹而不混杂，虚静专一而不变动，恬淡而无为，行动循顺自然，此怡养精神之道。

⑰ 干越之剑，《释文》引"司马云：干，吴也。李云：干溪越山出名剑。案吴有溪名干溪，越有山名若耶，并出善铁，铸为名剑也"。柙，剑匣。不敢用也，不用以保持剑锋，意谓精神更应宝爱。

⑱ 精神四达并流，成玄英疏："流，通也。夫爱养精神者，故能通达四方，并流无滞。"极，至也。

⑲ 不可为象，宣颖《南华经解》："不可得而迹象之。"同帝，郭象注："同天帝之不为。"按，帝，天也。同帝，犹言同于天。

⑳ 神，精神。伦，理也。天伦，天理。合于天伦，合于自然之理。

㉑ 一，纯一。精，即下文之纯素。——名、精，古韵阳声耕部。

㉒ 体，体现。

★（一）第二章从各个方面来论述"恬惔寂漠虚无无为"，所谓"天地之平而道德之质也"。文章连用"故曰"以和上章承接，似对上章的发挥和解说。

文章反复强调"寂漠恬惔"、"平易恬惔"，骨子里却充满了矛盾。"不为福先，不为祸始，感而后应，迫而后动，不得已而后起"；"无天灾，无物累，无人非，

— 刻意第十五 —

无鬼责";"无所于忤","无所于逆","不与物交",如此种种,说起来都是"无",都是"不",实际上处处提心吊胆,生活在一种诚惶诚恐的气氛中,何尝有多少"恬惔虚无寂漠"!

《刻意》两章虽有联系,风格并不相同,作者或并非一人。首章结构严谨,逻辑严密,文辞顺畅。次章却相当夹杂,意思相同的词语反复出现,袭用了不少其他篇章的语句。有些句子逻辑混乱。如开头几句,"夫恬惔寂漠虚无无为,此天地之平而道德之质也。故曰圣人休焉;休则平易矣,平易则恬惔矣"。"圣人休焉",即圣人休止于恬惔的境界。"休则平易矣,平易则恬惔矣",从恬惔推论之后还是恬惔。这种啰唆夹杂的文风,和《淮南子》极为相似。

(二)"夫有干越之剑者,柙而藏之,不敢用也,宝之至也",王孝鱼校谓"郭注及成玄英本'敢'下均有'轻'字"。有的注家如陈鼓应径自将"不敢用也"改为"不敢轻用也"。这个简单的句子却很有讨论价值。郭象注"况敢轻用其神乎",可以理解为干越之剑尚不敢用,况敢轻用其神乎?并不说明郭象本一定有"轻"字。至于成玄英疏云:"夫有此干越之宝剑,柙中而藏之,自非敌国大事,不敢轻用。"疏语只是表明成玄英的理解,也不说明郭象本原文一定有"轻"字。宝剑本是用来杀敌的,当然只能说"不敢轻用",如果总"不敢用",又要宝剑干什么呢!这是按常情来理解宝剑,文章的作意却并非如此。这个比喻的意思仅仅在于说明:养身必需恬惔,寂漠,无为,要不悲不乐,不喜不怒,不好不恶,无忤无逆,不劳形,不用精,"唯神是守","与神为一",正如要保持宝剑的锋利,只有不用。至于宝剑做什么用,什么时候用,怎么用,不是这个比喻的目的;比喻总只取它的某一点。因此"不敢用"就是"不敢用",决不能给它加一个"轻"字;加一个"轻"字就违背了作者本意。对古人著作,极宜慎重;随意改动,删掉或者增加,都是不严肃的。

# 缮性第十六

缮性,以篇首二字名篇。本篇也是论治道修身的。文章表现作者的社会历史观,认为只有"混芒"的远古才是理想社会,而自燧人伏羲神农黄帝以至尧舜以来都每况愈下,"世丧道矣,道丧世矣","道无以兴乎世,世无以兴乎道"。而当今之世,更"时命大谬",故圣人只有隐退以求"存身之道"。文章反映了战国末年某些道家后学面对变动的社会无可奈何的窘遽状态。

## (一)

缮性于俗学以求复其初,滑欲于俗思以求致其明,谓之蔽蒙之民①。

古之治道者,以恬养知②;知生而无以知为也,谓之以知养恬③。知与恬交相养,而和理出其性④。(夫德,和也;道,理也。德无不容,仁也。道无不理,义也。义明而物亲,忠也。中纯实而反乎情,乐也。信行容体而顺乎文,礼也。礼乐偏行,则天下乱矣⑤。)彼正而蒙己德,德则不冒,冒则物必失其性矣⑥。

古之人,在混芒之中,与一世而得澹漠焉⑦。当是时也,阴阳和静,鬼神不扰,四时应节,万物不伤,群生不夭,人虽有知无所用之,此之谓至一⑧。当是时也,莫之为而常自然⑨。

①缮,治也。缮性,修治心性。俗学,《集释》本作"俗俗学",衍一俗字。从刘文典《庄子补正》删。初,指人之本性。滑,《释文》引"崔云:治也"。欲,情欲。成玄英疏:"谓名利声色等可贪之物也。"致,求也。明,明达,明智。蔽蒙,蔽塞愚蒙。三句意谓,用世俗的学说来修养心性求复归本初,用世俗的思想来处理情欲求达到明智,这叫作蔽塞愚蒙之人。

## 缮性第十六

② 治道，修道，实际也是修身。恬，静。知，通"智"，下文诸"知"字同。以恬养知，以恬静养其心智。

③ 知生，王孝鱼校"《阙误》无知字"。有无均可通。"知生"二句，谓智生而无须用智，叫作心智养其恬静。

④ 和理出其性，和顺之理乃出于其本性。成玄英疏："知之与恬，交相养也。斯则中和之道，存乎寸心，自然之理，出乎天性。"

⑤ "夫德，和也；道，理也"，宣颖《南华经解》："道德止是和顺。理，犹顺也。""德无不容仁也，道无不理义也"，谓德无不包容就是仁，道无不合理就是义。"义明而物亲忠也"，谓义明而与物相亲就是忠。"中纯实而反乎情乐也"，谓中心纯实而归于真情就是乐，意即音乐表现纯实的真情。"信行容体而顺乎文礼也"，谓信实的品格充盈于体而以顺乎自然之文表现出来就是礼。郭象注："信行容体而顺乎自然之节文者，其迹则礼也。"偏，《集释》本作"徧"，王孝鱼校"《阙误》作偏"。宣颖《南华经解》作偏。偏，颇也，邪也。偏行，谓偏颇地运用，混乱地运用。"礼乐偏行则天下乱矣"，谓礼乐偏颇地运用则天下乱矣。（"礼乐偏行则天下乱"，误解极多。或谓"偏"为一偏之偏，偏行则一方得而万方失故天下乱；或谓"偏"为一半，礼乐行一半则天下乱；或外加定语，谓此指"世俗"之礼乐行则天下乱；或谓此系反对儒家，"儒家"的礼乐行则天下乱；如此等等，皆不得其解而强为之辞。）——"夫德，和也"至"礼乐偏行则天下乱矣"一段五十四字宣扬儒家仁义礼乐之类，钱穆《庄子纂笺》、关锋《庄子外杂篇初探》都指出这段话与庄子学派的思想相违，陈鼓应认为可删故不与注译。他们的看法是有道理的。《庄子》外杂篇中有儒道混杂的篇章，但本篇除这段话外，前后都没有混融儒家的话，因此这段话当系他文错入者。故加圆括特为标出。

⑥ 彼，指古之治道者。蒙，犹言隐藏。己，犹"其"也。不冒，不外露。三句意谓彼纯正而隐藏其德，德乃不外露，外露则人必失其本性。——这三句的解释亦多歧异，且与上文没有有机的联系，突然冒出，亦属可疑。

⑦ 混芒，混沌蒙昧，指原始社会。一世，犹举世。与一世而得澹漠，谓与整个社会淡漠相处。

⑧ 应节，《集释》本作"得节"，王孝鱼校"《阙误》引张君房本得作应"。四时与节气相应，谓寒调暑顺，不失其度。不夭，不夭折。人虽有知无所用之，即"知生而无以知为也"。知，通"智"。至一，犹纯一。

⑨ 莫之为而常自然，无为而永葆其自然。语本《老子》第五十一章"夫莫之命而常自然"。

★ "缮性"首章，谓人须保持自然本性，不能攻世俗的学说，乱于世俗的思想。谓古之治道修身，"以恬养知"，"以知养恬"，"知与恬交相养，而和理出其性"。

文章作者生当战国末年，干戈扰攘，天下滔滔，他无法了解这种大乱的原因，更无法知道大乱之后的前景，找不到出路，如此到遥远的往古去寻求心理上的安慰，凭主观想象制造出一个极其和静安祥的远古社会："当是时也，阴阳和静，鬼神不扰，四时应节，万物不伤，群生不夭，人虽有知无所用之。"那个社会的人，"在混芒之中，与一世而得澹漠焉"，故"莫之为而常自然"。这种理想社会实际是假想社会，溯其源头自然是老子的"小国寡民"，但比老子走得更远；老子还抱着某种希望，他们是什么希望也没有了，这在下章充分表现出来。

## （二）

逮德下衰，及燧人伏羲始为天下，是故顺而不一①。德又下衰，及神农黄帝始为天下，是故安而不顺②。德又下衰，及唐虞始为天下，兴治化之流，浇淳散朴，离道以[为]，险德以行，然后去性而从于心③。心与心识知而不足以定天下，然后附之以文，益之以博。文灭质，博溺心④，然后民始惑乱，无以反其性情而复其初⑤。

由是观之，世丧道矣，道丧世矣⑥。世与道交相丧也，道之人何由兴乎世⑦，世亦何由兴乎道哉！道无以兴乎世，世无以兴乎道，虽圣人不在山林

— 缮性第十六 —

之中，其德隐矣⑧。

①逮，及也。燧人、伏羲与下文神农，皆传说中古代帝王；据传燧人氏钻木取火，教民熟食，伏羲教民狩猎，神农教民耕种，其实是反映初民生活几个阶段的象征。始，助词无义。为，治也。始为天下，即治天下。顺而不一，民心和顺而不纯一。

②安而不顺，民心安定而不和顺。

③唐虞，唐尧虞舜。兴治化之流，大兴治理教化的风气。浇淳散朴，浇薄其淳风，散佚其朴质。离道以为，《集释》作"离道以善"，郭庆藩案："'善'字疑是'为'字之误。"郭说是。《淮南·俶真篇》："杂道以伪，俭德以行。"（"杂"为"离"字之误，"伪"字通"为"，"俭"字通"险"。）《文子·上礼》："离道以为伪，险德以为行。"皆当原于《庄子》。"离道以为，险德以行"，谓所为离大道，所行为险德。去性而从于心，去其本性而崇尚心智。

④"心与心识知"句，谓彼此以心智相互窥伺乃不能安定天下。"附之以文"二句，谓附之以文饰，益之以博学。"文灭质"二句，谓文饰灭没其本质，博学沉溺其心灵。《论语·雍也》："子曰：君子博学于文，约之以礼。"又，"子曰：质胜文则野，文胜质则史。文质彬彬，然后君子。"文中"附之以文，益之以博；文灭质，博溺心"之语，系针对孔子之言而加以否定。

⑤始，犹"乃"也。民始惑乱，谓民乃惑乱。"反其性情"与"复其初"义同。无以反其性情而复其初，皆谓不复回反生初之本性。

⑥"世丧道矣"二句，谓社会丧失了大道，大道亦离弃了社会。

⑦道之人，怀道圣人。

⑧"虽圣人"二句，谓怀道圣人即使不在山林，其德行亦以隐藏，因无法行其道。

★前章把"混芒之中"的远古社会设想得十分理想，次章则谓自燧人伏羲而神农黄帝，而唐尧虞舜，风气衰败，每况愈下，"然后民始惑乱，无以反其性情而复其初",由此大道无从兴起,以至圣人虽不在山林之中,而"其德隐矣"。

所谓"混芒"之世,所谓燧人伏羲神农黄帝以至尧舜时代的情况,全属假想,并无根据。文章只是表现道家的历史观,道家的社会发展观,认为荒茫的远古极端纯朴,人们淡漠无为,没有任何的矛盾;而发展下来,日益衰败,浇淳散朴,惑乱不堪。这是一种荒谬的社会历史观,对社会文明的发展彻底加以否定,在《天运》"孔子见老聃归"章里,那个老聃还给黄帝一点宽容,有道是"黄帝之治天下使民心一",尧舜禹才越来越坏,本章作者的理想世界只剩下一个风影都无法捕捉的"混芒"之世,除此就全无是处,不仅黄帝"德又下衰",连黄帝之前的所谓燧人伏羲神农"德"都是"衰"的。否定"混芒"以后的古代,真正的意图还在于否定当世。认为到了这个社会,"世丧道矣,道丧世矣","道无以兴乎世,世无以兴乎道",一点办法也没有了,所以圣人也只好"隐"了!他们是否甘心退隐山林,一点也不甘心,如此又在下章为他们说隐而并不隐的行径进行辩解。

## (三)

隐,故不自隐①。古之所谓隐士者,非伏其身而弗见也,非闭其言而不出也,非藏其知而不发也,时命大谬也②。当时命而大行乎天下,则反一无迹③;不当时命而大穷乎天下,则深根宁极而待④,此存身之道也。

古之存身者⑤,不以辩饰知,不以知穷天下,不以知穷德⑥,危然处其所而反其性已,又何为乎哉⑦!道固不小行,德固不小识⑧;小识伤德,小行伤道。故曰:正己而已矣⑨。[正己则乐全],乐全之谓得志⑩。

古之所谓得志者,非轩冕之谓也,谓其无以益其乐而已矣⑪。今之所谓得志者,轩冕之谓也。轩冕在身,非性命之有也,物之傥来寄者也⑫。寄之,其来不可圉,其去不可止⑬。故不为轩冕肆志,不为穷约趋俗⑭,其乐彼与此同,故无忧而已矣⑮。今寄去则不乐⑯,由是观之,虽乐未尝不荒也⑰。故曰:丧己于物失性于俗者,谓之倒置之民⑱。

— 缮性第十六 —

① 故，犹"乃"也。隐故不自隐，其德隐矣而自身并不隐，即前章"不在山林之中，其德隐矣"之意，以下诸句即写其不自隐。

② 见（xiàn），通"现"。时命大谬，之所以隐其德是由于时运荒谬。

③ 反一无迹，归于纯一而无形迹，即前文之"反其性情而复其初"。

④ 穷，困穷。深根，犹深藏也。根藏土中，犹引申而有藏义。宁，静也。极，朱骏声《说文通训定声》引《春秋元命苞》："极者，藏也。"宁极，犹言深藏。深根宁极而待，即深藏以待时机。

⑤ 存，《集释》本作"行"，王孝鱼校"世德堂本作存"。此承上文"存身之道"，应作"存"。

⑥ 知，通"智"，下两"知"字同。穷，困也。"不以辩"三句，谓不以巧辩虚饰其智能，不以其智困扰天下，不以其智困扰其德性。

⑦ 危然，《释文》引"司马云：独立貌"。反其性已，守其本性而已。又何为乎哉，无为也。《集释》本无"乎"字，王孝鱼校"《阙误》引张君房本为下有乎字"，有"乎"字文意较足。

⑧ 不小行，不在于小行，而在于"当时命而大行于天下"。不小识，不在于小识。识，智识。

⑨ 正己，端正自己，修养自己。儒家亦言"正己"，但儒家"正己"，指修仁义忠信之行；道家"正己"，指全其自然之性。

⑩ "正己"二句，原文只作"乐全之谓得志"，文意不全，句上有缺文。补"正己则乐全"一句，"正己则乐全，乐全之谓得志"，前后才相衔接。

⑪ 轩冕，高车冠冕，代指大官高位。益，增加。无以益其乐，即"乐全"。

⑫ 性命，犹言本性。非性命之有，《集释》本无"之有"二字，此从王孝鱼校《阙误》所引张君房本。傥来，成玄英疏："傥者，意外忽来者耳。"寄，寄放，寄附。谓高官显位，轩冕在身，并非本性之所有，是外物偶然来寄而已。

⑬ 寄之，寄附之物。圉，通"御"，抗拒。止，阻止，留住。句意谓寄附之物，其来不可抗拒，其去不能留住。

⑭ 不为轩冕肆志，不为官位而纵其心志。约，义同《论语·里仁》"不可以

359

久处约"之约,困穷。不为穷约趋俗,不为穷困而趋奉世俗。

⑮ 彼与此,谓轩冕与穷约。

⑯ 寄去,寄附之物失去,指失去轩冕。

⑰ 荒,慌乱。虽有轩冕,惟恐失去,故虽乐亦慌。

⑱ "丧己"二句,谓丧其身于物欲,失其性于世俗。倒置,重物欲而丧本性,故谓之本末倒置。

★本章作者申述上章"其德隐矣"而不在山林之中的高论:"古之所谓隐士者,非伏其身而弗见也,非闭其言而不出也,非藏其知而不发也。"之所以要隐,实在是"时命大谬",无可奈何。但他们还在等待,时机到来,还是要大干一番的。借重"古之所谓隐士"隐而不隐的方式,无非为他们自身不甘退隐制造理论根据。

"当时命而大行乎天下,则反一无迹;不当时命而大穷乎天下,则深根宁极而待",语言的形式仿自孟子的"达则兼善天下,穷则独善其身",内容其实也受孟子的启发。但孟子的"兼善、独善"内涵明确,充满信心。而本文作者的"大行、大穷"却扑朔迷离:"反一无迹",回归于纯一而无形迹,又用什么去"大行于天下"?"大穷"呢?又怎么办,"大穷"就"深根宁极而待",他们只好设法去找一种"存身之道"。

怎么"存身"?办法是"不以辩饰知,不以知穷天下,不以知穷德",要"反其性",要无为,采取一种退缩的办法,说这样就"乐全","乐全之谓得志"。

表面看来,这位作者超脱得很,实际上反映了道家后学们面对这个变动的时代无能为力而又于心不甘的苦闷状态,他们何尝不想"当时命而大行于天下",然而"时命大谬",无可如何,只好"深根宁极而待",用这种乌龟式的"存身之道"来聊以自慰。

文章最后批判了世俗的"得志"是"轩冕之谓也",即追求高官大位,认为这是"丧己于物,失性于俗","谓之倒置之民"。作者本来是在解释他们的"存身之道",自夸他们"乐全""得志",怎么无缘无故突然扯到"今之所谓得志者"呢?

— 缮性第十六 —

批判他人，也无非是安慰自己。阿 Q 式的乞儿对不肯施舍的财主大声叫喊，"你那几个臭钱我才不在乎！我起码比你干净！"其实他们在乎得很，叫喊一通只是心里舒服一点。这些冒牌圣人对"轩冕"也未必真的忘情，要不然他们尽可以退得远一点，不必不断地出来大肆说教，并为自己的行为进行辩解。

# 秋水第十七

秋水，以首句开头二字名篇。

《秋水》首章是外篇中最为重要的作品。题旨与内篇《齐物论》相表里，"万物一齐"，亦即物之大小、多少、贵贱、得失、生死皆可齐一视之，一切任其自化而已。

后附寓言故事六则，与首章并无内在联系。六则故事的旨意并不一致："夔怜蚿"故事谓万物皆禀自然，彼此无须企羡。"孔子游于匡"是历史故事，表达"孔子"穷达由命的思想。"公孙龙问于魏牟"一则是对庄子的颂赞。最后"庄子钓于濮水""惠子相梁""庄子与惠子游于濠梁"三则记述庄子轶事，是表现庄子人生哲学和政治态度的重要资料。

## （一）

秋水时至，百川灌河，泾流之大，两涘渚崖之间，不辩牛马①。于是焉河伯欣然自喜，以天下之美为尽在己②。顺流而东行，至于北海，东面而视，不见水端③。于是焉河伯始旋其面目，望洋向若而叹曰④："野语有之曰，'闻道百以为莫己若者'，我之谓也⑤。且夫我尝闻少仲尼之闻而轻伯夷之义者⑥，始吾弗信，今我睹子之难穷也，吾非至于子之门则殆矣，吾长见笑于大方之家⑦。"

北海若曰："井蛙不可以语于海者，拘于虚也；夏虫不可以语于冰者，笃于时也；曲士不可以语于道者，束于教也⑧。今尔出于崖涘，观于大海，乃知尔丑，尔将可与语大理矣⑨。天下之水，莫大于海。万川归之，不知何时止而不盈；尾闾泄之，不知何时已而不虚⑩；春秋不变，水旱不知。此其过江河之流，不可为量数⑪。而吾未尝以此自多者，自以比形于天地而受气于阴阳，吾在天地之间，犹小石小木之在大山也，方存乎见少，又奚以自多⑫！计四海之在天地之间也，不似礨空之在大泽乎？计中国之在海内，不似稊米之在大仓乎⑬？号物之数谓之万，人处一焉；人卒九州，谷食之所生，舟车之所通，人处一焉⑭；此其比万物也，不似豪末之在于马体乎⑮？五帝之所连，三王之所争，仁人之所忧，任士之所劳，尽此矣⑯。伯夷辞之以为名，仲尼语之以为博⑰，此其自多也，不似尔向之自多于水乎！

① 时至，及时而至。河，指黄河。泾流，水流。《释文》引"司马云：泾，通也。崔本作径。云：直渡曰径"。两涘（sì），两岸。涘，水边。渚，洲。崖，岸也。不辩牛马，言水面广阔，分不清对岸的牛马。辩，通"辨"，分辨。

② 河伯，河神。美，犹言壮观。

③ 北海，渤海；战国时代黄河注入渤海。东面，向东。水端，水的尽头；不见水端，即望不到边。

④ 始旋其面目，成玄英疏："方始回旋面目。"望洋（wàng yáng），通"盱洋、望羊、望阳"，叠韵联绵词，仰视貌。若，海神。成语"望洋兴叹"即出于此。

⑤ 百，虚数。句中有自以为多之意；似乎不少，实际并不很多。莫己若，没有谁比得上自己。

⑥ 少，与下文"轻"同义，小看，轻视。仲尼之闻，孔子的学问。伯夷之义，伯夷的高义。此以孔子作为学问的最大代表，伯夷作为道德的最高典范。伯夷，商末孤竹君之子，因让位出逃。周武王伐纣，伯夷与弟叔齐叩马谏阻。武王已平殷乱，天下宗周，伯夷叔齐耻之，义不食周粟，饿死于首阳山。见《史记·伯夷列传》。

⑦ 子，指北海若，亦指北海。难穷，难以穷尽，言其广大。殆，危也。大方，大道。语于海，谈论大海。拘于虚，受空间的限制，因井蛙生活的空间仅仅一个井。夏虫，仅活一个夏季的昆虫。笃，固也，亦拘限之意。笃于时，受时间的局限，因夏虫生活的时间仅一个夏季。曲士，知识短浅的乡曲之士。道，大道。束于教，受其教养的束缚。

⑧崖涘，指河道。丑，浅陋。

⑨盈，满。尾闾，古人设想海水泄出之口。虚，空，尽。

⑪过，超过。不可以量数，无法用数量来计算。

⑫比，通"庇"。《集韵》："庇，治也，具也；或作比。"比形于天地，具形于天地。气，精气。存，义同《诗·郑风·出其东门》"匪我思存"之存，想也。见，显也。方存乎见少又何以自多，只想到显得太少了，又怎会自以为多。

⑬礨（lěi）空，蚁冢。《释文》引"李云：小封也。一云：蚁冢也"。稊（tì）米，稗子一类植物的子实。《释文》引"司马云：小米也。李云：稊，草也"。大（tài）仓，国家贮粮的大仓库。

⑭人卒九州，人尽九州，谓九州之地尽是人。"号物之数"六句，谓世间之物号称为万，人只是其中之一。九州之地尽是人，每个人又只是其中之一。前句"人处一焉"之人，指人类；后句"人处一焉"之人，指每一个人。

⑮豪末，豪毛的末梢，极言其小。豪，一作"毫"，二字通用。

⑯五帝，黄帝、颛顼、帝喾、尧与舜。连，指相继统治。三王，夏禹、商汤和周文王武王。任士，与"仁人"相对，仁人指思想者，任士指任职行政者。尽此矣，如此而已。

⑰伯夷辞之，指伯夷辞让君位。仲尼语之，指孔子议论为政。前文河伯谓"我尝闻少仲尼之闻而轻伯夷之义者"是以伯夷仲尼作为极高的标准；此处北海若谓"伯夷辞之以为名，仲尼语之以为博"，是以仲夷仲尼为不足道。河伯的认识与海若的评论形成巨大的差距。

河伯曰："然则吾大天地而小豪末①，可乎？"

北海若曰："否！夫物，量无穷②，时无止③，分无常④，终始无故⑤。是故大知观于远近，故小而不寡，大而不多，知量无穷⑥；证曏今故，故遥而不闷，掇而不跂，知时无止⑦；察乎盈虚，故得而不喜，失而不忧，知分之无常也⑧；明乎坦途，故生而不说，死而不祸，知终始之不可故也⑨。计人之所知，不若其所不知；其生之时，不若未生之时；以其至小求穷其至大之域，是故迷乱而不能自得也⑩。由此观之，又何以知豪末之足以定至细之倪⑪，又何以知天地之足以穷至大之域！"

①大天地而小豪末，以天地为大豪末为小。河伯问：既然人在天地之间如此渺小，那么我以天地为大豪末为小，这种认识是否可以。

②物，指宇宙间一切物。量无穷，量没有穷尽；大到无穷大，小到无限小，故天地并非最大，豪末也并非最小。

③时无止，时间没有止境；已往没有开始之时，未来没有穷尽之日。

④分（fèn），分际，界限。分无常，谓物随时变化，没有绝对分际，故曰无常。

⑤终始无故，终而又始，变化常新。郭象注："日新也。"成玄英疏："虽复终而复始，而未尝不新。"一说，"故"通"固"，终始无故，即永不固定，无始亦无终也。

⑥知，通"智"。"是故大知"四句，谓大智观察远近，小不以为少，大不以为多，知物量没有穷尽。

⑦"证曏今故"四句：郭象注："曏（xiàng），明白。今故，犹古今。遥，长也。掇，犹短也。"掇，拾取，随手即可拾取，言其近也。郭注以"遥"为"长"，以"近"为"短"，故曰"掇，犹短也"。跂，通"企"，求也。成玄英疏："既知古今无古今，则知寿夭无寿夭。是故年命延长，终不厌生而悒闷；禀龄夭促，亦不欣企于遐寿。随变任化，未始非吾。"成疏之意，谓此四句就生命之长短言之：证明古今没有穷尽，生命长短都无所谓，长不为之郁闷，短亦不用企求，任其变化而已。

⑧盈虚，指事物的变化，或盈或虚。"察乎盈虚"四句，就得失言之：得之不足喜，失之亦不足忧，得失之分是无常的。

⑨"明乎坦途"四句，就生死言之：把生死看成坦途，生不以为可喜，死亦不以为祸，知事物终始是不断变化的。郭象注："明终始之日新也，则知故不可执而留矣。"说，通"悦"。

⑩ 至小，人生在宇宙间微不足道，故曰至小。至大之域，宇宙空间无穷，时间无限，故曰至大之域。成玄英疏："至小，智也；至大，境也。夫以有限之小智，求无穷之大境；而无穷之境未周，有限之智已穷，是故终身迷乱，返本无由，丧己企物而不自得也。"

⑪ 倪，最小的物体。《广雅·释亲》"婗，子也"，王念孙疏证："凡物之小者谓之倪。""由此"三句，谓人"至小"无法穷尽"至大之域"；由此观之，怎能知道豪末可以确定为最小之物体，又怎能知道天地可以穷尽至大的空间。（意即豪末并非最小者，天地并非最大者，只是人们不知道而已。）

河伯曰："世之议者皆曰：'至精无形，至大不可围'。是信情乎①？"

北海若曰："夫自细视大者不尽，自大视细者不明②。夫精，小之微也；垺，大之殷也，故异便，此势之有也③。夫精粗者，期于有形者也。无形者，数之所不能分也；不可围者，数之所不能穷也④。可以言论者，物之粗也；可以意致者，物之精也⑤。言之所不能论，意之所不能察致者，不期精粗焉⑥。"

① 至精，最小。围，范围。信，诚也。情，真实。"至精无形"三句，谓最小之物小到没有体积，最大之物大到不可范围，是真实可信的吗。

② 自细视大者不尽，如人仰观宇宙，无法看到尽头。自大视细者不明，如人细察分子原子，无法看得明白。

③ 精，最小之物。小之微也，小之最小者。垺，最大之物。成玄英疏，"盛大也"。此字读音歧异，《释文》引"李普回反（péi），徐音孚（fú），郭芳尤反（fóu）"。应从徐读孚，通"郭"，外城也，借用为盛大之义。殷，大也。大之殷也，大之最大者。便，通"辨"。故异便，故大小有不同的区别。此势之有也，这是势有所不同。按，大小异便为势所有，是在相对范围内有形范围内说的，故下文说"夫精粗者期于有形者也"。

④ 期，成玄英疏为"期限"，犹限也。夫精粗者期于有形者，所谓大小精粗

限于对有形之物而言。无形者,即"至精无形"者。不可围者,即"至大不可围"者。

⑤可以言论者物之粗也,可以用言语来表述者是物之最大者。可以意致者物之精也,可以凭心意想到者是物之最小者。

⑥"言之所不能论"三句,无法用言语来表述,也不能凭心意想到者,是无法讲大小精细的。按,前文讲大小精粗者是有形之物,此言无法讲大小精粗者指无形的道。

(是故大人之行,不出乎害人之途,不多仁恩①;动不为利,不贱门隶②;货财弗争,不多辞让③;事焉不借人,不多食乎力④;□□□□,不贱贪污⑤;行殊乎俗,不多辟异⑥;为在从众,不贱佞谄⑦;世之爵禄不足以为劝,戮耻不足以为辱⑧;知是非之不可为分,细大之不可为倪⑨。闻曰:'道人不闻,至德不得,大人无己⑩。'约分之至也⑪。)

①大人,得道之人。多"不出乎害人之途",《集释》本无"之途"二字,此从王孝鱼校"《阙误》引张君房本",与"出"字搭配,有"之途"二字是。多,赞许。"不出乎害人之涂,不多仁恩",谓不出于害人之途,也不赞许仁恩。(反正对谁都漠不关心。)

②贱,轻贱。"动不为利,不贱门隶",谓行动不为利,也不轻贱门隶。(做门隶也可以。)

③多,肯定,赞赏。"货财弗争,不多辞让",谓不争货财,也不赞赏辞让。(不争不让,给我就不辞。)

④"事焉不借人,不多食乎力",谓行事不借力他人,自食其力而不多求。(勉强维持即可。)

⑤"□□□□,不贱贪污",按前后对句例,此句前缺漏一句。(由于前面少一句,"不贱贪污"可能是说不轻贱贪污行为或不轻贱贪污之人;与后面"为在从众,不贱佞谄"意思相近。)

⑥"行殊乎众，不多辟异"，谓行为虽与众殊，也不赞许乖辟诡异之行。（反正平平淡淡即可。）

⑦佞谄，指佞谄之徒。"为在从众，不贱佞谄"，谓所作所为从众，也不轻贱佞谄之人。（即使佞谄也无妨。）

⑧劝，高兴鼓舞之意。戮耻，犹羞耻。辱，耻也。"世之爵禄不足以为劝，戮耻不足以为辱"，谓不因为享受爵禄而感到高兴，不因受到羞耻而觉得侮辱。（也就无所谓荣辱。）

⑨倪，亦分也。"知是非之不可为分，细大之不可为倪"，谓是非没有绝对的区别，细大也无绝对的界限。（无所谓是非，无所谓大小。）

⑩道人，有道之人。不闻，即无名。至德，大德之人。不得，不求有所得，亦即不求事功。无己，即无我，忘却自己。"道人无己"三句，与《逍遥游》"至人无己，神人无功，圣人无名"同义，而顺序相反。三句实系引文，故称"闻曰"。

⑪约分之至也，约束其分（fèn）到了极点。王先谦曰："约己归于其分。"

★上文河伯提出"至精无形，至大不可围，是信情乎？"北海若回答"夫精粗者，期于有形者也。无形者，数之所不能分也；不可围者，数之所不能穷也。可以言论者，物之粗也；可以意致者，物之精也。言之所不能论，意之所不能察致者，不期精粗焉"，问题已回答清楚，结构也很完整。"是故大人之行"以下一百一十三字是游离的一段，与前后文不相关联。文章语言肤浅，思想平庸。特别是"不贱贪污""不贱佞谄"等于纵容犯罪行为，与虚静朴素的道家思想大不相容，与庄子思想无关。

河伯曰："若物之外，若物之内，恶至而倪贵贱？恶至而倪小大①？"

北海若曰："以道观之，物无贵贱；以物观之，自贵而相贱②；以俗观之，贵贱不在己③。以差观之，因其所大而大之，则万物莫不大；因其所小而小之，则万物莫不小；知天地之为稊米也，知豪末之为丘山也，则差数睹矣④。以功观之，因其所有而有之，则万物莫不有；因其所无而无之，则万物莫不无；知东西之相反而不可以相无，则功分定矣⑤。以趣观之，因其所然而然之，则万物莫不然；因其所非而非之，则万物莫不非；知尧桀之自然而相非，则趣操睹矣⑥。

"昔者尧舜让而帝，之哙让而绝⑦；汤武争而王，白公争而灭⑧。由此观之，争让之礼，尧桀之行，贵贱有时，未可以为常也⑨。梁丽可以冲城，而不可以窒穴，言殊器也⑩。骐骥骅骝，一日而驰千里，捕鼠不如狸狌，言殊技也⑪。鸱鸺夜撮蚤，察毫末，昼出瞋目而不见丘山，言殊性也⑫。故曰，盖师是而无非，师治而无乱乎⑬？是未明天地之理，万物之情者也。是犹师天而无地，师阴而无阳，其不可行明矣。然且语而不舍，非愚则诬也⑭。帝王殊禅，三代殊继⑮。差其时，逆其俗者，谓之篡夫；当其时，顺其俗者，谓之义徒⑯。默默乎河伯，女恶知贵贱之门，小大之家⑰！"

① 若，指示代词，犹言那。外，外表形式。内，内部实质。恶（wū），何也。倪，《齐物论》"和之以天倪"，成玄英疏："倪，分也。"犹言分界。

② 自贵而相贱，自以为贵而相互贱视对方。

③ "以俗观之"二句，谓世俗以外来之荣辱而分贵贱。

④ 差，等差，差别。为，如也。"以差观之"八句，谓从物的相对差别看，就其大的方面着眼则万物没有不是大的，就其小的方面着眼则万物没有不是小的。如天地很大，若同"至大不可围"者相对而言它就小如稊米；豪末很小，若同"至精无形"者相对而言它就大如丘山。这样去看，物的差别就清楚了。睹，看得清楚。

⑤ 有，存在。无，不存在。"以功观之"七句，谓从物的功用上看，就其存在方面着眼则万物没有不是存在的，就其不存在的角度着眼则万物没有不是不存在的。如东西相反却不能彼此认为不存在，因为有东才有西，有西才有东。这样去看，事物功用之分可以确定。

⑥ 趣，通"趋"，指是非趋向。然，犹"是"也。"以趣观之"七句，谓从人

们的是非趋向看,认为是就没有不是,认为非就没有不非。如尧与桀都自以是而以对方为非;这样去看,人们所谓是非趋向就清楚了。操,犹守也。趣操,趋于所守,故趋操犹趋向。

⑦尧舜让,尧禅于舜。之哙,燕相子之与燕王哙。燕王哙七年(前314)让位于相子之,三年,燕国大乱,齐宣王乘机伐燕,杀燕王哙及子之。见《史记·燕召公世家》。

⑧汤武争而王,商汤伐夏桀,周武王伐商纣,而都成为王。白公争而灭,白公名胜,楚平王太子建之子。太子建受谗奔郑,在郑被杀,胜出奔吴。平王死后,昭王立,昭王死后,惠王立。令尹子西召胜回国,以为巢大夫,号曰白公。惠王十年(前479)白公胜杀令尹子西司马子期于朝,劫惠王,自立为王。叶公子高救楚,杀白公胜。事见《左传》哀公十六年及《史记·楚世家》。——绝、灭,古韵入声月部。

⑨"贵贱有时"二句,谓或贵或贱,有一定的时机,不可视为常规。——行、常,古韵阳声阳部。

⑩梁丽,通"梁欐",梁柱。窒,堵塞。二句谓梁柱可以冲击城墙,却不能堵塞小洞,是说各有各的用途。

⑪骐骥骅骝,都是骏马。狸狌,成玄英疏,"野猫"。三句谓骏马一日千里,捕鼠不如野猫,是说各有各的技能。

⑫鸱鸺,即《诗·豳风》之鸱鸮,猫头鹰。猫头鹰夜间活动,目光锐利,但畏日光,故黑夜能抓跳蚤,察毫末,白天瞋眼不见丘山;是说各有不同的性能。毫,通"豪"。瞋目,睁开眼睛。

⑬故曰,犹言总是说,与通常用法不同。盖(蓋),通"盍",何不。师,效法,引申为取用之意。人们总是说,何不只用是而不用非,只用治而不用乱。按,这是转述一般人们常说的话,作者认为是错误的,因这话将是非治乱绝对化,故下文接着加以批判,认为"是未明天地之理,万物之情者也"。

⑭语而不舍,说过不停。非愚则诬,不是由于愚昧就是出于欺骗。

⑮"帝王殊禅"二句,帝王禅让的方式各不一样,三代继承的做法各不相同。

⑯"差其时"六句,谓不合时宜,违逆世情,叫作"篡夫",如子之;当其时宜,顺应世情,叫作"义徒",如汤武。

⑰女,通"汝"。家,犹言家数。此处与"门"实同义。句意谓河伯汝哪里知道贵贱小大的门径。此回答河伯"恶至而倪贵贱,恶至而倪小大"。

河伯曰:"然则我何为乎,何不为乎?吾辞受趣舍,吾终奈何①?"

北海若曰:"以道观之,何贵何贱,是谓反衍②;无拘而志,与道大蹇③。何少何多,是谓谢施④;无一而行,与道参差⑤。严乎若国之有君,其无私德;繇繇乎若祭之有社,其无私福;泛泛乎其若四方之无穷,其无所畛域⑥。兼怀万物,其孰承翼⑦?是谓无方,万物一齐,孰短孰长⑧?道无终始,物有死生,不恃其成⑨;一虚一满,不位乎其形⑩。年不可举,时不可止⑪;消息盈虚,终则有始⑫。是所以语大义之方,论万物之理也⑬。物之生也,若骤若驰,无动而不变,无时而不移⑭。何为乎?何不为乎?夫固将自化⑮。"

①趣舍,犹取舍、进退。由于北海若谓河伯"女恶知贵贱之门,小大之家",大小、贵贱、是非、有无,都不是绝对的,河伯无所适从,所以他们问"我何为乎,何不为乎?"辞受取舍,我该怎么办?

②反衍,《释文》引"本亦作畔衍"。二句意谓,按道的观点,所谓贵贱是可以反过来的,贵可能贱,贱可能贵。成玄英疏:"反衍,犹反覆也。夫贵贱者,生乎妄执也。今以虚通之理照之,则贵者反贱而贱者复贵,故谓之反衍也。"

③拘,拘守,犹言固执。而,通"汝"。下文"而"字同。志,心志,此处犹言成见。蹇,蹇碍,犹言抵触。二句意谓不要固执汝之成见,固执则与道大相抵触。——贱、衍、蹇,古韵阳声元部。

④谢施,《释文》引"司马云:谢,代也"。施,移也。二句意谓什么少什么多,是可以相代相移的,亦即可以相互转化。

⑤一,执一。参差(cēn cī),不一致,即相抵触。"无一而行,与道参差"

与"无拘而志,与道大蹇"意思相同。——多、施、差,古韵阴声歌部。

⑥严,严正。私德,对某一部分特别关爱。繇繇(yóu),犹"悠悠",大度之貌。社,社神。私福,对某一部分特别福佑。泛泛,坦荡之貌。畛域,彼此界限。"严乎"六句,谓对待万物,要像严正的国君一样没有"私德",要像悠然大度的社神一样没有"私福",要像坦坦荡荡的大地一样没有"畛域";意思都是不要有贵贱多少的分别。

⑦承,义同《左传》哀公十八年"使帅师而行,请承"之承,佐也。翼,助也。二句谓同怀万物,不对谁特别佐助。——德、福、域、翼,古韵入声职部。

⑧无方,无所偏向。"是谓"三句谓,这就叫无所偏向,万物齐同,无所谓谁短谁长。——方、长,古韵阳声阳部。

⑨恃,依恃。成,指成形之物。三句谓,道是无始无终没有穷尽的,而任何物都有生有死,因此成形之物不足恃,很快就会变化。

⑩位,定位。二句谓物时虚时满,形无定位。——生、成、形,古韵阳声耕部。

⑪"年"与"时"互文。举,犹"与"也,待也。"年不我举"与《论语·阳货》"岁不我与"和下句"时不我止"意思相同。二句意谓时光是不断变化向前的,总不会停止。(二句或解作未来的岁月不能取来,将去的时光不能留住。其说非是。文章作意只是说明时光在不断变化,并无"未来、将去"的内涵。)

⑫消,消失。息,生长。"消息"二句,谓事物有消则有息,有盈则有虚,有此之终则有彼之始。

⑬大义,即大道。"是所以"二句,谓此即讲大道的方向,论万物的道理。——止、始、理,古韵阴声之部。

⑭骤、驰,皆疾速奔跑之意。时之为言持也,止也,与"动"相对。《诗·大雅·绵》"曰止曰时,筑室于兹",时亦止也。"物之生也"四句,谓物之生也,若疾速奔驰,没有一个运动者不是在变化,动是绝对的;没有一个静止者不是在移易,静是相对的,意即一切都在变化。

⑮"何为乎"三句,谓无须问何为乎何不为乎,万物原会自然变化。此回答

## 秋水第十七

河伯问"我何为乎？何不为乎？"——驰、移、为、化，古韵阴声歌部。

★"秋水"章或者叫"河伯海若对话录"和内篇《齐物论》相表里，实即表现《齐物论》的思想。是《庄子》外篇中真实表现庄子哲学的重要篇章。

"秋水"章首段，写秋水时至，百川灌河，河伯看到自己浩瀚的水面，"以天下之美为尽在己"。顺流东下，进入大海，发现大海如此广阔，"东面而视，不见水端"，才认识到自己在天地之间，原来十分渺小，微不足道。如此北海若对他说了一番道理。单这一段，是一则很好的寓言，对那种囿于自己狭小的空间不知道世界有多大而沾沾自喜的人是很好的教育。——然而文章的旨意并不在此。北海若告诉河伯，"今尔出于崖涘，观于大海，乃知尔丑，尔将可与语大理矣"；河伯认识到自身的渺小不过是可以探讨"大理"的起点。

如此河伯发问：既然人在天地之间如此渺小，我以天地为大豪末为小是否对呢？北海若告诉他，不对。因为物量没有穷尽，时间没有止境，一切都在变化，一切都是相对的，所以小不以为穷，大不以为多；长不需郁闷，短不用企求；得而不喜，失而不忧；生不以为可喜，死不以为是祸；也就是说，无论大小、多少、寿夭、生死，都可齐一视之，没有什么差别。"计人之所知，不若其所不知；其生之时，不若未生之时"，根本无法"知豪末之足以定至细之倪"，无法"知天地之足以穷至大之域"。

如此河伯又问，听说"至精无形，至大不可围"，即最小的东西小到没有形体，最大的东西大到不可范围，是否是真的？北海若的回答是："自细视大者不尽，自大视细者不明"，言外之意，这是无须讨论的。所谓大小精粗是有形的东西，那无形的东西，"言之所不能论，意之所不能察致者"，是不需讲大小精粗的。这里没有点明，其实所说的"无形者"就是道，那才是世间最真实的存在。

河伯搞糊涂了，他问：既然如此，那么人们怎么去认识物的大小贵贱，哪里是它们的分界？北海若的回答是，"物无贵贱"，物没有什么贵贱，自亦无所谓大小。从大的方面去看它就大，故万物莫不大；从小的方面去看它就小，故万物莫不小。所以天地可以如稊米，豪末可以如丘山。所谓大小、贵贱都可以等同。照此类推，所谓有无、然否（即是非）都莫不如此，都可等同看待。——这就是《齐物论》的思想。文章作者认识到事物的相对性，特别是在发展变化中的相对性，具有一定的辩证的因素，这是"齐物论"的价值所在。特别是"年不可举，时不可止；消息盈虚，终则又始"；"物之生也，若骤若驰，无动而不变，无时而不移"，这些真理性的语句，迸射出辩证的光辉。但文章否认物在相对范围内的差别，则违背客观事实。这也正是《齐物论》的缺陷。

这使河伯更加糊涂了，他问：那么我们还能干点什么呢？"我何为乎？何不为乎？"北海若的回答是：无所谓贵贱，无所谓多少，"万物一齐"，无须有所区别。物有死生，道无终始。"物之生也，若骤若驰；无动而不变，无时而不移。何为乎？何不为乎？夫固将自化"；一切任其自化，如此而已。

"秋水"章与《齐物论》相表里，而语言更为明白畅达，是外篇中阐述庄子哲学最为深切的一章。该章论艺术也极为精彩。开头写"秋水时至，百川灌河，泾流之大，两涘渚崖之间，不辨牛马。于是焉河伯欣然自喜，以天下之美为尽在己"。到达大海，看到大海的浩瀚，才感到自身的微渺。这一段叙述汪洋恣肆，气势纵横，是《庄子》全书中最精采的文章。全章河伯与北海若的对话，层层推进，结构严密，北海若的论述，往往出人意表，在先秦诸子中也少有能相比者。作者是深得庄子真传的杰出后继，可惜名不见经传。

（河伯曰："然则何贵于道邪？"

北海若曰："知道者必达于理，达于理者必明于权，明于权者不以物害己①。至德者，火弗能热，水弗能溺，寒暑弗能害，禽兽弗能贼。非谓其薄之也，言察乎安危，宁于祸福，谨于去就，莫之能害也②。故曰，天在内，人在外，德在乎天③。知乎人之行，本乎天，位乎得，蹢躅而屈伸，反要而语极④。"

曰："何谓天？何谓人⑤？"

北海若曰："牛马四足，是谓天；落马首，穿牛鼻，是谓人⑥。故曰：无以人灭天，无以故灭命，无以得殉名⑦。谨守而勿失，是谓反其真⑧。"）

## 秋水第十七

① 达，通达，明白。理，事理。权，应变。物，外物。——理、己，古韵阴声之部。

② 热，烧伤。溺，淹。贼，伤害。薄，迫也。非谓其薄之也，不是说他能靠近这些能伤人的事物，如水火、寒暑、禽兽等。察，明察。宁，静也。宁于祸福，冷静对待祸福。"祸福"复词偏义，重在祸。"至德者"十句，意谓"至德者，火弗能溺，寒暑弗能害，禽兽弗能贼"，并非有什么特异功能可以对付那些伤人的事物，而是说他能"察乎安危，宁于祸福，谨于去就"，因此没有什么东西能伤害他。《老子》第五十章云："盖闻善摄生者，陆行不遇兕虎，入军不受甲兵；兕无所投其角，虎无所措其爪，兵无所容其刃。夫何故？以其无死地。"本段旨意，即原于老子。——德、贼、福，古韵入声职部；热、害，入声月部；溺，入声药部。

③ 天，自然本性。"天在内"三句，谓自然本性藏于内心，人事行为表现在外面，修养在于保持自然本性。

④ "知乎人"，《集释》本作"知天人"。王孝鱼校"《阙误》引江南古藏本'天'作'乎'"，从之。位，安处。踯躅（zhí zhú），同"蹢躅"，双声联绵词，进退不前之貌，此处实与"屈伸"同义。要，指道之至要。语极，言语之极致。"知乎人之行"五句，谓知道人的行为，本于自然本性，安于自得，或进或退，或屈或伸，反于道之至要而亦议论之极致。——得、极，古韵入声职部。

⑤ "何谓天"二句，谓什么是自然本性，什么是人为。——天、人，古韵阳声真部。

⑥ 落，通"络"。"牛马"四句，谓牛马四脚，是其自然本性；用笼头络住马首，用牛拳穿着牛鼻，就是人为。《马蹄》篇所论，可以互参。"马，蹄可以践霜雪，毛可以御风寒，龁草饮水，翘尾而陆，此马之真性也"，即马之自然本性；伯乐治马，"烧之剔之，刻之雒之，连之以羁馽，编之以皂栈"，就是人为。

⑦ "无以故"之故，事也。殉，《史记·贾生列传》"烈士殉名"索隐引臣瓒曰："亡身从物谓之殉。"犹言葬送。《春秋繁露·深察名号》："名之为言真也。"殉名，葬送真性。"无以人灭天"三句，谓不要以人为毁灭自然，不要以人事毁伤性命，不要以贪得葬送真性。

⑧ 反其真，反其真性，即回复其自然本性。《淮南子·原道篇》："故牛歧蹄而戴角，马被髦而全足者，天也；络马之口，穿牛之鼻者，人也。循天者，与道游者也；随人者，与俗交者也。"即"牛马四足"一段之意。——命，真，古韵阳声真部；名，阳声耕部。

★《秋水》首章这篇北海若与河伯对话录到"何为乎，何不为乎，夫固将自化"应已结束，归结为"万物一齐"的题旨已经达到。文章后面却还有一段。河伯问："然则何贵于道？"北海若的回答却是"知道者必达于理，达于理者必明于权，明于权者不以物害己"；"言察乎安危，宁于祸福，谨于去就"。前面五段说了那么多玄之又玄的"大理"，对"何贵于道"的问题回答却偏离了主题。"达于理"，"明于权"，"不以物害己，无以故灭命，无以得殉名"，叫人小心谨慎以求得生存，这与前文"得而不喜，失而不忧"，"生而不说，死而不祸"的"齐物论"精神相距何其遥远！文章风格也远没有前文优美顺畅。《庄子》书中某些完整的篇章往往有后人附加的段落。如《应帝王》最后"子舆与子桑友"一章，与全文的思想内容大不相同，显系后人加上去的。《秋水》首章如果没有最后河伯问"然则何贵于道"这一段，则全章内容与庄子《齐物论》一致，结构也相当完美；有这一段则与庄子思想有很大的距离，与前面的论述大相径庭。因疑这段文字也是后人加上去的。

## （二）

夔怜蚿，蚿怜蛇，蛇怜风，风怜目，目怜心①。

夔谓蚿曰："吾以一足趻踔而行，予无如矣。今子之使万足，独奈何②？"

蚿曰："不然。子不见夫唾者乎？喷则大者如珠，小者如雾，杂而下者不可胜数也③。今予动吾天机，而不知其所以然④。"

蚿谓蛇曰："吾以众足行，而不及子之无足，何也？"

蛇曰："夫天机之所动，何可易邪？吾安用足哉！"

蛇谓风曰："予动吾脊胁而行，则有似也⑤。今子蓬蓬然起于北海，蓬蓬然入于南海，而似无有，何也⑥？"

风曰："然。予蓬蓬然起于北海而入于南海也，然而指我则胜我，鳅我亦胜我。虽然，夫折大木，蜚大屋者，唯我能也⑦，故以众小不胜为大胜也。为大胜者，唯圣人能之⑧。"

① 夔，传说中之一足兽。成玄英疏："《山海经》云：东海之内，有流波之山，其山有兽，状如牛，苍色，无角，一足而行，声音如雷，名之曰夔。"蚿，马蚿，又名马陆，一名百足虫。怜，既有爱慕之意，又有怜惜之义；文中两义兼而有之。夔、蚿、蛇等，皆自我感觉良好，对他物既爱慕又怜惜。成玄英疏："怜是爱尚之名。夔则以少企多，故怜蚿；蚿则以有羡无，故怜蛇；蛇则以小企大，故怜风；风则以暗慕明，故怜目；目则以外慕内，故怜心。欲明天地万物，皆禀自然，明暗有无，无劳企羡，放而任之，自合玄道。""又解：怜，哀愍也。夔以一足而跳踯，怜蚿众足之烦劳；蚿以有足而安行，哀蛇无足而辛苦；蛇有形而适乐，愍风无质而冥昧；风以飘飘而自在，怜目域形而滞着；目以在外而明显，怜心处内而暗塞。"

② 趻踔（chěn chuō），双声联绵词，跳跃。予无如矣，即无我如矣，没有谁能如我。万足，马陆有足二十二对，万足极言其多。

③ 喷，喷出的唾沫。杂，散乱。句意谓唾沫喷出，自然散落，不知其所以然。

④ 天机，天然机能，自然本性。"予动吾天机"二句，蚿谓我运用我的自然本性，自己也不知其所以然。

⑤ 予动吾脊胁而行，蛇谓我运动腰脊前进。似，通"以"。则有似也，即"则有以也"，以，用也。谓自有我的运用。

⑥ 蓬蓬，风起之貌，亦风声。似无有，似无形迹。

⑦ 鳅，"踏"之借字，《释文》引一本即作"踏"，通"蹴"，用足踢。"指我则胜我，鳅我亦胜我"，用手指指风，用脚踢风，都可以胜风。蜚，通"飞"。蜚

大屋,掀翻大屋。

⑧"为大胜者"二句,谓小不胜而能大胜,唯圣人能之。

★成玄英疏,"天地万物,皆禀自然,明暗有无,无劳企羡",即本章之旨。蚿曰:"予动吾天机,而不知其所以然。"蛇曰:"夫天机之所动,何可易邪!"皆说明任其自然本性。万物各不相同,任其自然则一也。

夔、蚿、蛇、风、目、心,六者不同类,系在一条链条上,逻辑上是一种缺陷,是《庄子》寓言中拙劣之作。又,风曰"唯圣人能之"以后疑有缺文。"夔怜蚿,蚿怜蛇,蛇怜风",三句皆有所述,而"风怜目,目怜心"二句,后文却没有申述。

## (三)

孔子游于匡,宋人围之数匝而絃歌不惙①。

子路入见,曰:"何夫子之娱也②?"

孔子曰:"来!吾语女。我讳穷久矣而不免,命也;求通久矣而不得,时也③。当尧舜而天下无穷人,非知得也;当桀纣而天下无通人,非知失也;时势適然④。夫水行不避蛟龙者,渔父之勇也;陆行不避兕虎者,猎夫之勇也;白刃交于前,视死若生者,烈士之勇也⑤;知穷之有命,知通之有时,临大难而不惧者,圣人之勇也。由处矣,吾命有所制矣⑥。"

无幾何,将甲者进,辞曰:"以为阳虎也,故围之。今非也,请辞而退⑦。"

① "孔子游于匡"二句:《释文》引"司马曰:宋当作卫。匡,卫邑也。卫人误围孔子,以为阳虎。虎尝暴于匡人。又孔子弟子颜刻时与虎俱,后刻为孔子御,至匡,匡人共识。又孔子容貌与虎相似,故匡人共围之"。数匝,数周,指层层包

— 秋水第十七 —

围。慑，王孝鱼校"赵谏议本作辍"，止也。

②子路，孔子弟子仲由。娱，乐也。

③讳，回避。穷，困穷，否塞。我讳穷，言我亦想回避穷困。命，命运。通，通达，顺畅。不得，王孝鱼校《阙误》引江南古藏本作"不遇"。时，时运。

④当尧舜，碰上了尧舜。穷人，困穷失意之人。知，通"智"；下句"知"字同。当桀纣，碰上了桀纣。通人，通达得志之人。时势适然，时势使之如此。（王孝鱼校谓张君房本"尧舜""桀纣"下都有"之时"二字。按，有无"之时"二字意思一样。无此二字文更简练。）

⑤兕（sì），野牛。烈士，壮烈之士。

⑥处，安静。我命有所制，言我命自有所制约，意谓自有天命。

⑦无几何，没有多久。将甲者，着甲胄的人，甲士领头者。《释文》一本作"持甲"。辞，辞谢，表示歉意。阳虎，鲁国季孙氏家臣，事季平子，季平子死后专鲁国之政。鲁定公六年，阳虎曾暴掠匡地，匡人恨之。孔子过匡，匡人误以为是阳虎，故围之。

★《庄子》书中的孔子，大都是塑造的形象。作者们根据需要，随心所欲地摆布孔子，一时让他发表道家言论，一时把他作为批判对象，与真实的孔子都不相干。这个故事中的孔子虽也有塑造的成分，却是真孔子。

第一，事实有根据。《论语·子罕》："子畏于匡，曰：'文王既没，文不在兹乎？天之将丧斯文也，后死者不得与于斯文也；天之未丧斯文也，匡人其如予何！'"《史记·孔子世家》记之更详："[孔子]去卫，将适陈，过匡。颜刻为仆，以其策指之曰：'昔吾入此，由彼缺也。'匡人闻之，以为鲁之阳虎，阳虎尝暴匡人，匡人于是遂止孔子。孔子状类阳虎，拘焉五日。"事在鲁定公十五年（前495），时孔子五十六岁。参见《天运》篇"孔子西游于卫"章注。

第二，文中孔子发表的言论与真孔子的思想不相违背。孔子曰："吾讳穷久矣而不免，命也；求通久矣而不得，时也。"又曰："由处矣，吾命有所制矣！"这与《论语》和《史记·孔子世家》中孔子对类似事态发表的言论大体一致。《论语·宪问》：公伯寮愬子路于季孙。子曰："道之将行也与，命也；道之将废也与，命也，公伯寮其如命何！"《史记·孔子世家》：孔子適宋，宋司马桓魋欲杀孔子。孔子曰："天生德于予，桓魋其如予何！"又，孔子将西见赵简子，至于河而闻窦鸣犊、舜华之死也，临河而叹曰："美哉水，洋洋乎！丘之不济此，命也夫！"

因之本文塑造的孔子是儒家的孔子，本文所表述的思想是儒家的思想。"讳穷久矣而不免，命也；求通久矣而不得，时也"，无论老子还是庄子都不存在这样的思想。

## （四）

公孙龙问魏牟曰①："龙少学先王之道，长而明仁义之行；合同异，离坚白；然不然，可不可②；困百家之知，穷众口之辩；吾自以为至达已③。今吾闻庄子之言，汒焉异之，不知论之不及与，知之弗若与④？今吾无所开吾喙，敢问其方⑤？

公子牟隐机大息⑥，仰天而笑曰："子独不闻夫埳井之蛙乎⑦？谓东海之鳖曰：'吾乐与！出跳梁乎井干之上，入休乎缺甃之崖；赴水则接腋持颐，蹶泥则没足灭跗⑧；还［视］虷蟹与科斗，莫吾能若也⑨。且夫擅一壑之水，而跨跱埳井之乐，此亦至矣，夫子奚不时来入观乎⑩！'东海之鳖左足未入，而右膝已絷矣。于是逡巡而却⑪，告之海曰：'夫千里之远不足以举其大，千仞之高不足以极其深。禹之时十年九潦而水弗为加益，汤之时八年七旱而崖不为加损⑫。夫不为顷久推移、不以多少进退者，此亦东海之大乐也⑬。'于是埳井之蛙闻之，适适然惊，规规然自失也⑭。

"且夫知不知是非之竟，而犹欲观于庄子之言，是犹使蚊负山，商蚷驰河也，必不胜任矣⑮。且夫知不知论极妙之言而自适一时之利者，是非埳井之蛙与⑯！且彼方跐黄泉而登大皇，无南无北，奭然四解，沦于不测；无西无东，始于玄冥，反于大通⑰。子乃规规然而求之以察，索之以辩，是直用管窥天、用锥指地也,不亦小乎[18]!子往矣!且子独不闻寿陵馀子之学行于邯郸与,未得国能,又失其故行矣,直匍匐而归耳[19]。今子不去将忘子之故,失子之业!"

公孙龙口呿而不合,舌举而不下,乃逸而走[20]。

① 公孙龙,战国赵人,名家代表人物,所著《公孙龙子》今存,以"白马论""坚白论"闻名。(《史记·仲尼弟子列传》有"公孙龙,字子石,少孔子五十三岁"。集解引郑玄曰"楚人"。那是另一个公孙龙,早于赵人公孙龙两个多世纪。)魏牟,魏国公子,又称公子牟。

② 合同异,《天下篇》引惠施同异论,曰:"大同而与小同异,此之谓小同异,万物毕同毕异,此之谓大同异。"万物种类,同种之间有其共性,这是小同;各类又各有特性,这是小异,即"大同而与小同异"。万物都有共性,这是大同;万物又各有特性,这是大异,即"万物毕同毕异"。此之谓"合同异"。参见《骈拇》篇及后《天下》篇注。离坚白,公孙龙"坚白论",谓"坚白石"(坚硬白色之石)只能看成"坚白"和"白石",不能看成"坚白石";因为"视不得其所坚","拊不得其所白"。此之谓"坚白石"。参见《齐物论》注。然不然,然其不然,即以不然为然。可不可,可其不可,即以不可为可。按,文中"先王之道","仁义之行",乃儒家观念;"合同异"为惠施论题,"离坚白"才是公孙龙之说;"然不然,可不可"径是《齐物论》思想,文章通通属之公孙龙。盖文章旨意全在下一段赞颂庄子,本段故意让公孙龙自夸其能耐,而不管内容的来原和真伪。

③ 困,难倒。知,通"智"。穷,尽。辩,口辩。达,通达,高明。已,通"矣"。

④ 汒,通"茫"。汒焉异之,茫然感到惊异。"不知"之知,本字;"知之"之知,通"智"。与,通"欤"。

⑤ 喙(huì),嘴。无所开吾喙,无法开我口。其方,犹"其故"。

⑥ 隐机,凭几。大,通"太"。大息,长叹。

⑦ 埳井,即"坎井"。《释文》引"司马云:坏井也"。成玄英疏:"浅井也。"

⑧ 跳梁，跳跃。"梁"字通"踉"，亦跳跃之意。井干，井栏。甃（zhòu），砖砌的井壁。崖，前文"两涘渚崖之间"《释文》"崖，字又作涯"。此处亦应通"涯"，指井壁下水边。接腋，指水接腋下。持，支持。持颐，指水浮起头部。蹶泥，踩进泥里。跗（fū），脚蹼。

⑨ 还，通"环"。"视"字原本无，据《太平御览》一八九引补。环视，环顾四周。虷，《释文》："音寒，水中赤虫也。"又引"郭注曰：井中小蛣蟩赤虫也"。按，"虷蟹"应连读，虷，胡安切，蟹，胡买切。双声联绵词。即指小蛣蟩赤虫，亦即孑孓，非指螃蟹。蛣蟩与孑孓同音，确是赤虫。科斗，蛙类动物的幼体。莫吾能若，没有谁能如我。

⑩ 擅，占有。跨跱（zhì），叉腿跳跃。奚不，何不。时来，随时来。

⑪ 絷（zhí），绊住，指陷入泥里。逡巡，徘徊貌，此处为迟疑尴尬之貌。却，后退。

⑫ 举，称也。举其大，形容其大。极，尽也。极其深，尽其深度。水弗为加益，水不见其增加。崖，通"涯"。崖不为加损，海岸不见缩小。——深，古韵阳声侵部；损，阳声文部。

⑬ 顷久，时间短暂或久长。推移，指水面加宽或缩小。

⑭ 適適然，惊讶之貌。规规然，局促之貌。埳井之蛙寓言即首章北海若谓"井蛙不可以语于海者拘于虚也"句的扩展。

⑮ "且夫知"之知，通"智"。"不知"之知，本字。下文"且夫知不知"同。是非之竟，是非之究竟，根源。商，强也，见《白虎通义·五行》。蚷，虫名。"使蛇负山，商蚷驰河"，使与商互文，强使之负山、驰河。《释文》引"一本作蜄"。

⑯ 適，满足。是，此也。

⑰ 彼，指庄子。跐，踏进。黄泉，指地底。大（tài）皇，天上。《楚辞·离骚》"陟升皇之赫戏兮"王逸注："皇，皇天也。"奭然，犹"释然"，自然无拘束之貌。四解，四面放开。沦，深入。不测，指不测之境。无西无东，原作"无东无西"，从王念孙说改。上句"北、测"叶韵，此句"东、通"叶韵。玄冥，玄妙

深杳之理。大通,大通光明之境。"无南无北"三句承"趾黄泉","无西无东"三句承"登大皇"。——北、测,古韵入声职部;东、通,古韵阳声东部。

⑱ 子,指公孙龙。察,苛察。辩,口辩。直,简直。指,插入。

⑲ 寿陵,邑名。馀子,少年。邯郸,赵都。匍匐,爬行。

⑳ 口呿(qū),口张开。逸,逃。

★这是一篇庄子的颂赞,自是庄子后学所为。文辞甚为生动,埳井之蛙的寓言尤为精彩。赞颂庄子到了无以复加的地步,但涉及庄子哲学的具体内容,只是说"彼方趾黄泉而登大皇:无南无北,奭然四解,沦于不测;无西无东,始于玄冥,反于大通",貌似虚玄而实甚空泛,与庄子思想也不相干。

## (五)

庄子钓于濮水,楚王使大夫二人往先焉,曰:"愿以境内累矣①!"

庄子持竿不顾,曰:"吾闻楚有神龟,死已三千岁矣,王巾笥而藏之庙堂之上②。此龟者,宁其死为留骨而贵乎?宁其生而曳尾于涂中乎③?"

二大夫曰:"宁生而曳尾涂中。"

庄子曰:"往矣!吾将曳尾于涂中!"

① 濮水,水名,在今河南范县南。楚王,《释文》引"司马云:威王也"。《史记》本传记"楚威王闻庄周贤,使使厚币迎之,许以为相",此司马彪所据。按,楚威王前三三九年至前三二八年在位。往先,先往见之。《释文》:"先,谓宣其言也。"境内,指楚国。愿以境内累焉,犹言愿以楚国劳驾您。

② 神龟,指用于占卜的龟壳。巾笥而藏之庙堂之上,成玄英疏:"盛之以笥,覆之以巾,藏之庙堂,用与国事。"笥,竹箱。

③ 曳尾涂中,拖着尾爬于泥涂。

★本章记载庄子谢绝楚王聘任的轶事，是对庄子的更高的颂赞。宁曳尾涂中的对话简捷明白，生动地表现了庄子藐视富贵荣华、决不与统治者合作的人生态度。此与《列御寇》篇"或聘于庄子"章是同类故事，可与互参。

## （六）

惠子相梁①，庄子往见之。或谓惠子曰："庄子来，欲代子相。"于是惠子恐，搜于国中三日三夜。

庄子往见之，曰："南方有鸟，其名为鹓鶵，子知之乎？夫鹓鶵，发于南海而飞于北海，非梧桐不止，非练实不食，非醴泉不饮②。于是鸱得腐鼠，鹓鶵过之，仰而视之曰：吓③！今子欲以子之梁国而吓我邪！"

① 惠子相梁，成玄英疏："姓惠，名施，宋人，为梁惠王相。"
② 鹓鶵（yuān chú），凤凰一类的鸟。成玄英疏："鹓鶵，鸾凤之属，亦言凤子也。练实，竹实也。醴泉，泉甘味如醴也。"醴，甜酒。
③ 于是，犹此时。鸱，猫头鹰。吓，吓怒之声。

★这是又一则庄子轶事，主题也和前一节同类，庄子藐视权贵，语言幽默犀利但过于尖刻。

《庄子》书中，为了歌颂老庄，常用他人作为陪衬，让他人在老庄面前显得卑下。其中用孔子为最多。但孔子不怕，有《论语》和其他儒家著作在，任凭道家法家的诋毁攻击、秦始皇的焚掠毁坏、文化大革命的侮辱谩骂，都无损于他的光辉。但惠施就惨了，由于《惠子》失传，他无法为自己辩护了。即在这则寓言中，庄子的形象无比高洁，惠子就显得低卑，气量狭小，迷恋权力致不择手段。须知这是道家后学的造作，惠子是他们笔下的受害者，实际也有损庄子的形象，读者不要信以为真。惠子固是庄子的论敌，同时也是庄子的朋友。庄子妻死，惠子即往吊唁；惠子死后，庄子给与了很高的评价。清人姚鼐曾说："记此语者，庄徒之陋。"姚姬传敏锐地看到了其中的问题。（参见后面《天下》篇述评）

## （七）

庄子与惠子游于濠梁之上[①]。

庄子曰："儵鱼出游从容[②]，是鱼之乐也。"

惠子曰："子非鱼，安知鱼之乐？"

庄子曰："子非我，安知我不知鱼之乐？"

惠子曰："我非子，固不知子矣；子固非鱼也，子之不知鱼之乐，全矣[③]！"

庄子曰："请循其本[④]。子曰'汝安知鱼乐'云者，既已知吾知之而问我。我知之濠上也。"

[①] 濠，水名，在今安徽凤阳县境。梁，石桥。《释文》引"司马云：石绝水曰梁"。

[②] 儵(shū)鱼，鱼名。《集释》引卢文弨曰："儵，当作"鯈(chóu)"。从容，自由自在。

[③] 全矣，绝对如此。

[④] 循，追溯。请循其本，追溯源头说起。

★（一）第三则庄子轶事为庄子与惠子濠上对话，幽默有趣。但庄子最后的话属于诡辩："汝安知鱼乐"，是先肯定我"知鱼乐"才问"安知"；这种逻辑不能成立，因为"鱼乐"是庄子自己说的，并非惠子先知。

（二）《秋水》第四章公孙龙自言曾"闻庄子之言"。按，《孔丛子·公孙龙》："公孙龙，平原君客也。"《史记·平原君列传》"虞卿欲以信陵君之存邯郸，为平原君请封。公孙龙闻之，夜驾见平原君曰：'龙闻虞卿欲以信陵君之存邯郸为君请封，有之乎？'平原君曰：'然。'龙曰：'此甚不可。'"公孙龙分析了不可的道理，平原君遂不听虞卿。平原君为赵孝成王相，晚于庄子约半个世纪。故公孙龙不可能亲"闻庄子之言"，寓言故事而已。平原君卒于赵孝成王十五年（前251），下距秦统一仅三十年。由此可以推断这些故事当作于战国末年。

# 至乐第十八

　　以首句中"至乐"二字名篇。首章即论述人生何以才得"至乐"。谓世俗追求的"富贵寿善"，各种享受，实不足以"养命活身"，皆并非真乐。只有虚静无为，"无乐"才是"至乐"。——首章为全篇之纲，后用若干寓言故事加以申述。但这些故事有的与全篇主题联系密切，有的较为分散，甚至没有联系。

　　后文"庄子妻死""支离叔与滑介叔观于冥伯之丘""庄子之楚""列子行食于道从"，皆表现道家的生死观，谓生死变化皆出于自然，故死亡变异皆不用悲哀，甚至生还不如死之可乐。

　　"种有幾"一章极为荒诞，其作意仍在于说明万物皆生于自然又复归于自然，与生死亦有联系。

　　"颜渊东之齐"章谓一切言行须与客观实际相适，齐侯资质太低，颜回向齐侯说以大道会给自身带来危险，与篇中各章都不相涉，而与《人间世》"颜回之齐"章旨意相同。

　　——《至乐》《达生》《山木》为一组。三篇都论述处世之道，亦养生之道，是对庄子人生哲学的阐述。

## （一）

　　天下有至乐无有哉？有可以活身者无有哉[①]？今奚为奚据？奚避奚处？奚就奚去？奚乐奚恶[②]？

　　夫天下之所尊者，富贵寿善也。所乐者，身安厚味美服好色音声也[③]。所下者，贫贱夭恶也。所苦者，身不得安逸，口不得厚味，形不得美服，目不得好色，耳不得音声；若不得者，则大忧以惧。其为形也亦愚哉[④]！

　　夫富者，苦身疾作，多积财而不得尽用，其为形也亦外矣[⑤]。夫贵者，夜以继日，思虑善否，其为形也亦疏矣。人之生也，与忧俱生，寿者惛惛，久忧不死，何之苦也！其为形也亦远矣⑥。烈士为天下见善矣，未足以活身⑦。吾未知善之诚善邪，诚不善邪？若以为善矣，不足活身；以为不善矣，足以活人。故曰："忠谏不听，蹲循勿争⑧。"故夫子胥争之以残其形，不争，名亦不成，诚有善无有哉⑨？

今俗之所为与其所乐，吾未知乐之果乐邪，果不乐邪？吾观夫俗之所乐，举群趣者，誙誙然如将不得已⑩，而皆曰乐者，吾未之乐也，亦未之不乐也⑪，果有乐无有哉？吾以无为诚乐矣，又俗之所大苦也⑫。故曰："至乐无乐，至誉无誉⑬。"

天下是非果未可定也。虽然，无为可以定是非⑭。至乐活身，唯无为几存⑮。请尝试言之：天无为以之清，地无为以之宁，故两无为相合，万物皆化生⑯。芒乎芴乎，而无从出乎！芴乎芒乎，而无有象乎⑰！万物职职，皆从无为殖⑱。故曰天地无为也而无不为也⑲，人也孰能得无为哉⑳？

① 至乐，极大的乐趣。活身者，养活生命者。成玄英疏："言寰宇之中，颇有至极欢乐，可以养活身命者无有哉？"

② 奚，何也。"今奚为"四句承上二句，谓如有至乐可以活身者，当何所为？何所据？何所避忌？何所留处？何当就之？何当去之？何当乐之？何当恶之？——据、处、去、恶，古韵阴声鱼部。

③ 天下，指世俗社会。尊，尊重，珍贵。所珍贵者四，"富贵寿善也"，善，指善名。所乐者五，"身安厚味美服好色音声也"。"厚味、美服、好色、音声"并列，皆偏正结构。《礼记·乐记》："声成文谓之音。"《论语·八佾》"皦如也"何晏集解"言其音节明也"，孔颖达疏："音，乐声也。"故"音声"即乐声，指美妙的音乐。

④ 下，与尊相反，厌弃之意。夭，短命。恶，指恶名。苦，苦恼。若不得者则大忧以惧，如果得不到"身安、厚味、美服、好色、音声"则大为忧惧。为形，犹言养身、养生。亦愚，太愚蠢。其为形也亦愚哉，承上"所尊者""所乐

— 至乐第十八 —

者""所下者""所苦者"而言,非单承"若不得者则大忧以惧"。

⑤ 外矣,与下文"疏矣""远矣",都是违反、远离之意,指违背养生之道。

⑥ 惽惽,即"昏昏",昏愦之貌。何之苦也,犹何其苦也。《集释》本作"何苦也",此从宣颖《南华经解》。之,犹其也。

⑦ 烈士,壮烈之士。为天下见善,天下人以为善,即有善名。未足以活身,烈士多不得善终,如比干伍胥之类。

⑧ 蹲循(zūn xún),同"逡巡",叠韵联绵词,徘徊不进之貌,此处为退却之意。——身、人,古韵阳声真部。听、争,古韵阳声耕部。

⑨ 子胥,即伍员,谏吴王夫差不听,夫差逼令自杀。参见《胠箧》"子胥靡"注。残,伤也,害也。残其形,伤害其生命。诚有善乎哉,真有好处吗?用的是疑问句,实际是说没有好处。——形、争、成,古韵阳声耕部。

⑩ 果,诚也,犹真也。趣,通"趋"。举群趣,成群地走去。誙誙(kēng),急走之貌。《释文》引"李云:趣死貌"。一本作"胫胫"。

⑪ 未之,通"未知","之、知"同音假借。王孝鱼校引赵谏议本即作"未知"。

⑫ 吾以无为诚乐矣,郭象注:"夫无为之乐,无忧而已。"成玄英疏:"用虚淡无为为至实之乐。"二句谓我以"无为"是真正的至乐,而世俗以为大苦。

⑬ 至乐无乐,最大快乐是没有快乐。"至乐无乐"是建立在"无为"的基础上的,唯其"无为",就无所追求,没有忧愁也没有快乐,一切任其自然,故成为"至乐"。"至誉无誉"出《老子》第三十九章。此重在"至乐无乐",而以"至誉无誉"作陪衬。成玄英疏:"俗以富贵荣华铿金枪玉为上乐,用美言佞善为令誉,以无为恬淡寂寞虚夷为忧苦。故知至乐以无乐为乐,至誉以无誉为誉也。"

⑭ 无为可以定是非,无为虚静,故无是亦无非。

⑮ 幾,庶幾。存,在。"至乐活身"二句,谓至乐活身,只有无为庶幾存在。用推测语气,实际是肯定的。

⑯ 化生,《集释》本无"生"字,刘文典《庄子补正》谓陈碧虚《阙误》引江南古藏本"化"下有"生"字,据补。"生"字与"清、宁"叶韵。"天无为以

之清"四句,成玄英疏:"天无心为清而自然清虚,地无心为宁而自然宁静,故天地无为,两仪相合而万物化生。"两"之"字助词无义。"天无为"二句,语本《老子》第三十九章"天得一以清,地得一以宁"。一,即无为之道。——清、宁、生,古韵阳声耕部。

⑰芒乎芴乎,《释文》引"芒,李音荒,又呼晃反;芴,音忽"。据此,则芒芴,即"恍惚"。芒芴,无形无象之貌,实即指道,道无形无象。"芒乎芴乎,而无从出乎?芴乎芒乎,而无有象乎?"皆疑问句。无从出乎,无为之道,不从此出乎?从此出也。无有象乎,无为之道不有象乎?有象也。语本《老子》第二十一章:"道之为物,惟恍惟惚:惚兮恍兮,其中有象;恍兮惚兮,其中有物。"《老子》直接表述,此文以问句出之。——芴、出,古韵入声物部。芒、象,古韵阳声阳部。

⑱职职,成玄英疏:"繁多貌。"殖,产生。"万物"二句,谓万物繁多,皆由无为之道产生。即《老子》第四十章"天下万物生于有,有生于无"之意。——职、殖,古韵入声职部。

⑲天地无为也而无不为也,语本《老子》第三十七章"道常无为而无不为"。句中"天地"代指自然,老子之道即自然之道。

⑳人也孰能得无为哉,谓谁能像道一样无为,无为也就没有忧乐,没有忧乐,也就得以"至乐"。

★"至乐"一章,谓世俗追求的"富贵寿善""身安厚味美服好色音声",于"至乐活身"都绝无好处。富者苦身疾作,贵者日夜思虑,寿者久忧不死,求名烈士残身被祸;只有寂寞无为,才得以"至乐活身"。

# (二)

庄子妻死,惠子吊之,庄子则方箕踞鼓盆而歌①。

— 至乐第十八 —

惠子曰:"与人居,长子,老身②,死不哭亦足矣,又鼓盆而歌,不亦甚乎!"

庄子曰:"不然,是其始死也,我独何能无概然③。察其始而本无生,非徒无生也而本无形,非徒无形也而本无气④。杂乎芒芴之间,变而有气,气变而有形,形变而有生,今又变而之死,是相与为春秋冬夏四时行也。人且偃然寝于巨室,而我嗷嗷然随而哭之⑤,自以为不通乎命,故止也。"

① 箕踞,古人坐时两膝着地,臀部坐于足上,若臀部着地,两脚伸开,状如撮箕,称为箕踞,是一种随便的坐姿。鼓盆,敲着盆子。

② 人,指庄子之妻。长(zhǎng)子,养育子女。老身,相偕到老。

② 概然,伤感。

③ 察其始,考察其原始。非徒,不只是。

④ 芒芴,通"恍惚",见上章注。杂乎芒芴之间,混同于无形无象之间。

⑤ 与,同。为,如也。是相与为春秋冬夏四时行也,言人从出生长大到老死,如春秋四季的运行,是自然现象。

⑥ 人,指其妻。偃然,安息貌。巨室,谓天地之间。嗷嗷,哭声。

★ "庄子妻死"章谓人之生,由本来无气变而为有气,气变而有形,形变而有生,生又变而之死,如春夏秋冬四季之运行,是自然现象,故用不着哀伤。《知北游》:"人之生,气之聚也,聚则为生,散则为死。"亦即此意。《养生主》篇秦失论老聃之死,谓"適来夫子时也,適去夫子顺也,安时而处顺,哀乐不能入也,古者谓是帝之县解"。与本章旨意相通。《大宗师》篇云:"死生,命也。其有夜旦之常,天也。人之有所不得与,皆物之情也。"又云:"夫大块载我以形,劳我以生,佚我以老,息我以死。故善吾生者,乃所以善吾死也。"皆可以作为本章的解说。

据此章所记,知庄子娶有妻子,且养育子女,应有后代传世。

## （三）

支离叔与滑介叔观于冥伯之丘，昆仑之虚，黄帝之所休①。俄而柳生其左肘，其意蹶蹶然恶之②。

支离叔曰："子恶之乎？"

滑介叔曰："亡，予何恶！生者，假借也；假之而生生者尘垢也③。死生为昼夜④。且吾与子观化而化及我⑤，我又何恶焉！"

① 支离叔，滑介叔，皆寓言人物。《释文》引"李云：支离忘形，滑介忘智，言二子皆识化也"。冥伯之丘，假托地名。《释文》引"李云：丘名，喻杳冥也"。

② 俄而，一会儿，忽然间。柳，"瘤"之借字。柳生其左肘，瘤生于滑介叔之左肘。蹶蹶（guì）然，惊动貌。恶（wù），厌恶。下文同。

③ 亡，通"无"。"生者假借也"二句，谓生命不过是一种临时假合，假合而生成生命如同尘垢，并非什么珍贵之物。

④ 为，如也。死生为昼夜，死生如同昼夜，与上章人出生长大到老死"为春秋冬夏四时行也"意同。

⑤ 吾与子观化而化及我，吾与汝观物之变化而变化到了我身上。

★"柳生其左肘"是一种异常现象，即使异常也是自然之化，"又何恶焉"？《大宗师》篇言子舆有病，子祀问之曰："女恶之乎？"子舆曰："亡，予何恶！且夫得者时也，失者顺也；安时而处顺，哀乐不能入也。此古之所谓县解也。"与此章旨意相同。

本章在表述上有缺失。第一段观于冥伯之丘的是支离叔与滑介叔两人，没有交代是谁"柳生其左肘"（到后文对话才知道）。又，前文明明说"其意蹶蹶然恶之"，后文滑介叔却说出一长串"予何恶"之类的大话：前后显相矛盾。

— 至乐第十八 —

## （四）

　　庄子之楚，见空髑髅，髐然有形，撽以马捶①，因而问之曰："夫子贪生失理而为此乎？将子有亡国之事斧钺之诛而为此乎？将子有不善之行愧遗父母妻子之丑而为此乎？将子有冻馁之患而为此乎？将子之春秋故及此乎②？"

　　于是语卒，援髑髅枕而卧③。夜半，髑髅见梦曰："子之谈者似辩士。视子所言，皆生人之累也④，死则无此矣。子欲闻死之说乎？"

　　庄子曰："然。"

　　髑髅曰："死，无君于上，无臣于下，亦无四时之事，从然以天地为春秋，虽南面王乐不能过也⑤。"

　　庄子不信，曰："吾使司命复生子形，为子骨肉肌肤，反子父母妻子闾里知识，子欲之乎？"

　　髑髅深矉蹙頞曰："吾安能弃南面王乐而复为人间之劳乎！"


　　①髑髅（dú lóu），死人头骨。髐（xiāo）然，白骨枯干貌。撽（qiào），敲击。马捶，马鞭。捶，通"箠"。

　　②为此，指死为枯骨。贪生失理而为此乎？贪求人生欲望致违反天理而死，指夭折。有亡国之事斧钺之诛而为此乎？指被杀。将，或者。有不善之行愧遗父母妻子之丑而为此乎？指自杀。有冻馁之患而为此乎？指冻饿而死。子之春秋故及此乎？指年老而死。庄子问及五种死因。

　　③语卒，说完之后。援，拉。

　　④累，拖累。视子所言皆生人累也，你所说的情况都是生人才有的累患。

　　⑤从然，从容自如之貌。《释文》："七容反，从容也。李徐子用反，纵逸也。"以天地为春秋，与天地共其长久。南面王乐，帝王之乐。古代帝王南向受朝，故称帝王为南面。

　　⑥司命，主司生命之神。复生子形为子骨肉肌肤，恢复你的生命形体，重新

长上骨肉肌肤。反子,还给你。闾里,指邻里。知识,相知相识者,指朋友。

⑦矉,同"颦",皱眉。頞,鼻梁。深矉蹙頞,深深地皱着眉毛耸起额头,愁苦之状。

⑧人间之劳,人世间的忧劳。

★髑髅宁可乐为枯骨,而不愿重新做人,生不如死,其论生之悲哀,令人震颤!此种文字,貌似坦然,实深有生之忧患,不然不至于此。

# (五)

颜渊东之齐,孔子有忧色。子贡下席而问曰①:"小子敢问,回东之齐,夫子有忧色,何邪?"

孔子曰:"善哉汝问!昔者管子有言②,丘甚善之,曰,'褚小者不可以怀大,绠短者不可以汲深③。'夫若是者,以为命有所成而形有所適也,夫不可损益④。吾恐回与齐侯言尧舜黄帝之道,而重以燧人神农之言。彼将内求于己而不得,不得则惑人,惑则死⑤。

"且女独不闻邪⑥?昔者海鸟止于鲁郊,鲁侯御而觞之于庙,奏九韶以为乐,具太牢以为膳,鸟乃眩视忧悲,不敢食一脔,不敢饮一杯,三日而死⑦。此以己养养鸟也,非以鸟养养鸟也⑧。夫以鸟养养鸟者,宜栖之深林,游之壇陆,浮之江湖,食之鳅鲦,随行列而止,委虵而处⑨。彼唯人言之恶闻,奚以夫譊譊为乎⑩!咸池九韶之乐,张之洞庭之野⑪,鸟闻之而飞,兽闻之而走,鱼闻之而下入,人卒闻之,相与还而观之⑫。鱼处水而生,人处水而死。彼必相与异,其好恶故异也⑬。故先圣不一其能,不同其事⑭。名止于实,义设于適,是之谓条达而福持⑮。

①下席,即避席。古人席地而坐,在长者面前必要时离开席位以示恭敬。

— 至乐第十八 —

② 管子，即管敬仲，名夷吾，字仲，为齐桓公卿，春秋时杰出政治家。传世《管子》传为管仲所撰，实系后人伪托。

③ 褚（zhǔ），布袋。怀，藏。绠（gěng），井上吊水桶之绳。"褚小"二句，谓袋子小者不可以装过多之物，井绳短者不可以汲深井之泉。按，今本《管子》无此二句，《荀子·荣辱》倒有"短绠不可以汲深井之泉"句。

④ "以为命有所成"句，谓生命各有所成，形体各有所适，禀赋有一定的量，不可以随意增减。意谓齐侯的资质有限，颜回的言论如果超过齐侯的限度就很危险。

⑤ 彼，指齐侯。"彼将"三句，谓齐侯听了颜回言尧舜黄帝之道、燧人神农之言，将省察自己看颜回所讲的要求是否具备，如果不具备就会怀疑颜回，怀疑就会致颜回于死地。

⑥ 女，通"汝"。

⑦ 御，迎。觞，敬酒，引申为宴饮。《达生》篇作"飨"，正宴饮之意。庙，宗庙。九韶，乐曲之名，传为虞舜之乐。太牢，具有牛羊豕三牲的祭品。膳，食物。眩视，眼花。一脔，一块肉。

⑧ "此以己养养鸟"二句，谓鲁侯用养自己的方式养鸟，而不是用养鸟的方式养鸟。

⑨ 壇陆，洲渚。《释文》引"司马本作澶，音但，云：水沙澶也"。鳅，泥鳅。鲦（yóu），鱼名。随行列，随同鸟的行列。委蛇（wēi yí），宽舒自得之貌。

⑩ 恶（wù）闻，厌恶。譊譊（náo），喧杂声，犹言吵吵闹闹。指鲁侯为海鸟奏乐具膳。

⑪ 咸池、九韶，皆乐名。洞庭之野，广漠之野。参见《天运》篇注。

⑫ 人卒闻之，人都来听。卒，尽也。还，通"环"，围绕。

⑬ 彼，他们，指人与其他动物。相与异，互不相同。好恶（wù）故异，好恶原本不同。

⑭ 先圣，古代圣人。不一其能不同其事，即其能不一，其事不同。

⑮ "名止于实"三句，意谓名需与实相符，道理需置于适宜之处，这才叫条

理通达，福德扶持。

★文中孔子谓颜回以尧舜黄帝燧人神农之道说齐侯，与齐侯的资质相距太远，因而会很危险。一切言论行事，都必须与实际相适，顺其自然，方能成功，反之即必然失败。

"颜回之齐"是内篇《人间世》"颜回之卫"的缩本，较之《人间世》内容浅显明白而无其深厚。

"海鸟止于鲁郊"故事又见于《国语·鲁语》："海鸟曰爰居，止于鲁东门之外三日，臧文仲使国人祭之。展禽曰：'越哉，臧孙之为政也！夫祀，国之大节也；而节，政之所成也。故慎制祀以为国典，今无故而加典，非政之宜也。'"今海鸟至，已不知而祀之，以为国典，难以为仁且智矣。夫仁者讲功，而智者处物。无功而祀之，非仁也；不知而不能问，非智也。今兹海其有灾乎，夫广川之鸟兽，恒知避其灾也。"同祀海鸟，展禽以为违反祭祀典章，系儒家观念；此文以为违反自然本性，为道家思想。祀海鸟者，《国语》说是臧文仲。臧文仲为鲁大夫，始见于《左传·庄公》十一年（前683），仕鲁庄公、闵公、僖公三代。此文谓祀海鸟者为鲁侯，故事而已，不用拘泥。

## （六）

列子行食于道从①，见百岁髑髅，攓蓬而指之曰②："唯予与汝知而未尝死未尝生也③。若果养乎？予果欢乎？④"

① 从，《释文》引"司马云：从（從），道旁也。本或作徒"。句意谓列子出行于道旁进食。本或作徒，徒字通途，道徒即"道途"。

② 攓（qiān），拔也。蓬，草。攓蓬，拨开草丛。

③ 汝，指髑髅。"而"字助词无义。未尝死未尝生，既未尝死又未尝生，也就

是无所谓生死，生死可以等同。

④若，汝，《释文》引一本即作"汝"。养，忧也。《诗经·邶风·二子乘舟》"中心养养"毛传："养养然忧不知所定。"汝果忧乎，汝以死为忧乎，实际是说已死无所谓忧。欢，乐也。予果乐乎，予虽生然亦无所谓乐。

★百岁髑髅自无所谓生死，列子活人也说无所谓生无所谓死，表面看来无非说明生死可齐一视之，实深深透露出生之悲哀！

本段文字又见于《列子·天瑞篇》，词句小有异同。曰："子列子适卫，食于道，从者见百岁髑髅。攓蓬而指，顾谓弟子百丰曰：'唯予与彼知而未尝生未尝死也；此过养乎？此过欢乎？'"过，"果"之借字。

# （七）

种有幾①，得水则为䘑②，得水土之际则为蛙蠙之衣，生于陵屯则为陵舄③。陵舄得郁栖则为乌足，乌足之根为蛴螬，其叶为胡蝶④。胡蝶胥也化而为虫，生于灶下，其状若脱，其名为鸲掇⑤。鸲掇千日为鸟，其名为干馀骨。干馀骨之沫为斯弥，斯弥为食醯⑥。颐辂生乎食醯，黄軦生乎九猷，瞀芮生乎腐蠸⑦。羊奚比乎不筍久竹生青宁⑧、青宁生程⑨，程生马，马生人，人又反入于机⑩。——万物皆出于机，皆入于机⑪。

① 种，物种。幾，通"机"，微也，句意谓物种最初发育生命的机微之物。
② 䘑，《释文》引"司马本作继"。水生植物名。郭嵩焘引《尔雅》郭璞注，谓为水舄。
③ 蛙蠙之衣，成玄英疏："青苔也，在水中若张绵，俗谓之虾蟆衣也。"陵屯，高地。陵舄，车前草。
④ 郁栖，粪土。乌足，草名，泽舄之类。蛴螬，地蚕，金龟子的幼虫。

⑤胥也，犹"须臾"，不久。脱，通"蜕"，蜕化，脱皮。鸲掇（qú duō），虫名。

⑥干馀骨，鸟名。沫，唾液。斯弥，虫名。食醯（xī），酒醋瓮中的生成物。

⑦颐辂（yí lù），即醯鸡，又称蠛蠓。黄軦（kuàng），虫名。九猷，虫名。瞀芮（mào ruì），一种蚊虫。腐蠸，萤火虫。

⑧羊奚，草名。比，合也。不笋久竹，久不长笋的老竹。羊奚，虫名；一说为竹蓀，则为植物。青宁，虫名。郭象注："羊奚比合乎久竹而生青宁之虫。"

⑨程，兽名。沈括《梦溪笔谈》谓"延州人至今呼虎豹为程"。

⑩人又反入于机，谓人死又复为机微之物。

⑪"万物"二句：开头"种有幾（机）"，即机微之物。机微之物生成低级生物，低级生物辗转变化而为高级生物，高级生物终变化为人，人死又复为机微之物。故曰"万物皆出于机，皆入于机"。实即万物皆生于自然，又复归于自然。

★这篇荒诞不经的"变化论"，只是说明天下万物皆生于自然又复归于自然，因此无所谓高下，一切皆可等同，"万物与我为一"。

为其荒诞不经，其中何物生何物，没有必要去烦琐地考证或牵强地解释。有些注家觉得"程生马，马生人"实在不好理解，总想作某种解释，或谓"程生马""疑为草木之异名"，或引《搜神记》"秦孝公时有马生人"。这些考证都无必要。

不过荒诞归荒诞，由什么生物变为什么生物，当时或许有这些说法。虽然没有科学根据，但古人似乎模糊地意识到了万物是从低级逐渐进化到高级的。从这个角度看，作品还是有它的意义。

本段文字又见于《列子·天瑞篇》，词句间有不同。只要解说得通，随文作解即可，没有必要是此非彼。如"人又反入于机"，《列子》作"人久入于机"。就文气论，"人又反入于机"似更顺畅。但二者皆可通，即可任其各行其是。王叔岷说："《庄子》久作又，当从之，久乃又之误。"俞樾却说："又当作久，字之误也。久者老也。人久反入于机者，言人老复入于机也。《列子·天瑞篇》正作人久入于机。"王叔岷解列引庄改列，俞曲园评庄引列改庄，皆大可不必。

# 达生第十九

达生,以开头二字名篇。

首章论述"达生、达命"之情者,"不务生之所无以为","不务命之所无奈何";意即通达生命之真谛者,不追求生命所不用追求的东西或无能为力的事情。正确的养生之道,是遗弃世俗,淡于人生,"形全精复,与天为一"。——首章是全文的总纲,后面各章用寓言故事来加以阐发。

三章"痀偻承蜩"、四章"津人操舟"、八章"纪渻子斗鸡"、九章"吕梁丈夫蹈水"、十章"梓庆为鐻"、十二章"工倕旋而盖规矩",故事本身都是说这些奇人奇物经过长期的训练,久而成性,因而获得某种绝技。但作者用以为喻者,谓绝技之所以获得,在于忘却外物,"形全精复,与天为一",意谓养生亦当如此。

二章"关尹论至人",关尹故作玄虚。五章"田开之论养生",田开之所说道理不能成立。这两章文字较差,

六章"祝宗人说彘"、十一章"东稷野御马"、十三章"孙休见子扁庆子",揭露世人或沉溺世俗的虚荣,或炫耀自身的作为,皆违背养生之道。

七章"齐桓公见委蛇",说明养生必须不受外物的干扰,"处世以无心",则自然无事。

各章故事优劣悬殊,语言风格也不完全一样,有的还见于其他古籍,文章不出于同一作者,系杂凑成篇。

## (一)

达生之情者,不务生之所无以为[①];达命之情者,不务命之所无奈

何②。养形必先之以物，物有馀而形不养者有之矣③；有生必先无离形，形不离而生亡者有之矣④。生之来不能却，其去不能止⑤。悲夫！世之人以为养形足以存生，而养形果不足以存生，则世奚足为哉⑥！虽不足为而不可不为者，其为不免矣⑦。

夫欲免为形者，莫如弃世⑧。弃世则无累，无累则正平，正平则与彼更生，更生则几矣⑨。事奚足弃而生奚足遗？弃事则形不劳，遗生则精不亏⑩。夫形全精复，与天为一⑪。天地者，万物之父母也，合则成体，散则成始⑫。形精不亏，是谓能移；精而又精，反以相天⑬。

① 达，通达。生，生命。情，实也。不务，不从事，不追求。以，用也。句意谓通达生命之真谛者不追求生命所不用追求的东西，如《至乐》篇所说"身安厚味美服好色音声"过分的享受之类。

② 命，命运。不务命，《集释》本作"不务知"，此从《弘明集·正诬论》引文。此与上句"达生"与"不务生"相对，当作"不务命"。句意谓通达命运之真谛者，不追求命运所无能为力的东西，如过分地追求"富贵寿善"之类。——为、何，古韵阴声歌部。

③ 养形，保养身体，亦即养生。二句意谓，保养身体必先有物质，如衣食资用之类，然也有物质有馀而生命并不能保养者。郭象注："知止其分，物称其生；生斯足矣，有馀则伤。"

④ "有生"二句，谓生命当然离不开形体，也有形体没有散而生命已亡者。郭象注："守形太甚，故生亡也。"此二句与上二句实同义，"守形太甚"犹老子所谓"生生之厚"，过分地追求物欲，结果适得其反。

⑤ 却，拒绝。止，留住。"生之来不能却，其去不能止"，句式与《缮性》篇"寄之其来不可圉，其去不可止"相似，内涵不同：《缮性》篇所说，谓外物偶然来寄，其来不可抗拒，其去不可留住；此言生命之来不可抗拒，其去不可留阻。

⑥ 养形，指过分追求养生。果，诚也。

⑦ "虽不足"二句，谓养形不足以存身，照说就应该不为；然而又不得不

为，也就不免为之。——前段说明养形不足以存身，而又不得不养形，后段即回答如何免于"为形"。文中"为形""养形"意思相同。

⑧ 弃世，遗弃世俗，即"不务生之所无以为"，"不务命之所无奈何"。

⑨ 彼，宣颖谓指"造化"，亦即自然。更生，郭象注，"日新之谓也"。幾，近也。"弃世则无累"四句，谓遗弃世俗则无忧累，无忧累则心气平正，心气平正能与造化日新，日新接近于免为形矣。

⑩ 事，指世事。弃事亦即弃世。奚足弃，犹言何当弃。下文"奚足遗"同。生，生命。"事奚足弃"三句，谓世事何以当弃，生命何以当遗？弃世事则形不劳累，遗生命则精神不亏损。然世不可能弃，生亦不可能遗。林希逸《南华真经口义》谓"弃世，非避世也，处世以无心之谓"，是正确的理解。同样"遗生"亦谓待生命以无心。皆忘却世务，淡于人生之意。

⑪ 天，自然。形不劳精不亏，则与自然合一。

⑫ "天地者"四句：天地间产生万物，故曰"天地者，万物之父母也"。天地参合生成物的形体，每一形体离散又成为另一形体的开始。《集释》引郭嵩焘曰："合者，息之机也，消之渐也；散则复反而归其本，而机又于是息焉，故曰成始。"

⑬ "形精不亏"四句，谓形精不亏损，乃能随自然变化；达到精而又精的境界，反而能辅助自然。郭象注："还辅其自然也。"

★ "达生、达命"之情，即通达生命的真谛；换言之即懂得如何养生。养生离不开养形，然养形往往达不到养生的目的。因此只有弃世遗生，即忘却世务，淡于人生；做到"形全精复，与天为一"，即形不劳而精不亏，与自然合而为一。

# （二）

子列子问关尹曰①："至人潜行不窒，蹈火不热，行乎万物之上而不慄②，请问何以至于此？"

关尹曰："是纯气之守也，非知巧果敢之列③。居，予语女④！凡有貌象声色者，皆物也，物与物何以相远？夫奚足以至乎先？是形色而已⑤。则物之造乎不形而止乎无所化，夫得是而穷之者，物焉得而止焉⑥。彼将处乎不淫之度⑦，而藏乎无端之纪⑧，游乎万物之所终始⑨，壹其性，养其气，合其德，以通乎物之所造⑩。夫若是者，其天守全，其神无郤，物奚自入焉⑪！

"夫醉者之坠车，虽疾不死，骨节与人同而犯害与人异，其神全也，乘亦不知也，坠亦不知也，死生惊惧不入乎其胸中，是故遻物而不慴⑫。彼得全于酒而犹若是，而况得全于天乎⑬！圣人藏于天，故莫之能伤也⑭。"

复雠者不折镆干，虽有忮心者不怨飘瓦，是以天下平均。故无攻战之乱，无杀戮之刑者，由此道也⑮。

不开人之天，而开天之天⑯；开天者德生，开人者贼生⑰。不厌其天，不忽于人⑱，民几乎以其真⑲。

① 关尹，《史记·老子列传》有关令尹其人，强老子著书，老子因"言道德之意五千馀言"。《天下篇》中关尹老聃并提，称为"古之博大真人"。

② 潜行，在水中游行。《尔雅·释水》："潜行为泳。"不窒，不窒息。不热，不烫。万物之上，言其高。慄，恐惧。友人储庭焕曰："成疏云：'一于高卑，故心不恐惧。'万物之上，言其高也，疑当作万仞之上。本章子列子所说的'至人潜行不窒，蹈火不热，行乎万物之上而不慄'，与《田子方》篇伯昏无人说'至人者，上闚青天，下潜黄泉，挥斥八极'，两者一致，必有联系。彼处伯昏无人'登高山，履危石，临百仞之渊'，则此处亦应作'行乎万仞之上'。"按，储君之说甚为有见，万仞之上，似更准确，然无所据，《列子·黄帝篇》亦作"万物之上"。

③ 知，通"智"。"是纯气"二句，成玄英疏："夫不为外物侵伤者，乃是保守纯和之气也，养于恬淡之心而致之也，非关运役心智，分别巧诈，勇决果敢而得之。"

④ 居，坐下。语，告。女，通"汝"。

— 达生第十九 —

⑤貌象，即形象。相远，即有距离。形色，《集释》本无"形"字，此从王孝鱼校引江南古藏本，"形色"即前文之"貌象声色"。郭象注"同是形色之物"，可知郭本亦作"形色"。"凡有"三句，谓世间凡有形象声色者都是物，物与物就没有距离，无所先后，都只是形貌声色而已。此即齐同万物。物，亦包括人。

⑥造，达到。不形，没有形体。"止乎无所化"之止，至也，与"造"实同义。形成万物者自身"不形"，化万物者自身"无所化"，"不形"而"无所化"者即道。"造乎不形而止乎无所化"之"物"指体道之至人。"得是"之"是"、"穷之"之"之"，皆代指"不形"而"无所化"者即道。"物焉"之"物"，指外物如水火等。"焉得而止"之"止"，制也，控制，制驭。"则物之造乎不形"三句，意谓至人达到"不形"而"无所化"之道的境界，得到并穷尽这种境界，外物安能制驭他。这是回答"至人潜行不窒，蹈火不热，行乎万物之上而不慄"的缘故。

⑦彼，即上句"物之造乎不形而止乎无所化"者，亦即至人。淫，滥，过分。郭象注："止于所受之分。"

⑧纪，理也。无端之纪，循环无端之理，生生不息之意。郭象注："冥然与变化日新。"

⑨万物之所终始，万物始而又终，终而又始，没有穷尽；故"游乎万物之所终始"即游于无穷。

⑩壹其性，纯一其性。养其气，涵养其气。合其德，即合于道。通乎物之所造，即通于造化。

⑪天守全，自然之性完备。郤，通"隙"。无郤，没有漏洞。"天守全"与"神无郤"同义，前者从积极方面说，后者从消极方面说。物，外物。物奚自入焉，外物怎能袭入。此与前文"物焉得而止焉"同义，再次回答"至人潜行不窒，蹈火不热，行乎万物之上而不慄"的缘故。

⑫全，完也，备也。所谓"神全"其实是一种无意识状态；道家重视无心，故完全无意识称为神全。酒醉的人，完全无心，故坠车触地，受伤的机率比醒者要少。醒者恐惧，行动慌乱，故受伤的可能性更多。遻物，与物相忤，相抵触。《释文》："音悟，郭音愕（è）。《尔雅》云：遻，忤也。郭注云：谓干触。"

403

慑（shè），恐惧。

⑬ 全于天，备于自然之道。

⑭ 藏于天，涵藏于自然之道。故莫能伤也，故无外物可以伤害他。《列子·黄帝篇》此句作"故物莫之能伤也"，有"物"字意思更明。第三次回答"至人潜行不窒，蹈火不热，行乎万物之上而不慄"的缘故。

⑮ 镆干，同莫干。《吴越春秋》谓干将为吴有名铸剑者。其妻号莫邪，为吴王阖闾铸二剑，一名干将，一名莫邪。此泛指宝剑。镆，通"莫"。郭象注："夫干将莫邪，虽与雠为用，然报雠者不事折之，以其无心。"忮，忌恨。郭象注："飘落之瓦，虽复中人，人莫之怨者，以其无情。"平均，犹平静。均，亦平也。此道，无心无为之道。"复雠者"一段，用莫干和瓢瓦取喻：用莫干杀人，莫干是无心的，故复雠者不折莫干。飘落之瓦，砸伤了人，瓦是无心的，即使有忌恨之心者也不会怨恨飘瓦。如果人们像莫干飘瓦一样无心，则天下平静。所以凡属无攻占之乱，无杀戮之刑，都是由于有这种无心之道。成玄英疏："夫海内清平，遐荒静息，野无攻战之乱，朝无杀戮之刑者，盖由此无为之道；无心圣人，故致之也，是知无心之义大矣。"（本段比喻过于曲折。莫干瓢瓦是无心的，人不可能像莫干瓢瓦一样无心，这样比喻很不准确。又，现在有些"学者"按现代词义理解"平均"一词，说天下平均即无攻战之乱，无杀戮之刑。如此解读，即所谓差之毫厘，失以千里，与原文作意毫不相干。）

⑯ 开，开启，亦用也。"之天"之"天"，性也。《淮南子·原道篇》"不以易天"，高诱注："天，性也。"人之天，人为之性，智也。天之天，自然本性。郭象注："不虑而知，开天也；知而后感，开人也。然则开天者，性之动也；开人者，知（智）之用也。"二句意即不任人智，而任自然本性。

⑰ "开天者德生"二句，谓用自然本性者得生，用人为之智者害生。德，得也；贼，害也。

⑱ "不厌其天"二句，王先谦曰："常守天德，不厌天也。智能烛物，不忽人也。"

⑲ 幾，近。真，《汉书·杨王孙传》"以反吾真"颜师古注："真者，自然之道

也。"民幾乎以其真，谓不厌其天，不忽于人，则近于道。——天、人、真，古韵阳声真部。

★ "子列子问关尹"又见《列子·黄帝篇》。

子列子问："至人潜行不窒，蹈火不热，行乎万物之上而不慄；请问何以至于此？"问的是至人何以能达到这种境界？也等于问如何才能达到至人这种境界？

关尹分三层回答这个问题。一曰至人能保守其纯和之气，能达到"不形"（至人无己）而"无所化"（自身无所变化）的境界即"道"的境界，则不受外物的制约。再曰至人游于无穷，纯一其性，涵养其气，合于道，通于造化，故外物不能袭入。三曰至人"神全"无心，备于自然之道，故外物不能伤害。三者意思其实都一样，都是说至人达到"道"的境界，自然之性完备，故不受外物侵袭。

关尹的回答，反复说明至人"造乎不形而止乎无所化"，"藏乎无端之纪，游乎万物之所终始"，"全于天""藏于天"，所以外物不能伤害。但不管话说得多么玄虚，人们都无法请关尹先生来演示一下，如何"潜行不窒，蹈火不热，行乎万物之上而不慄"！他压根儿没有解决子列子的问题，这些玄之又玄的高论也就毫无意义。

关尹对子列子的回答到"故物莫之能伤也"已告结束，文意完整。《列子·黄帝篇》同一故事亦到"故物莫之能伤也"为止。"复雠者不折镆干"是游离的一段，与前文内容没有联系，内容表述也不很清楚。

"不开人之天，而开天之天"实不得确解。勉为解释，未必准确。既曰"不开人之天"，即不任人智，又说"不忽于人"，即不忽视人智，前后矛盾。谨志于此，以俟识者。

（三）

仲尼適楚，出于林中，见痀偻者承蜩，犹掇之也①。

仲尼曰:"子巧乎! 有道邪?②"

曰:"我有道也③。五六月累丸二而不坠,则失之锱铢;累三而不坠,则失者十一;累五而不坠,犹掇之也④。吾处身也,若厥株拘;吾执臂也,若槁木之枝;虽天地之大,万物之多,而唯蜩翼之知⑤。吾不反不侧⑥,不以万物易蜩之翼,何为而不得!"

孔子顾谓弟子曰:"用志不分⑦,乃凝于神,其痀偻丈人之谓乎!"

① 痀偻(gōu lóu),同"伛偻",驼背。承,《广雅·释诂一》,"取也"。承蜩,成玄英疏,"取蝉也",即抓蝉。掇(duò),《说文》,"拾取也"。犹掇之也,就像随手即抓到了。

② 巧,技巧,指技能之妙。道,道术。仲尼问子只是技巧高超,还是别有道术。

③ 我有道也,犹《养生之》篇"臣之所好者道也,进乎技矣"。道,一种神运的境界。

④ "五六月累丸"六句,是承蜩者说他练习累丸的经历。五六月,指经过五六个月的练习。累丸,一种玩弄弹丸的技术。不坠,不掉落。锱铢,重量单位,六铢为一锱,四锱为一两。失者锱铢,言失手者甚少。累三,累丸三;下"累五"同。失者十一,言失手者更少。

⑤ 厥,通"橛",一本即作橛。株拘,砍残之树桩。执臂,使臂。若槁木之枝,谓能呆立不动,使蝉不致受惊而飞走。唯蝉翼之知,即我唯知有蝉翼,犹《养生主》之目无全牛。

⑥ 不反不侧,指身子静立不动。

⑦ 用志不分,用心不分散。乃凝于神,犹《逍遥游》之"其神凝"。成玄英疏"夫运心用志,凝静不离"。

★痀偻承蜩故事又见于《列子·黄帝篇》。

承蜩,成玄英谓"以竿承蜩"。竿如何承蜩?《淮南子·说山篇》谓"孔子见粘蝉者",后之注者乃据以改为"以竿粘蝉"。竿如何粘蝉?今之注者又增为"竿端涂上胶将蝉粘住"。累丸二,郭象注作"累二丸于竿头"。《释文》引"司马云:谓累之于竿头也"。按,原文并无用竿粘胶之类的词句,所谓"以竿承蜩","以竿粘蝉","累丸于竿",皆注家想象之词,并无根据。——注释家的责任是将原文训释明白,不要增加原文所没有的内容;增加一些无法讲通的内容更不应该。——我曾请教持竿转盘的杂技演员,得蒙告知,竿上转盘是利用其惯性,竿上转丸则甚难,累二丸三丸五丸决不可能。所谓累丸就是手玩弄弹丸,现代杂技仍有这种表演。所谓"承蜩"即用手抓蝉,并非"以竿承蜩"。文章"五六月累丸"以下六句,是承蜩者说他练习累丸的技巧(以便于抓蝉)。"吾处身也"以下七句,是说他修养抓蝉的心态。此痀偻者手能累两丸三丸五丸,具有这种操作自如的技巧,更有如此无比镇静的心态,故能抓蝉"犹掇之也"。蝉很警觉,即使人轻轻地走近都会停止鸣叫,并立即飞走。那位承蜩者曰,"吾处身也,若厥株拘;吾执臂也,若槁木之枝。虽天地之大,万物之多,而唯蜩翼之知",话说得那么神秘,无非是屏心静气,不使蝉受惊飞走,没什么神秘的。故事本身表现的道理,只是熟能生巧而已,没有任何了不得的玄理。这是《庄子》书中某些寓言故事的实际情况,与作者什么忘却处物,"形全精复,与天为一"的意图不同的例子之一。

## (四)

颜渊问仲尼曰:"吾尝济乎觞深之渊,津人操舟若神[1]。吾问焉,曰:'操舟可学邪?'曰:'可。善游者数能[2],若乃夫没人则未尝见舟而便操之也[3],'吾问焉而不吾告,敢问何谓也?"

仲尼曰:"善游者数能,忘水也。若乃夫没人之未尝见舟而便操之也,彼视渊若陵,视舟之覆犹其车却也[4]。覆却万方陈乎前而不得入其舍,恶往而不暇[5]!以瓦注者巧,以钩注者惮,以黄金注者殙[6]。其巧一也,而有所矜,则重外也[7]。凡外重者内拙[8]。"

①济,渡。觞深之渊,渊名。津人,摆渡的人。

②数,通"速"。善游者数能,谓善游水者能很快学会。

③没人,会潜水者。句意谓善潜水者即使以前未见过舟也能。

④陵,高地。却,后退。"彼视渊若陵"二句,他们视深渊如高地,视翻船如车向后退。

⑤方,《易·复》"后不省方",王弼注:"方,犹事也。"此处犹言情况。舍,心也。屋舍为人之所居,心为精神之所居,故以舍指心。暇,暇豫,闲暇。"覆却"二句,谓舟覆车退各种险恶的情况出现在面前,他们都不放在心上,何往而不安然。

⑥注,投击。古人赌博,最初是投击某一目标以争胜负,有多种形式,作用都一样。巧,轻巧,此用作轻松之意。钩,带钩,古代贵族有用金银作带钩者,《墨子·辞过》:"铸金以为钩,珠玉以为佩。"殙(hūn),同"惛",亦同"昏",昏乱。"以瓦注者巧"三句,谓赌博用瓦作赌注者轻松,即使输了也无所谓;用带钩作赌注者担心,因赌注比较贵重;用金银作赌注者至于昏乱,因输了损失太大。三句又见《列子·黄帝篇》,作"以瓦抠者巧,以钩抠者惮,以黄金抠者惛"。又见《吕氏春秋·有始览·去尤》,作"以瓦殹者翔,以钩殹者战,以黄金殹者殆"。文字小有不同,基本内容一致。

⑦"其巧"之巧,技巧。矜,《广雅·释诂》:"急也。"《方言》:"遽也。秦晋或曰矜。"急遽,指心情紧张。"其巧"三句,谓赌博的技巧是一样,而有时特别紧张,是由于重视外物。外物越贵重,心情也就越紧张。

⑧拙,拙劣,愚笨,此用作昏昧糊涂之意。凡外重者内拙,凡重视外物者内心昏昧糊涂。

★(一)本章故事又见《列子·黄帝篇》。操舟之技,会游水者很快能掌握,会潜水者即使原来未见过舟也会,就因为他们习于水性。作者则用以比喻养生,与外物合一,不以外物为事,"覆却万方陈乎前而不得入其舍,恶往而不暇"!"以瓦注者巧,以钩注者惮,以黄金注者殙",喻意尤为明白。心无外物的牵累则轻松自如，心怀外物则昏愦慌乱。结论是"凡外重者内拙"，意即凡重视外物则内心昏惑。

（二）《至乐》《达生》《山木》虽阐述庄子的人生哲学，但相当杂乱，是道家后学的作品。《吕氏春秋·有始览·去尤》篇云："庄子曰：'以瓦砄者翔，以钩砄者战，以黄金注者殆。其祥一也，而有所殆者，必外有所重者也。'"引文出于《达生》篇，文中明言"庄子曰"，有些学者据此证明此文必出于庄子本人。按，出庄子本人者称为"庄子曰"；出《庄子》书者也可称为"庄子曰"，实即"《庄子》曰"。故据此不能认定为庄子本人所作。如《论语》中孔子弟子有若子夏子贡之言，汉人引用也称之为"孔子曰"（汉人也有称《论语》为《孔子》者），道理是一样的。

## （五）

田开之见周威公[①]。

威公曰："吾闻祝肾学生，吾子与祝肾游，亦何闻焉[②]？"

田开之曰："开之操拔篲以侍门庭，亦何闻于夫子[③]！"

威公曰："田子无让，寡人愿闻之。"

开之曰："闻之夫子曰：'善养生者，若牧羊焉，视其后者而鞭之[④]。'"

威公曰："何谓也？"

田开之曰："鲁有单豹者，岩居而水饮，不与民共利，行年七十而犹有婴儿之色；不幸遇饿虎，饿虎杀而食之[⑤]。有张毅者，见高门县薄，无不走也，行年四十而有内热之病以死[⑥]。豹养其内而虎食其外，毅养其外而病攻其内[⑦]，此二子者，皆不鞭其后者也[⑧]。"

仲尼曰："无入而藏，无出而阳，柴立其中央[⑨]。三者若得，其名必极[⑩]。夫畏涂者，十杀一人，则父子兄弟相戒也，必盛卒徒而后敢出焉，不亦知乎[⑪]！人之所最畏者，衽席之上，饮食之间，而不知为之戒者，过也[⑫]。"

①田开之,姓田,名开之。周威公,《释文》引"崔本作周威公灶"。《史记·周本纪》:"考王封其弟于河南,是为桓公,以续周公之官职。桓公卒,子威公代立。"按,周考王于公元前四四〇年至前四二六年在位。周威公生活当在周威烈王之世,威烈王于公元前四二五年至前四〇二年在位,早于庄子五六十年。

②祝肾,人名。学生,学养生之道。

③拔篲,扫帚。夫子,指祝肾。

④视其后者而鞭之,赶羊群上路,鞭打最后一只羊。比喻哪里有所不及则在哪里下功夫。

⑤单豹,成玄英疏:"姓单名豹,鲁之隐者也。"《淮南子·人间篇》:"单豹倍世离俗,岩居谷饮,不衣丝麻,不食五谷,行年七十,犹有童子之颜色。卒而遇饥虎,杀而食之。"

⑥张毅,成玄英疏:"姓张名毅,亦鲁人也。"见高门,《集释》本无"见"字,此从王孝鱼校《阙误》引刘得一本。有"见"字语意更明。高门,代指富贵之家。县,通"悬"。县薄,挂草席为门帘,代指贫苦之家。无不走也,无不趋走以示恭敬。《淮南子·人间篇》:"张毅好恭,过宫室廊庙必趋,见门闾聚众必下,厮徒马圉,皆与伉礼。然不终其寿,内热而死。"

⑦"豹养其内"二句,谓单豹善于调养内心而老虎食其形体,张毅善于对外而内患热病而死。

⑧皆不鞭其后,比喻不善于弥补自己的不足。

⑨仲尼,即孔子。无入而藏,内不要深入而潜藏。无出而阳,外不要表现而张扬。柴立其中央,像槁木一样立于其中。

⑩三者,指深藏、外露与柴立其中央。若得,指处理得当。名,义同《国语·周语》"勤百姓以为己名"之名,韦昭注:"名,功也。"此处犹言作用。其名必极,其作用达到极点。

⑪畏涂,危险的道路。十杀一人,谓途中有人被杀。"十杀一人"之"十",字义不好理解。友人储庭焕曰:"《说文》说'十'字,'一为东西,丨为南北',从中可以得到启发。'一为东西,丨为南北',则'十'有中途之义。'十杀一人',

— 达生第十九 —

即中途有一人被杀。"储君之见甚为聪颖,估且从之。盛卒徒,多聚集人众。句意谓如果发现路上有劫匪杀人,则父子兄弟互相警戒,必聚集人众才敢出行。知,通"智"。

⑫ 最,《集释》本作"取",此从王孝鱼校据《阙误》引江南古藏本。衽席,卧席。衽席之上,代指女色。饮食之间,代指美酒佳肴。过,过错。有劫匪杀人,人们知道警戒,然而人最可怕的是沉湎于女色美食却不知为戒,这是很大的错误。

★(一)田开之谓"善养生者,若牧羊焉,视其后者而鞭之",比喻养生需注意哪儿不足就在哪儿下功夫。

但这一章偏离了全篇的主要论题。首章开宗明义,谓养生需"不务生之所无以为","不务命之所无奈何",具体说来就是要遗弃世俗,无心世务。而本章所论,与遗弃世俗无心世务了不相涉。

田开之提出的论点与他的论证也不合逻辑。单豹善于养身却被老虎吃掉,张毅善于对外却得热病而死,两者的结局都属偶然,不是他们养生不足的错误,也就不能得出"皆不鞭其后者"的结论。

(二)田开之对周威公至"皆不鞭其后者也"全文已结束,后段"仲尼曰"与前文脱节,是游离的一段。

"无入而藏,无出而阳",成玄英疏云:"入既入矣,而又藏之,偏滞于处,此单豹也。""出既出矣,而又显之,偏滞于出,此张毅也。"按成疏之意,这两句话是"仲尼"对田开之所说单豹张毅故事的评论。按,成疏之说非是。周考王嵬前四四〇年至前四二六年在位,封其弟桓公即使在考王元年,距孔子前四七九年去世已三十九年。威公为桓公之子,桓公卒威公立,其时孔子过世已五六十年。孔子怎么可能去评论田开之所说的故事!如果说寓言文字可以不考虑年代的差异,那就内容而言,"无入而藏,无出而阳"也与单豹张毅故事不类;"人之所最畏者,衽席之上,饮食之间,而不知为之戒者,过也",更与单豹张毅故事沾不上边。

"仲尼"这段话本身逻辑上也成问题。他提出的主张是"无入而藏,无出而阳,柴立其中央"。后面说人们因路上有劫匪知道相戒,而衽席之上饮食之间却不知为戒。这与"无入而藏,无出而阳"云云没有联系。——单就"人之所最畏者,衽席之上,饮食之间,而不知为之戒者,过也"这几句话而言,不失为警句,教人们引为监戒,是很有意义的。

## (六)

祝宗人玄端以临牢策,说彘曰①:"汝奚恶死②?吾将三月豢汝,十日戒,三日齐,藉白茅,加汝肩尻乎雕俎之上,则汝为之乎③?"

为彘谋,曰,不如食以糠糟而错之牢策之中④。自为谋,则苟生有轩冕之尊,死得于腞楯之上聚偻之中则为之⑤。为彘谋则去之,自为谋则取之,所异彘者何也⑥!

① 祝宗人,掌祭祀之官。玄端,祭祀穿戴的衣冠。服,见《仪礼·士冠礼》。临,靠近。牢策,畜圈,此指猪圈。策,木栅,即猪圈的木栏。彘(zhì),猪。

② 奚,何。恶(wù),厌恶。句意谓汝何必厌恶死亡。

③ 豢(huàn),喂养。齐,通"斋",戒斋,洁净表示敬重。藉白茅,垫上白茅。肩尻,指整个猪体。俎(zǔ),祭祀载牲的礼器,多为木板,亦有青铜制者;上有雕饰,故称雕俎。

④ 谋,考虑,打算。曰,更端之词,犹言"应该说"。食(sì),饲。错,通"措",放置。

⑤ 自为谋,为自己打算。苟,如果。轩冕,乘高车戴礼帽,代指成为高官。腞,读为辁(quán)。楯,读为輴(chūn)。辁輴,载柩之车。聚偻,灵柩上的装饰。祝宗人以调侃的语气对猪说话,谓如此郑重地将汝作为祭祀用牲,汝应甘愿为之。但人们清楚,对猪来说,用作神圣的牲礼,不如饲以糟糠养在猪圈之中。但人们为自己考虑,如果生有轩冕之尊,死有豪华的葬车,他们却乐意为之。(自为谋,谁自为谋?揣文章作意应泛指世间追慕富贵尊荣者。然叙述语气,似说祝

宗人自己，肯定不是，原文交代不清楚。）

⑥ "为彘谋"三句，意谓这种人为猪考虑，知道不要作为牲礼的尊荣，为自己考虑，却追慕世俗的荣耀，他们和猪有什么不同；言外之意，谓比猪还蠢！

★本章揭露世俗之人，追慕虚荣，"务生之所无以为"。他们"生有轩冕之尊，死得于腞楯之上"，正是首章所谓"物有馀而形不养者"，严重地违背养生之道。

这段文章颇为滑稽而且相当深刻。

## （七）

桓公田于泽，管仲御①，见鬼焉。公抚管仲之手曰："仲父何见？"对曰："臣无所见。"

公反，诶诒为病②，数日不出。

齐士有皇子告敖者曰③："公则自伤，鬼恶能伤公④！夫忿滀之气，散而不反，则为不足；上而不下，则使人善怒；下而不上，则使人善忘；不上不下，中身当心，则为病⑤。"

桓公曰："然则有鬼乎？"

曰："有。沈有履，灶有髻⑥。户内之烦壤，雷霆处之⑦；东北方之下者，倍阿鲑蠪跃之；西北方之下者，则泆阳处之⑧。水有罔象⑨，丘有峷，山有夔，野有彷徨，泽有委蛇。⑩"

公曰："请问，委蛇之状何如？"

皇子曰："委蛇，其大如毂，其长如辕，紫衣而朱冠。其为物也，恶闻雷车之声，则捧其首而立，见之者殆乎霸⑪。"

桓公齝然而笑曰："此寡人之所见者也。"于是正衣冠与之坐，不终日而不知病之去也。

① 桓公，齐桓公。田，狩猎。御，驾车。

② 诶诒（xī yí），《释文》引"司马云：懈倦貌。李云：失魂魄也"。

③ 皇子告敖，人名。

④ 伤，伤害。恶（wū），何。

⑤ 忿滀（chù），犹郁积。散而不反，指因受惊而成的郁积之气在体内散发而不退去。则为不足，乃使身体虚弱，精力不足。下文"上而不下""下而不上""不上不下"，主语都是"忿滀之气"。

⑥ 沈，俞樾《庄子评议》："沈当为堪。堪从甚声，沈从冘声，两音相近。《白华》篇'印烘于堪'，毛传曰：堪，灶也。是堪灶同类，故以'堪有履、灶有髻'并言之耳。"堪，可移动之灶。履、髻，皆鬼名。《释文》引"司马云：髻，灶神，著赤衣，状如美女"。

⑦ 户内之烦壤，户限之内的垃圾。雷霆，鬼名。

⑧ 东北方，指户宅东北方，下"西北方"同。成玄英疏："人宅中东北墙下有鬼，名倍阿鲑蠪（lóng），跃状如小儿，长一尺四寸，黑衣赤帻，带剑持戟。"泆阳，鬼名。《释文》引"司马云：泆阳，豹头马尾，一作狗头。"

⑨ 罔象，水神名。《释文》引"司马本作无伤。云：状如小儿，赤黑色，赤爪，大耳，长臂。"

⑩ 丘，土丘。峷（shēn），鬼名。《释文》引"司马云：状如狗，有角，文身五采。"夔，鬼名。成玄英疏："大如牛，状如鼓，一足行也。"彷徨，鬼名。《释文》引"司马云：方皇，状如蛇，两头，五采文。"委蛇（wēi yí），鬼名。皇子告敖所述十鬼，自室内向外，依次是堪、灶、户内、宅东北方、西北方、水、丘、山、野、泽。

⑪ 毂，车轮中央套轴的部件；此代指车轮。辕，车前方驾牛马的长木。谓委蛇大如车轮，长如车辕。见之者殆乎霸，见委蛇者将成为霸主。

⑫ 鞅（zhěn）然，欢笑貌。

★齐桓公见委蛇，故事甚为怪诞，也许是当时的传说。桓公心存疑虑，则

"诶诒而病",一旦释然,则"不终日而不知病之去也"。故事的作意,在于说明养生必须无心,"形全精复",则自然无事。不管作者的用意如何,毕竟宣扬了许多鬼。这是外篇中最为拙劣无聊的文字,老庄哲学中没有鬼的位置。

## (八)

纪渻子为王养斗鸡①。

十日而问:"鸡已乎?"曰:"未也,方虚憍而恃气②。"

十日又问,曰:"未也,犹应响景③。"

十日又问,曰:"未也,犹疾视而盛气④。"

十日又问,曰:"几矣。鸡虽有鸣者,已无变矣,望之似木鸡矣,其德全矣,异鸡无敢应者,反走矣⑤。"

① 纪渻子,寓言人物。王,《列子·黄帝篇》作周宣王。

② 已乎,犹"可以乎"。《列子》作"可斗已乎",语意较明。憍,通"骄"。虚骄恃气,虚而骄矜,自恃意气。

③ 响,声音。景,通"影"。应响景,有声音或影像皆有反应,意即还沉不住气。

④ 疾视、盛气,皆骄矜之貌。

⑤ 几矣,可矣。"鸡虽"之鸡,指别的鸡。无变,不作反应。其德全,其修炼全备。异鸡,别的斗鸡。无敢应者,没有敢应战者。

★纪渻子寓言又见《列子·黄帝篇》。

此以养斗鸡喻养生,必须去其"虚憍"之气,不"应响景",无"疾视而盛气",方能"德全",符合养生之道。但如此斗鸡与如此养斗鸡的方式,世界上是绝对没有的。

## （九）

孔子观于吕梁，县水三十仞，流沫四十里，鼋鼍鱼鳖之所不能游也[①]。见一丈夫游之，以为有苦而欲死也，使弟子并流而拯之[②]。数百步而出，被发行歌而游于塘下[③]。

孔子从而问焉，曰："吾以子为鬼，察子则人也。请问，蹈水有道乎[④]？"

曰："亡，吾无道。吾始乎故，长乎性，成乎命[⑤]。与齐俱入，与汩偕出，从水之道而不为私焉[⑥]。此吾所以蹈之也。"

孔子曰："何谓始乎故，长乎性，成乎命？"

曰："吾生于陵而安于陵，故也；长于水而安于水，性也；不知吾所以然而然，命也[⑦]。"

[①] 吕梁，悬瀑之名。县水，即瀑布。仞，八尺曰仞，三十仞则二十四丈。流沫，指瀑布下的水流。鼋鼍鱼鳖，皆水生动物。

[②] 并流，沿着水流。拯，接引，捞救。

[③] 塘，堤也。塘下，堤岸之下。

[④] 蹈水，行于水中。

[⑤] "始乎故"三句，后文游者自有解释。

[⑥] 齐，回水中央，即漩涡。《释文》引"司马云：回水如磨齐也"。齐，"脐"之借字。人脐在肚腹中央，石磨中央的孔称为磨脐，借作"磨齐"。回水中央的旋涡亦形象地称为脐。汩，涌出的水。私，私心，自己的心意。三句意谓，我随着漩涡的水进去，同涌出的水出来，顺从水性而不凭自己的心意。

[⑦] 陵，陵陆，高地。不知吾所以然而然，即"从水之道而不私"，在水流之中已完全自由。

★孔子观于吕梁，又见于《列子·黄帝篇》。《说符篇》"孔子自卫反鲁息驾乎河梁"所记亦相近。

此蹈水者"长于水而安于水",故其游于水中"不知所以然而然"。比喻养生亦当如此,顺其本性,则完全自由。

## （一〇）

梓庆削木为鐻①,鐻成,见者惊犹鬼神。

鲁侯见而问焉,曰:"子何术以为焉?"

对曰:"臣工人,何术之有!虽然,有一焉。臣将为鐻,未尝敢以耗气也,必齐以静心②。齐三日,而不敢怀庆赏爵禄;齐五日,不敢怀非誉巧拙;齐七日,辄然忘吾有四枝形体也③。当是时也,无公朝,其巧专而外骨消④。然后入山林,观天性,形躯至矣,然后成见鐻,然后加手焉;不然则已⑤。则以天合天,器之所以疑神者,其由是与⑥!"

① 梓庆,梓人名庆。《释文》引"李云:鲁大匠也。梓,官名。庆,其名也"。《孟子·滕文公》"梓匠轮舆"赵岐注:"梓,木工也。"《左传》襄公四年,有匠庆者,用蒲圃之槚为襄公之母定似为椁。杜预注,"匠庆,鲁大匠",即李颐所据;则梓庆为鲁成公襄公时人。鐻(jù),成玄英疏:"鐻者,乐器,似夹钟。亦言:鐻似虎形,刻木为之。"

② 耗气,耗损精神。"耗气"即"静心"的反面,亦即不静心。齐,通"斋",斋戒以静心。

③ 非誉,即毁誉。辄然,《释文》,"不动貌"。四枝,即四肢。

④ 无公朝,郭象注:"视公朝若无。"公朝即朝廷。公朝尚视若无,其他外界影响自然更不放在心上。骨,通"滑",王孝鱼校引赵谏议本即作"滑",乱也。句意谓专其技巧而排除烦乱。

⑤ 观天性,指观察树木自然之性。形躯至矣,指找到了适用的木料。成见鐻,即成鐻见(xiàn),一个现成的鐻出现在眼前。然后加手焉,然后动手加工。

不然则已，没有达到这种境地则不动手。已，止也。

⑥天，自然。以天合天，以自然之心合自然之物。器，指鐻。疑神，即"见者惊犹鬼神"。其由是与，是《集释》本无"由"字，此从王孝鱼校引江南古藏本。

★梓庆为鐻，见者惊犹鬼神。其术在于斋戒静心，专心致志，不受外界任何干扰，做到"以天合天"，即以自然之心合自然之物。此亦用以喻养生之道，即首章所谓"形全精复，与天为一"之意。

## （一一）

东野稷以御见庄公①，进退中绳，左右旋中规。庄公以为文弗过也②，使之鉤百而反③。

颜阖遇之，入见曰："稷之马将败。"公密而不应④。

少焉，果败而反。公曰："子何以知之？"

曰："其马力竭矣，而犹求焉⑤，故曰败。"

① 东野稷，姓东野，名稷。御，御马驾车。庄公，《释文》引："李云：鲁庄公也。或云：内篇曰：颜阖将傅卫灵公太子，问于蘧伯玉，则不与鲁庄同时，当是卫庄公。"故事又见《荀子·哀公篇》，御马者作东野毕，对问者作定公与颜渊。本系传说，其人为谁说法不一。

② 中绳，如绳墨之直。旋，旋转。中规，如规之圆。文，《释文》引"司马云：谓过织组之文也"。《太平御览》七四六引作"以为造父弗过也"。

③ 使之鉤百而反，《释文》引"司马云：稷自矜其能，圆而驱之，如钩复迹，百反而不知止"。照文章语气，是庄公使东野积"鉤百而反"。

④ 颜阖，成玄英疏："鲁之贤人也。"见《人间世》篇。败，谓将累垮。密，默也。

⑤ 力竭，力尽。求，指追求表现其御马之能。

★马力已竭，犹使之旋转不已，自然会累垮。养生之理亦是如此。道理简单，也不错，但并无深意。

# （一二）

工倕旋而盖规矩①，指与物化而不以心稽②，故其灵台一而不桎③。忘足，屦之适也；忘要，带之适也；忘是非，心之适也④；不内变，不外从，事会之适也⑤。始乎适，而未尝不适者，忘适之适也⑥。

① 工倕，尧时巧人。见《胠箧》篇。旋，旋转画圆。盖，超过。一说，盖，通"盍"，合也。亦通。规，画圆之具。矩，量方之器。"规矩"，复词偏义，重在规。《释文》引"司马本作瞿，句也"。句，通"钩"，亦作圆之具。盖规瞿，谓工倕用手画圆超过规钩。

② 指，手指。稽，思考。句意谓其手指与物化合，运用自如，而无须用心思考。林希逸《南华真经口义》："指与物化，犹山谷论书法曰'手不知笔，笔不知手'是也。"

③ 灵台，心也。一，全也。而，助词无义。桎，束缚，限制。一而不桎，犹言全无桎碍。

④ 屦（jù），鞋。要，通"腰"。忘是非，《集释》本作"知忘是非"，王孝鱼校引文如海本、张君房本无"知"字，从之。六句谓，忘了脚，是因为鞋很安适；忘了腰，是因为衣带很安适；忘了是非，是因为心很安适，即心境纯净，泯灭是非。

⑤ 事会，与外界事物应接。三句谓，内心不移，外不从物，所以应接外界所在无不安适。

⑥ 始乎适，谓本性安适。本性恬淡安适，故无往而不安适，以至忘了安适的安适。如幸福，不幸者得到幸福才特别感到幸福，一生无不幸福者，会是忘了幸

福的幸福。

★ "工倕旋而盖规矩，指与物化"，是他极其熟练的技能，犹痀偻承蜩之"用志不分，乃凝于神"。作者亦用以喻养生之道需凝神专一，忘却外物。

# （一三）

有孙休者，踵门而诧子扁庆子曰①："休居乡不见谓不修，临难不见谓不勇②；然而田原不遇岁，事君不遇世，宾于乡里，逐于州部，则胡罪乎天哉？休恶遇此命也③！"

扁子曰："子独不闻夫至人之自行邪？忘其肝胆，遗其耳目④，芒然彷徨乎尘垢之外，逍遥乎无事之业⑤，是谓'为而不恃，长而不宰'⑥。今汝饰知以惊愚，修身以明污，昭昭乎若揭日月而行也⑦。汝得全而形躯，具而九窍，无中道夭于聋盲跛蹇而比于人数，亦幸矣，又何暇乎天之怨哉⑧！子往矣！"

孙子出。

扁子入，坐有间，仰天而叹。弟子问曰："先生何为叹乎？"

扁子曰："向者休来，吾告之以至人之德，吾恐其惊而遂至于惑也⑨。"

弟子曰："不然。孙子所言是邪，先生之所言非邪，非固不能惑是。孙子所言非邪，先生所言是邪，彼固惑而来矣，又奚罪焉！"

扁子曰："不然。昔者有鸟止于鲁郊，鲁君说之，为具太牢以飨之，奏九韶以乐之，鸟乃始忧悲眩视，不敢饮食。此之谓以己养养鸟也。若夫以鸟养养鸟者，宜栖之深林，浮之江湖，食之以委蛇，则安平陆而已矣⑩。今休，款启寡闻之民也⑪，吾告以至人之德，譬之若载鼷以车马，乐鴳以钟鼓也，彼又恶能无惊乎哉⑫！"

— 达生第十九 —

① 踵门，至门。诧，《释文》引"司马云：告也"。子扁庆子，姓扁，名庆子。

② "休居"二句，谓自己居于乡里不能说无修养，临到危难不能说不勇敢；意即自己居乡是有修养的，临难是勇敢的。

③ 田，动词，耕种。《汉书·高帝纪》"令民得田之"，颜师古注："田，谓耕作也。"原，田地。《尔雅·释地》"可食者曰原"，邵晋涵正义："广平之野可种穀者谓之原。"田原，即耕于田原。不遇岁，不遇好年成。不遇世，不遇好时世。宾，同"摈"，被排挤。胡罪，何罪。恶（wū），何。

④ 自行，犹自修。忘其肝胆，犹忘其形躯。遗其耳目，不闻不见。与《大宗师》篇"堕肢体，黜聪明"意思相同。

⑤ 芒然，通"茫然"，旷远萧闲之貌。彷徨，自在徘徊。与下句"逍遥"同义。尘垢，犹尘世。业，事业。"忘其肝胆"四句袭自《大宗师》篇。

⑥ "为而不恃"二句，出《老子》第五十一章。谓为之而不恃以为德，引导之而不为主宰。

⑦ 知，通"智"。揭，举也。"今汝"三句，谓汝文饰自己的才智以惊愚俗，炫耀自己的行为以显露世之污浊，自以为光辉若揭举日月而行进。

⑧ "全而""具而"之"而"通"汝"。具，具备。九窍，眼耳口鼻加二漏。"汝得"五句，谓汝得保全形体，没有夭折或成为残废已是幸事，哪里还来得及怨天恨命。

⑨ 恐其惊而遂至于惑，担心他由于受惊而竟至于困惑。

⑩ "有鸟止于鲁郊"故事，抄自《至乐》篇，详见该篇。食之以委蛇，《释文》引"李云：大鸟吞蛇。司马云：委蛇，泥鳝"。按，委蛇为蛇之别名，此李颐所据，然似无以蛇食鸟者。司马彪谓委蛇为泥鳝，恐系想当然。按《至乐》篇作"食之鰍鰷，随行列而止，委蛇而处"，此处抄袭有错，似当作"食之以鰌鰍，委蛇而处"。则安平陆，《集释》本无"安"字，此从王孝鱼校引刘得一本。安于平陆，有"安"字是。平陆，原野。

⑪ 款，小孔。启，开。开一小孔，喻所见甚小。款启寡闻之民，谓孔休乃见

识短浅之人。

⑫鼷(xī),小鼠。䳟(yàn),通"鷃",小雀。恶(wū),何。"譬"之三句,谓如用车马乘载小鼠,用钟鼓享乐小雀,彼怎能不感到惊诧呢。

★这位孙休先生自以为"居乡不见谓不修,临难不见谓不勇",然而处处倒霉,境遇恶劣,因而愤愤不平。孙休的行为,与"弃世""遗生"的道家修养背道而驰;所以子扁庆子指责他"饰知以惊愚,修身以明污,昭昭乎若揭日月而行也",所作所为全是炫耀自己,因而境遇不佳没有什么可怨恨的。

《至乐》篇"颜渊东之齐"章,谓颜回东之齐,"孔子有忧色",子贡问夫子何以有忧色,孔子因言颜回以圣人之道说齐侯,与齐侯的资质相距太远,"彼将内求于己而不得,不得则惑人,惑则死"。本篇"孙休"章,子扁庆子批判孙休,孙休出之后,扁子"仰天而叹",弟子问先生何为而叹,扁子因自己以至人之德告孙休,而孙休款启寡闻之民也,"吾恐其惊而遂至于惑也"。两章基本内容与逻辑形式都相同,后面都以海鸟止于鲁郊鲁君飨之故事为喻。可知两者或为同一作者,或为后者袭仿前者。

# 山木第二十

以首句"庄子行于山中见大木"句中二字名篇。

本篇论述处世之道,由九则寓言故事组成。——首章庄子对弟子的回答一段,表现庄子忧世之患,可视为全篇之纲。庄子深感处世之难,主张"乘道德而浮游",其实质是回避现实,随世浮沉以求得生存。

二章"市南宜僚见鲁侯",鲁侯以一国之君"然不免于患",是以为忧。市南宜僚劝鲁侯"去国捐俗","游于大莫之国"。四章"孔子围于陈蔡之间",太公任教孔子像意怠鸟那样"迫胁而栖",不要自我张扬。都是宣扬退缩回避以免累患的处世哲学。

五章子桑雽教导孔子,赞赏"以天属"(以自然天性联系)的品格,指出"以利合"(由利益结合)的祸患,认为"君子之交淡若水,小人之交甘若醴",论人与人相处之道。

六章庄子见魏王,直接控诉当时社会"士有道德不能行,惫也","今处昏上乱相之间,而欲无惫,奚可得邪!"痛陈处世之难。

七章"孔子穷于陈蔡之间",孔子教颜回,对待"天损"(自然伤害)则"与之偕逝",顺之而已;对待"人益"(爵禄物利)欲辞不能则受之,也是顺其自然。宇宙之中,无始而非终,人与天同属自然,所以穷达生死,"宴然体逝"而已。这一章比前几章内容丰富,也较为深刻,论述处于穷厄之中如何对待人生,仍属处世之道。

八章"庄周游于雕陵",说明见利可得而忘其累患的危险。九章"阳子之宋",教育人们"行贤而去自贤之行"则"安往而不爱",具有警世导俗的教育意义。

综贯前后八章内容虽有不同,都属求生免患的处世之道。唯第三章北宫奢铸钟,宣扬任物自然的政治主张,不同于一般的处世哲学。

《山木》篇除第三章外整体上论述处世之道,其基调是悲观愤世的,但思想内容并不一致。首章六章称"庄子",称"夫子",八章称

"庄周"，称谓不一，不出于同一作者。同一个孔子厄于陈蔡之间，四章的孔子自感到"几死"而且"恶死"，惶恐不可终日；七章的孔子坦然自若，教育颜回"圣人晏然体逝"而已矣。两章也不会是同一作者。可知全篇是由不同的故事凑合而成。

## （一）

庄子行于山中，见大木，枝叶盛茂，伐木者止其旁而不取也。问其故，曰："无所可用。"庄子曰："此木以不材得终其天年①。"

夫子出于山，舍于故人之家②。故人喜，命竖子杀雁而烹之③。竖子请曰："其一能鸣，其一不能鸣，请奚杀？"主人曰："杀不能鸣者。"

明日，弟子问于庄子曰："昨日山中之木，以不材得终其天年；今主人之雁，以不材死；先生将何处？"

庄子笑曰："周将处乎材与不材之间！材与不材之间，似之而非也，故未免乎累④。若夫乘道德而浮游则不然⑤。无誉无訾，一龙一蛇，与时俱化，而无肯专为⑥；一上一下，以和为量，浮游乎万物之祖⑦；物物而不物于物，则胡可得而累邪⑧？此神农黄帝之法则也⑨。若夫万物之情人伦之传则不然。合则离，成则毁，廉则挫，尊则议，有为则亏，贤则谋，不肖则欺，胡可得而必乎哉⑩！悲夫！弟子志之，其唯道德之乡乎⑪！"

① 大木，大树。以不材得终其天年，因不成材得不被砍伐而尽其自然的寿命。此与《人间世》篇匠石之齐所见之栎社树相同。

② 夫子，指庄子。舍，住。

③ 竖子，童仆。雁，鹅。烹之，《吕氏春秋·必己篇》作"飨之"。王念孙《读书杂志馀篇》谓字应作"享"，通"飨"："古书享字作亨，烹字亦作亨，故《释文》误读为烹，今本遂改亨为烹矣。"飨，宴请。

④"周将处乎材与不材之间",是庄子用玩笑的口气说的,其实也有一定的真实性;然后又郑重说明,处乎材与不材之间,似乎可以,其实还是不行,仍未免于受累。故,犹仍也。

⑤乘道德而浮游则不然,意即具有道的修养,进入道的境界,则超越是非,无所谓材或不材,也无所谓材与不材之间,超越是非,以游于世。成玄英疏:"夫乘玄道至德而浮游于世者则不如此也,既遗二偏,又忘中一,则能虚通而浮游于代尔。"("浮游于代"即"浮游于世",唐人避唐太宗讳改"世"为"代"。)

⑥訾,毁也。"无誉"四句,谓既无所誉,亦无所毁,有时如龙之升腾,有时如蛇之蛰伏,随时变化,而不肯专为某个什么事物。亦即无是无非,无可无不可,也就无所谓材不材。——蛇、化、为,古韵阴声歌部。

⑦和,即老子"和光同尘"之和。量,准,犹言原则。万物之祖,即道;道生万物,故称为万物之祖。"一上一下"三句,谓或上或下,总之以和同为准,以游于大道。——下、祖,古韵阴声鱼部。

⑧物物,第一个"物",物役,役使;二个"物",外物。"物物"二句,谓役使外物而不为外物所役使,则何可至于受累。

⑨神农黄帝之法则,犹言古圣人之法则;神农黄帝作为代表。

⑩万物之情,即世俗之情。人伦,人类。传,传习,习性。"万物之情"与"人伦之传"实同义,都指世俗人情。廉,棱也,引申为平正。挫,通"剉",《吕氏春秋·必己篇》高注:"剉,缺伤也。"尊,高也。议(議),俞樾《庄子平议》谓:"議当读为俄,倾貌。尊则俄,谓崇高必倾侧也。古书俄字,或以義为之,亦或以議为之。《管子·法禁篇》法制不議则民不相私,議亦俄也,谓法制不倾邪也。"亏,损也。不肖,指弱者。必,定也。"若夫"以下诸句,揭露世俗人情之恶劣,谓今世俗人情则不如此(不用神农黄帝之法则),对他人于合者则离之,于成者则毁之,于廉正者则挫伤之,于高者则倾覆之,于有为者则损害之,于贤者则图谋之,于弱者则欺侮之;哪有什么定准呢!——传、然,古韵阳声元部。离、挫、议、亏,古韵阴声歌部。毁,古韵阴声微部;谋、欺,阴声之部。

⑪志,记住。乡,归向。

★ "庄子行于山中见大木"章又见《吕氏春秋·必己篇》,字句小有不同。

此章表现处世之难,忧世之患。大木因不材得终其天年,雁鹅却因不材而被杀掉。庄子乃希望"处乎材与不材之间",不被人所注意而求得生存。但他又认为即使如此也"未免乎累"。后用两个"若夫"句式:前一"若夫"云云,表达道家的人生理想,即所谓"乘道德而浮游","无誉无訾,一龙一蛇,与时俱化,而无肯专为",以求得"物物而不物于物"。其实质是回避现实,随世浮沉。在平淡的表面下实隐含着深沉的悲哀。后一"若夫"云云,批判当时社会的现实。谓其时"万物之情,人伦之传",是"合则离,成则毁,廉则挫,尊则议,有为则亏,贤则谋,不肖则欺",揭露世态人情,极其深刻,言辞亦甚激烈。他教育弟子"其唯道德之乡乎",倒成了一句空洞而毫无力量的话。

## (二)

市南宜僚见鲁侯[①],鲁侯有忧色。市南子曰:"君有忧色,何也?"

鲁侯曰:"吾学先王之道,修先君之业[②];吾敬鬼尊贤,亲而行之,无须臾离居;然不免于患,吾是以忧[③]。"

市南子曰:"君之除患之术浅矣[④]!夫丰狐文豹,栖于山林,伏于岩穴,静也;夜行昼居,戒也;虽饥渴隐约,犹且胥疏于江湖之上而求食焉,定也;然且不免于网罗机辟之患[⑤]。是何罪之有哉?其皮为之灾也[⑥]。今鲁国独非君之皮邪?吾愿君刳形去皮,洒心去欲,而游于无人之野[⑦]。南越有邑焉,名为建德之国[⑧],其民愚而朴,少私而寡欲,知作而不知藏,与而不求其报;不知义之所适,不知礼之所将[⑨];猖狂妄行,乃蹈乎大方[⑩];其生可乐,其死可葬。吾愿君去国捐俗,与道相辅而行[⑪]。"

君曰:"彼其道远而险,又有江山[⑫],我无舟车,奈何?"

市南子曰:"君无形倨,无留居,以为君车[⑬]。"

君曰:"彼其道幽远而无人,吾谁与为邻?吾无粮,我无食,安得而

— 山木第二十 —

至焉⑭?"

市南子曰:"少君之费,寡君之欲,虽无粮而乃足⑮。君其涉于江而浮于海,望之而不见其崖,愈往而不知其所穷。送君者皆自崖而反,君自此远矣⑯!故有人者累,见有于人者忧。故尧非有人,非见有于人也⑰。吾愿去君之累,除君之忧,而独与道游于大莫之国⑱。

方舟而济于河,有虚船来触舟,虽有惼心之人不怒⑲;有一人在其上,则呼张歙之;一呼而不闻,再呼而不闻,于是三呼邪,则必以恶声随之⑳。向也不怒而今也怒,向也虚而今也实㉑;人能虚己以游世,其孰能害之㉒!"


① 市南宜僚,《左传》哀公十六年:楚白公胜为乱,谓"市南有熊宜僚者,若得之,可以当五百人矣"。注家以为即其人。然《左传》之熊宜僚为一勇士,与篇中大谈玄理之市南宜僚似不相涉。寓言人物,不可当真。

② 先王、先君,成玄英疏:"先王,谓王季文王;先君,谓周公伯禽也。"按,先王可以泛指多位先王,先君常单指已故父亲,成疏所释,仅备一说。

③ 无须臾离居,须臾,犹言片刻。离,背离。"居"字疑衍文。意谓亲而行之,无片刻背离。患,祸患。

④ 除患之术,免除祸患之道。

⑤ 丰狐,体形丰美的狐狸。《释文》引"司马云:丰,大也"。文豹,毛色有文彩的豹子。戒,警戒。隐约(yǐn yuē),双声联绵词,略同桓宽《盐铁论·取下》"故饫梁肉者难为言隐约,处佚乐者难为言勤苦"之隐约,穷困之意。犹且,《集释》本作"犹旦",此从王孝鱼校引世德堂本。胥疏(xū shū),叠韵联绵词,胥与疏同义,疏远之意。胥疏于江湖之上,意即远离江湖之上。狐豹之类隐藏于山林岩穴,因江湖之上缺乏隐蔽之所,故狐豹远远离开。定,安也,为了安全。网罗机辟,都是捕捉野兽的器具。

⑥ 其皮为之灾,它们的皮造成它们的灾难。

⑦ 刳(kū),挖空,割弃。刳形去皮,弃其形体,去其皮毛,比喻放弃作为

国君的拖累。洒心去欲，洗净心灵，去其物欲。

⑧南越，郭象注："寄之南越，取其去鲁之远也。"名为建德之国，成玄英疏："名建立无为之道德也。"

⑨其民愚而朴，《老子》第六十五章："古之善为道者，非以明民，将以愚之。"第五十七章："我无欲而民自朴。"少私而寡欲，《老子》第十九章："见素抱朴，少私寡欲。"作，耕作。藏，私藏。与，施与。报，回报。适，住。将，行。"不知"二句谓不知何所谓礼义。礼义是儒家的观念，为老庄所否定。

⑩猖狂（chāng kuáng），叠韵联绵词，无心之貌。妄行，随意而行。蹈，行。大方，大道。——将、行、方，古韵阳声阳部。

⑪愿，希望。去国捐俗，离开国家，捐弃世俗。与道相辅而行，即与道同行。——莽、行，古韵阳声阳部。

⑫又有江山，谓又有江山阻隔。

⑬形，义同《礼记·乐记》"形于动静"之形，见也，犹言表现。倨，倨傲。居，处也，指所处的地位。无形倨，不要表形倨傲。无留居，不要留恋地位。三句之意在于说明，真正的问题不在于没有舟车，而在于不能放弃尊位，故曰"无形倨，无留居"即可以为君之车。——倨、居、车，古韵阴声鱼部。

⑭我无食，《释文》引"一本作饿无食"，似更确。——人、邻，古韵阳声真部。食，古韵入声职部；至，入声质部。

⑮少、寡，皆减省之意。——欲、足，古韵入声屋部。

⑯崖，岸。

⑰有人者，占有人者，即统治人者。见，用同《史记·平准书》"式何故见冤于人"之见，表被动。见有于人者，被人占有者，即被人统治者。"故尧"二句，谓尧不是统治者，也不是被人统治者。

⑱愿，希望。去君之累，即不作"有人者"。除君之忧，即也不作"见有于人者"。大莫之国，同前文之"无人之野"，亦犹《逍遥游》之"广莫之野"。——市南子劝鲁侯"去国捐俗"，"游于无人之野"，"大莫之国"，至此即已结束。下文似故事说完以后，作者又发一通议论，用"方舟而济于河"的比喻，说明"人能

虚己以游世"则不会受到他人伤害。

⑲ 方舟，成玄英疏："两舟相并曰方舟。"济，渡。虚舟，空船，即船上没有人。触，相撞。褊（biǎn），褊急。王孝鱼校引赵谏议本作"褊"。句意谓遇到空船相撞，因船上无人，即使是性情褊急的人被撞也不会生气。

⑳ 有一人在其上，如果有一个人在那船上。张歙，《释文》："张，开。歙，敛也。"则呼张歙之，就会呼喊叫他撑开或者收住，使不致相撞。恶声，辱骂之声。

㉑ 向，原先，指空船来时。今，指有人在时。虚，指空船。实，指有人在。

㉒ "人能"二句，谓人如能"虚己"，也像一只空船，游于人世，则他人不会伤害他。

★ 堂堂鲁侯，自以为"学先王之道，修先君之业，吾敬鬼尊贤，亲而行之，无须臾离居，然不免于患，吾是以忧"，可见贵为国君亦未免忧患。

市南宜僚劝鲁侯"去国捐俗"，"游于无人之野"，未免荒诞。其实整个故事无非都是比喻，即欲免于忧患，只有"与道游于大莫之国"。这种幻想，与上章"其唯道德之乡"，同样是不现实的。

市南宜僚所描述的"建德之国"，"其民愚而朴，少私而寡欲，知作而不知藏，与而不求其报；不知义之所适，不知礼之所将；猖狂妄行，乃蹈乎大方"，是老子"小国寡民"的理想国，是人们在现实世界找不到出路而幻想出来的虚无境界。

末了虚船触舟的比喻颇为有趣，结论是"虚己以游世"则无害，实际已离开了"游于无人之野"回到了现实，只能"虚己"逶迤，以求得生存。

## （三）

北宫奢为卫灵公赋敛以为钟①，为坛乎郭门之外，三月而成上下之县②。

王子庆忌见而问焉，曰："子何术之设③？"

奢曰："一之间无敢设也④。奢闻之，'既彫既琢，复归于朴⑤'。侗乎其无识，傥乎其怠疑⑥！萃乎芒乎，其送往而迎来，来者勿禁，往者勿止⑦；从其强梁，随其曲傅⑧，因其自穷⑨，故朝夕赋敛而毫毛不挫，而况有大涂者乎⑩！"

① 北宫奢，成玄英疏："姓北宫，名奢。居北宫，因为姓。卫之大夫也。"按，实系寓言人物。赋敛，征收聚集，指收集各种材料。由下文可知，所谓"赋敛"指群众自动供应，不是强行征缴。钟，乐器名。

② 坛，《释文》引"李云：祭也；祷之，故为坛也"。成玄英疏："言为钟先设祭，故为坛也。"县，同"悬"，此名词，指用以挂钟的钟架。上下之县，一九七九年湖北随县擂鼓墩发现春秋时代曾侯乙编钟，钟挂分两层，上层悬一组小钟，下层悬一组大钟，知"上下之县"即两层悬挂，亦可知北宫奢所铸者也是编钟。

③ 王子庆忌，《释文》引"李云：王族也。庆忌，周大夫也"。术，方法，办法。设，犹用也。何术之设，用什么办法。

④ 一之间无敢设也，似谓只用一种办法，更不敢用别的。一种办法即下文所述，任物自然。（"一之间"句颇为费解，多数注家谓"一"指纯任自然。成玄英疏："泊然抱一耳，非敢假设以益事也。"王先谦谓"心在一钟之间，非敢更说术也"。刘凤苞《南华雪心编》谓"一听于民，不敢勉强"。何谓"一之间"，何以"无敢设也"？大家都在猜谜，实不得确解。）

⑤ 彫，同"雕"。"既彫"二句，谓雕琢之后复归于纯朴，比喻用各种办法，还是以任其自然为好。——琢、朴，古韵入声屋部。

⑥ 侗（tóng）乎，《释文》，"无知貌"。傥（tǎng）乎，成玄英疏，"无虑也"，无思虑貌。怠疑，通"佁儗"（yǐ nǐ），呆痴貌。"侗乎其无识，傥乎其怠疑"，即形容"复归于朴"之状，无多思虑，任其自然。——识，古韵入声职部；疑，阴声之部。

⑦ 萃乎芒乎，成玄英疏："萃，聚也。言物之萃聚，芒然不知。""萃乎"四句，谓物资聚集，皆芒然不加分辨，送往迎来，来的不拒绝，去的不留住。

⑧ 强梁，不顺从者。曲傅，愿意附从者。《释文》引"司马云：谓曲附己者随之也"。"从、随"二字同义。谓不顺从者和愿附从者皆随其自便。

⑨ 因，任也。穷，尽也。任其各自尽力。

⑩ 挫，损伤。大涂，大道。

★北宫奢赋敛为钟，送往迎来，"来者勿禁，往者勿止；从其强梁，随其自穷"，一切顺其自然。

郭象注曰："泰然无执，用天下之自为，斯大通之涂也。故曰'经之营之'，'不日成之！'"郭象引诗出《大雅·灵台》篇，曰："经始灵台，经之营之。庶民攻之，不日成之。经始勿亟，庶民子来。"孟子说"文王以民力为台为沼，而民欢乐之"，"古之人与民偕乐，故能乐也"。儒家宣传仁者与民同乐，故民拥护，与北宫奢之顺任自然毫不相涉，两者不能混为一谈。

其实北宫奢这种办法并不新奇，一定是捐献者相信铸钟对他们有什么好处，要不然是不会自然而来的。现在许多地方修祠建庙就是这种办法，人们相信神能保佑他们，故自动捐钱献物，无偿参加劳动。因此这个故事不说明什么问题，也没有什么深奥的哲理。如果没有某种吸引力，人们不会无缘无故地捐献，即使请北宫奢先生去恐怕也无济于事，"一之间无敢设也"是不行的。

# （四）

孔子围于陈蔡之间，七日不火食①。

大公任往吊之曰："子几死乎②？"

曰："然。"

"子恶死乎③？"

曰："然。"

任曰："予尝言不死之道④：东海有鸟焉，其名曰意怠。其为鸟也，翂纷纷鈇鈇，而似无能；引援而飞，迫胁而栖；进不敢为前，退不敢为后；食不敢先尝，必取其绪，是故其行列不斥，而外人卒不得害，是以免于患⑤。直木先伐，甘井先竭⑥。子其意者，饰知以惊愚，修身以明污，昭昭乎如揭日月而行，故无免也⑦。昔吾闻之大成之人曰：'自伐者无功。'功成者堕，名成者亏，孰能去功与名而还与众人⑧！道流而不明居，得行而不名处⑨；纯纯常常，乃比于狂⑩；削迹捐势，不为功名⑪。是故无责于人，人亦无责焉⑫。至人不闻，子何喜哉⑬？"

孔子曰："善哉！"辞其交游，去其弟子，逃于大泽；衣裘褐，食杼栗；入兽不乱群，入鸟不乱行。鸟兽不恶，而况人乎！

① 孔子围于陈蔡之间，见《天运》篇注。

② 大公任，寓言人物。大，通"太"。成玄英疏："太公，老者称也。任，名也。"几，近也。

③ 恶（wù），嫌恶。

④ 尝，尝试。

⑤ 纷纷（fēn）鈇鈇（zhì），《释文》引"司马云：舒迟貌。一云：飞不高貌"。引援而飞，被众鸟援引而飞。引亦援也。迫胁，《荀子·富国》"强胁弱也"，胁亦迫也。又，《荀子·臣道》"迫胁于乱时"亦"迫胁"连文。此处为紧迫相依之意。迫胁而栖，栖息时紧靠于众鸟之中。《释文》引"李云：不敢独栖，迫胁在众鸟中，才足容身而宿，辟害之至也"。绪，剩馀。必取其绪，必取众鸟吃剩之馀。不斥，不被众鸟排斥。卒，终也。外人卒不得害，外人终不能害它。

⑥ "直木"二句，谓直木其材可用，故先遭砍伐；甘井其水美饮，故其流先竭。比喻人炫其才智，则必招祸患。——伐、竭，古韵入声月部。

⑦ 子，指孔子。子其意者，犹言子之用心。"饰知"三句：知，通"智"。谓子文饰自己的才智以惊愚俗，炫耀自己的行为以显露世之污浊，自以为光辉若揭举日月而行进。三句已见《达生》篇，作子扁庆子批评孙休语。故无免也，故不免祸。

⑧ 大成之人，指老子。"自伐者无功"见《老子》第二十四章。伐，夸耀。

432

― 山木第二十 ―

谓自我夸耀者无功。堕,通"隳(huī)",败。亏,损伤。"功成者堕"三句意谓功成者必败,名成者受损,谁能推功于众人?言外之意谓常人很难办到。("功成者堕,名成者亏"是大公任对老子语的理解。)——堕、亏,古韵阴声歌部。

⑨居,与《老子》第二章"功成而弗居"之居同义。得,通"德"。名,通"明"。"道流"二句,谓道德流行而不显耀自居。——居、处,古韵阴声鱼部。

⑩纯纯,犹纯一。常常,犹平常。宣颖《南华经解》:"纯一其心,平常其行。"狂,《广雅·释诂》,"痴也"。——常、狂,古韵阳声阳部。

⑪削迹捐势,削除功迹,捐弃权威。

⑫"是故无责"二句,成玄英疏:"我既不谴于人,故人亦无责于我。"责,谴责,责备。一说,责,责求。二句谓我无责求于人,人亦无责求于我。二义并通。

⑬闻,名也。至人不闻,与《逍遥游》篇"圣人无名"意同,《秋水》篇作"道人不闻"。子何喜哉,谓汝何喜好声名。

⑭衣,穿。裘,皮衣。褐,粗布。杼栗,野果名。恶(wù),嫌恶。


★(一)"孔子围于陈蔡之间"只是作为一个引子,全文的真正内容是大公任宣扬他的"不死之道"即生存之道。

大公任的高论实际上分两个层次:一是像意怠鸟那样退缩回避,"进不敢为前,退不敢为后",躲在众鸟的夹缝中生存;这种活法实在窝囊。一是不自我张扬,"道流而不明居,得行而不名处","削迹捐势,不为功名"。这种生存方式,较意怠鸟的活法也好不到哪儿去。

"孔子曰善哉"一段是一个蛇足,纯属多馀。那个"辞其交游,去其弟子,逃于大泽"的"孔子"与鲁国那个积极入世的真孔子相悬,何异篱雀之与云鹏!

(二)意怠鸟,林希逸《南华真经口义》谓意怠即燕子,近世注家更加以附会,谓燕又名"鳦",与"意"同音假借。其说皆非是。怠,懒也,缓也。"意怠"也者,其意怠缓,名称即表示其性格特点,懒怠,软弱;寓意名称,绝非燕子。

## （五）

孔子问子桑雽曰①："吾再逐于鲁②，伐树于宋，削迹于卫，穷于商周，围于陈蔡之间③。吾犯此数忌，亲交益疏，徒友益散，何与④？"

子桑雽曰："子独不闻假人之亡与⑤？林回弃千金之璧，负赤子而趋⑥。或曰：'为其布与？赤子之布寡矣；为其累与？赤子之累多矣⑦。弃千金之璧，负赤子而趋，何也？'林回曰：'彼以利合，此以天属也⑧。'夫以利合者，迫穷祸患害相弃也；以天属者，迫穷祸患害相收也⑨。夫相收之与相弃亦远矣。且君子之交淡若水，小人之交甘若醴；君子淡以亲，小人甘以绝⑩。彼无故以合者，则无故以离。"

孔子曰："敬闻命矣！"徐行翔佯而归，绝学捐书，弟子无挹于前，其爱益加进⑪。

异日，桑雽又曰："舜之将死，真泠禹曰⑫：'汝戒之哉！形莫若缘，情莫若率，缘则不离，率则不劳；不离不劳，则不求文以待形，固不待物⑬。'"

① 子桑雽（hù），人名，姓桑，名雽。

② 再逐于鲁，据《史记·孔子世家》：鲁定公十二年（前498），孔子为鲁司寇，齐人闻而惧，乃以女乐文马遗鲁君，离间鲁君臣，孔子遂去鲁适卫。时孔子年五十六。孔子在外达十四年之久，于鲁哀公十一年（前484）返回鲁国。五年后孔子即去世，无"再逐"事。

③ 伐树于宋，削迹于卫，穷于商周，围于陈蔡之间，并见《天运》篇。

④ 何与（yú），为什么。

⑤ 假，《释文》引"李云：国名"。假人之亡，意谓假国灭，国人逃亡。

⑥ 林回，人名。璧，玉璧。负，背负。赤子，婴儿。趋，快跑。林回弃千金之璧负赤子而趋，本事不详。

⑦ 布，钱币。累，拖累。四句谓如果是为了钱币，赤子没有钱币；如果说到

434

— 山木第二十 —

拖累，赤子拖累多了。

⑧彼，指不放弃财货者。以利合，与利益结合。此，指弃千金之璧负赤子而趋者。以天属（zhǔ），以天性相连属。

⑨迫穷祸患害，急迫、困穷、灾祸、忧患、灾害。相弃，相互遗弃不顾。收，《吕氏春秋·论人》"不可收也"，高诱注："收，守也。"相收，相互守护；与"相弃"正相反。

⑩醴，甜酒。"君子之交"四句，又见《礼记·表记》，曰："君子之接如水，小人之接如醴；君子淡以成，小人甘以坏。"文字小异。

⑪翔佯，通"徜徉"，叠韵联绵词，徐行之貌。把，通"揖"，拱揖。

⑫真泠，当作"乃命"。《释文》引"司马本作直。泠，或为命，又作令"。王引之谓："直当作迺，籀文乃字。隶书作廼，迺形似直，故讹作直，又讹作真。命与令，古字通。迺令禹者，乃命禹也。"

⑬形，形态，指外表行为。缘，顺，指自然随顺。情，指内心情感。率，真率。"形莫若缘"七句，谓人与人相交，行为表现不如自然随顺，情感不如真率无所矫饰；自然随顺就不会离异，真率无所矫饰则不劳累；不离异不劳累，则不用虚文来表现行为，也就不需依靠外物。这是"君子之交淡若水"，"君子淡以亲"的具体说明。

★孔子向子桑雽请教，同样只是作为引子。子桑雽所说的"林回弃千金之璧，负赤子而趋"，表现的是真正的人性。"彼以利合，此以天属也"；"夫以利合者，迫穷祸患害相弃也；以天属者，迫穷祸患害相收也"，颇符合世情。"君子之交淡若水，小人之交甘若醴"，更是至理名言。

本章论述的是人与人相处之道。在作者，是把它放在生存之道的框架内，然与前两章所论的生存之道是不同的。

孔子"翔佯而归，绝学捐书"，同样是一个蛇足，与真孔子不相干。

# （六）

庄子衣大布而补之，正緳系履而过魏王①。魏王曰："何先生之惫邪②？"

庄子曰："贫也，非惫也。士有道德不能行，惫也；衣弊履穿，贫也，非惫也；此所谓非遭时也③。王独不见夫腾猿乎？其得楠梓豫章也，揽蔓其枝而王长其间，虽羿蓬蒙不能眄睨也④。及其得柘棘枳枸之间也，危行侧视，振动悼慄⑤；此筋骨非有加急而不柔也⑥，处势不便，未足以逞其能也。今处昏上乱相之间，而欲无惫，奚可得邪⑦？（此比干之见剖心征也夫⑧！）"

① 大布，粗布。几十年前农家自己织的布仍称大布。补，指衣服已破经过补绽。正緳（xié），整理腰带。系履，系好鞋子。衣弊履穿，故需特别整理。过，过访。魏王，《释文》引"司马云：惠王也"。

② 惫，疲困，疲瘁。

③ "贫也非惫也"，贫，指物质贫乏；惫，指精神疲瘁。非遭时，不遇时。

④ 腾猿，跳跃的猿猴。楠、梓、豫章，皆木名，此泛指高木丛林。揽蔓其枝，抓住攀缘其树枝。王长其间，称王称长于其中。羿、蓬蒙，皆古之善射者。《孟子·万章下》："逢蒙学射于羿。"眄睨，斜视。不能眄睨，犹言不能注目；因有树林掩护，故善射者无可奈何。

⑤ 柘、棘、枳、枸，皆有刺灌木。危行侧视，惊疑地行走，侧目而视。振动悼慄，惊恐颤栗之状。

⑥ 急，《淮南子·主术篇》"谓之悯急"高诱注："急，病也。"此处犹言僵硬。加急，变得僵硬。不柔，指不灵活。

⑦ 昏上乱相，昏庸的君主，胡作非为的辅相。前文"非惫"是说衣弊履穿之状非惫也；后文"惫"是说处昏上乱相之间"有道德不能行"不能不惫。

⑧ 比干之见剖心，《史记·殷本纪》："纣愈淫乱不止，比干强谏，纣怒曰：'吾闻圣人心有七窍！'剖比干，观其心。"见，被。征，证明。

★（一）庄子见魏王，自言处世之艰难。"士有道德不能行，惫也；衣弊履穿，贫也，非惫也；此所谓非遭时也。"为千古落魄的志士才人发其幽愤。腾猿在不同环境中的遭际，比喻极其精辟。直接对魏王说，"今处昏上乱相之间，而欲无惫，奚可得邪"，当面斥责，何等尖锐！——这是否真庄子之轶事，无从得知，文章是精彩的，内容亦深刻。

（二）"此比干之见剖心征也夫"，比干剖心是臣下忠于君上的典型，为儒家所称道；老庄不道忠君，因之这一句实属不伦，内容与前文毫无联系。文章至"而欲无惫，奚可得邪"即已结束，此句必系后人拙劣注语。

## （七）

孔子穷于陈蔡之间，七日不火食，左据槁木，右击槁枝，而歌猋氏之风①；有其具而无其数，有其声而无宫角②，木声与人声，犁然有当于人之心③。

颜回端拱还目而窥之④。仲尼恐其广己而造大也，爱己而造哀也⑤，曰："回，无受天损易，无受人益难⑥。无始而非卒也⑦，人与天一也⑧。夫今之歌者其谁乎？"

回曰："敢问无受天损易？"

仲尼曰："饥渴寒暑，穷桎不行，天地之行也，运化之泄也，言与之偕逝之谓也⑨。为人臣者，不敢去之。执臣之道犹若是，而况乎所以待天乎⑩！"

"何谓无受人益难？"

仲尼曰："始用四达，爵禄并至而不穷，物之所利，乃非己也，吾命其在外者也⑪。君子不为盗，贤人不为窃。吾若取之，何哉⑫！故曰，鸟莫知于鹬鹞，目之所不宜处，不给视，虽落其实，弃之而走⑬。其畏人也，而袭诸人间，社稷存焉尔⑭。"

"何谓无始而非卒?"

仲尼曰:"化其万物而不知其禅之者,焉知其所终[15]?焉知其所始?止而待之而已耳[16]。"

"何谓人与天一邪?"

仲尼曰:"有人,天也;有天,亦天也。人之不能有天,性也,圣人晏然体逝而终矣[17]。"

① 穷,困也。穷于陈蔡之间,见《天运》篇注。槁,枯。"左据"二句,谓左手靠着枯树,右手敲击枯枝。猋(biāo)氏,《释文》:"必遥反。古之无为帝王也。"成玄英疏:"猋氏,神农也。"是成疏以猋氏为焱氏,焱通"炎",故曰神农也。与《释文》说异。

② 数,术也,此指敲击的节奏。宫角,五音宫商角徵羽中的两音,此代指音律。"有其具"二句,谓有敲击之具而无有节奏,指木声;有歌咏之声而不合音律,指人声。

③ 犁然,《释文》:"犹栗然。"自然动人之貌。句意谓,木声与人声虽很随意,听起来自然使人心有当,即感到舒适。

④ 端拱,正立拱手。还目而窥之,回目注视。

⑤ 广己,过分看重自己。造,至也。"恐其"二句,谓仲尼恐颜回过分看重自己而至于夸大,过于爱重自己而至于哀伤。己,仲尼自指。

⑥ 天,自然。"损"与"益"相对。二句谓不受自然损害之事容易,不受人为所加之物难。由下文知所谓"天损"指"饥渴寒暑,穷桎不行"之类,所谓"人益"指"爵禄并至","物之所利"之类。

⑦ 无始而非卒,郭象注:"于今为始者,于昨为卒,则所谓始者即卒矣,言变化之无穷。"成玄英疏:"卒,终也。于今为始者,于昨为终也。欲明无始无终,无生无死。既无死无生,何穷塞之有哀乎!"

⑧ 人与天一也,人也属于自然,故人与自然同一。

⑨ 桎,通"窒",窒碍。成玄英疏,"塞也",义亦相通。运化,运数化育,亦

即自然。《集释》本作"运物",此从王孝鱼校据《阙误》引江南古藏本。泄,发泄。偕逝,同往,即一起变化。"饥渴寒暑"五句,谓饥渴寒暑,穷窒不行,这是天地的运行,自然的发泄;所谓"无受天损易",就是说与自然一起变化,所以不难。

⑩ 为人臣者不敢去之,成玄英疏:"为人臣者不敢逃去君命。"三句谓,为人臣者不敢逃去君命,执人臣之道者尚且如此,何况对待自然呢!

⑪ 始用四达,宣颖《南华经解》:"始用,初进也。初进之时,即四达而无不利。"物之所利乃非己也,宣颖曰:"此物之利,于己性命无与。"吾命其在外者也,宣颖本作"吾命有在外者也",谓"此吾气数之命,偶有通于外者也"。"始用四达"五句谓,初被进用即无不顺利,爵禄齐来没有穷尽,这些外物之利本非我有,是我的命数中来自外物者。

⑫ 若,乃也。"君子"四句,谓君子贤人不为盗窃,这些爵禄之利我乃取之,究是为何?意即爵禄之来不得不受,即"无受人益难"。郭象注:"盗窃者,私取之谓也。今贤人君子之致爵禄,非私取也,受之而已。"林云铭曰:"人益之来,欲辞不能,故难。"

⑬ 知,通"智"。鷾鸸,《释文》:"燕也。"目之,看到。实,食也。"鸟莫知"五句,谓鸟莫智于燕子,看到不宜停留之处,即不再看,即使掉了食物,也弃之而去。

⑭ 袭,入也。人间,人住之所。社稷,土神与谷神。土与谷是国之根本,古代封建王朝建国必立社稷坛墠,故以"社稷"为国家政权的标志,并用作国家政权的代称。此处比喻燕子的窝巢。"其畏人也"三句,谓燕子畏人,却又进入人的居屋,把它的窝巢建在那里。亦即也是不得已。

⑮ 禅,成玄英疏:"代也。"二句意谓万物变化而不知其替代者,怎能知其终始。

⑯ 正,守正,即顺其自然。

⑰ 有,为也。有人,犹言人所为者。天,自然。性,本性。晏然,犹安然。体,体察。"有人"诸句,谓凡人为者,属于自然;天为者,也属于自然。人为

439

不能为天,是本性决定的,圣人安然体察变化以终而已。即前文"人与天一也","与之偕逝之谓也"。

★又一篇"孔子穷于陈蔡之间",四章由大公任教训孔子,这一章由孔子对颜回进行说教。文章说的是,孔子在险艰穷厄之际,从而容之地谈论如何对待人生。

归纳成为四句话:

一曰"无受天损易"。自然给予的灾难,与之一起变化而已,故曰"易"。

二曰"无受人益难"。人为给予的好处,不受却难。如"爵禄并至","物之所利",无法推卸,故曰"难"。成玄英疏云:"夫自然之理,有穷塞之损,达于时命,安之则易。人伦之道,有爵禄之益,傥来而寄,推之即难。"推之既难,也就受之,同样是顺其自然。如同燕子,看到不适宜的地方弃之而走;但它还是要生存,故明明畏人,却仍要巢人屋舍,即使"难"也得安之。

三曰"无始而非卒也"。任何过程,"于今为始者,于昨为卒",故没有一个"始"不同时又是"终"。

四曰"人与天一也"。人与自然是同一的,人也属于自然。这与《齐物论》"天地与我并生,万物与我为一"内涵一致。

宇宙万物,无始无终,故人之生死,也可置之度外。所以穷困至此,七日不火食,仍可以悠然自在地歌唱。反正生死在所不计,人生也无非是一种短暂而虚幻的存在,今日之我也不必看成真实的我,所以说"夫今之歌者其谁乎?"这是作者的人生哲学,把人生的险夷和无穷的宇宙自然联系在一起。表面看来,这种哲学相当深刻,极为达观,实在也是一种无可奈何的自我宽解。——这又是道家后学拉孔子来发表他们自己的人生哲学,与孔子实毫不相干。

# (八)

庄周游于雕陵之樊,睹一异鹊自南方来者,翼广七尺,目大运寸,感

— 山木第二十 —

周之颡而集于栗林①。庄周曰："此何鸟哉？翼殷不逝，目大不睹②！"蹇裳躩步，执弹而留之③。睹一蝉，方得美荫而忘其身；螳螂执翳而搏之，见得而忘其形；异鹊从而利之，见利而忘其真④。庄周怵然曰⑤："噫，物固相累，二类相召也⑥！"捐弹而反走，虞人逐而谇之⑦。

庄周反入，三日不庭⑧。蔺且从而问之："夫子何为顷间甚不庭乎⑨？"

庄周曰："吾守形而忘身⑩，观于浊水而迷于清渊⑪。且吾闻诸夫子曰：'入其俗，从其令⑫。'今吾游于雕陵而忘吾身，异鹊感吾颡，游于栗林而忘真，栗林虞人以吾为戮⑬，吾所以不庭也。"

① 雕陵，地名。樊，通"藩"，藩篱。"翼广七尺，目大运寸"，二句谓翅膀宽达七尺，眼睛直径达一寸。《集释》引王念孙曰："运寸与广七尺相对为文，广为横则运为纵也。目大运寸，犹言目大径寸耳。"（"广、运"为表示面积大小的概念。《国语·越语》勾践之地"广运百里"，韦昭注："东西为广，南北为运。"）感，触也。颡，额。集，栖。栗林，栗子树林。

② "翼殷不逝，目大不睹"，《释文》引"司马云：殷，大也。曲折曰逝"。二句谓此鸟甚为笨拙，翼大而飞行不善于回转，目大而看不到前方的物体。

③ 蹇，通"褰"（qiān），王孝鱼校引《阙误》即作褰。褰裳，提起衣裳。躩（jué），《释文》引"司马云：疾行也"。执弹，手执弹弓。留之，守着（伺候射鸟的机会）。

④ 美荫，最好的荫蔽之所。持翳，凭借隐蔽物，如隐于树叶之类。真，《释文》引"司马云：真，身也"。成玄英疏："真，性命也。"句中"忘其身""忘其形""忘其真"，含义一致。刘向《说苑·正谏》："园中有树，其上有蝉，蝉高居悲鸣饮露，不知螳螂在其后也。螳螂委身曲附欲取蝉，而不知黄雀在其傍也。"所用寓言或即原于本篇。——身、真，古韵阳声真部；形，阳声耕部。

⑤ 怵然，惊觉貌。

⑥ 相累，相互为患。相召，相互召引。二句意谓物与物之间相利者则相为患，是因为物与物之间相召引所致，如蝉召螳螂，螳螂召异鹊。

441

⑦虞人，守林小吏。逐，追。谇，责问。成玄英疏："虞人谓其盗栗，故逐而问之。"

⑧三日，《集释》本作"三月"，《释文》："一本作三日。"从之。因下文言"顷间"，则当作"三日"。不庭，《集释》引王念孙曰："庭当读为逞。不逞，不快也。甚不逞，甚不快也。"

⑨蔺且（jū），《释文》引"司马云：蔺且，庄子弟子"。顷间，犹言近来。

⑩守形，守物之形，指执弹欲射异鹊。忘身，忘了自身。

⑪观，看得清楚。迷，迷惑不清。观于浊水而迷于清渊，喻自己清楚地认识到蝉、螳螂等之见利忘形，而自己的行为却甚迷惑，先被异鹊感其颡，后遭虞人逐而谇之。王先谦曰："知物类之逐利，而不悟己之当避嫌。"

⑫夫子，先生，"吾闻诸夫子"此"夫子"似庄子称其老师，然《庄子》书中从未提及其老师是谁。成玄英疏曰："庄周师老聃，故称老子为夫子也。"然庄子与老子相距一个世纪，未必称老子为夫子；究不知所指为谁。从其令，原作"从其俗"，王孝鱼据《阙误》引成玄英本改。二句谓每到一地，需同其习俗，从其禁令。成玄英疏："夫达者同尘入俗，俗有禁令，从而行之。"

⑬戮，辱也。以吾为戮，对我进行侮辱。指虞人疑其盗栗，逐而谇之。——身、真，古韵阳声真部。

★蝉"得美荫而忘其身"，螳螂"见得而忘其形"，异鹊"见利而忘其真"，连庄周也"守形而忘身"：连锁的比喻，总说明见有利可得即难免忘其累患。这是人生最容易进入的误区；庄周"所以不庭"，尤足以警世。

（九）

阳子之宋，宿于逆旅①。逆旅人有妾二人，其一人美，其一人恶，恶者贵而美者贱②。

阳子问其故,逆旅小子对曰③:"其美者自美,吾不知其美也;其恶者自恶,吾不知其恶也④。"

阳子曰:"弟子记之:行贤而去自贤之行,安往而不爱哉!⑤"

① 阳子,《韩非子·说林上》作杨子,《列子·黄帝篇》作杨朱。阳,通"杨"。逆旅,客舍。逆,迎也,犹言接待,接待客旅之所。

② 恶(è),丑陋。贵,被看重。贱,被轻视。

③ 逆旅小子,《韩非子》作"逆旅之父",皆指逆旅主人。

④ "其美者自美"四句,成玄英疏:"美者恃其美,故人忘其美而不知也;恶者谦下自恶,故人忘其恶而不知也。"

⑤ 行贤,行其贤,表现其贤。去自贤之行,去掉自以为贤的表现。成玄英疏:"夫种德立行而去自贤轻物之心者,何往而不得爱重哉。"("行贤而去自贤之行",《韩非子》作"行贤而去其自贤之心",注家以"心"字于义为优,径改"行"为"心"。按,二字并通,不必改字。)

★ 故事又见《韩非子·说林上》与《列子·黄帝篇》。

"行贤而去自贤之行",正面说明"自伐者无功"的道理。此等处世之道甚为平实,并不虚玄。

# 田子方第二十一

田子方，以首章故事中人物名篇。

首章"田子方侍坐于魏文侯"、二章"温伯雪子適齐"、三章"颜回问于仲尼"、四章"孔子见老聃"、五章"庄子见鲁哀公"，故事内容各别，都是宣扬道家的思想修养而对儒家进行讽刺。其中"孔子见老聃"章宣扬"道生万物"的思想与阐明"齐物论"的旨意，内容较为深厚。

六章由三节短小文字组成，同样宣扬同贵贱，齐生死，一得失，超然物外的修养。

七章"文王观于臧"，颂扬臧丈人和顺简易，不事烦苛的政治思想。

八章"列御寇为伯昏无人射"借伯昏无人之口，歌颂至人"上闚青天，下潜黄泉，挥斥八极"的道行。

九章"肩吾问于孙叔敖"赞扬孙叔敖超然物外、齐同得失的修养，与六章实质相同，而内涵更为丰富，对话甚为精彩。

十章"楚王与凡君坐"中凡君将存与亡等同看待，是内容贫乏而手法也甚低劣的一章。

——《田子方》《知北游》为一组。两篇编辑形式相似，都由若干人物故事凑合，间有短论参杂其间。内容庞杂，其主要章次阐扬老庄之道，也有一些章宣扬道家的思想修养而对儒家进行讽刺。

## （一）

田子方侍坐于魏文侯，数称谿工[①]。文侯曰："谿工子之师邪？"

子方曰："非也，无择之里人也；称道数当[②]，故无择称之。"

文侯曰："然则子无师邪？"

子方曰："有。"

曰："子之师谁邪？"

子方曰："东郭顺子③。"

文侯曰："然则夫子何故未尝称之？"

子方曰："其为人也真，人貌而天虚④，缘而葆真，清而容物⑤。物无道，正容以悟之，使人之意也消⑥。无择何足以称之！"

子方出，文侯傥然⑦，终日不言。召前立臣而语之曰："远矣，全德之君子！始吾以圣知之言仁义之行为至矣⑧，吾闻子方之师，吾形解而不欲动，口钳而不欲言⑨。吾所学者直土梗耳，夫魏真为我累耳⑩！"

① 田子方，战国魏人，名无择，为魏文侯师。魏文侯，名都，周贞定王二十三年（前446）至周安王五年（前397）在位，凡五十年。并见《史记·魏世家》。数，多次。称，称道。谿工，人名。成玄英疏："姓谿名工，亦魏之贤人也。"文中只是作为东郭顺子的陪衬。

② 称道数当，成玄英疏，"称说言道，频当于理"。

③ 东郭顺子，人名。成玄英疏："居于东郭，因以为氏，名顺子，子方之师也。"按，《史记·儒林传》谓田子方"受业于子夏之伦，为王者师"。《吕氏春秋·当染篇》则明言"田子方学于子夏"。则田子方实出于儒家。本文田子方自言其师为东郭顺子。则此田子方是道家化了的田子方，或竟是寓言人物。

④ 真，真纯。虚，《淮南子·俶真篇》"是故虚室生白"，高诱注："虚，心也。"人貌而天虚，其貌为人，其心如天也。

⑤ 缘，随顺。葆，通"保"。葆真，保其真纯。清，清正。容物，即容人。二句谓，东郭外表随顺而能保其真纯，自身清正而能容纳他人。

⑥ 意，此专指邪辟之意。"物无道"三句，成玄英疏："世间无道之物，邪辟之人，东郭自正容仪，令其晓悟，使惑乱之意自然消除也。"

⑦ 傥然，犹"怅然"，自失之貌。

⑧ 知，通"智"。圣知之言仁义之行，指儒家孔孟的言行。

⑨ 形解，形如解脱。口钳，口如钳住。二句皆言其怅然自失之貌。

⑩直,特也,犹今言简直是。土梗,《释文》引"司马云:土梗,土人也,遭雨则坏"。《战国策·赵策一》"土梗与木梗斗",《史记·孟尝君列传》同一寓言作"木偶人与土偶人相与语",则土梗即土偶。吾所学者直土偶耳,言虽有人之形貌而并无生命。累,拖累。魏真为我累也,魏国真是我的拖累。

★首章要义在于赞美有道之士东郭顺子的修养,谓"其为人也真,人貌而天虚,缘而葆真,清而容物",意即其人修养甚真,虽具常人的形貌而有合于自然的胸怀,外表随顺而能保其真纯,自身清正而能宽容他人。所以即使邪辟的人也会受其感化。

故事通过魏文侯之口,否定儒家"圣知之言仁义之行",其左儒右道之意甚明。

东郭顺子其名仅见于此,未必真有其人。

这段文章涉及一个颇有意义的认识问题,也是美学问题。任何事物凡属特点突出,人们很容易认识,也说得清楚;而看似寻常,却极为完美,认识则要有较长的过程,而且很难说清。对人如此,其他事物又何尝不然。刘琨郭璞谢灵运颜延之诗的特点说清楚容易,陶渊明的诗貌似平淡而实真淳,要说清楚就相当难。蜀山突兀,峡水奔腾,使人惊心动魄,要逼真刻画当然不容易;而面对平野风光,感到心宁境静,要进行描述却更加困难。如果东郭顺子真是"其为人也真,人貌而天虚,缘而葆真,清而容物。物无道,正容以悟之,使人之意也消",则确是看似平常而实完美,难怪田子方无从称道。《论语·泰伯》子曰:"泰伯其可谓至德也已矣,三以天下让,民无得而称焉。""民无得而称焉"也正是这个道理。

# (二)

温伯雪子適齐,舍于鲁①,鲁人有请见之者。温伯雪子曰:"不可。吾闻中国之君子,明乎礼义而陋于知人心②,吾不欲见也。"

至于齐，反舍于鲁，是人也又请见。温伯雪子曰："往也蕲见我，今也又蕲见我，是必有以振我也③。"

出而见客，入而叹。明日见客，又入而叹。

其仆曰："每见之客也④，必入而叹，何邪？"

曰："吾固告子矣，中国之民，明乎礼义而陋乎知人心。昔之见我者，进退一成规，一成矩，从容一若龙，一若虎；其谏我也似子，其道我也似父⑤，是以叹也。"

仲尼见之而不言。子路曰："吾子欲见温伯雪子久矣，见之而不言，何邪？"

仲尼曰："若夫人者，目击而道存矣，亦不可以容声矣⑥。"

① 温伯雪子，成玄英疏："姓温，名伯，字雪子，楚之怀道人也。"舍，停留住宿。

② 中国，中原地区，此指鲁国。义，通"仪"；礼义，即"礼仪"，礼数仪态。陋，拙也。明乎礼义而陋于知人心，很讲究礼仪而拙于了解人心。馀详星评（二）。

③ 蕲，求。振，动也，犹言启发。

④ 之客，此客。

⑤ 昔，泛指这之前，即"出而见客""明日见客"之时。"进退"四句，谓其行动，进退从容，成规成矩，如龙如虎。一，或也，无实义。谏，劝告。道，通"导"，开导。温伯雪子之言，实批评鲁人矫揉造作。——矩、虎、父，古韵阴声鱼部。

⑥ 夫人，指温伯雪子。目击，用眼睛一看。目击而道存，意即一看而知其道存。亦，通"已"。亦不可以容声，已用不着作声了，即不用说话。二句仲尼自言"目击"温伯雪子而知其道存，已不可以容声；即回答何以"见之而不言"。"不可以容声矣"即"无得而称焉"之意。借仲尼之言来赞扬温伯雪子，谓"目击而道存矣"，一看就感到对方高不可攀，实际上是否定孔子。没有比让孔子自己出来惊叹他人更能贬低孔子的了，这比直接指斥孔子要高明得多。

★(一)温伯雪子用一句判词来否定儒家,谓"中国之君子,明乎礼义而陋于知人心"。对他们的"请见"断然加以拒绝。后来勉强见了,今日见之,"入而叹",明日见之,"又入而叹",表现出高度的藐视。回答其仆人的疑问时,讽刺他们"进退一成规,一成矩,从容一若龙,一若虎,其谏我也似子,其道我也似父",也就是说他们装模作样,矫揉造作,而且自以为是。用语生动,而且相当刻毒。

(二)《读书杂志·晏子春秋·外篇重而异者》"思礼义也"王念孙按:"此'义'字非仁义之义,乃礼仪之'仪'。"本章"明乎礼义"之"义"也非礼义之'义',而是礼仪之"仪"。由下文温伯雪子批评鲁人"进退一成规,一成矩",正是明乎"礼仪",而非"礼义"。

## (三)

颜渊问于仲尼曰:"夫子步亦步,夫子趋亦趋,夫子驰亦驰;夫子奔逸绝尘,而回瞠若乎后矣①!"

夫子曰:"回,何谓邪?"

曰:"夫子步亦步也者,夫子言亦言也;夫子趋亦趋也者,夫子辩亦辩也;夫子驰亦驰也者,夫子言道回亦言道也②。及奔逸绝尘而回瞠若乎后者,夫子不言而信,不比而周,无器而民滔乎前而不知所以然而已矣③。"

仲尼曰:"恶!可不察与④!夫哀莫大于心死,而人死亦次之。日出东方而入于西极,万物莫不比方⑤;有目有趾者,待是而后成功,是出则存,是入则亡⑥。万物亦然,有待也而死,有待也而生⑦。吾一受其成形,而不化以待尽⑧,效物而动,日夜无隙,而不知其所终⑨;薰然其成形,知命不能规乎其前,丘以是日徂⑩。

"吾终身与汝交一臂而失之,可不哀与⑪!女殆著乎吾所以著也⑫;彼已尽矣,而女求之以为有,是求马于唐肆也⑬。吾服女也甚忘,女服吾也亦甚忘;虽然,女奚患焉!虽忘乎故吾,吾有不忘者存⑭。"

— 田子方第二十一 —

①步，行走。趋，跑步。驰，快跑。奔逸，犹言飞驰。绝尘，简直不沾尘土，极言其奔驰之快速。瞠乎其后，在后面瞪着眼睛，形容不可企及而惊诧之状。（成语"亦步亦趋"即出于此。）

②"步也者"，《集释》本无"者"字，此从唐写本。下文"趋也者""驰也者"同。"夫子步亦步也者"比喻"夫子言亦言也"。下文"夫子趋"比喻"夫子辩"，"夫子驰"比喻"夫子言道"同。

③不言而信，不言而使人信服。不比而周，此句原于《论语·为政》子曰"君子周而不比，小人比而不周"，朱熹注："周，普遍也；比，偏党也。皆与人亲厚之意，但周公而比私耳。"周，犹言团结。比，朋比。器，指权位。民滔乎前，民奔涌而来，即人心归向。不知所以然，谓民奔涌而来他们自己也不知何以如此。按，《论语·子罕》颜渊喟然叹曰："仰之弥高，钻之弥坚；瞻之在前，忽焉在后。夫子循循然善诱人，博我以文，约我以礼，欲罢不能；既竭吾才，如有所立卓尔，虽欲从之，末由也已！"对仲尼的赞美叹服，"颜渊问于仲尼"与《论语》这段文字可以相比。但《论语》所记，是对颜回的感受加以赞许；而本文所述，是为了后文仲尼对颜回的认识加以批判。两者绝然不同。

④恶（wū），叹词。

⑤西极，西方极远之地。句中"方"与"极"互文。"比方"之比，从也，顺也；方，向也。万物莫不比方，谓日出东方而入于西极，万物莫不随日之运动而运动。友人储庭焕曰："比，同也。方，道也。万物莫不比方，谓万物莫不与日同其道；日不断变化运动，万物亦不断变化运动。"储君之说似更确。

⑥有目有趾者，即人。郭象注："目成见功，足成行动也。"《天地》篇有"有首有趾"句，取义相同。是，指日。功，事也。"有目有趾"四句，谓人待日而后成功，日出则有人事，日入则无人事。林希逸解作"即日出而作，日入而息"。王先谦理解为"日出则有世事，日入则无世事"。

⑦有待，即有待于日。"有待也而死，有待也而生"，与"待是而后成功，是出则存，是入则亡"是一个意思。存亡生死都是比喻性的说法，谓人和万物皆待日而后有活动，比喻人和万物都随自然变化而变化。

⑧一受其成形，一旦禀受造化成为人的形体。不化，不变，指保持为人。待尽，等待生命的终了。二句又见《齐物论》。

⑨"效物而动"三句，谓随万物一样运动变化，日夜没有间断，而不知最后的结果。最后的结果必然是死亡，郭象注，"不以死为死也"，故曰不知其所终。

⑩薰然，成玄英疏："自然之貌。"徂（cú），往，逝。三句意谓，我薰然自动成形，知命运不可能预先规定，我因此日日向前随自然而变化。

⑪"吾终身"二句，言颜回始终不懂得自然变化的道理，如终身相与而交臂失之，故可哀也。（成语"失之交臂"即出于此。）

⑫女，通"汝"。下同。殆，或许，大概。著，《左传》昭公十二年"若不废君命，则固有著矣"，杜预注："著，位次。"引申为停留之意。又，《礼记·乐记》"乐著大始"，郑氏注："著之言处也。"处亦停留之意。句意谓汝停留在我停留过的地方，比喻我所言者汝亦言，我所辩者汝亦辩等等。（郭象注："著，见也。言汝殆见吾所以见者耳。"注家多从郭说，不如解作停留为当。）

⑬彼，指"吾所以著者"，即曾经言者辩者。宣颖《南华经解》："彼，所著。所著者忽已过去，可见不足据也。"王先谦曰："彼所著者，已尽为陈迹矣。"唐，空也。唐肆，空虚的市肆。"彼已尽"三句，谓过去所著之迹已不存在，而汝犹求之以为存在，如同求马于空虚的市肆，马早已不在那里了。郭象注："唐肆非停马处也，言求向者之有，不可复得也。"

⑭服，犹《诗·周南·关雎》"寤寐思服"，毛传："服，思之也。"郭象注："服者，思存之谓也。"甚，《广雅·释言》："甚，剧也。"忘，通"亡"，亡失。"吾服女也"以下诸句，谓我思存之汝很快即已亡失，汝思存之我亦很快亡失；尽管如此，汝何需忧虑，虽亡失了过去的我，我自有不亡者在。意谓一切都在变化，过去的我亡失，现在的我存在。郭象注："不忘者存，谓继之以日新也。虽忘故吾而新吾已至，未始非吾，吾何患焉！"（按，《诗·邶风·绿衣》"曷维其亡"，郑玄笺："亡之言忘也。"《列子·仲尼》"知而亡情"，《释文》："亡，一本作忘。"《汉书·戾太子传》"膏尽忠而忘其号"，师古曰："忘，亡也。"是皆"忘、亡"相通之证。本文"甚忘""忘乎故吾""不忘者存"之忘，皆通"亡"。注家解作"忘

却、忘记"者甚误。)

★颜回是孔子的高足,师徒二人是儒家的圣贤。到了这位作者的笔下,颜回仍然是儒家者徒,对孔子崇拜得五体投地。"夫子步亦步,夫子趋亦趋,夫子驰亦驰;夫子奔逸绝尘,而回瞠若乎后矣";称颂孔子"不言而信,不比而周,无器而民滔乎前而不知所以然"。

郭沫若在其《庄子的批判》一文中对这段话大加赞赏,认为可以和《论语·子罕篇》里颜渊叹美孔子的那段话"相表里",因此他认为"必然是出于颜氏之儒的传习录"。郭沫若无视下文仲尼的回答。这位称为仲尼的"夫子"成了道家的说教者,对颜回的热情歌颂当头一棒,认为颜回执着于往昔的"言、辩",是不懂天道变化,竟斥之为"心死",而且比"人死"更为可悲。文章宣扬"日出东方而入于西极,万物莫不比方",一切都像太阳运转无时不在变化,人也必须随之变化。过去的已经过去,"彼已尽矣,而女求之以为有,是求马于唐肆也";市肆已空,那里已没有"马"了。开头写颜渊对仲尼的热情歌颂,作者的用意恰好是为了在后面彻底否定它,"颜氏之儒"会有这样的"传习录"!

宇宙万物一切都在变化的观点是正确的。但相对的稳定总还是存在的,颜渊的话不至有如此之大的过错,竟然到了"心死"的程度。而这位道家塑造的夫子,那副说教面孔实在令人可憎,与真孔子没有任何共同之处。

# (四)

孔子见老聃,老聃新沐,方将被髪而干,慹然似非人①。孔子便而待之②,少焉见,曰:"丘也眩与,其信然与?向者先生形体掘若槁木,似遗物离人而立于独也③。"

老聃曰:"吾游心于物之初④。"

孔子曰:"何谓邪?"

曰:"心困焉而不能知,口辟焉而不能言,尝为汝议乎其将⑤。至阴肃肃,至阳赫赫;肃肃出乎天,赫赫发乎地;两者交通成和而物生焉,或为之纪而莫见其形⑥。消息满虚,一晦一明,日改月化,日有所为,而莫见其功⑦。生有所乎萌,死有所乎归,始终相反乎无端而莫知乎其所穷⑧。非是也,且孰为之宗⑨!"

孔子曰:"请问游是⑩。"

老聃曰:"夫得是,至美至乐也,得至美而游乎至乐,谓之至人。"

孔子曰:"愿闻其方⑪。"

曰:"草食之兽不疾易泽,水生之虫不疾易水,行小变而不失其大常也⑫。夫天下也者,万物之所一也⑬。得其所一而同焉,则四支百体将为尘垢,喜怒哀乐不入于胸次,而死生终始将为昼夜而莫之能滑,而况得丧祸福之所介乎⑭!弃隶者若弃泥涂,知身贵于隶也⑮。贵在于我而不失于变。且万化而未始有极也,夫孰足以患心⑯!已为道者解乎此⑰。"

孔子曰:"夫子德配天地,而犹假至言以修心,古之君子,孰能脱焉⑱?"

老聃曰:"不然。夫水之于汋也,无为而才自然矣。至人之于德也,不修而物不能离焉,若天之自高,地之自厚,日月之自明,夫何修焉⑲!"

孔子出,以告颜回曰:"丘之于道也,其犹醯鸡焉⑳!微夫子之发吾覆也,吾不知天地之大全也!"

① 沐,洗头。被,通"披"。干,使之干。慹(zhé)然,《释文》引"司马云:不动貌"。成玄英疏:"既新沐髮,曝之令干,凝神寂泊,慹然不动,掘若槁木,故似非人。"

② 便,通"僻",亦通"辟"。《书·冏命》"便辟侧媚"、《论语·季氏》"友便辟",皆"便辟"连文同义。《说文》"僻,辟也",段注:"辟之言边也,屏于一边也,僻之本义如此。"则"便"亦犹边也。便而待之,言屏于一边以待之。

③ 眩,目眩,即眼花。信然,确实如此。向者,刚才。掘,通"倔",直立不

动。遗物离人而立于独，即超然物外而独立。

④游心于物之初，即游心于道。成玄英疏："初，本也。道通生万物，故名道为物之初也。"

⑤辟，《释文》引"司马云：卷不开也"。尝，试。议，言也。将，率也。《增韵》："率，大略也。"尝与汝议乎其将，谓试为汝言其大略；与《大宗师》许由谓"我为汝言其大略"、《知北游》老聃曰"将为汝言其崖略"，句意相同。"心困焉"三句，谓大道深微，故心困而不能知。口闭而不能言，只能试为汝言其大略。

⑥肃肃，成玄英疏："阴气寒也。"赫赫，成玄英疏："阳气热也。"两者，阴和阳。纪，理也，犹言发挥作用。"至阴"六句，谓宇宙之间由阴阳二气交通成和而生万物，或有一种力量在发挥作用而不见其形。《老子》第四十二章："道生一，一生二，二生三，三生万物。万物负阴而抱阳，冲气以为和。"《淮南子·天文篇》："道日规始于一，一而不生，故分而为阴阳，阴阳合和而万物生。"

⑦"消息满虚"五句，谓世间万物，消逝、生息、盈满、亏虚，夜晦昼明，日改月化，日日都有所为，而莫见其所事。功，事也。一切都自然变化，莫见谁在从事。郭象注："自尔，故无功。"成玄英疏："莫见为之者。"

⑧萌，始也。归，终也。"生有所乎萌"三句，仍就宇宙万物言之，谓生有所始，死有所终，始终相反，然始而又终，终而又始，"方生方死，方死方生"，无有端倪而永无穷尽。

⑨是，指"物之初"，亦即指道。成玄英疏："若非是虚通生化之道，谁为万物之宗本乎！夫物芸芸，必资于道也。"老聃这段话，说明道生万物，莫见其形，始终变化，无有穷尽。——功，古韵阳声东部；穷、宗，阳声冬部。

⑩是，指道。孔子所问，意谓请问游于道则如何。

⑪方，犹法也。句意谓如何才能达于道。

⑫草食之兽，牛羊麋鹿之类。不疾，不忧虑，不害怕。易，变换。薮(sǒu)，草泽。水生之虫，鱼鳖虾蟹之类。行小变，行动小有变易，指变换地方。常，常规。大常，指生存的总的常规。胸次，胸中。"草食之兽"四句，谓草食的动物不害怕变换草泽，水生的动物不害怕变换水域，行动小有变化而不丧失

生存的常规。动物不因为变换地方而忧虑,比喻得道者不因死生终始得丧祸福而忧虑,死生终始不过如动物变换一个地方而已。

⑬ 一,同一。万物之所一,即万物皆为一体,亦即《齐物论》"天地与我并生,万物与我为一"之意。

⑭ 同,等同;而同焉,而等同视之。四支,即四肢。为,如也。胸次,胸中。滑,扰乱。介,介限,区分。"得其所一"五句,谓万物皆为一体而都能等同视之,则四肢百体如同尘垢,喜怒哀乐之情不入于胸中,对死生终始如同日夜相继而不被扰乱,更何况得失祸福之区分呢!意即得与失、祸与福都无区别。储庭焕曰:"后文肩吾问于孙叔敖章'经乎山而无介',成玄英疏'介,碍也',此处'介'亦应训为'碍也',即障碍。老聃谓至人于死生终始都不能乱其心,则得丧祸福之所障碍更无所谓。"储说亦可取。按,"介"与"碍"义本相通,分界即不容越过,不容越过即为障碍,故二义得相通。("喜怒哀乐不入于胸次"原在"行小变而不失其大常"句后,疑有错简,句意不顺,草食之兽水生之虫无所谓喜怒哀乐。此句当在"四支百体将为尘垢"句后。"得其所一而同焉,则四支百体将为尘垢,喜怒哀乐不入于胸次,而死生终始将为昼夜而莫之能滑,而况得丧祸福之所介乎",前后语意顺畅。"莫之能滑"者,莫之能滑于胸次也,句意亦相应。故移至于此。)

⑮ 隶,《说文》,"附著也"。此指附著之物,犹言身外之物。泥涂,即泥土。句意谓抛弃身外之物若弃泥土,知身重于身外之物也;与《德充符》"物视其所一而不见其所丧,视丧其足犹遗土也"略同。(隶,注家或解为奴隶,绝对错误。如果老子或庄子认为抛弃奴隶如弃泥涂,又何得谓之至人!)

⑯ 贵在于我,应前文"立于独也"。"贵在于我"三句,谓贵在于我,不因变化而有所丧失,还有什么值得忧虑的。

⑰ 已为道者,即游心于道者。解,懂得。

⑱ 配,合也。假,借助。至言,至理之言。脱,免也。句意谓夫子尚且要用至言以修心,古之君子谁能免用语言以达到目的。

⑲ 不然,老聃言我尚不是如此。汋(zhuó),《集释》引郭嵩焘曰:"汋者,

自然涌出。"才，质性。句意谓水之涌出，无为而质性自然也。不修而物不能离，不用修而人自来从游。(如《德充符》之"兀者王骀，从之游者，与仲尼相若"。)孔子问夫子犹假至言以修心，谁能忘言以达道。老聃回避自己，而以至人之德作答。谓至人如水之自然涌出，不用修而物自然不离；如天之自高，地之自厚，日月之自明。成玄英疏："至人玄德，端拱岩廊而物不能离，泽被群品，日用不知。若天高地厚，日月照明，夫何修为？自然而已矣。"

⑳醯（xī）鸡，小虫名。郭象注："醯鸡者，瓮中之蠛蠓。"微，没有。覆，覆盖。孔子告颜回，自言如瓮中之蠛蠓，如果不是老子掀开瓮上之覆盖，则不知天地之大全。比喻自己无知，若非老子为之启发，则不明大道。

★"孔子见老聃"是《田子方》篇极为重要的一章，其要义在老聃的两段话。"至阴肃肃"一段，阐述宇宙之间由阴阳二气"交通成和"而生万物，一种自然的力量在发挥作用而莫见其形迹。世间万物，消息盈虚，死生终始，永远变化而无穷尽。这是老子"道生万物"极为精辟的解说。"草食之兽"一段，说明万物皆为一体，都可等同视之，故四支百体如同尘垢，死生终始如同昼夜，得失祸福无所区分。同万物，齐生死，一得失，等祸福，此即庄子《齐物论》旨意。

老庄反对儒学、反对仁义是旗帜鲜明的，明明白白的。到了道家后学，他们自己无多大发明，如此编造故事来攻击儒家，侮弄孔子，往往不择手段。外篇中单是把老聃的幽灵请了出来教训孔子的就多达八章。这些章次中老聃的形象不一，思想也很混乱。其中《田子方》"孔子见老聃"、《知北游》"孔子问于老聃"这两章基本符合老子之道，内容较为深厚。

（五）

庄子见鲁哀公①。哀公曰："鲁多儒士，少为先生方者②。"

庄子曰："鲁少儒。"

哀公曰："举鲁国而儒服③,何谓少乎？"

庄子曰："周闻之,儒者冠圜冠者知天时,履句屦者知地形；绶佩玦者事至而断④。君子有其道者,未必为其服也；为其服者,未必知其道也。公固以为不然,何不号于国中曰⑤：'无此道而为此服者,其罪死！'"

于是哀公号之五日,而鲁国无敢儒服者。独有一丈夫儒服而立乎公门。公即召而问以国事,千转万变而不穷⑥。

庄子曰："以鲁国而儒者一人耳⑦,可谓多乎？"

① 庄子见鲁哀公：鲁哀公于周敬王二十六年（前494）即位,在位二十七年,卒于周贞定王元年（前468）。庄子与魏惠王、齐宣王同时。魏惠王卒于周慎靓王二年（前319）,上距哀公之卒已一百四十九年；齐宣王卒于周赧王十四年（前301）,上距哀公之卒已一百六十七年。庄子怎么可能见到鲁哀公？

② 方,道术。成玄英疏："术也。"

③ 举,全也。

④ 圜,通"圆"。冠圜冠者知天时,意谓戴圆冠者表示知天时,圆冠象天。句,方也。履句屦者知地形,意谓穿方鞋者表示知地形,方以象地。绶,穿玉玦的丝带,此动词,用丝带穿。《集释》本作"缓",为"绶"字之形误,此从司马彪本。玦,有缺口的玉环。玦与决谐音,古人佩玦表示临事决断。《左传》闵公二年：卫懿公"与石祁子玦",杜预注："玦,玉玦,示以当决断。"《史记·项羽本纪》：鸿门宴上,"范增数目项王,举所佩玉玦以示之者三"。范增教项羽杀刘邦,以玉玦示之欲其决断。绶佩玦者事至而断,意谓系佩玦者表示事至而决断。

⑤ 固,若也,如果。号,号令。

⑥ 千转万变而不穷,反复问难而应对不穷。

⑦ 一人,即上文之"独有一丈夫"。

★（一）"庄子见鲁哀公"章,庄子认为"举鲁国而儒服",然真正的儒者实际甚少,因为"为其服者未必知其道也"。庄子教鲁哀公动一点真格的,号令"无此道而为此服者其罪死"，果然那些假儒士便纷纷脱掉了伪装，"鲁国无敢儒服者"。这与温伯雪子讽刺鲁国之君子成规成矩拿腔作势甚相类似。

但本章与温伯雪子章亦皆所不同，温伯雪子彻底否定儒者，而本章中鲁国毕竟还有一丈夫敢于儒服，而且"问以国事，千转万变而不穷"。作者只揭露大量冒充的假货，并没有否定真正的儒者。这个"庄子"还给儒者留了一点馀地，真庄子则不会给他们留馀地。

本章除了揭露鲁国儒者虚伪的丑态以外，作为寓言，还有其普遍的意义，即假冒是经不起考验的，一动真格的就会原形毕露。

（二）"独有一丈夫儒服而立乎公门。"庄子曰："以鲁国而儒者一人耳。"郭象不注"一人"为谁，是正确的。成玄英疏："一人，谓孔子。观机吐智，若照之镜，转变无穷，举国一人未足多也。"这是寓言，原文未说是谁，注家不能认定是孔子。再说，难道鲁国儒者，真只有孔子一人？而且真孔子有必要这样来表现自己吗！

# （六）

百里奚爵禄不入于心①，故饭牛而牛肥②，使秦穆公忘其贱，与之政也。有虞氏死生不入于心，故足以动人③。

宋元君将画图④，众史皆至，受揖而立⑤，舐笔和墨，在外者半。有一史后至者，儃儃然不趋，受揖不立，因之舍⑥，公使人视之，则解衣般礴裸⑦。君曰："可矣，是真画者也。"

①百里奚，姓百里，名奚，一作傒。本虞国大夫，秦穆公五年，晋献公灭虞，虏虞君，并虏百里奚。晋献公女嫁与秦穆公，以百里奚为媵（陪嫁小臣）。百里奚耻之，亡走宛，为楚人所执。秦穆公闻百里奚贤，以五羖羊皮（五张公羊皮）赎回。时百里奚年已七十馀，穆公授以国政，称五羖大夫。百里奚推荐其友蹇叔，

与蹇叔同心辅佐秦穆公成霸业。见《史记·秦本纪》。《孟子》《战国策》《韩诗外传》《说苑》诸书并有关于百里奚的记载。

②饭牛，饲养牛。《秦本纪》百里奚自言曾在周为人养牛，《孟子》等书则谓百里奚在秦养牛以干秦穆公。因"爵禄不入于心"，即使饭牛也能尽心尽意，故"饭牛而牛肥"。

③有虞氏，即虞舜。《孟子·万章》谓舜多次为亲人陷害，几至于死，舜不以生死为心。

④宋元君，《史记·宋微子世家》有宋元公，名佐，宋平公之子，周景王十四年（前531）即位，在位十五年，与鲁昭公同时；未知即其人否。

⑤画史，画工。受揖而立，《释文》引"司马云：受命揖而立也"。

⑥儃儃（tǎn），《释文》引"李云：舒闲之貌"。趋，急走。在官长前进退急走是情绪紧张或表示恭敬，此史从容，故儃儃然不趋。因，犹就也。舍，馆舍，画图之所。

⑦般，通"槃"，王孝鱼校引赵谏议本即作"槃"。槃礴，双声联绵词，《释文》引"司马云：谓箕坐也"。一种随便的坐姿。裸，《释文》引"司马云：将画，故解衣见形"。成玄英疏："内既自得，故外不矜持，徐行不趋，受命不立，直入就舍，解衣箕坐，裸露赤身，曾无惧惮。"

★百里奚，有虞氏，宋画史，三条文字都很短；编为一章。前两条直接评论没有什么情节，后一条有情节也不复杂。

"百里奚爵禄不入于心"，故心无旁骛，做任何事情都能成功。"有虞氏死生不入于心"，故即使愚顽也能感动。宋画史尊宠得失不入于心，故能坦然自若，使宋元君以其为真画者。

按一般看来，这位"儃儃然不趋，受揖不立"的画史，乃自知画艺高强，有恃无恐，所以能够如此放任自如。但作者的旨意并非如此，因为那些"受揖而立，舐笔和墨"的画史未必个个都很差，两者的画艺并未曾比较；换一个角度看，这位"受揖不立"的画史说不定是心高气傲呢！所以问题的关键并不在此。关键在于那些"受命而立"的画史,心怀得失,唯恐不被录用,所以都小心谨慎。而这位"受揖不立"的画史能够忘怀得失,乃能如此坦然。——整个这一章的作意就在于宣扬超然物外,同贵贱,齐生死,一得失的道家素养。然百里奚、有虞氏、宋画史,时不相同,事不相类,编在一起,甚为不伦。

## (七)

文王观于臧,见一丈夫钓①,而其钓莫钓,非持其钓有钓者也,常钓也②。

文王欲举而授之政,而恐大臣父兄之弗安也;欲终而释之,而不忍百姓之无天也③。于是旦而属之大夫曰④:"昔者寡人梦见良人,黑色而髯⑤,乘驳马而偏朱蹄⑥,号曰:'寓而政于臧丈人,庶幾乎民有瘳乎⑦!'"

诸大夫蹙然曰:"先君王也⑧!"

文王曰:"然则卜之?"

诸大夫曰:"先君之命,王其无它⑨,又何卜焉。"

遂迎臧丈人而授之政,典法无更,偏令无出⑩。三年,文王观于国,则列士坏植散群⑪,长官者不成德⑫,斔斛不敢入于四竟⑬。列士坏植散群,则尚同也;长官者不成德,则同务也;斔斛不敢入于四竟,则诸侯无二心也。

文王于是焉以为大师,北面而问曰,"政可以及天下乎⑭?"臧丈人昧然而不应,泛然而辞,朝令而夜遁,终身无闻⑮。

颜渊问于仲尼曰:"文王其犹未邪,又何以梦为乎⑯?"

仲尼曰:"默,汝无言!夫文王尽之也,而又何论刺焉⑰,彼直以循斯须也⑱。"

① 臧,《释文》引"李云:臧,地名也"。(按,《史记·齐太公世家》:"吕尚盖尝穷困,年老矣,以渔钓奸周西伯。西伯将出猎……遇太公于渭之阳,与语

大悦。曰：'自吾先君太公曰，当有圣人适周，周以兴；子真是邪？吾太公望子久矣！'故号之曰太公望。载与俱归，立为师。"本文作者或以吕尚事为影，然系寓言。成玄英疏："臧，近渭水地名也。丈夫者，寓言于太公也。"后世注家更径谓丈夫即吕尚，非是；吕尚后来辅佐周武王伐纣定周，而这位臧丈人"朝令而夜遁"，因此不能认定即是吕尚。谓臧为近渭水地名，系由吕尚钓于渭水推想而来，亦不足据。）

②其钓莫钓，其钓并没有钓。"非持其钓有钓者也，常钓也"，不是手持钓竿要钓什么，只是常持其钓而已。

③举，起用。不忍百姓之无天，成玄英疏："不忍苍生失其覆荫，故言无天也。"

④属，召集。《周礼·州长》"各属其州之民而读法"，郑氏注："属犹合也，聚也。"《孟子·梁惠王下》"太王属其耆老而告之"，赵岐注："属，会也。"

⑤昔者，犹言夜间。良人，善人。而，段玉裁本《说文》："而，须也，象形。"而鬓，须鬓。《汉书·高帝纪》：高帝"美须鬓"，注："在颐曰须，在颊曰鬓。"

⑥驳马，毛杂色马。偏朱蹄，《释文》引"李云：一蹄偏赤也"。

⑦号，号令。号曰，指梦中良人号令文王。寓，寄也，犹言托付。而，通"汝"。庶幾，或许。瘳，病愈。民有瘳，犹言民有救。"寓而政"二句，谓汝将政务托付给臧丈人，或许民在灾难中可以得救。

⑧蹴然，惊悚而恭敬之貌。先君王，《释文》引"司马云：言先君王灵神之所致"。成玄英疏："文王之父季历生存之日，黑色多鬓，驳马蹄偏赤。王之所梦，乃是先君教令于王，是以蹴然惊惧也。"（成玄英所说，实据前后文推论而来。然有漏洞，如果"黑色而鬓，乘驳马而偏朱蹄"是季历生前形象，文王本人应更熟悉，竟然只称为"良人"，让诸大夫说"先君王也"，这不合常情。此故事本身严重疏漏，不全在成氏也。）

⑨王其无它，王不用更有犹疑。

⑩"典法"二句：王先谦曰："典，常也。"典与偏对文，法与令互文。二句相对，谓正常的法令无所更改，偏颇的法令从不发布。成玄英疏："典宪刑法，一施无改，偏曲敕令，无复出行。"

⑪坏植散群，俞樾《庄子平议》："宣二年《左传》'华元为植'，杜注曰：植，

— 田子方第二十一 —

将主也。列士必先有主而后得有徒众，故欲散其群，必先坏其植也。"按，植，树立也，此指树立朋党。二句谓列士坏其朋党，散其徒众，大家同心为国；故下文云"尚同也"。

⑫ 长官者不成德，官长不成其私德，共同致力于国事；故下文云"同务也"。务，致力于事也。

⑬ 斔斛，皆计量单位，亦计量器名。此必指不规范的量器。古代诸侯国计量标准不同，多少不等，不规范的量器相互出入就会造成麻烦，或借以进行欺诈。斔斛不入于四竟则无此多彼少的差别；故下文云"诸侯无二心也"。竟，通"境"。(《释文》："斔，音庚。李云：六斛四斗曰斔。"此以"斔"通"庚"。又，《释文》引"司马本作斔斛，云：斔读曰锺，斛读曰庾"。此以"斔"通"锺"。二说不同，但不影响对内容的理解。)

⑭ 大师，官名，周代为三公之首。大，音太。北面，古代君主其位南向，臣下北面而朝；北面而问，则极为尊重。及，推及。

⑮ 眽然，犹默然。泛然，不经意之貌。臧丈人貌似泛然，实际甚为坚决，故"朝令而夜遁"，白天犹行令而当夜已遁走。

⑯ 其犹未，尚未至极高境界或尚未取信于人。何以梦为，何必假托于梦。

⑰ 尽，尽善尽美。而，通"汝"。论刺，议论讥刺。

⑱ 彼，指文王。直，只是。循，顺也。斯须，短时间。直以循斯须，只是顺应众人临时的需要。

★这位臧丈人施行的是一种和顺简易、不事烦苛的政策。"典法无更，偏令无出"，正常的法令不更改，偏颇的法令不发布；其结果是列士不拉帮结派，官长不私自成德，邻国不欺诈扰乱，举国平安无事。

文王问"政可以及天下乎"，表现出文王统治天下的欲望，而"其钓莫钓"的臧丈人无心为天下，故"眽然而不应，泛然而辞，朝令而夜遁，终身无闻"。

故事写这位臧丈人的行为存在着很大的矛盾：如果他完全不想从政，就不该接受文王所"授之政"；已经接受，能在一国"典法无列，偏令不出"，那么施之天下有何不可？此类故事，破绽重重，甚为拙劣。

# （八）

列御寇为伯昏无人射①，引之盈贯②，措杯水其肘上，发之③，适矢复沓，方矢复寓。当是时，犹象人也④。

伯昏无人曰："是射之射，非不射之射也⑤。尝与汝登高山，履危石，临百仞之渊，若能射乎⑥？"

于是无人遂登高山，履危石，临百仞之渊，背逡巡，足二分垂在外，揖御寇而进之⑦。御寇伏地，汗流至踵⑧。

伯昏无人曰："夫至人者，上闚青天，下潜黄泉，挥斥八极，神气不变⑨。今汝怵然有恂目之志，尔于中也殆矣乎⑩！"

① 伯昏无人，寓言人物，已见《德充符》篇。

② 盈贯，满贯。引之盈贯，把弓拉满。贯之本义为用绳穿钱，穿到最后一个即满贯。把弓拉满，故比喻为满贯。

③ 措，放置。肘，指握弓之左臂肘。措杯水于其肘上，言其臂肘坚劲平稳。发之，放箭。

④ 适，往也。适矢，射出之箭。沓，重也。复沓，指第二支箭又已搭上。方，放也。方矢，放出之箭，与"适矢"实同义。寓，寄也，附也。复寓，指第三支箭又已放置。二句言箭一支接一支，极言其射技之神速。象人，木偶人。犹象人，形容其神情专一。

⑤ "是射之射"二句，谓此乃有心于射之射，非无心于射之射。

⑥ 履，踏。百仞，八尺曰仞，百仞极言其高。若，汝。

⑦ 逡巡（qūn xún），叠韵联绵词，小步急走。"于是"六句，言伯昏无人登高山，踏危石，下临百仞深渊，背向外边踏着碎步，（即踏着碎步后退，一直退到

462

山岩边),脚掌一半垂在岩石之外,还拱揖列御寇叫他前来。(二分,犹言一半。一说,三分之二,亦通。)现代高台跳水运动员跳水姿态与之相似。

⑧踵,脚跟。

⑨挥斥,郭象注:"犹纵放也。"八极,八方。——泉、变,古韵阳声元部。

⑩怵然,惊恐之貌。恂目,心神不定而目眩。王先谦曰:"谓心惧而目眩也。"尔,通"汝"。中,指射中,此处即代指射。殆,危也。尔于中也殆矣,即汝于射也危矣。

★列御寇的射技够高超了,坚立不动,"措杯水其肘上",还能一箭接一箭地射出去。伯昏无人却更厉害,能够"登高山,履危石,临百仞之渊,背逡巡,足二分垂在外"。这是一种绝技,以致使列御寇蒲伏在地,"汗流至踵"。

从故事本身看,无非是描写伯昏无人的绝技,但作者的旨意在于宣扬"不射之射",即无心于射之射,歌颂至人"上闚青天,下潜黄泉,挥斥八极,神气不变"。《达生》篇子列子(即列御寇)问关尹曰:"至人潜行不窒,蹈火不热,行乎万物之上而不慄",本文列御寇面对的伯昏无人即理想中的至人。

《达生》篇中有五章又见于《列子·黄帝篇》,"列御寇为伯昏无人射"章亦见于《列子·黄帝篇》;故事与《达生》篇中"子列子问关尹""痀偻者承蜩""津人操舟""孔子观于吕梁",旨意近似;特别是《达生》篇中子列子问至人与本章列御寇所见之伯昏无人论至人,两者一致;故本章编入《达生》篇更为合適。

# (九)

肩吾问于孙叔敖曰①:"子三为令尹而不荣华,三去之而无忧色②。吾始也疑子,今视子之鼻间栩栩然,子之用心独奈何③?"

孙叔敖曰:"吾何以过人哉?吾以其来不可却也,其去不可止也,吾以为得失之非我也,而无忧色而已矣④。我何以过人哉!且不知其在彼乎,其在我乎？其在彼邪，亡乎我；在我邪，亡乎彼⑤。方将踌躇，方将四顾，何暇至乎人贵人贱哉⑥！"

仲尼闻之曰："古之真人，知者不得说，美人不得滥，盗人不得劫，伏戏黄帝不得友，死生亦大矣而无变乎己，况爵禄乎⑦！若然者，其神经乎大山而无介，入乎渊泉而不濡，处卑细而不惫，充满天地⑧。既以与人己愈有⑨。"

① 肩吾，已见《逍遥游》《大宗师》《应帝王》诸篇。孙叔敖，春秋时楚庄王令尹，楚国著名政治家，事见《左传》宣公十一年（前598）、十二年（前597），亦见于《孟子》《荀子》《吕氏春秋》诸书。司马迁以之写入《循吏传》。按，《应帝王》篇云"肩吾见狂接舆"，狂接舆与孔子同时，生于鲁定公之世；孙叔敖为楚庄王令尹，楚庄王与鲁宣公同时，下距孔子百有馀年。寓言故事，随意编造。

② 令尹，楚官名，相当于中原各国之相。不荣华，不自以为荣耀。"子三为令尹"二句，《史记·循史列传》曰：孙叔敖"不教而民从化，近者视而效之，远者四面望而法之。故三得相而不喜，知其材自得也；三去相而不悔，知非己之罪也"，所说内容一致。

③ 栩栩然，神情自如之貌。成玄英疏："欢畅之貌也。"用心，犹言心思。独奈何，究竟如何。

④ "其来"之其，代指荣华；下文"其去，其在"之其皆同。"吾以其"四句，谓荣华之来不可推却，荣华之去不可止住，我以为荣华是荣华，我是我，得失都与我无关，也就没有忧色。《缮性》篇谓轩冕"物之傥来寄者也，寄之，其来不可圉，其去不可止"，与孙叔敖谓为令尹"其来不可却也，其去不可止也"意思相同。

⑤ 彼，指令尹这个职位。邪，通"耶"。"且不知"六句，谓我不知荣华是在令尹这个职位，还是在我；若在令尹这个职位，则与我无关，若在我，则与令尹无关。因此当不当令尹都无所谓。

⑥ 方将，犹正要，正在。踌躇（chóu chú），双声联绵词，逸豫自得之貌。

四顾,意谓高视远方。"方将"三句,谓我正逸豫自得,高视四方,哪有馀暇去计较什么人贵人贱!

⑦知,通"智"。知者,智辩之士。说(shuì),说动。滥,淫也。劫,劫掠。伏戏黄帝,代指三皇五帝。友,与之交游。死生亦大矣而无变乎己,与《德充符》篇"死生亦大矣而不得与之变"意同。

⑧若然者,像真人那样。神,精神。经,越过。介,障碍。濡,浸溺。卑细,低微之地。疲,厌倦。

⑨既,尽也。既以与人己愈有,《老子》八十一章文。仲尼说的这段话赞美真人忘怀得失、不为外物所动的修养,并无"既以与人己愈有"的内涵。引语成为游离在全文之后的赘词。

★(一)"肩吾问于孙叔敖"章赞许孙叔敖超然物外,齐同得失的修养。

篇中"知者不得说,美人不得滥,盗人不得劫,伏戏黄帝不得友,死生亦大矣而无变乎己"之谓真人,与孟子"富贵不能淫,贫贱不能移,威武不能屈,此之谓大丈夫",语言形式上颇为相似,而实质不同。孟子说的是儒家"得志与民由之,不得志独行其道"的气概,这位"仲尼"说的是道家超然物外,忘怀得失的修养。儒家重在"得志",道家贵在"适意"。儒家对得失贵贱是"在我"的,只是不动其心志;道家对得失贵贱是"非我"的,根本就不相干。

(二)孙叔敖曰"其在彼邪,亡乎我;其在我邪,亡乎彼",郭象成玄英都以"彼"指他人,认为令尹是他人还是我都无所谓。其说非是。因前文只说到我为令尹与我不为令尹的事实,并无他人为令尹还是我为令尹的内容。而且如果"彼"指他人,则原文之意就是,若在彼即没有我,若在我即没有彼;恰好是计较彼我,与孙叔敖不计较得失之意正相反。林希逸《南华真经口义》、宣颖《南华经解》以"彼"指令尹这个职位,见解甚为精辟。林希逸曰:"令尹之贵若在令尹,则与我无预;我之可贵若在于我,则与令尹无预。"宣颖曰:"不知可贵者在令尹乎,在我乎?若在令尹,则与我无与;若在我,则与令尹无与",两说小有不同,以"彼"指令尹其职则同;宣说更为明畅,故注从宣说,并特此说明。

## （一〇）

楚王与凡君坐①，少焉，楚王左右曰凡亡者三②。凡君曰："凡之亡也，不足以丧吾存③。夫凡之亡不足以丧吾存，则楚之存不足以存存④。由是观之，则凡未始亡而楚未始存也⑤。"

① 凡，国名。《春秋》隐公七年："冬，天王使凡伯来聘。"杜预注："凡伯，周卿士。凡，国；伯，爵也。汲郡共县东南有凡城。"地在今河南辉县境。《左传》僖公二十四年，周富辰谓"凡，周公之胤也"。胤，后嗣。

② 楚王左右曰凡亡者三，楚王左右多次提到凡国灭亡的事。三是虚数。揣文意，是凡亡后凡君流寓于楚国。

③ "凡之亡也，不足以丧吾存"，意谓凡国已亡，我不觉得它不存在。

④ 楚之存不足以存存，谓楚国存在也不能认为存在就存在。

⑤ 凡未始亡而楚未始存也，这是将存亡等同视之，所以说亡未始亡，存未始存。郭象注："夫遗之者不以亡为亡，则存亦不足以为存矣。""存亡更在于心之所措耳，天下竟无存亡。"郭注之意，谓存亡只是心的感觉。

★"楚王与凡君坐"章的内涵可以称之为"等存亡"，即国存与国亡可以等同，荒谬绝伦！这位凡君已经成了丧家之犬，寄人篱下，仰人鼻息，犹是倡言"凡之亡不足以丧吾存"，而"楚之存不足以存存"。把国存与国亡等同看待，因此得出"凡未始亡而楚未始存"的结论，可悲而又可耻，实在比阿Q还阿Q！"楚王与凡君坐"是《庄子》书中最无谓的一章。

## 知北游第二十二

知北游，以开头三字名篇。

"知北游"是一篇道论，尤集中表现在"孔子问于老聃"章即第五章。老聃论述道生万物，无为而无不为，一切出乎自然。人也是万物之一，同样是道的体现，寿夭生死，只是须臾之间的变化，故没有必要去辨别什么尧是而桀非，也无须以出生入死为意。由无形到有形，又由有形到无形，是人所共知的道理。且道无形无象，不可感知，故"明见无值，辩不若默；道不可闻，闻不若塞；此之谓大得"。

除最末十一、十二两章外，馀九章虽突出之点各有不同，总谓道不可感知，不可言道。道生万物，万物复回归于道。至人体道，故能安静恬淡，形若槁骸，心如死灰，进入绝对自由的境界。

第十一章仲尼对冉求关于"未有天地"的问题，作了简单化的回答，谓"古犹今也"，即"言天地常存，乃无未有之时"，与老子道"先天地生"的思想抵触。第十二章仲尼宣扬内心守道而外与世推移的人生哲学，与庄子宁曳尾泥中也不与统治者合作的处世态度相悖。尤其是让仲尼来攻击"儒墨"更为荒诞。这两章与前十章思想内容不同，不属于同一类型的文字，自亦不出于同一作者。

## （一）

知①北游于玄水之上，登隐弅之丘②，而適遭无为谓焉③。知谓无为谓曰："予欲有问乎若④：何思何虑则知道？何处何服则安道？何从何道则得道⑤？"三问而无为谓不答也，非不答，不知答也。

知不得问⑥，反于白水之南，登狐阕之上，而睹狂屈焉⑦。知以之言也问乎狂屈⑧。狂屈曰："唉！予知之，将语若，中欲言而忘其所欲言⑨。"

知不得问，反于帝宫，见黄帝而问焉。黄帝曰："无思无虑始知道，无处无服始安道，无从无道始得道⑩。"

知问黄帝曰："我与若知之，彼与彼不知也⑪，其孰是邪？"

黄帝曰："彼无为谓真是也，狂屈似之，我与汝终不近也⑫。"

（夫知者不言，言者不知，故圣人行不言之教。道不可致，德不可至。

仁可为也，义可亏也，礼相伪也。故曰："失道而后德，失德而后仁，失仁而后义，失义而后礼。""礼者，道之华而乱之首也。"

故曰："为道者日损，损之又损之以至于无为，无为而无不为也。"

今已为物矣，欲复归根，不亦难乎？其易也，其为大人乎！

生也死之徒，死也生之始，孰知其纪？人之生，气之聚也，聚则为生，散则为死。若死生为徒，吾又何患！故万物一也，其所美者为神奇，其所恶者为臭腐；臭腐者复化为神奇，神奇者复化为臭腐。故曰通天下一气耳。圣人故贵一。）⑬

知谓黄帝曰⑭："吾问无为谓，无为谓不应我；非不我应，不知应我也。吾问狂屈，狂屈中欲告我而不我告；非不我告，中欲告而忘之也，今予问乎若，若知之，奚故不近？"

黄帝曰："彼其真是也，以其不知也；此其似之也，以其忘之也；予与若终不近也，以其知之也⑮。"

狂屈闻之，以黄帝为知言。

①知，《释文》："音智，又如字。"客观外物被人所认知就成为"知"（zhī），知识，人有了知识转化为一种作用的力就成为"知"（zhì），智慧，两者紧密关联，故古代用同一个字（词），读音也应该相同。后来为区别两个概念，读音乃加以区别，并另创"智"字。陆德明谓"音智，又如字"，即反映了两者的关系。此拟为寓言人名，代表对道的追求。成玄英疏："此章并假立姓名，寓言明理。"

②玄水，假拟水名。隐弅（fèn），假拟丘名。《释文》引"李云：隐出弅起，丘貌"。按，"弅"为丘高起之貌，音义并与"坟"同。成玄英疏："北是幽冥之

域，水又幽昧之方，隐则深远难知，矣则郁然可见。欲明至道玄绝，显晦无常，故寄此言以彰其义也。"

③遭，遇。无为谓，无为无谓，拟为寓言人名。

④若，汝。

⑤处，对待。服，从事。安道，安于道。"何从何道"之道，由也。三问其实相同。何思何虑才知道，何处何事才安道，何从何由才得道。按，思与虑同义，处与服（对待与从事）类义，从亦由也，两者亦同义，皆动词。

⑥不得问，未得到回答。问，回答。此相反义同词，与《在宥》篇"云将不得问"句同。

⑦白水，假拟水名。狐阕，假拟丘名。成玄英疏："白是洁素之色，南是显明之方，狐者疑似夷犹，阕者空静无物。"狂屈，拟为寓言人名。

⑧"以之言"之"之"，其也。

⑨唉，叹词。中，心。

⑩无思无虑，无处无服，无从无道，一切任其自然。

⑪我与若，知与黄帝。彼与彼，无为谓与狂屈。

⑫无为谓真是也，无为无谓合于道。狂屈似之，狂屈忘言亦近于道。"此中有真意，欲辨已忘言"，领会而已。我与汝终不近也，转化为语言，离自然之道已远。——"黄帝曰"到此句为止，下与"知谓黄帝曰"相接。

⑬"夫知者不言"至"圣人故贵一"两百字，与前后文意不相衔接，系错入文字，抽出单独注解。原文用圆括标出以保持原貌。

⑭"知谓黄帝曰"紧承前文。前文黄帝曰："我与汝终不近也"；此知问黄帝曰，"若知之，奚故不近？"问语紧相衔接。

⑮"彼其真是也，以其不知也"，彼，指无为谓；不知则冥同自然，故真得道者。"此其似之也，以其忘之也"，此，指狂屈；忘之则近于道，故曰似之。"予与若终不近也，以其知之"，所谓知之，指用语言表达，离道已远。

★道，是道家哲学的主要范畴。作为客观存在，"道"是宇宙万物的本体。但道无形无象，不可感知，不可言说，老子自己也说"吾不知其名，字之曰道"，连"道"这个名称都是勉强安上去的。那么，"何思何虑则知道？何处何服则安道？何从何道则得道？"这是一个"从事于道者"的根本问题，即对道如何才能了解，如何才能得到。回答是"无思无虑则知道，无处无服则安道，无从无道则得道"，三者其实是一致的，归结到底是，一切任其自然。

老子曰："道可道，非常道。""多言数穷，不如守中。"道不可言说，故无为谓不回答，是真知道者；狂屈中欲言而忘其所欲言，近似于知道；黄帝用言语表达出来，倒是终不近道者。故事用一种诡异的方式表达了对"道"的理解；但作者无端制造一些抽象的名词，卖弄玄虚，故作神秘。如果知道者完全不言，道如何传布？如果完全不言是真知道者，作者又何必作此离奇的作品？

本章中间"夫知者不言"以下两百字，同知与黄帝问答无关，故抽出单独注解如下：

夫知者不言，言者不知，故圣人行不言之教①。道不可致，德不可至②。仁可为也，义可亏也，礼相伪也③。故曰："失道而后德，失德而后仁，失仁而后义，失义而后礼④。""礼者，道之华而乱之首也⑤。"

故曰："为道者日损，损之又损之以至于无为，无为而无不为也⑥。"

"今已为物矣，欲复归根，不亦难乎？其易也，其为大人乎⑦？"

"生也死之徒，死也生之始，孰知其纪⑧？人之生，气之聚也，聚则为生，散则为死⑨。"若死生为徒，吾又何患⑩！故万物一也⑪，其所美者为神奇，其所恶者为臭腐；臭腐者复化为神奇，神奇者复化为臭腐⑫。故曰通天下一气耳。圣人故贵一⑬。

①"知者不言，言者不知"，《老子》第五十六章文。"故圣人行不言之教"，《老子》第二章文，原文曰："是以圣人处无为之事，行不言之教。"

②道不可致，郭象注："道在自然，非可言致者也。"德不可至，郭象注："不

失德故称德，称德则不至也。"按，"道不可致，德不可至"，义实一致。——致、至，古韵入声质部。

③仁可为也，此与道德相比较，谓犹可为，言其不难。义可亏也，义可亏损，言其无用。礼相伪也，礼的表现是虚伪的。——为、亏、伪，古韵阴声歌部。

④"失道而后德"五句，《老子》第三十八章文。第三十八章将人的修养行为分五个等次：体道者称为上德，其下依次为下德（失道）、上仁、上义、上礼。其文曰："失道而后德，失德而后仁，失仁而后义，失义而后礼。"实即失道而后为下德，失下德而后为上仁，失上仁而后为上义，失上义而后为上礼。参见《老子本原》该章注。

⑤礼者道之华而乱之首，意谓礼乃道之虚华而祸乱之首。此句亦原于《老子》第三十八章，其文曰："夫礼者，忠信之薄而乱之首，前识者道之华而愚之始。"

⑥"为道者日损，损之又损之以至于无为，无为而无不为也"，三句原于《老子》第四十八章。原文作"为学日益，为道日损。损之又损，以至于无为，无为而无不为"。原文紧承第四十七章"圣人不行而知"。老子主张任其自然，无知无为，故曰为学者日益增加"知"，为道者日益减损"知"，减损而又减损以至于无为，无为而无不为。参见《老子本原》该章注。

⑦"今已为物"五句：按道家哲学，天地万物皆道所生。此处已为物即生成为人。《老子》第十六章云："夫物芸芸，各复归其根。"意即道生万物，万物最终又各复归其本原。此云"欲复归根，不亦难乎！其易也，其为大人乎！"此与《老子》原意有很大距离。按老子哲学，万物复归其根是客观规律，不存在谁难谁易的问题。

⑧徒，通"涂"，亦通"途"，道路。"徒"与"始"互文。"生也死之徒，死也生之始"，亦即生是走向死之始途，死是走向生之始途。纪，理也。孰知其纪，谁知其治理，意谓谁知死生终始是如何进行的。下文"人之生，气之聚也；聚则为生，散则为死"，即对此问题的回答。（生也死之徒，注家或引《老子》第五十章"生之徒十有三，死之徒十有三"或第七十六章"坚强者死之徒，柔弱者生之徒"为解，实误。"死之徒"三字与《老子》上述二章三字相同，实与此二章无关。参见《老子本原》上述二章注解，其义自明。）——始、纪，古韵阴声之部。

⑨ "人之生"四句，谓人由气聚则生，气散则死。

⑩ "死生为徒，吾又何患"二句，谓死生同于一途，即同为气，聚之则生，散之则死，故无须以生死为患。成玄英疏："夫气聚为生，气散为死，聚散虽异，为气则同。"

⑪ 故，犹"夫"也。万物一也，万物同为一体，即下文之"通天下一气耳"。(《齐物论》篇"万物与我为一"，《德充符》篇"万物皆一也"，谓万物皆为一体，即万物皆生于道，一即指道。本文"万物一也"，谓万物皆生于气，一代指气。两者不完全相同。)

⑫ "故万物一也"五句：万物皆为一体，皆为气也。物生为美称为神奇，物死为恶称为臭腐。然"死也生之始"，故曰臭腐者复化为神奇；"生也死之徒"，故曰神奇者复化为臭腐。由生到死，死有复生，永无穷尽。

⑬ "故曰"二句，谓天下万物皆为一气，故圣人贵一。老子"一"即指道；本文"一"指一气，两者有别。

★此两百字分为前后两部分，两部分内容并无关联。

前一部分即"夫知者不言"以下三小段，基本上引述《老子》原文，而且三段内容也无内在联系。

后一部分论人之生死，谓"人之生，气之聚也，聚则为生，散则为死"，生死既为气之聚散，故无须为之忧虑。此道家生死观，生死同于一徒，故可齐一视之。《至乐》篇"庄子妻死"章，庄子曰："察其始而本无生，非徒无生也而本无形，非徒无形也而本无气。杂乎芒芴之间，变而有气，气变而有形，形变而有生，今又变而之死。是相与为春秋冬夏四时行也。"所论与此相同。

# （二）

天地有大美而不言，四时有明法而不议，万物有成理而不说①。圣人者，原天地之美而达万物之理，是故至人无为，大圣不作，观于天地之谓也②。

今③彼神明至精与彼百化，物已死生方圆，莫知其根也，扁然而万物自古以固存④。六合为巨，未离其内；秋豪为小，待之成体⑤。天下莫不沉浮，终身不故⑥；阴阳四时运行，各得其序⑦。惽然若亡而存，油然不形而神，万物畜而不知⑧。此之谓本根，可以观于天矣⑨。

① 天地，就空间言之。四时，就时间言之。三句总括宇宙万物。大美，自然之美。明法，成理，皆指本然的法则。不言、不议、不说，义皆相同。总谓一切自然，并无言说。

② 原，本也。达，通达。"至人无为"即"大圣不作"，两句意思相同。观于天地之谓也，观察于天地而领会得来。

③ 今，提挈助词，无实义。（王孝鱼校谓《阙误》引刘得一本作"合"，注家或据以改为"合"。按，"今"字不误，不宜改字。）

④ 彼，指天地四时万物。神明至精，指天地之大美，四时之明法，万物之成理。百化指天地四时万物之变化；"百"是虚数，言其多也。物，万物。"物已"之已，犹"之"也，结构助词。物已死生方圆，即物之死生方圆。方圆，或方或圆，代指物之各种形体。莫知其根也，没有人知其本根。扁，《释文》："又音幡。"蕃之假借，繁茂。而，犹"之"也。（《楚辞·离骚》"殷宗用而不长"，而，一作"之"。是"而、之"通用之例。）"今彼神明"四句，谓彼天地之大美，四时之明法，万物之成理，及其无穷的变化，万物之或死或生，或方或圆，没有谁知其本根；然繁茂之万物自古以来即如此存在。《大宗师》云："（道）自本自根，未有天地，自古以固存。"——根、存，古韵阳声文部。

⑤ "六合为巨"四句，成玄英疏："六合，天地四方也。兽逢秋景，毛端生豪，豪极微细，谓秋豪也。巨，大也。六合虽大，犹居至道之中；豪毛虽小，资道以成体质也。"

⑥ 天下，指天下万物。莫不沉浮，即无物不在变化。终身不故，即永远常

新。郭象注:"日新也。"成玄英疏:"世间庶物,莫不浮沉,升降生死,往来不住,运之不停,新新相续,未尝守故也。"

⑦阴阳四时运行各得其序,即"四时有明法",运行有序,非谁有意为之。——故、序,古韵阴声鱼部。

⑧惛然,暗昧之貌。若亡而存,似不存在而实存在。成玄英疏:"惛然若昧,似无而有。"油然,自然而然。不形而神,不见其形而自然神妙。万物畜而不知,万物得到养育而不自知。"惛然"三句是对道的性状与功用的表述。

⑨此之谓本根,言此即天地万物之本根。本根即指道。可以观于天矣,理解此之谓本根,乃可以观察自然之道。——存、根,古韵阳声文部;神、天,阳声真部。

★天地四时万物自然发展而并不言说,圣人效法自然,故"至人无为,大圣不作"。文中没有出现"道"这个词,其实是一篇"道"的短论,也是一篇道的赞歌;可与《大宗师》篇"夫道有情有信"章合读。

## (三)

啮缺问道于被衣①。被衣曰:"若正汝形,一汝视,天和将至;摄汝知,一汝度,神将来舍②。德将为汝美,道将为汝居③;汝瞳焉如新生之犊而无求其故④!"

言未卒,啮缺睡寐。被衣大说⑤,行歌而去之,曰:"形若槁骸,心若死灰⑥,真其实知,不以故自持⑦。媒媒晦晦,无心而不可与谋。彼何人哉⑧!"

①啮缺、被衣,《天地》篇:"尧之师曰许由,许由之师曰啮缺,啮缺之师曰王倪,王倪之师曰被衣。"并寓言形象。

②若,汝。正,端正。形,形体。一,纯一。视,视觉。天和,天然和气。

摄，收敛。知，通"智"。度，成玄英疏为"志度"，林希逸注作"意度"，思虑之意。"若正汝形"六句，谓端正汝之形体，纯一汝之视听，天然和气自会来到；收摄汝之心智，纯一汝之思虑，精神自来舍止。

③为，犹使也。居，安也。"德将"二句，谓德将使汝美，道将使汝安。

④瞳焉，成玄英疏："无知直视之貌。"取其天真无知之意。新生之犊，小牛。故，与"新生"之"新"相对。无求其故，即不断新生。——舍、居、故，古韵阴声鱼部。

⑤说，通"悦"。

⑥"形若槁骸"二句，成玄英疏："形同槁木之骸，心类死灰之土。"即《齐物论》之"形固可使如槁木，心固可使如死灰"。"槁骸"犹"槁木"。

⑦真其实知，以其实知为真。真，以动词。实知，成玄英疏作"纯实之真知"。不以故自持，即变化常新，不主故常。郭象注："与变俱也。"

⑧媒媒晦晦，《淮南子·道应篇》作"墨墨恢恢"，皆昏昧无知之貌。无心而不可与谋，即淳真无任何心机。晦昧无心，即保持淳真无知的状态。《老子》第十章云："专气致柔，能婴儿乎？"第五十五章云："含德之厚，比于赤子。"像婴儿一样淳真无知，是道家的最佳修养，故下文赞美说，"彼何人哉"！成玄英曰："自形若槁骸以下，并被衣歌辞也。"——骸、灰、持、媒、晦、谋、哉，古韵阴声之部；知，古韵阴声支部。

★"形若槁骸，心若死灰"，修道之士，忘却一切，进入"坐忘"的境界，即《大宗师》之"堕肢体，黜聪明，离形去知，同于大道，此谓坐忘"。

本段文字又见《淮南子·道应篇》，字句小有不同。

## （四）

舜问乎丞曰："道可得而有乎①？"

曰:"汝身非汝有也,汝何得有乎道?"

舜曰:"吾身非吾有也,孰有之哉?"

曰:"是天地之委形也[2];生非汝有,是天地之委和也;性命非汝有,是天地之委顺也[3];子孙非汝有,是天地之委蜕也[4]。故行不知所往,处不知所持,食不知所味,天地之强阳气也,又胡可得而有邪![5]"

① 丞,《释文》引"李云:舜师也。一云:官名"。舜、丞,皆寓言人物。有,为我所有。

② 天地,此自然造化的代称。委,委付,赋予。此句上承"身非汝有",谓身是大自然赋予的形体。

③ "生"即"生命",与"性命"实同义。在本文中两者相对则有区别,生指生命,性命指资性禀赋。和、顺,均指自然和顺之气。

④ 子孙,《集释》本作"孙子",此从王孝鱼校据《阙疑》引张君房本。蜕,蜕变。

⑤ 持,借作"跱",止也,据也。味,体味,动词。强阳,犹张扬,故郭象注曰"犹运动耳"。表面看来,行是我在行,住是我在住,食是我在食;然其间有一种必然性,行不知所往,住不知所止,食不知所体味,一切都是自然造化张扬其气使之然,又何可得属于自己呢!

★ 文中"天地"是自然的代称,在老庄哲学中,"自然"与"道"是统一的。道"无形无象","自本自根","自古以固存",故道亦即自然。——"天地万物生于有,有生于无",一切皆原于道,"我"也不例外,也就不存在"可得而有"的问题。

## (五)

孔子问于老聃曰:"今日晏闲,敢问至道①。"

— 知北游第二十二 —

老聃曰："汝斋戒，疏瀹而心，澡雪而精神，掊击而知②。夫道窅然，难言哉！将为汝言其崖略③。

"夫昭昭生于冥冥，有伦生于无形④，精神生于道，形本生于精⑤；而万物以形相生，故九窍者胎生，八窍者卵生⑥。其来无迹，其往无崖，无门无房，四达之皇皇也⑦。邀于此者，四肢强□，思虑恂达，耳目聪明，其用心不劳，其应物无方⑧。天不得不高，地不得不广，日月不得不行，万物不得不昌，此其道与⑨！

"且夫博之不必知，辩之不必慧，圣人以断之矣⑩。若夫益之而不加益，损之而不加损者，圣人之所保也⑪。渊渊乎其若海，魏魏乎〔其若山〕，其终则复始也⑫。运量万物而不遗，则君子之道，彼其外与⑬！万物皆往资焉而不匮，此其道与⑭！

"中国有人焉，非阴非阳⑮，处于天地之间，直且为人，将反于宗⑯。自本观之，生者，暗醷物也。虽有寿夭，相去几何，须臾之说也，奚足以为尧桀之是非⑰！果蓏有理，人伦虽难，所以相齿⑱。圣人遭之而不违，过之而不守⑲。调而应之，德也；偶而应之，道也⑳。帝之所兴，王之所起也㉑。

"人生天地之间，若白驹之过隙，忽然而已㉒。注然勃然，莫不出焉；油然漻然，莫不入焉㉓。已化而生，又化而死，生物哀之，人类悲之㉔。解其天弢，堕其天袠，纷乎宛乎，魂魄将往，乃身从之，乃大归乎㉕！不形之形，形之不形，是人之所同知也，非将至之所务也，此众人之所同论也㉖。彼至则不论，论则不至㉗。明见无值，辩不若默。道不可闻，闻不若塞：此之谓大得㉘。"

①晏闲，安闲。至道，大道。

②斋戒，使身心洁净，以下三句即斋戒的内容，犹《人间世》之心斋。疏瀹（yuè），疏通使之虚静。三"而"字皆通"汝"。澡雪，洁净。掊击，打破，破除。知，通"智"。三句谓，虚静汝之内心，净洁汝之精神，破除汝之慧智。——心，古韵阳声文部；神，阳声真部。

③窅(yǎo)然,深奥之意。崖略,犹概略。"将为汝言其虚略",语气与《田子方》篇"当为汝议乎其将"语意相同。

④昭昭,昭明显著,有形之谓。冥冥,昏暗窅冥,无形之义。道生万物,道本身无形无象,无法感知,故曰"冥冥",故曰"无形"。有伦,林希逸《南华真经口义》:"见而可得分别者谓有伦。有伦,万物也。"可知有伦即有形。物则具有形体,显著可见,故曰"昭昭",故曰"有形"。"昭昭生于冥冥,有伦生于无形",即道生万物,两句是一个意思。

⑤形本,即形体,与"精神"相对。精,即道,《老子》第二十一章:"道之为物,惟恍惟惚。""窈兮冥兮,其中有精。"本文"精神生于道,形本生于精",实谓形体精神皆原于道。

⑥万物以形相生:道生万物,由无形而生有形,成形之后,即通过生育进行延续,即下文之"九窍者、八窍者",由有形而生有形,故曰"以形相生"。九窍者,指人与兽类,眼耳口鼻肛门与生殖孔。八窍者,指鸟类鱼类。——冥、形、精、生,古韵阳声耕部。

⑦迹,形迹,迹象。崖,通"涯",边也。无门无房,道无形无象,自然不存在进入的门,不存在居留的房。四达,四方通达,无处不在。皇皇,广大貌。"其来无迹"四句,谓其来无形迹,其去无际涯,既无门,又无房,四方通达,皇皇无有边际;四句皆言道之广大。——迹,古韵入声锡部;崖,阴声支部。房、皇,古韵阳声阳部。

⑧邀,《一切经音义》十一:"字书作徼,同。"《说文》:"徼,循也。"循,遵也,顺也。此,指道。强,强健。恂达,通达。方,犹《孟子·梁惠王下》"方命虐民"之方,赵岐注:"犹逆也。"逆,违也。无方,即无违,顺畅之意。"邀于此者"六句,谓遵此此道者,肢体强健,思虑通达,耳目聪明,其用心不劳,其应物无违。(四肢强,前后连续皆四字句,此句脱漏一字。奚侗《庄子补注》引《墨子·公孟篇》有"身体强良,思虑恂通"句,疑"强"下脱"良"字。奚说可供参考。)——强、明、方、[良],古韵阳声阳部。

⑨"天不得不高"五句:道生万物,然非有意为之,无为而无不为也,故

一切自然。天不得不高者,自然高也,地不得不广者,自然广也;日月不得不行者,自然行也;万物不得不昌者,自然昌也;皆非有意为之,此即道也。成玄英疏:"二仪赖虚通而高广,三光资玄道以运行,庶物得之以昌盛,斯大道之功用也。故《老经》云:'天得一以清,地得一以宁,万物得一以生。'是之谓也。"引语见《老子》三十九章。——广、行、昌,古韵阳声阳部。

⑩ "且夫博之"二句:以,通"已"。断,弃也。郭象注:"断弃知慧而付之自然也。"成玄英疏:"夫博读经典,不必知真;弘辩饰词,不必慧照。故《老经》云:'善者不辩,辩者不善;知者不博,博者不知。'斯则圣人断弃之矣。"引语见《老子》第八十一章。

⑪ 益,增益。损,减损。圣人之所保,即道,道不增亦不减。

⑫ 渊渊,极深广之貌。魏魏,通"巍巍",极高大之貌。其若山,原文无此三字。马叙伦《庄子义证》:"其字下疑夺若山二字。"按,马说是。"其终"之"其"应属下句,"魏魏乎"后面应援上句例补"其若山"三字。其终则始也,道无始无终,终而复始,故曰"其终则始也"。

⑬ 运,运载。量,容量,容纳。不遗,《集释》本作"不匮",此从王孝鱼校据《阙误》引文如海刘得一本。道运载容纳而不遗漏,当作不"遗"。彼,即指上句之君子之道。其,岂也。彼其外乎,谓君子之道,岂在外乎,换言之,即此道也。

⑭ 资,藉也,取也。匮,匮乏,缺少。句意谓万物皆藉道以存在。前二句就道载运容纳万物言之,故曰"不遗";后二句就万物往资于道言之,故曰"不匮"。

⑮ 中国,犹言天下。成玄英疏:"中国,九州也。"中国有人焉,即天下有了人。指所有的人,非某一个人。非阴非阳,《田子方》"孔子见老聃"章曰:"至阴肃肃,至阳赫赫","两者交通成和而物生焉。"意谓阴阳二气交通成和而生万物,万物也包括人;已交通成和而成为人,故非阴亦非阳。

⑯ 直,通"值",《说文》:"值,逢遇也。"宗,本根。"直且为人"二句,谓偶然成为人,人死之后复反其本根。(成玄英疏,"本亦作值字者,言必乎宇内,遇值为人",足证此"直"字通"值",逢遇也;近世注家解"直且"为姑且

者非是。)

⑰本，根本，道也。喑醷（yīn yì），亦作喑噫，双声联绵象声词，气聚合之声；犹《齐物论》称风为噫气。首章云"人之生，气之聚也"与此云"生者，喑噫物也"同义，故知"喑噫物"即气聚合之物。成玄英谓为"气聚也"。须臾（xū yú），叠韵联绵词，犹言瞬间，极言时间之短促。"自本观之"七句，言人生无非是气之聚合，或寿或夭，相差无几，都不过是瞬间而已，何足以分什么尧是而桀非！

⑱果蓏（luǒ）：木本植物结实曰果，如桃李；藤本植物结实曰蓏，如瓜瓠；此概指瓜果。理，分也。人伦，人类。《荀子·富国》"人伦并处"，王先谦注："伦，类也。"难，犹言复杂。相齿，按一定的等次相处。"果蓏"三句，谓瓜果有它的分别，人类关系虽然复杂，所以需按一定的等次相处。

⑲"圣人"二句，谓圣人遭遇人事不违抗，过了也不拘守，顺应而已。

⑳调而应之，偶而应之，都是遭遇则调和顺应之意。偶，遇也。遭遇之则调和顺应，即为德，即为道。

㉑帝之所兴王之所起，谓遇事调合顺应即合于道，帝王藉之而兴起。道家所谓帝王，指顺应自然之圣人。句意与《老子》三十九章"侯王得之以为天下贞"略近。《应帝王》篇云："顺物自然而无容私焉，圣人之治也。"

㉒白驹，白色马驹；成玄英疏："骏马也。"隙，孔穴。忽然，极言其迅速。人生一世，如从孔穴看白驹飞驰，一晃而过；极言生命之短促。(《释文》引"或云：日也"。以白驹比喻阳光，后世注家亦有从之者。此故作艰深，反离真实，为注家之大忌。白驹过隙，白则显而易见，驹则行步迅速，比喻形象生动，没有必要别生异义。《盗跖》篇云："人生者有时，操有时之具而托于无穷之间，忽然无异骐骥之驰过隙也。"比喻相同，足证白驹即白色马驹，断然不误。)

㉓注然勃然，皆兴盛之貌。出，谓生成。油然漻然，皆静寂之貌。入，谓死去。"注然勃然"四句，谓所有的生命，没有不是兴盛地出生，又静寂地死去。成玄英疏："注勃是生出之容，油漻是入死之状。言世间万物，相与无恒，莫不从变而生，顺化而死。"

㉔ 化，变化。"已化而生"四句，谓世间万物，皆变化而生，又变化而死，生物与人类皆因而悲哀。——哀、悲，古韵阴声微部。

㉕ 解，解除，解脱。弢（tāo），弓套。堕，通"隳"，毁也，此处也是解脱之意。袠（zhì），书袋。成玄英疏："弢，囊藏也；袠，束藏也。"天弢天袠，皆喻形体对生命的束缚。纷乎宛（yuàn）乎，皆体解释散之貌。魂魄，指与形骸相对的精气。"解其天弢"四句，乃对上文的解答。生命死去，"生物哀之，人类悲之"，其实完全没有必要，死亡乃解脱生命的束缚，精气消散，形体也随之消亡，此乃"大归"，无须悲哀。

㉖ "不形之形、形之不形"之"之"，往也，至也。不形之形，即由无形到有形；形之不形，即由有形到无形。非将至之所务也，成玄英疏："非诣理至人之达务也。"宣颖《南华经解》："非将至于道者之所务也。""不形之形"五句，谓从无形到有形，从有形又复归于无形，（亦即由无生到有生，又由有生到无生），是人之所共知也，并非至道之人所追求的，却是众人所共同议论的。言外之意，这是平常的道理。

㉗ "彼至则不论"二句，成玄英疏："彼至圣之人，忘言得理，故无所论说；若论说之，则不至于道。"

㉘ 值，成玄英疏："会遇也。"明见无值，明见不能与道相遇，因为道不可见。辩不若默，论辩不如缄默，因为道不可言说。道不可闻，因为道无音声，故不如闭耳塞聪。若知此意，可谓大得至道。——值、默、塞、得，古韵入声职部。

★（一）孔子向老聃请教"至道"，老聃要他斋戒虚静，洁净身心，然后告以"至道"的概略。说的是道生万物，一切自然，不增不减，无始无终。道运载容纳万物而不遗漏，万物皆资于道而不匮乏。人也同万物一样，只是偶然成了人，最终也必反其本原。"虽有寿夭，相去几何"，都是须臾之间的事，故没有必要分辨什么尧是而桀非。"人生天地之间，如白驹之过隙"，是一个极其短暂的过程。生是"已化而生"，死是"又化而死"；由无形到有形，又从有形到无形，没有必要感到悲哀。这是平常的道理，圣人甚至根本不加论述。

（二）《至乐》篇"庄子妻死"章，庄子谓人生"察其始而本无生，非徒无生也而本无形，非徒无形也而本无气。杂乎芒芴之间，变而有气，气变而有形，形变而有生，今又变而之死，是相与为春秋冬夏四时行也。"本章老聃论人之生死，符合庄子的生死观；但并非老子之道，此请老子来代庄子发言。本章语言也相对明白畅达，与前此诸章之故作离奇者不同。

（三）道家后学在任何场合都不忘记抬高自己的祖师而贬低孔子，本文开头孔子老聃的问答只是一个引子，作者也要让孔子毕恭毕敬，听取老子居高临下的教导。

（四）"非将至之所务也"句中"将至"是一个特殊的名词，成玄英释为"诣理至人"，宣颖讲作"将至于道者"，是琢磨前后文所作的解释。为其特别，故拈出加以说明。

# （六）

东郭子问于庄子曰："所谓道，恶乎在①？"

庄子曰："无所不在。"

东郭子曰："期而后可②。"

庄子曰："在蝼蚁③。"

曰："何其下邪④？"

曰："在稊稗⑤。"

曰："何其愈下邪？"

曰："在瓦甓⑥。"

曰："何其愈甚邪？"

曰："在屎溺⑦。"

东郭子不应。

庄子曰："夫子之问也，固不及质⑧。正获之问于监市履狶也，每下愈况⑨。汝唯莫必，无乎逃物⑩。至道若是，大言亦然⑪。周、遍、咸，三者异名同实，其指一也⑫。

"尝相与游乎无何有之宫，同合而论，无所终穷乎⑬；尝相与无为乎！澹而静乎！漠而清乎！调而闲乎⑭！寥已吾志，[吾]往焉而不知其所至，去而来而不知其所止，吾已往来焉而不知其所终⑮；彷徨乎冯闳，大知入焉而不知其所穷⑯！物物者与物无际，而物有际者，所谓物际者也⑰。不际之际，际之不际者也⑱。谓盈虚[隆]杀，彼为盈虚非盈虚，彼为[隆]杀非[隆]杀⑲；[谓本末积散]，彼为本末非本末，彼为积散非积散也⑳。

① 东郭子，寓言人物。成玄英疏："居于东郭，故号东郭子。"恶乎在，何所在。

② 期，限也。可，义同《礼记·少仪》"即席曰可矣"之可，郑玄注："犹止也。"道无所不在，东郭子因问道所在之极限到何物为止。

③ 蝼蚁，泛指蚁。许多古籍注释中常以蝼蚁指蝼蛄和蚂蚁，非是。蝼蛄蚂蚁是不同类的两种昆虫。蝼蚁实泛指蚁。《慧琳音义》卷三十七："俗呼总名蚁。一云：大曰蝼，小曰蚁。"

④ 其，犹言如此。下，低下。

⑤ 稊稗，两种野草。

⑥ 瓦甓（pì），瓦片砖头，两种废弃物。

⑦ 屎溺，即屎尿，两种排泄物。

⑧ 质，实质。道无所不在，无闻无见，东郭子要求指出道的下限，故曰没有接触到实质。

⑨ 正获，管理市场的官名。监市，市场的头领，本文指屠宰市场的头领。履，用脚踩。豨，猪。况，甚也。愈况，更甚。"正获"二句，谓正获向监市问猪的肥瘦，用脚踩猪的下腿，愈向下踩就愈加清楚，因为猪的下腿最不易肥，越向下踩就越能检验它的肥瘦。（成语"每下愈况"即出于此。）

⑩ 必，专也。莫必，莫专指某一物。因东郭子问"期而后可"即道所在之限

到何物为止，故言汝不要专指某一物，因为道无乎不在，没有逃得出道之物。

⑪至道，大道。大言，至言。"至道若是，大言亦然"两句是一个意思，谓大道就是如此，指"汝唯莫必，无乎逃物"。

⑫周、遍、咸，即道周、道遍、道咸，三者名称不同，实质一样，都是说道包涵一切。

⑬尝，试。相与，犹言一起。无何有之宫，犹《逍遥游》之"无何有之乡"。游于无何有之宫，即游于道。同合而论，犹总而言之。无所终穷，即道没有穷尽。乎，本段"乎"字皆感叹词，犹现代汉语"啊"，非疑问词。——宫、穷，古韵阳声冬部。

⑭"相与无为"与"相与游乎无何有之宫"是一个意思，即同游于道。澹，恬淡。静，寂静。漠，寂寞。清，清虚。调，和调。闲，宽闲。"尝相与无为"四句，都是叹美至道无为之词。成玄英疏："既游至道之乡，又处无为之域，故能恬淡安静，寂寞清虚，柔顺调和，宽闲逸豫。"

⑮寥已吾志，即寥矣吾志。已，通"矣"。寥矣，亦恬淡空寂之意。"吾往焉而不知其所至"，原作"无往焉而不知其所至"，此从储庭焕说改。储君之言曰："'无往焉而不知其所至'，'无'乃'吾'之音误。'吾往焉而不知其所至'，与下二句'去而来而不知其所止，吾已往来而不知其所终'才一致。"马叙伦《庄子义证》谓"无"字衍文，储以"无"乃"吾"之音误似更好。道生万物，万物复归于无，循环反复，没有穷尽。故曰"吾往焉而不知所至，去而来而不知其所止，吾已往来而不知其所终"；三句意思都相同。（往，去也，行也；去而来，去了又来；以往来，已往又来；内容一致，反复言之。）"寥已吾志"四句，谓吾心志寥然，进入绝对自由的境界而无所穷极。——志，止，古韵阳声之部。

⑯彷徨，犹遨游。冯闳，寥廓虚旷。知，通"智"。大知，即大智者。入焉，即入于寥廓虚旷之境。——终、穷，古韵阳声冬部。

⑰物物，第一个"物"字动词，主宰，制约，支配；第二个"物"字名词，万物，所有的物。物物者，主宰万物者，即道。际，界限。"物物者"三句，谓主宰万物者与万物没有界限，因为道生万物，万物即体现道。而各种物是有界限的，就是各种物的界限。

⑱ 不际，没有界限者，道也。际，有界限者，物也。句中两"之"字皆动词，到也，往也。"不际之际，际之不际者也"二句，谓由没有界限的道生成有界限的物，又由有界限的物复归为没有界限的道。林希逸《南华真经口义》："不际之际，道散而为物也。际之不际，物全而归于道也。""不际之际，际之不际"，与前章"不形之形，形之不形"句式一律，含义一致。（按，"物物者"以下诸句，似是而非的解释甚多，辩正甚烦，故不加辨析。）

⑲ 盈虚，满与空。隆杀，原作"衰杀"，储庭焕曰："句中'盈虚、本末、积散'皆反义相对，而'衰杀'二字同义，'衰杀'当作'隆杀'。《天道》'隆杀之服'，隆杀为高下之义；此处'盈虚隆杀'，隆杀犹盛衰之意。扬雄《长杨赋》，'事罔隆而不杀'，亦盛衰之意。"储君所说，极为有理。彼，它们，指道与物。"谓盈虚隆杀"三句，谓道生万物，即"不形之形"，"不际之际"，盈矣，隆矣；万物复归于道，即"形之不形"，"际之不际"，虚矣，杀矣。循环反复无始无终，故盈虚非盈虚，隆杀非隆杀。

⑳ "谓本末积散"，原文无此句，缘上句例，应有此一句。三句谓道为本，物为末；道积为物，物散为道，道物一体，故本末非本末，积散非积散也。

★（一）东郭子问道何所在，庄子回答说，"在蝼蚁"，"在稊稗"，"在瓦甓"，"在屎溺"，实即无所不在。至人体道，故能恬淡安静，进入绝对自由的境界。并进一步说明，道生成万物，万物复归于道，道物一体，两者是没有界限的。意思并不复杂，语言反复曲折，故显得似乎非常艰深。

（二）"在蝼蚁，在稊稗，在瓦甓，在屎溺"，越下越糟糕，故"东郭子不应"。这种修辞，亦滑稽有趣。

# （七）

妸荷甘与神农同学于老龙吉①。神农隐几阖户昼瞑，妸荷甘日中奓户而入曰②:"老龙死矣!"神农隐几拥杖而起,曝然放杖而笑③,曰:"天知予僻陋慢诞,故弃予而死。已矣夫子!无所发予之狂言而死矣夫④!"

弇堈吊闻之,曰:"夫体道者,天下之君子所系焉⑤。今于道,秋豪之端万分未得处一焉,而犹知藏其狂言而死,又况夫体道者乎⑥!视之无形,听之无声,于人之论者,谓之冥冥,所以论道而非道也⑦。"

① 妸荷甘,神农,老龙吉,与后文之弇堈吊,皆寓言人物。成玄英疏:"姓妸,名荷甘。神农者,非三皇之神农也,则后之人物耳。"

② 隐几阖户昼瞑,凭几关门昼眠。日中,中午。㚒(zhā),成玄英疏:"排也。"㚒门,推开门。

③ 拥杖,犹扶杖。曝然,突然发笑声。先闻师死一惊,故拥杖而起。忽悟死不足惊,不禁曝然失笑。曝然放杖,先言其声,再言放杖,写其顿悟之状。

④ 天,指老龙吉。成玄英疏:"言其有自然之德,故呼之为天也。"僻陋,言其根基浅陋。慢诞(dàn),同谩诞,言其散漫荒诞。发,启发。狂言,成玄英疏:"犹至言也。非世人之所解,故言至言为狂言也。"无所发予之狂言而死矣夫,谓夫子还没有启发我的至言就死了。

⑤ 体道者,体现大道之人。系,属也,犹言依存。

⑥ 秋豪之端万分未得处一,言其所知极少。"今于道"四句,谓老龙吉于道知之极少,尚且懂得藏其至言而死去,何况真体道者乎!意即真体道者更不会轻易言道。

⑦ "视之无形,听之无声",原于《老子》第十四章:"视之不见名曰夷,听之不闻名曰希。"冥冥,昏昧之貌。"视之无形"五句,谓大道无形无声,那些轻易论道者,可谓之昏昧无知,所以论道而实际非道。——形、声、冥,古韵阳声耕部。

★ 故事颇为怪诞,表现的道理却并不复杂。《老子》首章云:"道可道,非常道。"道无形无象,惟恍惟惚,故不可言道。弇堈吊所言即发明此意。

婀荷甘闻老龙吉死,"曝然放杖而笑",间接表现他们把生死看作正常自然的事,并不值得悲哀。

但道家后学的高论实充满了矛盾。弇堈吊谓老龙吉于道知之甚少,"秋豪之端万分未得处一焉",尚且懂得藏其至言而死去,真正体道者就更不会轻易言道了。既然如此,他们自己又何必编如此之多荒诞离奇的故事,发如此之多的高论来大谈其道呢?

## (八)

于是泰清问乎无穷曰①:"子知道乎?"

无穷曰:"吾不知。"

又问乎无为,无为曰:"吾知道。"

曰:"子之知道,亦有数乎②?"

曰:"有。"

曰:"其数若何?"

无为曰:"吾知道之可以贵,可以贱,可以约,可以散,此吾所以知道之数也③。"

泰清以之言也问乎无始曰:"若是,则无穷之弗知与无为之知,孰是而孰非乎?"

无始曰:"不知深矣,知之浅矣;弗知内矣,知之外矣④。"

于是泰清中而叹曰⑤:"弗知乃知乎?知乃不知乎?孰知不知之知⑥?"

无始曰:"道不可闻,闻而非也;道不可见,见而非也;道不可言,言而非也⑦,知形形之不形乎!道不当名⑧。"

无始曰:"有问道而应之者,不知道也。虽问道者,亦未闻道。道无问,问无应。无问问之,是问穷也;无应应之,是无内也⑨,以无内待问穷,若是者,外不观乎宇宙,内不知乎太初,是以不过乎崑崙,不游乎太虚⑩。"

① 泰清、无穷，与后文无为、无始，皆化名。成玄英疏："泰，大也。夫至道弘旷，恬淡清虚，囊括无穷，故以泰清无穷为名也。"

② 数，义同《管子·法法》"国无常经，民力必竭，数也"之数，尹知章注："数，理也。"

③ 约，聚也，与"散"相对。四句谓道可以贵，可以贱，可以约聚，可以分散。按，《淮南子·道应篇》本段文字作："吾知道之可以弱，可以强；可以柔，可以刚；可以阴，可以阳；可以窈，可以明；可以包裹天地，可以应待无方。此吾所以知道之数也。"——贱、散，古韵阳声元部。

④ "不知深矣"四句，成玄英疏："不知合理，故深玄而处内；知之乖道，故粗浅而疏外。"

⑤ 中，得也。《周礼·地官·师氏》"掌国中失之事"，郑玄注："故书中为得。"此处为有所领悟之意。《释文》引"崔本中为印"。印，通"仰"，《道应篇》即作"仰"。仰而叹，于义更顺。

⑥ "弗知乃知乎"三句，成玄英疏："悟不知乃真知。谁知不知之知，明真知之至希也。"此三句《道应篇》作"然则不知乃知邪？知乃不知邪？孰知知之为弗知，弗知之为知邪？"于义更明。

⑦ "道不可闻"六句，成玄英疏："道无声，不可以耳闻，耳闻非道也。道无色，不可以眼见，眼见非道也。道无名，不可以言说，言说非道也。"

⑧ 形形，第一个"形"字动词，使成形；第二个"形"字名词，物之形。不形，无形。"知形形"二句，谓使物成形者是无形的，故道不当名状。——形、名，古韵阳声耕部。

⑨ 穷，成玄英疏："空也。"无内，亦空也。"有问道"十句，谓有人问"道"就回答，是不知"道"，问"道"者，也不闻"道"。"道"无可问，问无可回答。无可问而问，是问空的；无可回答而回答，也是空的。

⑩ 太初，万物的本源。崑崙，代指极高的境界。太虚，虚无之境，亦即大道

之境。"以无内"六句,谓以空的回答对待空的发问,像这样,外不能观宇宙之寥廓,内不能知万物的本源,因此不能越过崑崙,不能游于太虚。——初、虚,古韵阴声鱼部。

★"泰清问乎无穷章"与首章知北游问道旨意相同。道无形无象,无有无名,故不可见,不可闻,不可言说。故得道者谓不知道是知之"深矣",自言知道者是"知之浅矣"。

本段文字亦见《淮南子·道应篇》,字句小有出入。

# (九)

光曜问乎无有曰①:"夫子有乎? 其无有乎?"

[无有弗应也]②。光曜不得问③,而孰视其状貌,窅然空然,终日视之而不见,听之而不闻,搏之而不得也④。

光曜曰:"至矣,其孰能至此乎! 予能有'无'矣,而未能无'无'也⑤。及为无有矣,何从至此哉⑥!"

① 光曜象征智慧,无有即道也,皆托为人名。成玄英疏:"光曜者,是能视之智者;无有者,所观之境也。智能照察,故假名光曜;境体空寂,故假名无有也。"

② "无有弗应也",原文无此句。《淮南子·道应篇》有此一句,据以补入。

③ 不得问,未得到回答。

④ 孰,通"熟"。孰视,仔细观察。窅然,深杳无所见貌。"视之不见"三句,道无形无象,故视之不见,听之不闻,搏之不得。《道应篇》作:"视之不见其形,听之不闻其声,搏之不可得,望之不可极也。"按,语本《老子》第十四章:"视之不见名曰夷,听之不闻名曰希,搏之不得名曰微。"

⑤ 有"无"、无"无"之"无",无形之物。予能有"无"矣,光无形无声,

搏之不得，听之无声，故曰有"无"。未能无"无"也，光虽无形无声，毕竟有色可见，不如道之全无，故曰未能无"无"。

⑥ "及为无有矣，何从至此哉"，《道应篇》作"及其为无无，又何从至于此哉"。两者词面不同，实际含义一致。"及为无有"之"无有"，指托名"无有"之人。二句意谓，要达到无有先生那种（无无）的境界，不知怎样才能达到啊！"及其为无无"之"无无"，系直承上句之"无无"。二句意谓，要达到（无有先生）那种无无的境界，又怎样才能达到啊！两者表述的意思完全一样。

★此章仍与上章同旨。"无有"即道，道视之不见，听之不闻，搏之不得，语本《老子》第十四章。

本段亦见《淮南子·道应篇》。

# （一〇）

大马之捶钩者，年八十矣，而不失豪芒①。

大马曰："子巧与，有道与②？"

曰："臣有守也③。臣之年二十而好捶钩，于物无视也，非钩无察也④。"是用之者，假不用也以长得其用，而况乎无不用者乎！物孰不资焉⑤！

① 大马，本章又见《淮南子·道应篇》，大马作大司马。奚侗《庄子补注》："大司马称大马，犹《汉书·食货志》称大司农为大农。"捶，通"锤"，锤锻，打造。钩，成玄英疏："捶，打锻也。钩，腰带也。大司马家有工人，少而善锻钩，行年八十，而捶钩弥巧，专性凝虑，故无豪芒之差失也。钩，称钩权也，谓能拈捶钩权，知斤两之轻重，无豪芒之差失也。"成疏既说"钩，腰带也"，当指带钩；又曰"钩，称钩权也"，前后不一。称，通"秤"。秤钩权，钩形秤锤。此"钩"字，以作秤钩权为当。因腰带钩略差豪芒并无干碍，而秤钩权为衡器，知斤两之

轻重，要求绝对准确，不差分毫。此大马之捶钩者不失豪芒，故所捶者当为秤钩权。(《淮南子·道应篇》高诱注作"钩，钓钩也"，非是。)

②巧，技能巧妙。道，道术，指特殊的修养，某种神运的境界。

③臣有守也，成玄英疏："更无别术，有所守持。"《读书杂志·馀编上·庄子》"臣有守也"王念孙曰："守，即道字。《达生》篇仲尼曰：'子巧乎！有道耶？'曰：'我有道也。'是其证。'道'字古读若'守'，故与'守'通。"

④"于物"二句，谓自捶钩以来，于他物都不看，非钩不观察，言其专心致力。

⑤是，代指捶钩者捶钩。成玄英疏："所以至老而长得其捶钩之用者，假赖于不用心视察他物故也。夫假不用为用，尚得终年，况乎体道圣人，无用无不用，故能成大用。万物资禀，不亦宜乎。"意谓捶钩所用的心力，借助于不用于别的方面的心力而大得其用；意即其他方面不用而全用于捶钩。物，事也。资，济也，《道应篇》即作"济"，犹言成功。句意谓捶钩者心力不用于别的方面只用于捶钩尚能"不失豪芒"，何况无用而无不用者，还有什么事不能成功呢？

★（一）各种《庄子》注以"臣有守也"至"物孰不资焉"皆捶钩者之言。按，如此理解非是。捶钩者谓"于物无视也，非钩无察也"即"臣有守也"的内涵；与《达生》篇承蜩者谓"虽天地之大，万物之多，而唯蜩翼之知"即"我有道也"的内涵，两者意思基本相同。承蜩者说明其"我有道也"之后，谓"用志不分，乃凝于神，其痀偻丈人之谓乎"是那位"孔子"的解说。捶钩者说明其"臣有守也"之后，谓"是用之者假不用者以长得其用，而况乎无不用者乎！物孰不资焉"，应是文章作者的解说。

（二）问题在于：孔子对承蜩者的解说合理，而文章对捶钩者的解说则甚为荒谬。

捶钩者之道，"于物无视也，非钩无察也"，无非就是专心致志，没有什么特别的神秘。用那位"孔子"说的"用志不分，乃凝于神"也未尝不可。而说什么"假不用者也以长得其用，而况乎不用者乎"，即成玄英所解释的"无用无不用，故能成大用"。所谓"无用无不用"，系由老子"无为无不为"推衍而来。老子"无为"的实质是顺其自然。《老子》第三十二章曰"天地相合以降甘露，民莫之令而自均"，这个形象的比喻，最能说明"无为而无不为"的实质。但"无为而无不为"，推演不出"无用无不用"，两者完全不同。故作艰深，实甚为拙劣。

## （一一）

冉求问于仲尼曰："未有天地可知邪[①]？"

仲尼曰："可，古犹今也[②]。"

冉求失问而退[③]。明日复见，曰："昔者吾问未有天地可知乎，夫子曰可，古犹今也。昔日吾昭然，今日吾昧然[④]，敢问何谓也？"

仲尼曰："昔之昭然也，神者先受；今之昧然也，且又为不神者求邪[⑤]？无古无今，无始无终。未有子孙而有子孙[⑥]，可乎？"

冉求未对。

仲尼曰："已矣，未应矣[⑦]！不以生生死，不以死死生。死生有待邪？皆有所一体[⑧]。有先天地生者物邪[⑨]？物物者非物[⑩]。物出不得先物也，犹其有物也[⑪]。犹其有物也无已[⑫]。圣人之爱人也终无已者，亦乃取于是者也。"

① 冉求，孔子弟子，姓冉名求，字子有。未有天地，即天地形成之前。

② 古犹今也，古同今一样。郭象注："言天地常存，乃无未有之时。"

③ 失问，得不到答案。

④ 昭然，明白。昧然，昏暗，不明白。

⑤ 神，心神。此谓人对事物的理解，有神会之时，有未神会之时。神会之时，当即明白；未能神会之时，又发生疑惑。

⑥未有子孙而有子孙，意谓子孙总是前人有子孙后人才有子孙，比喻古代有天地现在才有天地，故曰"古犹今也"。《释文》："言其要有由，不得无故而有。传世故有子孙，不得无子而有孙也。如是天地不得先无而今有也。"

⑦"已矣，未应矣"，仲尼因冉有未对，说算了，你不回答了。

⑧"不以生生死"四句，郭象注："夫死者独化而死耳，非夫生者生此死也。生者亦独化而生耳。""死与生各自成体。"王先谦注："死者自生，其死也，非以死此生者也""死生不相待，各有成体。"

⑨有先天地生者物邪，王先谦注："者，犹之。"此为反问句，言未有先于天地生之物。

⑩物物，前一"物"字动词，生成、化生之意。物物者，生成物者，即道。道高于一切的物，自非一般的物，故曰"物物者非物"。

⑪"物出不得先物也，犹其有物也"，犹，通"由"。二句意谓生出之物（第二代物）不能先于所自出之物（第一代物），由它（第二代物）又生出新的物（第三代物）。

⑫犹其有物也无已，已，止也，终也；物总是生生不息，物又有物，永远没有穷尽。

⑬"圣人"二句，谓圣人爱人也永远没有穷尽，即取法于物生生不息。

★"未有天地可知邪？"这是一个颇有科学探索精神的问题。屈原在《天问》中即问到"遂古之初，谁传道之？上下未形，何由考之？"实际上无论东方还是西方的哲人，自古以来一直在思索这一问题。即使时至今日，人类已开始进入太空，这个"未有天地"的情况仍然是科学家探讨的重要课题。

"未有天地，可知邪？"仲尼曰："可，古犹今也。"——本章的"仲尼"是作者假托的人物，与儒家的真仲尼无关。真仲尼"如其所不知则付诸阙如"，也就不会这样回答。《论语·公冶长》子贡曰："夫子之言性与天道不可得而闻也。"

老子是认真思索了这一问题的，他也不会这样回答。《老子》第二十五章云："有物混成，先天地生。"第四十章："天地万物生于有，有生于无。""有物混成"的"物"、"有生于无"的"无",都指道。他明确地指出道先天地而生,天地无疑有一个"未有"的阶段,而且有一个"生"的过程,自然就不会说"古犹今也"。

本章仲尼的回答却简单地说是"古犹今也",照郭象解释是"言天地常存,乃无未有之时"。这同老子思想大相径庭。老子明说天地万物皆道所生,既有"生"的过程,就必然不是"古犹今也"。这同庄子思想也完全不同。《大宗师》篇云:夫道,"未有天地,自古以固存。神鬼神帝,生天生地。在太极之先而不为高,在六极之下而不为深,先天地生而不为久,长于上古而不为老"。明说有"未有天地"之时,也就决不是"古犹今也"。

仲尼说天地"无古无今,无始无终",《释文》解释说"是天地不得先无而今有也"。这同样是同老庄思想相抵触的。只有道才是"无古无今,无始无终",天地同万物一样是有古有今,有始有终的。

仲尼说"不以生生死,不以死死生。死生有待邪？皆有所一体",郭象解释说:"夫死者独化而死耳,非夫生者生此死也。生者亦独化而生耳。""死与生各自成体。"这与庄子的生死观也是相抵触的。《齐物论》篇谓"方生方死,方死方生",意思是生的开始也是死的开始,死的开始也是生的开始,生死是"有待"的。虽然这里说的生死说的是普遍的事物,自亦包括人的生死。《知北游》本篇首章说的更为明白:"生也死之徒,死也生之始",生是走向死的开始,死是走向生的开始。同一篇中前后矛盾,显然不出自同一作者。

本章最后仲尼说"犹其有物也无已",由于物连续相生因而生生不息,无有穷时,这是正确的。但他说"圣人之爱人也终无已者,亦乃取于是者也",谓圣人取法物的生生不息,所以"爱人"也永无休止。这不是道家思想。《老子》第五章云:"天地不仁,以万物为刍狗；圣人不仁,以百姓为刍狗。"老子主张一切顺其自然,"生而不有,为而不恃",无所谓爱恶。正如苏辙《老子解》所说"天地无私,而听万物之自然,故万物自生自死,死非吾虐之,生非吾仁之也"。——整个这一章仲尼的说教都与老庄思想相悖,全章内容极为混乱。

真仲尼不会轻易谈"未有天地"的事,惟结尾"圣人之爱人也终无已"的意旨带有真仲尼的痕迹，因为真仲尼提倡"仁者爱人"。

## （一二）

颜渊问乎仲尼曰："回尝闻诸夫子曰：'无有所将，无有所迎[①]。'回敢问其游[②]。"

仲尼曰："古之人，外化而内不化；今之人，内化而外不化[③]。与物化者，一不化者也[④]。安化安不化，安与之相靡，必与之莫多[⑤]。狶韦氏之囿，黄帝之圃，有虞氏之宫，汤武之室[⑥]。君子之人，若儒墨者师，故以是非相韲也，而况今之人乎[⑦]！圣人处物不伤物。不伤物者，物亦不能伤也。唯无所伤者，为能与之相将迎[⑧]。山林与！皋壤与！使我欣欣然而乐与？乐未毕也，哀又继之。哀乐之来，吾不能御，其去弗能止[⑨]。悲夫，世人直为物逆旅耳[⑩]！夫知遇而不知所不遇，能能而不能所不能。无知无能者，固人之所不免也。夫务免乎人之所不免者，岂不亦悲哉[⑪]！至言去言，至为去为，齐知之所知，则浅矣。"

① 将，送。成玄英疏："夫圣人如镜，不送不迎。"即对待事物，任其自然。《应帝王》篇"至人之用心若镜，不将不迎"，即成疏所本。

② 游，通"由"。问其由，问其原由，即问其道理。

③ 外化而内不化，成玄英疏："古人能朴，合道者多，内心凝静。"外化者，犹《楚辞·渔父》所谓"圣人不凝滞于物而能与世难移"。内不化者，即《老子》所谓"营魄抱一"，故成玄英疏作"内心凝静"。句意谓古之人外能与世推移而内能守道抱一。内化而外不化，与前者正相反，谓今之人内心游移而外形凝滞，成玄英疏作"外形乖误，不能顺物"。

④ 一，即《老子》之"抱一"，亦即守道。与物化者一不化者也，谓与物推移变化而守道则不移不变，亦即外化而内不化。

⑤安化安不化,安于与物变化亦安于守道不化。安与之相靡,之,代指上句之物。靡,成玄英疏:"顺也。"谓"不忤苍生,更相靡顺"。靡顺,即委蛇应付之意,安于与外物委蛇应付。必与之莫多,多,重也。谓与物委蛇,莫要把它看得太重。

⑥狶韦氏,已见《大宗师》篇,传为上古帝王。"狶韦氏之囿,黄帝之圃,有虞氏之宫,汤武之室",室小于宫,宫窄于圃,圃隘于囿。四句谓自狶韦氏至商汤周武,亦即自古至今,境界越来越窄,世风愈益卑下。

⑦者,犹"之"也。故,乃也。斎(jī),冲击,倾轧。"君子之人"以下四句,谓后世君子之人,如儒墨之师,乃以是非相互倾轧,何况现今之人呢!(成玄英疏:"斎,和也。"按,斎之本义是捣碎姜蒜等物以调味。由调味之意引申,可训为"和也";而取捣碎之义,则有相互冲击倾轧之意。此处从后一义。馀详星评。)

⑧"圣人处物不伤物"四句,谓圣人与物自然相处,故不伤物,亦不为物所伤;物我都不伤,乃能与物相送相迎。之,代指物。《集释》本"之"作"人",此从王孝鱼校所引敦煌本。

⑨皋壤,平原。"山林与"八句,系讥刺隐居山林原野之士,以山林原野为可乐,然而欢乐未毕,乐尽悲来,哀乐之来,身不由己。"吾"系代指,非作者自己。储庭焕曰:"'哀乐之来'三句,词面上谓哀乐来我不能抵御,去我不能制止。实际意思是哀来我不能抵御,乐去我不能阻止。"储君所释,极为独到。

⑩逆旅,旅舍。"悲夫"二句,紧承上文,谓世人哀乐受外物的制约,随外物的变化而变化,简直成为外物的旅舍。世人,实指世人的心境。郭象注:"不能坐忘自得,而为哀乐所寄耳。"

⑪"能能"上《集释》本有"知"字,衍文,王孝鱼校"敦煌本无知字",从之。遇,指所见所闻所经历者,实即知识。"夫知遇"六句,谓每个人知道他所知道的知识,不知道他所不知道的知识;能做到他所能做到的事情,不能做到他所不能做到的事情。有所不知有所不能,是每个人都不免的。那种极力要免去人所不免的事,岂不很可悲吗!

⑫"至言去言,至为去为",实即无言无为,任其自然。

⑬齐,动词,与之齐。"齐知"之知(zhì),通"智"。句意谓凡智力所能知道者都要与之相齐,即追求各种知识,亦即"务免乎人之所不免者"。这与"无为"正好相反,所以说"则浅矣",乃是浅陋的。

★"颜渊问乎仲尼"章,宣扬内心守道而外与世推移的人生哲学,即所谓"外化而内不化"。

《大宗师》篇云:"其为物,无不将也,无不迎也,无不毁也,无不成也。"谓道对于万物,没有不送走的,没有不迎来的,没有不毁灭的,没有不生成的,将迎毁成都是自然的。本文却说,至人之于物也,"无有所将,无有所迎",去则任其去,来则任其来。两者看似矛盾,其实是一致的。"来的都是客,去后不思量",店主可以说,对所有的客人"无不将也,无不迎也",但来则由他来,去则由他去,因而也可以说"无有所将,无有所迎",总之是任其自然。

"仲尼曰"一段,是本章的主体。分五层意思,作者采取正反相间的结构。

"古之人"九句从正面说,赞扬"古之人""外化而内不化",内心守道而外与世推移。所谓"安与之相靡,必与之莫多",实际是一种委蛇应付的处世态度。

"狶韦氏"八句从反面说,批判自狶韦氏以来每况愈下,至"君子之人儒墨者师"乃以"是非相赍",凡今之人更不值一提。成玄英疏对这一段作了完全错误的解释,曰:"狶韦、轩辕、虞舜、殷汤、周武,并是圣明王也。言无心顺物之道,乃是狶韦彷徨之苑囿,轩辕遨游之园圃,虞舜养德之宫闱,汤武怡神之虚室,斯乃群圣之所游而处之也。"狶韦氏属于"古之人"之列,放在最先,其"囿"在囿圃宫室系列中最大。而自黄帝以下,境界每况愈下,明系否定,并非作为对明王的歌颂。成玄英又曰:"夫儒墨之师,更相是非,天下之难和者也,而圣人君子,犹能顺而和之。"原文明明说"君子之人,若儒墨者师,故以是非相赍也",完全没有"圣人君子犹能顺而和之"的意思。

"圣人处物不伤物"五句为又从正面说,赞扬"圣人处物而不伤物","为能与物相将迎"。前文已说明,"无有所将无有所迎"同"与物相将迎"看似矛盾,实际一致。

"山林与"以下诸句又从反面说:讥刺乐于山林原野之士,最终免不了兴尽哀来实为可悲;指斥追求知识能力者,认为"无知无能者,固人之所不免,夫务免乎人之所不免者",更是可悲的。结论是"至言去言,至为去为",什么也不干,苟且偷生才是最合理的。孔子教育人们"见贤思齐",勉励人们努力上进,这位"仲尼"却说"齐知之所知则浅矣"。

表面上看,本文宣扬老子的"无为"哲学,其实是变了质的,作者鼓吹的是一种随波逐流苟且偷生的处世哲学,美其名曰"外化内不化"。

战国时代,孔子的儒学已是天下显学,也就成为道家后学主要的攻击目标。他们采取一种恶劣的做法,就是让孔子出来宣扬道家哲学,而以这一章作得最为荒诞。孔子是儒家的开山,而本文竟让他出来攻击"儒墨者师故以是非相齑也"。又,真实的孔子颜渊的时代还根本没有墨家,而本文墨家已成为攻击对象。随意拉差,信口胡言,实在到了极端无聊的程度。

# 杂篇

# 庚桑楚第二十三

庚桑楚，以首章故事人物名篇。

首章讲述庚桑楚使畏垒丰穰，却拒绝畏垒之民的感戴，表现了老子"生而不有，为而不恃，功成而弗居""功成事遂，百姓皆谓我自然"的政治理念。是杂篇中表现道家政治最重要的一章。

二章论述道家的养生哲学，实亦处世哲学，主张回避矛盾，消极退缩，反映出战国后期某些知识分子面对战乱之世的迷惘状态。

本篇第三部分由十九节短文杂凑而成，内容庞杂。"杂篇"之名就因其杂。短文节数的划分注家各不相同，本帙所分较诸家为细。各节思想内容已随文作解。节与节之间大多没有联系，不必勉强牵合。

## （一）

老聃之役有庚桑楚者，偏得老聃之道①。以北居畏垒之山②，其臣之画然知者去之，其妾之挈然仁者远之③；拥肿之与居，鞅掌之为使④。居三年，畏垒大壤⑤。畏垒之民相与言曰："庚桑子之始来，吾洒然异之。吾今日计之而不足，岁计之而有馀，庶幾其圣人乎⑥！子胡不相与尸而祝之，社而稷之乎⑦？"

庚桑子闻之，南面而不释然⑧。弟子异之⑨。庚桑子曰："弟子何异于予⑩？夫春气发而百草生，正得秋而万宝成，夫春与秋，岂无得而然哉？天道已行矣⑪。吾闻至人，尸居环堵之室，而百姓猖狂不知所如往⑫。今以畏垒之细民而窃窃焉欲俎豆予于贤人之间，我其杓之人邪⑬！吾是以不释于老聃之言⑭。"

弟子曰："不然。夫寻常之沟，巨鱼无所还其体，而鲵鲋为之制；步仞之丘陵，巨兽无所隐其躯，而孽狐为之祥⑮。且夫尊贤授能，先善与利，自古尧舜以然,而况畏垒之民乎!夫子亦听矣⑯!"

庚桑子曰:"小子来!夫函车之兽,介而离山,则不免于网罟之患;吞舟之鱼,砀而失水,则蚁能苦之⑰。故鸟兽不厌高,鱼鳖不厌深⑱。夫全其形生之人,藏其身也,不厌深眇而已矣⑲。且夫二子者,又何足以称扬哉⑳!是其于辩也,将妄凿垣墙而殖蓬蒿也㉑。简髪而栉,数米而炊,窃窃乎又何足以济世哉㉒!举贤则民相轧,任知则民相盗。之数物者,不足以厚民㉓。民之于利甚勤,子有杀父,臣有杀君,正昼为盗,日中穴阫㉔。吾语女,大乱之本,必生于尧舜之间,其末存乎千世之后㉕;千世之后,其必有人与人相食者也!"

① 老聃之役有庚桑楚,《释文》引"司马云:役,门徒弟子也"。成玄英疏:"姓庚桑,名楚,老君之弟子。役,门人之称。古人事师,供其驱使,不惮艰危,故称役也。"《列子·仲尼篇》"老君之弟子有亢仓子者",《释文》:"亢仓,音庚桑,名楚。"亢仓子即庚桑楚。按,此寓言人物,文章是故事不是历史。偏,同"徧"。偏得,犹言尽得。林希逸释为"独得",亦通。

② 以,犹之也,往也。畏垒,故事中山名。

③ "其臣"二句中"臣、妾"互文。《书·费誓》"臣妾逋逃",孔安国传:"役人贱者,男曰臣,女曰妾。"画然,明察之貌。知,通"智"。挈然,标举之貌。成玄英疏:"画然饰智自明炫者斥而去之,挈然矜仁苟异于物者令其疏远。"

④ 拥肿(yōng zhǒng),叠韵联绵词,同"臃肿",《释文》引"崔云:无知貌。司马云:皆丑貌"。当是《大宗师》中哀骀它、瓮瓷大瘿一类人物,外貌恶丑而内怀诚朴之人。鞅掌(yāng zhǎng),叠韵联绵词,《诗·小雅·北山》"或王事鞅掌"毛传:"鞅掌,失容也。"孔颖达疏:"言事烦鞅掌然,不暇为容仪也。"此指低微劳苦之人。

⑤ 壤,"穰"之借字,《释文》引"本亦作穰",丰收。

⑥ 吾,单称复指,犹言我们。洒然,《释文》引"崔李云:惊貌"。日计之而不足,《释文》引"向曰:无旦夕小利也"。岁计之而有馀,《释文》引"向曰:顺

— 庚桑楚第二十三 —

时而大穰也"。

⑦ "尸而祝之"二句：代神受祭的人叫尸，向神祝祷的人叫祝。社是土神，稷是穀神，国家生存必须有土有穀，故王朝建立必立社稷。尸而祝之社而稷之，将"尸祝、社稷"拆开使用，即尸祝之，社稷之，亦即立以为君。成玄英疏："庚桑大贤之士，慕近圣人之德，何不相与尊而为君，主南面之事，为立社稷，建其宗庙，祝祭依礼，岂不善邪！"友人储庭焕曰："尊而为君，统治者会认为是叛逆，绝对不能容许。尸而祝之，社而稷之，谓为之建祠以祀奉之，犹后世之建生祠，由后文庚桑楚言畏垒之细民欲俎豆予于贤人之间可知。"储君之见，较成疏更为合理。——祝，古韵入声觉部；稷，入声职部。

⑧ 南面，古代君主或长上面南而坐。不释然，不愉快。语已见《齐物论》。

⑨ 异之，以为异，觉得奇怪。

⑩ 何异于予，何以予为异。

⑪ 正，当也。"夫春气发"四句，谓春气萌发则百草生，当其得秋则万宝成；春与秋岂无故如此，自然之道运行而已。《释文》："天地以万物为宝，至秋而成也。元嘉本（万宝）作万实。"（正得秋，俞樾《庄子平议》谓"得"字疑衍，原文当作"正秋而万宝成"。陶鸿庆《读庄子札记》谓"得"字当在"秋"字下，原文当作"正秋得而万宝成"。武延绪《庄子札记》谓"正得秋"当作"秋得正"。按，三说皆非。正，当也。"正得秋"紧承上句，二句谓春气萌发则百草生，当其得秋则万宝成。文气顺畅，不宜妄改。去"得"字则两句音节不对称，"正秋得""秋得正"则语句不顺。）——草、宝，古韵阴声幽部；生、成，古韵阳声耕部。

⑫ 尸居，静居。参见《在宥》篇注。环堵，小室。《释文》引"司马云：一丈曰堵，环堵者，面各一丈，言小也"。成玄英疏："四面环各一堵，谓之环堵也，所谓方丈室也。"猖狂，自在无拘束之貌。不知所如往，言极其自由随意。句意与《在宥》篇"猖狂不知所往"同。如，亦往也。

⑬ 窃窃，相互小语，即前文"畏垒之民相与言"。俎豆，切肉之几曰俎，盛脯之具曰豆，都是礼器；此用作动词，犹言祀奉。杓，《释文》引"郭音的（dì），又匹幺反（biāo），又音吊（diào）。《广雅》：树末也。郭云：为物之标杓也"。我

其杓之人邪，我岂成为众人注目之准的邪。

⑭ 不释，感到不安，犹言有愧。老子主张"无为"，主张"功成而弗居"，"功成事遂，百姓皆谓我自然"，今畏垒之民以我有功而欲祀奉我，故曰"不释于老聃之言"。

⑮ 寻常之沟，很窄之沟。八尺为寻，倍寻为常。还，同"旋"，回旋。鲵鳅，成玄英疏为"鲵鳅小鱼"。制，《释文》："折也，谓小鱼得曲折也。"步仞之丘陵，很小的山丘。六尺为步，七尺或八尺为仞。孽（niè）狐，妖狐，野狐。《释文》引"崔云：蠱狐以小丘为善也。祥，善也"。"夫寻常之沟"六句谓"寻常之沟，巨鱼无法旋转其躯体，而小鱼得以自由活动；步仞之丘，巨兽无法隐其身躯，而野狐得为善处"。意谓庚桑子道德高深，只在畏垒如此之小的地方受得尊崇，实在是极为委屈。下文"且夫尊贤授能"五句，就畏垒之民而言，说他们这样做又是对的。行文极有曲折。（寻常之沟，马叙伦据《太平御览》七五引作"寻常之沟洫"，补"洫"字，以与下句"步仞之丘陵"相对。步仞之丘陵，王叔岷据《记篹渊海》五五、《亢仓子·全道篇》引作"步仞之丘"，删"陵"字，以与上句"寻常之沟"相耦。二说都有据，都可通，似以王说为优。又，储庭焕曰："'夫寻常之沟'六句，注家解说极为纷歧。但各种解释都无法与下文内容衔接。疑此六句系他篇错入者。如无此六句，弟子之言，直接说'夫尊贤授能，先善与利，自古尧舜以然，而况畏垒之民乎！夫子亦听矣'。则前后内容连贯，文气顺畅。"储君之说，甚为有见，可供参考。）

⑯ "且夫尊贤授能"五句，成玄英疏："尊贵贤人，擢授能者，有善先用，与其利禄。尧舜圣人，尚且如此，况畏垒百姓，敢异前修！夫子通人，幸听从也。""尧舜以然"之以，通"已"。意谓尧舜尚不能谢绝人民的推举，畏垒之民尊崇夫子，夫子也望能听从。（储庭焕曰："先，尊也。善，贤也。与，授与。利，锋利，用以喻人，则亦能者。又'利'与'能'一声之转。故'先善与利'与'尊贤授能'，结构相同，含义一致。成疏将两句作不同的解说，有违原意。"储说可供参考。）

⑰ 小子来，"来"字为呼唤之语气词。函，通"含"。函车之兽，口能含车之

— 庚桑楚第二十三 —

兽，极言兽之大。介，《释文》引"《广雅》云：独也"。吞舟之鱼，嘴能吞舟之鱼，极言鱼之大。能苦之，能使其困苦。

⑱"故鸟兽"二句，谓鸟兽不厌高山，鱼鳖不厌深水，即愈高愈好，愈深愈安。厌，满足。

⑲深眇，深远。"夫全其形生"三句，谓全形养生之人，隐藏其身，不厌深远，亦即愈深远愈好。

⑳二子，指尧舜。称扬，称美赞扬。何足以称扬，即不值得称扬。

㉑辩，通"辨"，分别也。于辩，指辨别贤能善利。将，犹"如"也。殖，种殖。"是其于辩"二句，谓他们辨别贤能善利，如乱凿垣墙而种殖蓬蒿。按，垣墙的作用远胜于蓬蒿，凿垣墙而殖蓬蒿是荒唐的行为。

㉒简，简择。简择即有清点之意，与下句"数米"之数实同义。栉，梳理。窃窃，小语之貌，引申为琐细之意。"简髮而栉"三句，谓尧舜的作为，如同数清头髮来梳理，数清米粒来做饭，这种琐细无益的行为又怎么可能济世呢。

㉓轧，倾轧。知，通"智"。盗，欺压。物，事也。之数物，此数事，指举贤任智之类。厚民，使民得到好处。

㉔于利甚勤，追求利极其卖力。正昼，白日。阫（péi），墙。穴阫，在墙上挖洞，指为偷盗挖洞。

㉕本，根源。末，犹言流弊，影响。

★"庚桑楚"章是老子政治哲学的形象表现。《老子》第二章云："圣人处无为之事，行不言之教，万物作焉而不辞，生而不有，为而不恃，功成而弗居。"第十七章云："功成事遂，百姓皆谓我自然。"第五十七章云："我无为而民自化，我好静而民自正，我无事而民自富，我无欲而民自朴。"第六十五章云："以智治国国之贼，不以智治国国之福。"庚桑楚居畏垒之山，三年而畏垒丰收，百姓感恩，欲"尸而祝之，社而稷之"，庚桑子感到不快，就在于违背了老子"功成事遂，百姓皆谓我自然"的政治原则。当他的弟子用"尊贤授能，先善与利"的尧舜之道实即儒家观念来劝庚桑子接受畏垒之民的尊奉时，庚桑子对尧舜之道进行了激烈的攻击，认为"举贤则民相轧，任知则民相盗"，反对"举贤授能，先善与利"的政治主张，认为是"大乱之本"，必将导致"千世之后，其必有人与人相食者也"。

但庚桑楚把"无为"政治同全形养生联系起来，提出"夫全其形生之人，藏其身也，不厌深眇而已矣"，则是道家后学的观点。老子功成弗居是体现其"上德无为而不为"的政治思想，是让"百姓皆谓我自然"，而不是为了自身的全身养生；两者有极大的不同。所以本章尽管生动地阐述了老子的政治思想，但与老子本人的思想仍有距离。

外篇《秋水》首章阐扬庄子"齐物论"，杂篇《庚桑楚》首章体现老子"政治观"，两章文字也清顺精警，说理透辟，是外杂篇中内容最为深厚的两章。

《庚桑楚》后面各章颇为杂乱，与首章不出于同一作者。

## （二）

南荣趎蹴然正坐曰①："若趎之年者已长矣，将恶乎托业以及此言邪②？"

庚桑子曰："全汝形，抱汝生，无使汝思虑营营③。若此三年，则可以及此言矣。"

南荣趎曰："目之与形，吾不知其异也，而盲者不能自见；耳之与形，吾不知其异也，而聋者不能自闻；心之与形，吾不知其异也，而狂者不能自得④。形之与形亦辟矣，而物或间之邪，欲相求而不能相得⑤？今谓趎曰，'全汝形，抱汝生，勿使汝思虑营营'，趎勉闻道达耳矣⑥！"

庚桑子曰："辞尽矣⑦。曰⑧，奔蜂不能化藿蠋⑨。越鸡不能伏鹄卵，鲁鸡固能矣。鸡之与鸡，其德非不同也，有能与不能者，其才固有巨小也⑩。今吾才小，不足以化子，胡不南见老子？⑪"

南荣趎赢粮，七日七夜至老子之所。

老子曰："子自楚之所来乎⑫？"

南荣趎曰："唯。"

老子曰："子何与人偕来之众也⑬？"

南荣趎惧然顾其后⑭。

老子曰："子不知吾所谓乎？"

南荣趎俯而惭，仰而叹曰："今者吾忘吾答，因失吾问⑮。"

老子曰："何谓也？"

南荣趎曰："不知乎？人谓我朱愚。知乎？反愁我躯。不仁则害人，仁则反愁我身。不义则伤彼，义则反愁我己。我安逃此而可⑯？此三言者，趎之所患也，愿因楚而问之⑰。"

老子曰："向吾见若眉睫之间，吾因以得汝矣，今汝又言而信之⑱。若规规然若丧父母，揭竿而求诸海也⑲。女亡人哉，惘惘乎！汝欲反汝情性而无由入，可怜哉⑳！"

南荣趎请入就舍，召其所好，去其所恶㉑，十日自愁，复见老子。

老子曰："汝自洒濯，孰哉郁郁乎：然而其中津津乎犹有恶也㉒。夫外韄者不可繁而捉，将内揵；内韄者不可缪而捉，将外揵。外内韄者，道德不能持，而况放道而行者乎㉓！"

南荣趎曰："里人有病，里人问之，病者能言其病，然其病病者犹未病也㉔。若趎之闻大道，譬犹饮药以加病也，趎愿闻卫生之经而已矣㉕。"

老子曰："卫生之经，能抱一乎？能勿失乎？能无卜筮而知吉凶乎㉖？能止乎？能已乎㉗？能舍诸人而求诸己乎㉘？能翛然乎？能侗然乎㉙？能儿子乎㉚？儿子终日嗥而嗌不嗄，和之至也；终日握而手不掜，共其德也；终日视而目不瞚，偏不在外也㉛。行不知所之，居不知所为，与物委蛇，而同其波㉜。是卫生之经已。"

南荣趎曰："然则是至人之德已乎？"

［老子］曰㉝："非也。是乃所谓冰解冻释者，能乎㉞？夫至人者，相与交食乎地而交乐乎天㉟，不以人物利害相撄，不相与为怪，不相与为谋，不相与为事，翛然而往，侗然而来，是谓卫生之经已㊱。"

［南荣趎］曰："然则是至乎㊲？"

[老子]曰:"未也。吾固告汝曰:能儿子乎?儿子动不知所为,行不知所之[38],身若槁木之枝而心若死灰。若是者,祸亦不至,福亦不来;祸福无有,恶有人灾也[39]!"

① 南荣趎,成玄英疏:"姓南荣,名趎,庚桑弟子也。"《淮南子·修务篇》作南荣畴。蹴然,成玄英疏:"惊悚貌。"

② 恶(wū)乎,何以。讬,讬业,犹言受学。此言,似指上章"全其形生","不厌深眇"之言。然本章旨意与前一章所述并不相同。疑"南荣趎蹴然正坐曰"之前尚有阙文,其内容为涉及全形养生者。

③ 全,保全。抱,俞樾《庄子平议》:"《释名·释姿容》:抱,保也,相亲保也。是抱与保义通。抱汝生,即保汝生。"营营,不安貌。——形、生、营,古韵阳声耕部。

④ "目之与形、耳之与形、心之与形"之与,通"于"。"目之与形"六句,谓每个人的眼目在形状上吾不知有何不同,而盲人不能相见;每个人的耳朵在形状上吾不知有何不同,而聋人不能相闻;每个人的心在形状上吾不知有何不同,而狂人不能得之于心。不能自得,不能自得于心,即不能正常思维。

⑤ 形之与形,谓彼此之形。辟,《释文》:"开也。崔云:相著也。"按,开犹明也,故崔云"相著"。"形之与形"三句意谓彼此的形体(相同)是明显的,而作用却如此不同,是否有什么东西阻碍着,以致欲相求而不能相得。

⑥ 趎勉闻道达耳矣,谓我勉力闻道只到达耳边而已,意即心里并未领会。矣,犹言"而已"。

⑦ 辞尽矣,庚桑子自言我的话说尽了。

⑧ 曰,马叙伦认为是衍文。王先谦谓为"引古语"。按,王说近是。"奔蜂不能化藿蠋"因系引用,未作任何申说,故后面再以越鸡鲁鸡为喻加以说明。

⑨ 奔蜂,小蜂名。藿蠋(zhú),生长在豆藿上的大青虫。《诗经·小雅·小宛》:"螟蛉有子,蜾蠃负之。"螟蛉是一种小青虫。蜾蠃,蜂名,即金小蜂。金小蜂将产卵管刺进小青虫体内,把卵产在小青虫里面,并使小青虫麻痹。然后将小

青虫抓进蜂巢，蜂卵在小青虫体内发育。当金小蜂的幼虫将青虫体液消化净尽，幼虫即蜕化为蜂。古人误以为金小蜂将小青虫抓去，使之化为蜂子。奔蜂不能化藿蠋，谓奔蜂太小，不能把大青虫孵化为蜂。

⑩ 越鸡，越地体形较小的鸡。伏，通"孵"。鹄，鸟名，即天鹅，体形甚大。鲁鸡，鲁地体形较大的鸡。德，本性。"越鸡"六句，谓越鸡不能孵化巨大的天鹅蛋，鲁鸡却能。越鸡与鲁鸡本性没有什么不同，而孵化天鹅蛋却有能与不能，是它们的才能有大小的缘故。

⑪ 化，教异开化。胡不，何不。庚桑子自以才力不够，不能开导南荣趎，建议他南见老子。

⑫ 赢粮，背负粮食，供途中食用。楚之所，庚桑楚之所。

⑬ 偕来之众，指南荣趎心中带有许多杂念。郭象注："挟三言而来故。"郭象之意谓老子指南荣趎思想观念上的智、仁、义。（这位"老子"认为南荣趎心中带有杂念，说成"何与人偕来之众也"，这种表述方式莫名其妙！）

⑭ 惧然，失惊貌。南荣趎误以老子谓其带来人众，故惧然顾其后。

⑮ "吾忘吾答"二句，谓吾忘吾应如何回答，也忘了吾之所问。

⑯ 知，通"智"，下"知"字同。朱愚（zhū yú），通"侏愚、侏儒"，叠韵联绵词，身材短小谓之侏儒，智识短小谓之朱愚。愁，伤害之意。我躯、我身、我己，三词同义。害人、伤彼，两词同义。"不知乎"九句，意思是说，如果我不智，别人说我愚昧；我智又反而伤害自身。如果不仁不义，会伤害他人；如果有仁有义，又反而伤害自己。这些情况我怎样避免才行。——愚、躯，古韵阴声侯部。人、身，古韵阳声真部。彼，古韵阴声歌部；己，阴声之部。

⑰ 三言，三句话，即上文之不知人谓我朱愚，知反愁我躯；不仁则害人，仁则反愁我身；不义则伤彼，义则反愁我己。愿因楚而问之，希望因庚桑楚的介绍来请教。

⑱ 向，刚才。信，信验。"向吾"三句，谓刚才我从汝眉睫之间看出汝的内心，今又从汝言语中得到验证。

⑲ 规规然，失神之貌。求，探测。"若规规然"之若，汝也。"若丧父母"之

若,如同,此"若"字贯串两句:若丧父母,若举竿而探测海的深度。

⑳女,通"汝"。亡人,流亡无所归宿之人。恫恫,迷惘之貌。反,回复。汝欲反汝情性而无由入,谓想回复汝之情性而不知所入。

㉑请入就舍,请求留在馆舍。召,召回。去,屏弃。

㉒洒濯,洗濯,指洗濯心灵。孰,何也。《集释》本作"熟",此自王孝鱼校所引世德堂本。郁郁,抑郁不安之貌。然,如今,犹言现在。"然而"之而,通"汝"。中,心中。津津,流溢之貌。"汝自"三句,谓汝自洗濯心灵,何以如此抑郁不安,现在汝心中仍流溢着污恶。

㉓鞲(huò),《释文》引"李云:缚也。《三苍》云:佩刀靶韦也"。本义为系佩刀的皮条,引申为束缚困扰之意。外鞲,郭象注为"声色鞲于外",即外受声色的诱惑。繴,系马腹的皮带,引申为系住。繴而捉,系住抓住,亦即把持控制之意。内,内心,心神。捷,《释文》:"关也。向云:闭也。"内捷,心神闭塞。内鞲,郭象注为"欲恶鞲于内",即内受欲恶的困扰。缪,《释文》:"结也。崔向云:绸缪也。"亦系住之意。外捷,耳目闭塞。放,义同《天地》篇"有人治道若相放"之放,违也,参见该篇注。"夫外鞲者"七句,言人外为声色困扰者自己不能把持,则将心神闭塞于内;内为欲恶困扰者自己也不可控制,则将耳目闭塞于外。内外都被困扰者,即使道德者亦不能自持,何况违道而行者乎!

㉔病病者犹未病也,认识到其病是病则犹未病,还可救药。语本《老子》第七十一章:"夫唯病病,是以不病。"王孝鱼校引高山寺本无"然其病"三字,语更顺畅,意思一样。

㉕譬犹饮药以加病,意谓想诊病却没有找到病源,故虽饮药而反加病。是南荣趎自言尚未认识到问题的关键所在。经,常理,原则。卫生之经,护养生命的常理。(今言"卫生"一词即出于此。)

㉖抱一,即守道。《老子》第十章:"营魄抱一,能无离乎?"——一、失,古韵入声质部。

㉗能止乎?能已乎?是针对上文"外鞲、内鞲"而发的,即对外受声色的诱惑内受欲恶的困扰能止能已乎。

㉘ 能舍诸人而求诸己乎，卫生之经不在于他人而在于自己。——止、已、己，古韵阴声之部。

㉙ 翛（xiāo）然，自然无心之貌。已见《大宗师》。侗（tǒng）然，无知之貌。

㉚ 儿子，婴儿。《老子》第十章："专气致柔，能婴儿乎？"

㉛ 嗥，通"号"，一本即作"号"，号啼。嗌（yì），喉咙。嗄（shà），沙哑。挽（niè），《释文》引"《广雅》云：捉也"。成玄英疏作"拘寄"，卷曲之意。共其德，合乎自然。瞚（shùn），《释文》："动也。"偏不在外也，成玄英疏："任眼之视，视不动目，不偏滞于外尘也。""儿子终日嗥"三句，都是说婴儿至性淳和，一切行为都出乎自然。《老子》第五十五章："终日号而不嗄，和之至也。"

㉜ 之，往也。物，外物。委蛇（wēi yí），叠韵联绵词，随顺之貌。《应帝王》："吾与之虚与委蛇。"同其波，随波起落。成玄英疏："接物无心，委曲随顺。和光混迹，同其波流。"——为、蛇、波，古韵阴声歌部。

㉝ 前文对话都标明"老子曰""南荣趎曰"，结尾一段只标"曰"字，补上人名，使全文一致。

㉞ 是乃所谓冰解冻释者，句意谓这只是散释执滞之心而已。成玄英疏："南荣拘束仁义。其日固久，今闻圣教，方解卫生。譬彼冬冰，逢兹春日，执滞之心，于斯释散。"能乎，犹言能做到否。王先谦以"是乃所谓冰解冻释者能乎"为句，谓"者，犹之"。则句意为这只是冰解冻释之能而已。亦通。

㉟ 相与交食乎地而交乐乎天，《徐无鬼》篇作"吾与之邀乐于天，吾与之邀食于地"，俞樾《庄子平义》谓与此文异义同，"交"为"邀"之假借。《释文》："邀，遇也。"交食乎地而交乐乎天，意即游食于天地之间，所遇皆适之意。

㊱ "不以"之以，与也。撄，扰乱。不以人物利害相撄，即不与人物利害相扰乱。不相与为怪，不与之为怪异。不相与为谋，不与之谋划。不相与为事，不与之行事。"不以人物利害相撄"是总提，"不相与为怪，不相与为谋，不相与为事"是申述。翛然而往侗然而来，无知无识地自由来往。这位"老子"认为这就是护养生命的常理。

㊲ 至，最也，最高境界。王先谦曰："已造极乎？"

㊳之，往也。

㊴“若是者”五句，郭象注：“祸福生于失得，人灾由于爱恶。今槁木死灰，无情之至，则爱恶失得无自而来。”——灰、来、灾，古韵阴声之部。

★“南荣趎”章论述的是道家后学养生哲学，实际也是处世哲学。

《老子》第十章云：“营魄抱一，能无离乎？专气致柔，能婴儿乎？涤除玄览，能无疵乎？爱民治国，能无为乎？天门开阖，能为雌乎？明白四达，能无知乎？”第五十五章：“含德之厚，比于赤子。蜂虿虺蛇不螫，猛兽不据，攫鸟不搏。骨弱筋柔而握固，未知牝牡之合而全作，精之至也。终日号而不嗄，和之至也。”（参见《老子本原》该章注）表面上看，本章是对老子这些格言的阐发。作者并不惮其劳，把老子的英灵请了出来，亲自向南荣趎传授真言。其实这位老子的魂灵和当年那位真老子有很大的不同。

春秋末年的那位老子虽然主张“专气致柔”，保持婴儿一样的淳真状态，反对仁义智伪，但他对现实生活是积极的，他的“无为”政治的真谛是因顺自然。具体说来是不要扰民，“治大国若烹小鲜”（第六十章）；不要压榨百姓，指出“民之饥，以其上食税之多，是以饥。民之难治，以其上之有为，是以难治。民之轻死，以其上求生之厚，是以轻死”（第七十五章）。并且警告统治者，“民不畏威，则大威至”（第七十二章）。“民不畏死，奈何以死惧之！”（第七十四章）在本质上，老子是关心国计民生的。

“南荣趎”章这位假老子对社会人生采取极端消极的态度，他把真老子“专气致柔，能婴儿乎”的养生哲学推向极端，完全脱离社会，脱离人世。如果哪位“至人”，真正“不以人物利害相撄，不相与为怪，不相与为谋，不相与为事”，“动不知所为，行不知所之，身若槁木之枝而心若死灰”，他老人家除了成为一具僵尸外不会别有所为了。

战国后期，时代实际在很快地前进，中华大地通过剧烈的战争正在向大一统发展，思想也相应地较为解放。正因为如此才有百家争鸣的出现。但是另一方面，战国也是一个苦难的时代，大规模惨剧的战争，许多地方城郭荒凉，社会凋弊，民不聊生。人类文明的发展，每一步都是以广大人民承受着巨大的痛苦为代价的。在这样一个时代，法家拂士们正可以大显身手，他们奔走于各国诸侯之间，纵横捭阖，演出许多精彩的活剧。而另有一部分士人却感到了迷惘，他们胆颤心惊，不知所措。庚桑楚先生要"藏其身也，不厌深眇"，这位假老子生活在社会上，却要"不以人物利害相撄，不相与为怪，不相与为谋，不相与为事"，"动不知所为，行不知所之，身若槁木之枝而心若死灰"，正是这类消沉士人的写照；他们妄图回避矛盾，脱离社会，实际上是不可能的，恐怕也仍如南荣趎一样"犹饮药而加病也"。但他们也并不甘寂寞，彷徨无主，却仍然想呐喊几声，要不然藏身深眇也就完了，又何必写这么多艰涩曲折的文字呢！

"庚桑楚"章的前两段同老子的政治哲学还是符合的。"南荣趎"章同老子的养生哲学则相距遥远。本章文字也远不如前章，故作曲折，啰嗦拖沓，佶屈聱牙，绕了许多弯子，要说的道理其实并不复杂。不可能是同一位作者。

## （三）

（1）宇泰定者，发乎天光[①]。发乎天光者，人见其人[②]。人有脩者，乃今有恒[③]；有恒者，人舍之，天助之[④]。人之所舍，谓之天民；天之所助，谓之天子[⑤]。

[①] 本篇第三部分由十九节短文杂篇而成。此第一节。"宇泰定者"二句，《释文》引"王云：宇，器宇也，谓器宇闲泰则静定也"。成玄英疏："夫身者神之舍，故以至人为道德之器宇也。且德宇安泰而静定者，其发心照物，由乎自然之智光。"林云铭《庄子因》："宇，心宇也。心宇泰然而定，则定而生慧，可以回光自照。"成疏"宇"为"道德之器宇"，林释为"心宇"，两义其实一致。天光，自然之智光。

[②] 发乎天光者人见其人，意谓发智慧之光者，他人视之与常人无异。成玄英

疏:"凡庸之人,不能测圣,但见群于众庶,不知天光遐照也。"

③脩者,修道者。恒,常也,常道也。句意谓有真修者乃有常道。"今"字助词无实义。成玄英疏:"有真修之人,能会凝常之道也。"

④舍,舍止,即归依。"有恒者"三句,谓有常道者,人来归依,天亦佑助。

⑤"人之所舍"四句,谓人来归依者,称为"天民";天所佑助者,称为"天子"。(按,此所谓"天子"为道家圣人;儒家称君王为"天子",出《书·洪范》,曰"天子作民父母,以为天下王"。两者不同。)

★此第一节谓修道者心宇闲泰安定,发自然之智光,得真修之常道。

(2)学者学其所不能学也,行者行其所不能行也,辩者辩其所不能辩也;知止乎其不能知,至矣①。若有不即是者,天钧败之②。

①"学者学其所不能学也"三句皆批判语气,指其所不能而强行其是,强学之,强行之,强辩之,其实皆属不智。意谓强学强行强辩皆无必要,故下文云"知止乎其不能知,至矣"。此句原于《齐物论》:"知止其所不知,至矣。"

②若有不即是者,即不知止者。天钧,自然之性。成玄英疏:"若有心分外,即不以分内为是者,斯败自然之性者也。""天钧"一词,亦原于《齐物论》。

★第二节谓人要"知止乎其所不能知",不要强行其是,强行其是必败自然之性。

(3)备物以将形,藏不虞以生心,敬中以达彼①,若是而万恶至者,皆天也,而非人也,不足以滑成,不可内于灵台②。灵台者有持而不知其所持而不可持者也③。不见其诚己而发,每发而不当④,业入而不舍,每更为失⑤。

①将,养也。将形,犹言养生。不虞,无思虑,不防范,胸怀坦然。敬中以

达彼,王先谦曰:"敬慎其内智以达于外。""备物以将形"三句,谓备众物以奉养形体,深藏无虞以培养心神,敬修内智以达于外物。

②万恶,诸多灾患。不足以滑成,成玄英疏:"滑,乱也。体道会真,安时达命,纵遭万恶,不足以乱于大成之心。"内,通"纳"。灵台,郭象注,"心也"。不可内于灵台,不可将忧患放在心上,亦即"藏不虞以生心"。《德充符》篇:"死生存亡,穷达贫富,贤与不肖毁誉,饥渴寒暑,是事之变命之行也。日夜相代乎前,而知不能规乎其始者也。故不足以滑和,不可入于灵府。"句意与此相同。

③持,操持,执持。"灵台者"句,言心有所执持却不自知其有所执持而不有意执持,意谓心有所主,对外物却甚坦然。

④诚己,诚其自身,与"敬中"义近。每,虽也。"不见其诚己"二句,王先谦曰:"未见其诚身而妄发,虽发必不当。"

⑤业,成玄英疏:"事也。"每,虽也。"业入而不舍"二句,王先谦曰:"外事入扰于心而不舍去,虽更变而亦失。"

★第三节论内心修养,提出"敬中""诚己",忧患不入于心灵。"敬中、诚己"是儒家的观念,作者把它揉进道家的修养。

(4)为不善乎显明之中者,人得而诛之①,为不善乎幽闇之中者,鬼得而诛之②。明乎人,明乎鬼者,然后能独行③。

①为不善,换言之即为恶。为不善乎显明之中,指公开作恶。
②幽闇,《集释》本作"幽闲"。《太平御览》六四五引作"幽闇",从之。"幽闇"与"显明"正相对。为不善于幽闇之中,指暗中玩弄阴谋。
③"明乎人"三句,郭象注:"幽显无愧于心,则独行而不惧。"独行,独立的坦然自信的行为品格。

★第四节警告人不要作恶,"幽显无愧于心,则独行而不惧"。"独行"的观念,与《礼记·大学》"君子必慎其独"义亦相通。

(5)券内者行乎无名,券外者志乎期费①。行乎无名者,唯庸有光;志乎期费者,唯贾人也②。人见其跂,犹之魁然③。

① 券,契也。券内,犹言分内。行,为也。卷,郭象注:"分也。"券外,言分外。期,望也,犹今言追求。费,财用也。"券内"二句,谓守于分内者,所为无名(即不追求声名)。存心分外者,其志在追求财用。

② 行乎无名者唯庸有光,成玄英疏:"庸,用也。游心无名之道者,其所用智,日有光明也。"志乎期费者唯贾人也,谓志在追求财用者乃商贾行为。

③ 跂,通"企",踮起脚跟,极力追求之意。"人见其跂"二句,王先谦曰:"人见其跂想分外,比之于市魁然。"市魁,犹今言市侩。

★第五节谓人守在分内则庸有光辉,分外追求则有同市侩。

(6)与物穷者物入焉,与物且者其身之不能容,焉能容人①。不能容人者无亲,无亲者尽人②。兵莫憯于志,镆铘为下③。寇莫大于阴阳,无所逃于天地之间④。非阴阳贼之,心则使之也⑤。

① 物,指人。穷,郭象注:"谓终始。"实重在终,谓与人相处能自始至终。物入,成玄英疏:"为万物所归依。"且,《释文》训"始也",谓与人相处只能有始,亦即有始无终,与"穷"义相反。二句谓能与人相始终者人来归依,与人有始无终者自身不能容怎能容人。因不能容人,人亦不相容,故曰"其身不能容"。储庭焕曰:"且,通俎,磨擦抵触之意。其身之不能容,犹今言自己给自己过不去。爱与人磨擦抵触者,必与人不能相容,自身也不得心安。"储君之说亦甚精辟。

② 无亲，无相亲爱者。尽人，郭象注："尽是他人。"

③ 兵，杀人武器。憯，同"惨"，毒也。志，心也，此专指邪恶之心。镆鎁，即莫邪，宝剑名。杀人武器没有比邪恶之心更毒者，宝剑莫邪还在其下。

④ "寇莫大于阴阳"二句，成玄英疏："寇，敌也。域心得丧，喜怒战于胸中，其寒凝冰，其热爇火，此阴阳之寇也。夫劲敌巨寇，犹可逃之，而兵起内心，如何避邪！"据成疏，则所谓"阴阳"指内心不调，喜怒寒热战于胸中，这是最大的敌人。敌人就在心里，故无所逃于天地之间。

⑤ 贼，害也。"非阴阳贼"二句，进一步说，并非这种喜怒寒热不调之害，是心使之如此。

★第六节论为人处世的心态。要能容人，与人相始终；不能容人者，自己也不被相容。心需坦荡平静，不正常的心态是自身最大的敌人。

（7）道通，其分也成也，其成也毁也①。所恶乎分者，其分也以备②。所以恶乎备者，其有以备③，故出而不反，见其鬼④；出而得，是谓得死⑤。灭而有实，鬼之一也⑥，以有形者象无形者而定矣⑦。

① "其分也成也"，《集释》本无"成也"二字，此从王孝鱼校引高山寺本。"道通"三句，谓世间事物的差别，就道而言是通的，是统一的，其分也是成，其成也是毁。成玄英疏："此谓之成，彼谓之毁，道以通之，无不备足。"按《齐物论》曰："故是举莛与楹，厉与西施，恢恑憰怪，道通为一。其分也成也，其成也毁也。凡物无成与毁，复通为一。"三句实原于此。

② "所恶乎分也"二句，郭象注："不守其分而求备焉，所以恶分也。"

③ "所以恶乎备者"二句，王先谦曰："其备有者，仍求备不已，故恶备。"

④ "故出而不反"二句，成玄英疏："夫出愚惑，妄逐是非之境而不能反本还原者，动之死地，故见为鬼也。"

⑤ "出而得"二句，王先谦曰："外驰而有得，彼自以为得也，不知是得

死也。"

⑥"灭而有实"二句,王先谦曰:"其性既灭,虽有形骸之实,吾以为鬼之一也。"

⑦以有形者象无形者而定矣:有形者,人自身的形质。象,犹效法。无形者,道也。只有效法无形,守其自然之分,无所驰逐,则心泰定。

★第七节谓人禀受自然,各得所分,欲妄有所求,是自寻死地。只有效法无形之道,则心泰定。

(8)出无本,入无窍①。有实而无乎处②,有长而无乎本剽③。(有所出而无窍者有实)④。有实而无乎处者宇也,有长而无本剽者宙也⑤。有乎生,有乎死,有乎出,有乎入⑥,出入而无见其形,是谓天门⑦,天门者,无有也,万物出乎无有⑧。有不能以有为有,必出乎无有,而无有一无有,圣人藏乎是⑨。

①"出无本,入无窍",本,始源。窍,隙也。此论道之言,道之出不见其始源,道之入不见其窍隙。道生万物,其出不知其所自来,其去不知其所往。

②有实而无乎处,道有其真实的存在,而不见其处所。

③剽,通"標",指树的末梢。本剽,犹本末,亦即始终。有长而无本剽,道为时甚长而不知其本末,不见其始终;即无始亦无终。

④有所出而无窍者有实,此句衍文。上下文"有实而无乎处,有长而无乎本剽;有实而无乎处者宇也,有长而无本剽者宙也",两两相对,前后呼应严密,中间插一句"有所出而无窍者有实"则甚为累赘。

⑤有实而无乎处者宇也:上下四方曰宇,宇犹言天地,道真实存在而不见处所,实充塞于天地。有长而无本剽者宙也:往古来今曰宙,道为时甚长而不知其本末实即无始无终。

⑥"有乎生"四句:"有乎生,有乎死"与"有乎出,有乎入"同义,出入即

生死。道生万物，是为生，是为出；万物又复归于无，是为死，是为入。

⑦"出入而无见其形"二句：天门，犹言大道之门，众妙之门。万物出生入死而不见道之形，是谓大道之门。

⑧"天门者"三句，所谓大道之门，就是"无有"，万物皆生于无有。

⑨"有不能以有为有"四句：有不能以为真有，有必生于"无有"，而"无有"总归还是"无有"，圣人即处于这种境界，即游心于道。

★第八节论"道"的本质。《老子》第四十章："天地万物生于有，有生于无。"换言之即"无生有"，亦即"道生万物"。而道本身"视之不见"、"听之不闻"、"搏之不得"，无形无象，不可感知。《大宗师》篇云："夫道，有情有信，无为无形"，"在太极之先而不为高，在六极之下而不为深，先天地生而不为久，长于上古而不为老"。本节所论，即《老子》及《大宗师》关于"道"的复述。

（9）古之人其知有所至矣。恶乎至？有以为未始有物者，至矣，尽矣，弗可以加矣①。其次以为有物矣，将以生为丧也，以死为反也，是以分已②。其次曰始无有，既而有生，生俄而死③。以无有为首，以生为体，以死为尻。孰知有无死生之一守者，吾与之为友④。是三者虽异，公族也：昭景也，著戴也；甲氏也，著封也，非一也⑤。

①"古之人"六句，原于《齐物论》。意谓古之人其智识到最高境界。哪种是最高境界呢，即以世界未始有物。按，道无形无象，故曰"无"。认识到这种境界，即"至矣，尽矣，弗可以加矣"。知，通"智"。

②其次以为有物，即道生成物。此句亦出《齐物论》。丧，犹言流亡。反，回归。以，犹为也。已，通"矣"。"其次以为有物矣"五句，谓其次是认为世界已有物矣，将以生为在外流亡，以死为重新回归，这就是生死的区分。

③"其次曰始无有"三句，又其次认为最初为无，而后有生，生而后又死。

④尻，臀部。"以无有为首，以生为体，以死为尻"，此用形体比喻生命从无

到有，又从有到无。五句袭用《大宗师》语。《大宗师》作"孰能以无为首，以生为脊，以死为尻，孰知生死存亡之一体者，吾与之友矣"。则"一守"犹"一体"。王孝鱼校谓《阙误》引文如海本作"一宗"。

⑤三者，即"有以为未始有物者"；"其次以为有物矣"，有生死的区分；"其次曰始无有，既而有生，生俄而死"，以有无生死为一体。三者似乎有异，其实一致。昭景，昭氏、景氏，楚国的公族。戴，与"载"通，任也，指任职。著戴也，即以任职著称。甲氏，楚史无甲氏，屈景昭为楚公族三姓，故王应麟马叙伦皆疑甲氏即屈氏。屈从封地得姓。著封也，即以封地著称。"非一也"之"也"同"耶"，疑问助词，此反问句，谓不是同一的吗？此以楚姓公姓为喻，谓三者虽异，如同楚国公族三姓，昭景以任职著称，甲氏以封地著称，不是同一楚国公族吗？（"是三者虽异"句是前文的总结，成玄英疏谓三者指"以无为首，以生为体，以死为尻"，非是。）

★第九节论物为道所生，原本"未始有物"，生而为物，又归于死，故有无生死为一体。

文章以楚国公族三姓为喻，作者当为楚人。

（10）有生，黬也，披然曰移是①。

尝言移是，非所言也。虽然，不可知者也②。腊者之有膍胲，可散而不可散也③。观室者周于寝庙，又适其偃焉④。为是举移是⑤。

请尝言移是⑥。是以生为本，以知为师。因以乘是非⑦。果有名实，因以己为质；使人以为己节，因以死偿节⑧。若然者，以用为知，以不用为愚；以彻为名，以穷为辱⑨。移是，今之人也，是蜩与学鸠同于同也⑩。

① 有生，黬也，郭象注："直聚气也。"谓人之生命乃气之凝聚。披，成玄英疏："分散也。""曰"字助词无义。"披然曰"，犹纷纷然。移是，本节特有术语。移，移动。"移是"意谓在此以为是，移至彼处仍以为是，即总自以为是。"有生"

520

二句，意谓人之有生命，气之凝聚而已，微不足道，有些人却纷纷然总自以为是。(《释文》引"司马云：黡，有疵也。有疵者，欲披除之"。据此，则"趎"即"黡"，脸上的黑斑或黑痣。"趎也"之"也"，犹"者"。两句应断作"有生趎也，披然曰移是"。"生"是动词。意谓有脸上生黑痣者，纷然日除掉这个。按，此说似非，全文不涉及披除脸上黑痣。"趎"字读音，字书极不一致，或古咸切，音间 jiān；或于琰切，音黡 yǎn。)

② "尝言移是"三句，试说一说"移是"，本是不当说的，即使说了人们还是不可知。

③ 腊(là)，腊祭。《说文》："冬至后三戌，腊祭百神。"膍(pí)，牛百叶，即牛胃。胲(gāi)，牛蹄。文中膍概指牛内脏，胲概指牛四肢。"腊者"二句，意谓腊祭之时，牛之五脏四肢并皆分割陈设，却又不可散放，故曰"可散而不可散也"。(按，"可散而不可散"或与祭仪有关，句意不明，姑如此解说。)

④ 寝庙，宗庙中寝与庙的合称。《礼记·月令》仲春之月"寝庙毕备"注："凡庙，前曰庙，后曰寝。"偃，通"匽"，厕所。"观室者"二句，成玄英疏："饮食则以寝庙为是。便尿则以圊圂为是。"

⑤ 举，皆也。为是举移是，谓所有这些皆属"移是"。意思是说，那些自以为是者，就像摆祭品一样，已经分割了的牲体却要有一定的摆法，"可散而不可散也"。又像"观室者"，走进寝庙以为是，走进厕所也以为是。

⑥ 请尝言移是，再试说一说"移是"。

⑦ "是以生为本，以知为师"，谓此以我之生命为本，以我之心智为师，犹言师心自用。知，通"智"。乘，相互作用。因以乘是非，谓"以生为本，以知为师"，相互作用而生是非。

⑧ 质，郭象注："主也。""果有名实"四句，王先谦曰："果有名实可争，因以己身为主，使人皆从己以为节义，因共以死守之，所谓杀身以成名也。"

⑨ 彻，通显。穷，穷困。"若然者"五句，像那种人，以得用为智，以不用为愚，以通显为荣耀，以穷困为耻辱。

⑩ 蜩与学鸠，见《逍遥游》"之二虫"。同于同，郭象注："同共是其所

同。""移是"二句，谓永远自以为是者就是现在的人，是和笑大鹏的蜩与学鸠相同的。

★第十节论"移是"。移是，在此以为是，移动到彼仍以为是，亦即总自以为是。文章用意在后面部分，指斥"今之人""以生为本，以知为师，因以乘是非"，即以我之生命为本，以我之心智为师，相互作用而生是非。这种人同笑大鹏高飞的蜩与学鸠没有区别。

本节文字艰涩，不少语句扞格难通。虽勉为解释，实未必正确，有待高明是正。

（11）蹍市人之足，则辞以放骜，兄则以妪，大亲则已矣①。故曰：至礼有不人，至义不物，至知不谋，至仁无亲，至信辟金②。

①蹍（niǎn），踩。辞，辞谢，表示歉意。放骜，放肆鲁莽。妪（yù），表示一种爱怜的声音。大亲，指父母。"蹍市人"四句，谓如果不小心踩了一个不相识的市人的脚，要向人家道歉，说自己太放肆太鲁莽了；如果踩的是自己的兄长，只要表示怜惜一声（犹言把你踩痛了吧），而如果是父母则可不做声（因为父母能谅解的）。

②不人，不当作外人，即人我一体。郭象注："不人者，视人若己。"义，情义。不物，不以为外物，即物我一体。"不物"实与"不人"意思相同。知，交知，相知。不谋，不用谋虑，自然相知。仁，仁爱。无亲，不用表现亲密。信，信任。辟金，不用以金相质。

★第十一节论各种社会伦理关系。文章虽短，却儒道混杂。"至礼有不人，至义不物"，略似道家，而整体却更近于儒家。孟子曰："亲亲而仁民，仁民而爱物。"儒家的亲亲仁爱是有等差的。"蹍市人之足则辞以放骜，兄则以妪，大亲则已矣"，是爱有等差的形象表述。《天运》篇庄子曰："至仁无亲。"本文也说"至仁无亲"，然两处的内涵是大不相同的。《天运》篇"至仁无亲"与《老子》"天地不仁"、《齐物论》"大仁不仁"之义相同，一切自然，无所谓仁爱。本文所谓"至仁无亲"者谓至仁不用表现亲密之意，"大亲则已矣"就是至仁无亲的具体表现。（或注"至仁无亲"为"至仁不分亲疏"者甚误，"蹍市人之足则辞以放骜，兄则以妪，大亲则已矣"，亲疏分得清清楚楚，怎能说不分亲疏！）

（12）彻志之勃，解心之缪，去德之累，达道之塞①。贵、富、显、严、名、利，六者勃志也②。容、动、色、理、气、意，六者缪心也③。恶、欲、喜、怒、哀、乐，六者累德也④。去、就、取、与、知、能，六者塞道也⑤。此四六者不荡胸中则正，正则静，静则明，明则虚，虚则无为而无不为也⑥。

① 彻，除去。《仪礼·大射》"乃彻丰与觯"，郑玄注："彻，除去。"志，情志。勃，通"悖"，惑乱，迷惑。《释文》引"本又作悖"。解，解除。缪，束缚。累，累患。达，通也，通开。"彻志之勃"四句，谓消除情志的迷惑，解开心灵的束缚，去掉德性的累赘，通开大道的障碍。

② "贵富"二句，成玄英疏："荣贵、富赡、高显、尊严、声名、利禄，六者乱情志之具也。"按，此六者皆客观外界的诱惑。

③ "容动"二句，容，神容。动，举动。色，脸色。理，辞理。气，气势。意，意态。六者缪心也，谓六者束缚心灵者也。按，此六者皆主观神态的表现。

④ "恶欲"二句，成玄英疏："憎恶、爱欲、欣喜、恚怒、悲哀、欢乐，六者德之累患也。"按，此六者内心的情感。

⑤ "去取"二句，成玄英疏："去舍、从就、贪取、施与、知虑、伎能，六者蔽真道也。"按，知，通"智"。知，能，谓显智、逞能。六者皆处世的行为。

⑥ 四六，即上述四组二十四种情态或行为。不荡胸中，不激荡于胸中。"此四六者"六句，成玄英疏："四六之病，不动荡于胸中，则心神平正，正则安静，静则照明，明则虚通，虚则恬淡无为，应物而无穷也。"

★第十二节论道家修养,要排除一切欲念、情感行为,达到内心虚静恬淡空明,则"无为而无不为","应物而无穷"也。这位作者唱的是空洞的高调,完全脱离实际。如果一个人果真去掉"贵富显严名利",去掉"容动色理气意",去掉"恶欲喜怒哀乐",去掉"去就取与知能",一切皆去掉,身如槁木而心若死灰,他不仅可以"无为",也绝对没命了。

(13)道者德之钦也①,生者德之光也②,性者生之质也③。性之动谓之为④,为之伪谓之失⑤。

①钦,俞樾谓"钦"乃"廞"之借字,陈也。按,陈,列也,犹言体现。道者德之钦也,道是德之所体现者。

②生者德之光也,成玄英疏:"天地之大德曰生,故生化万物者,盛德之光华也。"

③性者生之质也,成玄英疏:"质,本也。自然之性者,是禀生之本也。"

④性之动谓之为,郭象注:"以性自动,故称为耳。此乃真为,非有为也。"率性自然为之也。

⑤为之伪谓之失,成玄英疏:"感物而动,性之欲也。矫性伪情,分外有为,谓之丧道也。"按,有为为之,谓之失也。

★第十三节所论,重在率性自然,反对矫性有为。

(14)知者接也①,知者谟也②,知者之所不知,犹睨也③。

①"知者接也"之知(zhī),平声,知识。王先谦曰:"接物而知也,谓之知。"

②"知者谟也"之知(zhì),去声,智慧。王先谦曰:"知,音智。谟,谋也。见事而虑之,故因谟见智。"

⑥ 睨（nì），斜视。"知（zhì）者"二句，王先谦曰："虽智者有所不知，如目斜视一方，故不能偏。是以用智而偏，不如寂照。"

★第十四节，谓人之知（知识）总是有限的，只是相接的那一点。虽智者所知也如斜视一方，不能周偏。道家反对用智，王先谦对本节作了很好的诠释："用智而偏，不如寂照。"

（15）动以不得已之谓德①，动无非我之谓治②，名相反而实相顺也③。

① 动以不得已之谓德，意谓不得已而动，不是主动有意为之，这就是德。
② 动无非我之谓治，"无非我"者，率性而动，不逐外物也。成玄英疏："率性而动，不舍我效物，合于正理，故不乱。"王先谦曰："舍我逐物则乱，反是则治。"
③ 名相反而实相顺也，此紧承前二句而来，"动以不得已"与"动无非我"表面看来相反；但都是率性而为，故实相顺也。

★此第十五节。老子主张"无为"，其真谛就是因顺自然。《老子》第五十一章云："道之尊，德之贵，夫莫之命而常自然。"第六十四章云："辅万物之自然而不敢为。"本文作者却有他自己的理解，前节云："性之动谓之为，为之伪谓之失。"本节云："动以不得已之谓德，动无非我之谓治。"不是绝对无为，而是要率性而为，与祖师主张的"无为"已有很大差别。

（16）羿工乎中微而拙乎使人无己誉①，圣人工乎天而拙乎人②。夫工乎天而俍乎人者，唯全人能之③。唯虫能虫，唯虫能天④。全人恶天，恶人之天，而况吾天乎人乎？

① 羿，古代著名的神射，已见《德充符》。工，巧也。中微，射中微物。句意

525

谓羿巧于射中微物却不能使天下人不赞誉他。

②工乎天，契合自然。拙乎人，拙于人事，亦不能使人无己誉之意。成玄英疏："圣人妙契自然，功侔造化。使群品日用不知，不显其迹，此诚难也；故上文云使天下兼忘我难。"

③俍（liáng），善也。俍乎人，善于处理人事，即使人无己誉。成玄英疏："全人，神人也。夫巧合自然，善能晦迹，泽及万世而日用不知者，其神人之谓乎。"

④虫，所有鸟兽之总称。能，乃也。"唯虫能虫"二句，谓鸟兽百虫乃有鸟兽百虫的行为，鸟兽百虫乃有契合天然的活动。意即鸟兽百虫不思虑，不作伪，一切出乎自然。成玄英疏："鸟飞兽走，能虫也；蛛网蜣丸，能天也。皆禀之造物，岂仿效之所致哉！"林希逸《南华真经口义》："虫，鸟兽百物之总名也。物物虽微，皆有得诸天者，如能飞能走能啼能啮能鸣能跃，皆能遂其天性，故曰能虫能天。"

⑤恶（wū），何也。恶天，何所谓天，即契合天然而不自觉也。人之天，人为之天然，即有意的模仿之类。"全人恶天"三句，谓全人何所谓天然，何所谓有为之天然，更何况以一己之意去分别天然人为呢！《集释》引郭嵩焘说："能天者，不知所谓天。若知有天，则非天也。天也者吾心自适之趣，全人初未尝辨而知之，岂吾心之所自喻乎！恶，当为汪胡切，与乌同，《释文》乌路反者误。"

★第十六节论契合天然，不要为人所称誉。契合天然的最高境界是不自觉其为契合天然，如鸟兽百虫一样一切行为出乎自然而不自知。

文中于有道者有"圣人、全人"的差别：契合天然而仍未免为人所称誉者为圣人，契合天然而不自觉其合于天然者为全人。

（17）一雀適羿，羿必得之，或也。以天下为之笼，则雀无所逃①。是故汤以胞人笼伊尹，秦穆公以五羊之皮笼百里奚②，是故非以其所好笼之而可得者无有也③。

— 庚桑楚第二十三 —

① 适,至也,此处犹言碰上。得之,指射着。或,通"惑",惑乱,诬罔。《集释》本作"咸",《释文》引崔譔本作"或"。按,崔本是。《韩非子·难三》作"诬也",诬惑义通。句意谓一只雀子碰上羿,说羿一定射中,是一种诬罔。尽管羿射技高明,未必每射必中,说不定会逃脱一只。如果以整个天下为笼,则没有一只雀子能逃脱

② 胞,同"庖",厨师。伊尹,名挚,为有莘氏媵臣,善庖厨,汤用为"小臣",后任以国政。伊尹助汤攻灭夏桀。百里奚,本虞国大夫,晋献公灭虞,虏百里奚,以为秦穆公夫人媵臣。百里奚逃亡至宛,为楚人所执。秦穆公知其贤,以五羖羊皮赎之,委以国政。百里奚与蹇叔共辅佐秦穆公成为霸主。

③ "是故"句,谓商汤顺伊尹之所好,秦穆公顺百里奚之所好,故得以笼而有之;若非其所好笼之而可得者无有也。

★此第十七节。《韩非子·难三》:"故宋人语曰:一雀过羿,羿必得之,则羿诬矣。以天下为之罗,则雀不失矣。"与本节内容相同。韩非之意,谓处理任何事务,须用普遍的法制,而不是凭个人的智慧。他的"天下为之罗",即法制之罗。道家主张适自然之性而不尚贤能,因之本节所谓顺其所好以牢笼贤者乃法家言,与道家无涉。成玄英疏:"顺其所好,则天下无难,逆其本性而牢笼得者,未之有也。"成氏仍想作道家的解释,故把内容扯到本性上来。但道家对待本性,是顺其自然。成疏谓"逆其本性而牢笼得者未之有也",那么顺其本性牢笼得者有之矣;但用牢笼对待本性是对本性的损害,正道家所反。成氏的疏解恰好说明本节文字表现的是法家观念而非道家思想。

十九节短文,大多语言艰涩,唯此"一雀适羿"语言明净,意思明白,说明本节与以上诸节不出于同一来源。

(18)介者拸画,外非誉也①。胥靡登高而不惧,遗死生也②。夫复謵不馈而忘人③,忘人因以为天人矣④。故敬之而不喜,侮之而不怒者,唯同乎天和者为然⑤。

①介，成玄英疏："跀也。"即受了跀刑被砍断了脚。扅（chǐ）画，成玄英疏："扅，去也。画，装也。"非誉，即毁誉。外非誉也，置毁誉于度外。二句意谓残跀之人，不再修饰，因为已经残废，修饰已没有意义，把人们的毁誉也置之度外。又，扅，《释文》引"本又作移"，并引"崔云：移画，不拘法度也"。句意谓跀者因放纵犯法受了跀刑，更不拘法度，外于毁誉。亦通。

②胥靡，《释文》引"司马云：刑徒人也"。服劳役的刑徒。刑徒登高无所畏惧，因为他已遗忘生死。

③复，通"愎"。《战国策·赵策一》"好利而鸷复"姚宏注："复一作愎。"狠戾也。謵（xí），通"慴"，恐惧，此处犹言恐吓。复謵，即愎慴，狠戾威吓之意。馈，馈赠，馈送。不馈，犹言不回馈，不报复。复謵不馈而忘人，意谓即使受到狠戾威胁也不报复，不把威胁的人放在心里。

④天人，同于自然的人。

⑤天和，自然和气。"故敬之"三句，谓别人敬重他也不喜，别人侮辱他也不怒，只有同于自然和气才能如此。

★第十八节宣扬"外非誉，遗死生"，"复謵不馈"，"人敬之而不喜，侮之而不怒"的所谓"同于天和"的人生态度。《集释》引郭嵩焘曰："外非誉，遗死生，忘己者也；复謵不馈，忘人者也。忘己忘人，则同乎天和矣。"

但作者所用的论据非常荒谬。"同于天和"即同于自然和气，应该是一种高洁的修养。然而作者用的论据竟然说，刑残的人不加修饰或不拘法度，是"外毁誉也"，犯罪的刑徒不怕危险，是"遗死生也"。按照这种逻辑推论，那么亡命之徒不顾一切就是最高的修养了，这与所谓"同于天和"哪有丝毫共同之处？道家后学把老庄的某些概念推向极端，制造出一些荒谬的论调，本节文字是一个典型的例子。

（19）出怒不怒，则怒出于不怒矣。出为无为，则为出于无为矣①。欲静则平气，欲神则顺心②。有为也欲当，则缘于不得已。不得已之类，圣人

— 庚桑楚第二十三 —

之道③。

① 出怒，生出怒气，即发怒。不怒，不是有心发怒。出为，产生行为，即有为。无为，无意于为。四句意谓，发怒不是有心发怒，即使发怒也是出于无心发怒；产生行为而无意于为，即使有为也是出于无为。按，怒是情感中最突出者，故以怒代表情感发泄。为是行动表现。怒与为概括情感发泄和行动表现。"出怒不怒"是陪衬，"出为无为"是正意。

② "欲静"二句，郭象注："平气则静，理足顺心则神功至。"

③ "有为也"四句：凡是有为要求恰当，即要出于不得已。不得已之类的有为，即圣人之道。郭象注："缘于不得已则所为皆当。故圣人以斯为道，岂求无为于恍惚之外哉！"

★最后一节为第十九节。老子提出"无为"，无为的本质是因顺自然，因顺自然则"无为而无不为"。《老子》书中只原则地论述了天道无为曰"道常无为而无不为"和政治上无为曰"上德无为而无不为"。但人们一般生活是否也要"无为"并如何"无为"，老子语焉而不详。

这位作者对这个重大的命题作了一个滑稽有趣的解答："出为无为，则为出于无为矣"，为只要是出于无意于为，则有为也是出于无为了。进一步就更有趣了："有为也欲当，则缘于不得已。"郭象解释得很明确："缘于不得已则所为皆当。"这纯系自欺欺人，世上有谁说他的行为不恰当，不是出于不得已，希特勒、东条英机也说他们的侵略战争是出于不得已，也就是百分之百有理！按照这位作者的高论，他们的有为都属于无为了，任何穷凶极恶的人都可以进入老庄无为的庙堂了！

王先谦曰："出于人所怒之事而我不怒，则有时而怒仍自不怒出，此孟子所谓文王一怒武王一怒也。出于人所为之地，而我不为，则有时而为仍自无为出，《中庸》所谓无为而成，孔子所谓无为而治也。"原作的"圣人"是道家的圣人，王先谦用儒家的圣人之道为之曲解，两者风马牛不相及。

十九节短文，内容杂乱，有些节语言艰涩佶屈，系杂凑而成，谈不上有什么价值。

529

# 徐无鬼第二十四

徐无鬼，以首章故事人物名篇。全篇凡十四章，除一、二两章内容相关外，其他各章内容各异，系杂凑而成。

一、二两章述徐无鬼见魏武侯，揭露统治者"盈耆欲，长好恶"，伤性命之情；张"爱民而为义偃兵"的旗号而行发动战争之实的罪过，宣扬"修胸中之诚，以应天地之情而勿撄"的理念。

三章黄帝遇牧马童子，借牧马童子之口，说明治天下与牧马无异，"去其害马者而已矣"，亦即任其自然，无伤害其本性。

四章对社会各种人事，包括农夫、商贾、庶人、百工，一概予以否定，指责他们"不能无为"，皆驰骛身心，沉溺外物，终身不悟，极为可悲。作者否定一切，是一种愤世嫉俗的叫喊。

五章是庄子和惠子的对话，讽刺惠施"可不可，然不然"的诡辩，并在更高的层面上对各家各派自以为是无端结怨的现象予以批判。

六章庄子过惠子之墓，庄子用匠石挥斤这则极为幽默的寓言，凭吊他的论敌兼朋友，对惠子作了相当高的评价，也表达了自身的孤寂之感。

七章管仲对桓公，评论鲍叔和隰朋不同的为人品格。认为鲍叔牙清廉自守，却不能宽以待人，不足以任大事；隰朋既能严以律己，又能宽以待人，故足以任事。

八章吴王射狙，说明骄纵卖弄是取死之道。

九章南伯子綦隐几，以虚无的观念看待人生，故悲人而又悲己。

十章仲尼之楚，宣扬圣人不言。老子曰，"不言之教，无为之益，天下希及之"，即本章之旨。

十一章子綦请九方歅相子，本意在于宣扬顺自然之性，不要"世俗之偿"，故事却带有宿命论的色彩。

十二章许由逃尧，抨击儒家仁义之道。

十三章批判三种人，暖姝者即沾沾自喜的人，濡需者即苟且偷生的人，卷娄者即伛偻劳苦之人；歌颂"抱德炀和而顺天下"的所谓真人。

十四章辑录五则短文。

——《徐无鬼》《则阳》《外物》《列御寇》为一组。《列御寇》虽编在《渔父》之后，实与《徐无鬼》等三篇同一类型。这四篇章次特多，都系杂凑成篇，没有相对统一的主题。《杂篇》之"杂"这些篇最为突出。

## （一）

徐无鬼因女商见魏武侯①，武侯劳之曰："先生病矣！苦于山林之劳，故乃肯见于寡人②。"

徐无鬼曰："我则劳于君，君有何劳于我③？君将盈耆欲，长好恶，则性命之情病矣；君将黜耆欲，掔好恶，则耳目病矣④。我将劳君，君有何劳于我？"

武侯超然不对⑤。

少焉，徐无鬼曰："尝语君吾相狗也。下之质执饱而止，是狸德也；中之质若视日，上之质若亡其一⑥。吾相狗，又不若吾相马也⑦。吾相马，直者中绳，曲者中钩，方者中矩，圆者中规⑧；是国马也，而未若天下马也⑨。天下马有成材，若恤若失，若丧其一，超轶绝尘，不知其所⑩。"

武侯大悦而笑。

徐无鬼出，女商曰："先生独何以说吾君乎⑪？吾所以说吾君者，横说之则以诗书礼乐，纵说之则以金板六弢⑫，奉事而大有功者不可为数，而吾君未尝启齿⑬。今先生何以说吾君，使吾君说若此乎⑭？"

徐无鬼曰："吾直告之吾相狗马耳⑮。"

女商曰："若是乎？"

曰："子不闻越之流人乎？去国数日，见其所知而喜；去国旬月，见所尝见于国中者［而］喜；及期年也，见似人者而喜矣；不亦去人滋久，思人滋深乎⑯?夫逃虚空者,藜藋柱乎鼪鼬之径,踉位其空,闻人足音跫然而喜矣,又况乎昆弟亲戚之謦欬其侧者乎⑰!久矣夫,莫以真人之言謦欬吾君之侧乎!"

①徐无鬼,《释文》:"缗山人,魏之隐士也。司马本作缗山人徐无鬼。"女商,人名。魏武侯,战国魏国君,文侯之子,周安王六年(前396)即位。武侯十一年(前376)与韩、赵三分晋国。在位二十六年(前396—前371)。

②"劳之"之劳(lào),慰劳,慰问。病,愈病。"之劳"之劳(láo),辛劳。乃,犹"才"也。

③则,犹"乃"也。"劳于君"之劳(lào),慰劳,下诸"劳"字同。

④将,欲也,犹言打算,准备,系假定语气。盈,充盈,满足。长(zhǎng),增长。"盈、长"皆过多过分之意。耆(shì),通"嗜"。情,实也。性命之情,即性命之实,亦即生命。病,犹害也。黜(chù),屏除。挈(qiān),却去。"黜、挈"皆减免减少之意。"君将"六句,谓君若过分追求嗜欲,滋长好恶,则生命受害;若屏除耆欲,减少好恶,则耳目受害。所谓"耳目病矣",耳目受害,谓得不到原先那样声色的享受。

⑤超然,犹怊然,不悦貌。徐无鬼实际是批评魏武侯"盈耆欲,长好恶",伤性命之情,故武侯不悦。

⑥尝,试。相(xiàng)狗,相狗之术。质,品质。执饱而止,捕获至饱即止。《释文》:"一本无执字。"是狸德也,狸,《广雅·释兽》,"猫也"。狸德,谓只是猫的品位,猫的本事,下品之狗也。若视日,成玄英疏:"意气高远,望如视日,体质如斯,中品狗也。"若亡其一,《释文》:"一,身也。谓精神不动,若无其身也。"成玄英疏:"神气定审,若丧其身,上品之狗也。"

⑦相马,相马之术。成玄英疏:"狗有三品,马有数阶,而相狗之能,不若相马。武侯庸鄙,故以此逗机,冀其欢悦,庶幾归正。"

⑧直者、曲者、方者、圆者,《释文》引"司马云:直,谓马齿;曲,谓背上;方,谓头;圆,谓目"。按,此泛指马的各个部位,无非是说明马的骨相合乎标

准,不必过于指实。中(zhòng),符合。绳、钩、规、矩,皆画几何图形的工具。

⑨ 国马,诸侯国级别的好马。天下马,天下级别的好马。

⑩ 成材,《释文》:"言自然已足,不须教习也。"成玄英疏:"材德素成,不待于习。"若恤若失,《释文》:"司马本作佚。李云:恤失,皆惊悚若飞也。"若丧其一,与前文"若亡其一"同义。成玄英疏:"观其神彩,若忘己身。"超轶绝尘,超过群马,飞奔若不沾尘土。同《田子方》篇"奔逸绝尘"。不知其所,极言其速,瞬息之间,不知到了何处。

⑪ 独,究竟。"说吾君"之说,说动。《释文》:"如字(shuō),又始锐反(shuì)。"

⑫ 诗书礼乐,儒家经典。金板六弢(tāo),兵家著作。成玄英疏:"金版六弢,周书篇名也,或言秘谶也。本有作韬字者,随字读之,云是太公兵法。"横说纵说,反复说之也。

⑬ "奉事"句,言所说用事大有成效者为数甚多。启齿,开口微笑。

⑭ "说吾君"之说,如字,又始锐反。"说若此"之说,同"悦"。

⑮ 直,仅仅,只是。

⑯ 越之流人,远方流放之人。《释文》:"越,远也。司马云:流人,有罪见流徙者也。"去国,离开都城。所知,相知之人。旬月,或一旬或一月。所尝见于国中者,国中曾经见过的人。期(jī)年,周年。滋,愈。"见所尝见于国中者而喜",原无"而"字,按前后句例补。

⑰ 虚空,空旷荒凉之地。藜藋(diào),两种野生植物,泛指杂草。柱,撑拄,指生长很高。鼪鼬,野鼠。踉位其空,《释文》,"良,或作踉",是原文作"良",是。《广雅·释诂》:"良,长也。"此处为长久之意。位,处也。良位其空,即久处于虚空之地。跫(qióng)然,脚步声。謦(qǐng)欬(kài),咳嗽声,此处指言谈之声。句意谓久处虚空之地,闻人足音而喜,若有亲人言谈于其侧自更加兴奋。

★ "徐无鬼因女商见魏武侯"章,可谓一箭双雕。徐无鬼"劳武侯",谓其

533

"盈耆欲，长好恶，则性命之情病矣"，实即指斥武侯奢欲无度，好恶无常，故武侯不悦。接着告知相狗马之术，而武侯大悦，恰好证明了武侯悦的是狗马之欲。女商说自己用"诗书礼乐""金板六弢"说魏君，而魏君未尝"启齿"。徐无鬼没有直接回答，后面却说魏君久矣听不到"真人之言"，实即是对女商所谓"诗书礼乐""金板六弢"的否定。"真人之言"即下章徐无鬼所说的那一大篇道理。此二章紧密关连。

## （二）

徐无鬼见武侯。武侯曰："先生居山林，食芧栗，厌葱韭，以宾寡人久矣夫！今老邪？其欲干酒肉之味邪？其寡人亦有社稷之福邪？①"

徐无鬼曰："无鬼生于贫贱，未尝敢饮食君之酒肉，将来劳君也②。"

君曰："何哉，奚劳寡人？"

曰："劳君之神与形③。"

武侯曰："何谓邪？"

徐无鬼曰："天地之养也一，登高不可以为长，居下不可以为短④。君独为万乘之主，以苦一国之民，以养耳目鼻口，夫神者不自许也⑤。夫神者，好和而恶奸⑥；夫奸，病也，故劳之。唯君所病之，何也⑦？"

武侯曰："欲见先生久矣。吾欲爱民而为义偃兵⑧，其可乎？"

徐无鬼曰："不可。爱民，害民之始也；为义偃兵，造兵之本也。君自此为之则殆不成⑨。凡成美，恶器也⑩；君虽为仁义，几且伪哉⑪！形固造形⑫，成固有伐⑬，变固外战⑭。君亦必无盛鹤列于丽谯之间，无徒骥于锱坛之宫⑮；无藏逆于得⑯，无以巧胜人，无以谋胜人，无以战胜人⑰。夫杀人之士民，兼人之土地，以养吾私与吾神者，其战不知孰善？胜之恶乎在⑱？君若勿已矣，修胸中之诚，以应天地之情而勿撄；夫民死已脱矣，君将恶乎用夫偃兵哉⑲！"

## 徐无鬼第二十四

① 芧（xù）栗，橡实，栗子。厌，通"餍"，饱食。句中"食"与"厌"互文。宾，通"摈"，弃。宾寡人，谦词，武侯自言被徐无鬼摈弃已久。干，求。亦有社稷之福，言徐无鬼之来或许为国家带来好处。武侯之言貌似谦和，实甚倨傲，似徐无鬼因久处贫困，"欲干酒肉之味"而来。

② 将，欲也，系肯定语气。

③ 神，心神，亦即指心。形，形体。

④ 天地之养也一，谓天地养育万物一视同仁，无所高下。"登高"二句，谓处高位不为尊贵，处下位不为低卑。

⑤ 独，语助词。刘淇《助字辨略》："孟尝君传'君独不见夫朝趋市者乎'，此独字，语助词。"万乘之主，即大国之君。参见《在宥》篇注。"君独"四句，谓身为一国之君，而苦一国之民以养其形体，为心神所不许。实谓有良心者所不自得。

⑥ 和，和谐，指与百姓和谐相处。奸，乱也。此与"和"相对，指享乐自私。郭象注："与物共者和也，私自许者奸也。"成玄英疏："夫神圣之人，好与物和同而恶奸私。"

⑦ "唯君"句，谓唯君有此病，为何？

⑧ 爱民，仁爱人民。偃，息也。偃兵，止息战争。

⑨ "爱民，害民之始也"，谓魏武侯所说的爱民，实为害民之始。造兵，制造战争，发动战争。"为义偃兵，造兵之始也"，谓魏武侯所说的止息战争，实为制造战争的开始。殆，或，犹言大概。君自此为之则殆不成，谓按这种所谓爱民行事大概是不行的。

⑩ 器，事也。凡成美恶器也，凡有心成美，便是坏事。

⑪ "君虽为"二句，谓君虽自谓行仁义，实近于作伪。幾，近也。

⑫ 形固造形，有形的行为必然造成行为的形迹。此针对武侯自称为义息兵却又大事兵戎而言，据下文可知。

⑬ 伐，矜夸，此处犹言表现。成固有伐，有所成事必然有所表现，即实际会发动战争。伐，成玄英疏为"征伐"，谓有所成事必然进行征伐。亦通。

⑭ 变固外战，多所变易必然对外作战。

⑮ 盛，犹"陈"也。鹤列，郭象注："陈兵也。"《释文》引"李云：谓兵如鹤之列行"。丽谯，郭象注："高楼也。"《释文》引"司马郭李皆云：楼观名也"。《汉书·陈胜传》"独守丞与战谯门中"颜师古注："楼一名谯，故谓美丽之楼为丽谯。"徒，步也，走也。骥，指骑兵。锱坛，《释文》："坛名。"成玄英疏："锱坛，宫名也。君但勿起心偃兵为义，亦无劳盛陈兵卒于高楼之下，走骥马于宫苑之间。"

⑯ 无藏逆于得，成玄英疏："莫包藏逆心而苟于得。"即不要内藏悖逆之心而苟且贪得。

⑰ 巧，巧诈。谋，阴谋。战，战争。"无以巧胜人，无以谋胜人，无以战胜人"三句，即"无藏逆于得"的具体内容。

⑱ 兼，并吞。"夫杀人"五句，谓杀别国的人民，兼并他人的土地，以养一己之私欲与私心，这样的战争不知有什么好处，胜利又在哪里！

⑲ 已，《尔雅·释诂下》，"此也"。勿已，不如此；指不发动战争。天地之情，犹自然之性。撄，扰乱。脱，免也。"君若"五句，谓君如果不这样做，（不发动战争），修胸中之真诚，以应自然之性而勿扰乱，那么人民已免于死亡，君还用什么偃息战争呢！

★徐无鬼见武侯第二章较前一章更深入。徐无鬼批评魏武侯贪图享受，"独为万乘之主，以苦一国之民，以养耳目鼻口"，并指出"夫奸，病也"，质问魏武侯"唯君所病之，何也？"魏武侯显然不乐意听，故撇开话题，提出"吾欲爱民而为义偃兵，其可乎？"徐无鬼又就这个话题进行批判，揭露魏武侯张为义息兵之名，行发动战争之实。

"爱民，害民之始也；为义偃兵，造兵之本也"，这是从道家的一般理念上说的。统治者张扬"爱民"的名义，必然设置官府机制，制造各种科条律令，故为"害民之始"。"偃兵"而加上"为义"的前提，发动战争者也可以说为主持正义制止战争而发动战争，故曰"造兵之本也"。

但徐无鬼又是针对魏武侯的实际说的。武侯"虽为仁义，幾且伪哉"，"盛鹤列于丽谯之间"，"徒骥于锱坛之宫"，显是发动战争的架势。故徐无鬼告诫他，"无藏逆于得，无以巧胜人，无以谋胜人，无以战胜人"；指出"杀人之士民，兼人之土地，以养吾私与吾神"，这样的战争并无好处。不如"修胸中之诚，以应天地之情而勿撄"，这样老百姓已免除了死亡的威胁，君还谈什么"偃兵"呢！

战国之世，大国诸侯无不扩张兵力，互相攻伐，往往造成"争城以战，杀人盈城；争地以战，杀人盈野"的惨烈局面。所以徐无鬼说，"夫杀人之士民，兼人之土地，以养吾私与吾神者，其战不知孰善？胜之恶乎在？"这是对当时所有好战的统治者发出的严肃的质问。

"徐无鬼见魏武侯"两章，是杂篇中批判统治者奢侈无度，又好发动战争，害苦百姓，内容最为深刻的章次。

## （三）

黄帝将见大隗乎具茨之山①，方明为御，昌寓骖乘，张若謵朋前马，昆阍滑稽后车②。至于襄城之野，七圣皆迷，无所问涂③。

適遇牧马童子，问途焉。曰："若知具茨之山乎？"

曰："然。"

"若知大隗之所存乎④？"

曰："然。"

黄帝曰："异哉小童！非徒知具茨之山，又知大隗之所存。请问为天下⑤？"

小童曰："夫为天下者，亦若此而已矣，又奚事焉⑥！予少而自游于六合之内，予適有瞀病⑦。有长者教予曰：'若乘日之车而游于襄城之野⑧。'今予病少痊，予又且复游于六合之外⑨。夫为天下亦若此而已，予又奚事焉！"

黄帝曰:"夫为天下者,则诚非吾子之事⑩。虽然,请问为天下?"

小童辞。

黄帝又问。小童曰:"夫为天下者,亦奚以异乎牧马者哉,亦去其害马者而已矣⑪。"

黄帝再拜稽首,称天师而退⑫。

① 大隗(wěi),《释文》引:"司马崔本作泰隗。或云:大隗,神名也。一云:大道也"。成玄英疏:"大隗,大道广大而隗然空寂也。"具茨,《释文》:"山名也。司马云:在荥阳密县东,今名泰隗山。"

② 方明、昌寓、张若、諮朋、昆阍、滑稽,皆虚拟人名。御、骖乘,车上执事人员,在右为骖,在中为御。前马,马前为导。后车,车后随从也。

③ 襄城之野,地名。七圣,即上述黄帝等七人。涂,道路。

④ 大隗之所存,犹言大道之所在。

⑤ 为,治也。为天下,治天下。

⑥ 若此,童子牧马,无所事事,"若此"即指无事。郭象注:"无事乃可以为天下也。"又奚事焉,意即又何必有所事焉。

⑦ 六合之内,即人世间。眊(mào),目眩。人间尘雾,令人目眩。

⑧ 乘日之车,郭象注:"日出而游,日入而息。"《释文》引"司马云:以日为车也"。

⑨ 瘥,病愈。且,将也。六合之外,人世之外。

⑩ 诚,实。吾子,指童子。

⑪ 去,除去。去其害马者,去其有害于马者。王先谦注:"见害于马者去之,使马得全其天也。"

⑫ 天师,合乎天道之师。

★全章旨意,全在治天下者,与牧马无异,"去其害马者而已矣"。去其有害于马者,即任其自然,莫为有害于马之事。参见《马蹄》篇,伯乐善治马,即最大的害马者。(后世言"去其害马"指除去马群中有害之马。词语虽出于此,含义完全不同。)

黄帝向牧马童子"请问为天下",故事矫揉造作,作为牧马童子而故弄玄虚,是庄书中拙劣之作。

道教称其尊师为"天师"即原于此。《水浒传》开篇写洪太尉上龙虎山礼请天师晋京禳灾,途遇骑牛童子,其实正是天师,即受此章故事启发。

## (四)

知士无思虑之变则不乐[1],辩士无谈说之序则不乐[2],察士无凌谇之事则不乐[3],皆囿于物者也[4]。招世之士兴朝[5],中民之士荣官[6],筋力之士矜难[7],勇敢之士奋患[8],兵革之士乐战[9],枯槁之士宿名[10],法律之士广治[11],礼教之士敬容[12],仁义之士贵际[13]。农夫无草莱之事则不比[14],商贾无市井之事则不比[15]。庶人有旦暮之业则劝[16],百工有器械之巧则壮[17]。钱财不积则贪者忧[18],权势不尤则夸者悲[19]。势物之徒乐变,遭时有所用,不能无为也[20]。此皆顺比于岁,不物于易者也[21]。驰其形性,潜之万物,终身不反,悲夫[22]!

[1] 知(zhì)士,智谋之士。思虑,思考,谋划。此所谓"知士"指战国时代的策士,他们看风色行事,故不断变换谋略。

[2] 辩士,巧辩之士,指战国时代的说客。谈说之序,指谈说的方式。

[3] 察士,明察之士。凌谇,通零碎,谓与人分辩,斤斤计较。凌谇之事,王孝鱼校:"《阙误》引文、成、张之本,事俱作辞。"

[4] 囿于物,拘限于外物。

[5] 招,通"昭",明也,显也。"招世"句,谓显耀于世之士兴于朝廷。(招世之士,成玄英疏作"招致人物之士",注家多有从之者,成疏非是。同列"中民之

士、筋力之士"都指其人本身,"招致人物之士"则指招致他人之人,其误甚明。)

⑥中民,《管子·君臣下》"有中民之乱"尹知章注:"中民,谓百吏之属也。"则中民指一般官吏。"中民"句,谓凡百官吏则以官位为荣。

⑦"筋力"句,谓筋力强壮之士矜夸其能对付难事。

⑧"勇敢"句,谓勇敢之士奋于除患。"筋力""勇敢"之士,指战国时代的游侠之类。

⑨兵革之士,即战斗之士。"兵革"句,谓战斗之士乐于征战。

⑩枯槁之士,即山林隐士。宿,止也,舍也。"枯槁"句,谓山林隐士止于声名。宿名,犹言躺在声名上。

⑪"法律"句,谓刑名法术之士广其治道。

⑫"礼教"句,谓礼教之士敬饰容仪。

⑬"仁义"句,谓仁义之士看重交际。际,指人与人的关系。"招世之士"以下九句中,"兴、荣、矜、奋、乐、宿、广、敬、贵"字皆动词。

⑭莱,杂草。草莱,指杂草丛生的荒野之地。草莱之事,指开辟草莱从事耕种。比,成玄英疏为"和乐"。《广雅·释诂一》:"比,乐也。"不比,犹言不乐,不安。

⑮市井,成玄英疏:"古者因井为市,故谓之市井也。"市井之事,即商务活动。

⑯庶人,普通民众。旦暮之业,日常事务。劝,乐也。《吕氏春秋·为欲》"则此三者不足以劝"高诱注:"劝,乐也。"《战国策·秦策四》"则楚之应之也必劝"鲍彪注:"劝,乐之也。"

⑰百工,各种手工业者。器械之巧,制作机械的技巧。壮,兴头,高兴。庶人则劝(欢乐),百工则壮(高兴),两者相应。

⑱"钱财"句,谓贪婪者以聚敛钱财为乐,钱财不积则忧郁。

⑲尤,甚也。夸,矜夸。《文选·贾谊〈鵩鸟赋〉》"夸者死权"注引司马彪曰:"夸,虚名也。""权势"句,谓夸耀虚名者权势不大则悲愁。

⑳物,《左传》昭公七年"用物精多",杜预注:"物,权势也。"故势物之徒,即权势之徒。三句意谓,执迷权势之徒,唯恐天下不乱,以便遭遇时变出而用事

以有为也。

㉑ 顺比，顺从比附。岁，时也，指时势。顺比于岁，犹言趋时附势。李勉《庄子总论及分篇评注》："言此皆顺附时势，逐时投机者。"不物于易，系宾语前置，实即"不易于物"。易，变易也，改易也。即囿于外物，不能改变；亦即前文"皆囿于物者也"。(《诗·大雅·崧高》"四国于蕃，四方于宣"，"于"字用法与此相近。)

㉒ 形性，犹言身心。潜，沉溺。之，犹"于"也。"驰其形性"三句，谓所有上述诸人皆驰骛其身心，沉溺于外物，终身不悟。

★"知士"章作者指责世人"不能无为"，皆"驰其形性，潜之万物，终身不反"，亦即驰骛身心，沉溺外物而终身不悟，认为是可悲的。

然作者否定社会人生的一切。招世之士、中民之士、贪者、夸者、势物之徒（权势之士），可以批判；知士、辩士、察士（三者即战国策士）、法律之士（实指法家）、礼教之士、仁义之士（二者皆指儒家），道不相同，可以论难。筋力之士、勇敢之士、兵革之士、枯槁之士（即隐士），则未必都不好，不应全部否定。至于农夫、商贾、庶人、百工，是社会的基础，社会的支柱，如果没有他们，社会就无法维持其存在。作者不辨良莠，不顾好歹，不分青红皂白，通通称之为"此皆顺比于岁，不物于易者也"，指斥他们"驰其形性，潜之万物，终身不反"；"悲夫"一声，全部加以否定。这种论调的荒谬是显而易见的。

那么，人究竟应该怎样生存，才不算"驰其形性，潜之万物"呢？作者没有回答。如果到上章去找答案，那就是牧马童子说的"游于六合之外"，"又奚事焉"？这样的理想倒是够超脱了，但其结果除死亡以外绝无出路。

（五）

庄子曰："射者非前期而中①，谓之善射，天下皆羿也，可乎？"

惠子曰："可。"

庄子曰："天下非有公是也[2]，而各是其所是，天下皆尧也，可乎？"

惠子曰："可。"

庄子曰："然则儒墨杨秉四，与夫子为五[3]，果孰是邪？或者若鲁遽者邪[4]？其弟子曰：'我得夫子之道矣，吾能冬爨鼎而夏造冰矣。'鲁遽曰：'是直以阳召阳，以阴召阴，非吾所谓道也[5]。吾示子乎吾道。'于是为之调瑟，废一于堂，废一于室，鼓宫宫动，鼓角角动，音律同矣。夫或改调一弦，于五音无当也，鼓之，二十五弦皆动，未始异于声，而音之君已[6]，且若是者邪[7]？"

惠子曰："今夫儒墨杨秉，且方与我以辩，相拂以辞，相镇以声，而未始吾非也，则奚若矣[8]？"

庄子曰："齐人蹢子于宋者，其命阍也不以完[9]，其求钘钟也以束缚[10]，其求唐子也而未始出域，有遗类矣夫[11]。夫楚人寄而蹢阍者[12]，夜半于无人之时而与舟人斗，未始离于岑而足以造于怨也[13]。"

① 非前期而中，没有算准目标却射中了，即不期而中。此系偶然中的，不得谓之善射。羿是古代善射者的最高典范，自然不可能天下皆羿。

② 非有公是，没有共同的认可。尧是古代为君者的最高典范，自然不可能天下皆尧。

③ 儒，创始人为孔子。墨，创始人为墨翟。杨，杨朱。秉，成玄英疏："秉者，公孙龙字也。"秉，典籍中仅见于此，成疏不知所据。夫子，指惠施。

④ 鲁遽，《释文》引"李云：人姓名也。一云：周初时人"。当是传说人物。

⑤ 冬爨鼎而夏造冰，寒冬能烧鼎，炎夏能造冰。鲁遽谓"是直以阳召阳，以阴召阴"，是批评弟子违背常理，故曰"非吾所谓道也"。（成玄英疏曰："冬取千年燥灰以拥火，须臾出火，可以爨鼎；盛夏以瓦瓶盛水，汤中萦之，悬瓶井中，须臾成冰也。"又曰："千年灰阳也，火又阳也，此是以阳召阳；井中阴也，水又阴也，此是以阴召阴也。"按，原文鲁遽弟子并没有说他如何爨鼎，如何造冰。鲁

542

遽则只是从理论上进行批评，成疏的解释，实甚荒谬，关于"爨鼎、造冰"所述的具体内容，亦不知何所据而云然。）

⑥废，放置。《释文》："废，置也。"五音，古代五声音阶宫商角徵羽也，又称五声，已见《骈拇》篇。无当，不相当，不相合。二十五弦，古瑟二十五弦。"于是为之调瑟"十二句，谓于此鲁遽为其弟子演试调瑟，放一瑟于堂，放一瑟于室，拨动这瑟的宫声，那瑟的宫声也响，拨动这瑟的角声，那瑟的角声也动，是由于它们的音律相同。如果这瑟改调一根弦，与五音都不合，一拨动这根弦，那瑟二十五根弦都动起来。改的那根弦与五音不同，它倒成了音的君主。已，同"矣"。（按，"鼓宫宫动，鼓角角动"，是共振现象。此瑟改调一弦与五音都不同，拨动这根弦，那瑟的二十五弦都动应不可能，因为不会产生共振，或作者想当然而已。）

⑦且若是者邪，句意谓那根改动的弦与五音都不调，却成为音的君主，你大概也像这样吧。意思是说你的理论和谁都不同，却自以为是，仿佛是各种理论的君主。

⑧拂，击也，搏也。相拂以辞，以言辞相互抨击。镇，压也。相镇以声，相互以声音压倒对方。声，实亦指言辞。未始吾非，没有说我错误；这是委婉之辞，实际是说只有我正确。奚若，何如。

⑨蹢（zhí），投也。阍者，守门人。完，保全。"齐人蹢子"二句，说一个齐国人将儿子丢到宋国，随便交给守门人使他得不到保全。郭象注："投之异国，使门者守之，出便与子不保其全，此齐人之不慈也。然亦自以为是，故为之。"

⑩铏（xíng）钟，《释文》引《字林》云："铏似小钟而长颈。"束缚，指将铏钟用绳索绑缚结实。郭象注："恐其破损。"《释文》案："此言贱子贵钟，自以为是也。"

⑪唐，失也。唐子，亡失之子。未始出域，林希逸《南华真经口义》："子亡在外而只求于乡域之内。"有遗类矣夫，犹《孟子·告子上》"此之谓不知类也"。俞樾曰："类之言比类也。"言齐人不保全儿子却重视铏钟，失其论类。

⑫"蹢阍者"之蹢，俞樾谓"当读谪（zhé）"，或缘上"蹢"字而误。谪，怒

也。阍者，守门人。"楚人寄"句，谓楚人投寄人家而怒责其守门人。

⑬离，犹《文选·贾谊〈吊屈原文〉》"般纷纷其离此尤兮"之离，刘良注："及也"，到达。岑，岸也。"夜半"二句，谓夜半乘船，船尚未到岸即与舟人斗，无端与人造怨。按，上述齐人楚人的行为都违背常理，比喻惠子言论行为的荒谬。

★本章庄子针对惠子"可不可，然不然"之说而发。庄子提的问题内涵明确。"射中非前期而中，谓之善射，天下皆羿也，可乎？""天下非有公是也，而各是其所是，天下皆尧也，可乎？"两种情况都应该是不可的，而惠子的回答皆曰"可"。但惠子没有解释何以可，他维护自己的理由是说他与儒墨杨秉辩，"未始吾非也"，也没有具体内容。如此庄子讲了齐人楚人几件荒谬的事，对惠子加以讽刺。

庄子"齐人蹢子于宋"一段很不好理解。如"其命阍也不以完"，到底是怎么回事并不清楚。又，楚人何以"寄而蹢阍者"，何以"夜半之时而与舟人斗"，都莫名其所以。事实不很清楚，语言也不规范。注释只是转录前人所注勉强可通者，反正只是说明齐人楚人的荒谬而已。

## （六）

庄子送葬，过惠子之墓，顾谓从者曰："郢人垩漫其鼻端，若蝇翼，使匠石斲之①。匠石运斤成风，听而斲之，尽垩而鼻不伤，郢人立不失容②。宋元君闻之③，召匠石曰：'尝试为寡人为之。'匠石曰：'臣则尝能斲之。虽然，臣之质死久矣④！'自夫子之死也，吾无以为质矣，吾无与言之矣⑤！"

①郢，楚国都，在今湖北江陵。垩（è），可用作涂料的白色泥土。漫，原作"慢"，此从王孝鱼校引赵谏议本，涂。鼻端，鼻尖。若蝇翼，言其甚薄。匠石，

姓石的木匠，已见《人间世》篇。斲，砍削。

② 运斤，挥起斧头。成风，言其快速。听而斲之，信手砍去。尽垩而鼻不伤，干净地砍去那点白土而鼻子不伤。郢人立不失容，郢人站着没有任何紧张的容色。

③ 宋元君，已见《田子方》篇。《史记·宋微子世家》有宋元公，未知即其人否。宋元公与鲁昭公同时，早于惠庄约两百年。

④ 质，受箭的射侯谓之质，受斧的椹板也谓之质，比喻相配合的对手。

⑤ 夫子，指惠子。

★本章是《庄子》书中精彩故事之一。

惠子是庄子的论敌。惠庄论辩见于《逍遥游》《德充符》《秋水》《至乐》《外物》《寓言》以及《徐无鬼》本篇。《秋水》篇中以惠子相梁比之鹓得腐鼠，对惠施表示了高度的藐视。庄子过惠子之墓却对惠施作了高度的评价，把惠施当作可以和自己配合的对手。论敌也不妨是朋友，严肃的论敌比敷衍的朋友更为可贵，至于阿谀的朋友更不可比拟。"自夫子之死也，吾无与言之矣"，既是对战友的哀思，也表现了哲人的寂寞，世界之大，谁可与为言者！

惠子曾为梁惠王相，《战国策·魏策二》记魏惠王死，天大雨雪，惠施劝太子改期更葬，知惠子曾仕惠王襄王两代，其去世必在惠王之后，襄王之世，甚至更晚。庄子凭吊惠施之墓，这是确定庄子生活年代重要坐标，尽管无法确定其具体年月。

# （七）

管仲有病①，桓公问之曰②："仲父之病病矣③，可不讳！云至于大病，则寡人恶乎属国而可④？"

管仲曰："公谁欲与？"

公曰："鲍叔牙？"

曰:"不可。其为人絜廉善士也,其于不己若者不比之⑤,又一闻人之过终身不忘。使之治国,上且钩乎君,下且逆于民,其得罪于君也将弗久矣⑥。"

公曰:"然则孰可?"

对曰:"勿已,则隰朋可⑦。其为人也,上忘而下[不]畔⑧,愧不若黄帝而哀不己若者⑨。以德分人谓之圣,以财分人谓之贤。以贤临人,未有得人者也;以贤下人,未有不得人者也⑩。其于国有不闻也,其于家有不见也⑪。勿已,则隰朋可。"

① 管仲(?—前645),名仲,字夷吾,颍上人。因鲍叔牙荐于齐桓公,桓公用以为卿,任以国政,尊为仲父。管仲辅佐齐桓公成为霸主,为春秋杰出政治家。

② 桓公(?—前643),姜姓,名小白,前六八五年至前六四三年在位,任用管仲,国力富强,以"尊王攘夷"相号召,"九合诸侯,一匡天下",为春秋五霸中第一霸主。

③ 病病,言病极重。第二个"病"字疾重之意。《说文》:"病,疾加也。"《玉篇·疒部》:"病,疾甚也。"

④ 可不讳,能不隐讳吧。系询问语气,意即必须把话说明了。云,犹"如"也。大病,是委婉的说法,实指死亡。属国,托付国事。"云至于大病"二句,谓如果你不在了,寡人谁可托以国事。

⑤ 絜廉善士,《列子·力命》篇作洁廉善士,《吕氏春秋·贵公》作"清廉正直"。不己若者,不如自己的人。不比之,成玄英疏作"不比数之"。《列子》作"不比之人",《吕氏春秋》作"不比于人"。按,比,亲也,近也。不比之,即不与之亲近。不比于人,则为不当人,词义更重。

⑥ 钩,成玄英疏为"钩束",《释文》谓亦作"拘",则为"拘束"之意。逆,违逆。句意谓鲍叔牙为人太直,对人过严,会使国君受到拘束,同下面的人必生抵触,不久就会得罪国君。

⑦勿已，如果不得已。隰朋，成玄英疏："齐贤人也。"《国语·齐语》桓公"唯能用管夷吾、宁戚、隰朋、鲍叔牙之属而伯功立"，韦昭注："五子皆齐卿大夫也。隰朋，齐庄公之曾孙，戴仲之子成子也。"

⑧上忘而下不畔，原本无"不"字，据《列子》补。畔，通"叛"。宣颖《南华经解》："《列子》作'下不叛'，此处漏一'不'字也。'上忘'者，不自矜其能，故在己上者与之相忘。'下不叛'者，泛爱众，故在己下者，不忍叛之。"

⑨"愧不若"然，谓自愧不如黄帝，严以律己也；而哀不己若者，而爱惜不如自己的人。哀，犹言同情，爱惜。

⑩贤，能也。"以贤"四句，谓以自己贤能而对人居高临下，是不得人的；以自己贤能而待人谦下，未有不得人的。

⑪"国"与"家"互文，"不闻"与"不见"互文。"其于国"二句，谓：隰朋对国人家人都很宽厚，不苛察，对于无关紧要的事也就不闻不见，淡然处之。

★管仲临终对桓公语见于多种古籍，《列子·力命》与本篇基本相同。他评论鲍叔牙隰朋都很中肯。鲍叔牙清廉正直，严以律己，却不能宽以待人。人太严太直，不能当领导，也不利于处好人事关系。善善恶恶本是高尚的品格，但善善恶恶太甚则走向了反面，故不足以属国。隰朋则相反，严以律己，也能宽以待人。但隰朋也并非理想的人选，仅此而已，故管仲曰"勿已，则隰朋可"。管仲临终不得其人，实际是很担心的。管仲死后不久，隰朋也去世。两年之后，桓公一死，齐国即乱得一塌糊涂。

《庄子》书中许多故事情节诡谲，语言艰涩，管仲对桓公故事却很平实。管仲对鲍叔和隰朋人品的分析极为深刻。故事既表现了管仲的清醒，同时也表现了管仲的高格。鲍叔是管仲的恩人，如果管仲只顾私恩，正可以借机把鲍叔推上高位，但管仲以国事为重，没有这样做。其实管仲不推荐鲍叔，也是不让鲍叔处于危殆的境地，这是对朋友真负责任的态度。

管仲对桓公一章，故事甚好，但同本篇前后内容毫不相涉。

## （八）

吴王浮于江，登乎狙之山。众狙见之，恂然弃而走，逃于深蓁①。有一狙焉，委蛇攫搔，见巧乎王②。王射之，敏给搏捷矢③。王命相者趋射之，狙执死④。

王顾谓其友颜不疑曰："之狙也，伐其巧恃其便以敖予，以致此殛也⑤！戒之哉！嗟乎，无以汝色骄人哉⑥！"

颜不疑归而师董梧以助其色，去乐辞显，三年而国人称之⑦。

① 狙之山，猴山。恂（xún）然，惊貌。蓁，树丛。
② 委蛇（wēi yí），从容貌。攫（jué）搔，抓耳挠腮。见巧乎王，在吴王前面卖弄。
③ 敏给，敏捷。搏，拍打。捷，通"接"。搏捷矢，将射来的箭，或拍在地下，或接在爪中。
④ 相者，左右随从。趋射之，赶上去射之。执，《太平御览》七四五引作"既"，疑当作即。
⑤ 之，此。伐其巧，夸其灵巧。恃其便，恃其便捷。敖，通"傲"。殛，死也。
⑥ 无以汝色骄人，不要以汝之辞色骄人。
⑦ 师董梧，以董梧为师。《释文》："董梧，有道者也。"助，"锄"之借字，一本即作"锄"，除去。去乐辞显，去其淫乐，辞其荣显。三年而国人称之，几年之后受到国人的称道。

★颜不疑疑为幸臣一类人，恃宠骄纵，吴王借猕猴恃其巧捷以致死，启发他不要以色骄人。颜不疑受到教育，因而改过自新。

## （九）

南伯子綦隐几而坐，仰天而嘘①。颜成子入见曰："夫子物之尤也。形固可使若槁骸，心固可使若死灰乎②？"

曰："吾尝居山穴之中矣。当是时也，田禾一睹我，而齐国之众三贺之③。我必先之，彼故知之；我必卖之，彼故鬻之④。若我而不有之⑤，彼恶得而知之？若我而不卖之，彼恶得而鬻之？嗟乎！我悲人之自丧者，吾又悲夫悲人者，吾又悲夫悲人之悲者⑥，其后而日远矣⑦。"

① 南伯子綦，即南郭子綦，已见《齐物论》。隐几，即凭几。嘘，吐气。

② 颜成子，《齐物论》作颜成子游。物之尤，人中之杰出者。"形固"二句已见《齐物论》。——骸、灰，古韵阴声之部。

③ 田禾，即田和，姜齐桓公之工正田敬仲（即陈完）第九代孙，事齐康公。康公十九年（前386）立为齐侯，为田齐太公。七年后（前379）姜齐康公卒，绝无后，奉邑皆入田氏。田禾一睹我而齐国之众三贺之，句谓田禾一睹南伯子綦，齐国之众以为荣而多次向他祝贺。

④ 卖，卖弄，炫耀。鬻，亦卖也。"我必先之"四句，谓我一定是先有了名声，所以他才知道；我一定先自我炫耀，所以他才以我为炫耀。

⑤ 若我而不有之，疑当作"若我而不先之"，前后才一致。

⑥ 自丧，丧失自我，即丧失自己的天性。"我悲人"三句，谓人之丧失自我者可悲，那些认为他人可悲者也可悲，那些认为悲人之可悲的人也可悲。

⑦ 远，超远，超脱。句意谓觉得人皆可悲，悲而又悲，精神境界也就日益超脱，所以你才看到我形如槁木而心若死灰。

★南郭子綦是《齐物论》已出现了的人物，本章开头也与《齐物论》开头略同。但两处的南郭实有很大的不同。本章的南郭自谓我居山穴之中，而田禾竟以我为炫耀，因而为之叹惋。然而在他的貌似反省的高论中，实很有点自我卖弄。

## （一〇）

仲尼之楚，楚王觞之，孙叔敖执爵而立①，市南宜僚受酒而祭曰②："古之人乎！于此言已③。"

曰："丘也闻不言之言矣，未之尝言，于此乎言之④？市南宜僚弄丸而两家之难解，孙叔敖甘寝秉羽而郢人投兵⑤。丘愿有喙三尺⑥！"

彼之谓不道之道，此之谓不言之辩⑦，故德总乎道之所一，而言休乎知之所不知，至矣⑧。道之所一者，德不能同也；知之所不能知者，辩不能举也⑨；名若儒墨而凶矣⑩。故海不辞东流，大之至也⑪；圣人并包天地，泽及天下，而不知其谁氏⑫。是故生无爵，死无谥，实不聚，名不立，此之谓大人⑬。狗不以善吠为良，人不以善言为贤，而况为大乎！夫为大不足以为大，而况为德乎⑭！夫大备矣莫若天地，然奚求焉而大备矣⑮。知大备者，无求，无失，无弃，不以物易己也⑯。反己而不穷，循古而不摩，大人之诚⑰。

①觞，酒器，此动词，酒宴招待。孙叔敖，楚庄王令尹，楚国著名政治家。参见《田子方》篇注。孙叔敖事见《左传》宣公十一年（前598）、十二年（前597）。宣公十一年下距孔子之生（前551）四十七年。据《史记·孔子世家》，鲁哀公四年（前491）楚昭王使人聘孔子，孔子至楚，时距宣公十一年已一百零七年，孙叔敖当早已去世。爵，酒器。

②市南宜僚，《左传》哀公十六年（前479），楚白公胜作乱，杀令尹子西、司马子期。白公之徒石乞曰："市南有熊宜僚者，若得之，可以当五百人矣。"乃从白公往见之，宜僚不从，以剑威胁亦不动。市南宜僚事仅见于此，时孔子已死。宜僚亦未曾事楚。故事将不同时代的三人随意牵合。祭，祝也。

③"古之人"二句，称赞孔子为古之人，请孔子发言。

④"丘也"三句，谓圣人以不言为言，故未尝言，难道现在言之？"于此乎言之"是反问句。

⑤丸，作武器用的圆形器，用于投掷。甘寝，即安然寝卧。秉羽，手执羽扇。投兵，放下兵器，即停止战争。二句意谓市南宜僚从容弄丸即解两家之难，孙叔敖安然高卧挥挥羽扇，郢人即放下兵器，不用战争。（按，二事不知所据。市南宜僚事，《释文》引"司马云：宜僚，楚之勇士也，善弄丸。楚白公胜将作乱，杀令尹子西、子期。石乞曰：'市南有熊宜僚者，若得之，可以当五百人。'乃往告之，不许也，承之以剑，不动，弄丸如故，曰：'吾亦不泄子。'白公遂杀子西子期。叹息两家难已，宜僚不预其患"。司马彪之说，与《左传》不尽相同。《左传》所记无弄丸事。"叹息两家难已，宜僚不预其患"与原文"两家之难解"意思完全不同。疑司马彪系强为之解。孙叔敖事，《释文》引"司马云：言叔孙愿安寝恬卧，以养德于庙堂之上，折冲于千里之外，敌国不敢犯。郢人投兵，无所攻伐也"。原文"孙叔敖甘寝秉羽而郢人投兵"是事实如此，司马彪谓孙叔敖"愿"如此，两者也完全不同。)

⑥喙，嘴。有喙三尺，犹言长嘴。上文孙叔敖市南宜僚要孔子"于此言已"，孔子即引市南宜僚不言而两家之难解，孙叔敖不言而郢人投兵，用"不言之言"的实例，表示自己不言。"丘愿有喙三尺"也是反问句，意即难道我愿有此长嘴非言不可。

⑦彼之谓，郭象注："谓二子。"此之谓，郭象注："谓仲尼。""彼之谓"二句，谓市南宜僚孙叔敖的作为即不言道之道，孔子的回答即不言道之言。辩，亦言也。

⑧德，指各人于道之所得。总，犹言归结。休，止也。"知之"之知，通"智"。"故德"二句，谓各人所得归结于道之一致（表现行为虽不同，得之于道却是同一的），而言止于智之所不知，即是最高境界了。

⑨"道之所一"四句，谓道所同一者，各人所得却不同（如市南宜僚与孙叔敖事体现无为之道一致，而具体行为不同）；智所不知者，言道无从表现（如孔子不言）。

⑩名，获取声名。凶，《慧琳音义》"凶祸"，引《韩诗外传》云："凶，危也。"又，《逸周书·武顺》"不时曰凶"，朱右曾集训校释："凶，灾也。"两训义

通。句意谓若儒墨那样获取显耀的声名就糟了。

⑪ 东流，在中国中原地区，江河水皆东流入海，故以"东流"代指一切江河。"海不辞"句，言大海不辞东流之水，所以极为浩大。即《老子》六十六章所谓"江海能为百谷王"。

⑫ 并包天地，言其广大。泽，恩泽。"圣人"三句，谓圣人恩泽广大，百姓不知其为谁。即《老子》十七章"悠兮其贵言！功成事遂，百姓皆谓我自然"之意。

⑬ 生无爵，生无官爵。死无谥，死无谥号。实不聚，不聚财物。名不立，不立声名。

⑭ "夫为大"二句，谓自以为大则不足以为大，何况自以为德呢！《老子》三十四章："以其终不自为大，故能成其大。"三十八章："上德不德，是以有德；下德不失德，是以无德。"

⑮ "夫大"三句，谓大最为完备者没有比得上天地者，天地无所求，而大最为完备。

⑯ "知大备者"五句，谓懂得最大最完备者，无所求，无所失，无所弃，不因外物改变自己。

⑰ 反己，反求诸己。循，遵循。摩，通"磨"，一本即作"磨"，磨灭。诚，实也，真也。"反己"三句，谓反求诸己而不穷尽，遵循古道自不磨灭，这是大人的真性。

★圣人不言，即本章之旨。《老子》二章云："圣人处无为之事，行不言之教。万物作焉而不辞，生而不有，为而不恃，功成而弗居。"五章云："多言数穷，不如守中。"四十三章云："不言之教，无为之益，天下希及之。"即作者的理论源头。但老子的话内涵深厚，作者的图解反而肤浅。

孙叔敖执爵，市南宜僚受酒，请孔子言之。孔子宣布他曾闻"不言之言"，他即用市南宜僚弄丸而两家之难解，孙叔敖甘寝秉羽而郢人投兵，说明不言之有益，也就是不需要"言之"。

— 徐无鬼第二十四 —

孙叔敖相楚庄王时孔子还没有出生，白公胜见市南宜僚时孔子已死，两者相距一百几十年，故事系瞎编乱造。"市南宜僚弄丸而两家之难解，孙叔敖甘寝秉羽而郢人投兵"，事实真相如何无从考索，没有必要按照《左传》强加解释。

本章又是道家后学"拉"孔子来发表荒诞的道家言论，让孔子来批判"儒墨"尤其无聊。

## （一）

子綦有八子，陈诸前，召九方歅曰①："为我相吾子，孰为祥②？"

九方歅曰："梱也为祥③。"

子綦瞿然曰："奚若④？"

曰："梱也将与国君同食以终其身。"

子綦索然出涕曰⑤："吾子何为以至于此极也！"

九方歅曰："夫与国君同食，泽及三族，而况父母乎！今夫子闻之而泣，是御福也。子则祥矣，父则不祥⑥？"

子綦曰："歅，汝何足以识之，而梱祥邪？尽于酒肉入于鼻口矣，而何足以知其所自来⑦？吾未尝为牧而牂生于奥，未尝好田而鹑生于宎，若勿怪，何邪⑧？吾所与吾子游者，游于天地。吾与之邀游于天，吾与之邀食于地⑨；吾不与之为事，不与之为谋，不与之为怪⑩；吾与之乘天地之诚而不以物与之相撄，吾与之一委蛇而不与之为事所宜⑪。今也然有世俗之偿焉⑫！凡有怪征者，必有怪行，殆乎⑬，非我与吾子之罪，几天与之也！吾是以泣也。"

无几何而使梱之于燕⑭，盗得之于道，全而鬻之则难，不若刖之则易，于是乎刖而鬻之于齐⑮。适当渠公之街，然身食肉而终⑯。

①子綦，人名。九方歅，姓九方，名歅，字亦作堙，秦穆公时善相马者。本

文作者拉他来相人。《列子·说符》作九方皋,《吕氏春秋·观表》《淮南子·道应》并作九方堙。成玄英疏:"子綦,楚司马子綦也。"按,楚司马子綦为白公胜所杀,事见《左传》哀公十六年(前479),相马者九方堙为秦穆公时人,秦穆公卒于《左传》鲁文公六年(前621),上距子綦之死一百四十二年。故事中子綦是道家者徒,与楚司马子綦无涉。

② 祥,善,好。

③ 捆,子綦之子。

④ 瞿然,惊视貌。《字林》:"瞿,大视貌。"惊则睁目,故曰大视。奚若,何如。

⑤ 索然,涕下涟涟之貌。

⑥ 泽,恩泽。三族,父族母族妻族。御福,拒绝福分。"父则不祥"是反问句,谓子则祥矣,难道父则不祥?九方歅因子綦索然出涕,故有此问。

⑦ "而捆"三句,谓难道捆真是好事,只是酒肉入于口鼻而已(口尝酒肉之味,鼻闻酒肉之香),并不知道怎么来的。因"与国君同食"并没有说明何以同食。

⑧ 牂(zāng),母羊,此泛指羊。奥,屋西南隅。田,打猎。鹑,鸟名。即鹌鹑。宎(yāo),屋东北隅。"吾未尝"四句,谓我未曾畜牧而屋西南隅冒出一头羊来,我不好田猎而屋东北隅突然得到一只鹌鹑,如果发生这种事,你不会觉得奇怪吗?比喻无缘无故"与国君同食"也是怪事,所以他吃惊。

⑨ 邀,郭象注:"遇也。""与之"即与其子。"邀乐于天","邀食于地",即游于天地之间,随遇而安之意。

⑩ "不与之为事,不与之为谋,不与之为怪",即一切无为,顺其自然。成玄英疏:"忘物,故不为事;忘智,故不为谋;循常,故不为怪。"

⑪ 诚,实。乘天地之诚,即顺天地之实,亦即顺自然之情。不以物与之相撄,不让外物与之相扰乱。一委蛇(wēi yí),一切随顺。不与之为事所宜,亦即"不与之为事"之意。

⑫ 然,如此。偿,酬偿。有世俗之偿,指与国君同食。

⑬ 怪征，奇怪的征兆，指九方歅从他相中看出将与国君同食。必有怪行，必有奇怪的事情发生。殆，危险。

⑭ 无几何，没多久。使梱之于燕，使梱去燕国。

⑮ 全，完整的身子。鬻，出卖。刖（yuè），砍断一只脚。"盗得之"四句，谓路上被强盗抓住，强盗们认为让他身子完好去卖很难，（因为他会逃跑），不如砍断一只脚就容易了，于是砍掉一只脚之后卖到齐国。

⑯ "適当"二句，《释文》引"或云：渠公，齐之富室，为街正，买梱自代，终身食肉至死。一云：渠公屠者，与梱君臣同食肉也"。林希逸《南华真经口义》："渠公之街，临街之门也，为阍者也。"阍者，看门人。前文九方歅谓"梱也将与国君同食"，然不管是"齐之富室"还是"渠公屠者"都不是国君。故《释文》引一云，谓与主人同食，也算"君臣同食"，显然不符原意。孙诒让《庄子札逸》曰："当，当为掌。渠，当为康，形近而误。齐康名贷。见《史记·齐世家》。街，当为闺。"孙诒让将"当渠公之街"改成"掌康公之闺"，以同"与国君同食"相符。齐康公元年即姜齐太公元年（前404），下距秦穆公之卒二百一十七年。孙诒让之说系想当然，且极为荒唐。原文"適当渠公之街"，意思不明，历代注家解说都只是猜想。

★本章作者本意仍在于宣扬"遨游于天"，"遨食于地"，"乘天地之诚而不以物与之相撄"，亦即顺自然之性，以无为为事，不与外物相扰乱；"世俗之偿"则必有祸殃。然故事所述，近乎宿命论，或作者弄巧反拙也。

## （一二）

啮缺遇许由，曰："子将奚之①？"

曰："将逃尧。"

曰："奚谓邪？"

曰："夫尧畜畜然仁，吾恐其为天下笑。后世其人与人相食与[2]！夫民，不难聚也，爱之则亲，利之则至，誉之则劝[3]，致其所恶则散[4]。爱利出乎仁义，捐仁义者寡，利仁义者众[5]。夫仁义之行，唯且无诚，且假夫禽贪者器[6]。是以一人之断制天下，譬之犹一覕也[7]。夫尧知贤人之利天下也，而不知其贼天下也，夫唯外乎贤者知之矣[8]。"

[1] 啮缺遇许由，《天地》篇："尧之师曰许由，许由之师曰啮缺。"奚之，何往。

[2] 畜畜然，《释文》引"王云：卹爱勤劳之貌"。人与人相食与（yú），人和人相残食。《释文》："言将驰走仁义，不复营农，饥则相食。"

[3] 誉之则劝，赞誉之则得到鼓励。

[4] 致其所恶则散，给以所厌恶者则离散。

[5] "爱利"三句，谓爱与利出于仁义，故放弃仁义者少，利于仁义者众。

[6] 唯，《说文》，"诺也"。且，犹"而"也。诚，实也。唯且无诚，谓仁义之行，只是应诺而已，并无实在。禽，走兽之总名。禽贪者，如禽兽般贪婪者。"夫仁义"三句，谓凡行仁义者，最无诚实，而且仁义往往成为禽兽般贪婪者的工具。

[7] 一人，最高统治者，如尧。《集释》本"断制"下有"利"字，曹础基《庄子浅注》谓唐写本无此字。无"利"字文气更顺，从之。断，裁断。郭象注："覕，割也。"成玄英疏："若以一人制服天下，譬犹一刀割于万物，其于损伤彼此多矣。"

[8] 贤人，即仁义之人。贼，害也。外夫贤者，否定贤人的人。"夫尧"三句，谓尧只知道贤人有利天下，却不知道贤人贼害天下，这个道理只有否定贤人的人才知道。——"夫尧畜畜然仁"至"譬之犹一覕也"十七句，内容都是反对仁义；"夫尧知贤人之利天下也"三句却是否定贤人，即反对尊贤。前后内容不一致。

★这也是激烈抨击"仁义"的一章。与《庚桑楚》首章庚桑楚抨击尧舜旨意相近。庚桑楚攻击尧舜"尊贤授能，先善与利"，认为"举贤则民相轧，任知则民相盗。之数物者，不足以厚民"，"千世之后，其必有人与人相食者也"。本章集中攻击"仁义"，认为"尧畜畜然仁"，"后世其人与人相食与"。重点不同，其矛头指向儒家是一致的。

道家反对仁义。《老子》第十八章云："大道废，有仁义；智慧出，有大伪。"第十九章云："绝圣弃智，民利百倍；绝仁弃义，民复孝慈。"本章抨击仁义，即原于老子。成玄英疏云："夫利益苍生，爱育群品，立功聚众，莫先仁义。而履仁蹈义，捐率于中者少，讬于圣迹以规名利者多。故行仁义者，矫性伪情，无诚实者也。"成疏之意，谓仁义"利益苍生，爱育群品"无疑是崇高伟大的，只是讬于圣迹以规名利者多，因而损害了仁义。疏解不符合原文本意。道家反对仁义是明明白白的，斩钉截铁的，不只是反对矫情伪性假行仁义者而已，注家没有必要为之回护，成玄英的疏甚为错误。

据《天地》篇，"尧之师曰许由，许由之师曰啮缺"。而《天地》篇中，许由批判啮缺；在本篇中，啮缺又否定尧。之所以如此混乱抵触，是由于这些作品不出于同一作者，谁都可以胡编乱造。

## （一三）

有暖姝者，有濡需者，有卷娄者①。

所谓暖姝者，学一先生之言，则暖暖姝姝而私自说也，自以为足矣，而未知未始有物也，是以谓暖姝者也②。

濡需者，豕虱是也。择疏鬣长毛，自以为广宫大囿；奎蹄曲隈，乳间股脚，自以为安室利处③。不知屠者之一旦鼓臂布草操烟火，而己与豕俱焦也④。此以域进，此以域退，此其所谓濡需者也⑤。

卷娄者，舜也⑥。羊肉不慕蚁，蚁慕羊肉，羊肉膻也⑦。舜有膻行，百姓悦之，故三徙成都，至邓之虚而十有万家⑧。尧闻舜之贤，举之童土之地，曰冀得其来之泽⑨。舜举乎童土之地，年齿长矣，聪明衰矣，而不得休归，所谓卷娄者也⑩。

是以神人恶众至，众至则不比⑪，不比则不利也。故无所甚亲，无所甚疏，抱德炀和以顺天下，此之谓真人⑫。于蚁弃知，于鱼得计，于羊弃意⑬。以目视目，以耳听耳，以心复心⑭。若然者，其平也绳，其变也循⑮。古之真人，以天待人，不以人入天⑯。古之真人，得之也生，失之也死；得之也死，失之也生⑰。

① 暖（xuān）姝者，学识浅薄而沾沾自喜的人。成玄英疏："暖姝，自许之貌。"濡需者，苟且偷安之人。《释文》："濡需，谓偷安须臾之顷。"卷娄者，伛偻劳苦之人。成玄英疏："伛偻挛卷，形劳神倦，所谓卷娄者也。"

② 说，通"悦"。私自说，沾沾自喜。未知未始有物也，不知道根本没有学到什么东西。

③ 豕，猪。鬣（liè），猪鬃。长毛，《集释》本无此二字，此从王孝鱼校据《阙误》引张君房本。奎，《说文》，"两髀之间"。曲隈，深曲处。奎蹄曲隈，指猪身腿脚隐蔽之处。"濡需者"七句，谓苟且偷安者，就像猪身上的虱子。虱子选择稀疏的鬃毛便以为是广大的宫室，巨大的苑囿，在猪两脚深处，乳腹股脚之间，自以为是安全的居室，有利的处所。

④ "不知"二句，谓虱子没想到有一天屠夫杀猪之后，举臂铺草点起烟火，就同猪一道烧焦了。

⑤ "此以域进"二句，谓在此境域中荣进，也在此境域中退亡。成玄英疏："喻流俗寡识之人，耽好情欲，与豕虱濡需喜欢无异也。"

⑥ 卷娄者舜也，伛偻劳苦者，舜就是那种人。

⑦ 慕，追慕，追求。"羊肉"三句，谓羊肉不追慕蚂蚁，蚂蚁追慕羊肉，因为羊肉有膻味。

⑧ 膻行，膻臭的行径。三徙成都，《史记·五帝本纪》："舜耕历山，历山之人皆让畔；渔雷泽，雷泽上人皆让居；陶河滨，河滨器皆不苦窳。一年而所居成聚，二年成邑，三年成都。"邓，地名。虚，通"墟"，丘也，此处犹言旷野。

⑨ 举，起用。童土之地，即不毛之地。《释文》引"向云：童土，地无草木也"。冀，希望。曰冀得其来之泽，说是希望他带来恩泽。

⑩ 年齿，年龄。聪明，听力与视力。"舜举乎"五句，谓舜起用于不毛之地，年龄老大，听觉和视力衰了，却不得退休，这就是所谓伛偻劳苦者也。

⑪ 是以，因此。恶众至，不喜悦众人来归附。不比，不和，人多矛盾就多，故不和。

⑫ 抱德，即守道。炀和，养其和顺。《淮南子·俶真篇》"抱德炀和"高诱注："炀，读供养之养。"顺天下，顺应天下。真人，前文言"神人"，是真人即神人。

⑬ "于蚁弃知，于鱼得计，于羊弃意"三句，紧承上文，说真人连蚂蚁那样的心智都抛弃掉。像鱼那样地自得（相忘于江湖），连羊那样的意念都不要。

⑭ 以目视目，即不视。王先谦曰："不外视。"以耳听耳，即不听。王先谦曰："不外听。"以心复心，即不思。复，反也。王先谦曰："不外用。"三句意谓收视反听，心神内守。

⑮ 其平也绳，成玄英疏："绳无心于正物，圣忘怀而平等。"其变也循，王先谦曰："循，顺也。与变推移。"

⑯ "以天"二句，谓以天道对待人事，不以人事干扰天道。

⑰ "得之也生"四句，谓从生的角度看，生是得，死是失；若从死的角度看，则死是得，生是失。成玄英疏："夫处生而言，既以生为得；若据死而语，便以生为丧。死生既其无定，得失的在谁边？噫，未可知也！是以混死生，一得丧，故谓之真人矣。"

★本章指斥三种人：暖姝者，沾沾自喜的人；濡需者，苟且偷生的人；卷娄者，伛偻劳苦的人。

作者刻画"濡需者"即苟且偷生的人如猪身上的虱子，语言刻毒，却也颇为生动。后周王仁裕《开元天宝遗事》载，有人劝张彖晋谒杨国忠可图荣显，张彖曰："尔辈以谓杨公之势，倚靠如太山，以吾所见，乃冰山也。或皎日大明之际，则此山当误人耳。"那些倚靠杨国忠的人实在也是猪身上的虱子，历史上这样的虱子太多了!

儒家尊崇的圣君虞舜,作者竟以之与猪身上的虱子并列,而且说他"有膻行",人来归附,比之为蚂蚁趋附的羊肉,实在亵渎到了极点。

作者歌颂的神人也叫真人,却是远离群众,对谁也无所亲疏,所谓"抱德炀和以顺天下"者,他们连蚂蚁的智慧、羊的意识都不需要,不视不听,也不思虑,把死生看得完全一样。这种神人只能虚无缥缈地活在他们的空想里,现实生活中是绝对无法存在的。

论述神人一段,用"是以"同前文勾连,其实前后内容并无紧密联系。前面描述三种人,文字相对顺畅。"是以"以后部分,语言乖僻。

## (一四)

(1) 药也,其实堇也,桔梗也,鸡壅也,豕零也①,是时为帝者也,何可胜言②。

① 本篇最后一章由五节短文杂凑而成,此第一节。其,犹"若"也,"如"也。下文举了四味药,是举例性质。实堇,即乌头。桔梗,今名同。鸡壅,即鸡头。壅,《集释》本作"廱",《释文》:"本或作雍,音同。"豕零,即猪苓。

② 帝,君也。中药每服药中有一味是主药,称为君,其他几味为臣,每服药都必须君臣相配。时为帝,即根据需要,随时交互为君;在这服药中甲药为君,在那服药中乙药为君,没有一定。胜(shēng),尽也。

★第一节,谓药如乌头桔梗等等,根据需要,在每服药中随时可能为君,是没有一定的。郭象注曰:"当其所须则无贱,非其时则无贵,贵贱有时,谁能常也!"本节旨意,郭象注说明白。

（2）勾践也以甲盾三千栖于会稽。唯种也能知亡之所以存，唯种也不知其身之所以愁①。故曰：鸱目有所适，□□□□；鹤胫有所节，解之也悲②。

① 勾践，春秋末越国国君。甲盾，甲与盾，代指部队。栖，《史记索隐》引邹诞云："保山曰栖，犹鸟栖于木以避害也，故《六韬》曰：军处山之高者则曰栖。"会稽，山名。种，即文种，越国大夫。越王勾践三年，举兵伐吴，大败于夫椒，勾践以残兵五千人栖于会稽。范蠡文种为之出谋画策，用美女宝器买通吴大宰伯嚭，诈降于吴。勾践回国，卧薪尝胆，立志复仇。二十年之后，打败吴军，灭亡吴国。功成之后，范蠡离开越国，自齐遗文种书曰："蜚鸟尽，良弓藏；狡兔死，走狗烹。越王为人，长颈鸟喙，可与共患难，不可与共乐，子何不去？"文种得书，称病不朝，人或谗文种将作乱，勾践赐剑文种，逼令自杀。见《史记·越王勾践世家》。"唯种也"二句，谓文种懂得帮助越王从危亡中怎样求得生存，却不知道自身面临的危险。愁，可忧虑之事，即危险。

② 鸱，猫头鹰。猫头鹰在夜间活动，目光锐利，在夜色微光中可以捕获猎物；白天日光强烈，眼常眯着。故曰"有所适"，有所适应。胫，小腿骨，此即指腿。节，自然节限，指它的长度，鹤胫甚长。解，指斩去。成玄英疏："鸱目昼闇而夜开，则适夜不适昼；鹤胫禀分而长，则能长不能短。枝节如此，故解去则悲，亦犹种闇于谋身，长于存国也。"按，"鸱目有所适"三句，与《骈拇》篇"凫胫虽短，续之则忧；鹤胫虽长，断之则悲"，内涵相同，结构也应相似，"鸱目有所适"下疑脱漏四字。

★此第二节，言人有所长，必亦有所短。若忽视自身短处，迷恋外物，则将遭遇祸殃。鸱目鹤胫两喻，比拟不伦；成玄英的疏解亦甚牵强。

（3）故（曰）风之过河也有损焉，日之过河也有损焉①。请只风与日相与守河，而河以为未始其撄也，恃源而往者也②。

① 故，犹"夫"也。原文作"故曰"，"曰"字缘上一节中"故曰"而衍。"风之过"二句，谓风吹日晒河水都会蒸发而有所损失。

② 请只，让也。"只"字助词无义。守，待也。撄，扰也。"请只"三句，谓即使让风与日待在河上，河也以为未受到风日的扰乱，即自觉并未减少，是恃其源头的水不断流来。

★第三节谓"请只风与日相与守河，而河以为未始有撄也，恃源而往者也"。只要源头的水充足，就不怕风日的损伤。宋代理学家朱熹《观书有感》诗云："问渠哪得清如许，为有源头活水来。"境界相似。"请只"以下三句郭象注曰："实已损矣而不自觉。所以不觉，非不损也，恃源往也。"与通常解释一致。但前文"风之过河也有损焉，日之过河也有损焉"二句，郭象却另有解释，曰："有形者自然相与为累，唯外夫形者磨而不磷"，"外夫形者"即道。意谓凡物相与则必有累患，然而凡"有形者"包括人在内不可能不同外物相与。怎么才能解决这一矛盾呢？那只能如"子綦有八子"章所谓"吾与之邀游于天，吾与之邀食于地；吾不与之为事，不与之为谋，不与之为怪，吾与之乘天地之诚而不以物与之相撄"。倘若有谁如此"不以物与之相撄"，他除了死亡以外别无出路。

（4）故水之守土也审，影之守人也审，物之守物也审①。故目之于明也殆，耳之于聪也殆，心之于殉也殆②。凡能其于府也殆，殆之成也不给改，祸之长也兹萃③。其反也缘功，其果也待久④。而人以为己宝，不亦悲乎⑤！故有亡国戮民无已，不知问是也⑥。

① 审，安也。成玄英疏："审，安定也。"三句谓水守住土（即不流）是安定的，影守住身是安定的，物守住自身（即不与外物相与）是安定的。

② 明，明于视物。殆，危也。"殆"与"审"正相反。聪，聪于听物。殉，成玄英疏："殉，逐也。"指追逐外物。《文选·贾谊〈鹏鸟赋〉》"贪夫殉财兮"李善注引瓒曰："以身从物曰殉。""故目之于明"三句，谓目明于视物是危殆的，耳

聪于听物是危殆的,心追逐外物是危殆的。

③能,指目明耳聪心殉等能力。府,脏府,即藏能之所,如明藏于目,聪藏于耳,殉藏于心。长(zhǎng),滋长。兹,通"滋"。萃,聚也。"凡能"三句,谓凡藏能于其府都危殆,危殆形成即来不及改,祸之滋长会愈益聚集。

④反,回复其本性。果,取得成果。"其反也"二句,谓等到祸患愈益滋长,要回复其本性需缘功力,而取得成果需要很长时间。

⑤而人以为己宝,即人以目明耳聪心殉为宝。

⑥亡国戮民,国家灭亡,人遭杀戮。无已,没有穷尽。二句谓出现亡国戮民无已的惨祸,是不懂得探究祸患的由来。

★此第四节。《集释》引郭嵩焘曰:"水之守土,二物也,相比而相须也;影之守人,一物而为二物也,自生而自化也;物之守物,物还而自证也,抱一者也。所以谓之审者,无外驰也。目驰而明生焉,耳驰而聪出焉,心驰而所殉见焉。凡能于其府者,皆外驰也。""役耳目心思之用以与万物为撄,故可悲也。"所谓"无外驰",即不与外物为撄。道家反对目明耳聪,反对心殉外物,认为这都是危殆的。主张归真返朴,回复到原始的自然状态。郭象注云:"所以贵其无能而任其天然",概括了本节文字的旨意。——短文表现的是一种荒诞的观念。如果目无所明,耳无所聪,心无所殉,人又怎么能活?活着又有什么意义!

(5)故足之于地也践,虽践,恃其所不蹍而后善博也①;人之于知也少,虽少,恃其所不知而后知天之所谓也②。知大一,知大阴,知大目,知大均,知大方,知大信,知大定,至矣③。大一通之,大阴解之,大目视之,大均缘之,大方体之,大信稽之,大定持之④。

尽有天⑤,循有照⑥,冥有枢⑦,始有彼⑧。则其解之也似不解之者,[不解而后解之];其知之也似不知之也,不知而后知之⑨。其问之也,不可以有崖,而不可以无崖⑩。颉滑有实,古今不代,而不可以亏,则可不谓有大扬㩁乎⑪!阖不亦问是已,奚惑然为⑫!以不惑解惑,复于不惑,是尚大不惑⑬。

① 故，犹"夫"也。践，通"浅"。《诗·郑风·东门之墠》"有践家室"，毛传："践，浅也。"浅与少对应，浅亦少也。蹍（niǎn），踩也。善，大也。《诗·大雅·桑柔》"覆背善詈"，郑玄笺："善，犹大也。"善博，犹言广博，广远。"故足之于地"三句，谓足所踩之地甚少，但必须依恃不踩的地方才能达到广远。（潘岳《秋兴赋》"行投趾于容迹兮，殆不践而获底；阚侧足以及泉兮，虽猿猴而不履"，用典即出于此。）

② "人之于知"四句，谓人所知甚少，依恃其所不知而后知自然之道也。成玄英疏："地藉不践而得行，心赖不知而能照。所以处寂养恬，天然之理。"王先谦曰："人之于知，每苦其少，恃有不知者在，而后知天道之自然。不知即真知也。"文章表达的是老子以不知为知的思想。参见后《则阳》"蘧伯玉"章"恃其知之所不知而后知"句注及星评。

③ "知大一"八句，谓能知此七大，即达于极际。

④ "大一通之"七句：标为七大，实并指道。道通贯一切，故曰"大一通之"。《天道》篇云："静而与阴同德。"大阴，至静也。至静解化一切，故曰"大阴解之"。道观照一切，故曰"大目视之"。《天地》篇云，"天地虽大，其化均也"，故曰大均。缘，顺也。道顺应万物之自然本性，故曰"大均缘之"。郭象注："因其本性，各令自得，则大均也。"道体现万物，故曰"大方体之"。郭象注："体之使各得其分，则万方俱得，所以为大方也。"信，实也。稽，考也。道纯真信实，稽核万物，无所逃匿，故曰"大信稽之"。定，静也。持，守也。道至静定，而能守持万物，故曰"大定持之"。七大皆论述大道的作用。

⑤ 尽有天，天，自然也，一切皆出于自然。郭象注："夫物未有无自然者也。"

⑥ 循有照，顺其自然，自有智照。成玄英疏："循，顺也。但顺其天然，智自明照。"

⑦ 冥有枢，窈冥之中，自有枢机。成玄英疏："窈冥之理，自有枢机，而用之无劳措意也。"

⑧ 始有彼，郭象注："始有之者彼也，故我述而不作。"按郭注之意，则彼即指道，谓道一开始就存在，任其自然，故曰"我述而不作"。

⑨ "则其解之"三句，谓道玄之又玄，解悟似未曾解悟，以不解为解也；知

之似未曾知之，以不知为知也。原文无"不解而后解之"一句，从友人储庭焕之说补。储君之言曰："'其解之也似不解之者'下似漏一句，原文疑当作'则其解之也似不解之者，不解而后解之；其知之也似不知之也，不知而后知之'，文意方全。不解而后解之，以不解为解也；不知而后知之，以不知为知也，一切任其自然也。"

⑩ 问，探究，探求。崖，通"涯"，边际。"其问之也"三句，谓探问大道，大道浩瀚无边，故不可认为有边际；道体现于物，物是具体的，故又不可认为无边际。

⑪ 颉滑（颉，古黠切；滑，古忽切），双声连绵词，纷乱貌。《释文》引"向云：颉滑，谓错乱也"。扬摧（què），《释文》引"王云：摧略而扬显之"。《梁书·刘遵传》："酒阑耳热，言志赋诗，校覆忠贤，摧扬文史，益者三友，此实其人。"摧扬为推敲斟酌之意。"颉滑有实"四句，谓道生万物极为纷乱而自有实理，古今不相代，它在不断变化之中，不可以亏损，则可不推敲而得之乎。成玄英疏："其道广大，岂不谓显扬妙理而摧实论之乎？"

⑫ 阖，通"曷"，何不也。"阖不"二句，谓何不探问此理，何必如此疑惑！

⑬ "以不惑"三句，谓不惑解其不惑，回归于不惑，则是大不惑。

★最后一节即第五节，论述道之性状和作用。

本节文字艰涩扞格，解说者极为分歧。解释只是捉摸其大意而已，很难说得具体明白，而且未必正确。如"尽有天，循有照，冥有枢，始有彼"，清人姚鼐甚至连断句都和他人不同，姚氏断作"尽有天循，有照冥，有枢始，有彼则"。姚氏解说云："天循者，常无以知其妙也；照冥者，常有以知其徼也。天循为体，故有枢始；照冥为用，故有彼则，无常则也。"但何谓天循，何谓照冥，何谓枢始，何谓彼则，姚鼐并未能训解明白。又如"则可不谓有大扬摧乎"，注引成玄英疏曰："其道广大，岂不谓显扬妙理而摧实论之乎？"疏语和原文字面距离实在太远。谨志于此，以俟识者。

# 则阳第二十五

则阳,以首章开头人物名篇。由十一章文字杂凑而成。除十章十一章同为少知与大公调对话外,其他九章内容各别,彼此不相关联。

首章"则阳游于楚",主要内容是赞扬隐士公阅休,对楚王"将以静泰之风镇其动心",乐与他人推移而又保全自己的本性。

二章论圣人"以天为师",其爱人也出于自然本性而并不自知。

三章由四节文字组成,总谓人得还其本性,则畅然欢喜;圣人与物推移而又能守道抱一,日与物化,而守道不移。

四章戴晋人所说蛮触战争是有名的寓言,反映了当时各国之间战争的残酷。作者反对这种残酷的战争,他站在宇宙的高度俯看尘世,认为人类社会极其渺小,让人民成千成万牺牲的争夺实毫无意义,只是徒增人民的苦难。是《则阳》篇中最有价值的一章。

五章表面上借孔子之口,赞美市南宜僚"方且与世违而不屑与之俱"。作者的意图其实是否定孔子。

六章长梧封人劝子牢为政治民,不要"卤莽灭裂"。对民"卤莽灭裂"者残害人的本性,将带来严重后果。

七章柏矩哀怜罪人,认为人之所以犯罪,根源在于社会。社会有了荣辱的区分人们就有了忧患,有了财货的积聚人们就有了争夺。人民所以犯罪是统治者逼迫的结果,故责任在于统治者。

八章蘧伯玉行年六十而六十化,批判"人皆尊其知(智)之所知而莫知恃其知(智)之所不知而后知",强调所谓自然之知才是真知,否定实践的必要性。

九章三个史官解释卫灵公的谥法,各说不一,说明是非无定。

十章十一章是少知与大公调对话,四问四答。大公调先解答了"何谓丘里之言",即"合十姓百名而以为风俗也,合异以为同,散同以为异",而重在"合异以为同",自己虽有主见但不固执,不拒绝他人的意见，做到"大人合并而为公"。作者并认识到"时有终始，世有变化"，事物的发展往往具有两面性，故需正确地对待祸福顺逆。大公调回答的第二个问题是万物是如何产生的。他认识到事物发展的复杂性，相盖相治，相生相杀；但究竟如何产生，他没有明确的回答，认为"此议之所止"。

## （一）

则阳游于楚，夷节言之于王①，王未之见，夷节归。

彭阳见王果曰："夫子何不谭我于王②？"

王果曰："我不若公阅休③。"

彭阳曰："公阅休奚为者邪？"

[王果]曰："冬则擉鳖于江，夏则休乎山樊④。有过而问者，曰'此予宅也'。夫夷节已不能，而况我乎！吾又不若夷节。夫夷节之为人也，无德而有知，不自许，以之神其交⑤；固颠冥乎富贵之地，非相助以德，相助消也⑥。夫冻者假衣于春，暍者反冬乎冷风⑦。夫楚王之为人也。形尊而严，其于罪也，无赦如虎⑧，非夫佞人正德，其孰能桡焉⑨！

"故圣人，其穷也使家人忘其贫，其达也使王公忘爵禄而化卑⑩。其于物也，与之为娱矣⑪；其于人也，乐物之通而保己焉⑫。故或不言而饮人以和，与人并立而使人化⑬。父子之宜⑭。彼其乎归居，而一闲其所施⑮。其于人心者若是其远也⑯。故曰待公阅休⑰。"

① 则阳，人名。《释文》引"司马云：名则阳，字彭阳也。一云：姓彭，名则阳，周初人也"。成玄英疏："姓彭，名阳，字则阳，鲁人。游事诸侯，后入楚，欲事楚文王。"按，姓名疑成疏近是。则阳游于楚，欲见楚王。楚之有王，始于楚武王，其时已是东周平王之世，则阳自不得为周初人。楚文王，周庄王八年（前

567

689）即位，与鲁庄公同时。夷节，成玄英疏："夷姓，名节，楚臣也。"

② 王果，《释文》引"司马云：楚贤人"。成玄英疏："楚之贤大夫也。"谭，同"谈"，说也。谭我于王，亦即言之于王。

③ 公阅休，《释文》："隐士也。"

④ 擉，通"戳"，刺也。擉鳖，用尖器刺鳖，至今江南乡下犹有用之者。山樊，山旁，山下面。

⑤ 知，同"智"。不自许，似针对上文"无德"而言，即不以德自许。（按，"不自许"句似有缺文，句意不全。）此人无德而有巧智，是投机取巧之人。以之神其交，以这种方式神化其交际本事。

⑥ 固，乃也。颠冥（diān mián），叠韵联绵词，沉溺、迷恋之意。非相助以德相助消也，谓不仅对人无助于德行反而使人损伤德行。成玄英疏："消，毁损也。"——交、消，古韵阴声宵部。

⑦ 假、反，皆求取之意。暍（yè），中暑。"夫冻者"二句，谓受冻之人希望得到衣服如春天一样温暖，中暑之人希求冬天一样的寒风。林云铭《庄子因》："假衣于春，何足以救冻；反风于冬，何足以救暍。欲因夷节以求进，何以异此，言其无及于事也。"（"冻者假衣于春，暍者反冬乎冷风"，句法错互。《淮南子·俶真篇》有"冻者假兼衣于春，暍者望冷风于冬"二句，必原于《则阳》，属对更为工整。）

⑧ 形尊而严，形貌自尊而且严厉。其于罪也无赦如虎，对于认为有罪的人从不宽赦，有如猛虎。

⑨ 桡，通"挠"，屈也。此使动，使为之屈，即使之信服。佞人，巧佞小人。正德，有德之人。佞人则有巧辩，正德则有原则，二者品格相反，却都能使暴君信服。

⑩ 故，犹"夫"也。圣人，据前后文意，当指公阅休；文章交代不清。穷，穷困。达，显达。忘爵禄而化卑，忘其爵禄地位而化为谦卑。

⑪ "其于物也，与之为娱"，对于外物与为娱乐而不为所苦。

⑫ "其于人也，乐物之通而保己"，对于人乐与之沟通而又保全自己的本性。成玄英疏："混迹人间而无滞，虽复通物而不丧我，动不伤寂而常守于其真。"

⑬ 饮人以和，使人感到淳和。使人化，使人感化。——和、化，古韵阴声歌部。

⑭ 父子之宜，此四字甚为孤悬。郭象以此四字属下句，解作"使彼父父子子各归其所"亦甚勉强。

⑮ 彼，指公阅休。"彼其乎归居"，即"彼归乎其居"，指公阅休"休乎山樊"。一闲，纯一闲静。"一闲其所施"，即"其所施一闲"，谓其所施于人者纯一闲静，亦即上文之"饮人以和"与"使人化"。——宜、施，古韵阴声歌部。

⑯ "其于人心"句，谓公阅休之纯一闲静之心与一般人之躁进干禄者相距甚远。

⑰ 故曰待公阅休，郭象注："欲以释楚王而从阅休，将以静泰之风镇其动心也。"

★（一）"则阳游于楚"章貌似则阳游楚故事，实际上则阳只是一个引子。文章全是对圣人公阅休的歌颂。公阅休安贫乐道，而能感化他人。"其穷也使家人忘其贫，其达也使王公忘爵禄而化卑"，郭象称之为"以静泰之风镇其动心"。

本章篇幅不长，文辞却错午曲折。则阳到底是什么人，叙述文字中毫无必要地一下称则阳，一下称彭阳；何以去游楚，何以要见王，还反复请人引荐，而后什么结果也没有：是书中最为拙劣的文字。

（二）"非夫佞人正德其孰能桡焉"一句倒耐人寻味。佞人和正德是两个极端，却同样能桡折人君。这种事情历史上屡见不鲜。姚崇宋璟，正德也；李林甫杨国忠，佞人也，而并能"桡"唐明皇，"桡"出的结果当然大不一样：姚宋"桡"出了开元之治，李杨"桡"出了安史之乱，差点儿把大唐"桡"垮了。

# （二）

圣人达绸缪，周尽一体矣，而不知其然，性也①。复命摇作而以天为师，人则从而命之也②。忧乎知，而所行恒无幾时，其有止也若之何③！

生而美者，人与之鉴，不告则不知其美于人也。若知之，若不知之，若闻之，若不闻之，其可喜也终无已，人之好之也亦无已，性也④。圣人之爱人也，人与之名，不告则不知其爱人也。若知之，若不知之，若闻之，若不闻之，其爱人也终无已，人之安之也亦无已，性也⑤。

①达，通达。绸缪（chóu móu），叠韵联绵词。《释文》曰："犹缠绵也。"成玄英疏："结缚也。"此处犹言错综复杂。达绸缪，通达错综复杂的事物，实即不卷入纠结，超然处之也。"圣人"四句，谓圣人超脱世间各种纠结，合万物为一体，而不知其然；盖非有意为之，乃其自然本性。成玄英疏："夫达道圣人，超然县解，体知物境空幻，岂为尘网所羁！夫智周万物，穷理尽性，物我不二，故混同一体也。"

②复命，复其本性。《老子》第十六章："夫物芸芸，各复归其根。归根曰静，是谓复命。"此处为按其本性之意。摇作，犹言行动。天，自然也。命，名也，"复命摇作"二句，谓圣人按其本性行动，以自然为师，人们从而名为圣人也。

③知，通"智"。忧乎知，忧于智巧，即所忧者皆智巧之事，与圣人之自然超脱正相反。"忧乎知"三句，谓总是操心如何用其智巧，而行之常无幾时，甚至中止而无可奈何。这与圣人之顺其自然而无所忧虑者正相反。

④鉴，鉴别，认知。"生而美者"一段，谓境界甚高之美者，人们认知其美，他并不自知其美，而自然欣喜，人亦好之无已，此其本性也。

⑤名，称道，赞许。"圣人之爱人"一段，谓圣人之爱出乎自然，人们称许其爱人，他并不自知其爱人。而其爱人无已，人亦安之无已，此其本性也。

★"圣人达绸缪"一章，谓圣人"以天为师"，其爱人也并不自知，乃出乎其自然本性。

按，此道家后学的观念。《老子》第五章云："天地不仁，以万物为刍狗；圣人不仁，以百姓为刍狗。"老子认为，圣人于人如天地之于万物，任其自然，无所谓爱与不爱。宋苏辙《老子解》曰："天地无私，而听万物之自然。故万物自生自死，死非吾虐之，生非吾仁之也。"元吴澄《道德真经注》："天地无心于爱物，而任其自生自成；圣人无心于爱民，而任其自作自息。"苏吴之说，得老子本义。

## （三）

（1）旧国旧都，望之畅然；虽使丘陵草木之缗入之者十九，犹之畅然，况见见闻闻者也，以十仞之台县众间者也①！

① 第三章由四节短文组成。此第一节。畅然，《释文》："喜悦貌。"缗，合也；入，没也；缗入，犹掩没、掩蔽。"犹之"之"之"，如此也。见见闻闻，犹言随处可见随处可闻。自然本性无处不在，故曰见见闻闻者。"见见闻闻者也"之"也"，通"邪"。以，犹"如"也。十仞，言其甚高，八尺曰仞。县，通"悬"。成玄英疏："国都，喻其真性也。夫少失本邦，流离他邑，归望桑梓，畅然喜欢。况丧道日淹，逐末来久，今既还原反本，故曰畅然。"意谓旧国旧都乃比喻人的自然本性。人久离故国旧都，一旦望见会无限喜悦，即使丘陵草木掩没了它十分之九，尚且如此欣喜，何况无处不在的自然本性，有如十仞之台高悬在众物之间，一旦回复，其欣喜之情自可想见。

（2）冉相氏，得其环中以随成①，与物无终无始，无几无时②。日与物化者，一不化者也③，阖尝舍之④！夫师天而不得师天，与物皆殉，其以为事也若之何⑤？夫圣人未始有天，未始有人，未始有始，未始有物，与世偕行而不替，所行之备而不洫，其合之也若之何⑥？

① 冉相氏，郭象注："古之圣王也。"得其环中以随成：世间万物，变化无穷，是非亦无穷。是非变化如环，处于环中，则无是无非，随物自成。参见《齐物论》

"枢始得其环中以应无穷"注。

②幾，《墨子》"不敢失时幾"，俞樾平议："幾，期也。"无终无始无幾无时，终与始，两义相对，幾与时，两义相同。与物无终无始无期无时，即随物变化"以随成"之意。郭象注："忽然与之俱终。"成玄英疏："无始，无过去；无终，无未来；无幾无时，无见在也。体合变化，与物俱在，故无三时也。"

③一，即《老子》"圣人抱一为天下式"之一，"抱一"即守道。日与物化者，日日与物化，常与物化也。"日与俱化"二句，谓日与外物推移变化，而守道不变。二句又见《知北游》。

④阖，通"曷"，何也。阖尝舍之者，不舍之也。

⑤师天，师法自然。殉，成玄英疏："逐也。"其以为事，即其与物皆殉为事。"夫师天"三句，谓存心于师法自然而不得师法自然，反与外物相逐而以之为事，将如之何？犹言结果会怎么样。作者不用回答，无疑是非常危险。

⑥"有始"之始，言始以该终。未始有始，未始有始终也。"有物"之物，言物以该我。未始有物，未始有物我也。未始有天，未始有人，未始有始，未始有物，即不存心于有自然，有人事，有始终，有物我，一切任之而已。替，成玄英疏："废也，堙塞也。"溢，《释文》："滥也。王云，坏败也。"合，冥合，冥合于道。"夫圣人"五句，谓圣人不存心于自然人事始终物我，与世推移而不堙塞，所行完备而不废败，而自与大道冥合，将如之何？前一个"若之何"，谓存心于师法自然而实与外物相逐者如之何？后一个"若之何"，谓圣人不存心于一切而与大道冥合者如之何？王先谦曰："两言若之何，欲人之自审择。"

★第二节谓圣人与物推移而守道抱一。存心于师法自然而与外物相追逐者离道日远，不存心于天人物我者自与道冥合。

（3）汤得其司御门尹登恒，为之傅之，从师而不囿，得其随成①。为之司其名之名嬴法得其两见，仲尼之尽虑为之傅之②。

①汤，成汤，殷商开国之君。司御门尹登恒，《释文》引"向云：门尹官名，登恒人名"。林云铭《庄子因》谓"司御，官名；门尹登恒，人名"。为，使也。"为之"之"之"，代指登恒。为之傅之，使其辅佐自己。"汤得"四句，谓成汤得司御门尹登恒，使之辅佐自己，从师而不为所局限，得以随而成事。

②"为之司其"以下二十二字难以句读，亦不得其解，字句疑有脱漏。

★"汤得其司御"为第三节。成玄英疏："殷汤圣人，忘怀顺物，故得良臣御事，既为师傅，玄默端拱而不为也。"

（4）容成氏曰①："除日无岁，无内无外②。"

①容成氏，《释文》："老子师也。"成玄英疏："古之圣王也。"按，容成氏已见于《胠箧》篇，叙于伏羲神农之前，自不可能是老子之师，传说中古之圣王也。

②除日无岁，日积聚而成岁，无日自无所谓岁。无内无外，没有内涵自没有外延。说明内涵与外延相对而存在。两句理解为"除日则无岁，无内则无外"，意思自明。姚鼐《庄子章义》："除日无岁，积少以为多也；无内无外，积微以成著也。此古之格言。"——岁、外，古韵入声月部。

★"容成氏曰"为第四节。这两句话意思明白，词语也不艰深。但容成氏在什么情况下说这两句话，却又不甚明白。

"旧国旧都"一章由四节文字杂凑而成，各节内容似并无联系，且有缺漏，故分节予以注释。有些语句，意思不明。

## （四）

魏莹与田侯牟约①，田侯牟背之。魏莹怒，将使人刺之。

犀首公孙衍闻而耻之②,曰:"君为万乘之君也,而以匹夫从雠③!衍请受甲二十万,为君攻之,虏其人民,系其牛马,使其君内热发于背。然后拔其国④。忌也出走,然后抶其背,折其脊⑤。"

季子闻而耻之,曰:"筑十仞之城,城者既十仞矣,则又坏之,此胥靡之所苦也⑥。今兵不起七年矣,此王之基也。衍,乱人,不可听也。"

华子闻而丑之,曰:"善言伐齐者,乱人也;善言勿伐者,亦乱人也;谓伐之与不伐乱人也者,又乱人也⑦。"

君曰:"然则若何?"

曰:"君求其道而已矣⑧。"

惠子闻之而见戴晋人⑨。

戴晋人曰:"有所谓蜗者⑩,君知之乎?"

曰:"然。"

"有国于蜗之左角者曰触氏,有国于蜗之右角者曰蛮氏,时相与争地而战,伏尸数万,逐北旬有五日而后反⑪。"

君曰:"噫!其虚言与⑫?"

曰:"臣请为君实之。君以意在四方上下有穷乎⑬?"

君曰:"无穷。"

曰:"知游心于无穷,而反在通达之国,若存若亡乎⑭?"

君曰:"然。"

曰:"通达之中有魏,于魏中有梁,于梁中有王。王与蛮氏有辩乎⑮?"

君曰:"无辩。"

客出而君惝然若有亡也⑯。

客出,惠子见。君曰:"客,大人也⑰,圣人不足以当之。"

惠子曰:"夫吹管也,犹有嗃也;吹剑首者,吷而已矣。尧舜人之所誉也,道尧舜于戴晋人之前,譬犹一吷也⑱。"

① 魏莹,即魏惠王。周烈王七年(前369)至周慎靓王二年(前319)在位,

凡五十一年。《庄子》书中于各国统治者大都称其尊号或谥号，此处称魏惠王为魏莹却甚独特。田侯牟，成玄英疏："田侯即齐威王也。名牟，桓公之子，田恒之后，故曰田侯。齐魏二国，约誓立盟，不相征伐。"按，田齐威王于魏惠王十四年（前356）称王，在位三十七年（前356—前320）与魏惠王同时，故成疏推断为威王。但据《史记·田敬仲完世家》齐威王名因齐，不名牟，寓言传说，未必有史可据。——魏莹将使人刺之。

②犀首公孙衍，《集释》本无"公孙衍"三字，此从王孝鱼校据赵谏议本补。《释文》："犀首，魏官名也。司马云：若今虎牙将军。公孙衍为此官。"耻之，以行刺为耻。

③万乘，万辆兵车。周制天子万乘，至战国之世，大国之君亦称万乘之君。以匹夫从雠，用匹夫的方式对待雠敌，指派人行刺。

④甲，代指军士。系，牵走。内热发于背，因惊恐而血压升高，内热烧心。拔其国，攻取其都城。

⑤忌也出走，《释文》："忌畏出走，或言围之也。"又引"元嘉本忌作亡"，谓齐王因国亡出走，似更切文意。（忌，成玄英疏谓指齐威王名将田忌，不如《释文》所说确切。）扶（chì），鞭打。——公孙衍主张起兵伐齐。

⑥季子，魏惠王臣。胥靡，成玄英疏："徒役人也。"筑城而又坏城，使徒役之人受苦。比喻发动战争给人民带来苦难。——季子反对起兵伐齐。

⑦华子，《释文》："亦魏臣也。"善言，巧言。主张伐之者，主张不伐者，以伐与不伐为乱人者，皆乱人也。因不管哪一种主张，都是从是非利害考虑问题，故皆乱人也。乱人，只会捣乱之人。

⑧求其道，不从是非利害出发，而求其无为之道。

⑨惠子，即惠施，为魏惠王相。见（xiàn）戴晋人，推荐戴晋人，《释文》："梁国贤人，惠施荐之于王。"

⑩蜗，蜗牛，头顶有两对触角。

⑪国，立国。逐北，追逐失败者。

⑫虚言，不实在之言，荒唐之言。

⑬实，证实。以意，凭心臆度。在，视也，察也。《书·康诰》"今民将在祇遹乃文考"江声集注音疏："在，视也。"《大禹谟》"念兹在兹"江声注："在，察也。"四方上下，犹言太空。在四方上下有穷乎，看看太空之上是否有穷尽。

⑭知，犹如也，若也。徐仁甫《广释词》："陶渊明〈形赠影〉'谓人最灵智，独复不知兹'，知，一作'如'。鲍令晖〈代葛沙门妻郭小玉作〉'若共相思夜，知同幽怨晨'，'若、知'互文；知，亦若也。"遊，遂游。心，思也。《经义述闻·尔雅中》"谋，心也"，王引之按："心，思也。"游心，犹言驰骋想象、设想。反在，指在太空中回看。通达之国，指地上所有的诸侯国。郭象注："人迹所及为通达，谓今四海之内也。"若存若亡，若有若无。"知游心于无穷"三句，谓如果设想在太空之中，回看地下，是不是迷蒙不清，若有若无？

⑮梁，魏国原都安邑，惠王迁都大梁，此即指大梁。辩，通"辨"，区别。"通达之中"四句，谓在太空之上回看下面各国，这些国中有一个魏国，魏国有一座大梁城，大梁城有一位魏王；魏王同那蛮氏触氏有没有什么区别？言同样极其渺小。

⑯惝（tǎng）然若有亡也，恍惚如有所失。

⑰客，指戴晋人。大人，体道之伟人。

⑱管，竹管。嘯（xiāo），竹管发出之声，其声大。呋（xuè），出气声，其声小。誉，赞誉。道，称道。"尧舜"三句，谓尧舜是人们所赞誉者，称道尧舜于戴晋人之前，就像吹剑首上的小孔，微不足道。这是对戴晋人的高度赞扬。

★（一）蛮触争于蜗角是一则有名的寓言，是对当时发动战争的统治者绝妙的讽刺和鞭笞。蛮触之间"时相与争地以战，伏尸数万"，与孟子揭露当时各国统治者之间"争城以战，杀人盈城；争地以战，杀人盈野"并无区别。但孟子反对战争，是主张以仁政统一天下，而不要通过战争。道家则是站在宇宙的高度来看待尘世的争夺，认为人世如此渺小，争斗毫无意义，故使人"惝然若有亡也"。

（二）蜗牛角上的国家发生战争，竟然会"伏尸数万，逐北旬有五日而后反"，当然是寓言家荒唐之言。我们很难想象，蛮触之国的"人"如此之小，他们会有怎样的生命过程，怎样的生存环境，为什么会有如此激烈的矛盾，残酷的斗争。

其实,不妨设想一下,倘若宇宙间有一种比我们高级得多的生灵,俯看人类世界,在他们眼里,我们何尝不是小得可怜,他们同样会奇怪这些渺小的生命有怎样的生命过程,有怎样的生存环境,为什么会有如此激烈的矛盾,残酷的斗争!如果这样设想,我们何尝不会像魏惠王一样"惝然若有亡也"!

（三）"反在通达之国"之"在",视也。反在,犹言回看,指在太空中回头向下看。"在"此义古籍中亦少见,注家多不注意,故特此说明。

## （五）

孔子之楚,舍于蚁丘之浆①。其邻有夫妻臣妾登极者②,子路曰:"是稯稯何为者邪③?"

仲尼曰:"是圣人仆也④。是自埋于民,自藏于畔。其声销,其志无穷⑤;其口虽言,其心未尝言,方且与世违而心不屑与之俱⑥。是陆沉者也,是其市南宜僚邪⑦?"

子路请往召之⑧。

孔子曰:"已矣,彼知丘之著于己也,知丘之适楚也,以丘为必使楚王之召己也,彼且以丘为佞人也。夫若然者,其于佞人也盖闻其言,而况亲见其身乎⑨!而何以为存⑩?"

子路往视之,其室虚矣⑪。

① 蚁丘,地名。浆,《释文》引"李云:卖浆家。司马云:谓逆旅舍以菰蒋草覆之也"。是司马彪读"浆"为"蒋"也。疑司马说近是。舍于蚁丘之浆,住在蚁丘菰蒋草盖的茅屋里。

② 夫妻臣妾,指男男女女各式各样的人。登极,《释文》引"司马云:极,屋栋也,升之以观也。一云:平顶屋也"。句意谓其邻居男女挤拥登屋顶以观望孔子徒众。

③稷稷，通"總總"，众多聚集之貌。

④圣人仆也，成玄英疏："古者淑人君子，均号圣人，故孔子名宜僚为圣人也。言臣妾登极聚众多者，是市南宜僚之仆隶也。"

⑤埋、藏，皆隐藏之意。畔，田垅。销，沉寂。"是自埋于民"四句，谓其人隐于民间，藏于田垅，其声名沉寂，其志意无穷。

⑥"其口虽言"三句，谓平时虽也说话，而不存心于说话，方与世俗相违，不屑与世俗合流。

⑦是陆沉者，郭象注："人中隐者，譬无水而沉也。"无水而沉于陆，即隐居之意。市南宜僚，已见《山木》篇与《徐无鬼》篇。

⑧召之，请他。《吕氏春秋·分职》"今召客者酒酣"，高诱注："召，请也。"

⑨已矣，算了。彼，指市南宜僚。孔子制止子路勿召请市南宜僚。著，明也，了解。佞人，谄佞之人。谓市南宜僚知道孔子了解他，并将荐于楚王，他一定认为孔子是谄佞小人。他对于佞人会羞闻其言，更不会亲见其人。

⑩而，通"汝"。何以为存，怎么认为他还在那儿。

⑪其室虚矣，房子空了，人已离去。说明孔子料想市南宜僚不会见他是正确的。

★（一）本章歌颂隐士的恬淡销凝，不与世接。道家后学反对儒家，揶揄孔子，无所不用其极！即如本章，借孔子之口，自认为在圣人意中，自己竟是巧佞小人；圣人"羞闻其言"，更不屑"亲见其身"。让孔子自己来贬低自己，是对孔子最无聊的侮弄。

《徐无鬼》篇的市南宜僚"受酒而祭"孔子，称之为"古之人"，对孔子相当尊敬；本篇中之市南宜僚，对孔子不屑一顾。这些作者根据需要，可以随意摆布。

（二）《世说新语·轻诋》："(恒温）与诸僚属登平乘楼眺瞩中原，慨然曰：'遂使神州陆沉，百年丘墟，王夷甫诸人不得不任其责！'"语中"陆沉"喻国土沦丧；与《则阳》篇中"陆沉"字同义异，为同形词。

— 则阳第二十五 —

## （六）

　　长梧封人问子牢曰①："君为政焉勿卤莽，治民焉勿灭裂②。昔予为禾，耕而卤莽之，则其实亦卤莽而报予；芸而灭裂之，其实亦灭裂而报予③。予来年变齐④，深其耕而熟耰之，其禾蘩以滋，予终年厌飧⑤。"

　　庄子闻之曰："今人之治其形，理其心，多有似封人之所谓⑥。遁其天，离其性，灭其情，亡其神，以众为⑦。故卤莽其性者，欲恶之孽，为性萑苇蒹葭⑧；始萌以扶吾形，寻擢吾性，并溃漏发，不择所出，漂疽疥痈，内热溲膏是也⑨。"

　　① 长梧封人，《释文》："长梧，地名。封人，守封疆之人。"按，《齐物论》有艾封人，《天地》有华封人，《左传》隐公元年有"颍考叔为颍谷封人"。子牢，《释文》引"司马云：即琴牢，孔子弟子"。郭庆藩曰："琴张，孔子弟子，经传中无作琴牢子牢者。"按，此子牢乃"为政""治民"者，未必即孔子弟子。故事而已，子牢是谁，无须考究。

　　② 卤莽、灭裂，《释文》引"司马云：卤莽，犹鹵粗也，谓浅耕稀种也。灭裂，断其草也"。按，《释文》："卤，音鲁；莽，莫古反。"叠韵联绵词。下文"耕而卤莽之"，则为粗略之意，故司马云"浅耕稀种也"。灭裂，叠韵联绵词，下文"芸则灭裂之"，则为断折苗茎之意，司马云"断其草也"疑当作"断其苗也"。因"断其草"是芸田的正当行为，"断其苗"才是错误行为，苗断才影响庄稼收成。引申为残害之意。"君为政"二句，谓君为政不要粗略，治民不要残害。

　　③ 为禾，种植庄稼。耕而卤莽，谓耕地粗略。其实亦粗略回报，指子实稀少。芸，通"耘"，锄也。芸而灭裂，锄地伤害禾苗。其实亦灭裂回报，指收成甚少。

　　④ 来年，下一年。变齐，《释文》："谓变更所法也。"按，齐，正也。变齐谓改用正当的方式。

　　⑤ 深其耕，深耕其地。熟耰，细芸其苗。禾蘩而滋，禾苗蘩茂滋荣。终年，整年。厌飧，饱食，谓粮食充足。

579

⑥治其形，治理其形体。理其心，修养其心神。二句谓治理其身心。似封人之所谓，如封人之所谓卤莽灭裂。

⑦"遁其天"五句，谓遁天离性灭情亡神"以众为"也。以众为，以多所作为也。成玄英疏："逃自然之理，散淳和之性，灭真实之情，失养神之道者，皆以徇逐分外，多滞有为故也。"

⑧"卤莽其性"由"耕而卤莽"引申而来，则有伤害之意，谓伤害其天性。欲，欲求，如对权力、财富、色性等生活享受的追求之类。恶，恶念，如伤天害理、作威作福之类。孽，害也。萑（huán）苇蒹葭，都是芦苇一类的植物。芦苇丛生，必堵塞沼泽。"故卤莽其性"三句，谓伤害自然之本性者，乃欲恶之害，成为本性中之萑苇蒹葭。亦即如萑苇蒹葭堵塞沼泽一样，欲恶之害堵塞自然本性。

⑨扶，助也。寻，犹言随后，与"始萌"对应。擢，拔也，去也，引申为破坏之意。并溃，到处溃烂。漏发，脓汁流出。漂疽疥痈，并是恶疮。漂，一作"瘭"。溲膏，遗精。"始萌"六句，谓"欲恶之孽"开始萌发之时，使人得到某种满足，似乎有助于形体，随后就破坏人之本性，以致到处溃烂流脓，恶疽疥疮，内热遗精，至不可收拾。

★"长梧封人"章由长梧封人告诫子牢，为政治民，不要"卤莽灭裂"，引发庄子的高论，谓人对于自然本性，更不能破坏。如果让"欲恶之孽"滋长，破坏本性，就会伤害人的生命。

文章虽明说"庄子曰"，未必就是真庄子。外杂篇中的老子庄子，皆道家后学或据传闻为说，或竟系假托，不能认定即真老真庄也。

（七）

柏矩学于老聃，曰："请之天下游①。"

— 则阳第二十五 —

老聃曰:"已矣,天下犹是也②。"

又请之,老聃曰:"汝将何始?"

曰:"始于齐。"

至齐,见辜人焉,推而强之,解朝服而幕之③,号天而哭之曰:"子乎子乎④!天下有大灾,子独先离之,曰莫为盗,莫为杀人⑤!荣辱立然后睹所病,货财聚然后睹所争⑥。今立人之所病,聚人之所争,穷困人之身使无休时,欲无至此,得乎⑦!

"古之君人者,以得为在民,以失为在己;以正为在民,以枉为在己;故一形有失其形者,退而自责⑧。今则不然,匿为物而愚不识⑨,大为难而罪不敢⑩,重为任而罚不胜⑪,远其涂而诛不至⑫。民知力竭,则以伪继之;日出多伪,士民安取不伪⑬!夫力不足则伪,知不足则欺,财不足则盗;盗窃之行,于谁责而可乎⑭?"

① 柏矩,成玄英疏:"柏,姓;矩,名。怀道之士,老子门人也。请游宇内,观风化察物情也。"

② 天下犹是也,天下和此处一样。犹言"滔滔者天下皆是也"。

③ 辜人,罪人。《周礼·秋官·掌戮》"杀王之亲者辜之",郑玄注:"辜之言枯也,谓磔之。"《汉书景帝纪》"改磔曰弃市",师古曰:"磔,谓张其尸也。谓之弃市者,取刑人于市,与众弃之也。"幕,覆盖。成玄英疏:"游行至齐,以观风化。忽见罪人,刑戮而死。于是推而强之,令其正卧,解取朝服,幕而覆之。"则辜人指刑戮而死者,柏矩解取朝服,覆盖在刑戮而死的罪人身上。

④ 子乎子乎,"子"是对人的通称,此处犹言"你呀你呀",是柏矩哀怜地呼唤罪人之词。

⑤ 灾,祸患。离,遭遇。天下大灾,即指为盗与杀人。柏矩推断,此人所犯之罪,不是为盗就是杀人,故曰"子独先离之"。

⑥ 病,忧虑。"荣辱立"二句,谓荣辱树立就会看到人们的忧虑,因为人们总会去考虑如何得到荣耀和如何避免耻辱;货财积聚就会看到人们的争夺,因为人

581

们总会去争夺财货和防御别人争夺。

⑦立人之所病，树立人所忧虑者，即树立荣辱。聚人之所争，积聚人所争夺者，即积聚财货。穷困人之身，指使人劳身焦思。至此，指成为罪人。"今立人"四句，谓现时社会上树立荣辱，积聚财货，使人劳身焦思而无休止之时，要使人不堕落到这种地步，可能吗？

⑧君人者，统治人者。得，正确。失，错误。正，合理。枉，无理。形，通"刑"。"古之君人者"七句谓，古代的统治人者，以正确在人民，错误在自己；以合理在人民，无理在自己。有一桩刑罚判决不当，退而责备自己。

⑨匿，隐匿，掩盖。为，犹"其"也。愚，愚弄。匿为物而愚不识，掩盖事物的真相而愚弄不了解情况者。俞樾谓"愚"为"过"之误。参见星评（二）。

⑩大为难而罪不敢，大其难度而归罪不敢为者。王先谦曰："大为艰难，而以不敢为者为罪。"

⑪重为任而罚不胜，重其任务而责罚不胜任者。

⑫远其涂而诛不至，远其道涂而惩处走不到者。

⑬知，通"智"。"民知力竭"四句，谓人民智穷力竭，就只好作伪来对付；统治者日日在作伪，士民安得不作伪。

⑭"盗贼之行"二句，谓这种盗贼行为，究竟要责怪谁呢？意即责任全在统治者。郭象注："当责上也。"

★（一）柏矩对犯罪根源的论述，表达两个方面的思想内容。一是认为由于社会上有了荣辱的差别，货财的积聚，人们趋荣而耻辱，争财又夺货，就必然犯罪。其理论基础来源于老子。《老子》第三章云："不尚贤，使民不争；不贵难得之货，使民不为盗；不见可欲，使民心不乱。"尚贤即为荣，反之即为辱。"不尚贤"亦即无所谓荣辱，则民不争。"不贵难得之货"即不积聚财货，则民不盗。既要树荣辱，聚货财，则民必然争夺，也就必然犯罪。

二是认为民之所以犯罪是统治者逼迫的结果。"夫力不足则伪，知不足则欺，财不足则盗"，造成盗贼之行，全是统治者的责任。其理论基础亦源于老子。《老子》第七十五章云："民之饥，以其上食税之多，是以饥。民之难治，以其上之有为，是以难治。民之轻死，以其上求生之厚，是以轻死。"这是老庄书中为劳动人民说话最突出的章节。

本章"柏矩学于老聃"与第四章"魏莹与田侯牟约"，是《则阳》篇中揭露统治者罪恶最为深刻，内容也最为深厚的两章。文辞也较为顺畅。

（二）匿为物而愚不识，俞樾《庄子平议》曰："下文'大为难而罪不敢，重为任而罚不胜，远其涂而诛不至'，曰'罪'，曰'罚'，曰'诛'，皆谓加之以刑也。此曰'愚'，则与下文不一律矣。《释文》曰：'愚，一本作遇。''遇'疑'过'字之误。《广雅·释诂》曰：'过，责也。'因其不识而责之，是谓'过不识'。《吕览·適威篇》曰：'烦为教而过不识，巨为危而罪不敢，重为任而罚不胜。'与此文义相似，而正作'过不识'。高诱注训'过'为'责'，可以订正此文之误。'过'误为'遇'，又臆改为'愚'耳。"——按，尽管俞曲园之说甚为有见，但作"愚"未必错，与下文未必不一律。"愚不识"，"罪不敢"，"罚不胜"，"诛不至"：谓愚弄其不识者，归罪其不敢者，责罚其不胜者，诛杀其不至者。受害之民为不识者，不敢者，不胜者，不至者，责任递进由轻入重；统治者行为则由愚弄，而归罪，而责罚，而诛杀，为害同样递进由轻到重：文义何尝不一律？

（三）子乎子乎，俞樾曰："子乎子乎，乃叹辞也。《诗·绸缪》'子兮子兮'，毛传：'子兮者，嗟兹也。'此云'子乎子乎'，正与'子兮子兮'同义。子当读为嗞。《释文》'子'字不作音，盖失其义矣。"按，俞说非是。"子乎子乎"与"子兮子兮"同义是确实的，但是惊叹地呼唤之词，犹言"你呀你呀"。此处"子乎子乎"之"子"同后文"子独先离之"之"子"，是同一对象，都指罪人。意思清楚明白。毛传所谓"子兮者，嗟兹也"，是说"子兮"为嗟呼之词，并非"子兮"当读为"嗟兹"或"子当读为嗟"。"子"在《绸缪》诗中是爱称，在柏矩呼唤中是通称。从王引之、马瑞辰，一直到闻一多，别生异义，费了九牛二虎之力，考证"子兮"即"嗟兹"，亦即"子兮"是"嗟兹"的假借，都是误读了毛传。清人谈假借者，得之者十之七八，失之者亦十之二三，大训诂学家也不能绝对不错。俞樾云云只是重拾王、马旧说而已。通顺简易的词，无端故作离奇，弄得艰深莫测；这种考证，误导读者，有害无益。

## （八）

蘧伯玉行年六十而六十化①，未尝不始于是之而卒诎之以非也②，未知今所谓是之非五十九非也③。万物有乎生而莫见其根，有乎出而莫见其门④。人皆尊其知之所知而莫知恃其知之所不知而后知⑤！可不谓大疑乎⑥！已乎已乎，且无所逃。此所谓然与？然乎⑦？

①蘧伯玉，春秋末卫国贤大夫。已见《人间世》篇。化，变化，指不断地否定过去。

②诎，通"黜"，贬斥，否定。始于是之而卒诎之以非也，原先认为正确者后来又贬斥之以为错误。

③未知今所谓是之非五十九非也，不知今天认为正确者不是以往五十九年间认为错误者。

④根，本根。门，出生之门，与"根"实同义。"万物有乎生"二句，谓万物生不知其所本，出不知其所由。纯属自然，也就无所谓是，无所谓非。郭象注："无根无门，忽尔自然，故莫见也。"——根、门，古韵阳声文部。

⑤"尊其知""恃其知"之知，通"智"。"人皆尊其知"二句，谓人们皆知重视其智慧所能知者，而不知凭借其智慧所不知而知者。智之所不知而知，即自然之知，如万物莫见其根而有乎生，莫见其门而有乎出。

⑥"已乎已乎，且无所逃"，郭象注："不能用彼，则寄身无地。"所谓"彼"，即"恃其知之所不知而后知"。

⑦"此所谓然与？然乎？"自己提问，答案其实是肯定的。

★（一）本章论人之认识，认为"人皆尊其知（智）之所知而莫知恃其知（智）之所不知而后知"。《徐无鬼》篇有相似的语句，曰："人之于知也少，虽少，恃其所不知而后知，天之所谓也。"——道家强调自然之知，即所谓"恃其知（智）之所不知而后知"或"恃其所不知而后知"。《老子》第四十七章云："不出户，知天下；不窥牖，见天道。其出弥远，其知弥少。是以圣人不行而知，不见而名，不为而成。"完全否定实践的必要性，甚至认为不唯无益，而且有害；只有"恃不知而后知"，即自然之知才是真知。这种认识论具有很大的神秘性。

（二）"人皆尊其知（智）之所知而莫知恃其知（智）之所不知而后知"，郭象注曰："我所不知，物有知之者矣。故用物之知，则无所不知；独任我知，知甚寡矣。今不恃物以知，而自尊其知（智），则物不告我，非大疑而何！"郭象认为，个人的知识有限，我不知道的别人知道，因此要依赖别人的知识，"用物之和，则无所不知"。郭象之说是他自己的认识，并且很有道理，但非原文的旨意。原文明说是"恃其知（智）之所不知而后知"，并没有说"恃物之所知而后知"。

（三）"蘧伯玉行年六十而六十化，未尝不始于是之而卒诎之以非也，未知今所谓是之非五十九非也。"敢于否定自己，今日否定昨日，这种精神是可嘉的。《淮南子·原道篇》曰："蘧伯玉年五十而有四十九年非。何者？先者难为知，而后者易为攻也。"事情发生之时难以判断是否正确，事过之后的批评则比较容易。但《则阳》篇本章并非这个意思，作者在于说明是非总是相对的，昨日之所是，今日之所非；而今日之所是，正是昔日之所非。于是非没有个相对的标准，永远莫知所从，面对人生也就会一片惘然。

# （九）

仲尼问于大史大弢、伯常骞、狶韦曰[①]："夫卫灵公饮酒湛乐，不听国家之政；田猎毕弋，不应诸侯之际；其所以为灵公者何邪[②]？"

大弢曰："是因是也[③]。"

伯常骞曰："夫灵公有妻三人，同滥而浴④。史鰌奉御而进所，搏币而扶翼⑤。其慢若彼之甚也，见贤人若此其肃也，是其所以为灵公也⑥？"

狶韦曰："夫灵公也死，卜葬于故墓不吉，卜葬于沙丘而吉。掘之数仞，得石椁焉，洗而视之，有铭焉，曰：'不冯其子，灵公夺而里之。'夫灵公之为灵也久矣，之二人何足以识之⑦！"

① 大史，同"太史"。大弢（tāo）。伯常骞、狶韦，皆史官。

② 卫灵公，卫国国君，已见《人间世》篇。湛乐，沉溺于享乐。成玄英疏："毕，大网也。弋，绳系箭而射也。庸猥之君，淫声嗜酒，捕猎禽兽，不听国政，会盟交际，不赴诸侯。汝等史官，应须定谥，无道如此，何为谥灵？"际，会也。不应诸侯之际，即不应诸侯之盟会。

③ 是因是也，就是你说的这些缘故。（指其生活腐化，荒于国政。）郭象注："灵即是无道之谥也。"成玄英疏："周公谥法：乱而不损曰灵。灵即无道之谥也。此是因其无道，谥之曰灵，故曰是因是也。"

④ 滥，《释文》："浴器也。"洗澡盆。同滥而浴，同在一个澡盆洗澡。

⑤ 史鰌，即史鱼，卫国的贤大夫。奉御，奉命进见。进所，进于君所。搏，执也。币，帛，进见时的礼品。扶翼，扶持。"史鰌"二句，谓史鰌奉召进见，卫灵公使人接其币帛并扶持之；意即卫灵公对贤臣甚为礼敬。

⑥ 慢，散慢，放荡。肃，敬也。"其慢"三句，谓灵公生活如此放荡，见贤人表面上甚为敬重，因此而谥为灵公邪。

⑦ 卜葬，占卜决定葬地。故墓，原先做好的墓。沙丘，地名。石椁，石制棺椁。冯，通"凭"，依靠。夺，取也。里，居也。王孝鱼校引赵谏议本作"埋"。沙丘地里有现成的石棺，并有铭文，谓卫君死后，不用依凭其子制棺椁，可取此石棺安葬。灵公之为灵也久矣，石棺已预称其为灵公，故曰"为灵也久矣"。之二人，指大弢和伯常骞。（狶韦所说的故事甚为神秘，系荒唐之言。）——子、里之，古韵阴声之部。

## 则阳第二十五

★卫灵公是一个无道的国君,何以谥曰灵公。作为史官,应该有统一的认识。但大弢认为"灵"本无道国君之谥,如此而已。(王充《论衡·须颂》:"谥之美者,成、宣也;恶者,灵、厉也。"春秋时代各国君主凡谥为"灵"者皆无道之君。)伯常骞则曰:灵公生活放荡,对贤人又还那么敬重,所以谥曰灵公。狶韦根据传说,谓上天早已在预制石椁中称其为灵公,并非史官所谥。三说不同。故事并非真要讨论灵公之谥是还是非,而在于说明是非无定,没有统一的标准。"彼亦一是非,此亦一是非",对同一事物,从不同的角度或不同的根据或不同的立场去看而有不同的是非。

## (一〇)

少知问于大公调曰[①]:"何谓丘里之言[②]?"

大公调曰:"丘里者,合十姓百名而以为风俗也[③],合异以为同,散同以为异[④]。今指马之百体而不得马,而马系于前者,立其百体而谓之马也[⑤]。是故丘山积卑而为高,江河合水而为大[⑥],大人合并而为公[⑦]。是以自外入者,有主而不执;由中出者,有正而不距[⑧]。四时殊气,天不赐[⑨],故岁成;五官殊职[⑩],君不私,故国治;文武[殊能][⑪],大人不赐,故德备;万物殊理,道不私,故无名[⑫]。无名故无为,无为而无不为[⑬]。时有终始,世有变化[⑭]。祸福淳淳,至有所拂者而有所宜[⑮];自殉殊面,有所正者有所差[⑯]。比于大泽,百材皆度[⑰];观于大山,木石同坛。此之谓丘里之言[⑱]。"

少知曰:"然则谓之道,足乎[⑲]?"

大公调曰:"不然。今计物之数,不止于万,而期曰万物者,以数之多者号而读之也[⑳]。是故天地者,形之大者也;阴阳者,气之大者也;道者为之公,因其大而号以读之,则可也[㉑]。已有之矣,乃将得比哉[㉒]?则若以斯辩,譬犹狗马,其不及远矣[㉓]?"

① 少知问于大公调,《释文》"大,音泰"。成玄英疏:"智照狭劣,谓之少知。太,大也。公,正也。道德广大,公正无私,复能调顺百物,故谓之太公调也。假设二人,以论道理。"

② 丘里,《释文》引"李云:四井为邑,四邑为丘。五家为邻,五邻为里"。成玄英疏:"古者十家为丘,二十家为里。"丘里之言,犹言社会舆论,普通道理。

③ 十姓百名,泛言若干家若干人。风俗,犹风气。"风"与"俗"为同义结构。《吕氏春秋·音初》"而知其风",高诱注:"风,俗。"合十姓百名即形成一种风气,包括共同认可的行为,共同认可的道理。

④ "合异以为同"二句:合十姓百名以为丘里之风俗,合异以为同也;丘里中十姓百名各有其理,散同以为异也。

⑤ 马之百体,马之各个组成部分。立,成也。"今指马"三句,谓今指马的各个部分不得称为马,一匹马系在面前,综合马的各个部分才得称为马;此即"合异以为同"。

⑥ 积卑,积聚低矮的土石。合水,汇合细小的水流。《释文》:"一本作合流。"

⑦ 合并,合,集中之意。并,《玉篇·从部》:"并,杂也。"《字林》:"杂,众也。""合并"之"并",为分散众多之意,与常训"合"者不同。"合并"与"积卑、合水"结构相同,是动宾关系,不是同义联合。合并以为公,谓集中众多分散的意见主张成为共同的认识和行为。

⑧ "自外入者""由中出者",此就主张见解而言。四句之意,谓意见来自他人,我虽有主见而不固执,主张出自内心,即使正当也不拒绝他人。林云铭《庄子因》:"自外入者,听言。听人之言,吾心虽有所主,而不可执定一己之见。由中出者,立言。立言垂训,吾心虽有取正,而不可距逆他人之意。如此方可合异而归同。"

⑨ 赐,《释文》:"与也。"本组排比句中,"天不赐""君不私""大人不赐""道不私","不赐、不私"交互使用,相互为文。赐,与也。不赐、不私者,不私与也。(马叙伦疑"赐"为"私"字之假借,虽甚有见,然"赐"无私义;作互文解释,最为合理。)

⑩ 五官，成玄英疏："古者法五行置官也。"

⑪ "文武"下原无"殊能"二字，王叔岷《庄子校释》："案此文义颇难通。审郭注：'文者自文，武者自武，非大人所赐也。若赐而能，则有时而缺矣。'成疏：'文相武将，量才授职，各任其能，非圣与也。'疑'文武'下原有"殊能"，与上下文'四时殊气''五官殊职''万物殊理'句法一律。"按，王说甚是，据以补入。

⑫ 名，义同《国语·周语》"勤百姓以为己名"之名，韦昭注："名，功也。"《老子》第二十一章"自古及今，其名不去，以阅众甫"，"其名不去"者，其功不去也。（参见《老子本原》注）"道不私，故无名"，谓道无所私，无所爱憎，任其自然，故无用施功。成玄英疏，谓"物各得理，故无功也"，正释"无名"为无功也。——"四时殊气"以下十二句，谓四时气候不同，天无所私与，故岁有收成；五官职能不同，君无所私与，故国家治理；文武能力不同，大人无所私与，故功德完备；万物事理不同，道无所私与，故无用施功，即任其自然。

⑬ "无名故无为"二句，谓无用施功即无为，无为而无不为，一切任其自然也。

⑭ "时有终始"二句，谓时序总有终始，世事不断变化。成玄英疏："时，谓四叙递代循环。世，谓人事迁贸不定。"

⑮ 淳淳，流动变化貌。《释文》引王云："流，动流貌。"（疑当作"流动貌"。）有所拂者而有所宜，成玄英疏："拂，戾也。夫物情向背，盖无定准，故于此乖戾也，或于彼为宜，是以达道之人不执逆顺也。"林希逸《南华真经口义》："淳淳，流行自然也。吉凶祸福之至，倚伏无常，或有所拂逆，而反为宜，塞翁得马失马之意也。拂，逆也，不如意也。宜，如意也。"

⑯ "自殉殊面"二句，成玄英疏："殉，逐也。面，向也。""于此为正定者，或于彼为差邪。"各人追逐的方向不同，有所正当也有所偏差。——为、化、宜、差，古韵阴声歌部。

⑰ 度，《诗·大雅·皇矣》"爰究爰度"，毛传："度，居也。"句意谓比于大泽，各种材物皆生长于此。

⑱ 坛，成玄英疏，"基也"。句意谓观于大山，木石皆以为基地。——坛、言，古韵阳声元部。

⑲ "然则谓之道"二句，此承上段发问，然则丘里之言谓之道，是否已足？

⑳ "今计物之数"句，谓计算世界之物不止万，通常以万物为限（即称为万物），以万是数中最大者故这么说。成玄英疏："期，限也。读，语也。"

㉑ 之，犹"至"也。道者为之公，即道为至公。前文说"大人合并而为公"，但与道还是不能相比，因为道是最高最大的公。因其大而号以读之则可也，因道至高至大因以为号来称说是可以的。宣颖《南华经解》："譬物之万不可数，而约略号之，便于称谓。道之大更无可称，亦借一道字，约略号之耳，岂真有一事一物可名为道哉！"

㉒ 已有之矣，指已有"道"之名。乃，犹"宁"也，"岂"也。乃将得比哉，犹言岂可相比。此回答丘里之言，不得即谓之道。

㉓ 辩，通"辨"，区别。"则若以斯辩"三句，谓如果那样去辨别，将道比丘里之言，就如比之狗马，相距也太远了。（古代注家多谓以道比丘里之言，如狗之比马，相距太远。就语句而言，这样解释甚为通顺。但丘里之言之与道，比之为狗之与马，太不相当，故所不取。）

★少知与大公调的对话，实际等于自问自答，提出问题然后加以解答。

第一番问答，论丘里之言，犹言社会公理。大公调曰："丘里者，合十姓百名而以为风俗也。合异以为同，散同以为异。"以马为例，马的百体如头尾鬃毛蹄脚等都不得称为马，"散同以为异"也；百体综合成为马才得称为马，"合异以为同"也。文章重在"合异以为同"，故接着就说"丘山积卑而为高，江河合水而为大，大人合并而为公"。三句又重在最后一句"大人合并而为公"。

怎样才能做到"大人合并而为公"呢？要在不固执己见，不拒绝他人意见。由此推演，试看天不私与，"故岁成"；君不私与，"故国治"；大人不私与，"故德备"；道不私与，"故无名"，即不用施功，任其自然，故无为而无不为。

"丘山积卑而为高，江河合水而为大，大人合并而为公"，不失为名言，所说道理很有价值。

但这只是一般公理,作者最终强调的仍然是道,所以接着问,这是否就是大道呢?不是,"丘里之言"不等于即是道。只有道至高至大。事物的发展是不断变化的,"时有终始,世有变化",祸福倚伏,是以达道不执顺逆,塞翁失马,未必非福,大可任其自然。

## (一一)

少知曰:"四方之内,六合之里,万物之所生恶起?"

大公调曰:"阴阳相照,相盖相治②;四时相代,相生相杀③。欲恶去就,于是桥起④;雌雄片合,于是庸有⑤。安危相易,祸福相生,缓急相摩,聚散以成⑥。此名实之可纪,精微之可志也⑦。随序之相理,桥运之相使,穷则反,终则始,此物之所有⑧。言之所尽,知之所至,极物而已⑨。睹道之人,不随其所废,不原其所起,此议之所止⑩。"

少知曰:"季真之莫为,接子之或使⑪,二家之议,孰正于其情,孰徧于其理⑫?"

大公调曰:"鸡鸣狗吠,是人之所知;虽有大知,不能以言读其所自化,又不能以意[测]其所将为⑬。斯而析之,精至于无伦,大至于不可围,或之使,莫之为,未免于物,而终以为过⑭。或使则实,莫为则虚⑮。有名有实,是物之居⑯;无名无实,在物之虚⑰。可言可意,言而愈疏⑱。未生不可忌,已死不可徂。死生非远也,理不可睹⑲。或之使,莫之为,疑之所假⑳。吾观之本,其往无穷;吾求之末,其来无止㉑。无穷无止,言之无也,与物同理㉒;或使莫为,言之本也,与物终始㉓。道不可有,有不可无㉔。道之为名,所假而行㉕。或使莫为,在物一曲,夫胡为于大方㉖?言而足,则终日言而尽道;言而不足,则终日言而尽物㉗。道物之极,言默不足以载;非言非默,议有所极㉘。"

① 四方，东南西北。六合，上下四方。都指天地之间。万物之所生恶起，问万物如何产生。恶（wù），何也。

② 相照，犹相应，相对应。盖，合也。相盖，相合。治，敌也，对也。《汉书·韩安国传》"公等足与治乎"颜师古注："治，谁当敌也，今人犹云对治。"相盖相治，相合又相对，犹言相生相克。按，阴阳相照，相盖相治，"相照"是总提，"相盖相治"即相照的两个方面，三者不能平列。

③ 四时相代，四季相交替。相生相杀，成玄英疏："春夏相生，秋冬相杀。""相代"是总提，"相生相杀"是相代产生的结果，三者亦不能平列。

④ 欲恶去就，欲则就之，恶则去之。成玄英疏："顺则就而欲，逆则恶而去。"桥，《集韵》，"起劲疾也"。桥起，犹今言翘起。《释文》引"王云：高劲，言所起之劲疾也"。

⑤ 片合，通"胖合"，犹配合。《仪礼·丧服》："夫妻，胖合也。"贾公彦疏："《郊特牲》云：天地合而后万物兴焉，是夫妇胖合子胤生焉。"庸，成玄英疏："常也"。有，即《老子》"有生于无""有无相生"之有，指有形的实体。庸有，即常有，指不断产生新的生命。——起、有，古韵阴声之部。

⑥ "安危相易"四句，谓安与危互相更易，祸与福互相产生，缓与急互相摩合，聚与散不断出现。成玄英疏："夫逢泰则安，遇否则危，危则为祸，安则为福，缓者为寿，急者为夭，散则为死，聚则为生。凡此数事，出乎造物相摩而成，其犹四叙变易迁贸，岂关情虑哉！"——生、成，古韵阳声耕部。

⑦ 纪，《书·洪范上》"五纪"孙星衍疏："纪，识也。"志，记也，亦识也。"此名实之可纪"二句，谓上述诸端有名有实是可以识别的，虽甚精微是可以认知的。——纪、志，古韵阴声之部。

⑧ 桥运，犹言迅疾的运行。"随序之相理"五句，谓随着时序的更相治理，迅疾变化的不断驱使，物极则反，终而复始，此客观外物所具的现象。——理、使、始、有，古韵阴声之部。

⑨ "言之所尽"三句，谓言语所能表达者，认识所能到达者，限于物的范围而已。

⑩ "睹道之人"四句,谓懂得道之人,不追寻物之消亡,不追求物之起原,议论到此为止。——已、起、止,古韵阴声之部。

⑪ 季真、接子,皆人名。《荀子·成相》云:"慎墨季惠,百家之说诚不详。"句中"季"当即季真。《史记·田敬仲完世家》有接子,为稷下学者之一。成玄英疏:"季真接子,并齐之贤人,俱游历下。""莫为"者,无为之者也;"或使"者,有使之者也。此仍就前段问题发问。前问万物如何产生,季真认为无有为之者,接子认为有某种力量使之然即有为之者。

⑫ "二家之议"二句,谓二家议论,谁合于事实,谁悖于事理。偏,"偏"之借字。成玄英疏云,"于素情妙理谁正谁偏",知成本原作"偏"。——使、理,古韵阴声之部。

⑬ "大知"之知,通"智"。以言读,用言语说出。以意测,凭意想推测。原文无"测"字。成玄英疏谓"虽大圣至知,不能用意测其所为",王叔岷《庄子校释》云:"疑成本意下有测字。'不能以意测其所将为',与上文'不能以言读其所自化'相耦,今本挩'测'字,则文意不完矣。"从王说补"测"字。"鸡鸣狗吠"五句,谓鸡鸣狗吠,是人之所知,但即使大智之人,也不能用言语说清它们如何变化(即何以能鸣能吠),也不能用意想去推测如何行动。——化、为,古韵阴声歌部。

⑭ 斯而析之,分析之意;斯亦析也。"斯而析之"七句,谓如此分析起来,物细小至于无可与比(即无限小),巨大至不可围(即无限大),说有使之者,说无为之者,都未免于物上立论,最终是错误的。《秋水》篇云:"夫精粗者,期于有形者也。无形者,数之所不能分也;不可围者,数之所不能穷也。可以言论者,物之粗也;可以意致者,物之精也。言之所不能论,意之所不能察致者,不期精粗焉。"参见该篇注。——为、过,古韵阴声歌部。

⑮ "或使则实"二句,谓说有使之者过于泥实,说无为之者则嫌于虚幻。

⑯ "有名有实,是物之居",居,处也,止也。是物之居,是物之所止,即拘泥于具体的物。宣颖《南华经解》云:"说实,则是物之所居也。此'或使'之说之过。"

⑰ "无名无实，在物之虚"，宣颖云："说虚，则是全空。此'莫为'之说之过。"

⑱ "可言可意，言而愈疏"，以为可以言说，可以意测，言之意之，离道愈远。

⑲ 忌，禁也。俎，"阻"之借字，王孝鱼校引赵谏议本即作"阻"。"未生不可忌"二句，谓物未生者不可禁之使不生，已死者不可阻之使不死。死生并非远隔，其理却无法了解。

⑳ "或之使"三句，谓说有使之者，说无为之者，都是疑惑而作的假设。——虚、居、虚、疏、俎（阻）、睹、假，古韵阴声鱼部。

㉑ 本，本源，指物之始原。往，已往。末，结末，指物之终结。来，未来。"吾观之本"四句，谓吾考察物之始原，已往者不能穷尽；吾追究物的终结，未来者没有止境。换言之，即物无始无终。

㉒ "无穷无止"三句，谓物无始无终，所以说无，与物同一理。郭象注："物理无穷，故知言无穷，然后与物同理也。"

㉓ "或使莫为"三句，王先谦曰："曰或使，曰莫为，言者以二说为本也，然终始滞于物。"——止、理、使，古韵阴声之部。

㉔ "有不可无"之有，通"又"。"道不可有，有不可无"，即道"不可有，又不可无"，因为道无法感知，故不可执着于有，又不可执着于无；亦"议有所极"也。成玄英疏："夫至道不绝，非有非无，故执有执无，二俱不可也。"（按，此二句颇难索解，姑释如此。）

㉕ "道之为名，所假而行"，"道"这个名称，乃是假借来使用的。按，"道"本无名，是老子称之为"道"。《老子》第二十五章云："吾不知其名，字之曰道。"

㉖ 一曲，犹一偏，片面。大方，即大道。"或使莫为"三句，谓说有使之者，说无为之者，都只看到物的片面，不合于大道。——行、方，古韵阳声阳部。

㉗ "言而足"四句，成玄英疏："足，圆偏也。不足，偏滞也。苟能忘言会理，故曰言未尝言，尽合玄道也。如其执言不能契理，既乖虚通之道，故尽是滞碍之物也。"

㉘ "道物之极，言默不足以载；非言非默，议有所极"四句，郭象注："夫道物之极常无为而自尔，不在言与不言。""极于自尔，非言默而议也。"意谓道与物

之极际,言还是不言都不足以表达。无论言还是不言,议论都有其局限;亦即上文"此议之所止也"。——默、极,古韵入声职部。

★少知与大公调的第二番问答,问万物是如何产生的。

大公调说了一番事物相盖相治相生相杀的大道理,但最后说"言之所尽,知之所至,极物而已",万物如何产生,"此议之所止"。

少知又问:季真认为万物之产生,没有为之者,即"莫为";接子认为万物之产生,或有使之者,即"或使":两家所论,谁合于事实,谁悖于事理?

大公调认为,无论"莫为"还是"或使",都"未免于物",即未免着眼于具体的物。而物是无始无终的,"吾观之本,其往无穷;吾求之末,其来无止"。道物的极际,是言或不言都无法达到的;不管言还是不言,议论都有它的限度。大公调的回答,对"莫为""或使"都予以否定,而他自己也没有找到答案。

按照老子之"道",认为"天地万物生于有,有生于无",亦即道生万物。但这只是抽象的理论,究竟道如何生万物并不清楚,也是说不清楚的。《庄子》书中"道"的说教者,总是居高临下,把话说得很绝对,仿佛他们是真理的化身。这位大公调却采取了平实的态度,认为"言之所尽,知之所至,极物而已",言论认知,只能限于物的范围。"睹道之人,不随其所废,不原其所起,此议之所止",大有君子于其所不知则付诸阙如的风格。

# 外物第二十六

外物，以篇首二字名篇。

首章论"外物不可必"，言外在之物不可预期，没有定准。二章论世间事物无不存在着矛盾，自然界如此，人心也如此。"阴阳错行"则天地震动，人心"有甚忧"则惊惧不宁，"颓然隳坏"。作者只是提到这些事实，面对世间无处不在的矛盾感到恐惧，没有说如何解决。两章内容没有必然关联。

三章记庄周家贫，四章记任公子钓大鱼，五章"儒以诗礼发冢"，六章老莱子教训孔子，七章宋元君梦见神龟，八章庄子反驳惠子谓"子言无用"：六篇小故事内容互不相干，中心各不相同。

九章开头标有"庄子曰"，系记言文字，由六节短文组成，大抵论道家的修身处世，或批判世俗的矫情诈伪。

## （一）

外物不可必[①]，故龙逢诛，比干戮[②]，箕子狂[③]，恶来死[④]，桀纣亡[⑤]。人主莫不欲其臣之忠，而忠未必信，故伍员流于江，苌弘死于蜀，藏其血三年而化为碧[⑥]。人情莫不欲其子之孝，而孝未必爱，故孝己忧而曾参悲[⑦]。

[①] 外物，外在之物。不可必，犹言不可预期，没有定准。

[②] 龙逢诛，比干戮，《人间世》篇云："桀杀关龙逢，纣杀王子比干。"成玄英疏："姓关，字龙逢，夏桀之贤臣，尽诚而遭斩首。比干，殷纣之庶叔，忠诚而被剖心。"《胠箧》篇亦云："龙逢斩，比干剖。"

[③] 箕子狂，成玄英疏："箕子，殷纣之庶叔也。"《史记·殷本纪》："纣愈淫乱

不止。比干曰:'为人臣者,不得不以死争。'乃强谏纣。纣怒曰:'吾闻圣人心有七窍。'剖比干,观其心。箕子惧,乃详狂为奴,纣又囚之。"

④恶来死,成玄英疏:"恶来,纣之佞臣。毕志从纣,所以俱亡。"《史记·殷本纪》:"纣又用恶来,恶来善毁谗,诸侯以此益疏。"

⑤桀,夏最后的君主。纣,商最末的君主。皆传为暴虐无道之君。桀为商汤所败,遂放而死。纣为周武所败,赴火而亡。

⑥人主,君主,一国最高统治者。伍员流于江:伍员,字子胥,本楚人,奔吴,为吴王阖闾、吴王夫差重要谋臣;后因谏夫差,夫差逼令自杀,尸体投于江中。苌弘,据《左传》,苌弘乃周景王敬王之大夫。鲁哀公三年六月,"周人杀苌弘"。成玄英疏:"苌弘遭谮,被放归蜀,自恨忠而遭谮,遂刳肠而死。蜀人感之,以匮盛其血,三年而化为碧玉,乃精诚之至也。"《胠箧》篇亦云:"苌弘胣,子胥靡。"("伍员流于江,苌弘死于蜀",两句相对;"苌弘死于蜀"后有"藏其血三年而化为碧",疑"伍员流于江"后缺漏一句。)

⑦孝己,《释文》引"李云:殷高宗之太子"。成玄英疏:"孝己,殷高宗之子也,遭后母之难,忧苦而死。"曾参,孔子弟子,以至孝著称。《释文》引"李云:曾参至孝,为父所憎,尝见绝粮而后苏"。曾参是著名孝子,父曾点,也是孔子的高足,李颐云云,未知所据。

★"外物"一词内涵非常丰富,一切身外之物都属于外物,本章专指社会人生的各种关系,如君臣之谊,父子之情等等。作者认为所有这些,都不可预期,没有定准。龙逢、比干、箕子,并忠诚受祸,恶来、桀纣,都暴虐而亡。忠诚遇害,暴虐亦亡,皆"外物不可必"也。各种神圣的关系,都是靠不住的,往往造成悲剧。作者对社会人生的感受悲观至极。

这节文字又见于《吕氏春秋·必己》,除几个虚词有别外,内容完全相同。

## （二）

木与木相摩则然，金与火相守则流[1]。阴阳错行，则天地大絯，于此乎有雷有霆，水中有火，乃焚大槐[2]。有甚忧两陷而无所逃[3]，螴蜳不得成[4]，心若悬于天地之间，慰暋沉屯，利害相摩，生火甚多[5]，众人焚和[6]，月固不胜火[7]，于是乎有僓然而道尽[8]。

[1] 然，"燃"本字，燃烧。木与木相摩则然，摩擦生热，古人钻木取火，即木与木相摩则然。守，久也，此动词。流，指熔化。金属与火长久相处则熔化。

[2] 阴阳错行，指天地阴阳错乱。絯，《释文》："音骇。"实与"骇"通，《太平御览》十三、八六九皆引作"骇"，惊骇，震动。水中有火，指雷电。乃焚大槐，《释文》引"司马云：谓霹雳时烧大树也"。按，雷电击毁大树事常见，独曰"乃焚大槐"，必有焚大槐故事，其事不详。

[3] 有甚忧，有大忧患。两陷，此承上"阴阳错行"而言，由自然界的"阴阳错行"引申到心境心态上的"阴阳错行"。凡阴阳平衡则正常逸豫，阴阳失调则混乱不安，即所谓"两陷"，亦即《人间世》所谓"阴阳之患"。（何谓"两陷"，注家说法甚多。《释文》引"司马云：谓心胆破碎也"。郭象谓"陷于忧乐，左右无宜也"。成玄英疏谓"驰情于荣辱二境，陷溺于忧乐二边"。郭嵩焘曰："两陷者，水火之横溢者也。"王先谦曰："亦有甚忧者，利害是也。害固害，利亦害也，故两害而无所逃。"持"利害"之说者甚多。诸家凭各自的理解，都无确证。谓"两陷"指"阴阳错行"或陷于阴或陷于阳则有前文可承，且"阴阳错行"可以包容诸家之说。）

[4] 螴蜳（chén chún），双声联绵词，《释文》引"司马云：螴蜳，读曰忡融，言怖畏之气，忡融两溢，不安定也"。成玄英疏："螴蜳，犹怵惕也。"成，《国语·吴语》"吴晋争长未成"韦昭注："成，定也。"《诗·大雅·绵》"虞芮质厥成"毛传："成，平也。"犹言安定。螴蜳不得成，意即惊惧不得安定。

[5] 慰暋，犹郁闷。沉屯，犹压抑。生火甚多，郭象注："内热故也。"成玄英

疏："缨缠于利害之间，内心恒热，故生火多矣。"生火，指烦恼，恼怒。现代说恼了仍叫"火了"，发怒也叫"发火"。

⑥焚，烧也，引申为毁坏。郭象注："众人而遗利则和，若利害存怀，则其和焚也。"王先谦曰："众皆溺于利害，则自焚其心中太和之气也。"

⑦月固不胜火，王充《论衡·乱龙》："月，水也。"又，《说日》："月者，水之精也。"《易·说卦》"坎为月"，孔颖达疏："月是水之精也。"《经传释词》："固，犹乃也。"月固不胜火，即水乃不胜火。比喻心中淳和之气禁受不了"阴阳错行""利害相摩"的冲击。前文有"水中有火"，此云水乃不胜火，句意相应。（郭象注："大而闇则多累，小而明则明照。"成玄英疏："月虽大而光圆。喻志大而多贪，不如小而守分。"此皆不得其解而强为之说。）

⑧债然，同"颓然"。于是乎颓然而道尽，宣颖《南华经解》："于是乎颓然隳坏，天理尽而生机熄矣。"

★"木与木"章谓世间事物无不存在矛盾，"木与木相摩则然，金与火相守则流"；大自然"阴阳错行"则天地震动，激成重大变故。由此引入人事，人心"有甚忧"而陷于矛盾则不能自拔，如此惊惧不宁，"颓然隳坏，天理尽而生机熄矣"。如何解决这些矛盾，脱离忧患，作者没有解答。郭象在注释"外物不可必"云："夫人间事物，参差万绪，惟安大顺，则所在虚通；若其逆物適情，必遭祸害。"郭象注语，正可移来解答后段的问题。按道家的观点，人只有保持内心的虚静，回避矛盾，才能求得安宁。但这毕竟是郭象的解答，在作者，只见其面对世间矛盾的恐惧，他并没有找到出路。

旧本以一、二两章为一章，然两章内容实无紧密联系，不如分作两章为当。

（三）

庄周家贫，故往贷粟于监河侯①。监河侯曰："诺。我将得邑金，将贷子三百金②，可乎？"

庄周忿然作色曰③："周昨来，有中道而呼者。周顾视车辙中，有鲋鱼焉④。周问之曰：'鲋鱼来！子何为者邪⑤？'对曰：'我，东海之波臣也⑥。君岂有斗升之水而活我哉？'周曰：'诺。我且南游说吴越之王，激西江之水而迎子⑦，可乎？'鲋鱼忿然作色曰：'吾失我常与，我无所处。吾得斗升之水然活耳，君乃言此，曾不如早索我于枯鱼之肆⑧！'"

① 贷粟，借粮。粟，小米。监河侯，《说苑》作魏文侯，成玄英疏谓"监河侯，魏文侯也"，即据《说苑》。按，魏文侯早于庄子活动的魏惠王末年一百多年，年代不相及。林希逸《南华真经口义》谓监河侯"或是监河之官，以侯称之"，其说近是。

② 邑金，采邑税金。成玄英疏："铜铁之类，皆名为金，此非黄金也。"

③ 忿然，气愤之貌。作色，变色。

④ 中道，途中。顾视，回头。鲋鱼，鲫鱼。

⑤ "鲋鱼来"之来，语气词。子，汝，指鲋鱼。

⑥ 波臣，水波里的臣民。

⑦ 且，将。游说（shuì），用言语劝说。《集释》本无"说"字，此从王孝鱼校据《阙误》引张君房本。"激西江之水"指开凿运河，修筑大坝，激起西江之水倒流，这种工种，必须游说吴越之王才有可能。故有"说"字更生动。按，吴国于吴王夫差二十三年（即周元王三年，前473）即为越所灭。故事中"我且南游说吴越之王"系庄子后学根据传闻率易言之；其时越国尚存，吴国则早在一百多年前即已灭亡。

⑧ 常与，常处的环境，指水中。枯鱼之肆，卖干鱼的店铺。

★这是难得有的反映庄子生活窘迫的材料，向监河侯借粮虽不一定是事实，但庄子极其贫困无疑是真的。庄子随口说的寓言甚为精彩，然读之未免令人心酸。

## （四）

　　任公子为大钩巨缁，五十犗以为饵①，蹲乎会稽，投竿东海，旦旦而钓，期年不得鱼②。已而大鱼食之，牵巨钩，錎没而下，骛扬而奋鬐，白波若山，海水震荡，声侔鬼神，惮赫千里③。任公子得若鱼，离而腊之，自制河以东，苍梧已北，莫不厌若鱼者④。已而后世辁才讽说之徒⑤，皆惊而相告也。夫揭竿累，趋灌渎，守鲵鲋，其于得大鱼难矣⑥。饰小说以干县令，其于大达亦远矣⑦。是以未尝闻任氏之风俗，其不可与经于世亦远矣⑧。

　　①任公子，任，国名，任国之公子。巨缁，大黑绳。犗（jiè），《释文》："犍牛也。司马云：牺牛也。"犍牛是阉割的牛，牺牛是祭祀用牛。饵，钓饵。

　　②会稽，山名，在浙江省境。旦旦而钓，天天去钓。期（jī）年，整年。

　　③錎没，通"陷没"。一本即作"陷没"，指大鱼将鱼钩拖入水中。骛（wù），《淮南子·主术篇》"鱼得水而骛"，高诱注："骛，疾也。"骛扬，迅速驰走。鬐（qí），通"鳍"（qí），此指鱼的背鳍。奋鬐，高耸背鳍。侔，如同。声侔鬼神，发出的声音如鬼吼神号。惮赫，犹震惊。郭庆藩案："惮者，盛威之名也。《贾子·解县篇》'威惮大信'，亦此惮字之义。盛威为惮，盛怒亦为惮。""已而大鱼食之"以下八句，写大鱼吞食钓饵以后在海里翻腾挣扎的情状。

　　④若鱼，那条鱼。离，解剖。腊（xī），制成干鱼。制河，即浙江。苍梧，山名，在今湖南南部。厌，通"餍"，饱食。

　　⑤辁（quán）才，小才，无知之人。《说文》："辁，蕃车下庳轮也。"段玉裁注："因以为凡卑之称。"讽说，犹传说。

　　⑥揭，举。竿，指小钓竿。累，细绳，指钓丝。趋，走向。灌渎，小溪小水。鲵鲋，鲵鱼鲫鱼。"夫揭竿累"四句，谓那些拿着钓竿，走向小溪小水，守着小鲵鱼小鲫鱼，那样的钓者要钓到大鱼是很难的。

　　⑦饰，粉饰。小说，指微不足道的言论。干，干谒。县令，官名，一县之长。《通典》："周官有县正，春秋时县大郡小。县邑之长曰宰曰尹曰令曰大夫；至战国

则郡大而县小矣。"《韩非子·五蠹》:"今之县令,一旦身死,子孙累世絜驾,故人重之。"干县令,犹言干谒地方大官。大达,指得大名干大事。

⑧是以,因此。风俗,风尚。经于世,经理于世,在世上干一番事业。

★任公子钓得"骛扬而奋鬐,白波若山,海水震荡,声侔鬼神,惮赫千里"的大鱼,比喻气魄巨大的伟业。文章谓如果没有如任氏那种巨大的力量,宏伟的气魄,要干那种经时济世的大事是不可能的。按,此与庄子思想相悖,庄子不求"大达"也不讲"经于世"之类的事务。

# (五)

儒以诗礼发冢①。

大儒胪传曰:"东方作矣,事之何若②?"

小儒曰:"未解裙襦,口中有珠③。"

"诗固有之曰:'青青之麦,生于陵陂。生不布施,死何含珠为④?'接其鬓,摩其顪,而以金椎控其颐。徐别其颊,无伤口中珠⑤。"

① 发冢,发掘坟墓,即盗墓。儒以诗礼发冢,儒者以诗礼的风格盗墓。

② 胪传,《释文》引"苏林注《汉书》云:上传语告下曰胪。胪,犹行也"。作,起也,动也;此指东方发亮。此大儒传告小儒:天快亮了,事情干得如何。——作、若,古韵入声铎部。

③ 襦,上衣。裙襦,泛指衣服。小儒回答:(冢中尸体)衣裳尚未打开,口中含有大珠。——襦、珠,古韵阴声候部。

④ 陵陂,山坡。布施,施舍。"为"字助词无义。"青青之麦"二句是起兴,与后二句内容没有联系。"生不布施"二句是指责冢中枯骨的罪过,也表白他们盗墓发冢有理。——陂、施、为,古韵阴声歌部。

⑤接，撮也，揪住。接其鬓，揪着它的鬓髮。擪（yè），按住，《集释》作"压"，此从王孝鱼校引赵谏议本。顪（huì），下巴上的胡须，此处即指下巴。而，汝。《集释》本作"儒"，此从《艺文类聚》宝玉部引文。金椎，铁椎。控，击。颐（yí），颔骨。"接其鬓"以下五句，是大儒对小儒的指示，谓揪住尸体的鬓髮，按住它的颔骨，汝用铁椎敲开它的下巴，轻轻地分开它的面颊，不要损坏口中的珠。

★明明是盗墓贼，却偏要打着儒者的旗号。"儒以诗礼发冢"，劈头一句就够滑稽的。两个儒贼，出口成章，简单的对话都是诗句。盗起墓来却十分在行，手段熟练而且狠毒。

儒是道家的批判对象。"大道废，有仁义；智慧出，有大伪。六亲不和，有孝慈；国家昏乱，有忠臣"，老子的批判比较原则，庄子的批判较为尖锐。到了道家后学，攻击儒家不择手段，"儒以诗礼发冢"可谓到了极点。不能说儒家没有败类，盗墓发冢也不能排除。但如此彬彬有礼、出口即诗的盗墓则只能是造作，使这对大儒小儒的形象显得荒唐可笑而且可鄙。这样的攻击丑化是够刻毒的。"儒以诗礼发冢"可以说是中国最古老的幽默小品。

# （六）

老莱子之弟子出拾薪①，遇仲尼，反以告②，曰："有人于彼，修上而趋下，末偻而后耳，视若营四海，不知其谁氏之子③。"

老莱子曰："是丘也，召而来④。"

仲尼至。曰："丘！去汝躬矜与汝容知⑤，斯为君子矣。"

仲尼揖而退，蹙然改容而问曰⑥："业可得进乎？"

老莱子曰："夫不忍一世之伤而骜万世之患，抑固窭邪？亡其略弗及邪⑦？惠以欢为骜，终身之丑，中民之行进焉耳，相引以名，相结以隐⑧。

与其誉尧而非桀，不如两忘而闭其［非］誉⑨。反无非伤也，动无非邪也⑩。圣人踌躇以兴事，以每成功，奈何哉其载焉终矜耳⑪！"

①老莱子，《史记·老子列传》："或曰：老莱子亦楚人也，著书十五篇，言道家之用，与孔子同时云。"又，《仲尼弟子列传》："孔子之所严事：于周则老子；于楚，老莱子。"司马迁谓孔子于楚师老莱子，或即以本章为据，然未必实有其事。成玄英疏："老莱子，楚之贤人，隐者也，尝隐蒙山。楚王知其贤，遣使召为相。其妻采樵归，见门前有车马迹。妻问其故，老莱曰：'楚王召我为相。'妻曰：'受人有者，必为人所制，而之不能为人制也。'妻遂舍而去，老莱随之，夫负妻戴，逃于江南，莫知所之。"成疏云云，出《列女传》，系后来传说。出拾薪，《集释》无"拾"字，此从王孝鱼校据《阙误》引张君房本。又，成玄英疏云"出取薪者，采樵也"，是成本作"出取薪也"。

②反以告，回来告知老莱子。

③修，长。趋，《释文》："音促。李云：下短也。"修上而趋下，指身材上长下短。末偻，背曲。后耳，郭象注："耳却近后。"视若营四海，瞻视高远，似若经营天下。

④"是丘也，召而来"，老莱子曰：那是孔丘，唤他来。《说文》："召，呼也。"

⑤去汝躬矜与汝容知，《释文》："躬矜，谓身矜脩善行。容知，谓饰智为容好。"句意谓抛开汝身之矜持与汝容之智识。知，通"智"。

⑥爄然，成玄英疏："惊恐貌。"

⑦夫，丈夫也，指仲尼，含有轻蔑语气。伤，伤痛。骜，《吕氏春秋·下贤》"士骜禄爵者"高诱注："骜，轻也。"此处犹言轻视、忽视。抑，或也。窭，贫窭，此处指知识贫乏。亡其，"亡"读如"无"。无其，犹言还是。略，智略。"夫不忍"三句为指责仲尼之语，谓汝不忍一世之伤痛而忽视万世之祸患，是本来知识贫乏呢，还是智略不足呢？（成玄英疏：骜，"亦有作鹜者"。按，鹜，通"务"，犹言造成。鹜万世之患，造成万世之祸患，亦通。）

⑧惠，施惠。骜，《集释》本作"鹜"，成玄英疏："或作骜。"当作骜，通

"务"。中民，指小官小吏。参见《徐无鬼》"中民之士荣官"注。隐，俞樾云："隐，私也。相结以隐，谓相结以恩私。""惠以欢为鹜"五句，施惠以得人之欢心是务，这是终身的耻辱，一般小官小吏总这样做，以声名相招引，以恩私相勾结。

⑨誉，赞誉，肯定；非，非议，否定。闲，止也。非誉，《集释》本作"所誉"，马叙伦《庄子义证》："所，盖非字之讹也。"闲其非誉，承上"与其誉尧而非桀"句，谓其赞誉帝尧而非议夏桀，不如既不赞誉也不非议。《人间世》篇"与其誉尧而非桀，不如两忘而化其道"，句意相同。

⑩反，谓反于物性。无非，犹言莫不。动，谓扰动心灵。"反无不伤也"二句，谓反于物性，没有不被伤害的；扰动心灵，没有不是邪辟的。成玄英疏："反于物性，无不伤损；扰动心灵，皆非正也。"

⑪踌躇，本徘徊犹豫之貌，引申为戒慎之意。《释文》："踌躇者，从容也。"每，章太炎《庄子解故》："每与谋声义相近。"朱骏声《说文通训定声》："每，假借为谋。"载，始也。"焉"字句中助词。"载焉终"即始终。矜，骄矜。"圣人"三句，谓圣人小心戒慎以谋成功，汝奈何始终如此骄矜。

★本章作者对孔子无端进行攻击。首先把孔子的形象丑化一通，"修上而趋下，末偻而后耳，视若营四海"，显得猥琐而傲慢。然后让老莱子出来教训一顿，"去汝躬矜与汝容知"，并指责孔子"不忍一世之伤而骛万世之患"，罪名是够大的。反复说他骄矜"反""动"。全文不存在任何论辩，反正予以训斥，目的就达到了。

# （七）

宋元君夜半而梦人被发窥阿门，曰："予自宰路之渊，予为清江使河伯之所，渔者余且得予①。"

元君觉，使人占之②，曰："此神龟也。"

君曰："渔有余且乎？"

左右曰："有。"

君曰："令余且会朝。"

明日，余且朝。君曰："渔何得？"

对曰："且之网得白龟焉，其圆五尺③。"

君曰："献若之龟④。"

龟至，君再欲杀之，再欲活之⑤，心疑，卜之，曰："杀龟以卜⑥，吉。"乃刳龟⑦，七十二钻而无遗策⑧。

仲尼曰："龟，[神]能见梦于元君，而不能避余且之网；知能七十二钻而无遗策，不能避刳肠之患。如是，则知有所困，神有所不及也⑨。虽有至知，万人谋之⑩。鱼不畏网而畏鹈鹕⑪。去小知而大知明⑫，去善而自善矣⑬。婴儿生无所师而能言，与能言处也⑭。"

① 宋元君，已见《田子方》篇、《徐无鬼》篇。阿门，旁门，侧门。宰路之渊，渊名。余且（jū），渔夫姓名。"予自宰路之渊"三句，谓余从宰路之渊来，为清江使者到河伯那儿去，被渔人余且抓住了。

② 占，占卜。

③ 其圆五尺，谓白龟圆周长五尺。

④ 若，汝。

⑤ "再欲"二句，又想杀掉，又想放生。

⑥ 杀龟以卜，杀掉白龟用来占卜。

⑦ 刳（kū）龟，剜空白龟的肉质，只留龟壳。《文选·郭璞〈江赋〉》注引作"刳龟以卜"。

⑧ 钻，指用龟壳占卜。《文选·江赋》注引"司马云：钻，命卜，以所卜事而灼之"。策，占卜用的蓍草。无遗策，指占卜时蓍草所显示的卦象无误。七十二钻而无遗策，谓龟壳占卜数十次无不应验。"七十二"是虚数，言其多也。

⑨ "龟，神能"，原作"神龟能"，揣句意系"龟神"二字误倒。"神能"与

"知能"对举,与下文"知有所因,神有所不及"相应。知,通"智"。七句谓此龟神灵能托梦与宋元君,却不能逃脱余且的渔网;巧智能占卜七十二次而无遗策,却不能逃避剖肠的祸患。如此,可知其巧智有所困穷,而神灵有所不足。

⑩ "虽有至知,万人谋之",知,通"智"。谓人即使有最高的智慧,会有万人来算计他。《山本》篇"贤则谋"成玄英疏:"贤以志高,为人所谋。"与此意相同。

⑪ 鹈鹕,鸟名,其下颔有皮囊,用以兜藏小鱼。鱼不容易发现鱼网,却容易看到鹈鹕,故鱼不畏网而畏鹈鹕,其实鱼网对它们有更大的威胁,说明小智无用。姚鼐《庄子章义》:"网之害大于鹈鹕,人之用小智者,犹鱼之不知畏网也。"

⑫ "去小知"句,两"知"字皆通"智"。去其小智则大智自明。大智者,以不智为智也。郭象注:"小知自私,大知任物。"任物者,任其自然也。

⑬ "去善"句,去其所谓善则自善矣。道家主张顺其自然,无所谓善与不善。《老子》第二章云:"天下皆知美之为美,斯恶矣;皆知善之为善,斯不善矣。"

⑭ 所师,原作"石师",《释文》:"一本作所师。"此从一本。意谓婴儿不用从师,与能言者常处而自然能言。宣颖曰:"无知者有自然之能也。"

★道家反对智慧。《老子》第十八章云:"大道废,有仁义;智慧出,有大伪。"第十九章云:"绝圣弃智,民利百倍。"本章即体现这种思想。"龟,神能见梦于元君,而不能避余且之网;知能七十二钻而无遗策,不能避剖肠之患。"再大的智慧,社会上无数的人会与之为敌。"贤以智高,为人所谋。"可知小智之无用。只有"去小知而大知明"。大智也者,无智也,自然任物也。

然而作者举的例子,说的道理,都饱含着矛盾。说龟能见梦于宋元君,七十二钻而无遗策,都是小智,对它没什么用。但即使这只龟完全不任智,一点灵验也没有,它同样未必能脱余且之网,同样未必能避剖肠之患。文章旨在说明任小智之无益,但丝毫不能说明不任智会有益。"婴儿生无所师而能言,与能言者处也",宣颖曰:"无知者有自然之能也。"其实绝非如此。正是"与能言者处",小孩才学会语言,并非"自然之能"。这些论调都不能自圆其说。

在上一章里，让老莱子把孔子无端羞辱一通，反复指斥他骄矜"反""动"。到了这一章，又叫孔子出来担任道家的解说员，作小知无用的宣讲。随心所欲地捉弄孔子是道家后学们的惯技。

## （八）

惠子谓庄子曰："子言无用。"

庄子曰："知无用而始可与言用矣。夫地非不广且大也①，人之所用容足耳。然则厕足而垫之至黄泉，人尚有用乎②？"

惠子曰："无用。"

庄子曰："然则无用之为用亦明矣。"

① 夫地，《集释》本作"天地"，此以王先谦集解本。

② 厕足，置足。垫（diàn），挖掘。《释文》："丁念反。司马崔云：下也。本又作堑，七念反，掘也。"黄泉，言极深之地。"夫地"四句，谓地极其广大，而人（站立、行走）用的就是足踩的一小块，并不用别的地方；但如果傍着足踩的地方周围挖下去，一直挖到地的深处，那么足踩的那一块也无法用了。可知那广大的足不用的地方实际是有用的。

★本章宣传无用之用。成玄英疏："直置容足，不可得行，必借馀地，方能运用脚足，无用之理分明。故《老子》云：有之以为利，无之以为用。"《徐无鬼》篇云："故足之于地也浅（践），虽浅（践），恃其所不蹍而后善博也。人之于知也少，虽少，恃其所不知而后知天之所谓也。"与本章意思相同。然所说的比喻属于诡辩，脚未踩着的地方并非无用之地，与无用之言不能类比。

潘岳《秋兴赋》云："行投趾于容迹兮，殆不践而获底。阙侧足以及泉兮，虽猴猿而不履。"即用《庄子》此文。

## （九）

（1）庄子曰①：人有能游，且得不游乎？人而不能游，且得游乎②？夫流遁之志，决绝之行，噫，其非至知厚德之任与③！覆坠而不反，火驰而不顾，虽相与为君臣，时也，易世而无以相贱④。故曰至人不留行焉⑤。

夫尊古而卑今，学者之流也⑥。且以豨韦氏之流观今之世，夫孰能不波⑦？唯至人乃能游于世而不僻，顺人而不失己⑧。彼教不学，承意不彼⑨。

①"庄子曰"以下由六节文字组成。明标"庄子曰"，则系他人记录。庄子只"曰"这一节，还是"曰"到篇末，注家看法不一，但并不重要，实际"曰"的是文章的作者，与庄子未必有关。

②"人有能游"四句：何谓"能游"，作者自己的答案是"能游于世而不僻，顺人而不失己"，亦即与世推移，而又不丧失本性，同流而不合污。郭象注曰："性之所能，不得不为也；性所不能，不得强为。"成玄英疏云："性之能者，不得不由性；性之无者，不可强涉。各守其分，则物皆不丧。"注疏云云，是郭成的理解，仅供参考。

③"夫流遁之志"三句：知，通"智"。任，为也。王先谦曰："浮游隐遁，决绝弃世，真智大德之所任，殆不如此。"

④覆坠，犹言天崩地塌。火驰，犹言赴汤蹈火。王先谦曰："虽遇覆坠，犹疾驰而不返顾，此果于用世者。""覆坠而不反"四句，谓果于用世者，即使天崩地塌，仍火速疾驰而不返顾。然即使相与为君臣也是时势使然，时代一旦改变就都一样，不存在谁贵谁贱。

⑤至人不留行，成玄英疏："夫世有兴化，随则行之，是故达人曾无留滞。"即既不流荡隐遁，决绝弃世；也不覆坠不反，急速用世。

⑥流，犹言风气。尊崇往古，卑视当世，是学者的风气。作者反对这种观点。

⑦豨韦氏，成玄英疏："三皇以前帝号也。"此作为上古圣王的代表。波，波动，激荡。"且以"二句，谓如果以古代的风气来看当今之世，有谁能不波动。

⑧僻，邪辟，险辟。"唯至人"二句，谓至人乃能与世推移而不采取邪辟怪诞的行为，随顺他人又不自失本性。

⑨"彼教不学"二句，谓他人之教并不学之，但承其意，却并不随顺他人；亦即"顺人而不失己"之意。

★第一节表现的是一种虚与逶迤的处世态度。既反对"流遁之志，决绝之行"的隐遁避世，更反对"覆坠不反、火驰不顾"的奔竞用世，对"尊古而卑今"也不赞成。他所主张的是，"游于世而不僻，顺人而不失己"，亦即与世推移而不邪僻，随顺他人而又不自失本性。这是后期道家普遍的处世哲学。《楚辞·渔父》所谓"圣人不凝滞于物，而能与世推移"，就是这种哲学的体现。又说："沧浪之水清兮，可以濯吾缨；沧浪之水浊兮，可以濯吾足！"其实他们未必"濯"得那么干净。既不归隐，也不用世，随之顺之，说到底是在一个扰攘时代求得生存无可奈何的策略；而且还很容易成为苟且混世的借口。

（2）目彻为明，耳彻为聪，鼻彻为颤，口彻为甘，心彻为知，知彻为德①。凡道不欲壅，壅则哽，哽而不止则跈，跈则众害生②。物之有知者恃息，其不殷，非天之罪③。天之穿之，日夜无降，人则顾塞其窦④。胞有重阆，心有天游⑤。室无空虚，则妇姑勃谿⑥；心无天游，则六凿相攘⑦。大林丘山之善于人也，亦神者不胜⑧。

①彻，通也，灵通。明，视觉灵。聪，听觉灵。颤（shān），嗅觉灵。甘，味觉灵。知，通"智"，下"知"字同。

②壅，堵塞。哽，阻隔。跈（niǎn），郭象注，"相腾践也"，犹言互相践踏。"凡道不欲壅"四句，道理道德之"道"借道路道涂之"道"得义，此处正可双关。用于道路，谓道路不能堵塞，堵塞则交通阻碍，阻碍不止则互相践踏，各种祸害都会发生（这种现象现代交通堵塞最为常见）。比喻大道，则谓大道不能堵塞，堵塞则障碍不通，障碍不止则扰乱，扰乱则众害发生。郭象注："当通而塞，

则理有不泄则相腾践也。"(王念孙《庄子杂志》谓"践履与壅塞,二义不相比附。郭云理有不泄则相腾践,所谓曲说者也。案跈读为抮。抮,戾也。言哽塞而不止,则相乖戾,相乖戾则众害生也。"按,王说非是。"哽而不止则跈",用于道路,谓阻碍不止则互相践踏;比喻道理,谓阻碍不止则相互纠缠攻击,"相腾践也"是比喻说法。注释古书,凡本字能讲通者,不宜再用假借,郭象此注甚为顺畅,非曲说也。)

③"物之有知者"三句:息,气也。殷,正也。谓凡有知觉之物皆依恃生息,若气息不正常,不是天性的过错。言外之意,是人为之错。

④"天之穿之"三句:降,止也。窦,孔也。谓天然的气息贯通,日夜不会止息,人们反而壅塞孔窍,使气息不畅通,妨害生理。成玄英疏:"自然之理,穿通万物,自昼及夜,未尝止息。流俗之人,反于天理,壅塞根窍,滞溺不通。"

⑤胞,指体腔,包括胸腔,腹腔。阆,郭象注:"空旷也。""胞有天游"二句,谓体腔空虚,气息畅通,心乃能与自然活动。

⑥"室无空虚"二句,谓室不空虚,则妇姑争吵。成玄英疏:"勃磎,争斗也。屋室不空,则不容受,故妇姑争处,无复尊卑。"

⑦凿,孔也。六凿,眼耳口鼻与下二漏。(实即《齐物论》之九窍。九窍者,两眼两耳两鼻孔一口加二漏;六凿者,眼耳鼻孔皆单算一凿故也。)"心无天游"二句,谓心不能自然活动,则全身感官就会混乱。

⑧神,《说文》:"神,天神引出万物者也。""大林丘山"二句,谓大林丘山,使人心旷神怡,对于人的好处,即使天神也无以胜过。

★此第二节,为道家修身论,亦修心论。气息畅通,内心空旷,是修养身心的关键。反之,若气息不畅,孔窍壅塞,内心不能自适,则各种祸害都会发生。

(3) 德溢乎名,名溢乎暴,谋稽乎諠,知出乎争,柴生乎守①;官事果乎众宜②。春雨日时,草木怒生,铫鎒于是乎始修,草木之到植者过半而不知其然③。

① 溢，通"泆"，荡也，流荡。暴，暴露，表露。稽，止也，至也。諰（xián），郭象注："急也。"知，通"智"。柴，郭象注："塞也。"守，成玄英疏："执也。""德溢乎名"五句，谓德之流荡在于追求名声，名声的泛滥在于张扬表露，急于任事乃有计谋，喜爱争斗乃出慧智，闭塞是由于固执己见。《人间世》篇云："且若亦知乎德之所荡而智之所为出乎哉？德荡乎名，知出乎争。名也者，相轧也；知也者，争之器也。二者凶器，非所以尽行也。"两者可以互参。

② 官事，设官置事。果，犹决也，取决。上五句皆言有为之害，"官事"句一转，谓设官置事，应决于众人之所宜，无多扰攘也。

③ 春雨日时，犹言春雨及时来到。铫（yáo）鎒（nòu），除草的农具。修，修理，准备使用。到，通"倒"。到植，《释文》引"司马云：锄拔反之更生者曰到植"。"春雨日时"四句，成玄英疏："青春时节，时雨之日，凡百草木，萌动而生，于是农具方始修理。此明顺时而动，不逆物情也。"又曰："铫鎒既修，芸除崔苇，幸逢春日，锄罢到生。良由时节使然，不可以人情均度。是知制法立教，必须顺时。"此句之比喻意义实不明了，姑录成疏，以俟识者。

★此第三节，谓声名谋智之类皆有损于自然之德；故设官置事，但顺众人之所宜，以求平顺，不逆物情。

（4）静然可以补病，眥搣可以休老，宁可以止遽①。虽然，若是劳者之务也，（非）佚者之所未尝过而问焉②。圣人之所以駴天下，神人未尝过而问焉；贤人所以駴世，圣人未尝过而问焉，君子所以駴国，贤人未尝过而问焉，小人所以合时，君子未尝过而问焉③。

① 眥搣，《释文》："眥，亦作揃。搣，本亦作搣，音灭。"《玉篇》引即作"揃灭"。即今之按摩。遽，急迫，急躁。"静然"三句，谓心静可以疗补疾病，按摩可以防止衰老，宁定可以抑制急躁。休老，王孝鱼校："《阙误》引张君房本休作沐，高山寺本同。"成玄英疏："衰老之容，以此而沐浴。"知成本亦作"沐老"。

— 外物第二十六 —

沐老者，美其衰老之容也。

② 若是，犹言"此乃"。劳者，劳苦之人。"非"字衍文。佚者，安逸之人。

③ 騢（xiè，又音qiè），骇也。成玄英疏"骇，惊也"，是成本即作"骇"也，惊动。合，投合，苟合。"圣人之所以騢天下"八句，将人分成五等，依次是神人，圣人，贤人，君子，小人。圣人惊动天下，神人不过问；贤人惊动世间，圣人不过问。君子惊动国家，贤人不过问。小人苟合于时，君子不过问。

★ 此第四节。静以补病，按摩休老，宁定止遽，此乃劳者之务，安逸者不需过问；这是比喻，后文才是正意。作者将人分成五等：小人投合时俗，君子不屑问；君子惊骇一国，贤人不屑问；贤人惊骇世间，圣人不屑问；圣人惊骇天下，神人不屑问。神人为道行最高的人，纵然惊骇天下，而他"未尝过而问焉"；清静无为，声名于他是没有意义的。文中虽只一句提到神人，而实际是一段神人的颂歌。

（5）演门有亲死者，以善毁，爵为官师，其党人毁而死者半①。

尧与许由天下，许由逃之；汤与务光天下，务光怒之。纪他闻之，帅弟子而踆于窾水，诸侯吊之；三年，申徒狄因以踣河②。

① 演门，《释文》："宋城门名。"成玄英疏："东门也。亦有作寅者，随字读之。"官师，当为官名。"演门"三句，言宋国东门有个人因父母去世哀伤过度而毁坏形容，宋君嘉其孝行，封爵为官师。其乡党之人仿效他的行为，结果毁瘠伤身死了一半。

② 许由、务光、纪他、申徒狄，并传说中高士。"汤与务光天下"，《集释》本无"天下"二字，此从王先谦《庄子集解》。踆（cún），《释文》："音存。《字林》云：古蹲字。"指隐居。踣（bó），跌倒。踣河，投河自杀。文章将四人分成两个类型：许由务光是真高士，纪他申徒狄则是矫饰诈伪之人。尧让天下与许由，许由逃避箕山；汤让天下与务光，务光怒斥拒绝。纪他听到汤让务光，务光不受，

613

恐让及自己，带领弟子隐居窾水，因此获得声名，诸侯皆来吊问。几年之后，申徒狄慕其高名，以至自沉于河。成玄英疏："（许由务光），斯皆率其本性，腥臊荣禄，非关矫伪以慕声名。""（纪他）闻汤让务光，恐其及己，与弟子蹲踞水旁。诸侯闻之，重其廉素，时往吊慰，恐其沉没。狄闻斯事，慕其高名，自溺而死。波荡失性，遂至于斯矣。"

★此第五节，对矫情诈伪的行为进行了揭露和讽刺。作者主张"游于世而不僻"，不赞成"流遁之志，决绝之行"，所以对纪他、申徒狄的行为予以否定。

（6）荃者所以在鱼，得鱼而忘荃；蹄者所以在兔，得兔而忘蹄①。言者所以在意，得意而忘言，吾安得夫忘言之人而与之言哉！

①荃（quán），通"筌"，鱼笱，即捕鱼具。蹄，捕兔的装置，其实也捕其他野兽；用机关夹住野兽的蹄脚，故名曰蹄。

★此第六节。得鱼忘荃，得兔忘蹄，两者是比喻；得意忘言是正意。得意而忘言，是强调心领神会。真正的"意"是无法用"言"来表达的，只可意会，不可言传。轮扁斲轮，得之于手而应之于心，曰："臣不能以喻臣之子，臣之子亦不能受之于臣。"南宗不立文字，教外别传，也有无法用文字表达的意思。"采菊东篱下，悠然见南山。山气日夕佳，飞鸟相与还。此中有真意，欲辨已忘言！"诗家兴会，也非言语所能表达。

# 寓言第二十七

寓言，以首章开头二字名篇。

首章论述庄子文章的特点。寓言占十分之九；寓言，即寄寓之言，假托故事传说人物之言。重言占十分之七；重言，即借重之言，借重先哲时贤之言。文章论述着重卮言，即无心于言之言；论其实质，齐同物论之言，泯灭是非，任其自然也。本章作者是深知庄子者。用一章文字阐述庄子的文章特色，在先秦诸子中绝无仅有；然亦只是约略言之，并不尽然。

后面六段文字，内容各别，系杂凑而成。

## （一）

寓言十九[1]，重言十七[2]；卮言日出，和以天倪[3]。

[1] 寓言，寄寓之言。郭象注："寄之他人。"《释文》："寓，寄也。以人不信己，故托之他人。"成玄英疏："鸿蒙、云将、肩吾、连叔之类，皆寓言耳。"寓言十九，谓采用寓言故事之言占十分之九。

[2] 重言，借重先哲时贤之言。郭象注："引重之言。"《释文》："谓为人所重者之言也。"成玄英疏："长老乡闾尊重者也，老人之言。"重言十七，谓借重先哲时贤之言占十分之七。——寓言谓"寄之他人"之言，重言"谓为人所重者之言"，"人所重者"亦属他人，两者何以区别？按，寓有假托之意。寓言之"他人"指神话传说故事人物，成玄英谓指"鸿蒙、云将、肩吾、连叔之类"。重言所谓"引重之言"指先哲时贤，成玄英谓指"长老乡闾尊重者也"。但两者实无绝对区别。——寓言已占十分之九，何以重言又占十分之七。按，"寓言十九，重言十七"，可作互文理解，谓书中寓言重言占十之九或十之七，犹言书中大部分是寓言与重言。

③卮言，《释文》引"司马云：谓支离无首尾之言也"。成玄英疏："无心之言，即卮言也。"《天下》篇成玄英疏："卮言，不定也。"——"支离无首尾之言也"，"无心之言也"，"不定之言也"：琢磨上述诸训，可以理解为无心于言之言。无心于言，即面对天下是非，以无心之言对之；故论其实质，即泯灭是非之言。日出，成玄英疏："犹日新也。"也可理解为时时出来，不断出来。"和之以天倪"，和，合也。天倪，成玄英疏："自然之分也。"《齐物论》篇云："何谓和之以天倪？曰：是不是，然不然。"即是其不是，然其不然，亦即泯灭是非。

寓言十九，藉外论之①。亲父不为其子媒。亲父誉之，不若非其父者也；非吾罪也，人之罪也。与己同则应，不与己同则反；同于己为是之，异于己为非之②。

重言十七，所以已言也，是为耆艾③。年先矣，而无经纬本末以期年耆者，是非先也④。人而无以先人，无人道也；人而无人道，是之谓陈人⑤。

卮言日出，和以天倪，因以曼衍，所以穷年⑥。不言则齐，齐与言不齐，言与齐不齐也，故曰言无言⑦。言无言：终身言，未尝（不）言；终身不言，未尝不言⑧。有自也而可，有自也而不可；有自也而然，有自也而不然。恶乎然？然于然。恶乎不然？不然于不然。恶乎可？可于可。恶乎不可？不可于不可。物固有所然，物固有所可；无物不然，无物不可⑨。非卮言日出，和以天倪，孰得其久⑩！万物皆种也，以不同形相禅，始卒若环，莫得其伦，是谓天均⑪。天均者，天倪也⑫。

[荃者所以在鱼，得鱼而忘荃；蹄者所以在兔，得兔而忘蹄。言者所以在意，得意而忘言，吾安得夫忘言之人而与之言哉⑬！]

①藉外论之，借他人以论之。郭象注："言出于己，俗多不受，故借外耳。"

②媒，媒介。"为是之、为非之"之为，犹则也。"亲父"一段，说明使用寓言的原因。之所以要托之他人之言，"非吾罪也，人之罪也"。所谓人之罪，即下文"与己同则应，不与己同则反；同于己为是之，异于己为非之"。世俗人情，与

己相同则应和，不与己相同则反对；同于己则以为是，不同于己则以为非；所以要借重他人之言。

③已，止也。已言，中止论争。耆艾，年老长者。《礼记·曲礼上》："五十曰艾，六十曰耆。"郭象注："以其耆艾，故俗共重之。"

④"年先矣"三句，王先谦曰："处事贵有经纬，立言贵有本末。所重乎耆艾者，年高而有道者也。若年居先矣，而胸无经纬本末，徒称年耆者，是乌得为先乎？"

⑤而，如也。无以先人，没有过人之处。陈人，陈腐人，无用之人。"人而无以先人"四句，谓人如果没有过人之处，是无做人之道；无做人之道，即使年长也只是陈腐之人。

⑥曼衍（màn yǎn），叠韵联绵词。成玄英疏："曼衍，犹变化也。因，任也。""卮言日出"四句，谓无心于言之言，浑合于自然，任其变化发展，以此穷尽年光。后三句已见于《齐物论》。

⑦不言则齐，不言则没有是非，故物论齐一。有言即有是非，有是非之言则与原本齐者不齐，故曰"言无言"。言无言者，以无言为言或以无心之言为言也。《齐物论》篇曰："一与言为二，二与一为三。"本文之"齐"，《齐物论》之"一"也。本文之"齐与言不齐"者，《齐物论》之"二与一为三"也。"言无言"，《集释》本作"无言"，此据王孝鱼校引高山寺本。

⑧"终身言，未尝（不）言；终身不言，未尝不言"，第二句衍"不"字，据文意应删去。"言无言"五句，谓以无心之言为言，终身言之如未尝言，终身不言如未尝不言。

⑨自，原因。可，肯定，正确。"有自也而可"即"可，有自也"，以下三句同。意思是，说可，有它的原由；说不可，也有它的原由。说是，有它的原因；说不是，也有它的原因。恶（wū）乎，何以。何以是，说是就是；何以不是，说不是就不是。何以可，说可就可；何以不可，说不可就不可。物固有是的方面，物固有可的方面；没有什么不是，也没有什么不可。总归没有绝对的标准，故可齐一视之。此即"齐物论"之理，本段文字亦已见《齐物论》。

617

⑩ "非卮言日出"三句，谓如果不是无心于言之言不断出现，浑合于自然，则怎能长久。"孰得其久"与上文"所以穷年"相应。

⑪ 禅，代也。相禅，一代一代相传。伦，端倪。"万物皆种也"五句，谓万物各有种类，以不同形态代代相传。万物无始无终，始终如环，不能得其端倪，此之谓自然均平。

⑫ "天均者，天倪也"，所谓自然均平，即自然的分际，即万物各得其分（fèn）。

⑬ "荃者所以在鱼"为《外物》篇最末一段，实与该篇前文不相关联。庄子主张泯灭是非，齐同物论，故言而无言。"吾安得夫忘言之人而与之言哉！"作为庄生的感叹，移置"寓言"章之后，最适合不过。不敢随意移动原文，故用方括括出。

★（一）"寓言"章论述庄子文章的特点，"以天下为沉浊，不可与庄语"，故用"寓言"即假托于故事传说人物之言与"重言"即先哲时贤之言，以抒发其志意。

然文章着重论述的是"卮言"。何谓卮言？综合前代注家训解，可以理解为无心于言之言；即以无心于言之言对待是非。故论其实质，为泯灭是非之言。何谓卮言？本文自有解释。曰："不言则齐，齐与言不齐，言与齐不齐也，故曰言无言。"意谓不言则没有是非（齐也），有言即有是非（不齐），有是非之言则与原本齐者不齐，故曰"言无言"。言无言者，以无言为言或以无心之言为言也。又曰："恶乎然？然于然。恶乎不然？不然于不然。恶乎可？可于可。恶乎不可？不可于不可。物固有所然，物固有所可；无物不然，无物不可。"这段文字更可以作为"卮言"的解释。故"卮言"也者，论其实质，泯灭是非、齐同物论之言也。风吹林籁，万窍号呼，无非一片风声；风过之后，万籁皆虚。

当然，庄子之言是否泯灭是非，齐同物量，是另一回事。实际还是有他的是非的。如果真正齐同物论，泯灭是非，整部《庄子》也就不存在了。

（二）关于卮言，郭象王叔之等还有一种重要的解释，需要有所辩析。郭象注曰："夫卮，满则倾，空则仰，非持故也。况之于言，因物随变，唯彼之从，非持故也。"《释文》引王叔之曰"夫卮器,满则倾,空则仰,随物而变,非持一守故者也。施之于言,而随人从变,已无常主也"。王氏之说,实郭注之重复,后世亦多有从之者。按,郭王之说,原于《荀子·宥坐》。《宥坐》曰:"孔子观于鲁桓公之庙,有欹器焉。孔子问于守庙者曰:'此为何器?'守庙者曰:'此盖为宥坐之器。'孔子曰:'吾闻宥坐之器者,虚则欹,中则正,满则覆。'孔子顾谓弟子曰:'注水焉。'弟子挹水而注之,中而正,满而覆,虚而欹。孔子喟然而叹曰:'吁,恶有满而不覆者哉!'"所谓欹器是一种礼器,也是示警之器,置于坐右,以水满则覆以示警戒,欹,丘奇切(qī);而卮为饮酒之器,卮,章移切(zhī)。以欹注水,水满则覆;而卮用以斟酒,绝无酒满则覆之理。两者形状不同,读音亦异,用途各别;郭王将两者牵合为一,甚为不当。庄子之书,虽说"谬悠之说,荒唐之言",实自有主张,玄理深赜,而绝非"因物随变,唯彼之从","随人从彼,已无常主",不解郭子玄王穆夜何以如此理解!

(三)中国二十世纪初翻译界将英语 Fable 译为"寓言","寓言"一词即取自本文。庄子所谓寓言,为"藉外论之"的寄寓之言;作为文艺体式的寓言,是寄寓真理的艺术故事。两者有相通之处,而并不完全相同。但《庄子》书中许多寓言故事,作为"文学寓言"来要求也是绝妙的作品。其中如内篇之"鲲鹏与蜩鸠""庄周梦胡蝶""庖丁解牛""栎社树""浑沌与儵忽",外杂篇中之"轮扁斲轮""河伯与海若""陷井之蛙""蛮触之战"等,都是无与伦比的哲理寓言,是世界寓言史上经典之作。

## (二)

庄子谓惠子曰:"孔子行年六十而六十化,始时所是,卒而非之,未知今之所谓是之非五十九非也[①]。"

惠子曰:"孔子勤志服知也[②]。"

庄子曰:"孔子谢之矣,而其未之尝言[③]。孔子云:'夫受才乎大本,复灵以生④。鸣而当律，言而当法，利义陈乎前，而好恶是非，直服人之口而已矣⑤。使人乃以心服，而不敢蘁，立定天下之定⑥。'已乎已乎，吾且不得及彼乎⑦！"

① 化，变化，指不断否定过去。"始时所是"三句，谓原先认为正确者后来又加以否定，不知今天所谓正确者不是以往五十九年认为错误者。郭象注："时变则俗情亦变，乘物以游心者，岂异于俗哉！"成玄英疏云："夫运运不停，新新流谢，是以行年六十而与年俱变者也。"按照郭、成的理解，所谓"化"者，与世推移之意。

② 勤志服知，谓勤于心志，运用智慧。服，用也。知，通"智"。

③ 谢，辞谢。"孔子谢之矣"二句，谓孔子已谢绝勤志服智，而未曾说明。

④ 大本，犹言大道。复，伏也。"夫受才"二句，谓受才于大道，抱其灵性而生。

⑤ 直，只是。"鸣而当律"四句，乃假定语气，谓勤志服知者即使开口便当律，发言便当法，利义陈于前，而好恶是非，只是服人之口而已。

⑥ 蘁，通"牾"，违逆。前文孔子对"鸣而当律，言而当法，利义陈乎前"是否定的，因为"好恶是非直服人之口而已矣"；正确的作为必须是使人乃以心服而不敢违逆，立定天下之定则。

⑦ 吾，文中庄子自称。彼，指孔子。

★本章谓"孔子行年六十而六十化"，其所以"化"，在于弃绝"勤志服知"，即不运用心智，而能使天下人心服，确定天下之定则。

文中庄子曰："已乎已乎，吾且不得及彼乎！"用谦虚的口气赞扬孔子。成玄英疏曰："此是庄子叹美宣尼之言。"其实这个孔子是道家后学虚构的孔子，谢绝"勤志服知"的孔子，并非儒家的"宣尼"；而那个谦虚的庄子也决不是庄周，道家后学假托庄生而已。

"孔子行年六十而六十化"与《则阳》篇"蘧伯玉行年六十而六十化"内容近

似。蘧伯玉行年六十而六十化,是由"恃其智之所知"化到"恃其智所不知而后知";孔子行年六十而六十化,是由"勤志服知"化到"受才乎大本,复灵以生"。其具体内容则异,其"化"之神秘性则同。

## (三)

曾子再仕而心再化①,曰:"吾及亲仕,三釜而心乐;后仕,三千钟而不洎,吾心悲②。"

弟子问于仲尼曰:"若参者,可谓无所县其罪乎③?"

曰:"既已县矣。夫无所县者,可以有哀乎④!彼视三釜三千钟,如观鸟雀蚊虻相过乎前也⑤。"

① 曾子,即曾参,孔子弟子。再仕而心再化,谓再仕而心境变化。变化原因在下文说明。

② 釜、钟,皆为量具,亦为计量单位。成玄英疏:"六斗四升曰釜,六斛四斗曰钟。"古代十斗为一斛。一钟二釜,三千钟即三万釜。洎,及也。不洎,不及养亲也,即父母已亡故。曾子是孝子,自言父母在世时出仕,三釜的薄俸心也欢乐;父母亡故后再出仕,三千钟的厚禄却因来不及供养父母而心怀悲伤。

③ 县,郭象注,"系也"。无所县其罪乎,意即无所系于利禄之罪乎。

④ "既已县矣"三句,谓既考虑三釜三千钟的差别,即已系于利禄矣。如果真不系于利禄,他会心有悲哀乎?

⑤ 彼,指真无系于利禄之人。他们看待三釜还是三千钟,如看鸟雀蚊虻之过于眼前,不会系之于心。"观鸟雀",集释本无"鸟"字,此从王孝鱼校引张君房本。郭象注:"夫无系者,观荣禄若蚊虻鸟雀之在前而过去耳。"成玄英疏:"达道之人,无心系禄,千钟三釜,不觉少多,犹如鸟雀蚊虻相与飞过于前矣。"是郭注本成疏本皆有"鸟"字。

★（一）曾参是有名的孝子，其父曾点（即曾晳）也是孔子的学生。"曾子养曾晳"，极尽孝道，孟子曾给予高度赞扬。曾参自言父母在时，以薄俸供养于心亦乐；父母不在，纵有厚禄已不能供养，故心怀伤悲。心乐心悲是以父母在不在相对而言。本文中这位"仲尼"不顾问题的实质，认为既考虑利禄的多少，则心已系于利禄。这是道家塑造的假仲尼给儒家的真曾参无端加上的罪名。

（二）东汉初，"庐江毛义，[字]少节，家贫，以孝行称。南阳人张奉慕其名，往候之。坐定而府檄适至，以义守令，义捧檄而入，喜动颜色。奉，志尚士也，心贱之，自恨来，固辞而去。及义母死，去官行服。数辟公府，为县令，进退必以礼。后举贤良，公车征，遂不至。张奉叹曰：'贤者固不可测，往日之喜，乃为亲屈也。斯盖所谓家贫亲老，不择官而仕者也。'"（见《后汉书》卷三十九）毛义故事，与曾子亲在仕薄俸也心乐，父母亡故仕厚禄也心悲，同是孝子的心情。"家贫亲老，不择官而仕"，正曾子之言，见《韩诗外传》。

# （四）

颜成子游谓东郭子綦曰①："自吾闻子之言，一年而野②，二年而从③，三年而通④，四年而物⑤，五年而来⑥，六年而鬼入⑦，七年而天成⑧，八年而不知死不知生⑨，九年而大妙⑩。"

① 颜成子游谓东郭子綦，《齐物论》中颜成子游为南郭子綦弟子，东郭南郭或即一人。是与不是都无所谓，寓言而已。

② 野，成玄英疏："野，质朴也。闻道一年，学心未熟，稍能朴素，去浮华也。"

③ 从，顺也。郭象注："不自专也。"成玄英疏："顺于俗也。"

④ 通，通达。成玄英疏："不滞境也。"

⑤ 物，郭象注："与物同也。"

⑥ 来，成玄英疏："为众归也。"

⑦ 鬼入，郭象注："外形骸也。"成玄英疏："神会物理。"

⑧ 天成，成玄英疏："合自然成。"

⑨ 知死不知生，齐同生死，不以死生为意。

⑩ 大妙，进入大道玄妙之境。

★颜成子游自言从东郭子綦学而悟道的历程，言甚玄虚而实空泛。

## （五）

生有为，死也①。劝公以其私，死也②。有自也，而生阳也；无自也，而果然乎③？恶乎其所适，恶乎其所不适④？天有历数，地有人据，吾恶乎求之⑤？莫知其所终，若之何其无命也？莫知其所始，若之何其有命也⑥？有以相应也，若之何其无鬼邪？无以相应也，若之何其有鬼邪？⑦

① 生有为死也，郭象注："生而有为则丧其生。"

② 劝公以其私，《集释》本无"私"字，此从王孝鱼校据《阙误》引张君房本。《广雅·释诂二》："劝，助也。"公，道也。《则阳》篇："道者为之公。"与之相对，个体生命则为私。劝公以其私死也，即《大宗师》篇"不以心捐道，不以人助天"之意。此句意思不甚明了，姑释如此。

③ 自，由也。生而阳也，成玄英疏："感于阳气而有此生。""有自也"四句，谓生而有所由来，感于阳气而生（似有所由来）；（然生而又死）又似无所由来，事实果真如此乎？

④ 恶（wū），何也。适，安也。"恶乎其所适"二句，谓何处而有所安，何处而有所不安。成玄英疏："夫气聚为生，生不足乐；气散而死，死不足哀。生死既齐，哀乐斯泯。故于何处而可适，于何处而不可适乎？所在皆适耳。"

⑤ "天有历数"三句,成玄英疏:"夫星历度数,玄象丽天;九州四极,人物依据。造化之中,悉皆具足,吾于何处分外求之也?"按,此三句是对前二句"恶乎其所适,恶乎其所不适"的回答,意谓所在皆适,更于何处分外求之,不用分外求之也。

⑥ 命,郭象注:"不知其所以然而然,谓之命。"意即出乎自然,人莫知其所以然者,谓之命。"莫其所终"四句,物莫知其所始,亦莫知其所终,如之何知其有命还是无命?

⑦ "有以相应也"四句,谓人之生死似有相应者,又似没有相应者,如之何知其有鬼还是无鬼?

★本节文字对人生命运之谜提出疑问:生究竟有所自来还是无所自来?万物无始无终,究竟有命还是无命?人之生死似有所相应者又似无所相应者,究竟有鬼还是无鬼?作者没有得到回答。然文章开头说"生有为,死也",意即有为则丧其生。追索人生有自还是无自,有命还是无命,有鬼还是无鬼,都属"有为",则必"死也",不会有结果。

《大宗师》篇云:"古之真人,不知说生,不知恶死;其出不䜣,其入不距;翛然而往翛然而来而已矣。不忘其所始,不求其所终,受而喜之,忘而复之,是之谓不以心[损]道,不以人助天。"这段文字正可作为"生有为死也"一节的解答:生死自然,无须置问,翛然而往翛然而来而已矣。

## (六)

众罔两问于景曰:"若向也俯而今也仰,向也括撮而今也被髪,向也坐而今也起,向也行而今也止,何也①?"

景曰:"搜搜也,奚稍问也②!予有而不知其所以③。予,蜩甲也,蛇蜕也,似之而非也④。火与日,吾屯也;阴与夜,吾代也⑤。彼吾所以有待邪⑥？而况乎以无有待者乎⑦！彼来则我与之来，彼往则我与之往，彼强阳则我与之强阳，强阳者又何以有问乎？"⑧

① 罔两，影外之微阴。景，通"影"，一本即作影。若，汝，指影。括撮，束髪。被髪，散髪。罔两看到影不断变动形象，因而发问。

② 搜搜，刘师培《庄子斠补》谓读如《礼记·学记》"足以謏闻"之謏，小也。謏謏，犹小小、区区。"搜搜也"之"也"，犹"者"。奚，何也。稍，"屑"之借字。奚稍，犹何须。句意谓区区小事何须问邪。

③ 有，在也。句意谓予存在如此而不知何以如此。

④ 蜩甲，蝉蜕也。蛇蜕，蛇所脱之皮。林云铭《庄子因》："蜩甲蛇皮虽附于形，尚有其质，影则可见而不可执，故似之而实非也。"

⑤ "火与日"四句：成玄英疏："屯，聚也；代，谢也。"句意谓有火有日我即显现，阴天黑夜我即消谢。

⑥ 彼，指火与日。下文"彼来、彼往、彼强阳"三"彼"字皆同。有待，有所凭借。有火与日才有影，故火与日为影之所待。

⑦ 而，通"能"。况，比也。"无有待者"，《集释》本无"无"字，王孝鱼依郭注及《阙误》引张君房本补。句意谓，我有所待，岂能与无所待者相比。何谓无所待者？《逍遥游》篇谓宋荣子、列子"犹有所待也，若夫乘天地之正而御六合之辩以游无穷者，彼且恶乎待哉！"

⑧ 强阳，成玄英："运动之貌也。""彼来"四句，谓火与日出现我即出现，火与日隐没我亦隐没，火与日活动我亦随之活动，这种活动又何用问乎。友人储庭焕曰："强阳，旺盛之意，谓火与日光旺盛则影亦明显。"储说似更坚确。

★《齐物论》篇罔两问景曰："曩子行，今子止；曩子坐，今子起；何其无特操与？"与本篇所问相同。影的回答实质相同而内容有所不同。《齐物论》之影曰：吾有待于形体，而吾所待之形体又有所待，故行止坐起都没有自由。本节之影曰：吾有待于火与日，火与日照临我乃出现，火与日隐没我亦隐没，故俯仰坐起都身不由己。——将两则寓言合谈,意思更完整:影的存在既有待于形体,无形乃无影;又有待于光照,无光亦无影。形与光皆影之所待也。

## (七)

阳子居南之沛,老聃西游于秦,邀于郊,至于梁而遇老子①。老子中道仰天而叹曰:"始以汝为可教,今不可也。"

阳子居不答。至舍,进盥漱巾栉②,脱履户外,膝行而前曰:"向者弟子欲请夫子,夫子行不闲,是以不敢。今闲矣,请问其过。"

老子曰:"而睢睢盱盱,而谁与居③?大白若辱,盛德若不足④。"

阳子居蹴然变容曰⑤:"敬闻命矣!"

其往也,舍者迎将,其家公执席,妻执巾栉,舍者避席,炀者避灶。其反也,舍者与之争席矣。

① 阳子居,《释文》:"姓杨,名朱,字子居。"此以阳子居即杨朱。按,杨朱为战国时人,来不及见老子。又,阳子居与杨朱思想不同,两者并非一人。参见《应帝王》篇注。之,往也。沛,今江苏徐州。邀,犹言相约。梁,今河南开封。

② 盥(guàn)漱巾栉,指盥洗漱口洗脸梳头的用具。

③ 而,通"汝",下"而"字同。睢睢(suī)盱盱(xū),郭象注:"跋扈之貌,人将畏难而疏远。"成玄英疏:"躁急威权之貌。"按,骄矜傲慢之貌也。

④ "大白若辱,盛德若不足",《老子》四十一章文(盛德,今本《老子》作"广德")。辱,黑也。意谓大白而若黑,盛德而若不足。亦即要谦虚卑退,不应骄矜傲慢。

⑤ 蹴然,成玄英疏:"惭悚貌。"变容,改容。

⑥ 其往也,当他新来旅舍时。舍者,同居旅舍的人。迎将,迎送。家公,旅舍主人。执席,安排坐席。妻,指旅舍主人之妻。巾栉,手巾梳子。避席,让坐。

— 寓言第二十七 —

炀者，烧饭的人。避灶，不敢当灶。疑冬天当灶以取暖，炀者敬畏阳子居，故不敢当灶。郭象注："尊形自异，故惮而避之也。"其反也，见过老子后返回旅舍。"其往也"一段，谓阳子居原先骄矜傲慢，相处的人皆畏而避之；见过老子后变得谦虚，相与之人不再怕他，敢与之争席矣。

★老子教阳子居不要骄傲傲慢，为人应"大白若辱，盛德若不足"。阳子居接受教育，一变而为谦虚。

# 让王第二十八

让王，辞让王位。本篇有尧舜商汤等让王故事，故以"让王"名篇。全篇辑录十八个历史传说故事，按其文字相连内容同类分为十五章。故事大多又见于《吕氏春秋》及其他古籍，系杂凑而成。

本篇多数章次的中心意旨是"重生"，所谓"天下至重也，而不害其生"，"天下大器也，而不以易生"。"重生""贵生"，是杨朱的思想，与老庄相违背，故《让王》篇是杨朱派的作品。

由于故事杂凑，故全篇内容并不统一。一、二两章子州支父、子州支伯、善卷、石户之农，不以天下易其生；四章王子搜忧惧"为君之患"，五章子华子劝韩昭僖侯不要为土地"愁身伤生"，六章颜阖不受鲁君币帛，七章子列子拒收郑子阳遗粟，都有避害全生之意。这些都可以揽入"完身养生"的范围。

十二章瞻子教中山公子牟"不能自胜则从"，即若不能自我控制就让它放纵自如，不要勉强自己，也还有不伤其性的意思，但较为牵强。

像三章大王亶父避狄也说是"可谓能尊生矣"，实在是把不相干的旨意硬栽上去。至于九章原宪居鲁、十章曾子居卫、十一章颜回不仕、十三章孔子厄于陈蔡，十五章伯夷叔齐饿死首阳山，都是歌颂他们的操守品格，不属于"贵生"的范围——因为所谓"贵生"有特定的含义，即生命高于一切，这与孔门"不以穷通易其乐"不属于同一范畴。——再如十四章中北人无择、卞随、务光，都因不受帝位或王位而投河自杀，则与"贵生"的观念相悖，故事也很荒诞。

第八章屠羊说辞不受赏，歌颂一位诚朴的劳动者，是一篇独特的作品。

——《让王》《盗跖》《说剑》《渔父》为一组。四篇内容各不相同，都非道家著作。王先谦曰："《让王》下四篇，古今学者多以为伪作。"所谓"伪"，不独伪在其非庄子之作，更伪在其非道家言。

## 让王第二十八

### （一）

尧以天下让许由，许由不受。又让于子州支父①，子州支父曰："以我为天子犹之可也②。虽然，我适有幽忧之病③，方且治之，未暇治天下也。"——夫天下至重也，而不以害其生，又况他物乎④！（唯无以天下为者可以托天下也）⑤。

舜让天下于子州支伯⑥，子州支伯曰："予适有幽忧之病，方且治之，未暇治天下也。"——故天下大器也，而不以易生，此有道者之所以异乎俗者也⑦。

① 子州支父，成玄英疏："姓子，名州，字支父，怀道之人，隐者也。"

② 犹之可也，即犹可也。"之"字助词无义。《吕氏春秋·贵生篇》，此句作"以我为天子犹可也"。这是一句应付的话，实不肯接受，由下文可知。

③ 幽忧之病，《释文》引"王曰：谓其病深固也"。成玄英疏："幽，深也。忧，劳也。"

④ "夫天下至重也"三句，谓天下至为贵重，许由也不让它来损害自己的生命，更何况其他东西呢？这是作者对许由不受天下的评语，也是全文旨意所在。

⑤ "唯无以天下为者可以托天下也"，此句系衍文。全文旨意全在不以天下"害其生"，不涉及谁可以"托天下"；此其一。"可以托天下"与不以天下"易其生"相抵触，此其二。本章两段结构一样。第一段结末云"夫天下至重也，而不以害其生，又况他物乎！"第二段最后说"故天下大器也，而不以易生，此有道者之所以异乎俗者也"。两相对应，语气内容都相同，中间不应插此一句；此其三。此妄人注释之语混入正文者。《吕氏春秋·贵生篇》作"不以天下害其生者也，可以托天下"，文字小异，衍误则同，必出于同一来源。

⑥ 子州支伯，成玄英疏："支伯，犹支父也。"

⑦ 故，犹"夫"也。"故天下大器也"三句，成玄英疏："夫帝王之位，重大之器也，而不以此贵易夺其生。自非有道，孰能如是，故异于流俗之行也。"

★首章突出"重生"即珍视生命或生命重于一切之意。"夫天下至重也,而不以害其生,又况他物乎?""故天下大器也,而不以易生,此有道者之所以异乎俗者也。"揭示主题,最为明白。

"重生""贵生"不是老子的思想。老子曰:"夫唯无以生为者,是贤于贵生。"尤其不是庄子的思想。庄子死生可以齐一,甚至"以生为附赘县疣"。杨朱主张"贵生""重己","全性葆真,不以物累形",故《让王》篇是杨朱派的作品。

"尧让天下于子州支父"见于《吕氏春秋·贵生篇》。篇名"贵生",是表现贵生思想典型的篇章。

# (二)

舜以天下让善卷[1],善卷曰:"余立于宇宙之中,冬日衣皮毛,夏日衣葛絺[2];春耕种,形足以劳动;秋收敛,身足以休食[3]。日出而作,日入而息,逍遥于天地之间而心意自得。吾何以天下为哉!悲夫,子之不知余也[4]!"遂不受。于是去而入深山,莫知其处。

舜以天下让其友石户之农[5],石户之农曰:"捲捲乎后之为人,葆力之士也[6]。"以舜之德为未至也[7],于是夫负妻戴[8],携子以入于海,终身不反也。

[1] 善卷,《释文》引"李云:姓善名卷"。按,"卷"为卷束卷缩之意。《周礼·考工记·鲍人》"卷而抟之",郑玄注引郑司农云:"卷,读为'可卷而怀之'之卷。""善卷"为寓意之名,即寓其"可卷而怀之"之意。

[2] 葛絺(chī),细葛布。

[3] 形,身也。收敛,收获,收藏。休食,犹休养。

[4] 吾何以天下为哉,我要天下何用。为哉,语尾助词。子,你,指舜。

[5] 石户之农,《释文》引"李云:石户,地名。农,农人也"。疑为人名。

⑥捲捲，《释文》："音权，郭音眷，用力貌。"后，君，指舜。葆力，犹劳力。友人储庭焕曰："捲捲，犹拳拳，忠谨之貌。二语似赞扬并带有怜悯之意，实际是一种轻视态度。"

⑦以舜之德为未至也，以舜尚未至于道。

⑧夫负妻戴，离家出走时，将各种生活用品丈夫背在身上，妻子顶在头上。

★本章没有点出"重生"，不受帝位而要全真葆性的意思还是明显的。
"舜以天下让其友石户之农"见于《吕氏春秋·离俗览》。

# （三）

大王亶父居邠，狄人攻之①。事之以皮革而不受②，事之以犬马而不受，事之以珠玉而不受，狄人之所求者土地也。大王亶父曰："与人之兄居而杀其弟，与人之父居而杀其子③，吾不忍也。子皆勉居矣，为吾臣与为狄人臣奚以异④！且吾闻之，不以所用养害所养⑤。"因杖策而去之。民相连而从之，遂成国于岐山之下⑥。——夫大王亶父，可谓能尊生矣⑦。尊生者，虽贵富不以养伤身，虽贫贱不以利累形。今世之人居高官尊爵者，皆重失之⑧，见利轻亡其身，岂不惑哉！

①大（tài）王亶父，《吕氏春秋·审为篇》作"太王亶父"，即《诗·大雅·绵》之古公亶父。周之始祖，王季之父，周文王祖父。邠（bīn），地名，字原作豳，唐玄宗开元十三年以字类"幽"改作邠，今陕西彬州市。狄，北方少数民族，周称猃狁，秦汉称为匈奴。

②事，事奉，供给。

③"与人之兄居"二句：一旦发生战争，战死者多为青壮年，故曰"杀其弟""杀其子"。

④子，此指邠地人民。勉居，谓汝等勉力居处于此。《吕氏春秋·审为篇》作

"皆勉处矣"。奚，何也。

⑤所用养，指用来养人的土地。所养，即所养的人民。因争夺土地必然死伤人，所以说不用来养人的土地伤害所养的人们。

⑥杖策，扶着手杖。岐山，今陕西岐山。

⑦皆重失之，对失掉高官爵禄非常重视，即害怕失掉。

⑧惑，惑乱，糊涂。

★《孟子·梁惠王下》："昔者大王居邠，狄人侵之，事之以皮币不得免焉，事之以犬马不得免焉，事之以珠玉不得免焉。乃属其耆老而告之曰：'狄人所欲者吾土地也。吾闻之也，君子不以其所以养人者害人，二三子何患乎无君，我将去之。'去邠，踰梁山，邑于岐山之下居焉。邠人曰：'仁人也，不可失也！'从之者如归市。"孟子所说与本篇所述为同一历史事件，内容基本相同，但旨意大不相同。孟子说大王是仁人，民从之如归市；本文谓大王"能尊生"，民相连而从之。

文章显系本文抄袭《孟子》。因为孟子书中涉及大王事狄，前后几章内容一致，而本文内容前后不一致。大王亶父曰："与人之兄居而杀其弟，与人之父居而杀其子，吾不忍也。"说明大王亶父关心的是人民的生命。而文章结论却是"夫大王亶父可谓能尊生矣。尊生者，虽富贵不以养伤身，虽贫贱不以利累形"。则所谓"尊生"是大王亶父"尊"他自己之生，论据论点与结论不一致。其实大王亶父故事根本不能得出这样的结论。这是作者强行将大王亶父拉来为他的"尊生"亦即"重生"主义服务。

大王亶父对狄人让步的实际情况如何，不得而知，如果从一个关心人民的领导者的责任考虑，故事的精神绝不可取。古代各个民族之间的斗争，侵略一方的统治者往往把被侵略一方的人民当作奴隶甚至杀害，落后民族的统治者尤为残忍。因此不领导人民进行抵抗，而说什么"二三子何患无君"，"为吾臣与为狄人臣奚以异"，等于彻底放弃责任，把人民无端抛给异族侵略者，无论是孟子所说还是本文作者所说都极其错误。赞成这种观点就是对人民不负责任，就是对历代爱国志士抗敌英雄的否定，而为叛徒卖国贼开脱罪责。

"大王亶父居邠"又见于《吕氏春秋·审为篇》。

## （四）

越人三世弑其君，王子搜患之，逃乎丹穴①。而越国无君，求王子搜不得，从之丹穴。王子搜不肯出，越人薰之以艾，乘以王舆②。王子搜援绥登车③，仰天而呼曰："君乎君乎！独不可以舍我乎④！"——王子搜非恶为君也⑤，恶为君之患也。若王子搜者，可谓不以国伤生矣，此固越人之所欲得为君也⑥。

①越人三世弑其君，王子搜患之：按，《史记·越王勾践世家》索隐引《纪年》云："（越王）翳三十三年迁于吴，三十六年七月太子诸咎弑其君翳。十月，粤杀诸咎。粤滑，吴人立子错枝为君。明年，大夫寺区定粤乱，立无余之。十二年，寺区弟忠弑其君莽安，次无颛立。无颛八年薨。故《庄子》云：'越王三弑其君，子搜患之，逃乎丹穴不肯出，越人薰之以艾，乘以王舆。'乐资云：'号曰无颛。'"（滑，乱也。）有史可查三世被弑的越君即越王翳、越王诸咎、越王莽安；继莽安为君者为无颛。据乐资云，无颛即王子搜。无颛于周显王七年（前362）即位，在位八年。（《淮南子·原道》云："越王翳逃山穴，越人熏而出之，遂不得已。"据《纪年》，越王翳为三世弑其君之第一个被弑者，而《淮南》谓越王翳为逃于山穴被越人熏而出之者，两者相距甚远。《纪年》为先秦之作，且记述较详，当以《纪年》为是。）丹穴，山洞之名。

②薰之以艾，以艾薰之迫使出洞。王舆，王之车辇。一作"玉舆"。成玄英疏："越国之人，频杀君主。王子怖惧，逃之洞穴。呼召不出，以艾薰之。既请为君，故乘以玉辂。"

③援绥，拉着登车的绳索。

④君乎君乎，指君这个位置。独，岂也，宁也。独不可以舍我乎，难道不可以放弃我叫我不为君吗。

⑤恶（wù），厌恶，害怕。

⑥不以国伤生，不以国君之位伤害生命。此固越人之所欲得为君也，正因为

633

他不贪图君位,越人才要他为君。

★王子搜故事比其他让王传说较有意义。王子搜不肯为君,不是出于辞让,更不是什么高尚,而是极其忧惧。"王子搜非恶为君也,恶为君之患也",道出了问题的实质。春秋二百四十二年中,"弑君三十六,亡国五十二,诸侯奔走不得保其社稷者不可胜数"。到了战国,这种亡国灭君之事更多也更残酷,西周数以百计的诸侯国所剩无几。历代许多开国君主,费尽力气,使尽阴谋,葬送无数善良人民的生命,夺得统治的宝座,然后"把乾坤重担,子孙挑起"(郑板桥《瑞鹤仙·帝王家》);他们的子孙坐享荣华却未必好受。内部倾轧,外乱侵凌,能得几日安宁;到亡国之日,或被杀戮,或作俘房,想做一介平民也不可得。王子搜援绥登车仰天而呼曰:"君乎君乎,独不可以舍我乎!"其恐惧之状,如闻其声,刻画亦颇精彩。但作者还是把它拉到"重生"的主题上来,"若王子搜者,可谓不以国伤生矣",以此点明题旨。其实故事的内涵,比单纯的"贵生"远为深厚。

王子搜故事又见于《吕氏春秋·贵生篇》。

## (五)

韩魏相与争侵地。子华子见昭僖侯①,昭僖侯有忧色。

子华子曰:"今使天下书铭于君之前,书之言曰:左手攫之则右手废,右手攫之则左手废②,然而攫之者必有天下。君能攫之乎?"

昭僖侯曰:"寡人不攫也。"

子华子曰:"甚善!自是观之,两臂重于天下也,身亦重于两臂;韩之轻于天下亦远矣,今之所争者,其轻于韩又远③。君固愁身伤生以忧戚不得也④。"

僖侯曰:"善哉!教寡人者众矣,未尝得闻此言也。"

子华子可谓知轻重矣⑤。

① 子华子，《释文》引"司马云：魏人也"。《吕氏春秋·贵生篇》："子华子曰：'全生为上，亏生次之，死次之，迫生为下。'"高诱注："子华子，古体道人。"昭僖侯，疑即韩昭侯。子华子当为韩人。韩昭侯与魏惠王同时，周显王七年（前362）即位，在位二十六年。

② 书铭，犹言写一誓约。攫（jué），抓取。废，残废，指斩断。子华子之言，谓书一可以得天下的誓约，但誓约同时规定，左手抓取誓约即斩断右手，右手抓取誓约即斩断左手。问君是否去抓取它。

③ "两臂重于天下"五句，谓两臂比天下重要，全身又比两臂重要。一个韩国比天下相差甚远，现在争的那一块土地又比韩国相差得远。

④ 固，犹言"却"。忧戚，极其担心之意。句意谓君却愁身伤生担心得不到那一点土地。

⑤ 子华子可谓知轻重矣，谓懂得生命重于天下。

★本章通过子华子对韩昭僖侯的开导，说明生命重于天下。——故事表达的道理极其荒谬。砍掉一只手臂即可以"有天下"（指统治天下这个位置，即为君为王），昭僖侯不愿意，说明生命重于"有天下"；同"今之所争者"即敌人侵占的土地，因这块土地"轻于天下"故也可以不争：这是两种性质完全不同的事实。前者涉及的是个人的位置，后者涉及的是国家的主权；两者"轻重"相悬天壤，怎么可能混为一谈！

故事又见《吕氏春秋·审为篇》。

# （六）

鲁君闻颜阖得道之人也①，使人以币先焉②。颜阖守陋闾，苴布之衣而自饭牛③。鲁君之使者至，颜阖自对之④。使者曰："此颜阖之家与？"颜阖对曰："此阖之家也。"使者致币⑤。颜阖对曰："恐听者谬而遗使者罪，不若审之⑥。"使者还，反审之，复来求之，则不得已⑦。

故若颜阖者，真恶富贵也⑧。故曰：道之真以治身，其绪馀以为国家，其土苴以治天下⑨。由此观之，帝王之功⑩，圣人之馀事也，非所以完身养生也。今世俗之君子，多危身弃生以殉物⑪，岂不悲哉！凡圣人之动作也，必察其所以之与其所以为⑫。今且有人于此⑬，以随侯之珠弹千仞之雀⑭，世必笑之。是何也，则其所用者重而所要者轻也。夫生者，岂特随侯[珠]之重哉⑮！

① 鲁君闻颜阖，《人间世》篇曰"颜阖将傅卫灵公太子而问于蘧伯玉"，卫灵公于鲁昭公八年（前534）即位，在位四十二年，中与鲁定公并世十五年之久，于鲁哀公三年（前492）去世。《列御寇》篇曰"鲁哀公问于颜阖"。本文之鲁君可能是定公，也可能是哀公。

② 币，帛也，作为礼物。先焉，先通其意。

③ 陋闾，简陋的居室。苴布，粗麻布。饭牛，喂牛。

④ 自对之，亲自接待。

⑤ 致币，送上币帛。

⑥ 恐听者谬而遗使者罪，恐鲁君误信听者谬传，而使者因所礼聘者名不符实而获罪。（听者，俞樾《庄子平议》、刘文典《庄子补正》并据《吕氏春秋·贵生篇》删去"者"字。俞樾曰："上者字衍文。恐听谬而遗使者罪，恐其误听得罪也。《吕氏春秋·贵生篇》正作恐听缪而遗使者罪。"按，俞说非是。两者皆可通，作"听者谬"更好，"者"字不当删。此针对"鲁君闻"而言，鲁君闻自"听者"，非闻自使者也。颜阖谓该"听者"谬听，恐使者所见之人不符实际而仍然致币可能获罪。又，《诸子集成》本《吕氏春秋》，此句作"恐德缪而遗使者罪"，不作"恐听缪而遗使者罪"。）

⑦ 则不得已，指颜阖已不在原地，无法找着。已，通"矣"。

⑧ 恶（wù），厌弃。真恶富贵也，《贵生篇》作"非恶富贵也，由重生恶之也"，更符合本文旨意。

⑨ 绪馀，织丝剩下的残丝。土苴，犹言土芥。皆比喻残剩之物。

⑩ 帝王之功，帝王的功业。

⑪ 殉物，追逐外物，指追逐名利富贵之类。

⑫ 动作，行动。察，考察，研究。所以之，即所以往，走向何方。所以为，所为何事。

⑬ 且，犹"若"也，如果。

⑭ 随侯之珠，宝珠名。《淮南子·览冥篇》："随侯之珠，和氏之璧，得之者富，失之者贫。"随侯之珠极贵重，千仞之雀既轻微又难以弹中。

⑮ 随侯珠之重，原文脱"珠"字，无"珠"字文意不顺，据《贵生篇》补。

★颜阖不愿见鲁君，故事又见《吕氏春秋·贵生篇》。故事本身并无生命重于天下之意，故《贵生篇》在后面加上一段评论，曰：谓"故若颜阖者，非恶富贵也，由重生恶之也"；本文也说："由此观之，帝王之功，圣人之馀事也，非所以完身养生也"。把内容硬拉到"重生"主题上来。

## （七）

子列子穷，容貌有饥色。客有言之于郑子阳者曰①："列御寇，盖有道之士也，居君之国而穷，君无乃为不好士乎②？"郑子阳即令官遗之粟③。子列子见使者，再拜而辞。

使者去，子列子入，其妻望之而拊心曰④："妾闻有道者之妻子皆得佚乐。今有饥色，君过而遗先生食⑤，先生不受，岂不命邪？"

子列子笑谓之曰："君非自知我也。以人之言而遗我粟，至其罪我也又且以人之言⑥，此吾所以不受也。"

其卒，民果作难而杀子阳⑦。

① 子阳，郑繻公相。

② 无乃，莫不是。

③ 遗（wèi），赠送。

④ 望，怨也。望之，埋怨子列子。拊心，拍打胸脯，气急时的表现。

⑤ 君，指郑子阳。过，来也，指派人来。

⑥ 非自知我，不是他自己了解我。且，将。

⑦ 其卒，后来。民果作难而杀子阳，《吕氏春秋·适威篇》："子阳极也。好严有过，而折弓者恐必死，遂因猘狗而弑子阳，极也。"《淮南子·氾论篇》："郑子阳刚毅而好罪，其于罪也，执而无赦。舍人有折弓者，畏罪而恐诛，则因猘狗之惊以杀子阳，此刚猛之所致也。"（因猘狗之惊以杀子阳，具体情况不详。）可知郑子阳极其残忍，子列子知其必败，故不受其馈赠。《史记·郑世家》记郑繻公二十五年，"郑君杀其相子阳。二十七年子阳之党共弑繻公骀"。所记与《吕览》《淮南》不同。郑繻公二十五年为周安王四年（前398）。参见《逍遥游》注。

★子列子不受郑子阳之粟，知郑子阳必败，恐受连累；作者认为子列子亦避祸全生之意。

子列子不受郑子阳粟，故事又见《吕氏春秋·观世篇》。

本篇记列子不受郑繻公相郑子阳粟，如果所记属实，便是唯一可以推知列子生平的资料。按，郑繻公于周威烈王四年（前422）至周安王六年（前396）在位，列子与之同时，早于庄子上百年。《庄子》书中有七篇涉及列子。在《逍遥游》中"列子御风而行，泠然善也"，虽达不到至人的境界，大概也近于神人。而至《应帝王》《至乐》《达生》《田子方》和《列御寇》诸篇中，列子虽程度不同但都只是个一般的学道者，并多少带有一些神秘的色彩。只有《让王》中的列子是一个平平实实的"有道之士"。由于这些作品不出于同一作者，故塑造出列子的形象也各不相同。

## （八）

楚昭王失国[①]，屠羊说走而从于昭王[②]。昭王反国，将赏从者，及屠羊说。屠羊说曰："大王失国，说失屠羊；大王反国，说亦反屠羊。臣之爵禄已复矣[③]，又何赏之有！"

王曰："强之[④]。"

屠羊曰："大王失国，非臣之罪，故不敢伏其诛；大王反国，非臣之功，故不敢当其赏。"

王曰："见之[⑤]。"

屠羊说曰："楚国之法，必有重赏大功而后得见，今臣之知不足以存国而勇不足以死寇[⑥]。吴军入郢，说畏难而避寇[⑦]，非故随大王也。今大王欲废法毁约而见说，此非臣之所以闻于天下也。"

王谓司马子綦曰[⑧]："屠羊说居处卑贱而陈义甚高，子綦为我延之以三旌之位[⑨]。"

屠羊说曰："夫三旌之位，吾知其贵于屠羊之肆也；万钟之禄[⑩]，吾知其富于屠羊之利也。然岂可以贪爵禄而使吾君有妄施之名乎？说不敢当，愿复反吾屠羊之肆[⑪]。"遂不受也。

① 楚昭王，名珍，楚平王之子。楚昭王十年（前506），吴王阖闾伐楚，楚军大败，吴兵入郢，楚昭王出奔。后申包胥求救于秦，昭王得以复国。见《史记·楚世家》。

② 屠羊说（yuè），屠宰羊者名说。

③ 臣之爵禄已复矣，实际是说臣又可以屠羊谋生，屠羊无所谓爵禄，用语诙谐。

④ 强之，勉强他接受。从前后行文可知，昭王与屠羊说并未当面，是通过臣下传话的，"强之"和后文"见之"都是昭王对传话之臣说的。

⑤ 见之，叫屠羊说来见。

⑥ 死寇，杀敌。

⑦ 郢，楚都，今湖北江陵。畏难，害怕遇难。避寇，躲避敌寇。

⑧ 司马子綦，楚昭王庶弟，官司马。

⑨ 居处卑贱，指其地位低微。延，延请。三旌之位，《释文》："三公位也。司马本作三珪，云：谓诸侯之三卿皆执珪也。"

⑩ 钟，容量单位，六斛四斗为一钟。万钟之禄，万钟的俸禄。

⑪ 肆，市肆。

★本章故事又见于《韩诗外传》。《庄子》故事传说中有不少劳动者，其中庖丁、匠石、轮扁最为有名，但都比较特殊，他们都能说出非同一般的道理。至于汉阴丈人、承蜩痀偻、牧马童子之类，都是道家某种概念的化身。唯有本章的屠羊说，诚实真挚，不冒功劳，不受赏赐，说话句句在理，是《庄子》书中最具光辉的劳动者形象，比传说中的那些高人隐士要真实得多。故事表现了一种"守分""无欲"的修养，与《让王》篇中着力宣扬"重生"的旨意并不相同。

# （九）

原宪居鲁①，环堵之室，茨以生草，蓬户不完，桑以为枢；而瓮牖二室，褐以为塞；上漏下湿，匡坐而弦歌②。

子贡乘大马③，中绀而表素，轩车不容巷④，往见原宪。原宪华冠縰履，杖藜而应门⑤。

子贡曰："嘻，先生何病！"

原宪应之曰："宪闻之，无财谓之贫，学而不能行谓之病⑥。今宪，贫也，非病也。"

子贡逡巡而有愧色⑦。

原宪笑曰："夫希世而行，比周而友，学以为人，教以为己，仁义之慝，舆马之饰，宪不忍为也⑧。"

— 让王第二十八 —

① 原宪，孔子弟子，姓原，名宪，字子思，鲁人。见《史记·仲尼弟子列传》。故事亦见于《韩诗外传》。

② 环堵之室，墙一方丈称为一堵，四方各一堵墙，即所谓方丈之室。茨，用草盖的屋。蓬户，用蓬草编织为门。桑以为枢，屈桑条作为门枢。瓮牖，用破瓮覆盖的窗户。褐以为塞，窗口用粗布遮着。匡坐，正坐。弦歌，弹琴唱歌。《集释》本缺"歌"字，王孝鱼校"《阙误》引张君房本弦下有歌字"，据以补入。

③ 子贡，孔子弟子，姓端木，名赐，字子贡。极有口辩，在孔子弟子中最具外交才能。子贡又善于经商，《仲尼弟子列传》谓其"常相鲁卫，家累千金"。是历史上有名的儒商。

④ 中绀而表素，里穿深青透红的内服，外着白色的大衣。轩车不容巷，高车驷马巷子还进不去。不容巷，不容于巷。

⑤ 华冠，戴着用桦树皮做的帽子。华，通"桦"。縰（shǐ）履，靸着拖鞋。杖藜，扶着藜杖。藜，一种草本植物，茎竿老了可以为杖。应门，在门口接待。

⑥ 无财谓之贫，原宪为自己解释；学而不能行谓之病，实即讥刺子贡。

⑦ 逡巡（qūn xún），叠韵联绵词，欲行又止的状态，此写子贡尴尬之状。

⑧ 希世而行，看世俗而行动。《释文》引"司马云：希，望也。所行常顾世誉而动，故曰希世而行"。比周而友，拉帮结派作为朋友。《论语·为政》子曰："君子周而不比，小人比而不周。"周为有原则的团结，比为无原则的朋比。此处概而言之，为朋比之意。学以为人，学为了炫耀于人。《荀子·劝学》："古之学者为己，今之学者为人。"教以为己，教为了表现自己。仁义之慝，托仁义以行其奸。慝（tè），奸恶，邪恶。舆马之饰，以舆马为炫耀。宪不忍为，我原宪以为羞耻，故不忍为。——友、己，古韵阴声之部；饰，入声职部。

# （一〇）

曾子居卫①，缊袍无表，颜色肿哙，手足胼胝②。三日不举火，十年不制衣，正冠而缨绝，捉衿而肘见，纳屦而踵决③。曳縰而歌商颂④，声满天地，若出金石。天子不得臣，诸侯不得友。故养志者忘形，养形者忘利，致道者忘心矣⑤。

① 曾子，孔子弟子，姓曾，名参，鲁国南武城人。见《史记·仲尼弟子列传》。曾参是孔子门下年轻的弟子，小孔子四十六岁，却是成就最大的人。在《论语》叙述语言中，对孔子弟子皆称其字，对曾参却称曾子（另一位称"子"者为有若，称有子；闵损有一处称闵子）。本文沿《论语》之旧，对端木赐称子贡，对曾参称曾子。

② 缊（yùn），乱麻。缊袍，用乱麻为絮的衣衫。无表，没有外衣。肿哙，浮肿。郭庆藩按："哙，疑字当为㿉，病甚也。通作殨，肿决曰殨。"手足胼胝，手掌脚板长了硬茧。

③ 缨，帽冠缨，系帽子的带子。衿，衣襟。踵，脚跟，此指鞋后跟。所用衣物皆已陈腐，故整冠，冠缨断掉；衣襟一拉就破，肘子露了出来；穿鞋，鞋跟裂开。——绝、决，古韵入声月部。

④ 曳縰，拖着破鞋。商颂，《诗经》颂的一部分。

⑤ "故养志者"三句，谓养志者忘却形骸，养身者忘却利禄，得道者忘却心智。

## （一一）

孔子谓颜回曰："回来！家贫居卑，胡不仕乎①？"

颜回对曰："不愿仕。回有郭外之田五十亩，足以给飦粥；郭内之田十亩，足以为丝麻②；鼓琴足以自娱，所学夫子之道者足以自乐也。回不愿仕。"

孔子愀然变容曰③："善哉回之意④！丘闻之，'知足者不以羡自累也⁵，审自得者失之而不惧⁶，行修于内者无位而不怍⁷。'丘诵之久矣，今于回而后见之，是丘之得也⁸。"

① 回来，此呼颜回之词，"来"字为语气词，与"小子来""鲥鱼来"语气相同。家贫居卑，家庭贫困，地位卑微。胡不仕乎，何不出仕。

② 郭外，城郭之外。五十亩，古亩比今亩为小，古代一夫授田百亩，故五十亩并不很多。飦（zhān），通"饘"，稠粥曰饘，稀粥曰粥。为丝麻，种桑养蚕即有丝，种麻即有麻。

③ 愀（qiǎo）然，变容貌。

④ 意，志也。

⑤ 羡，盈馀。知足者不以羡自累，知足的人不让过多的财物累害自己。《集释》本作"不以利自累"，亦通。此从王孝鱼校《阙误》引江南李氏本。此对"知足"而言，作"不以羡自累"更确。

⑥ 审，明察，懂得。懂得自得的人失去也不忧惧，意即得之不喜，失之不忧。

⑦ 位，爵位，官位。怍（zuò），惭愧。内心有修养者无高位也不觉愧颜。

⑧ 是丘之得也，是我孔丘的收获。得，既指得到颜回这个学生，也指从颜回得到教益。

★ 原宪章，曾子章，颜回章，述说孔子三位贫穷高足的故事，歌颂他们安贫乐道，高尚其志的风范；与"重生"思想不同。

但都写得有点过分。尤其是原宪一章，把子贡写成一个炫耀豪奢的小人；原宪安于贫困，却以贫困为炫耀，对同门友的训斥加上了许多罪名，尖刻严酷，也有损原宪自身的形象。《史记·仲尼弟子列传》："孔子卒，原宪遂亡于草泽中。子贡相卫，而结驷连骑，排藜藋入穷闾，过谢原宪。宪摄敝衣冠见子贡。子贡耻之，曰：'夫子岂病乎？'原宪曰：'吾闻之，无财者谓之贫，学道而不能行者谓之病。若宪，贫也，非病也。'子贡惭，不怿而去，终身耻其言之过也。"司马所记，当即取自本文；节取原宪的答辞，极有分寸，删掉"夫希世而行"一段尖刻的话，足见司马迁运笔之高明。

## （一二）

中山公子牟谓瞻子曰①："身在江海之上，心居乎魏阙之下②，奈何？"

瞻子曰："重生，重生则利轻③。"

中山公子牟曰："虽知之，未能自胜也④。"

瞻子曰："不能自胜则从，神无恶乎⑤？不能自胜而强不从者，此之谓重伤⑥。重伤之人，无寿类矣⑦。"

魏牟，万乘之公子也，其隐岩穴也，难为于布衣之士。虽未至乎道，可谓有其意矣⑧。

① 中山公子牟，魏国公子，名牟，封于中山。已见于《秋水》篇。瞻子，《吕氏春秋·审为篇》作詹子，即詹何。《吕氏春秋·执一篇》："楚王问为国于詹子，詹子对曰：'何闻为身，不闻为国。'詹子岂以国可无为哉，以为为国之本，在于为身。"又，《重言篇》："故圣人听于无声，视于无形，詹何田子方老耽是也。"

② 魏，高也。阙（què），宫殿外的建筑，左右各一，上有楼观。两阙之间有空缺，故名阙或双阙。魏阙，即高阙，用以代指朝廷。成玄英疏："身在江海上而隐遁，心思魏阙下之荣华。"《淮南子·俶真篇》作"身处江海之上，而神游魏阙之下"。

③ 重生，珍重生命。重生则利轻，《吕氏春秋·审为篇》作"重生则轻利"。句意谓珍重生命就会看轻魏国荣华之利。

④ "虽知之"二句，谓虽知道重生则轻利的道理，而不能自胜荣华的欲望。

⑤ 从（zòng），通"纵"，《吕氏春秋·审为篇》即作"纵"，放任。神，心神，精神。恶，伤害。"不能自胜则从"二句，谓既然不能自胜荣华的欲念就让它放纵自如，使心神不受伤害。因强行抑制则心神受害。

⑥ "不能自胜"二句，谓既不能自胜其欲望，压抑自己不使放纵，此乃双重的伤害。

⑦ 无寿类，不在长寿之列。

⑧ 万乘之公子，即大国之公子。战国时代，大国也称万乘之国。布衣之士，平民之士。"魏牟"以下诸句，谓魏牟作为大国的公子，隐居岩穴比一般布衣之士要艰难得多，虽然没有达到大道的境界，也可说有这种心意了。

★本章故事又见于《吕氏春秋·审为》。瞻子（詹何）是道家人物，他教魏公子牟"不能自胜则从"，亦能控制欲念就任其放纵自如，在某种意义上也是任其自然，不勉强自己（当然只能在不控制欲念的限度内），这比那种矫情诈伪者要好得多。

## （一三）

孔子穷于陈蔡之间①，七日不火食，藜羹不糁②，颜色甚惫，而弦歌于室③。

颜回择菜［于外］④，子路子贡相与言曰："夫子再逐于鲁，削迹于卫，伐树于宋，穷于商周⑤，围于陈蔡，杀夫子者无罪，藉夫子者无禁⑥。弦歌鼓琴，未尝绝音，君子之无耻也若此乎⑦！"

颜回无以应，入告孔子。孔子推琴喟然而叹曰⑧："由与赐，细人也⑨。召而来，吾语之。"

子路子贡入。子路曰："如此者可谓穷矣！"

孔子曰："是何言也！君子通于道之谓通，穷于道之谓穷。今丘抱仁义之道以遭乱世之患，其何穷之为⑩？故内省而不穷于道⑪，临难而不失其德，天寒既至，霜雪既降，吾是以知松柏之茂也⑫。陈蔡之隘⑬，于丘其幸乎！"

孔子削然反琴而弦歌，子路扢然执干而舞[14]。子贡曰："吾不知天之高也，地之下也[15]。"

古之得道者，穷亦乐，通亦乐。所乐非穷通也，道德于此，则穷通为寒暑风雨之序矣[16]。故许由娱于颍阳而共伯得乎共首[17]。

① 孔子穷于陈蔡之间，鲁哀公四年（前491），楚昭王聘孔子，被陈蔡之人围困于野。已见于《天运》《山木》。穷，受困。

② 藜羹不糁，成玄英疏："藜菜之羹，不加米糁。"糁（sǎn），米粒。

③ 而，犹"如"也。而弦歌于室，犹弦歌于室也。

④ 择菜于外，在野外采摘野菜。原无"于外"二字，《吕氏春秋·慎人篇》作"择菜于外"，文意较完，据以补入。

⑤ 再逐于鲁，一再被逐于鲁国。"削迹于卫，伐树于宋，穷于商周"，皆已见于《天运》《山木》。

⑥ 藉，凌辱。《释文》："毁也。又云：凌藉也。""杀夫子者"二句，谓那些欲杀孔子的人无罪，凌辱孔子的事不禁。

⑦ 无耻，不以为耻，指忍受耻辱。《吕氏春秋·慎人篇》作"无所丑"。

⑧ 喟（kuì），叹息貌。

⑨ 由，仲由，即子路。赐，端木赐，即子贡。细人，《慎人篇》作"小人"。

⑩ 何穷之为，《慎人篇》作"何穷之谓"，即何谓之穷。为，通"谓"。——通，古韵阳声东部；穷，阳声冬部。

⑪ 内省，自我省察。不穷于道，《慎人篇》作"不疚于道"，两者并通。

⑫ 天寒既至，《慎人篇》作"大寒既至"，于义为长。"天寒"三句，语本《论语·子罕》子曰"岁寒，然后知松柏之后凋也"。

⑬ 隘，困阨，灾难。

⑭ "孔子削然"二句，成玄英疏："削然，取琴声。"《释文》："削然，反琴声。扢（xì）然。李云：奋舞貌。司马云：喜貌。干，盾也。"

⑮ 下，深也。

— 让王第二十八 —

⑯ 道德于此，德，通"得"。《慎人篇》作"道得于此"。为，如也。穷通为寒暑风雨之序，谓穷困通达如寒暑风雨的时序；人有穷困也有通达，如大自然的有寒有暑，有风有雨。

⑰ 许由娱于颍阳，许由不受尧让，隐居于颍水之阳。娱，乐也。共伯得乎共首，《释文》引："司马云：共伯名和，修其行，好贤人，诸侯皆以为贤。周厉王之难，天子旷绝，诸侯皆请以为天子。共伯不听，[弗获免]，即干王位。十四年，大旱屋焚，卜于太阳，兆曰：厉王为祟。召公乃立宣王，共伯复归于宗，逍遥得意共山之首。共丘山，今在河内共县西。"即干王位，指共伯和暂即王位。

★（一）本节文字又见于《吕氏春秋·慎人篇》。

"古之得道者，穷亦乐，通亦乐。所乐非穷通也，道德于此，则穷通为寒暑风雨之序矣"，概括了本段文章之旨。

（二）关于"共伯和"，《释文》所引司马彪之说，当据《竹书纪年》。《史记·周本纪》索隐引《汲冢纪年》（即《竹书纪年》）云："共伯和干王位。"正义引《鲁连子》云："卫州共城县本共伯之国也。共伯名和，好行仁义，诸侯贤之。周厉王无道，国人作难，王奔于彘，诸侯奉和以行天子事，号曰共和元年。十四年，厉王死于彘，共伯使诸侯奉王子靖为宣王，而共伯复归于卫也。"《晋书·束晳传》引《纪年》云："幽王既亡，有共伯和者摄行天子事，非二相共和也。"（幽王应为厉王。）《史记》所述与《竹书纪年》《鲁连子》不同，《史记》谓周厉王被逐，"召公周公二相行政，号曰共和。共和十四年，厉王死于彘。太子静长于召公家，二相乃共立之为王，是为宣王"。何谓"共和"？《竹书纪年》《鲁连子》谓为共伯和摄行王事，《史记》谓为召公周公共和行政；两种传说完全不同。——按，"共和元年"（前841庚申）为中国历史有准确纪年的开始。二十七个多世纪之后，"共和"二字用作 Republic 的中译，用于"中华人民共和国"的国名，而"共和"来源的原意竟然是一个未解之谜！此事颇耐人深思，故附志于此。

## （一四）

舜以天下让其友北人无择①。北人无择曰："异哉后之为人也，居于畎亩之中而游尧之门②！不若是而已，又欲以其辱行漫我，我羞见之③。"因自投于清冷之渊④。

汤将伐桀，因卞随而谋。卞随曰："非吾事也。"汤曰："孰可？"曰："吾不知也。"汤又因务光而谋⑤。务光曰："非吾事也。"汤曰："孰可？"曰："吾不知也。"汤曰："伊尹何如⑥？"曰："强力忍垢⑦，吾不知其他也。"

汤遂与伊尹谋伐桀，勉之，以让卞随⑧。

卞随辞曰："后之伐桀也谋乎我，必以我为贼也⑨；胜桀而让我，必以我为贪也。吾生乎乱世，而无道之人再来漫我以其辱行，吾不忍数闻也⑩！"乃自投椆水而死⑪。

汤又让务光曰："知者谋之，武者遂之，仁者居之，古之道也，吾子胡不立乎⑫？"

务光辞曰："废上，非义也；杀民，非仁也⑬。人犯其难⑭，我享其利，非廉也。吾闻之曰，非其义者，不受其禄，无道之世，不践其土，况尊我乎！吾不忍见也！"乃负石自沉于庐水⑮。

① 北人无择，虚拟人名。

② 后，君，指舜。畎亩，田间，田地。居于畎亩之中，《史记·五帝本纪》谓舜耕于历山。《孟子·告子下》："舜发于畎亩之中。"游尧之门，《吕氏春秋·离俗览》作"游入于尧之门"。

③ 辱行，污辱的行为，可耻的行为，指舜游尧之门并受帝位。漫，犹言玷污。"不若是而已"二句，谓舜不只是自己如此就作罢，还要用这种耻辱的行为来玷污我。

④ 清冷之渊，虚拟渊名。

⑤ 卞随、务光，并传为夏殷之际的怀道之士。务光，《集释》本作"瞀光"，

— 让王第二十八 —

此从王孝鱼校引赵谏议本。按,《人间世》篇、《战国策·秦策五》《淮南子·精神篇》《史记·伯夷列传》并作"务光"。

⑥伊尹,《尚书·汤誓》谓伊尹佐商汤伐灭夏桀。《史记·殷本纪》谓"伊尹名阿衡",索隐引《孙子兵书》谓"伊尹名挚",以阿衡为官名。

⑦垢,耻辱。强力忍垢,言伊尹强有力量,并能忍受耻辱。

⑧勉之,取得胜利。以让卞随,以帝位让卞随。

⑨后,指商汤。贼,残忍。后文务光谓"废上,非义也;杀民,非仁也",可为此"贼也"注脚,即谓放废主上,杀害人民,是残忍行为。

⑩无道之人,指商汤。数,屡次。

⑪椆水,一作稠水,又作桐水。《离俗览》作颍水。

⑫谋之,谋划其事。遂之,取得成功。居之,居其帝位。吾子,指务光。胡不,何不。立,立以为帝。

⑬废上,指攻灭夏桀。杀民,伐桀时杀害夏民。

⑭人犯其难,指商汤将士进行战斗。

⑮庐水,司马本作卢水,《离俗览》作蓼水。《淮南子·精神篇》"务光不以生害义,故自投于渊",高诱注:"务光,汤时隐士也。汤伐桀,让天下于务光。人谓务光曰:'汤杀其君,将归不义之名于子。'务光因抱石自投于渊而死。"

★舜让北人无择,汤让卞随,又让务光,故事与首章尧让子州支父,舜让子州支伯,二章舜让善卷,又让石户之农,内容旨意有极大的不同。前二章中诸人不受帝位,都是不以天下害其生,故有的直接拒绝,有的去而之深山或入于海;而北人无择、卞随、务光无例外投水自杀。前二章的中心主题是"重生",投水自杀则与"重生"的旨意完全相悖。如果按《淮南子·精神篇》的说法,务光等自沉是"不以生害义",则是"重义"而非"重生"。两者完全不同。由此可知,这些故事出于不同的来源,旨意也不同。

舜让北人无择,汤让卞随与务光,故事都见于《吕氏春秋·离俗览》。

## （一五）

昔周之兴，有士二人处于孤竹，曰伯夷叔齐①。二人相谓曰："吾闻西方有人②，似有道者，试往观焉。"至于岐阳，武王闻之，使叔旦往见之。与之盟曰③："加富二等，就官一列④。"血牲而埋之⑤。

二人相视而笑曰："嘻，异哉！此非吾所谓道也。昔者神农之有天下也，时祀尽敬而不祈喜，其于人也，忠信尽治而无求焉⑥。乐与政为政，乐与治为治⑦。不以人之坏自成也，不以人之卑自高也，不以遭时自利也。今周见殷之乱而遽为政⑧，上谋而行货，阻兵而保威⑨，割牲而盟以为信，扬行以说众，杀伐以要利⑩，是推乱以易暴也⑪。吾闻古之士，遭治世不避其任，遇乱世不为苟存。今天下闇，周德衰，其并乎周以涂吾身也，不如避之以絜吾行⑫。"二子北至于首阳之山，遂饿而死焉。

若伯夷叔齐者，其于富贵也，苟可得已，则必不赖⑬。高节戾行，独乐其志，不事于世，此二士之节也。

① 伯夷叔齐，殷末孤竹君之二子，相互让位而一起出逃。闻西伯昌善养老而往归之。及至，西伯卒，武王伐纣，伯夷叔齐扣马而谏。武王已平殷乱，天下宗周，伯夷叔齐耻之，义不食周粟，隐于首阳山，采薇而食之。作歌曰："登彼西山兮，采其薇矣。以暴易暴兮，不知其非矣！神农虞夏忽焉没兮，我安适归矣？于嗟徂兮，命之衰矣！"遂饿死于首阳山。见《史记·伯夷列传》。

② 西方有人，指西伯昌。

③ 岐阳，岐山之阳，今陕西岐山境。"至于岐阳"句后《吕氏春秋·诚廉篇》有"则文王已殁矣，武王即位"二句。叔旦，武王弟周公旦。与之盟，与伯夷叔齐盟誓。《集释》本作"与盟"，此从王孝鱼校引世德堂本。

④ "加富二等，就官一列"，成玄英疏："加禄二级，援官一列。"一列，犹言一等。

⑤ 血牲而埋之，以牲血涂于盟书，埋于地下。

⑥ 喜，通"禧"，福也。《吕氏春秋·诚廉篇》，"不祈喜"作"不祈福也"。尽其治，尽其治理之责。"时祀尽敬"三句，谓按时祭祀尽其诚敬而不求福佑，忠信于民尽力于事而别无所求。前一句就鬼神说，后一句对民众言。

⑦ "乐与政为政"二句，承上句而来，谓民众所乐之政与为政，民众所乐之治与为治。成玄英疏谓"为政顺事，从于物情"。《诚廉篇》作"乐正与为正，乐治与为治"，语意较明。

⑧ 遽，急速。见殷之乱而遽为政，谓趁殷之乱而急速夺取政权。

⑨ 上，通"尚"。行货，从事于货利。《集释》本作"下行货"，"下"字衍文，此以王孝鱼校所引高山寺本。阻兵而保威，《诚廉篇》高诱注："阻，恃。保，持。""上谋而行货"二句，谓崇尚阴谋而取其货利，依仗兵力以保其威势。

⑩ 说，通"悦"。扬行以说众，宣扬其所作所为以取悦民众。杀伐以要利，屠杀攻伐以获取利益。

⑪ 推乱以易暴，推行周之暴乱以取代殷之暴乱，即采薇歌"以暴易暴"之意。

⑫ 闇，昏暗，黑暗。周德衰，王孝鱼校据高山寺本、江南古藏本等改为"殷德衰"。按，伯夷叔齐所论在"周见殷之乱而遽为政"之后，指斥周"是推乱而易暴也"，说的正是"周德衰"，《诚廉篇》亦作"周德衰矣"。"周德衰"与下文"其并乎周"相应。"周"字断然不误，不宜妄改。并，同也。絜，通"洁（潔）"，清洁，洁净。"其并乎周以涂吾身"二句，谓与其苟同于周而污辱吾身，不如逃避以洁净我辈的品格。

⑬ 赖，恃。"其于富贵也，苟可得已，则必不赖"，谓伯夷叔齐，即使得到富贵，也不会恃以炫耀自己。

⑭ 戾，《广雅·释诂一》："善也。"

★伯夷叔齐事又见于《吕氏春秋·诚廉篇》。前文诸多让王故事多属传说，伯夷叔齐事或有史可据，故司马迁为之立传。

伯夷叔齐章重在歌颂他们的节操，"其并乎周以涂吾身也，不如避之以洁吾行"，与"贵生""重生"无涉，与其他各章思想内容也都不相同。

# 盗跖第二十九

盗跖，以首章故事中人物名篇。

首章塑造了先秦著名大盗盗跖的形象。作者通过盗跖之口，藐视天下，目空一切，对以儒家为主也包括其他学派以及《楚辞》所普遍歌颂的圣王贤士忠臣一概予以否定；尤痛骂孔子，让孔子在盗跖面前显得非常渺小，猥琐不堪。"盗跖"抨击儒家，否定孔子，与道家后学的极端派一致，但全文表现的思想并不属于道家。由于《盗跖》篇中因袭有韩非《五蠹》文中句段，其所作年代必在韩非之后，其时庄子去世至少已大半个世纪。

二章为子张与满苟得的对话。作者让子张作为儒家的代表，让满苟得对子张提出的士必"为行"（修养德行）、"疏戚贵贱长幼"之伦常必须有序，以及儒家"忠、信、廉、义"等道德观念，进行了激烈的抨击。在揭发社会不平，否定儒家歌颂的圣君贤士忠臣等方面，与"盗跖"章完全一致。

第三章为无足与知和的对话。无足宣扬唯利唯富的思想，认为这是人的本性，是"长生安体乐意之道"。知和则予以批判，认为无止境地追求财富，只会带来祸患。知和提出"平为福，有馀为害"，主张对待财富，要掌握适当的"度"，不足则求之不为贪，有馀则辞之不为廉；成玄英疏称之为"中和之道，守分清廉"。与前两章旨意不同。

## （一）

孔子与柳下季为友，柳下季之弟名曰盗跖[①]。盗跖从卒九千人，横行天下，侵暴诸侯[②]，穴室枢户，驱人牛马，取人妇女，贪得忘亲，不顾父母兄弟，不祭先祖[③]。所过之邑，大国守城，小国入保[④]，万民苦之。

— 盗跖第二十九 —

孔子谓柳下季曰："夫为人父者，必能诏其子⑤；为人兄者，必能教其弟。若父不能诏其子，兄不能教其弟，则无贵父子兄弟之亲矣。今先生，世之才士也，弟为盗跖，为天下害，而弗能教也，丘窃为先生羞之⑥。丘请为先生往说之。"

柳下季曰："先生言为人父者必能诏其子，为人兄者必能教其弟，若子不听父之诏，弟不受兄之教，虽今先生之辩，将奈之何哉⑦！且跖之为人也，心如涌泉，意如飘风⑧，强足以距敌，辩足以饰非⑨，顺其心则喜，逆其心则怒，易辱人以言，先生必无往。"

孔子不听，颜回为驭，子贡为右⑩，往见盗跖。

① 柳下惠，即展禽。鲁国人。成玄英疏："姓展：名禽，字季，食采柳下，故谓之柳下季。亦言居柳树之下，故以为号。"孔子、孟子都对柳下惠有很高的评价。《论语·微子》："柳下惠为士师，三黜。人曰：'子未可去乎？'曰：'直道而事人，焉往而不三黜；枉道而事人，何必去父母之邦？'"孔子称其为贤。《孟子·万章下》："柳下惠不羞污君，不辞小官。进不隐贤，必以其道。"孟子称其为"圣之和者也"。盗跖，传为春秋时大盗。《荀子·不苟篇》："盗跖吟口，名声若日月，与舜禹俱传而不息。"按，柳下惠始见于《左传》僖公二十六年（前634），其时即已年长，下距鲁襄公二十二年（前551）孔子出生八十三年，距鲁哀公十六年（前479）孔子之死一百五十五年。可知孔子小柳下惠一百多岁，二人不可能为友。盗跖生卒不详，与柳孔都未必同时。柳下惠以清廉正直闻名，而盗跖是著名大盗，故事将大贤大盗编为兄弟以形成强烈对比。

② 从，率领。侵暴，犹侵凌。

③ 穴，洞穿。穴室，即在房屋墙壁上挖洞。抠（kōu），《集释》本作枢，此从王孝鱼校《阙误》引刘得一本。朱骏声《说文通训定声》："抠，假借为投。"击也。"穴室枢户"三句，谓洞穿房屋，打破门户，驱人之牛马，取人之妇女。——下、户、马、女、祖，古韵阴声鱼部。

④ 保，《国语·晋语九》"抑为保鄣乎"韦昭注："小城曰保。"《礼记·檀弓

下》"遇负杖入保者息"郑玄注:"保,县邑小城也。"按,保、堡,古今字;所谓小城,亦即堡也。

⑤诏,教导。与"教"实同义。

⑥窃,私下。古人常用的谦词,相当现代的"个人意见"。

⑦辩,《老子》"辩者不善"河上公注:"辩,巧言也。"《文选·潘岳〈夏侯常侍诔〉》"飞辩摛藻"吕向注:"辩,美辞也。"《荀子·非相》"故君子必辩"杨倞注:"辩,谓能谈说也。"

⑧"心如涌泉,意如飘风",形容跖想法很多,变化莫测,难以捉摸。

⑨距,通"拒"。"强足以距敌"二句,谓跖强御足以抗拒敌手,口辩足以掩饰过错。

⑩"颜回为驭,子贡为右",古代驾车,驭手在前,后面车主在左,车右骖乘。按,后面说到子路之死,子路死于鲁哀公十五年(前480),时颜回早在十一年前即哀公四年(前491)去世。编造者不顾史实前后。

盗跖乃方休卒徒大山之阳,脍人肝而餔之①。孔子下车而前,见谒者曰②:"鲁人孔丘,闻将军高义,敬再拜谒者。"

谒者入通,盗跖闻之大怒,目如明星,发上指冠。曰:"此夫鲁国之巧伪人孔丘非邪?为我告之:尔作言造语,妄称文武,冠枝木之冠,带死牛之胁,多辞缪说,不耕而食,不织而衣,摇唇鼓舌,擅生是非,以迷天下之主,使天下学士不反其本,妄作孝弟而侥倖于封侯富贵者也③。子之罪大极重④,疾走归!不然,我将以子肝益昼餔之膳!"

孔子复通曰:"丘得幸于季,愿望履幕下⑤!"

谒者复通,盗跖曰:"使来前!"

孔子趋而进,避席反走⑥,再拜盗跖。盗跖大怒,两展其足,案剑瞋目,声如乳虎⑦,曰:"丘来前!若所言,顺吾意则生,逆吾心则死。"

孔子曰:"丘闻之,凡天下有三德⑧:生而长大,美好无双,少长贵贱见而皆说之,此上德也。知维天地,能辩诸物⑨,此中德也。勇悍果敢,聚众率兵，此下德也。凡人有此一德者足以南面称孤矣[10]。今将军兼此三者，身长八尺二寸，面目有光，唇如激丹，齿如齐贝，音中黄钟[11]，而名曰盗跖，丘窃为将军耻不取焉。将军有意听臣，臣请南使吴越，北使齐鲁，东使宋卫，西使晋楚，使为将军造大城数百里，立数十万户之邑，尊将军为诸侯，与天下更始，罢兵休卒，收养昆弟，共祭先祖[12]。此圣人才士之行，而天下之愿也。"

盗跖大怒曰："丘来前！夫可规以利而可谏以言者，皆愚陋恒民之谓耳[13]。今长大美好人见而悦之者，此吾父母之遗德也，丘虽不吾誉，吾独不自知邪[14]！

"且吾闻之，好面誉人者，亦好背而毁之。今丘告我以大城众民，是欲规我以利而恒民畜我也[15]，安可久长也！城之大者，莫大乎天下矣。尧舜有天下，子孙无置锥之地；汤武立为天子，而后世绝灭，非以其利大故邪？

"且吾闻之，古者禽兽多而人少，于是民皆巢居以避之，昼拾橡栗，暮栖木上，故命之曰有巢氏之民。古者民不知衣服，夏多积薪，冬则炀之，故命之曰知生之民。神农之世，卧则居居，起则于于，民知其母，不知其父，与麋鹿共处[16]，耕而食，织而衣，无有相害之心，此至德之隆也。然而黄帝不能致德，与蚩尤战于涿鹿之野，流血百里[17]。尧舜作，立群臣。汤放其主，武王杀纣，自是之后，以强凌弱，以众暴寡；汤武以来，皆乱人之徒也[18]。

①休，休憩。卒徒，部队。大（tài）山，赵谏议本作太山，亦即泰山。阳，山南曰阳。脍（kuài），细切的肉，此处即细切之意。鯆，食。

②谒者，接待人员。

③冠枝木之冠，《释文》引"司马云：冠多华饰，如木之枝繁"。带死牛之胁，成玄英疏："胁，肋也。将牛皮用为革带，既宽且坚，又如牛肋也。"——语、武，古韵阴声鱼部。胁，古韵入声叶部；说，入声月部。衣、非，古韵阴声微部。

④罪大极重：极，通"殛"，诛也；诛亦罪也。"极重"与"罪大"同义。

《诗·小雅·菀柳》"后予极焉"郑玄笺:"极,诛也。"

⑤愿望履幕下,愿望履于幕下,犹言拜望足下。

⑥"趋而进,避席反走",急步向前,又避开坐席,退走几步,写孔子谦恭而实惊慌的状态。

⑦两展其足:古人席地而坐,严肃的坐姿是双膝着地,臀部坐在脚后跟上。"两展其足"则是两脚伸开,即所谓"箕踞",是很随便的坐姿,此表现盗跖的傲慢。乳虎,哺乳的母虎,母虎在哺乳期中是最凶的。

⑧天下,王孝鱼校引张君房本作"天下人"。有无"人"字意思都一样。三德,三种美质。

⑨知,通"智",智识。维,维系,引申为主持之意。智维天地,谓智识能主持天地间事务。一说,"知维天地"犹《天道》篇"知落天地","落"字通"络",包罗之意,谓智识包罗天地,亦通。辨,通"辩",辨析,引申为认识之意。能辨诸物,谓能认识各种事物。

⑩南面称孤,古代帝王坐位南向,自称为"孤"。南面称孤即成为帝王。

⑪唇如激丹,《释文》引"司马曰:激,明也"。谓嘴唇如鲜明的丹砂。齿如齐贝,牙齿如整齐的珠贝。黄钟,古乐十二律之一,其音洪大响亮。音中黄钟,谓声音洪亮。

⑫更始,改变过去,重新开始。共,通"供"。共祭,供奉祭祀。——鲁、楚,古韵阴声鱼部。

⑬规以利,以利害来规劝。谏以言,用言语来劝谏。恒民,常人,庸人。

⑭"丘虽不吾誉"二句,谓即使你孔丘不赞誉我,我岂不自知。

⑮恒民畜我,以常人对待我。

⑯炀,烘烤取暖。"卧则居居,起则于于",成玄英疏:"居居,安静之容。于于,自得之貌。"——居、于、父、处,古韵阴声鱼部。

⑰不能致德,不能修德。与蚩尤战于涿鹿之野,《史记·五帝本纪》:"蚩尤作乱,不用帝命。于是黄帝乃征师诸侯,与蚩尤战于涿鹿之野,遂禽杀蚩尤。"

⑱立群臣,设立百官。汤放其主,商汤流放夏桀。武王杀纣,周武王杀商

纣。凌，欺凌。暴，残害。乱人，暴乱之人。

"今子修文武之道，掌天下之辩，以教后世①，缝衣浅带②，矫言伪行③，以迷惑天下之主，而欲求富贵焉。盗莫大于子，天下何故不谓子为盗丘，而乃谓我为盗跖！

"子以甘辞说子路而使从之，使子路去其危冠，解其长剑，而受教于子，天下皆曰孔丘能止暴禁非④。其卒之也，子路欲杀卫君而事不成，身菹于卫东门之上⑤。子教子路菹此患，上无以为身，下无以为人⑥。是子教之不至也。

"子自谓才士圣人邪？则再逐于鲁，削迹于卫，穷于齐，围于陈蔡，不容身于天下⑦。子之道岂足贵邪？

① 修文武之道，修周文王武王之道。成玄英疏："孔子宪章文武，辩说仁义，为后世之教也。"

② 缝衣浅带，犹言宽衣大带，儒者的服装。缝，通"逢"。《荀子·儒效篇》"逢衣浅带"杨倞注："逢，大也。浅带，博带也。《韩诗外传》作'逢衣博带'，言带博则约束衣服者浅，故曰浅带。"

③ 矫言伪行，狡诈的言论，虚伪的行为。

④ 甘辞，好听的言辞。说，说服。危冠，高冠。孔子教子路事，《史记·仲尼弟子列传》："子路性鄙，好勇力，志伉直，冠雄鸡，佩猳豚，陵暴孔子。孔子设礼稍诱子路，子路后儒服委质，因门人请为弟子。"

⑤ 子路欲杀卫君：子路为卫大夫孔悝之邑宰。卫出公十二年（鲁哀公十五年，前481），出公在外流亡的父亲蒯聩劫持孔悝，欲立为卫君。子路闻变，赶到蒯聩所据之台下，蒯聩命其属石乞、孟黶下台击杀子路。事见《史记·卫康叔世家》与《仲尼弟子列传》。卫君，即指蒯聩，后立为卫庄公。菹（zū），剁成肉酱。蒯聩深恨子路，将子路剁成肉酱。

⑥ 菹此患，遭受剁成肉酱的祸患。"子教子路菹此患，上无以为身，下无以

为人"三句，原在"不容身于天下"句下，系错简，马叙伦认为应在"身菹于卫东门之上"句之后。马说甚是，故移于此。——身、人，古韵阳声真部。

⑦再逐于鲁，削迹于卫，围于陈蔡，已见《天运》《山木》《让王》诸篇。穷于齐，鲁昭公二十五年（前517）鲁国内乱，孔子适齐，为高昭子家臣。齐景公欲以尼豁之田封孔子，为晏婴所阻。后齐大夫欲害孔子，孔子去齐反鲁。见《史记·孔子世家》。

"世之所高，莫若黄帝；黄帝尚不能全德而战涿鹿之野，流血百里。尧不慈，舜不孝，禹偏枯①，汤放其主，武王伐纣，（文王拘羑里）②。此六子者③，世之所高也，孰论之，皆以利惑其真而强反其情性，其行乃甚可羞也④！

"世之所谓贤士，[莫若]伯夷叔齐；伯夷叔齐辞孤竹之君而饿死于首阳之山，骨肉不葬⑤。鲍焦饰行非世，抱木而死⑥。申徒狄谏而不听，负石自投于河，为鱼鳖所食⑦。介子推至忠也，自割其股以食文公，文公后背之，子推怒而去，抱木而燔死⑧。尾生与女子期于梁下，女子不来，水至不去，抱梁柱而死⑨。此六子者，无异于磔犬流豕操瓢而乞者，皆离名轻死，不念本养寿命者也⑩。

"世之所谓忠臣者，莫若王子比干伍子胥⑪。子胥沉江，比干剖心。此二子者，世谓忠臣也，然卒为天下笑。自上观之，至于子胥比干，皆不足贵也。

"丘之所以说我，若告我以鬼事，则我不能知也；若告我以人事者，不过此矣，皆吾所闻知也。

① 尧不慈，后文"尧杀长子"《释文》引"崔曰：尧杀长子考监明"。舜不孝，舜不得于其父瞽叟。舜偏枯，成玄英疏："治水勤劳，风栉雨沐，致偏枯之疾，半身不遂也。"不慈者，不能善待其子；不孝者，不能善待其父；偏枯者，不能善待己身。

②文王拘羑（yǒu）里，商纣二十年，囚西伯于羑里。李勉《庄子总论及分篇评注》："自黄帝以至武王皆评其过失，文王被人所囚，非其本身之过，举之，与上不伦不类。故此句疑后人所增。且此句依序亦应在武王句上，足见此句误衍，当删。"按，李说是。

③六子，指黄帝、尧、舜、夏禹、商汤、周武。

④孰，通"熟"。孰论之，犹言仔细说来。以利惑其真，因利益迷惑真性。强反其情性，恃强违反其性情。利，指客观利益；强，指主观力量。可羞，《释文》谓一本作"可恶"。

⑤世之所谓贤士伯夷叔齐，王叔岷《庄子校释》："案，'伯夷'上当有'莫若'二字。上文'世之所高，莫若黄帝'，下文'世之所谓贤者，莫若王子比干伍子胥'，文例并同。"按，王说是，补"莫若"二字。伯夷叔齐事，已见《让王》篇。

⑥鲍焦，成玄英疏："姓鲍，名焦，周时隐士也。饰行非世，廉洁自守，荷担采樵，拾橡充饥，故无子胤，不臣天子，不友诸侯。子贡遇之，谓之曰：'吾闻非其政者不履其地，污其君者不受其利。今子履其地，食其利其可乎？'鲍焦曰：'吾闻廉士重进而轻退，贤人易愧而轻死。'遂抱木立枯焉。"

⑦申徒狄，见《外物》篇注。《楚辞·悲回风》："望大河之洲渚兮，悲申徒之抗迹。"王逸注："申徒狄也。遇闇君，遁世离俗，自沉于渊，故言抗迹也。"

⑧介子推，《左传》作介之推。燔（fán），烧。《楚辞·惜往日》："介子忠而立枯兮，文公寤而追求。封介山而为之禁兮，报大德之优游。"王逸注："昔文公被骊姬之谮，出奔齐楚，介子推从行。道乏粮，割股肉以食文公。文公得国，赏诸从行者，失忘子推。子推遂逃介山隐。文公觉寤，追而求之。子推遂不肯出，文公因烧其山，子推抱树烧而死，故言立枯也。"按，介子推事见于《左传》僖公二十四年，无割股食文公事。文公赏从亡者，介子推不言禄，禄亦弗及。与其母偕隐，遂隐而死。文公求之不获，以绵上为之田。曰："以志吾过，且旌善人。"传无放火烧山介子推抱树焚死事。

⑨尾生，《史记·苏秦列传》："信如尾生，与女子期于梁下。女子不来，水至不去，抱柱而死。"此据《战国策·燕策一》，策语更简略。梁，桥。

⑩ 六子，指伯夷叔齐、鲍焦、申徒狄、介子推、尾生。磔（zhé）犬流豕，肢解的死狗，水中漂流的死猪。操瓢而乞，拿着瓢乞食。离名，王孝鱼校据《阙误》引张君房本作"利名"。利名轻死，利其声名而轻易死去。按，作"离名"，离，附着也，犹言泥着声名而轻死，亦通。不念本养寿命，不顾念生命之本以养寿命。

⑪ 王子比干伍子胥事，已见《胠箧》《外物》等篇。

"今吾告子以人之情，目欲视色，耳欲听声，口欲察味，志气欲盈①。人上寿百岁，中寿八十，下寿六十，除病瘦死丧忧患②，其中开口而笑者，一月之中不过四五日而已矣。天与地无穷，人〔生〕者有时，操有时之具而托于无穷之间③，忽然无异骐骥之驰过隙也④。不能说其志意⑤，养其寿命者，皆非通道者也。

"丘之所言，皆吾之所弃也。亟去走归，无复言之！子之道狂狂汲汲，诈巧虚伪事也，非可以全真也，奚足论哉⑥！"

① 盈，满也。志气欲盈，志气要得到充分的发挥。按，道家反对享乐。《老子》第十二章云："五色令人目盲，五音令人耳聋，五味令人口爽，驰骋畋猎令人心发狂。"盗跖却说"今吾告子以人之情，目欲视色，耳欲听声，口欲察味，志气欲盈"，宣扬享乐人生，与道家思想针锋相对。（成玄英疏曰："夫目视耳听，口察志盈，率性而动，禀之造物，岂矫情而为之哉！分内为之，道在其中矣。"明明与道家直接抵触，成疏仍强作道家的解释，其误甚为明显。）——情、声、盈，古韵阳声耕部。

② 瘦，病也。（王念孙《读书杂志馀编》："瘦当为瘶，字之误也。瘶，亦病也。病瘶为一类，死丧为一类，忧患为一类。"陈鼓应据王说径改为"瘶"。按，王说非。《集韵·尤韵》："瘦，瘠也。"《广韵·昔韵》："瘠，病也。"则瘦，亦病也。疾病指身体内因寒热不调而生之病，瘦瘠指境遇外因如饥饿囚禁引发之病。两者相对，取义周严；"瘦"字不误，不应改字。）

③ 人生者有时，原文作"人死者有时"，此言人之生命是有时限的，下文云

"操有时之具而托于无穷之间",故当作"人生者有时"。《养生主》云:"吾生也有涯,而知也无涯。"此云"人生者有时,操有时之具而托于无穷之间",两者结构逻辑相同,意思亦相近。足证"死"字系"生"字之误。

④忽然,迅疾之貌。骐骥,骏马。从空隙见骏马驰过,比喻时光之速。句意同《知北游》篇"人生天地之间,若白驹之过隙"。

⑤说,通"悦"。

⑥亟,急也。狂狂汲汲,成玄英疏:"狂狂,失性也。伋伋,不足也。"按,汲汲、伋伋,字通,急切追求之貌。全真,保全真性。奚,何也。

孔子再拜趋走,出门上车,执辔三失①,目芒然无见,色若死灰,据轼低头,不能出气。归到鲁东门外,适遇柳下季。柳下季曰:"今者阙然数日不见,车马有行色,得微往见跖邪②?"

孔子仰天而叹曰:"然!"

柳下季曰:"跖得无逆汝意若前乎③?"

孔子曰:"然。丘所谓无病而自灸也,疾走料虎头,编虎须,几不免虎口哉④!"

①辔,马缰。执辔三失,拿起马缰多次掉落,极写其惊慌恐惧之状。轼,车前面的横木,古人乘车是站着的,手扶在车轼上。

②阙然,有间也。阙然数日不见,间有几天未见。得微,犹得无,莫不是。

③逆汝意若前乎,前文柳下季已告知孔子,盗跖"顺其心则喜,逆其心则怒,易辱人以言",故此处柳下季问盗跖是否拂逆汝之心意,如我以前所说的那样。

④灸,一种医疗方法,用艾叶等卷成艾炷,按穴位烧灼。无病而自灸,比喻自讨苦吃。料,触摸。编,"揊"之借字。《说文》:"揊,抚也。"编虎须,犹言摸虎须,捋虎须。——头、口,古韵阳声侯部。

★盗跖是古代著名大盗。在诸子书中,盗跖只是大盗的典型,少有具体的叙述。在《胠箧》篇里人们才听到了盗跖"自己"的声音:"跖之徒问于跖曰:'盗亦有道乎?'跖曰:'何適而无有道邪!夫妄意室中之藏,圣也;入先,勇也;出后,义也;知可否,知也;分均,仁也。五者不备而能成大盗者,天下未之有也。'"这篇"盗亦有道"论又见于《吕氏春秋·当务篇》。《当务篇》还多了一段,曰:盗跖"备说非六王五伯,以为尧有不慈之后,舜有不孝之行,禹有淫湎之意,汤武有放杀之事,五伯有暴乱之谋。世皆誉之,人皆讳之,惑也。故死而操金锥以葬,曰:'下见六王五伯,将敲其头矣!'"在《胠箧》篇里,尽管把"盗亦有道"提到了圣、勇、义、智、仁的高度,毕竟只是一个穿户钻穴的贼;到了《当务》篇里,非毁六王五伯的盗跖,才升格成为有很高政见的大盗。尤其是"死而操金锥以葬"的情节非常精彩。但,只有到《盗跖》篇里,盗跖才被塑造成为巨大的形象,他的"金锥"打到了历代圣王的头上,特别是把孔子打得狼狈不堪。

《盗跖》篇实际是战国末年愤世疾俗者的作品,假盗跖之名,藐视天下,目空一切;对主要是儒家也还有其他学派,以及《楚辞》所普遍歌颂的圣王贤士忠臣,包括黄帝、尧、舜、夏禹、商汤、周武、伯夷叔齐、鲍焦、申徒狄、介子推、尾生、王子比干、伍子胥,一概予以否定。锋芒所至,所向披靡。对儒家的轰击尤为突出。其最主要的方式,就是丑化孔子,把孔子描绘成为一个猥琐的人物,在盗跖面前战战兢兢,当面阿谀,却被盗跖骂得狗血淋头,惊惶失措,以至逃跑的时候"执辔三失,目芒然无见,色若死灰,据轼低头,不能出气"。《盗跖》篇污辱孔子,进行人身攻击,在战国之世的反孔文字中登峰造极;只有两千年后文化大革命中"批林批孔"才有所超越。《盗跖》篇骂孔子,毕竟只盗跖一个在骂;而"批林批孔"却运动了成千上万的人一齐上阵,骂得个天翻地覆。造反女将谭厚兰在康生的授意下甚至挖掘孔子的坟墓,焚毁孔子的神主,这是连盗跖也相形见绌的;而且"四人帮"的爪牙攻击孔子时就利用了《盗跖》篇作为重要的材料。

《盗跖》篇看起来如波涛翻滚,滔滔万顷,其实内容相当庞杂。在侮辱孔子问题上同道家后学一致。但盗跖如此强奸掳掠,杀人越货,绝非老庄所能容忍。其整体思想同道家是不相容的。《盗跖》篇中"古者禽兽多而人少,于是民皆巢居以避之,昼拾橡栗,暮栖树上,故命之曰有巢氏之民"一段,与《韩非子·五蠹》

开头"上古之世,人民少而禽兽众,人民不胜禽兽虫蛇,有圣人作,构木为巢以避群害,而民悦之,使王天下,号曰有巢氏"一段,有明显的关联。由此可知,《盗跖》必作于《五蠹》之后。——按,韩非死于秦王政十四年(前233),下距秦统一天下仅十二年。由此推知,《盗跖》之作最早也在秦统一前夕,甚至更晚。文中"今吾告子以人之情,目欲观色,耳欲听声,口欲察味,志气欲盈"一段,宣扬享乐人生,与《列子·杨朱篇》内容一致,表现的近似杨朱的人生观,而与齐生死等寿夭的道家思想直接抵触。但盗跖也并非杨朱派,因为杨朱"重生""贵己",就不会杀人,也不会使自己处于万人侧目的境地。盗跖就是盗跖,他无须属于什么学派;"盗亦有道",盗跖之道而已。

前文提到,只有在《盗跖》篇,盗跖才被塑造成为巨大的形象,但作者并没有把他塑造成为正面的英雄。作者笔下的盗跖是,"从卒九千人,横行天下,侵暴诸侯,穴室抠户,驱人牛马,取人妇女,贪得忘亲,不顾父母兄弟,不祭先祖。所过之邑,大国守城,小国入保,万民苦之",简直是无恶不作的魔王。甚至干脆吃人,"脍人肝而餔之",还威胁要以孔子之"肝益昼餔之膳"。作者还通过柳下惠之口,说盗跖"心如涌泉,意如飘风,强足以距敌,辩足以饰非",厉害是够厉害的了,但绝非正面的形象。因为作者的目的,并不是真要歌颂盗跖,而是要通过盗跖来发泄自身的愤懑,并攻击儒家,侮辱孔子。只有"四人帮"才把《盗跖》篇的盗跖作为人民起义的英雄,那是符合他们自己需要的结果。

《盗跖》篇塑造的人物十分突出。有了《盗跖》篇,我们才看到震铄先秦的盗跖形象。作者把盗跖同柳下惠暗里形成对比,同孔子明里形成对比,手法独特。文章语言流畅犀利,许多排比句骈散相间,长短参差,显现出一种不可阻挡的气势;论艺术不失为成功之作。

## (二)

子张问于满苟得曰①:"盍不为行②?无行则不信,不信则不任,不任则不利。故观之名,计之利,而义真是也③。若弃名利,反之于心,则夫士之为行,不可一日不为乎④!"

满苟得曰:"无耻者富,多信者显。夫名利之大者,几在无耻而信。故观之名,计之利,而信真是也⑤。若弃名利,反之于心,则夫士之为行,抱其天乎⑥!"

①子张,即颛孙师,字子张,孔子弟子。见《史记·仲尼弟子列传》。满苟得,虚拟人名。成玄英疏:"苟且贪得以满其心,求利之人也。"

②盍不为行,《释文》:"盍(不),何不也。劾何不为德行也。"

③"无行则不信"六句,王先谦曰:"若无所行,则人不见信,不见信则无人任用,不见任用则无利禄;故观之于名,计之于利,惟行义真是也。"义,道义。

④"若弃名利"四句,王先谦曰:"上为殉名利言也。若弃名利,而反之我心,士之为行,亦不可一日不为义也。"子张之意,为了名利,必须修德行,以取信于人,并得以任职得利。即使不为名利,求之于心,也不可不修德行。

⑤"无耻者富"七句,成玄英疏:"多信,犹多言也。夫识廉知让则贫,无耻贪残则富;谦柔静退则沉,多言夸伐则显。故观名计利,而莫先于多言,多言则是名利之本也。"(按,《诗·大雅·崧高》"申伯信迈",李富孙异文释:"《御览》引作言迈。"《吕氏春秋·先识》"莫之必则信尽矣",毕沅新校:"《说苑》作言。"似古有"信、言"通用之例。然"无耻"属于品格,"多言"属于行为,二者不同类。且"多言者显",也难讲通。李勉《庄子总论及分篇评注》认为"信"乃"伪"字之讹。其说虽可取,然系推想,并无根据。注虽录成玄英疏,实甚有可疑。友人储庭焕曰:"信,或'佞'字之讹。《春秋左传异文释》卷十:'定十三年传韩不信,赵世家作韩不佞。''无耻'与'多佞'相类。佞,巧也。多佞者显,谓善于巧佞者显。下文两信字皆当作佞。"储氏之说似较成疏为优。)

⑥"若弃名利"四句,成玄英疏:"抱,守也。天,自然也。夫修道之士,立身为行,弃掷名利,乃乖俗心,抱守天真,翻合虚玄之道也。"

## 盗跖第二十九

　　子张曰："昔者桀纣贵为天子，富有天下，今谓臧聚曰：汝行如桀纣，则有怍色，有不服之心者，小人所贱也。仲尼墨翟，穷为匹夫，今谓宰相曰，子行如仲尼墨翟，则变容易色称不足者，士诚贵也。故势为天子，未必贵也；穷为匹夫，未必贱也；贵贱之分，在行之美恶[1]。"

　　满苟得曰："小盗者拘，大盗者为诸侯，诸侯之门，义士存焉[2]。昔者桓公小白杀兄入嫂而管仲为臣[3]，田成子常杀君窃国而孔子受币[4]。论则贱之，行则下之，则是言行之情悖战于胸中也，不亦拂乎[5]！故书曰：孰恶孰美，成者为首，不成者为尾[6]。"

[1] 臧聚，《释文》引"司马云：谓臧获盗滥窃聚之人"。成玄英疏："臧，谓臧获也。聚，谓滥窃，即盗贼小人也。"则有怍色，怍，愧也。谓臧获觉得自己竟然被人指责行如桀纣因而有愧色。"有不服之心者""则变容易色称不足者"，两"者"字句末助词，犹"焉"字。"变容易色"是表示高兴，"称不足者"是自称不够。子张之言，谓桀纣贵为天子，仆役盗贼也不屑为；仲尼墨翟穷为匹夫，宰相大臣也自称不如。可知贵贱之分，不在权位，而在德行美恶。

[2] 拘，拘捕，囚禁。者，犹"则"也。句中"义士"为贬义，指自以为道义之士。存，在也，存在，聚集。"小盗者拘"四句，谓小盗则拘捕囚禁，大盗却为诸侯；诸侯之门，那种虚伪的所谓道义之士就在那儿聚集。——拘，古韵阴声鱼部；侯，阴声侯部。门、存，古韵阳声文部。

[3] 桓公小白杀兄入嫂而管仲为臣，成玄英疏："齐桓公名小白，杀其兄子纠，纳其嫂焉。管仲贤人，臣而辅之。"按，《左传》庄公九年，齐国内乱，公子纠奔鲁，公子小白奔莒。后小白先入得立，是为桓公，迫使鲁杀公子纠。管仲本奉公子纠，后相桓公。传不载"入嫂"事。（储庭焕曰："入，读如日，奸污，至今俗语仍然说'入'，可见此词来原甚古。）

[4] 田成子常杀君窃国而孔子受币，成玄英疏："田成子常杀齐简公，孔子沐浴而朝，受其币帛。"按，《左传》哀公十四年：齐陈桓（即田成子常）弑其君齐简公，孔子沐浴朝见鲁哀公，请伐齐，哀公不听。事又见《论语·宪问篇》。传无孔

子受其币帛事。

⑤下之,为其臣下。情,实也。悖,逆也。悖战,犹今言交战。拂,成玄英疏:"戾也。"违反,犹今言矛盾。"论则贱之"四句,言所谓"义士"们对待窃国诸侯,在言论上贱视他们,在行为上却事奉他们;这种言行不一之情交战于胸中,不是很矛盾吗?

⑥书,其所引书今不可见。"孰恶孰美"三句,成玄英疏:"成者为首,君而事之;不成者为尾,非而毁之。以此而言,岂关行与无行,故不知美恶之的在谁也。"按,"成者为首,不成者为尾",略同于后世之"成则为王,败则为寇"。——美,古韵阴声脂部;尾,阴声微部。

子张曰:"子不为行,即将疏戚无伦,贵贱无义,长幼无序①;五纪六位,将何为别乎②?"

满苟得曰:"尧杀长子,舜流母弟,疏戚有伦乎③?汤放桀,武王杀纣,贵贱有义乎④?王季为适,周公杀兄,长幼有序乎⑤?儒者伪辞,墨者兼爱,五纪六位将有别乎⑥?"

① 不为行,不修德行。疏戚,疏与亲。伦,成玄英疏:"理也。"指伦理关系。无伦,失其伦常。义,读为仪。无义,失其仪则,规范。序,顺序。

② 五纪,俞樾曰:"五纪即五伦也。"按,《孟子·滕文公上》:"使契为司徒,教以人伦:父子有亲,君臣有义,夫妇有别,长幼有叙,朋友有信",此即所谓五伦也。六位,指疏戚贵贱长幼各当其位。(五纪,《释文》引"司马云:岁、日、月、星辰、历数"。成玄英疏:"五纪,祖、父也,身、子、孙也。亦言金木水火土五行也,仁义礼智信五德也。"六位,成玄英疏:"君臣父子夫妇也,亦言父母兄弟夫妻。"司马彪所说五纪,原于《书·洪范》。成玄英提出多种说法,可知他未得确解。按,五纪六位,必与上文"疏戚无伦,贵贱无义,长幼无序"相应。任何解释都不应脱离原文内容。所谓"无伦、无义、无序",各失其位也,故五纪必指父子、君臣、夫妇、长幼、朋友,六位即指"疏戚贵贱长幼"各当其位。句

意明白，无须别作他解。)

③尧杀长子，《释文》引"崔云：尧杀长子考监明"。成玄英疏："尧废长子丹朱，不与天位，故言杀也。"两说不同，崔说未知所据。舜流母弟，《释文》："弟，谓象也。流，放也。《孟子》云：舜封象于有庳，不得有为于其国，天子使吏治其国，而纳其贡税焉，故谓之放也。"

④"汤放桀，武王杀纣"，成玄英疏："殷汤放夏桀于南巢，周武杀殷纣于汲郡，君臣贵贱，其义安在？"

⑤"王季为适，周公杀兄"，成玄英疏："王季，周大王之庶子季历，即文王之父也。太伯仲雍让位不立，故以小儿季历为适。管蔡周公之兄，泣而诛之，故云杀兄。废适立庶，弟杀其兄，尊卑长幼，有次序乎？"按，古公（即大王）长子曰太伯，次曰虞仲。太姜生少子季历，季历娶太任，生子昌。太伯虞仲知父欲立季历以传昌，乃出奔南国以让季历。季历后传子昌，昌即周文王。此即"王季为适"事。为，取也，夺取。适，通"嫡"。"王季为适"即"王季夺嫡"，正与下句"周公杀兄"相偶。文王在位五十年，死后太子发立，即周武王。武王灭商以后，封商纣之子武庚（名禄父）以存商祀。使其弟管叔鲜（叔鲜封于管）、蔡叔度（叔度封于蔡）共监武庚。武王死，子成王立。成王年少，周公摄政。管叔蔡叔与武庚叛乱。周公讨平叛乱，诛武庚，杀管叔，放蔡叔。管叔为周公之兄，故云"周公杀兄"。事并见《史记·周本纪》。

⑥"儒者伪辞"三句，成玄英疏："夫儒者多言，强为名位；墨者兼爱，周普无私；五纪六位，有何分别？"《墨子》有《兼爱》篇，提倡对所有的人"兼相爱，交相利"，不分亲疏厚薄，爱无差等，反对儒家爱有差等之说。

[满苟得曰①]："且子正为名，我正为利，名利之实，不顺于理，不监于道②。吾日与子讼于无约，曰③：'小人殉财，君子殉名。其所以变其情，易其性，则异矣；乃至于弃其所为而殉其所不为，则一也④。'故曰：无为小人，反殉而天；无为君子，从天之理⑤。若枉若直，相而天极；面观四方，与时消息⑥。若是若非，执而圆机；独成而意，与道徘徊⑦。无转而行，

无成而义，将失而所为[8]。无赴而富，无殉而成，将弃而天[9]。

"比干剖心，子胥抉眼，忠之祸也[10]；直躬讦父，尾生溺死，信之患也[11]；鲍子立干，申子自埋，廉之害也[12]；孔子不见母，匡子不见父，义之失也[13]。此上世之所传，下世之所语。以为士者正其言，必其行，故服其殃离其患也[14]。"

① 满苟得曰，"且子正为名"一段仍是满苟得之言，但此段与前文不相衔接，故隔开注释，补"满苟得曰"四字。

② "且子正为名"五句：正，要也，犹言重视。"子正为名，我正为利"，谓子重在为名，我重在为利。成玄英疏："监，明也，见也。名利二途，皆非真实，既乖至理，岂明见于玄道！"

③ 日，犹日前，往日。王孝鱼校据《阙误》引张君房本作昔。颂，争论。无约，虚拟人名，不受名利约束之意。林云铭《庄子因》："两人不服，故讼于无约而请决也。无约，人名。""曰"以下七句三十六字为无约的判辞。

④ 殉，逐也。其所为，即其所应当为者，即养其本性。其所不为，即其所不当为者，即追逐外物。"小人殉财"七句，谓小人追逐财利，君子追逐声名，其所以变易真情本性，原因有所不同；至于舍弃真情本性，追逐外物，则是一样。成玄英疏："弃其所为，舍己；殉其所不为，逐物也。夫殉财谓之小人，殉名谓之君子，名利不同，所殉一也。"

⑤ 殉，追求。("殉财、殉名"之殉与"殉而天"之殉，词义相同，使用褒贬有别。）而，通"汝"，以下诸"而"字皆通"汝"。天，自然也，指自然本性。"无为小人"四句，谓无为小人一样殉利，要反求汝自然本性；无为君子一样殉名，要顺从自然本性之理。——人、天，古韵阳声真部。子、理，古韵阴声之部。

⑥ 若，犹"或"也。相，视也。天极，自然的准则。消息，或消或息（生长），变化之意。"若枉若直"四句，谓无问枉还是直，视汝自然的准则，观照四方，与时变化。——极、息，古韵入声职部。

⑦ 执而圆机，成玄英疏："圆机，犹环中也。执于环中之道以应是非。"以应

是非者,泯灭是非也。按,犹《齐物论》之"得其环中以应无穷"。参见该篇注。与道徘徊,犹言与道共游。"若是若非"四句,谓无问是还是非,执掌大道之圆机,独成汝之心意,以与道共游。——非、机、徊,古韵阴声微部。

⑧ 转,王念孙《庄子杂志》:"无转而行,转读为专。"无专而行,针对子张"盍不为行"而言,谓无专注于汝之所谓"行"。无成而义,针对子张"义真是也"而言,成,定也;谓无定守汝之所谓"义",将失汝之所为。——义、为,古韵阴声歌部。

⑨ "无赴而富"三句,谓无奔赴汝之富贵,无追逐汝之成功;奔赴富贵,追逐成功,将失去汝之天然本性。——成,古韵阳声耕部;天,阳声真部。

⑩ "比干剖心"三句,成玄英疏:"比干忠谏于纣,纣云,'闻圣人之心有九窍',遂剖其心而视之。子胥忠谏夫差,夫差杀之,子胥曰:'吾死后,抉吾眼县于吴门东以观越之灭吴也。'斯皆至忠而遭其祸也。"抉,剜出。比干事已见《人间世》《胠箧》《山木》诸篇。子胥事已见《胠箧》《至乐》诸篇。

⑪ "直躬证父"三句,成玄英疏:"躬父盗羊,其子证之。尾生以女子为期,抱梁而死。此皆守信而致其患也。"直躬证父,《论语·子路》:"叶公语孔子曰:'吾党有直躬者,其父攘羊,而子证之。'"《说文》:"证,告也。"告发。《韩非子·五蠹》:"楚之有直躬,其父窃羊而谒之吏,令尹曰,'杀之',以为直于君而曲于父,报而罪之。"尾生溺死,见前"尾生与女子期"注。

⑫ 鲍子立干,见前"鲍焦饰行非世"注。申子自埋,《集释》本作"申子不自理"。《释文》:"胜子自理,本又作申子自埋。或云,谓申徒狄抱瓮之河也。一本作申子不自理,谓申生也。"可知此句有三种形态:一曰胜子自理,二曰申子自埋,三曰申子不自理。马叙伦、王叔岷并谓当作"申子自埋",即申徒狄事。王氏之言曰:"审文意,当作'申子自埋'为长,'申子自埋'与上句'鲍子立干'文既相耦,事亦相类。"按,王说是。晋献公世子申生为后母骊姬所谮,自经而死,《左传》《国语》未有称申生为申子者,此其一。本文谓鲍子申子之死"廉之害也",申生事与"廉"否无干,此其二。《周礼·春官·大宗伯》"以貍沉祭山林川泽",貍,通"埋","埋沉"连文,埋亦沉也,故"申子自埋"犹"申子自沉",

此其三。"申子自埋"与上句"鲍子立干"文既相偶,事亦相类,王叔岷固以言之矣,此其四。

⑬孔子不见母,《释文》引"李云:未闻"。成玄英疏:"孔子滞耽圣迹,历国应聘,其母临终,孔子不见。"按,孔子不见母,其事不详。成玄英解释为孔子游历在外,其母临终孔子来不及赶回,故未见,恐非原意。匡子不见父,《释文》引"司马云:匡子,名章,谏其父,为父所逐,终身不见父。案,此事见《孟子·离娄下》:公都子谓"匡章举国皆称不孝",孟子为之辩解,谓匡章"子父责善而不相遇也",意即匡章系责父为善而得罪其父,语焉不详。《战国策·齐策一》载匡章事。齐威王使匡章为将以御秦军,侦探人员三次报告匡章降秦,威王不理,坚信匡章不会背叛。不久匡章大败秦军,左右问威王何以知匡章不会背叛,威王曰:"章子之母启得罪其父,其父杀之而埋马栈之下。吾使章子将也,勉之曰:'夫子之强,全兵而还,必更葬将军之母。'对曰:'臣非不能更葬先妾也,臣之母得罪臣之父。臣之父未教而死。夫不得父之教而更葬母,是欺死父也;故不敢。'夫为人子而不敢欺死父,岂为人臣而欺生君哉?"可知匡子不见父,其情事甚惨。

⑭正,端正。必,定也,一定实践。服,经受。离,遭遇。"此上世之所传"六句,谓比干、子胥、直躬、尾生、孔子、匡子,忠信廉义的事例,皆前代之所传颂,后世之所论说,以为所谓士者,皆必须端正其言论,严格要求其行为,所以都受到灾殃,遭遇祸患;说明所谓"忠、信、廉、义"都有害无益。——"且子正为名"以下两小段,满苟得论述殉名殉利都损害人的自然本性。又用比干、子胥、直躬、尾生、鲍子、申子、孔子、匡子的事例,说明儒家宣扬的"忠、信、廉、贞"只会使他们"服其殃而离其患",有益无害。但这两段只有满苟得的反驳,前面并没有子张提的什么主张;只看到满苟得射出的箭,看不到子张被射的靶子。疑"且子正为名,我正为利"之前遗漏子张论"名"与"利"、论"忠、信、廉、义"一段,故前后不相衔接。至于满苟得的批判,论述无论名利是非都损害自然本性,其中"执而圆机""与道徘徊"等语,与《齐物论》《秋水篇》所论意思相近,其他基本上是用历史传说的人物作为论据,而历史传说的人物是作者们塑造的,儒家把他们塑得非常圣洁,道家后学把他们塑得恶劣不堪;用这种

670

— 盗跖第二十九 —

办法得出的结论价值并不大。

★（一）第二章作者派子张作为儒家的代表，让满苟得针对子张提出的"为行"（修其德行）进行批判。

子张提出"无行则不信，不信则不任，不任则不利"，故从名利考虑必须"为行"。满苟得针锋相对，谓"无耻者富，多信者显"，揭露子张所谓"行"的本质。

子张又用桀纣为臧获盗贼所不屑为，仲尼墨翟作为"士"的典型连宰相大臣也自认不如，可知"贵贱之分在行之美恶"。满苟得则指出"小盗者拘，大盗者为诸侯，诸侯之门，义士存焉"的社会现实，指出"桓公小白杀兄入嫂而管仲为臣，田成子常杀君窃国而孔子受币"，说明所谓义士之"行"不过如此。

子张又提出若不"为行"，则将"疏戚无伦，贵贱无义，长幼无序"。满苟得用大量儒家所尊崇的圣君之所作所为即"尧杀长子，舜流母弟，汤放桀，武王杀纣，王季为適，周公杀兄"来驳斥儒者的"伪辞"。附带也批了一下"墨者兼爱"，其实他们的论辩与墨者毫无关系。

表面看来，文章逻辑严密，语言尖锐，其实是并不周全的。文章第二段子张提出"贵贱之分，在行之美恶"、第三段提出"子不为行，即将疏戚无伦，贵贱无义，长幼无序"，确是儒家观念。但开头所谓"无行则不信，不信则不任，不任则不利"，赤裸裸的功利目的，并非儒家思想。子张是作者设定的打击目标。先强行设定目标，然后加以批判，是道家后学常用的做法。

（二）文中子张提到"仲尼墨翟，穷为匹夫"，满苟得也说"儒者伪辞，墨者兼爱"。墨翟活动于战国前期，子张不可能知有墨翟。作为仲尼的弟子也不会把墨翟同仲尼相提并论。"匡子不见父"之匡子如果确指匡章，匡章与孟子同时，上距子张一百几十年，满苟得何从知有匡子？故事胡编乱造，完全不顾年代先后。

（三）"小盗者拘，大盗者为诸侯；诸侯之门，义士存焉"四句，与《胠箧》篇"彼窃钩者诛，窃国者为诸侯；诸侯之门而仁义存焉"句式相同。刘师培《庄子斠补》认为"义士存焉"当作"仁义存焉"，即以《胠箧》篇为据。刘氏之言曰："盖'仁义'讹为'仕义'，校者知弗克通，因更易其义，倒字舛词，冀通其句;幸有《胠箧》篇以正之。"陈鼓应即据刘说改"义士存焉"为"仁义存焉"。按,刘说甚误,其分析纯系主观意测。此四句确仿自《胠箧》,但内涵并不全同。《胠箧》篇重在抨击仁义,故曰"诸侯之门而仁义存焉"。本文"诸侯之门义士存焉"是针对子张"士诚贵也"而发,下文管仲为臣于桓公小白,孔子受币于田成子常,正是"诸侯之门义士存焉"的例证。两人辩论的全是"士之为行",没有一句涉及"仁义",故"义士存焉"断然不误。作者袭用《胠箧》篇语句,根据内容需要加以改作,注家无权强令他非遵用所袭用原作词语不可。不是校者"弗克通",而是刘师培斠补"弗克通",陈鼓应径改原文则甚为轻率,不只"弗克通"而已。

## (三)

无足问于知和曰[①]:"人卒未有不兴名就利者。彼富则人归之,归则下之,下则贵之。夫见下贵者,所以长生安体乐意之道也[②]。今子独无意焉,知不足邪,意知而力不能行邪,故推正不妄邪[③]?"

知和曰:"今夫此人,[俗人]以为与己同时而生、同乡而处者,以为夫绝俗过世之士焉;是专无主正,所以览古今之时、是非之分也[④]。与俗化世,去至重,弃至尊,以为其所为也;此其所以论长生安体乐意之道,不亦远乎[⑤]!惨怛之疾,恬愉之安,不监于体;怵惕之恐,欣欢之喜,不监于心[⑥];知为为而不知所以为,是以贵为天子,富有天下,而不免于患也[⑦]。"

① 无足问于知和,成玄英疏:"无足,谓贪婪之人,不止足者。知和,谓体知中和之道,守分清廉之人也。假设二人以明贪廉之祸福也。"

② 兴,尊尚,崇尚。就,趋向,追逐。"人卒未有"六句,谓人终竟没有不崇尚声名追逐财利者。富有人们就归附他,归附则对他谦下,谦下就对他尊崇。受人谦下尊崇,是"长生安体乐意"之道也。长生,就生命言之,使生命久长。安

体，就身体言之，使身体安适。乐意，就心意言之，使心意欢快。

③"知不"之知，通"智"。"意知"之意，郭庆藩案："读若抑，抑意古字通。"犹言或者、还是。不妄，《集释》本作"不忘"，《释文》"忘，或作妄"，此从或作，"不妄"与"推正"相对。"今子独无意"四句，谓今汝竟无意于此，是智力不够，抑或知之而力不能行邪，或者故意推行所谓正道不生妄念邪。

④此人，指上文兴名就利之人，亦即富贵者。俗人，原本无此二字。成玄英疏："此人，谓富贵之人。俗人，谓无知贪利情切，与贵人同时而生，共富人同乡而住者。"知成玄英本"此人"后有"俗人"二字，有此二字文意顺畅。俗人，指上文"人归之"之人，即众人。专，全也。"正主"为并列结构，犹言原则。专无主正，即全无原则。览，犹言看待。时，犹事也。《尚书·尧典》"畴咨若时登庸"，孙星衍《今古文注疏》："史迁作'尧曰：谁可顺此事'。"古今之时，即古今之事。"今夫此人"四句，谓今兴名就利之富贵之人，俗人以为是与己同时而生同乡而处者，以为那是绝俗过世之士，其实全无原则来看待古今之事、是非之分者。

⑤与俗化世，混同于俗，化合于世。至重，生也；至尊，道也。为其所为，即兴名就利。"与俗化世"六句，谓兴名就利之人，混同世俗，去至重之生，弃至尊之道，而为其所为，如此来论"长生安体乐意"之道，不是太远了吗。

⑥"惨怛之疾"六句：惨怛，悲痛、忧伤。恬愉，欢愉也。监，察也，犹言考虑。怵惕，惊慌也。欣欢，欢悦。六句意谓，忧伤的疾病，欢愉的安适，不考虑对身体产生的后果；惊慌恐惧，欣喜欢悦，不考虑对心灵产生的影响。

⑦"知为为"四句，谓他们只知道为其所为，而不知何以这样为，（不知道为的后果），所以贵为天子，富有四海，而不免于祸患。

无足曰："夫富之于人，无所不利，穷美究势，至人之所不得逮，圣人之所不能及①；侠人之勇力而以为威强，秉人之知谋以为明察，因人之德以为贤良，非享国而严若君父②。且夫声色滋味权势之于人，心不待学而乐之，体不待象而安之③。夫欲恶避就，固不待师④，此人之性也。天下虽非我，孰能辞之⑤！"

知和曰："知者之为，故动以百姓，不违其度，是以足而不争，无以为故不求⑥。不足故求之，争四处而不自以为贪；有馀故辞之，弃天下而不自以为廉⑦。廉贪之实，非以迫外也，反监之度⑧。势为天子而不以贵骄人，富有天下而不以财戏人⑨。计其患，虑其反⑩，以为害于性，故辞而不受也，非以要名誉也。尧舜为帝而雍，非仁天下也，不以美害生也⑪；善卷许由得帝而不受⑫，非虚辞让也，不以事害己。此皆就其利，辞其害，而天下称贤焉则可以有之，彼非以兴名誉也⑬。"

① 穷，尽也。究，竟也。穷美究势，成玄英疏："穷天下善美，尽人间威势。"逮，及也。圣人，《集释》本作"贤人"，此从王孝鱼校引世德堂本。

② 侠，同"挟"。秉，持，犹言掌握。因，凭借。"侠人"四句，谓富贵之人，挟持他人的勇力以为威势，掌握他人的智谋以为明察，凭借他人的德行以为贤良，并没有享有国家而威严如同君主。

③ 象，仿效。

④ 欲恶（wù）避就，欲善，恶恶（è），避害，就利。固不待师，不用从师学习。

⑤ 非，非议。"天下"二句，谓享有声色滋味权势，即使天下之人都非议我，谁能放弃呢。

⑥ 知者，即智者。度，限度，度数。不违其度，即恰如其分。"知者之为"五句，谓智者之所为，依百姓而动，不违其度，是以知足而不争，不有意为之故不求。

⑦ 四处，犹到处。"不足故求之"四句，谓争取还是放弃都根据实际情况，不违其度，故争取不自以为贪，放弃不自以为廉。

⑧ "廉贪之实"三句，谓是廉还是贪，都不迫于外力，反观其度是否适当。意即有馀辞之不为廉，不足求之不为贪。

⑨ 戏，戏弄。不以财戏人，指不以财富炫耀于人。

⑩ "计其患,虑其反",即考虑事物有害的一面,相反的一面。如富贵享受而有害于自然本性。

⑪ "尧舜为帝而雍"三句:《书·尧典》"黎民于度时雍"传:"时,是。雍,和也。言天下众民皆变化从上,是以天下大和。"是知"雍"也者,使天下大和,无为而治也。三句意谓,尧舜为帝使天下大和,无为而治,非仁爱天下也,不以天下之美伤其生也。(为帝而大有为则扰民,天下受其害,虽拥有天下之美而亦伤其生。)

⑫ 善卷,见《让王》篇"舜以天下让善卷"。许由,见《逍遥游》"尧让天下于许由"、《外物》"尧与许由天下,许由逃之"、《让王》"尧以天下让许由,许由不受"。

⑬ 此皆就其利辞其害,谓尧舜善卷许由皆就利辞害。而天下称贤焉则可以有之,谓可以有"天下称贤"之名,而并非他们自己崇尚名誉。

无足曰:"必持其名,苦体绝甘,约养以持生,则亦犹久病长阨而不死者也①。"

知和曰:"平为福,有馀为害者,物莫不然,而财其甚者也②。今富人,耳营[于]钟鼓管籥之声,口嗛于刍豢醪醴之味,以感其意,遗忘其业,可谓乱矣③;侅溺于冯气,若负重行而上阪,可谓苦矣④;贪财而取慰,贪权而取竭,静居则溺,体泽则冯,可谓疾矣⑤;为欲富就利,故满若堵耳而不知避,且冯而不舍,可谓辱矣⑥;财积而无用,服膺而不舍,满心戚醮,求益而不止,可谓忧矣⑦;内则疑劫请之贼,外则畏寇盗之害,内周楼疏,外不敢独行,可谓畏矣⑧。此六者⑨,天下之至害也,皆遗忘而不知察;及其患至,求尽性竭财,单以反一日之无故而不可得也⑩。故观之名则不见,求之利则不得,缭意体而争此,不亦惑乎⑪!"

① 持,执持,固守。约养,简约的供养。阨,困苦。"必持其名"四句,谓如果一定要执持名声,因而苦其身体,弃绝甘美,简约地供养以维持生命,那就像

长期病困而没有死一样。"亦犹久病",《集释》无"犹"字,此从王孝鱼校据《阙误》引江南古藏本,有"犹"字文意完足。

②平,平顺,不过分。"平为福"四句,谓平是福分,有馀是祸害,凡物莫不如此,而表现在财富上尤为突出。

③营,从事,此指听。"耳营"下原文无"于"字,按下句"口嗛于"句例,补"于"字。管籥,管乐器,箫笛之类。嗛(qiè),满足,快意。刍豢(huàn),畜牲食草者曰刍,牛羊之类,食谷者曰豢,犬豕之类。此代指肉食。醪(láo),淳酒。醴,甜酒。此泛指美酒。"今富人"六句,谓今富人耳享受钟鼓管籥的音乐,口快意肴馔美酒的滋味,感受(奢侈生活)的意趣,而遗忘担负的事业,可谓乱矣。

④侅(gāi)溺,《集释》引郭嵩焘曰:"犹言沉溺之深也。"下文"静居则溺"成玄英疏:"安静闲居则其体沉溺。""其体沉溺"正可移来解释"侅溺",指身体臃肿沉重。于,犹而也。冯气,气懑。阪,陡坡。"侅溺"三句,谓身体臃肿沉重而又气懑,行动艰难,如身负重物而走上陡坡,可谓苦矣。

⑤取,求也。慰,《淮南子·缪称篇》"人之困慰者也"高诱注:"慰,极也。"取极,犹言要求到顶;取竭,犹言要求到底。溺,成玄英疏作"其体沉溺",指身体臃肿沉重。泽,肥泽。冯,即上文"冯气"之意,气懑。"贪财"五句,谓贪财要求到顶,唯恐不多;贪权要求到底,唯恐不尽。平居则"其体沉溺",身肥则胸懑气喘,可谓病矣。(取慰,成玄英疏作"以慰其心",郭庆藩解作"取病",章炳麟训为"取怨"。按,诸家之说各有所据,但都与"取竭"义不相类。"取极"则与"取竭"对应,较诸说为长。)

⑥欲富就利,求富趋利。堵,成玄英疏:"墙也。""耳"字助词。避,退避。不知避,即仍旧追逐不已。冯,满也。"为欲富"四句,谓为求富趋利,故财物高积如墙而仍追逐不已,总是贪多不舍,可谓辱矣。

⑦服膺,牢记于心,即念念不忘。戚醮,成玄英疏:"烦恼也。""财积"五句,谓财富积聚并无用处,仍念念不忘,满腔烦恼,犹贪多不止,可谓忧矣。

⑧劫请,劫指暴力劫掠,请,求请,指盘诘勒索。周,周严,指周严设

置。楼,《尔雅·释宫》"陕而修曲曰楼"邢昺疏:"凡台上有屋陕长而屈曲者曰楼。"(陕,通狭。)《释名·释宫室》:"楼,言牖户诸射孔娄娄然也。"《慧琳音义》卷三十三引《文字集略》:"楼,城上守御屋也。"疏,《史记·礼书》"疏房床第"司马贞索隐:"疏,谓窗也。"内周楼疏,指内严设防守楼窗。"内则"五句,谓家居担心窃贼之患,出门畏惧寇盗之害,内严设防御楼窗,外出不敢独行,可谓畏矣。

⑨ 六者,即上文之乱、苦、疾、辱、忧、畏。

⑩ 单,《集释》引郭嵩焘说,"单亶字通",但也。"及其患至"三句,谓等到祸患来临,想用尽心性竭尽财物,但求一日的平安无事也不可能。

⑪ 缭,成玄英疏:"缠绕也。"缭意体而争此,缠绕身心而争利,亦即把整个身心都缠绕在争利上。


★第三章为无足与知和的对话。成玄英疏,"无足,谓贪婪之人,不止足者也。知和,谓体知中和之道,守分清廉之人也。假设二人以明贪廉之祸福也"。成玄英解释了两个化名的象征意义,也概括了本段文章的内容主旨。

无足的追求是赤裸裸的唯利是图:"人卒未有不兴名就利者。彼富则人归之,归则下之,下则贵之。夫见下贵者,所以长生安体乐意之道也。"他虽则"兴名逐利"并提,主要还在于"就利"成为富人。谓"富之于人,无所不利,穷美究势,至人之所不得逮,圣人之所不能及","夫欲恶避就,固不待师,此人之性也。天下虽非我,孰能辞之"。

无足还讽刺那些重名者:"必持其名,苦体绝甘,约养以持生,则亦犹久病长阨而不死者也。"

无足的言论,是唯利唯富主义者的宣言。二十一世纪那些不择手段追逐财富者的心灵,早被两千多年以前的那位"无足"先生吐露无遗。

知和则从各个方面批驳"兴名就利"者,认为这种人"与俗化世,去至重,弃至尊,以为其所为;此其所以论长生安体乐意之道,不亦远乎!"这种人即使贵为天子,富有天下,也未免于患。知和主张"不违其度",对待财富,掌握适当的"度":"不足故求之,争四处而不自以为贪;有馀故辞之,弃天下而不以为廉。"

知和提出"平为福,有馀为害"。这是知和的主张,也是本章的主旨。文章最后用相当大的篇幅,分析无止境地追求财富可能带来的祸患,指出这种人不顾后果,等到有一日灾祸来临,只求一日的平安无事也不可得。

这是一篇警世的文字,并无玄谈奥理,而平实可取。

# 说剑第三十

本篇写"庄子"为赵文王说剑,即以"说剑"名篇。赵文王好剑,不恤政务,唯以剑为事,致国家衰危。太子悝患之,请教"庄子"。"庄子"乃以剑说赵文王,谓一国之君,当凭借山河,顺应时令,任用贤才,制订方略,乃可以适诸侯,服天下,此"天子之剑"。次之亦当为"诸侯之剑",亦可以使"四封之内无不宾服"。而"庶人之剑",斩头断颈,无异于斗鸡,无所用于国事。——此"庄子庄周"乃游说之士,非蒙漆园吏庄子庄周,与道家也毫无关系。

昔赵文王喜剑①,剑士夹门而客三千馀人②,日夜相击于前,死伤者岁百馀人,好之不厌。如是三年,国衰,诸侯谋之。

太子悝患之③,募左右曰:"孰能说王之意止剑士者④,赐之千金。"

左右曰:"庄子当能⑤。"

太子乃使人以千金奉庄子。庄子弗受,与使者俱,往见太子曰:"太子何以教周,赐周千金?"

太子曰:"闻夫子明圣,谨奉千金以币从者⑥。夫子弗受,悝尚何敢言!"

庄子曰:"闻太子所欲用周者,欲绝王之喜好也。使臣上说大王而逆王意,下不当太子⑦,则身刑而死,周尚安所事金乎?使臣上说大王,下当太子,赵国何求而不得也!"

太子曰:"然吾王所见,唯剑士耳。"

庄子曰:"诺,周善为剑。"

太子曰:"然吾王所见剑士,皆蓬头突鬓垂冠,曼胡之缨,短后之衣,瞋目而语难,王乃说之。今夫子必儒服而见王,事必大逆。⑧"

庄子曰:"请治剑服。"

治剑服三日,乃见太子。太子乃与见王,王脱白刃待之⑨。庄子入殿门不趋,见王不拜。

王曰："子何以教寡人，使太子先⑩？"

曰："臣闻大王喜剑，故以剑见王。"

王曰："子之剑何能禁制⑪？"

曰："臣之剑，十步一人，千里不留行⑫。"

王大悦之，曰："天下无敌矣。"

庄子曰："夫为剑者，示之以虚，开之以利，后之以发，先之以至⑬。愿得试之。"

王曰："夫子休就舍待命，令设戏请夫子⑭。"

王乃校剑士七日⑮，死伤者六十馀人，得五六人，使奉剑于殿下⑯，乃召庄子。

王曰："今日试使士敦剑⑰。"

庄子曰："望之久矣。"

王曰："夫子所御杖⑱，长短何如？"

曰："臣之所奉皆可。然臣有三剑，唯王所用，请先言而后试。"

王曰："愿闻三剑。"

曰："有天子剑，有诸侯剑，有庶人剑。"

王曰："天子剑何如？"

曰："天子之剑，以燕谿石城为锋，齐岱为锷，晋卫为脊，周宋为镡，韩卫为夹⑲；包以四夷，裹以四时；绕以渤海，带以常山⑳；制以五行，论以刑德㉑；开以阴阳，持以春夏，行以秋冬㉒，此剑，直之无前，举之无上，案之无下，运之无旁；上决浮云，下绝地纪㉓。此剑一用，匡诸侯㉔，天下服矣。此天子之剑也㉕。"

文王芒然自失，曰："诸侯之剑何如？"

曰："诸侯之剑，以知勇士为锋，以清廉士为锷，以贤良士为脊，以忠圣士为镡，以豪杰士为夹。此剑，直之亦无前，举之亦无上，案之亦无下，运之亦无旁；上法圆天以运三光，下法方地以顺四时，中和民意以安四乡㉖，此剑一用，如雷霆之震也，四封之内，无不宾服而听从君命者矣。此诸侯之剑也㉗。"

王曰："庶人之剑何如？"

曰："庶人之剑，蓬头突鬓垂冠，曼胡之缨，短后之衣，瞋目而语难。相击于前，上斩颈领，下决肝肺。此庶人之剑，无异于斗鸡，一旦命已绝矣，无所用于国事。今大王有天子之位而好庶人之剑，臣窃为大王薄之㉘。"

王乃牵而上殿，宰人上食，王三环之㉙。

庄子曰："大王安坐定气，剑事已毕奏矣。"

于是文王不出宫三月，剑士皆伏毙其处也㉚。

① 赵文王，《释文》引"司马云：惠文王也，名何，武灵王子"。惠文王于武灵王二十七年立为王，以明年为元年（周赧王十七年），在位三十三年（前298—前265），史无惠文王好剑事。蒙漆园吏庄周早于赵惠王约半个世纪。此赵文王为传说人物，未必为真赵惠文王。

② 夹，至也。

③ 太子悝，据《史记·赵世家》，惠文王后为孝成王名丹。此系故事，无须考实。

④ 募，召集。说，通"悦"。

⑤ 庄子，此人也叫庄周，系说客策士，与蒙漆园吏庄周无关。

⑥ 币，以币赠送。币从者，赠送随从，谦辞。

⑦ 逆，违逆。当，合也。不当太子，不合太子之意。

⑧ "皆蓬头"四句，成玄英疏："髪乱如蓬，鬓毛突出，铁为冠，垂下露面。曼胡之缨，谓屯项抹额也。短后之衣，便于武事。瞋目怒眼，勇者之容。愤然填胸，故语声难涩。斯剑士之形服也。"曼胡，其义未详。《释文》引司马彪说，谓"粗缨无文理也"。说，通"悦"。必，若也，如果。逆，违也，不顺也。

⑨ 脱白刃待之，拔出白亮的剑等待着。

⑩ 使太子先，使太子先言于我。

⑪ 何能禁制，凭什么禁制对手。

⑫ 十步一人，十步即杀一人。千里不留行，言所向无敌，谁也挡不住。李白《侠客行》，"十步杀一人，千里不留行"，即用此文。

⑬ "示之以虚"四句，意谓示之以虚弱，让对方觉得有利。示、开，都是显示之意。待后出来，却抢先进攻。

⑭ 设戏，设比赛剑术之戏。

⑮ 校剑士，《释文》引"司马云：考校取其胜者也"。

⑯ 奉剑，持剑。

⑰ 敦剑，《荀子·强国》"敦比于小事"，王先谦集解引郝懿行曰："敦比者，敦迫比近。"是敦亦比也。故"敦剑"即比剑。（成玄英疏"敦，断也"，非是。）

⑱ 御，用也。杖，此即指剑。

⑲ 燕谿石城，《释文》："燕谿，地名，在燕国。石城，在塞外。"齐岱，齐国岱山，即泰山。锷，《释文》引"司马云：剑刃也"。晋卫，《集释》作"晋魏"，此从王孝鱼校所引高山寺本。按，赵惠王时晋国已不存在。镡，《释文》："谓剑环也。司马云：剑珥也。"夹，通"铗"，剑把也。

⑳ 渤海，泛指大海，成玄英疏："沧洲也。"常山，即恒山，汉人避汉文帝讳改称常山。

㉑ 制，制衡。五行，金木水火土。刑，刑罚。德，德化。成玄英疏："以此五行，匡制寰宇，论其刑德，以御群生。"

㉒ "开以阴阳"三句，成玄英疏："夫阴阳开辟，春夏维持，秋冬肃杀，自然之道也。"

㉓ 地纪，传说中维系大地的纲绳，此即指大地。"此剑"七句，谓此剑直使无有在前者，举起无有在上者，案之无有在下者，运之无有在旁者，上可以决浮云，下可以断地纪；极言其所向无敌。——上、旁，古韵阳声阳部。

㉔ 匡诸侯，匡正诸侯，使之所命。

㉕ 天子之剑，此借剑为说，总谓如果利用山河形胜，顺应时令，制订政策，可以统一天下。

— 说剑第三十 —

㉖ 三光,日月星辰。四时,春夏秋冬。四乡,四方。——上、旁、光、乡,古韵阳声阳部。

㉗ 诸侯之剑,亦借剑为说,总谓如果利用人材,顺应自然,亦可以使诸侯宾服。

㉘ 庶人之剑,实指剑士之剑。薄,鄙薄。薄之,以为不值得。

㉙ 宰人,厨师之类。王三环之,王感到不安,多次围绕着行走。

㉚ 伏毙其处,自杀于他们的住所。伏,《集释》本作"服"。此从王孝鱼校引高山寺本。

★本篇之庄子为说客策士,非道家者流。文章风格与《战国策》游说之士言论相近,而与蒙漆园吏庄子无关,也非一般道家作品。但文章认为统治者应该凭借山河,顺应时令,任用贤才,制订方略,顺和民意,安抚四方,而不是逞个人之勇,洞胸断颈,"此无异于斗鸡","无所用于国事";这些道理是可取的,甚至是语重心长。像秦武王那样,作为国君而好与力士举鼎好戏,终绝膑而死;自己送掉了性命,对国家也绝无好处。

# 渔父第三十一

渔父,以故事中人物名篇。

同《盗跖》篇一样,《渔父》篇的主旨是否定儒家,并集中贬斥孔子。作者打着道家"守真""贵真"的旗号,但他解释的"真"却是"事亲则慈孝,事君则忠贞,饮酒则欢乐,处丧则悲哀"。这位"渔父"否定儒家,他的论调固然不是儒家却带有儒家气味,而并非道家思想。

孔子游乎缁帷之林,休坐乎杏坛之上[①]。弟子读书,孔子弦歌鼓琴。奏曲未半,有渔父者,下船而来,须眉交白,被发揄袂,行原以上,距陆而止,左手据膝,右手持颐以听[②]。曲终而招子贡子路,二人俱对。

客指孔子曰:"彼何为者也?"子路对曰:"鲁之君子也。"

客问其族[③],子路对曰:"族孔氏。"

客曰:"孔氏者何治也[④]?"子路未应,子贡对曰:"孔氏者,性服忠信,身行仁义,饰礼乐,选人伦,上以忠于世主,下以化于齐民[⑤],将以利天下,此孔氏之所治也。"

又问曰:"有土之君与?"子贡曰:"非也。"

"侯王之佐与?"子贡对曰:"非也。"

客乃笑而还,行言曰:"仁则仁矣,恐不免其身,苦心劳形以危其真[⑥]。呜呼,远哉其分于道也[⑦]!"

①缁帷之林,《释文》引"司马云:黑林名也"。虚拟地名。杏坛,《释文》引"司马云:泽中高处也。李云:坛名"。

②揄袂,挥动衣袖。"行原以上"二句,自水中向高处走来,到了陆地就停下。右手持颐,右手托着下巴。

③问其族,问其族姓。

④何治,所治何事。

⑤服，行也，用也。饰，修习。选，齐也，整饬之意。人伦，人与人的关系。化，教化。齐民，平民。——信、民，古韵阳声真部；伦，阳声文部。

⑥危其真，害其真性。——仁、身、真，古韵阳声真部。

⑦分，《释文》引司马云："分，离也。"远哉其分于道也，谓孔子的行为言论离道实在太遥远了。


子贡还，报孔子。孔子推琴而起曰："其圣人与！"乃下求之，至于泽畔，方将杖拏而引其船，顾见孔子，还乡而立。孔子反走，再拜而进①。

客曰："子将何求？"

孔子曰："曩者先生有绪言而去，丘不肖，未知所谓②。窃待于下风，幸闻咳唾之音以卒相丘也③。"

客曰："嘻，甚矣子之好学也！"

孔子再拜而起曰："丘少而修学，以至于今，六十九岁矣，无所得闻至教，敢不虚心。"

客曰："同类相从，同声相应，固天之理也④。吾请释吾之所有而经子之所以⑤。子之所以者，人事也⑥。天子诸侯大夫庶人，此四者自正，治之美也，四者离位而乱莫大焉⑦。官治其职，人处其事，乃无所陵⑧。故田荒室露，衣食不足，征赋不属⑨，妻妾不和，长少无序，庶人之忧也。能不胜任，官事不治，行不清白，群下荒怠，功美不有，爵禄不持，大夫之忧也。廷无忠臣，国家昏乱，工技不巧，贡职不美，春秋后伦⑩，不顺天子，诸侯之忧也。阴阳不和，寒暑不时，以伤庶物，诸侯暴乱，擅相攘伐，以残民人⑪，礼乐不节，财用穷匮，人伦不饬，百姓淫乱⑫，天子（有司）之忧也⑬。今子既上无君侯有司之势，而下无大臣职事之官，而擅饰礼乐，选人伦，以化齐民，不亦泰多事乎⑭！

"且人有八疵，事有四患，不可不察也。非其事而事之，谓之摠⑮；莫之顾而进之，谓之佞⑯；希意道言，谓之谄⑰；不择是非而言，谓之谀⑱；好言人之恶，谓之谗⑲；析交离亲，谓之贼⑳；称誉诈伪以败恶人，谓之慝㉑；

685

不择善否，两容颊适，偷拔其所欲，谓之险㉒。此八疵者，外以乱人，内以伤身，君子不友，明君不臣㉓。所谓四患者，好经大事，变更易常，以挂功名，谓之叨㉔；专知擅事，侵人自用，谓之贪㉕；见过不更，闻谏愈甚，谓之很；人同于己则可，不同于己，虽善不善，谓之矜㉖。此四患也。能去八疵，无行四患，而始可以教已。㉗"

① 挐(nú)，通"桡"，船桨。杖挐，拿起桨。乡，通"向"。还乡，回望。反走，退走几步以示恭敬。

② 曩者，向者，实指刚才。绪言，《释文》："犹先言也。"按，丝头曰绪，谓说话刚开了头，故我还未知所谓。

③ 咳唾之音，实指说的话，卒，终也。相，助也。

④ 天之理，自然之理。

⑤ 吾请释吾之所有而经子之所以：释，发挥。经，《释文》："经营也。"句意谓我愿发挥我之所有以经理汝所从事者。

⑥ "子之所以"二句，谓汝所从事者人事也。

⑦ "天子诸侯"四句，谓天子诸侯大夫庶人，这四个阶层的人各守本分，治道就完美；四个阶层不守本位，就会发生大混乱。

⑧ 人处其事，《集释》作"人忧其事"，此从王孝鱼校引高山寺本。处，安也。陵，乱也。"官治其职"四句，谓官尽到他们的职责，人民安于各自的事务，社会就不会混乱。

⑨ 露，败也。室露，居屋败坏。属，继也。不属，指不能及时缴纳。

⑩ "春秋后伦"：《释文》："春秋后伦，朝觐不见等比也。"成玄英疏："春秋盟会，落朋伦之后。"意谓春秋朝觐天子落在同类诸侯之后。

⑪ 擅相攘伐，擅自互相攻伐。残，害也。

⑫ 人伦不饬，人伦不整饬，下句"百姓淫乱"即不整饬的表现。

⑬ "有司"二字衍文。马叙伦《庄子义证》："有司，涉下句而误羡。"

⑭ 不亦泰多事乎，《集释》本无"亦"字，此从王孝鱼校引高山寺本。泰，

通"太"。"今子"五句，成玄英疏："上非天子诸侯，下非宰辅卿相，而擅修饰礼乐，选择人伦，教化苍生，正齐群物，乃是多事之人。"

⑮ 揔（zǒng），成玄英疏："滥也。"犹言多事。

⑯ 莫之顾而进之，没人理会却不断进言。佞，奸佞。

⑰ 希意道言，迎合别人心意而进言。谄，谄媚。

⑱ 谀，阿谀。

⑲ 谗，谗言。

⑳ 析交离亲，离间他人亲友。贼，贼害。

㉑ 称誉诈伪以败恶人，虚假的称誉而实际是败坏他人。"败恶"为并列结构，败坏之意。慝（tè），邪恶。

㉒ 两容颊适，《释文》："善恶皆容，颜貌调适也。颊，或作颜。"拔，引也。"不择善否"四句，谓不择善恶，两皆容纳，暗中引导对方的私欲。险，奸险。

㉓ "君子不友"二句，谓君子不以为友，明君不以为臣。——人、身、臣，古韵阳声真部。

㉔ 好经大事，喜好经营大事。变更易常，不断标新立异。以挂功名，成玄英疏作"建立功名"。叨，成玄英疏："叨滥之人也。"

㉕ 知，通"智"。专知擅事，恃其智力，独擅其事。侵人自用，侵犯他人而师心自用。贪，贪鄙。

㉖ 矜，傲慢。

㉗ 而，通"汝"，指孔子。前文"且人有八疵"，似是一般而论，实皆指斥孔子，结尾点出，能去此八疵，无行四患，汝乃可以受教。

孔子愀然而叹①，再拜而起曰："丘再逐于鲁，削迹于卫，伐树于宋，围于陈蔡。丘不知所失，而离此四谤者何也②？"

客凄然变容曰："甚矣子之难悟也！人有畏影恶迹而去之走者，举足愈数而迹愈多，走愈疾而影不离身，自以为尚迟，疾走不休，绝力而死③。不知处阴以休影，处静以息迹，愚亦甚矣④。子审仁义之间，察同异之际，观动静之变，適受与之度，理好恶之情，和喜怒之节⑤，而幾于不免矣。谨修而身，慎守其真，还以物与人，则无所累矣⑥。今不修之身而求之人，不亦外乎！"

① 愀然，成玄英疏："慙竦貌也。"
② 再逐于鲁，削迹于卫，伐树于宋，围于陈蔡。已见《天运》《山木》《让王》《盗跖》诸篇。离，遭遇。谤，柱也，冤枉。
③ 影，指自己的影子。迹，指自己急走的声音（迹指声音之迹，释为足之印迹者非是；急走者不会去看自己的足印，却听得到自己的足音。）数，速也。《礼记·祭义》"趋以数"，释文："数，速也。"又，急也。《韩非子·说林上》"何变之数也"，王先慎集解："数，急也。""人有"六句，谓有个人怕见自己的影子，怕听自己急走的足音，如此他很快地跑；脚跑得越快响声越多，影子也总不离身。他以为走得太慢了，如此拼命地跑，结果耗尽力气，倒地死了。
④ "不知"三句，谓不懂得站在阴暗的地方就没有影子，静止下来就没有脚步的响声，实在太愚蠢了。
⑤ 审，审视。察，考察。观，观察。適，调节。理，处理。和，调和。
⑥ 而，通"汝"。真，人之真性。还以物与人，不属于自己之物即还与别人。此"物"是广义的，包括八疵四患涉及的内容，非指具体的物。累，累害。——身、真、人，古韵阳声真部。

孔子愀然曰："请问何谓真①？"
客曰："真者，精诚之至也。不精不诚，不能动人。故强哭者虽疾不哀②，强怒者虽严不威，强亲者虽笑不和。真悲无声而哀，真怒未发而威，真亲不笑而和。真在内者，神动于外③，是所以贵真也。其用于人理也④，事亲则慈孝，事君则忠贞，饮酒则欢乐，处丧则悲哀。忠贞以功为主，饮酒以乐为主，处丧以哀为主，事亲以適为主⑤。功成之美，无一其迹矣⑥；事亲以適，不论所以矣；饮酒以乐，不选其具矣⑦；处丧以哀，无问其礼矣。礼者，世俗之所为也；真者，所以受于天也，自然不可易也。故圣人法天贵真，不拘于俗。愚者反此，不能法天而恤于人⑧，不知贵真，禄禄而受变于俗⑨，故不足。惜哉！子之早湛于人伪而晚闻大道也⑩。"

① 何谓真，何谓人之真性。
② 疾，《集释》本作"悲"，此从王孝鱼校引高山寺本。按，疾，过也，甚也。强哭者虽疾不哀，谓强哭即使哭得厉害也并不哀痛。
③ 真在内者神动于外，真性在内则神情表现于外。
④ 用于人理，用于人事之理。
⑤ 適，安適。
⑥ "功成之美"二句，成玄英疏："功在其美，故不可一其事迹也。"
⑦ 不论所以，不在采取什么形式。不选其具，不选酒具设施。
⑧ 恤，忧也。而恤于人，只考虑人事。
⑨ 禄禄，犹"碌碌"。禄禄而受变于俗，庸庸碌碌随世俗变迁。
⑩ 湛，通"沉"。湛于人为，沉溺于人事之浮伪。

孔子又再拜而起曰："今者丘得遇也，若天幸然。先生不羞而比之服役而身教之①，敢问舍所在，请因受业而卒学大道。"

客曰："吾闻之，可与往者与之②，至于妙道；不可与往者，不知其道，慎勿与之，身乃无咎③。子勉之，吾去子矣！吾去子矣！"乃刺船而去，延缘苇间④。

颜渊还车，子路授绥，孔子不顾，待水波定，不闻拏音而后敢乘⑤。

① 不羞，不以为耻。比之服役，比之服役人员。弟子也是服役者，故可以理解为比之弟子。而身教之，亲自教导。
② 往者，成玄英疏："从迷適悟为往也。"可与往者，犹言可以改造者。与之，给予教育。

③咎，过错。

④刺船，撑船。延缘苇间，缓缓进入芦苇之间。

⑤颜渊还车，颜渊将车子打转。授绥，授与上车的绳索。挐音，桨声。乘，乘车。前文只言子路子贡，并无颜渊；后段却撇开子贡，换上一个颜渊。随意拉差，首尾都不相顾。又，文中孔子自言六十九岁矣，则为鲁哀公十二年（前483），时颜渊早已于八年前魂归天上！

子路旁车而问曰①："由得为役久矣，未尝见夫子遇人如此其威也②，万乘之主，千乘之君，见夫子未尝不分庭伉礼，夫子犹有倨傲之容③。今渔父杖挐逆立，而夫子曲要磬折，言拜而应④，得无太甚乎？门人皆怪夫子矣，渔人何以得此乎？"

孔子伏轼而叹曰："甚矣由之难化也！湛于礼义有间矣，而朴鄙之心至今未去⑤。进，吾语汝！夫遇长不敬，失礼也；见贤不尊，不仁也。彼非至人，不能下人，下人不精，不得其真，故长伤身⑥。惜哉！不仁之于人也，祸莫大焉，而由独擅之⑦。且道者，万物之所由也，庶物失之者死，得之者生，为事逆之则败，顺之则成。故道之所在，圣人尊之。今渔父于道，可谓有矣，吾敢不敬乎！"

①旁（bàng）车，靠近车。子路趁孔子上车的时机发问，故旁车而问。

②为役，指为弟子。威，畏也，敬畏。

③"万乘"二句，周制天子兵车万乘，诸侯千乘，故以万乘称天子，千乘称诸侯。战国之世，大国诸侯亦称万乘。故"万乘之主，千乘之君"即大国之主，小国之君。分庭伉礼，古代接待客人，主人位置在东，客在西，相见时宾主相对行礼。此即指与国君平等相见，不为尊贵所屈。伉，对等。倨傲，高傲。

④磬，石制乐器，形状如人弯着身子。磬折，屈身恭敬之状。言拜而应，说话先拜然后回答。

⑤伏轼，扶着车轼。湛于礼义有间矣，沉浸于礼义已有很长时间。朴鄙，粗鄙。

⑥ "彼非至人"五句，谓如果彼非至人，就不能使人谦下；谦下而不精诚，就不能得道之真，不能得道之真，故很伤害身心。长，大也，重也。——人、真、身，古韵阳声真部；精，阳声耕部。

⑦ 独擅之，偏偏具有（不仁的祸患）。

★（一）《渔父》就其内容实质而论，和《盗跖》篇是同类作品。

盗跖接待孔子时"目如明星，髪上指冠"，"两展其足，案剑瞋目，声如乳虎"；渔父见到孔子时"须眉交白，被髪揄袂，行原以上，距陆而止，左手据膝，右手持颐以听"，两个形象的不同，恰好表现这两篇作品不同的特色。

盗跖剑拔弩张，狂呼怒吼，把主要是儒家也还包括其他学派歌颂的圣王贤士忠臣从古骂到今，全部加以否定。渔父则用一种外表安闲而内实倨傲的态度，集中训斥孔子。开始时对孔子总的评价是，"苦心劳形以危其真"。接着就指责他"上既无君侯有司之势而下无大臣职事之官，而擅饰礼乐，选人伦，以化齐民"，完全是"多事"。然后又提出所谓"人有八疵，事有四患"，表面上好像只是泛论，实则全面诋毁孔子的行为品格。之后又教训孔子要"谨修而身，慎守其真，还以物与人，则无所累矣。今不修之身而求之人，不亦外乎！"当孔子一再祈求向他求教时，他用一种高度蔑视的态度说"甚矣子之难悟也"，"惜哉，子之早湛于人伪而晚闻大道！"最后并说："可与往者与之，至于妙道；不可与往者，不知其道，慎勿与之"，"子勉之，吾去子矣！吾去子矣！"在渔父看来，孔子简直是孺子不可教也。

在丑化孔子方面，《渔父》和《盗跖》有异曲同工之"妙"。《盗跖》篇里的孔子战战兢兢，猥琐不堪；而在《渔父》篇里，孔子卑躬屈膝，自认卑下。无论是在盗跖还是在渔父面前，孔子唯一的表现就是乞哀而又再拜，再拜而又乞哀，一个十足的可怜虫。

丑化孔子是道家后学惯用的伎俩，因此《渔父》近似道家后学的作品。但文章宣扬的却并非道家思想。文章一再提到"守真""贵真"，这些貌似道家的概念。但他具体解释所谓"真"，却是"事亲则慈孝，事君则忠贞，饮酒则欢乐，处丧则悲哀。忠贞以功为主，饮酒以乐为主，处丧以哀为主，事亲以适为主"，教训儒家祖师归根到底用的却是儒家的观念，而并非道家思想。将"饮酒"与"事亲、事君、处丧"相提并论，逻辑也相当混乱。

（二）有些学者认为《庄子·渔父》与《楚辞·渔父》是同类作品。说它们有某种联系也未尝不可，至少里面都有一位刺船的渔父，论实质却大不相同。《楚辞》里的渔父表现了他"圣人不凝滞于物而能与世推移"的处世态度，他不以屈原"举世皆浊我独清，众人皆醉我独醒"的人生感受为然，但仍显得含蓄而高雅。而《庄子》里的渔父一副教训人的面孔，冷嘲热骂，而且表现的思想却很混乱。特别是《楚辞·渔父》虽不以屈原为然，却以反衬的手法突现了屈原崇高的人格；而《庄子·渔父》同《盗跖》一样，本来就是以蹂躏孔子的人格为目的：在文德上两者也不可同日而语。

（三）文中有些段落写得很好。如"人有畏影恶迹而去之走者，举足愈数而迹愈多，走愈疾而影不离身。自以为尚迟，疾走不休，绝力而死"，比喻十分精彩。又如："真者，精诚之至也。不精不诚，不能动人。故强哭者虽疾不哀，强怒者虽严不威，强亲者虽笑不和。真悲无声而哀，真怒未发而威，真亲不笑而和。真在内者，神动于外，是所以贵真也。"所论切实而深刻，发人之所未发。

（四）郭象《庄子注》，《让王》篇仅"舜以天下让其友北人无择"、"务光负石自投于庐水"、伯夷叔齐"北至首阳之山，遂饿而死焉"三节后有注，其他各节均无注。《盗跖》三章，仅每章末尾总结一注。《说剑》全篇无注。《渔父》仅篇末一注。这四篇注释方式与前此诸篇都不同，未必是郭象所注。

（五）宋真宗乾兴元年（1022）孔子第四十五代孙孔道辅于曲阜孔庙前筑坛，并植杏树，特命名"杏坛"。在孔子庙前筑一座来源于《渔父》篇中虚构的"杏坛"，到底是为了纪念孔子，还是纪念那位讽刺侮辱孔子极尽其能事的渔父？如果孔子的英灵来到这座坛上该作何感想！后世用"杏坛"设教作为孔子的功德者比比皆是，实极其荒诞。

# 列御寇第三十二

列御寇，以首章故事人物名篇。由十六节文字杂凑而成，或由故事引发议论，或只是短论，内容亦庞杂不一。

《列御寇》按其内容风格与《徐无鬼》《则阳》《外物》同类，应编在《外物》之后较为恰当。

本篇有四节庄子逸事："宋人有曹商者""人有见宋王者""或聘于庄子""庄子将死"，表现了庄子藐视富贵荣华不与统治者合作，逆旅两间遗落生死的人生态度；即使只是传说，体现的庄子精神却是真实的，是研究庄子的重要材料。

## （一）

列御寇之齐，中道而反，遇伯昏瞀人。

伯昏瞀人曰："奚方而反①？"

曰："吾惊焉。"

曰："恶乎惊？"

曰："吾尝食于十浆而五浆先馈②。"

伯昏瞀人曰："若是，则汝何为惊已③？"

曰："夫内诚不解，形谍成光，以外镇人心，使人轻乎贵老，而齑其所患④。夫浆人特为食羹之货，无多馀之赢，其为利也薄，其为权也轻，而犹若是，而况于万乘之主乎⑤！身劳于国而知尽于事，彼将任我以事而效我以功，吾是以惊⑥。"

伯昏瞀人曰："善哉观乎，汝处已，人将保女矣！⑦"

无几何而往，则户外之屦满矣⑧。伯昏瞀人北面而立，敦杖蹙之乎颐⑨。立有间，不言而出。

宾者以告列子，列子提屦，跣而走，暨乎门⑩，曰："先生既来，曾不发药乎⑪？"

曰："已矣，吾固告汝曰人将保汝，果保汝矣；非汝能使人保汝，而汝不能使人无保汝也⑫。而焉用之感豫出异也⑬，必且有感摇而本性，又无谓也⑭。与汝游者又莫汝告也，彼所小言，尽人毒也⑮。莫觉莫悟，何相孰也⑯！巧者劳而知者忧，无能者无所求⑰；饱食而敖游，汎若不系之舟，虚而敖游者也⑱。"

① 列御寇，已见《逍遥游》《应帝王》《至乐》《田子方》《让王》诸篇。伯昏瞀人，当即《人间世》篇伯昏无人，虚拟人名。奚方而反，何故反回。《易·复》"后不省方"王弼注："方，事也。"

② 浆，一种饮料，用水浸粟米制成的酸浆，又称米醋，至今北方犹制作饮用。馈，赠送。"吾尝"二句，成玄英疏："列子因行渴，于逆旅十家卖饮，而五家先遗。"

③ 已，通"矣"。

④ "夫内诚不解"五句：诚，犹情也，情欲。解，《释文》引"司马音懈"，实通"懈"，不懈，即固结于心。谍，"渫"之借字，发也。镇，成玄英疏："服也。"使人轻乎贵老，《释文》："谓重御寇过于老人。"《列子·黄帝篇》张湛注："使人轻而尊长之者，由其形谍成光故也。"而，且也。齑（jī），制作酱菜，故有酿造之意。齑其所患，犹言酿成祸患。五句是列御寇自我省察的话，谓内心的情欲不曾少懈，外表上散发成一种光耀，故可以镇服人心，使人对待自己超过尊贵的老人，这样将会带来祸患。（按，此五句颇为费解，古代注家解说纷繁。使人轻乎贵老，《释文》解作"谓重御寇过于老人"，勉可意会，却无法对原句作语法分析。特释于此，以待识者。）

⑤ 特为食羹之货，谓只是一种饮料。赢，本指盈利，此指成本。《集释》本无"无"字，王孝鱼据江南古藏本与文如海张君房本补。"夫浆人"六句，谓卖浆者不过经营一种饮料，没有多少成本，获利很少，更谈不上权势，尚且迷惑于我

的光耀而馈赠于我,何况万乘之君乎。

⑥知,通"智"。"身劳于国"三句,谓万乘之君身劳于国而智尽人事,(特别需要人为他分担忧劳),彼将任我以事而责我以功,(自然更加危险),吾是以惊。效,致也,验也,故解作责求。

⑦善哉观乎,谓列御寇观察深入。已,通"矣"。保,《释文》引"司马云:保,附也"。"女处已"二句,谓汝安然处之,人将归附汝矣。("女处已",王孝鱼校谓江南古藏本、李氏本俱音纪,则字当作"己",则句意谓汝安处自己,人将归附于汝,亦通。)

⑧无几何,没过多久。而往,伯昏瞀人至列御寇之所。户外之屦,客人升堂,脱屦于门外;户外之屦满矣,说明客人很多。

⑨敦,《释文》引司马云:"敦,竖也。"蹙,靠近。之,至也。敦杖蹙之乎颐,即以杖柱着下巴。成玄英疏:"以杖柱颐,听其言说。"

⑩宾,通宾客之人。跣(xiǎn),光着脚。《黄帝篇》作"徒跣"。列子闻讯,来不及穿鞋,提着鞋子,光着脚追上去。暨,至。

⑪曾不发药乎,乃不发药石之言乎。

⑫"而汝"之而,乃也。"吾固告汝"四句,谓我本来就告诉你人将归附于汝,果然归附汝矣;不是汝能使人归附汝,而是汝不能使人不归附汝。

⑬而焉用之感豫出异也:而,通"汝"。豫,愉也。句意谓汝何必用欢愉而表现与众不同。

⑭感摇,犹动摇。本性,《集释》本作"本才"。此从王孝鱼校引赵谏议本。"必且"二句,谓如此下去,必将动摇汝之本性,更没有意思。

⑮"彼所小言"二句,小言,犹巧佞之言。毒,害也。句意谓他们说的巧佞之言,都是害人的。

⑯孰,《释文》引郭嵩焘曰:"孰,审也。言莫之觉悟而终不自审也。"——毒、孰,古韵入声觉部。

⑰知,通"智"。"巧者劳"二句,谓巧者劳而智者忧,无能者既不运巧也不用智,无所求自亦无忧劳。

⑱汎，犹汎汎，漂流之貌。"饱食"三句承上"无能者无所求"而来，"无能者"实亦有道者，郭象注："夫无其能者，唯圣人耳。"饱食遨游，汎汎若不系之舟，虚静无为而自在逍遥。——忧、求、游、舟，古韵阴声幽部。

★道家主张韬光养晦，不要炫耀自己。为人所归附，为统治者所信任，并非幸事。列御寇自己了解这一点却不能幸免。此即《天运》篇所谓"使天下忘我难"。故伯昏瞀人教导他"巧者劳而知者忧，无能者无所求；饱食而敖游，汎若不系之舟，虚而敖游者也"。

这是道家的处世态度。表面上看，他们追求自由，不愿作"巧者劳而知者忧"的事，宁可是"无能者无所求，饱食而敖游"，骨子里实深浸着对乱世的恐惧。《论语·微子篇》桀溺曰："滔滔者天下皆是也，而谁以易之！"这话道出了问题的实质。

本章故事又见《列子·黄帝篇》。旨意与《人间世》篇相同，只是《人间世》深厚而本章语言艰涩，内容却较为浅易。

## （二）

郑人缓也呻吟裘氏之地。祇三年而缓为儒①，河润九里，泽及三族。使其弟墨②。儒墨相与辩，其父助翟③，十年而缓自杀。其父梦之曰："使而子为墨者予也④。阖胡尝视其良，既为秋柏之实矣⑤！"

夫造物者之报人也，不报其人而报其人之天。彼故使彼⑥。夫人以己有以异于人以贱其亲，齐人之井饮者相捽也⑦。故曰今之世皆缓也。自此，有德者以不知也，而况有道者乎⑧！古者谓之遁天之刑⑨。

圣人安其所安，不安其所不安；众人安其所不安，不安其所安⑩。

庄子曰："知道易，勿言难。知而不言，所以之天也；知而言之，所以之人也；古之至人，天而不人⑪。"

— 列御寇第三十二 —

① 缓，人名。呻吟，《释文》："谓吟咏学问之声也。"裘氏，地名。《释文》引"崔云：裘，儒服也"。儒服宽缓，裘亦儒服，由此知"缓、裘"皆带有象征意义。

② 三族，父族、母族、妻族。河润千里泽及三族，形容其惠泽广远。使其弟墨，使其弟从事墨家。

③ 其父助翟（dí），按，墨子名翟，此代指学墨者，即指其弟。

④ 而，通"汝"。而子，即"汝子"，亦即其弟。予，缓自称。梦中之缓称其父为"而"（汝），称其弟为"而子"（汝子），是荒谬而无礼的表现。

⑤ 阖胡，阖亦胡也。《释文》："阖，语助；胡，何也。"犹言何不。良，《释文》："良或作埌，音浪，冢也。"梦中缓谓其父，何曾去看看我的坟墓，墓上秋柏已经结实了。秋柏结实，说明为时已久，此缓指责他父亲没有去看他坟墓。

⑥ 造物，即自然。成玄英疏："造物者，自然之洪炉也。而造物者无物也，能造化万物，故曰造物也。"报，《玉篇》："酬也。"犹言给予，赋予。不报其人而报人之天，不赋予其人为而赋予其人之天性。彼故使彼，他本性使他如此。如缓之弟成为墨，其弟本有墨性，非缓使之然也。

⑦ 夫人，指缓也。相捽，相互厮打。"夫人"二句，《释文》："言穿井之人，为己有造泉之功而捽饮者，不知井之天然也。喻缓不知翟天然之墨而恣之。"意即此人自以为有以异于他人而轻侮其亲人，就像齐人挖出井来饮水以为绝对属于自己，因而发生争斗。井里本有水源才有水可饮，挖井者全归功于自己是荒谬的。

⑧ 自此，自以为是。不知，通"不智"。"故曰"四句，谓当今之世都是缓这样的人，自以为是，有德者以为是不智的，更何况有道者乎。

⑨ 遁，避也，引申为违背之意。句意谓古代叫作违背自然本性得到的刑罚。句已见《养生主》篇。

⑩ 所安，自然本分。所不安，人强为之者。"圣人"四句，谓圣人安于自然本分，而不安于强自为之；众人安于强自为之，而不安于自然本分。

⑪ 古之至人，《集释》本无"至"字，此从王孝鱼校据《阙误》引张君房本。"庄子曰"一段，谓知道容易，忘言却难。知而不言，所以进入自然；知而言之，所以走向人为；古之至人，强调人的自然本性而不赞成人为。——天、人，古韵

阳声真部。

★"郑人缓也"故事甚为荒诞。作者的旨意在于强调人有其自然本性而不在于人为,因此缓以为"使其弟墨"乃他的作用,是没有道理的。井必须是本有水源才有水可饮,而并非掘井者的功劳。

某些道家后学,强调人的自然本性,否认后天"积学之功",这种理论违背客观实际。郭象注曰:"缓自美其儒,谓已能有积学之功,不知其性之自然也。"成玄英疏曰:"夫物之智能,禀乎造化,非由从师而学成也。是知翟有墨性,不从缓得,缓言我教,不亦缪乎!"郭注成疏转述的是原作者的错误观点,却违背客观事实。"三年而缓成儒"是他"呻吟裘氏之地"才成为儒的;"使其弟墨"同样是学墨才墨的。"古之至人,天而不人"(即只强调天然本性而否认人为),是一种荒谬的理论,决不可能是生活真实。

掘井的比喻也可以分析。如果井没有水源,掘井者再卖力也是无水可饮的;但掘井毕竟还是费力的,绝对据为己有固然不对,但也不能完全抹杀掘井者的作用。

## (三)

朱泙漫学屠龙于支离益,单千金之家,三年技成而无所用其巧①。

圣人以必不必,故无兵;众人以不必必之,故多兵②;顺于兵,故行有求。兵,恃之则亡③。

小夫之知,不离苞苴竿牍,敝精神乎蹇浅,而欲兼济道物,太一形虚;若是者,迷惑于宇宙,形累不知太初④。彼至人者,归精神乎无始而甘冥乎无何有之乡⑤。水流乎无形,发泄乎太清⑥。悲哉乎,汝为知在毫毛而不知大宁⑦。

①朱泙漫、支离益,皆虚拟人名。单,"殚"之假借,尽也。费尽千金家产

学习屠龙，三年技成而无所用其巧技，因为世上无龙可屠。

②以必不必，郭象注："理虽必然，犹不必之。"成玄英疏："理虽必然，犹不固执。"兵，兵为争器，引申为纷争，争夺之意。以不必必之，郭象注："理虽未必，抑而必之。"成玄英疏："理不必尔，而固必之。"按注疏之意，"圣人以必不必"四句，谓圣人对即使按道理说可以做、可以争的东西也不做不争，故没有纷争；众人对即使可以不做可以不争的东西也强行去做强行去争，故总多争夺。（按，"以必不必""以不必必之"，很难索解，姑按注疏之说勉为解说，未必正确。）

③"顺于兵"四句，谓听顺纷争发展，则行有贪求；依恃纷争，则必然灭亡。

④小夫，犹匹夫，小人。知，通"智"。苞苴，赠送礼物的包裹。竿牍，即简牍，以竹简为书，以相慰问。此以"苞苴竿牍"代指交际应酬之琐细小事。蹇浅，凝滞浅薄。兼济道物，犹言普济群生。道，通导。太一形虚，即道之最高境界。太初，实亦指道的境界。"小夫之知"八句，谓匹夫之智，离不开应酬交际，劳敝精神于凝滞浅薄之事，却想要普济群生，达到太一形虚的境界；像这种情形，迷惑于宇宙之间，形体劳累而无法认识太初的妙境。成玄英疏："以蹇浅之知，而欲兼济群物，导达群生，望得虚空其形，合太一之玄道者，终不可也。此人迷于古今，形累于六合，何能照知太初之妙理耶！"——虚、初，古韵阴声鱼部。

⑤无始，道无所始。冥，冥合，通"瞑"。无始、无何有之乡，与下句"太清"，皆道之虚无境界。

⑥"水流"二句，如水流之无形，任其自然，而舒发于虚无之大道。

⑦知，通"智"。宁，安也。大宁，大道无为之理。"悲哉乎"句，悲悯世人智在毫毛而不闻大道。——形、清、宁，古韵阳声耕部。

★ 殚千金以学屠龙，技成无所用之，对于那种脱离实际的努力，是很好的教训。文章旨意却不在此。在作者看来，一切"以不必必之"即可以不做可以不争的事却偏要去做，强行去争，劳形敝体去追求琐细事务，皆属于"殚千金以学屠龙"之例。结论是"归精神乎无始而甘冥乎无何有之乡"才是至人，才不是"小夫"。这是道家后学的玄谈："归精神乎无始"，怎么归法？"甘冥乎无何有之乡"，无何有之乡在何处？这些空话，貌似高深莫测而实空洞无物，实在是一种更高级的比屠龙更屠龙的"绝技"！

## （四）

鲁哀公问乎颜阖曰："吾以仲尼为贞干，国其有瘳乎[①]？"

曰："殆哉圾乎[②]！仲尼方且饰羽而画，从事华辞，以支为旨[③]，忍性以视民而不知不信[④]，受乎心，宰乎神，夫何足以上民[⑤]！彼宜女与？予颐与？误而可矣[⑥]！今使民离实学伪，非所以视民也，为后世虑，不若休之，难治也[⑦]。"

[①] 颜阖，已见《人间世》《达生》《让王》诸篇。贞干，成玄英疏作"忠贞干济之德"。按，贞干，通"桢榦"。《书·费誓》"峙乃桢榦"，孔安国传："题曰桢，旁曰榦。"（题，两头。）为筑墙时所用木柱，竖于两端者叫桢，立于两旁者叫干；引申为骨干、栋梁之意。瘳（chōu），病愈，引申为救治之意。国其有瘳，犹言国犹可救治。

[②] 殆，危也。圾，通"岌"，亦危也。殆哉圾乎，犹言危而又危。

[③] 饰羽而画：而，如也。雕饰其羽毛，如同绘画。此比喻说法，形容仲尼极好文饰。从事华辞，从事虚华的文辞。以支为旨，王先谦曰："以支辞为正旨。"

[④] 忍性，矫饰情性。《荀子·非十二子》"忍情性"杨倞注："谓违矫其性也。"视，通"示"。句意谓仲尼矫饰情性以夸示于民，而不自知其不信实。

[⑤] 上民，处民之上，犹言治民。句意谓仲尼如此受之于心，主宰其神，何足以治民。——信、神、民，古韵阳声真部；心，阳声侵部。

[⑥] 彼，指仲尼。宜，适也。女，通"汝"，指哀公。与，疑问助词。予，此颜阖站在鲁国立场设词，犹言我鲁国。颐，安也。《大戴礼记·四代》"颐然"孔广森补注："颐，安也。"矣，疑问助词，犹"乎"。"彼宜女与"三句，谓仲尼之道

700

适宜于汝与？我鲁国会安与？必然误事而以为可吧！

⑦ 离实学伪，离朴实而学浮伪。非所以视民也，非所以昭示于民也。

⑧ "为后世虑"三句，谓为后世考虑，不如算了，这种人难办。

★ 本章假颜阖之口以否定孔子，罪名是爱好文饰，从事华辞，会使老百姓"离实学伪"，有害于国。

在《人间世》篇，颜阖欲傅卫灵公太子；在《让王》篇，颜阖不受鲁君币帛，不与鲁君谋面；而在本篇，颜阖却为鲁君出谋划策，给孔子加上虚浮离实的罪名，阻挠鲁君任用孔子。作者并非一人，各按自己的旨意去拉扯人物，故事中的人物形象也就并不一致。

## （五）

施于人而不忘，非天布也①；商贾不齿，虽以事齿之，神者弗齿②。

① 施，施与，施惠。"施于人"二句，谓施惠于人而不忘，则不是自然的布施。

② 齿，谈及，看重。不齿，即瞧不起。神，心神，犹言内心。者，犹则也。"商贾不齿"三句，谓对这种行为，商贾也在所不齿，虽偶或因事齿之，内心还是不齿他。

★本节文字，谓施惠于人，需真心实意，出乎自然。

## （六）

为外刑者，金与木也①；为内刑者，动与过也②。宵人之离外刑者，金木讯之；离内刑者，阴阳食之③。夫免乎外内之刑者，唯真人能之④。

① 外刑，体外的刑罚。金与木，并指刑具。郭象注："金，谓刀锯斧钺。木，谓捶楚桎梏。"

② 内刑，内心的刑罚。动，《左传》宣公十一年"陈人无动"，王引之《经义述闻》："动，惊惧也。"《素问》"故风胜则动"，王冰注："动，不宁也。"过，《广雅·释诂》："过，责也。"文中为自责之意，犹言悔恨。"为内刑者"二句，谓有过错，内心受到惩罚，惊惧不宁，悔恨莫及。

③ 宵，《礼记·学记》"宵雅肄三"，郑玄注："宵之言小也。"宵人，小人。离，遭受。金木讯之，受到使用刑具的讯问。阴阳食之，即阴阳不调而生病。"离内刑者"二句，谓内心受到惩罚，惊惧悔恨因而成病。

④ 免乎外内之刑，虚静无为，无欲无求，自然外不犯法，内无矛盾。故免于外内之刑者，唯有道真人能之。

★ 无为虚静，无欲无求，外不受刑罚之苦，内心无惊无悔，过平静的生活，这是道家者流追求的人生。

# （七）

孔子曰："凡人心险于山川，难于知天；天犹有春秋冬夏旦暮之期，人者厚貌深情①。故有貌愿而益②，有长若不肖③，有顺懁而达④，有坚而缦，有缓而釬⑤。故其就义若渴者，而去义若热⑥。故君子远使之而观其忠⑦，近使之而观其敬⑧，烦使之而观其能⑨，卒然问焉而观其知⑩，急与之期而观其信⑪，委之以财而观其仁⑫，告之以危而观其节⑬，醉之以酒而观其则⑭，杂之以处而观其色⑮。九征至，不肖人得矣⑯。"

— 列御寇第三十二 —

① 天犹有春秋冬夏旦暮之期，谓天时变化犹有规律可循，而人心叵测，故难于知天。厚貌深情，貌似宽厚而心实深沉。

② 愿，诚悫。益，《晋书·地理志上》引《春秋元命苞》："益之为言阨也。"险阨，险恶。有貌愿而益，有外貌诚悫而内心阴险。

③ 长，忠厚。若，而也。《老子》十三章"宠辱若惊"，《释文》引顾曰："若，犹而也。"有长若不肖，有貌似忠厚而实不肖。

④ 顺懁，李勉《庄子总论及分篇评注》："懁，与环通。环，圆。顺圆，谓圆顺随从。"达，通"滑"，亦通"猾"。《说文》"达"字段玉裁注："此与水部滑、泰字音义皆同。""乃古言也，训通达者今言也。"有顺懁而达，有外似圆顺而实狡猾。（成玄英疏谓"懁，急也"。按，顺与急不同类，不如李说顺当。又，"懁"字读音，《释文》："音环huán，又许沿反xuān。"释义不同，则读音亦异。又，"达"字注家多按常义训为通达或刚直，与原意正相反。）

⑤ 坚，坚定、坚实。缦，通"慢"，怠慢。缓，平缓、和缓。钎，急也。"有坚而缦"二句，谓看似坚定而实怠慢，外似平和而实躁急。成玄英疏："缦，缓也；钎（hàn），急也。自有形如坚固而实散慢，亦有外形宽缓心内躁急也。"郭象注："言人情貌之反有如此者。"——缦、钎，古韵阳声元部。

⑥ 就义若渴者，就义若急不可待；去义若热，去义唯恐不及。外部表现与实际行动正相反。热，火也。——渴、热，古韵入声月部。

⑦ 远使之而观其忠，远使则无所监督，可以考察其是否真正忠诚。

⑧ 近使之而观其敬，人相处近则容易随便，故近使之可以观察其是否保持恭敬。

⑨ 烦使之而观其能，凡事单一则比较容易，烦苛使之可以观其应变能力。

⑩ 卒，通"猝"，猝急。知，通"智"。卒然问焉以观其知，突然提问让他没有思想准备以观其智力。

⑪ 急与之期而观其信，期限紧急则难以兑现诺言，欲急与之期以观其信用。

⑫ 委之以财而观其仁，仁则不贪，多委以财物看其是否廉仁。——信、仁，古韵阳声真部。

⑬告之以危而观其节,危观之中最能见人节操,故告之危难以观其操节。

⑭醉之以酒而观其则,酒醉容易失态,故醉之以酒以观其仪则。则,《集释》作侧,此从陈希逸本。《释文》引"侧,或作则"。

⑮杂之以处,指男女杂处。男女杂处以观其操守。成玄英疏:"男女参居,贞操不易。"——节,古韵入声质部;则、色,入声职部。

⑯九征,九种考验手段。不肖人得矣,谁是不肖人就清楚了。

★(一)这段十足的阴谋言论,在前面加一个"孔子曰",孔子就成了十足的阴谋人物。捏造一段阴险至极的言论,然后强加给孔子;这是污辱孔子的另一种极其恶毒的手法。

作者把人心看得"险于山川,难于知天",一个个"厚貌深情";而且说"凡人"都如此。如果所有的人都如此险恶,这个世界还成个什么世界!如果一个人这样看这个世界,这个人又如何在这个世界上生存!

作者提出"君子"对待人的方式,必须是"远使之而观其忠,近使之而观其敬,烦使之而观其能,卒然问焉而观其知,急与之期而观其信,委之以财而观其仁,告之以危而观其节,醉之以酒而观其则,杂之以处而观其色"。如果那位"君子"这样对待他人,其人本身才真是"险于山川",谁还敢同他打交道!这是极端奸狡的权术家行为,这种作风与"仁者爱人"的孔夫子自无丝毫共同之处,而与主张虚静无为的老庄思想也风马牛不相及。

又,"人心险于山川"之说貌似荀子的"性恶"论,其实两者绝然不同。荀子论"性恶",指的是人生而好利,生而"疾恶",生而有耳目之欲;简而言之,即人生而有自然的欲望,与认为人心险恶有质的差别。更重要的是两者的用心不同。荀子认为人之性恶,所以需要教育。曰:"今人之性恶,必将待师法然后正。""圣王以人之性恶,以为偏险而不正,悖乱而不治,是以为之治礼义制法度,以矫饰人之情性而正之,以扰化人之情性而导之也;使皆出于治,合于道者也。"故荀子虽谓人之性恶,仍不失其仁人之心;而"人心险于山川"论者,谋划的是对人如何驾驭与控制,表现的是百分之百的权术和奸诈。

— 列御寇第三十二 —

（二）文中"故有貌愿而益，有长若不肖，有顺懁而达，有坚而缦，有缓而钎"五句，都是描述"人者厚貌深情"的（谓人都貌似忠厚而内心深险）。"益"为险陁之意。若，犹"而"也。达，滑也，滑头，狡猾。缦，通"慢"，怠慢。钎，急也，躁急。这些词义都较为独特。全文都从人心险恶立意。郭象曰："言人情貌之反有如此者。"理解甚为透彻。注家或对"益""若""达"等词按常义训释，则与原意不符甚至完全相反。差以毫厘，失之千里。注中已分别详加训解，因极为特殊，故特别加以说明。

# （八）

正考父一命而伛，再命而偻，三命而俯，循墙而走，孰敢不轨[①]？如而夫者，一命而吕钜，再命而于车上舞，三命而名诸父，孰协唐许[②]？

[①] 正考父，宋湣公玄孙，弗父何之曾孙，宋卿，先后辅佐宋戴公、宋武公、宋宣公三代，孔子即其十世孙。《释文》："公士一命，大夫再命，卿三命。"伛、偻、俯，都是曲身恭敬之貌，三者程度有别。循墙而走，不敢走中间，故缘墙而走，也表示恭敬。五句谓正考父为士，为大夫，为卿，当他地位愈来愈高，而态度愈益敬慎。如此谦恭卑退，谁还敢有不轨的行为。按，《左传》昭公七年，孟僖子将死，以后事遗嘱其大夫，要他们师事孔子因而论及孔子先祖正考父，曰："及正考父，佐戴、武、宣，三命兹益共。故其鼎铭曰：'一命而偻，再命而伛，三命而俯。循墙而走，亦莫余敢侮。饘于是，鬻于是，以餬余口。'其共也如是。"可知"一命"云云，出自正考父鼎铭。按，宋戴公即位于西周宣王二十九年，在位三十四年（前799—前766），中经武公十八年（前765—前748），至宣公在位十九年（前747—前729），知正考父仕宋长达半个多世纪，其时下距庄子已四百余年，而此文之作更晚。——伛、偻、俯、走，古韵阴声侯部；轨，阴声幽部。

② 而夫，郭象注："谓凡夫也。"成玄英疏："鄙夫也。"犹言现在的统治者。吕钜，通"旅拒""旅距"，叠韵联绵词，骄矜跋扈之貌。《后汉书·马援传》"黠羌欲旅距，此乃太守事耳"李贤注："旅距，不从之貌。"《周书·异域传》："强则旅拒，弱则稽服。"于车上舞，只在车上耀武扬威。诸父，伯父叔父之类。名诸父，直呼伯父叔父之名，是极不礼貌的行为。协，同也。唐许，唐尧与许由，都以谦让闻名。"如而夫"诸句，谓像现在那些统治者。一命为士就骄矜自大，再命为大夫就车上挥舞，三命为卿对叔伯诸父即直呼其名，谁还具有唐尧许由的风格。——钜、舞、父、许，古韵阴声鱼部。

★本节引用正考父鼎铭，赞扬正考父谦恭卑退，故为人所敬重，与一般得意忘形的小人，一旦取得高位即趾高气扬，两者形成鲜明对比。按，此儒家规范，与道家无涉。

# （九）

贼莫大于德有心而心有睫，及其有睫也而内视，内视而败矣①。

① 贼，害。德有心，为德而有心，即有心为德，不是出乎自然。睫，眼睫毛。睫毛是防护眼睛的，"心有睫"是比喻说法，谓心常戒备。内视，内观自己的想法。"及其有睫也而内视"，带着戒备的心境去观察自己的想法，自会疑虑重重，故曰"内视而败矣"。

★本节文字反对有心为德。有心为德者即使省察自己也会忧患重重。正确的态度应该是，"为德"而无心于为德。郭象注曰："有心于为德，非真德也。夫真德者，忽然自得而不知所以德也。"

## (一〇)

凶德有五，中德为首①。何谓中德？中德也者，有以自好也而吡其所不为者也②。

①"凶德有五"二句，成玄英疏："谓心耳眼舌鼻也。曰此五根，祸因此得，谓凶德也。五根祸主，中德为心也。"

②有以自好，即自以为好、自以为是。吡，郭象注："吡，訾也。"疑字本作"呲"，即"呰"，亦通"訾"，诋毁。成玄英疏："用心中所好者自以为是，不同己为者訾而非之。以心中自以为得，故曰中德。"

★凡自以为是者总会诋毁不与己同者，文章称为"中德"。德者得也，即心中自以为得。

"凶德有五，中德为首"，原文无任何解释。成玄英之疏解，或别有所据；若无注疏，则所谓"凶德""中德"，很难索解。

## (一一)

穷有八极，达有三必，形有六府①。美、髯、长、大、壮、丽、勇、敢，八者俱过人也，因以是穷②。缘循、偃佒、困畏，不若人，三者俱通达③。知慧外通，勇动多怨，仁义多责，六者所以相形也④。达生之情者傀，达于知者肖⑤，达大命者随，达小命者遭⑥。

①穷，穷困，穷阸。极，极端。达，通达。必，必然。形，通"刑"，危害。《国语·越语下》"杂受其刑"，韦昭注："刑，害也。"府，聚也。八极、三必、六府，并在下文。

②八极,成玄英疏:"美,恣媚也。髯,髭鬓也。长,高也。大,粗大也。壮,多力。丽,妍华。勇,猛。敢,果决也。"八者都属优越,依恃这种优越,就会走向反面,陷于穷困。郭象注:"穷于受役也。然天下未曾穷于所短,而恒以所长自困。"

③缘循,成玄英疏:"循,顺也。缘物顺他,不能自立也。"偃佒,成玄英疏:"仰首不能俯执也。"《集释》引郭嵩焘曰:"疑偃佒当为偃仰,犹言俯仰随人也。"困畏,成玄英疏:"困苦怯惧也。"不若人,不如他人。三者皆不利因素,自知不利,则会慎重从事,故反而通达。通达,顺利之意。成玄英疏:"有此三事不如恒人,所在通达也。"

④知,通"智"。知慧外通,既智且慧,显露于外,则招惹是非。勇动多怨,既勇好动,以强凌人,必多怨府。仁义多责,自以为既仁且义,则对人多所责难。"六者所以相形也",《集释》本无此句,此从王孝鱼校据《阙误》引刘得一本。按,应有此一句。"八者俱过人也"、"三者俱通达"、"六者所以相形也",三句与前文"穷有八极,达有三必,形有六府"相应。六者,知与慧、勇与动、仁与义也。相形,犹言相互造成。人有此六者,显露才能,造成怨府,多所责难,所以成为危害。

⑤达,通达,犹言致力于。情,性也,犹言本性。傀(guī),伟也,大也。肖,小也。"达生"二句,谓致力于生命自然之本性者伟大,致力于智巧者渺小。

⑥"达大命"二句:王先谦曰:"大命,谓天命之精微。""小命,谓人各有命。"随,随顺,指随顺自然。遭,遇也,犹言相碰。道家把个体生命作为道生万物的一个环节,"天地与我并生,万物与我为一",故不斤斤计较个人的生命。二句意谓致力于天命之精微者随顺自然,不计较个人的生死;致力于个体生命者会发生撞碰,碰在生死的大关上。(按,何谓大命,何谓小命,原文并未说明,姑从王先谦说。成玄英疏曰:"大命,大年也",如彭祖寿考;"小命,小年也",如殇子促龄。所说并无根据,且与文意不符。)——肖,古韵阴声宵部;遭,阴声幽部。

— 列御寇第三十二 —

★本节文字,谓人如有最优越的条件,恃其优越,就可能走向反面。而不利的因素,自知不利,则会慎重从事,故反而通达。人如果显露才华,造成怨府,多所责难,必然给自己带来危害。所论具有辩证因素。文章最后归结到致力于生命的自然之本性者伟大,致力于智巧者渺小;致力于天命之精微者自然随顺,而致力于个体生命者会处处碰撞:回到道家的轨范。

## (一二)

宋人有曹商者,为宋王使秦①。其往也,得车数乘;王说之,益车百乘②。反于宋,见庄子曰:"夫处穷闾阨巷,困窘织屦,槁项黄馘者③,商之所短也;一悟万乘之主而从车百乘者,商之所长也。"

庄子曰:"秦王有病召医,破痈溃痤者得车一乘,舐痔者得车五乘④;所治愈下,得车愈多。子岂治其痔邪,何得车之多也?子行矣!"

① 曹商,姓曹名商。宋王,《释文》引"司马云:偃王也"。按,宋君偃于周显王四十一年(前328)即位,立十一年称王,周赧王二十九年(前286)为齐所灭,宋亡。宋国只有偃自称王,故司马彪推断为偃王。亦由此可以推知宋王偃之时庄子尚在。

② "其往也"四句,谓曹商每一次使秦得车数乘,有一次秦王高兴了,一次增加至车百乘。

③ 穷闾阨巷,贫寒的居室,狭窄的里巷。屦,草鞋。馘(xù),脸。

④ 痈(yōng),恶性脓疮。痤(cuó),疖疮。舐(shì),舔。痔,痔疮。

★曹商故事刻画了得到统治者恩赐而得意忘形者的丑态,庄子的讥讽滑稽而辛辣。

《史记·宋微子世家》,宋王偃四十七年(前282),"齐湣王与魏楚伐宋,杀王偃，遂灭宋而三分其地"。《六国年表》谓宋亡于王偃四十三年（前286），现代学术界即以此年为庄子卒年的下限。曹商谓"夫处穷闾陋巷，困窘织屦，槁项黄馘者"，显系嘲讽庄子，由此可知庄子晚年生活何等穷困；而面对洋洋得意的势利之徒，老迈的哲人丝毫不减其讽刺的锋芒。

## （一三）

人有见宋王者，锡车十乘，以其十乘骄穉庄子①。

庄子曰："河上有家贫恃纬萧而食者，其子没于渊，得千金之珠②。其父谓其子曰：'取石来锻之！夫千金之珠，必在九重之渊而骊龙颔下③，子能得珠者，必遭其睡也。使骊龙而寤，子尚奚微之有哉④！'今宋国之深，非直九重之渊也⑤；宋王之猛，非直骊龙也；子能得车者，必遭其睡也。使宋王而寤，子为齑粉矣⑥。"

① 锡，赐予。骄穉（zhì），骄矜夸耀。郭庆藩曰："穉亦骄也。"引《集韵》："穉，陈尼切，自骄矜也。"

② 纬，编织。萧，芦苇。纬萧，编织芦蓆。没，潜入。渊，深渊。

③ 锻，打碎。九重之渊，极言渊之深。骊龙，黑龙。颔（hàn），下巴。

④ 微，小也。子尚奚微之有哉，汝还有任何微小的一点吗，谓必被骊龙整个吃掉。

⑤ 非直，不只是。齑粉，粉碎，犹言粉身碎骨。句意谓宋王在浑糊状态下赐予车乘，当他清醒之时就会给予惩处。

★此与曹商故事性质相同，或就是同一故事的不同版本。庄子对曹商的嘲讽甚为辛辣，对这位得车者只是给予警告。两章中庄子之言，优劣悬殊。"破痈""舐痔"之喻，令人难堪，也过于刻劣。"取石"锻珠之喻，则忠厚诚挚，而且非常正确。

## （一四）

或聘于庄子①。庄子应其使曰："子见夫牺牛乎②？衣以文绣，食以刍菽，及其牵而入于大庙，虽欲为孤犊，其可得乎③？"

① 或，某国国君，《史记》本传作楚威王。

② 牺牛，祭祀用牛。成玄英疏："牺，养也。君王预前三月养牛祭宗庙曰牺也。"

③ 衣，此指披在牛身上。文绣，锦绣。刍菽，草与豆。大庙，即太庙，祖庙。牛牵进入太庙即杀以作为牺牲。孤犊，不被人看重的牛犊。

★此与《秋水》篇"庄子钓于濮水，楚王使大夫二人往先焉"是同类故事，司马迁以之写入庄子本传。同一内容而有不同形态正说明它的传说性质，其表现庄子藐视富贵荣华不与统治者合作的人生态度是一致的。

## （一五）

庄子将死，弟子欲厚葬之。

庄子曰："吾以天地为棺椁，以日月为连璧，星辰为珠玑，万物为赍送；吾葬具岂不备邪，何以加此①！"

弟子曰："吾恐乌鸢之食夫子也②。"

庄子曰："在上为乌鸢食，在下为蝼蚁食③，夺彼与此，何其偏也！"

① 棺椁，内棺外椁。连璧，相连的玉璧。珠玑，圆者为珠，不圆者为玑。古人常以珠玉之类贵重物品殉葬，故庄子提到"以日月为连璧，星辰为珠玑"。赍送，丧仪。葬具，丧葬之具。备，全备。郭象注："庄子妙达玄道，逆旅形骸，故棺

椁天地，炉冶两仪，珠玑星辰，变化三景，资送备矣。门人厚葬，深乖造物也。"

②乌鸢，乌鸦老鹰之类。

③蝼蚁，泛指虫蚁。《慧琳音义》卷三十七："蝼蚁，俗呼总名蚁。一云：大曰蝼，小曰蚁。"

★"庄子将死"故事，表现了庄子一生死、等寿夭的人生观。"適来夫子时也，適去夫子顺也，安时而处顺，哀乐不能入也。"逆旅两间，为乌鸢食还是为蝼蚁食都是无所谓的事。

从前西藏某些地方有天葬的习俗，人死后将遗体放在高山顶上让鹰鹫啄食，与本段文字描述的"以天地为棺椁，以日月为联璧，星辰为珠玑"，"在上为乌鸢食"非常相似。庄子的话必有事实为根据，或许古代中原地区也有天葬的方式。

## （一六）

以不平平，其平也不平；以不征征，其征也不征①。明者唯为之使，神者征之②。夫明之不胜神也久矣，而愚者恃其所见入于人，其功外也，不亦悲乎③！

①征，郭象注："应也。"犹言应付，对付。"以不平平"四句，谓以不平的观念来求平，这种平仍然是不平的。以不可应付的方式来应付事物，这种应付还是不能应付的。郭象注："不因万物之自应而欲以其所见应之，则必有不合矣。"

②明者，运用智巧者，有心应物者。神者，任其自然者，无心应物者。"明者"二句，谓运用智巧者只能为物所役，任其自然则终能应物。明者施用人力，神者任其自然，而事物最终还是按照其自身逻辑发展。

③明之不胜神，运用智巧者不胜任其自然者。恃其所见，即运用其智巧。入于人，沉溺于人事。外，远也，疏也。其功外也，谓其功疏远，亦即没有功效。

# 天下第三十三

天下，以开篇二字名篇。

《天下》篇是古代评论先秦学派的重要论文，与荀卿《非十二子》、韩非《显学》相比，内容风格都各有特点。荀韩重在申述自己的观点，批判相当尖锐；《天下》篇则有贬有褒，还保存了被评论者的若干佚说。

文章总论战国之世"方术"发展的概况之后，依次对墨翟禽滑釐、宋钘尹文、彭蒙田骈慎到、关尹老聃和庄周，进行了评论。作者对所评论的家数作了分析，即使对他所反对者也有所肯定，与孟子荀子韩非对他人总是全盘否定者不同。

作者显然以道家为主体，所以对关尹老聃和庄周都有很高的评价，但并不否定儒家。虽然文章没有直接对孔孟进行评论，但对儒家的仁义礼乐，对儒家的经典都予以肯定；这与《庄子》全书其他作者完全不同。

文章提到"内圣外王之道"，（虽然只是简单提到），把"明道德"与"经世务"统一起来，具有重要的意义。

文章对庄周也采取客观的态度进行评论。郭象曰："庄子通以平意说己，与说他人无异也。"是郭象以《庄子》全书包括《天下》篇皆为庄子所作，这是后世以《天下》篇为庄子"自叙"说的源头。《天下》篇非庄子所作，其写作时间最早也到了战国末年或西汉之初；以道家为主体融合儒家已与汉初政治思想基本一致。

《天下》篇最后评介惠施，评论的方式与对前几家都不同，实为独立的一篇，是了解和研究惠施极其珍贵的资料。尽管作者对惠施只有批判和否定，我们仍可窥见惠施学说的概貌。

## （一）

天下之治方术者多矣，皆以其有，为不可以加矣[①]。古之所谓道术者，果恶乎在？曰：无乎不在[②]。曰：神何由降？明何由出？圣有所生，王有所成，皆原于一[③]。

[①] 方术，成玄英疏："方，道也。"据成疏，则方术即道术。然下文有道术，道术当高于方术。方术当为一方之术，某一方面的学说。有，具有；指具有的方术，具有的学说。（郭象注："以其有为，则真为也。"郭氏以"有为"连读，句读有误。正确句读应是"各以其有，为不可以加矣"，意即各以其具有的方术为无以复加。

[②] 道术，大道之术，论述大道的学说。当高于所有的方术。果，究竟。恶（wū），何。问古之所谓道术果何所在，回答是无所不在。

[③] 神，明，指认识宇宙造化之灵妙的两个层次，神则任其自然，无心应物；明则运用智慧，有心应物。任其自然，无心应物者，圣也；运用智慧，有心应物者，王也。降，犹言产生。一，道也。"神何由降"五句，谓神何由产生，使圣有所生？明何由发出，使王有所成？回答是，"皆原于一"，即皆原于道。

★此《天下》篇首章第一段。《天下》篇论述"古之道术"而传于战国之世者，故文中主要五段都有"古之道术有在于是者，某某闻其风而悦之"的话。

所谓"天下之治方术者"指战国后期百家之说——文章即使作于秦汉之际，所谓"天下"仍指战国后期——"天下之治方术者"与"古之所谓道术者"相对。作者是一位"内圣外王之道"的学者（详后）。他以道家哲学为主体，而融入儒家思想；主倡前者，而不排斥后者，故"圣有所生，王有所成"并提，而归结为"皆原于一"即皆原于道。

不离于宗，谓之天人。不离于精，谓之神人。不离于真，谓之至人。

— 天下第三十三 —

以天为宗，以德为本，以道为门，兆于变化！谓之圣人①。以仁为恩，以义为理，以礼为行，以乐为和，薰然慈仁，谓之君子②。以法为分，以名为表，以参为验，以稽为决，其数一二三四是也，百官以此相齿③。以事为常，以衣食为主，蕃息畜藏，老弱孤寡为意，皆有以养，民之理也④。

① 宗，本根。精，精微。真，真朴。按，三者都指道之本原，实无本质区别。"以天为宗，以德为本，以道为门，兆于变化，谓之圣人"，成玄英疏："以自然为宗，上德为本，玄道为门，观于机兆，随物变化者，谓之圣人。"上述天人、神人、至人、圣人，为修道者的四个层次，亦无本质区别。郭象注："凡此四名，一人耳，所自言之异。"成玄英疏："已上四人，只是一耳，随其功用，故有四名也。"

② "以仁为恩"六句：仁，仁爱，以仁施行恩惠。义，事之宜也，以义建立条理。礼，仪则，以礼规范行为。乐，音乐，感人情者也，以乐调和情性。薰然，温馨貌。有此四者，薰然慈仁，谓之君子。

③ 法，法度。分，辨也，别也。以法为分，按法度辨别是非，犹《楚辞·惜往日》之"明法度之嫌疑"。名，名号。表，标也，标准。以名为表，以名号作为办事的标准，即循名责实之意。参，参校。验，验证。以参为验，多方参校以为验证，犹《惜往日》之"参验以考实"。稽，考也。决，判断。以稽为决，考实而后作出判断。其，犹"如"也。其数一二三四是也，谓处事条理如数之一二三四，言其清楚明白。百官，各种官吏。齿，列也。以此相齿，以此相序列，即按序列办事，各司其职。

④ 事，指生活事务。常，常务。蕃息畜藏，蕃衍，生息，蓄积，储藏。为意，犹为念，作为关注之事。（王孝鱼校谓高山寺本无"为意"二字。无此二字文意更顺，有此二字亦通。）皆有以养，皆有所供养，民之理也，此百姓之事。理，事也。

★首章第二段将天下人分为七个档次：天人、神人、至人、圣人、君子、百官和民。天人、神人、至人、圣人,为道家理念中修养之最高者;而"仁、义、礼、乐"为儒家理念,"以仁为恩,以义为理,以礼为行,以乐为和"之君子,则为经世之统治者。"以法为分,以名为表,以参为验,以稽为决"为法家理念。掌握此四者的百官则为从事具体管理事务的官员。最下则为民,即以谋求生活为务的百姓。此即作者"内圣外王之道"亦即以道家哲学为主导融合儒法思想来构筑整个社会的典型表述。

古之人其备乎①!配神明,醇天地,育万物,和天下,泽及百姓;明于本数,系于末度,六通四辟,小大精粗,其运无乎不在②。其明而在数度者,旧法世传之史尚多有之③。其在于诗书礼乐者,邹鲁之士搢绅先生多能明之④。诗以道志,书以道事,礼以道行,乐以道和,易以道阴阳,春秋以道名分⑤。其数散于天下而设于中国者,百家之学时或称而道之⑥。

①备,完备。
②配,合也。醇,章炳麟《庄子解故》:"醇,借为准。"犹言取法。本数,犹本原,指道之根本。末度,犹末节,法度名分之类。六通,就空间言,指上下四方;四辟,就时间言,指春夏秋冬。辟,开也,通也。六通四辟,谓对空间时间尽皆通晓。语又见《天道》篇,参见该篇注。小大精粗,概指各种事物。运,运化。"配神明"十句,谓古之人配合神明,取法天地,化育万物,和济天下,恩泽施于百姓,明于道之根本,维系道之末节,通晓空间时间及事物之小大精粗,参与运化而无所不在。此指道家天人、神人、至人、圣人的修养。
③数度,即上文之本数末度,指道之本原与具体法度。"其明而在数度者"二句,谓古之道术明于道之本原与具体法度,古旧相传之史籍尚多有之。
④邹鲁,邹为孟子家乡,鲁为孔子故国。搢,插也,特指插笏。绅,大带。搢绅,插笏于大带成为儒士形象的特征,故搢绅先生即指儒士,也指士大夫。"其在于诗书礼乐者"二句,谓古代体现在诗书礼乐者,邹鲁地区的儒士大多能够通晓。
⑤"诗以道志"六句:道,达也,通也。句意谓诗表达性情,书记述世事,

716

礼规范行为，乐怡养精神，易通达阴阳，春秋以正名分。按，此皆儒家学说。

⑥数，即前文之"数度"，亦即天下之方术。"其数散于天下"二句，谓方术散布于天下而施于中国者，百家之说时有称而道之。

★（一）首章第三段"配神明，醇天地，育万物，和天下，泽及百姓"。其参预运化而无所不在，明著于"旧法世传之史"；其体现于诗书礼乐者邹鲁之士搢绅先生多能明之，其"数"散布于天下而施于中国者，百家之学时或称而道之。"其数散于天下"成为百家之说，故下文云"道德不一，天下多得一察焉以自好"。

（二）"诗以道志，书以道事，礼以道行，乐以道和，易以道阴阳，春秋以道名分"六句，马叙伦《庄子义正》谓此六句"疑古注文，传写误为正文"。马说可供参考，然亦只备一说，并非定论。前文"诗书礼乐"概而言之，实亦包括易与春秋。之后点明六经基本内涵。结尾"其数散于天下"之"数"，即上句之"道志、道事、道行、道和、道阴阳、道名分"，衔接紧密，并无不当。马叙伦只是"疑"而已，陈鼓应即将此六句删去，极为错误。注释者有权提出自己的见解，怀疑否定都可以，但要言之成理。如果没有足够的根据，绝对无权擅自增加，更无权随意删去。陈鼓应自己没有主见，只要有人怀疑，他就径自删去。这种行为，他的书中，屡见不鲜。

天下大乱，贤圣不明，道德不一，天下多得一察焉以自好①。譬如耳目鼻口，皆有所明，不能相通②。犹百家众技也，皆有所长，时有所用③。虽然，不该不徧，一曲之士也④。判天地之美，析万物之理，察古人之全，寡能备于天地之美，称神明之容⑤。是故内圣外王之道，闇而不明，郁而不发，天下之人各为其所欲焉以自为方⑥。悲夫，百家往而不反，必不合矣⑦！后世之学者，不幸不见天地之纯，古人之大体，道术将为天下裂⑧。

①"天下大乱"四句，谓战国之世，天下纷争，贤圣之道不明，异端蜂起，故道德不一，天下各家各派大多察其一端而自以为善。"得一察焉以自好"者就是

方术。

②"譬如"二句，谓天下之人各察其一端，譬如耳目鼻口，皆有明确的功能，而不能相通。（此比喻不甚贴切。）

③"犹百家众技也"三句，谓各种学说如百家众技，各有所长，时有所用。

④不该，不兼备。不偏，不全面。一曲，犹一隅。一曲之士，即上文之"得一察焉以自好者"。

⑤判，分也，犹言割裂。析，亦分也，犹言离析。察，别也，犹言分散。"判、析、察"，词义都相近。寡，少也。备，兼备，全备。称，相称。称神明之容，与神明之容相称。"判天地之美"五句，谓一曲之士，割裂天地之完美，离析万物之常理，分散古人之全德，很少能备天地之美质，称神明之仪容。

⑥内圣外王，圣者修道德，王者经世务；内圣外王之道，即内修道德而外经营世务。闇，昏暗。郁，阴郁。"是故"四句，谓天下大乱，贤圣不明，所以内圣外王之道昏暗不明，阴郁不发，天下之人各尽其所欲而自为方术。"天下之人"指百家众技一曲之士。

⑦"百家往而不反"二句，谓百家各自发展，不可复收，必定互相矛盾，不能一致。

⑧将，犹"乃"也。道术将为天下裂，谓古人纯美之道术乃为百家众技所割裂，因而出现了百家争鸣。

★首章第四段，谓战国时代，"天下大乱，贤圣不明，道德不一，天下多得一察焉以自好"。"是故内圣外王之道，闇而不明，郁而不发，天下之人各为其所欲焉以自为方"。如此，"道术将为天下裂"。后面的四章即对道术"为天下裂"之数家进行评析。

文章提出"内圣外王之道"。所谓"内圣外王"，圣者修道德，王者经世务；内圣外王之道，即内修道德而外经世务。道家大师，老子其实是经营世务的，整部《老子》都在为"侯王"出谋画策，但他的策谋是试图以"无为而无不为"的政治，实现其"小国寡民"的社会理想。庄子是反对经营世务的，宁"曳尾泥涂"

也不与统治者合作。《天下》篇的作者则以"内圣外王之道",将修道德与经世务统一起来。他以道家为主导,而融合儒家思想。明确提出"以仁为恩,以义为理,以礼为行,以乐为和",都是儒家理念。而为官处事,要"以法为分,以名为表,以参为验,以稽为决",这就融入了法家思想。

文章没有专章评论儒家,也没有点孔孟的名字,但以赞扬的语气论及"其在于诗书礼乐者,邹鲁之士搢绅先生多能明之"。这在《庄子》书中前此三十二篇是绝对没有的。文章以精湛的语言论及六经,谓"诗以道志,书以道事,礼以道行,乐以道和,易以道阴阳,春秋以道名分"。《荀子·儒效篇》云:"诗言是其志也,书言是其事也,礼言是其行也,乐言是其和也,春秋言是其微也。"荀子没有提到易,除此以外,对五经的顺序及其意义与《天下》篇基本相同。可知《天下》篇之作当在荀子之后。《史记·太史公自序》曰:"是故礼以节人,乐以发和,书以道事,诗以达意,易以道化,春秋以道义。"叙述六经的顺序虽与《天下》篇稍有不同,对六经大义的解释则非常相近。可知《天下》篇作者对儒家学说有系统而深切的理解。

整部《庄子》前三十二篇,特别是外、杂篇,以儒家为主要攻击目标,无所不用其极(个别章节参杂有儒学内涵属于例外),唯独《天下》篇不抨击儒家,而提出"圣有所生,王有所成","内圣外王",是汉初兼用儒道在思想领域的重要过渡。由此也说明《庄子》的编定当在西汉之初。"内圣外王"为中国封建社会无数知识分子处理从政治国与修心养性的矛盾提供了圭臬,后世所谓"外儒内道"即原于此,影响所及,达两千多年之久。

# (二)

不侈于后世,不靡于万物,不晖于数度,以绳墨自矫而备世之急[①],古之道术有在于是者,墨翟禽滑釐闻其风而说之[②]。为之大过,已之大循[③]。作为《非乐》[④],命之曰《节用》[⑤];生不歌[⑥],死无服[⑦]。墨子泛爱兼利而非斗⑧，其道不怒⑨；又好学而博⑩，不异。不与先王同，毁古之礼乐⑪。

①侈，奢也。靡，靡费，耗费。晖，炫耀。数度，此处犹言礼数法度。绳墨，喻严格的规矩。矫，用强力使曲木变直，引申而有约束之义。自矫，自我约束。郭象注为"厉也"，亦引申之义，砥厉。自矫，自我砥厉，亦通。备，应付。急，急需。"不侈"四句，谓不以奢侈影响后世，不靡费万物，不炫耀礼数法度，以严格的行为规范约束自己，以应付社会之急难。四句概括墨家特色。友人储庭焕曰："侈，奢也。靡，费也。晖，明也，犹言炫耀。不侈于后世，于后世不奢求，不图名也。不靡于万物，于万物不靡费，不图利也。不晖于数度，于礼数法度不炫耀，不表现自身也。墨家不图名，不图利，不自我炫耀，严格自律，重在解决当时之急难，故曰'以绳墨自矫而备世之急'。"储君之说，简捷明了。

②古之道术有在于是者，谓古之道术有在这一方面者（说明此并非道术之全体，属于"多得一察焉以自好"者），指上述"不侈于后世"诸端。墨翟，即墨子，墨家创始者；鲁国人，曾为宋国大夫。禽滑釐，墨子弟子。见于《墨子·公输》。《释文》："滑，音骨，又户八反。釐，力之反，又音熙。"

③"为之大过"主语为墨翟禽滑釐，承上省略。（后面各段类此句法皆同。）为，行也。"大过、大循"之大，同"太"。已，通"以"，用也。大循，林云铭《庄子因》："一作大顺，犹太甚也。"王孝鱼校引世德堂本作大顺，循顺二字义通。已之大循，即用之太甚，与"为之大过"同义。"为之大过"二句，谓墨家对他们的信念信条行之太过，用之太甚。

④非乐，墨子反对音乐享受。作《非乐》，今本《墨子》存《非乐》上篇。其言曰："子墨子之所以非乐者，非以大钟鸣鼓琴瑟竽笙之声以为不乐也，非以刻镂文章之色以为不美也，非以犓豢煎炙之味以为不甘也，非以高台厚榭邃宇之居以为不安也。虽身知其安也，口知其甘也，目知其美也，耳知其乐也，然上考之不中圣王之事，下度之不中万民之利，是故子墨子曰：为乐非也。"又曰："民有三患：饥者不得食，寒者不得衣，劳者不得息；三者，民之巨患也。然即当为之撞巨钟，击鸣鼓，弹琴瑟，吹竽笙，而扬干戚，民衣食之财，将安可得乎？"（然

即，通"然则"。)"是故子墨子曰：为乐非也。"墨子虽曰"非乐"，实反对各种过分的物欲享受。

⑤节用，墨子反对各诸侯国统治者骄奢淫佚，主张节约用度，凡不利于实用、无益于百姓之事皆不用。今本《墨子》有《节用》上中下三篇。《节用》上篇曰："去无用之费，圣王之道，天下之大利也。"《节用》下篇曰：宫室、衣服、饮食、舟车与蓄私，"凡此五者，圣人之所俭节也，小人之所淫佚也。俭节则昌，淫佚则亡。此五者不可不节。"

⑥生不歌，生不歌唱，包括各种音乐享受，即"非乐"之意。

⑦死无服，成玄英疏："谓无衣衾棺椁等资葬之服，言其穷俭惜费也。"墨子主张节葬，反对"厚葬久丧"。今本《墨子》存《节葬》下篇。其言曰："故衣食者，人之生利也，然且犹尚有节；葬埋者，人之死利也，夫何独无节！于此乎子墨子制为葬埋之法，曰：棺三寸，足以朽骨；衣三领，足以朽肉。掘地之深，下无菹漏，气无发泄于上，垄足以期其所，则止矣。"

⑧泛爱兼利而非斗，成玄英疏："普泛兼爱，利益群生，使各自足，故无斗争，以斗争为非也。"墨子倡导"兼相爱"达到"交相利"的目的，反对"兼相恶"而"交相贼"。今《墨子》有《兼爱》上中下三篇。《兼爱》中篇曰："凡天下祸篡怨恨其所以起者，以不相爱生也，是以仁者非之。既以非之，何以易之？子墨子言曰：以兼相爱交相利之法易之。然则兼相爱交相利之法将奈何哉？子墨子言：视人之国若视其国（"其国"之其，通"己"；其国，即自己之国。下文"其家""其身"皆同），视人之家若视其家，视人之身若视其身。是故诸侯相爱则不野战，家主相爱则不相篡，兄弟相爱则和调。天下之人皆相爱，强不执弱，众不劫寡，富不侮贫，贵不敖贱，诈不欺愚。凡天下祸篡怨恨，可使毋起者，以相爱生也，是以仁者誉之。"墨子主张"兼爱"，也就反对战争。今《墨子》有《非攻》上中下三篇。认为战争造成生产荒废，人民大量死亡，财物无端耗费，是以天下危乱，民生不得安定。《非攻》下篇云："繁为攻伐，此实天下之巨害也。"

⑨其道不怒，主张和平相处，不相互恨怒。成玄英疏："克己勤俭，故不怨怒于物也。"

⑩ 好学而博，爱好学习而知识广博。不异，或解作不异即尚同，或解作不苟于立异，都甚勉强，单有"不异"二字不成句，疑有缺文。

⑪ 毁古之礼乐，墨子主张简朴，反对繁缛的礼仪，反对音乐。成玄英疏："嫌其侈靡奢华，所以毁弃不用。"

★第二章评论墨家，此第一段。

《史记·孟子荀卿列传》有墨子简传，曰："墨翟，宋之大夫，善守御，为节用。或曰并孔子时，或曰在其后。"按，墨子活动年代在孔子之后孟子之前即战国前期。《淮南子·要略篇》："墨子学儒者之业，受孔子之术，以其礼烦扰而不说，厚葬靡财而贫民，服〔丧〕伤生而害事，故背周道而用夏政。"知墨子出于儒家而后成为儒家的反对者。墨子的高足禽滑釐，据《史记·儒林传》谓曾"受业于子夏之伦"，则禽滑釐是有资格称为孔子的再传弟子的，由此也可以推定墨子的大致年代。作者将墨翟禽滑釐并提，禽滑釐大概比墨子小不了多少，如孔子之与颜路曾皙。

墨翟学派称为墨家。先秦学派，如儒、道、法、兵、名、阴阳、纵横、农等等，都以学派特点名家，墨家似不应例外，不应因墨子姓墨得名。《荀子·礼论》曰："故事生不忠厚不敬文谓之野，送死不忠厚不敬文谓之瘠。""刻死而附生谓之墨，刻生而附死谓之惑，杀生而送死谓之贼。"杨倞以"墨"指"墨子之法"。王念孙曰："墨与惑贼对文，则墨非墨子之谓。上文云'事生不忠厚不敬文谓之野，送死不忠厚不敬文谓之瘠'，此云'刻死而附生谓之墨'，《乐论》云'乱世之征，其养生无度，其送死瘠墨'，又以'瘠墨'连文，则墨非墨子明矣。"王氏之说很能给人启发。"瘠墨"连文，"墨"必与"瘠"义相近，瘠薄寒俭之意，瘠就其形言之，墨就其色言之。瘠薄寒俭之谓墨。墨子因主张墨而姓墨，因称为墨家，未必因姓墨而称为墨家也。

《汉书·艺文志》著录《墨子》七十一篇，今存五十三篇，系墨子及其弟子的著述。墨子学说主要体现在《尚贤》《尚同》《兼爱》《非攻》《节用》《节葬》《天志》《明鬼》《非乐》《非命》诸篇。尚贤者，即崇尚贤人，认为是"强国之

## 天下第三十三

本"。尚贤才能使国家富强,社会安定。尚同者,即统一思想,是非善恶要统一于"上";小至乡里,大至天下,都要统一于最高统治者,才能使政治稳定。有似于后世之"一个领袖""一个主义""一个思想"。兼爱者,即要所有的人,互相爱护,达到"兼相爱"而"交相利"的目的。非攻者,即反对侵略战争,认为"繁为攻伐,此实天下之巨害"。节用者,主张节约俭朴,反对骄奢淫佚。节葬者,主张丧葬从简,反对"厚葬久丧"。天志者,认为天有意志,统治者应遵道天志,爱民利民。明鬼者,认为鬼神存在,能够"赏贤而罚暴"。非乐者,反对淫靡音乐,认为无益于世,"上考之不中圣王之事,下度之不中万民之利"。非命者,反对"有命"说。认为治乱在于人事,不在于命。谓"在于桀纣则天下乱,在于汤武则天下治,岂可谓有命哉!"墨子既主张"天志""明鬼",认为天有意志,鬼神存在,又主张"非命",不是明显的矛盾?按照墨子的思维逻辑则并不矛盾。主张"天志""明鬼",意在让人知天与鬼神能奖善惩恶,促使人为善不为恶。主张"非命",旨在让人发挥主观能动,而不依赖命运。《墨子》一书,语言质朴,而缺乏文采。

这一段大致介绍了墨子的主张,曰:"作为《非乐》,命之曰《节用》;生不歌,死无服。墨子泛爱兼利而非斗,其道不怒。又好学而博,不异。不与先王同,毁古之礼乐。"评述着重于"非乐"、"节用"、"节葬"、"兼爱"与"非攻",而未提及"尚贤""尚同""天志""明鬼""非命"等同样重要的几个方面。作者按照自己的认识加以评介,未能全面地评论墨家。

黄帝有《咸池》,尧有《大章》,舜有《大韶》,禹有《大夏》,汤有《大濩》,文王有《辟雍》之乐,武王周公作《武》[1]。古之丧礼,贵贱有仪,上下有等,天子棺椁七重,诸侯五重,大夫三重,士再重[2]。今墨子独生不歌,死不服,桐棺三寸而无椁,以为法式[3]。以此教人,恐不爱人;以此自行,固不爱己[4]。未败墨子之道[5];虽然,歌而非歌,哭而非哭,乐而非乐,是果类乎[6]?其生也勤,其死也薄,其道大觳;使人忧,使人悲,其行难为也,恐其不可以为圣人之道,反天下之心,天下不堪[7]。墨子虽独能任,奈天下何!离于天下,其去王也远矣⑧!

① "黄帝有《咸池》"七句,成玄英疏:"已上是五帝三王乐名也。"

② 丧礼,此实指葬具的规格。仪,仪则,规范。等,等差,等级。棺椁,葬具,内棺外椁。"古之丧礼"七句,谓古代葬具的规格,贵贱有不同的规格,上下有一定的等差。天子棺椁七重,诸侯五重,大夫三重,士再重。《荀子·礼论》:"天子棺椁十重,诸侯五重,大夫三重,士再重。"与本文所述略同。按,二十世纪发现的古代陵墓,棺椁大小豪奢的程度,确实是"贵贱有仪,上下有等",但迄今为止尚未发现七重五重的棺椁。

③ 桐棺三寸而无椁,墨子主张"棺三寸",见《节葬》篇。法式,标准模式。

④ 固,乃也。

⑤ 未败墨子之道,王先谦注:"今墨之道,尚未败也。"谓尽管"以此教人,恐不爱人;以此自行,故不爱己",然尚未毁败墨子之道。(按,此句语意不甚明了,似有缺文。)

⑥ 类,《书·太甲》"自底不类"孔安国传、《诗·大雅·既醉》"永锡尔类"毛氏传、《大雅·皇矣》"克明克类"郑玄笺,都训"类,善也"。"虽然"五句,谓虽然尚未毁败墨子之道,但墨子的主张,该歌而反对歌,该哭而反对哭,该乐而反对乐;此果善乎? 未尽善也。

⑦ 觳(què),《管子·地员》"刚而不觳"尹知章注:"觳,薄也。"此处为刻薄之意。"其生也勤"九句,谓墨子其生也勤苦,其死也菲薄,其道过于刻薄,使人忧伤,使人悲苦,其主张难以实行,恐不可为圣人之道,违反天下人的心意,天下不堪忍受。

⑧ 离于天下,背离天下之人。王,王道。储庭焕曰:"离于天下,注家皆训'离'为背离,固亦可通。按,《方言》卷十二、《广韵·释诂二》皆训'离,待也'。'离于天下'之离,训为'待也'似更合原意。句意谓墨子以其主张对待天下,其去王道亦远矣。"储君之说甚为独到,可备一说。

## 天下第三十三

★第二段对墨子的批判，集中于"非乐"与"节葬"。批判"非乐"只是说五帝三王皆有乐曲，故音乐的存在是合理的，而丝毫没有论及音乐对人的熏陶教育作用。其实《荀子·乐论》《礼记·乐记》对音乐的作用意义有深刻的论述，本文所论远不足与相提并论。而反对"节葬"也只是以"古之丧礼，贵贱有仪，上下有等"为据，全针对儒家观念。"天子棺椁七重，诸侯五重，大夫三重，士再重"，实在是极大的浪费，体现出强烈的等级制度。文章没有提到庶人如何安葬，在七重、五重、三重、再重的等级制度下，显然庶人是不在话下的，草荐土埋，都无不可。在丧葬这个问题上，则墨子的主张要合理得多，且与道家一致，而与儒家相悖，文章的批驳是没有道理的。评论墨家，对墨子的重要主张，"尚贤""尚同"，"兼爱""非攻"，概不沾边；这种批判过于偏颇。

墨子称道曰："昔禹之湮洪水，决江河而通四夷九州也，名川三百，支川三千，小者无数①。禹亲自操橐耜而九杂天下之川②；腓无胈，胫无毛，沐甚风，栉疾雨，置万国③。禹大圣也而形劳天下也如此。"使后世之墨者，多以裘褐为衣，以跂蹻为服，日夜不休，以自苦为极④。曰："不能如此，非禹之道也，不足谓墨⑤。"

①禹，夏禹。湮，堵塞。决，疏通。名川，大川。《淮南子·地形》"以为名山"，高诱注："名山，大山也。"名山为大山，则名川为大川。《集释》本作"名山"，此从王孝鱼校引赵谏议本。

②橐，装土之器，草包之类。《集释》本作"橐"，此从王孝鱼校引世德堂本。《释文》："崔郭音讬，则字应作橐。"耜，挖土工具。九，数之最大者，引申而有大义。杂，《国语·郑语》"先王以土与金木水火杂"，韦昭注，"合也"。《楚语下》"民神不杂"，韦昭注："会也。"《集韵·盍韵》："杂，会合。"九杂天下之川，即汇合天下之川流，亦即疏导众水汇入大川。又，《释文》："九，本亦作鸠，聚也。"鸠杂，即聚集，亦会合之义。成玄英疏："禹提耜掘地，操橐负土，躬自辛苦以导川原。"

③腓（féi），小腿肚。胈（bá），腿上肌肉。胫（jìng），脚胫，自膝至脚的部分。因长期在泥水中奔走劳苦，故腿脚瘦损，胫毛脱落。沐，洗。狂风，剧风。栉，梳。疾雨，暴雨。置，安定。"腓无胈"五句，谓大禹极其劳苦，以致腓无胈，胫无毛，沐雨栉风，以安定万国。

④裘，兽皮。褐，粗布。跂（qí），通屐，木屐。蹻（jué），草鞋。服，用也。极，标准。

⑤"曰"以下三句，谓不能如此劳苦简朴，则不是大禹之道，不足成为墨者。

★第三段介绍墨子对大禹的称道。墨从夏政，因禹治洪水，亲操橐耜，不辞劳苦，以至"腓无胈，胫无毛，沐甚风，栉疾雨"，备极辛劳，故墨家于古代先王中最崇拜夏禹。

相里勤之弟子五侯之徒，南方之墨者苦获、已齿、邓陵子之属，俱诵《墨经》，而倍谲不同，相谓别墨①。以坚白同异之辩相訾，以觭偶不仵之辞相应②，以巨子为圣人，皆愿为之尸，冀得为其后世，至今不决③。

①相里勤，《释文》引"司马云：墨师也，姓相里，名勤"。"相里勤之弟子"之"之"，犹"及"也，谓相里勤及其弟子。五侯，人名。孙诒让《墨子札迻》："五侯，盖姓五，五与伍同。"苦获、已齿、邓陵子，皆人名，南方之墨者。墨经，墨子的著作。倍谲，"倍"通"背"。谲，成玄英疏："异也。"倍谲不同，谓彼此对立。别，另也。相谓别墨，相互指责对方为另类墨家，意即自己才是墨家正统。储庭焕曰："别，分也，亦背也，谓相互指责对方背叛了墨家，犹现代指责对方为反革命修正主义。"按，《韩非·显学》："世之显学，儒墨也。""自墨子之死也，有相里氏之墨，有相夫氏之墨，有邓陵氏之墨。"相里氏即相里勤，邓陵氏即邓陵子。韩非子谓"墨离为三，取舍相反不同"，与本文"倍谲不同，相谓别墨"，正可互参。

②坚白，见《齐物论》"以坚白之昧终"、《德充符》"子以坚白鸣"注，坚白

同异，见《骈拇》篇"游心于坚白同异之间"注。訾，訾议，诋毁。觭（jī），通"奇"。仵，《释文》："同也。"奇偶不仵，即相互对立。相应，相互应答，指相互论辩。梁启超《庄子天下篇释义》曰：坚白、同异、奇偶，"此三问题为战国中叶以后学者所最乐道，而其源皆出墨经。《经上》云：'坚白不相外也。'《经下》云：'不坚白，说在无久与宇；坚白，说在因。'《经说下》：'无坚得白，必相盈也。'此墨经中之坚白说也。《经上》云：'同，异而俱之于一也。'又云：'同异交得知有无。'此墨经中之同异说。《经下》云：'一偏去而二。'《经说下》云：'二与一亡，不与一在。'此墨经中奇偶说也。后世之墨者，罕复厝意于节用非攻诸教理，但撷拾墨经中此类问题相訾嗷，以致倍谲不同"。

③巨子，墨家的首领。尸，主，指主要的弟子，如后世各种宗教中的教主。冀，希望。世，犹继也。为其后世，为其后之继承者。"以巨子为圣人"四句，谓墨家以巨子为圣人，都想为其大弟子，希望成为后来的继承者，至今争夺不决。按，《墨子》中称墨子为子墨子，而不称为巨子。疑墨子死后，墨家成为宗教式组织，其首领乃称为巨子。《吕氏春秋·上德篇》，记楚有"墨者钜子孟胜"，孟胜"传钜子于宋之田襄子"，《去私篇》记秦有"墨者钜子腹䵍"，钜子即巨子；有关墨家钜子的记载仅见此两处。

★第四段评论墨家后学。从本段评述可以看出，墨家后学不发扬墨子的原则主张，而纠缠于坚白同异奇偶不仵之类的诡辩，而且互相诋毁，互相争夺；墨家的衰微很可能与其内部争斗而走向歧途有关。

《吕氏春秋·去宥篇》："东方之墨者谢子，将西见秦惠王。惠王问秦之墨者唐姑果，唐姑果恐王之亲谢子贤于己也，对曰：'谢子，东方之辩士也，其为人甚险，将奋于说以取少主也。'王因藏怒以待之。谢子至说王，王弗听，谢子不说，遂辞而行。"这是后期墨家相互诋毁之一例。

墨翟禽滑釐之意则是，其行则非也①。将使后世之墨者，必自苦以腓无胈胫无毛相进而已矣②，乱之上也，治之下也③。虽然，墨子真天下之好者也，将求之不得也，虽枯槁不舍也；才士也夫④！

① 意，心也，犹言主观愿望。行，做法。
② 相进，相互竞逐。
③ "乱之上也"二句，谓墨家的做法造成祸乱则为首，用于治理则最糟。
④ 好，美也，善也。集释本无"者"字，此从王孝鱼校引高山寺古钞本。天下之好者，天下善良美好之人。虽枯槁不舍也，即使形容枯槁也不放弃其主张。才士，才能之士。

★第五段是墨家评论的小结，认为"墨翟禽滑釐之意则是，其行则非也"，主观愿望虽好，而行为做法错误，因此他们的主张是行不通的，"乱之上也，治之下也"。但文章对墨子的人品高格仍给予肯定："墨子真天下之好者也，将求之不得也，虽枯槁不舍也；才士也夫！"

墨子的学说，有极其宝贵的部分。如"兼爱""非攻""节用""节葬"，反映了下层人民的愿望，代表了他们的利益。"尚贤"只要"贤"得合理也是可取的。墨学也有其荒谬的部分。乐有其合理而且重要的一面，一概"非乐"无疑是错误的。而且所谓"非乐"不只是非乐而已，实际上包括"刻镂文章之色"，"犓豢煎炙之味"，"高台厚榭邃宇之居"，都在所"非"之例。这些主张，虽有反对统治者奢侈骄佚的内涵，但是，人类文明总是在矛盾曲折中前进的，为要反对统治者奢侈骄佚，就连文明本身也一概否定，总是荒谬的。至于"天志""明鬼"，即使是凭借天与鬼神来推行其"兼相爱"而"交相利"的主张，也毕竟属于迷信的思想。

墨子具有崇高的品格，艰苦卓绝，身体力行，"为万民兴利除害"，不惜牺牲一切；孟子称其"摩顶放踵利天下为之"，尽管孟子并不赞成。墨子的弟子们也能继承他的传统，赴汤蹈火，在所不辞。《吕氏春秋·上德篇》记：墨者钜子孟胜为楚国阳城君守国，后阳城君参与杀害吴起，犯罪出走，楚收阳城君封国，孟胜决定以死守约。他的弟子认为死无益于阳城君，"而绝墨者于世，不可"。孟胜曰："吾于阳城君，非师则友也，非友则臣也。不死，自今以来，求严师必不于墨者矣,求贤友必不于墨者矣,求良臣必不于墨者矣;死之,所以行墨者之义而继其业者也。我将属钜子于宋之田襄子,何患墨者之绝世也。"使二人传钜子于田襄子,然后自杀,弟子从死者八十三人;传钜子于田襄子的使者回到楚国也仍然自杀,其操守可与汉初田横五百士比其壮烈。为阳城君死约未必值得,但那种守约不二"行墨者之义"的精神还是令人惊异的。又,《吕氏春秋·去私篇》载:墨者钜子腹䵍居秦,其子杀人。秦惠王因他年老,又没有别的儿子,特令不杀。腹䵍曰:"墨者之法,杀人者死,伤人者刑,此所以禁杀伤人也。夫禁杀伤人者,天下之大义也,王虽为之赐而令吏弗诛,腹䵍不可不行墨者之法。"遂不听惠王而杀之。这种不徇私情严格执法的行为也令人敬佩。

墨子弟子达数百人之多,几至可以和孔子争衡,在战国时代势力甚大,韩非将"儒墨"并称为显学。然而到战国结束,墨学突然沉寂了,再也听不到他们的声音。考其原因,墨子的言论虽然动听,"兼相爱"而"交相利",道出了劳动人民的心声,但社会矛盾是实际存在的,甚至战争也是历史发展的必然。而墨子拿不出解决的办法,他的教言大多属于空想。此其一。墨子的主张过于苛严,行作辛劳,生活俭仆,"为之大过,已之大甚",不仅统治者不会接受,甚至一般人也难以实行。此其二。后期墨家内部分化,互相攻讦,不再发扬兼爱非攻的理念,而纠缠于坚白同异的论争,内部争斗消耗了他们的英华活力,墨学也就衰微寂灭了。

## (三)

不累于俗,不饰于物,不[苛]于人,不忮于众①,愿天下之安宁以活民命,人我之养毕足而止②,以此白心③;古之道术有在于是者,宋钘尹文闻其风而悦之④。作为华山之冠以自表⑤,接万物以别宥为始⑥;语心之容,命之曰心之行⑦;以聏合驩,以调海内⑧,请欲置之以为主⑨。见侮不辱,救民之斗;禁攻寝兵,救世之战⑩。以此周行天下,上说下教,虽天下不取,强聒而不舍者也;故曰上下见厌而强见也⑪。

虽然，其为人太多，其自为太少。曰："请欲固置五升之饭足矣⑫！"先生恐不得饱，弟子虽饥，不忘天下，日夜不休⑬。曰："我必得活哉！"图傲乎救世之士哉⑭！曰："君子不为苛察，不以身假物⑮。"以为无益于天下者，明之不如已也⑯。以禁攻寝兵为外，以情欲寡浅为内，其小大精粗，其行适至此而止。

①"不累于俗"四句：不苛，原作"不苟"，从刘师培说改。刘师培《庄子斠补》："不苛于人，不忮于众，'苛、忮'并文，'苟'当作'苛'。下云'君子不为苛察'，旨与'不苛'适符。"不忮（zhì），《释文》："忮，逆也。司马崔云：害也。"四句谓不为世俗所累，不用外物矫饰，不苛刻待人，不违逆众情。

②"愿天下"二句，谓祈愿天下安宁使人民得以活命，人我的奉养以足够为止。"人我"者，人与我也。

③白心，《释文》引"崔云明白其心也。白，一作任"。"以此"之"此"，即前文"不累于俗，不饰于物，不［苛］于人，不忮于众，愿天下之安宁以活民命，人我之养毕足而止"也。以此白心者，以此表白其心意。一本作"任"，任心，犹凭心，谓以此凭心对待社会人生，对待"人我"，亦通。

④古之道术有在于是者，谓对古之道术有在这一方面者，指上述"不累于俗"诸端。宋钘，姓宋名钘（xíng），《孟子》作宋牼（kēng），《逍遥游》篇称为宋荣子。《孟子》赵岐注、《荀子》杨倞注谓为宋人。《汉书·艺文志》著录《宋子》十八篇，属小说家，书不传。尹文，姓尹名文。《汉书·艺文志》著录《尹文子》一篇，属名家，颜师古注："刘向云与宋钘俱游稷下。"《吕氏春秋·正名篇》有尹文子对齐湣王问，是尹文为齐宣王湣王时人。原本《尹文子》书亦失传，今本《尹文子》为魏晋间人伪托。

⑤华山之冠，冠名。《释文》："华山上下均平，作冠象之，表己心均平也。"

⑥接，接待，对待。万物，实指人众。别，《广韵·薛韵》："别，解也。"宥，通"囿"，犹蔽也。《吕氏春秋·去宥篇》："亡国之主其皆甚有所宥邪，故凡人必别宥然后知，别宥则能全其天矣。"有所宥，即有所蔽。别宥，谓去其蒙蔽，解除

隔阂。始，《释文》："首也。"宋钘尹文主张人我平等，相互信任，所以说对待人以解除隔阂最为重要。

⑦ 语，犹"谓"也。"语心之容"二句紧承上文而来，宋钘尹文主张人我平等，待人要相互理解，解除隔阂，此谓心之容受（犹言度量），命之曰心之行程。

⑧ 聏，《释文》："崔本作耏，音而。崔郭王曰：和也。"合，聚也，集也，引申为众意。驩，通"欢"。"聏合驩"是动宾结构，和调使之欢悦，与下句"调海内"相对，意思也相同。

⑨ 请欲置之以为主：置，树立。之，代指上文"接万物以别宥为主，语心之容"，句意谓要人皆以心容万物为主。宣颖《南华经解》："欲人皆以此心为主。"

⑩ "救民之斗"、"救世之战"之"救"，止也。"见侮不辱"四句，成玄英疏："寝，息也。防禁攻伐，止息干戈，意在调和，不许战斗。假令欺侮，不以为辱，意在救世，所以然也。"

⑪ 强聒，《释文》："谓强聒其耳而语之也。"强要人家听取。强见，强求相见。

⑫ 固，通"姑"。此句是宋尹对接待的人说的。古代升斗较现代小得多，廉颇一饭斗米，五升其量甚少。

⑬ 先生，指宋钘尹文。弟子，指宋尹的弟子。此作者对宋尹的评说，谓宋尹先生恐未尝饱，其弟子们即使饥饿也不忘天下，日夜奔走不休。

⑭ 我必得活哉，谓尽管饥饿，仍然说我们可以活了。言其要求很低。图傲，郭象注："挥斥高大之貌。"成玄英疏："高大之貌。"犹言杰出。

⑮ "君子"二句，谓君子不苛刻计较，不以身为外物所役使。

⑯ "以为无益"二句，谓以为无益于天下之事，说明其无益不如止也。已，止也。

⑰ 为外，指对外的事务。为内，指对生活的要求。二句谓宋尹对外则"禁攻寝兵"，自为则"情欲寡浅"；正说明他们"其为人太多，其自为太少"。

⑱ "其小大精粗"二句，谓他们的全部内容，他们的所作所为仅此而已。

★第三章评论宋钘尹文。

宋钘尹文自成一派。他们的主张都很实在，没有什么抽象深邃的高论。"不累于俗，不饰于物，不［苟］于人，不忮于众，愿天下之安宁以活民命，人我之养毕足而止，以此白心"，这一段话基本上概括了他们的学说，朴实具体。他们真心诚意地希望人们生活安宁，所以不遗馀力地制止战争；"见侮不辱，救民之斗，禁攻寝兵，救世之战"，成为他们活动的主要内容。

《孟子·告子下》记有一个宋牼（即宋钘）"禁攻寝兵，救世之战"的实例。"宋牼将之楚，孟子遇于石丘。曰：'先生将何之？'曰：'吾闻秦楚搆兵，我将见楚王说而罢之。楚王不悦，我将见秦王说而罢之。二王我将有所遇焉。'曰：'轲也请无问其详，愿闻其指，说之将何如？'曰：'我将言其不利也。'"看来宋牼较孟子年长，孟子称之为"先生"。宋牼说秦楚罢兵的效果如何不得而知，其用心总是善良的，孟子不同意他"言其不利"的宗旨，但孟子"亦有仁义而已矣"的主张，也未必奏效。

《荀子·正论》引："子宋子曰：明见侮之不辱，使人不斗，人皆以见侮为辱，故斗也；知见侮之不辱，则不斗矣。"荀子批判他"不智不仁，辱莫大焉"，绝对"无益于人"。战国时代各家各派相互辩论，往往先代人设词，然后抓住一点进行攻击。荀子对宋牼的批判正有这种嫌疑。所引"子宋子曰"未必是宋钘的原话（其时已是宋钘过世几十年之后）。宋钘所谓"见侮不辱"是在"愿天下之安宁以活民命"的前提下，是为了"救民之斗"而甘愿忍受侮辱，应该说是有益于人，而且是既智且仁的，荀子的批判大有失于偏颇。《逍遥游》说宋荣子"举世誉之而不加劝，举世非之而不加沮，定乎内外之分，辩乎荣辱之境"，话就说得比较公正，明明说他"辩乎荣辱之境"，可见不是无原则的"见侮不辱"。

魏晋时人伪托的《尹文子·大道上》云："接万物使分别，海内使不杂；见侮不辱，见推不矜，禁暴息兵，救世之斗，此仁君之德，可以为主矣。"表面上"接万物使分别"，与"接万物以别宥为始"似乎相差不大，其实有质的不同。"接万物以别宥为始"，意谓对待人以解除隔阂最为重要；而"接万物以分别"之意谓对人需正名分，特别是正君臣的名分。"君不可与臣业，臣不可侵君事；上下不相侵与，谓之名正，名正而法顺也。"《大道上》"见侮不辱，见推不矜，禁暴息兵，救世之斗",确实与《天下篇》"见侮不辱,救民不斗,禁攻寝兵,救世之战"内容一致,但两者的追求大不一样,《天下篇》所述为"救世之士"的职责,是"士责";《大道上》说的是"仁君之徒,可以为主",是"君德"。"救世之士"可以"见侮不辱,救民之斗",而作为君主,"见侮不辱,救世之斗"是不可想象的。

宋钘尹文"禁攻寝兵,救世之战"同墨子"非攻"主张一致。尤其是"人我之养毕足而止","接万物以别宥为始"亦即人人平等,相互解除隔阂的思想极为宝贵,同墨子"兼相爱"而"交相利"的理念十分相近。宋钘尹文"其为人太多,其自为太少"的牺牲精神也与墨子相同。故《荀子·非十二子》将"墨翟宋钘"相提并论。

如果将宋钘尹文的思想同墨子相比较,似乎可以说宋尹有墨学的精萃而无其谬误。但何以战国之终宋尹学派亦随之销声匿迹呢?我们从荀子的批判中也许可以找到答案。《非十二子》指责墨翟宋钘"不知壹天下建国家之权称,上功用大俭约而僈等差,曾不足以容辨异县君臣"。意思是说墨翟宋钘不懂得君主统一的必要性,他们过于重视百姓的功用,抹煞上下的差别君臣的等级。荀子是从否定的立场进行批判的,但说明他们不为统治者所容纳却说到了底子上。

# (四)

公而不党,易而无私,决然无主,趣物而不两①,不顾于虑,不谋于知②,于物无择,与之俱往③,古之道术有在于是者,彭蒙田骈慎到闻其风而悦之④。齐万物以为首⑤。曰:天能覆之而不能载之,地能载之而不能覆之,大道能包之而不能辩之;知万物皆有所可,有所不可⑥。故曰选则不徧,教则不至,道则无遗者矣⑦。

是故慎到弃知去己而缘不得已,泠汰于物以为道理⑧。曰:"知不知,将薄知而后邻伤之者也⑨。"謑髁无任而笑天下之尚贤也⑩,纵脱无行而非天下之大圣⑪。椎拍辊断,与物宛转⑫,舍是与非,苟可以免⑬。不师知虑，不知前后，魏然而已矣⑭。推而后行，曳而后往⑮，若飘风之还，若落羽之旋，若磨石之隧，全而无非，动静无过，未尝有罪⑯。是何故？夫无知之物，无建己之患，无用知之累，动静不离于理，是以终身无誉⑰。故曰："至于若无知之物而已，无用贤圣，夫块不失道⑱。"豪杰相与笑之曰："慎到之道，非生人之行而至死人之理，適得怪焉⑲。"

田骈亦然，学于彭蒙，得不教焉⑳。彭蒙之师曰："古之道人，至于莫之是莫之非而已矣。其风窢然，恶可而言㉑？"常反人，不见观，而不免于魭断㉒。其所谓道非道，而所言之韪不免于非㉓。

彭蒙田骈慎到不知道；虽然，概乎皆尝有闻者也㉔。

①党，《集释》本作"当"，此从王孝鱼校所引赵谏议本。易，平正。《易·系辞下》"易者使倾"焦循章句："易，即平也。"决然，顺畅之貌。水下流曰决，故有流畅、顺畅之意。主，专主，亦即主观成见。趣，同"趋"，随也。"公而不党"四句，谓公正而不阿党，平正而不偏私，顺物自然而无主观成见，随事物发展而无所彼此。

②"不顾于虑"二句，谓无所顾虑，不用智谋，亦即顺物自然。

③于物无择，于物无所选择，与上文"趣物而不两"实同义。"与之"之"之"，代指上句之"物"；与之俱往，即随事物一道发展变化。——两、往，古韵阳声阳部。

④古之道术有在于是者，谓古之道术有在这一方面者，指上述"公而不党"诸端。彭蒙，姓彭名蒙。下文谓田骈"学于彭蒙"，则为田骈之师。田骈慎到，《史记·田敬仲完世家》谓宣王喜文学游说之士，田骈慎到皆稷下学士，赐列第，为上大夫。又，《孟子荀卿列传》谓："慎到，赵人。田骈，接子，齐人。环渊，楚人。皆学黄老之术，因发明序其旨意。故慎到著十二论，环渊著上下篇，而田骈接子皆有所论焉。"《汉书·艺文志》著录《田子》二十五篇，属道家，书已失传。《慎子》四十二篇，属法家，全书亦失，明人辑有残本。

⑤齐万物，万物纷繁，皆齐一视之。为首，犹为先。

— 天下第三十三 —

⑥辩,通"辨"。可,能也。"天能覆之"五句,谓天能覆盖于上而不能承载于下,地能承载于下而不能覆盖于上,大道能包容一切而不能一一辨析;天地大道尚且如此,故知万物皆有所能有所不能。

⑦"故曰"三句,谓有所选择则不能周遍,有所教必有所不教,唯道包容一切而无所遗漏;此与"齐万物以为首"呼应。

⑧知,通"智"。弃知,扬弃智慧。去己,除去一己之成见。缘,顺也。不得已,出于客观必然,非由主观作为,故曰不得已。泠汰,郭象注:"犹听放也。""是故"四句,谓慎到扬弃智慧,排除成见,随顺客观的必然,听任事物的发展,作为大道之理。——已、理,古韵阴声之部。

⑨薄,迫也。邻,读如"磨而不磷"之磷,损伤。"知不知"二句,谓若知其所不知,将迫于求知而结果会受到伤害。即后文"用知之累"之意。

⑩謑(xǐ)髁(kē)无任而笑天下之尚贤也,成玄英疏:"溪髁,不定貌。随顺物情,无的任用,物各自得,不尚贤能,故笑之也。"笑,非笑,讪笑。

⑪纵脱无行而非天下之大圣,成玄英疏:"纵恣脱略,不为仁义之德行,忘遗陈迹,故非宇内之圣人。"非,非议,否定。

⑫椎,《释名·释用器》:"推也。"輐断(wǎn duàn),通后文"魭断"(yuán duàn),郭象注:"无圭角貌。"按,皆叠韵联绵词,随顺旋转之貌。椎拍輐断,推之拍之,不必着意,随顺旋转而已,亦即"与物宛转"。

⑬"舍是与非"二句,谓舍弃是非,即齐同物论,乃可以免于累患。——断、转、免,古韵阳声元部。

⑭"师知"之"知",通"智"。魏然,成玄英疏:"不动之貌。""不师知虑"三句,谓不师用智虑,不瞻前顾后,魏然独立而已。

⑮曳,拖。"推而后行,曳而后往",郭象注:"所谓缘于不得已。"即随物宛转之意。——行、往,古韵阳声阳部。

⑯飘风,《释文》引"《尔雅》云:回风为飘"。落羽,飘落的羽毛。原文无"落"字,成疏"如落羽之旋",知成本有"落"字,据以补入。还,《释文》:"音旋,一音环。"磨石,卵石,磨而后成,故曰磨石。隧,《释文》:"回也。"成

疏："转也。""若飘风之还"六句，成玄英疏："如飘风之回，如落羽之旋，若磴石之转，三者无心，故能全得，是以无是无非，无罪无过，无情任物，故致然也。"——还、旋，古韵阳声元部。非、罪，古韵阴声微部。

⑰建，立也。建己，心中有我，与"无己"正相对。故"无建己"即"无己"。"用知"之"知"，通"智"。"夫无知之物"五句，谓无心之物，如同木石无有我之忧患，无用智之牵累，移之则动，置之则静，动静不离于物理，是以终身无誉，无誉自亦无咎。

⑱"至于若无知之物而已"三句，谓最高境界，就像无知之物而已，无用贤圣，而块然不失于道（如土块之不失于道）。夫，犹"而"也，亦如也。块，土块。土块，不建己，无智虑，无誉亦无咎，故不失于道。

⑲豪杰，能事明世之士。"豪杰之士"讥笑慎到之道不是生人的行为而是死人的道理。适，犹"只"也。

⑳不教，犹老子所谓"不言之教"。

㉑师，教也。"彭蒙之师"即彭蒙之教。其，犹"如"也。窢（xū）然，郭象注："逆风声。"成玄英疏："迅速貌。"句意谓彭蒙之教曰，有道之人，无是无非而已，如疾风吹过，有何可言。此即解释"得不教焉"。——然、言，古韵阳声元部。

㉒常反人，总违反人意。不见观，不被称赏。不免于魭断，即不免于与物宛转。——观、断，古韵阳声元部。

㉓题，是也。——题、非，古韵阳声微部。

㉔末三句谓彭蒙田骈慎到虽不知道，亦略有所闻。

★（一）第四章评论彭蒙田骈慎到，主要是慎到。

《史记·孟子荀卿列传》谓慎到等"皆学黄老之术，因发明序其指意"。《汉书·艺文志》列《慎子》于法家。道与法有本质的差别，然亦有其相通之处。"公而不党，易而无私，决然无主，趣物而不两，不顾于虑，不谋于知，于物无择，与之俱往"，可以作道家的理解，又可以作法家的解释。道于万物，无所谓爱，无所谓恶；法于万物，无所谓爱，无所谓恶，两者似完全相同。然道无所爱恶者，顺其自然也；法无所爱恶者，一决于法也，两者又有根本的差别。

"慎到弃知去己而缘不得已，泠汰于物以为道理"，同样可以作道家的理解，又可以作法家的解释。"绝圣弃智，民利百倍"，弃知也。"至人无己"，去己也。"一宅而寓于不得已"（《人间世》），缘不得已也。听任于物而任其自然，都属道家思想。而不任智慧，不拘自我，不取主观成见，根据客观事实，一切听之于法，则全是法家观念。"笑天下之尚贤"，"非天下之大圣"，也都是道家法家之所同。全文的"物"，用道家观点看，指客观外物，只能任其自然；从法家观点看，指客观事物，只能据事实办理。"至于若无知之物"，"无用圣贤，而块不失道"，自然是道家形象；需知法家也不尚圣贤，不用智慧，不讲情感，执法而已。为其如此，故入世的"豪杰"之士笑他们"非生人之行而至死人之理"，而本文作者说他们"不知道"，"概乎皆尝有闻"而已。我们可以这样理解，田骈慎到从道家出发而走向了法家，本文评论法家而有浓厚的道家色彩。正因为法家与道家在表象上有相似之处，故司马迁将老子与韩非同传，尽管处理不一定恰当。

（二）《慎子》四十二篇已经失传，今存残本，其内容是相当纯粹的法家思想，兹摘录数条于下：

一、《威德》篇曰："故腾蛇游雾，飞龙乘云，云罢雾霁，与蚯蚓同，则失其所乘也。故贤而屈于不肖者，权轻也；不肖而服于贤者，位尊也。尧为匹夫，不能使其邻家，至南面而王，则令行禁止。由此观之，贤不足以服不肖，而势位足以屈贤矣。"

又曰："法虽不善，犹愈于无法，所以一人心也。"

二、《民杂》篇曰："君臣之道，臣事事，而君无事。君逸乐而臣任劳，臣尽智力以善其事，而君无与焉，仰成而已；故事无不治，治之正道然也。"

三、《君人》篇曰："君人者，舍法而以身治，则诛赏予夺，从君出矣。然则受赏者虽当，望多无穷；受罚者虽当，望轻无已。君舍法，而以心裁轻重，则同功殊赏，同罪殊罚矣，怨之所由生也。"

四、《君臣》篇曰："为人君者不多听，据法倚数以观得失。无法之言，不听于耳；无法之劳，不图于功；无劳之亲，不任于官。官不私亲，法不遗爱。上下无事,唯法所在。"(遗 wèi,与也,以物与人也。)

五、《艺文类聚》五十四引《慎子》:"故治国无其法则乱,守法而不变则衰,有法而行私谓之不法。以力役法者百姓也,以死守法者有司也,以道变法者君长也。"

所有这些论述,尊君、重权、任法,都是纯粹的法家思想,有韩非之严谨,而无韩非之峻刻。有些观点比韩非更为进步。如《威德》篇曰:"古者立天子而贵之者,非以利一人也。曰:天下无一贵,则理无由通,通理以为天下也。故立天子以为天下,非立天下以为天子也;立国君以为国,非立国以为君也;立官长以为官,非立官以为长也。"寥寥数语,说明了立君主的原则,表现了一定的民本思想。这一点远为韩非所不及。在《慎子》残篇中看到是一个旗帜鲜明的法家慎子,无半点道家气息,不似《天下》篇所描述的的那个似道似法的慎到。《慎子》全书失传,实在是很大的损失。

(三)"彭蒙之师曰",注家多解"彭蒙之师"为彭蒙的老师,非是。本文评论彭蒙,不涉及彭蒙的老师。"师"则必"教",故"师,教也";此名动同词之例。《汉书·百官公卿表》"太师大傅太保"颜师古注引应劭曰:"师,训也。"训亦教也。"彭蒙之师",即彭蒙之教。前文曰"学于彭蒙,得不教焉",接着说彭蒙之教曰,"古之道人,至于莫之是莫之非而已矣,其风窢然,恶可而言",此即"不教"之义。

# (五)

以本为精,以物为粗①,以有积为不足②,澹然独与神明居③,古之道术有在于是者,关尹老聃闻其风而悦之④。建之以常无有⑤,主之以太一⑥;以濡弱谦下为表⑦,以空虚不毁万物为实⑧。

关尹曰:"在己无居,形物自著⑨,其动若水,其静若镜,其应若响⑩;芴乎若亡,寂乎若清⑪。同焉者和,得焉者失,未尝先人而常随人⑫。"

— 天下第三十三 —

老聃曰：知其雄，守其雌，为天下豀。知其白，守其辱，为天下谷[13]。人皆取先，己独取后[14]，曰受天下之垢[15]；人皆就实，己独取虚[16]。无藏也故有余，岿然而有余[17]。其行身也，徐而不费，无为也而笑巧[18]。人皆求福，己独曲全，曰苟免于咎[19]。以深为根，以约为纪[20]。曰：坚则毁矣，锐则挫矣[21]。常宽容于物，不削于人，可谓至极[22]。

关尹老聃乎，古之博大真人哉！

① 本，指虚玄之道。道不可感知，极为精微，故曰"精"。物，指具体的物，有形者也，故曰"粗"。

② 以有积为不足，王弼本《老子》第八十一章："圣人不积，既以为人己愈有，既以与人己愈多。"以不积为愈有，反之则有积为不足。郭象注："寄之天下，乃有余也。"

③ 澹然，恬淡无心之貌。神明，犹言造化。——粗、居，古韵阴声鱼部。

④ 古之道术有在于是者，谓古之道术有在这一方面者，指上述"以本为精"诸端。关尹，《史记·老子列传》谓老子居周久之，见周之衰，乃遂去，至关，"关令尹喜曰：子将隐矣，强为我著书。"本文"关尹老聃"并称，则其人应姓关名尹。《释文》曰"关令尹喜也"，此用《老子列传》中语。又引"或云：尹喜字公度"，未知所据。《汉书·艺文志》著录《关尹子》九篇，其书早佚。《随书·经籍志》即不见于著录，今本《关尹子》为后人伪托。老聃，即老子。《老子列传》谓"老子者，楚苦县厉乡曲仁里人也。姓李氏名耳，字聃，周守藏室之史也。"按，老子应姓老名聃，并非李耳。参见《老子本原·老子与老子之道》。

⑤ 建，建立。常无有，常无与常有也。《老子》第一章："无，名天地之始；有，名万物之母。故常无，欲以观其妙；常有，欲以观其徼。此两者同出而异名，同谓之玄，玄之又玄，众妙之门。"——"无"与"有"是老子哲学中一对范畴。道，不可言道，不可感知，老子称之为"无"。由无衍化产生有形的实体，老子称之为"有"，再衍生而为万物。所以说，用"无"名天地之始；用"有"名万物之母。（"天地""万物"为互文，母，亦始也。）常无，永恒的无。常有，永恒的有。

建之以常无有，意即建立常无与常有的理论。

⑥ "太一"即道。主之以太一，即以道这主，以道为根本。老子以"道"为天地万物之始基，故又以始基之数"一"作为道的别名。《老子》第二十二章云："圣人抱一以为天下式。"第三十九章云："天得一以清，地得一以宁，神得一以灵，谷得一以盈，万物得一以生，侯王得一以为天下贞。"成玄英疏："太者广大之名，一以不二为称。言大道旷荡，无不制围，括囊万一，通而为一，故谓之太一也。"《吕氏春秋·大乐篇》云："道也者，至精也。不可为形，不可为名，强为之[名]，谓之太一。"这些解释皆原于老子。

⑦ 濡弱，犹柔弱。谦下，谦和卑下。句意谓以柔弱谦下为其表现。老子认为，道无形无象，若存若亡，极其柔弱却能发挥极大的作用，具有无穷的力量，可以为天地之母，万物之宗；从而得到一条事物发展的普遍规律：柔弱胜刚强。第四十三章云："天下之至柔，驰骋天下之至坚。"第六十七章云："我有三宝"，"一曰慈，二曰俭，三曰不敢为天下先。"

⑧ 空虚，道无实体；无形无象，故曰空虚。毁，非也。不毁万物为实，不否定万物为其实质。按，《老子》第四十章云："天地万物生于有，有生于无。"有生于无，即道生万物。此云"以虚空不毁万物为实"，与老子本人的表述有一定的距离。——一、实，古韵入声质部。

⑨ 居，"功成而弗居"之居。无居，即不居功，不表现。形物，形于物，犹言对待物。二句意谓，在己则不自我表现，对物则任其自著。（按，"形物"与"在己"相对，二句说明如何待己待物。注家以"形物"为有形之物者非是。）——居、著，古韵阴声鱼部。

⑩ "其动若水"三句，谓动如流水，静如明镜，应若回声。响，回声。回声的特点，回应甚速而并无违逆，随顺而已。——镜、响，古韵阳声阳部。

⑪ 芴，通"惚"。芴乎，犹言恍惚。亡，通"无"。"芴乎"二句，谓恍惚如无有，寂静若清虚。

⑫ 同焉者和，与物同者和顺。得焉者失，贪得者反失之。未尝先人而常随人，未尝先于人而总随人之后，即"濡弱谦下"之意，亦即"不敢为天下先"。

《老子》第五十六章："和其光，同其尘，是谓玄同。"

⑬ "知其雄"六句，《老子》第二十八章文。雄，雄长。雌，雌柔。豀，豀谷，指低洼之地。辱，黑也。知雄守雌，知白守辱，自甘为天下之豀谷，皆"濡柔谦下"之意。王弼注："豀不求物，物自归之。"参见《老子本原》二十八章注。——雌、豀，古韵阴声支部。辱、谷，古韵入声屋部。

⑭ "人皆取先，己独取后"，即"濡弱谦下"，"不敢为天下先"。

⑮ 垢，污垢，屈辱。受天下之垢，《老子》第七十八章："是以圣人云：受国之垢，是谓社稷主。"——后、垢，古韵阴声候部。

⑯ "人皆就实，己独取虚"，意即宁可人皆得其实有，己独守其虚静。

⑰ 无藏也故有馀，即"有积为不足"的反面，无藏则物在于人，人有则己愈多，故曰有馀。岿然，突出貌。岿然而有馀，将上句之意再加强调。（刘文典谓"无藏也故有馀"疑为"岿然而有馀"之注语，李勉谓"岿然而有馀"乃"无藏也故有馀"之注辞；故刘主张删上一句，李主张删下一句。按，"岿然而有馀"将上句之意再加强调，未尝不可。删改极宜慎重。）——虚、馀，古韵阴声鱼部。

⑱ 行身，立身行事。徐，安也，舒也。费，成玄英疏："损也。""其行身也"三句，谓立身行事，安舒而不劳损，无为而笑机巧。无为则安舒，机巧则劳损。

⑲ 曲全，枉曲以求全。《老子》第二十二章："曲则全，枉则直。"苟，且也，得也。咎，祸也。曲全乃得免于祸。——巧、咎，古韵阴声幽部。

⑳ "以深为根，以约为纪"，成玄英疏："以深玄为德之本根，以俭约为行为纲纪。"

㉑ 挫，折也。"坚则毁矣，锐则挫矣"，坚则易毁，锐则易折，故需柔弱，柔弱乃胜刚强。《老子》第九章："持而盈之，不如其已，揣而梲之，不可长保。"（揣，锤炼。梲，通"锐"。）

㉒ "常宽容于物"三句，谓老聃宽容待物，不刻削于人，修养可谓至极。常宽容于物，王孝鱼校谓高山寺本无"容"字。"常宽于物"与"不削于人"相对，文更简练。

★第五章评论关尹老聃。

作为道家的创始者,老子的思想有《老子》五千言在。按照老子的哲学,"道"是宇宙的本原。道无形无象,无法感知,是永恒的客观存在。它"视之不见","听之不闻","搏之不得",看不到它的作为,却生成天地万物。故曰:"道常无为而无不为。"道以柔弱的方式发挥作用,却有无限的力量,故老子得出一条事物的普遍规律,"柔弱胜刚强"。

老子把他认为的宇宙自然的规律,用之于社会人生,同样主张"柔弱胜刚强"。《老子》第二十二章云:"曲则全,枉则直,洼则盈,敝则新,少则得,多则惑。""夫唯不争,故天下莫能与之争。"第三十四章云:"万物恃之以生而不辞,成功遂事而不名有。""以其终不自为大,故能成其大。"第四十三章云:"天下之至柔,驰骋天下之至坚。"第六十七章云:"我有三宝,持而保之:一曰慈,二曰俭,三曰不敢为天下先。"第七十六章云:"故坚强者死之徒,柔弱者生之徒。是以兵强则不胜,木强则兵;强大处下,柔弱处上。"第七十八章云:"天下莫柔弱于水,而攻坚强者莫之能胜,其无以易之。"

老子把他对宇宙自然的认识,延伸到社会政治,同样主张"无为而无不为",主张"处无为之事,行不言之教",让老百姓归真返朴,回到原始的自然淳朴的状态。因此他反对仁义智慧,反对崇尚贤能,更反对统治者欺压人民。在《老子》第八十章里,老子描绘了一个"小国寡民"的社会,要人们回复到原始社会去。老子的政治理想,反映了战乱缤纷的春秋时代老百姓对安宁自在的生活的向往,但他否定社会的进步,否定人类的文明,是其政治思想落后的一面。

对于关尹,其真实生平不详。《吕氏春秋·不二篇》谓"老聃贵柔","关尹贵清"。清者,清静也,清虚也;"澹然独与神明居"可以作为"清"的注脚。

《天下》篇将关尹老聃联在一起,他们属于一个系统,近乎合为一体。但本篇对关尹老聃的哲学,只在开头一段"以本为精,以物为粗","建之以常无有,主之以太一",涉及到他们关于宇宙自然的学说。而且用语玄奥,如果不是有《老子》书在,很难理解这些语句明确的含义。而全文主要的篇幅偏重于他们对社会人生的认识和态度,两者似乎完全相同。关尹所谓"在己无居,形物自著""同焉者和,得焉者失,未尝先人而常随人",同老子知雄守雌,知白守辱,"人皆取先,己独取后""人皆求福,己独曲全""常宽容于物,不削于人",几乎完全一致。这些评述,基本上都可以在《老子》书中得到应证。整个对关尹老子的评论,"以濡弱谦下为表"一句几可以概括。老子认为"柔弱胜刚强",文章强调"柔弱",连"胜刚强"都没有明显提到。

《吕氏春秋》将老聃关尹联在一起,本文也将关尹置于老聃之前,而且称赞他们为"古之博大真人"。这是《天下》篇对所有评论者无独有偶的最高赞美。照说关尹在道家应有很高的地位,"老子"还未必"天下第一"。《吕氏春秋》和《天下》篇的作者早于司马迁上百年,因此我们应相信姓关名尹的关尹真实存在,而不要以司马迁根据传说写的那个扑朔迷离的"关令尹"为准。但关尹的史料极少,史籍中莫可踪迹。特别是在整部《庄子》中除《天下》篇外,老子之称在书中出现二十二次,老聃之名出现四十四次,而关尹仅在《达生》篇露了一下面。如果关尹真可以和老聃并称为博大真人,《老子》书中两人出台的场次如此悬殊,实在令人不可思议。中国哲学史上如此出现了永远无法解答的"关尹之谜"。

## (六)

寂漠无形,变化无常①;死与生与,天地并与,神明往与!芒乎何之,忽乎何适,万物毕罗,莫足与归②,古之道术有在于是者,庄周闻其风而悦之③。以谬悠之说,荒唐之言,无端崖之辞,时恣纵而不傥,不以觭见之也④。以天下为沉浊,不可与庄语⑤;以卮言为曼衍,以重言为真,以寓言为广⑥。独与天地精神往来而不敖倪于万物⑦,不谴是非,以与世俗处⑧。其书虽瓌玮而连犿无伤也⑨,其辞虽参差而諔诡可观⑩。彼其充实不可以已,上与造物者游,而下与外死生无终始者为友⑪。其于本也,弘大而辟,深闳而肆;其于宗也,可谓稠适而上遂矣⑫。虽然,其应于化而解于物也,其理不竭,其来不蜕,芒乎昧乎,未之尽者⑬。

①寂，《集释》本作"芴"。《释文》引"元嘉本作寂"，王孝鱼校引赵谏议本作"寂"；成疏"故寂漠也"，是成疏本也作"寂"。按：作"寂"是。二句写"道"之性状，寂漠无有形迹，而变化无常。成玄英疏："妙本无形，故寂漠也；迹随物也，故无常也。"

②"死与生与"三句"与"字皆平声，语气助词。天地并与，《齐物论》云："天地与我并生。"神明，犹造化。"芒乎、忽乎"，即芒忽，芒昧恍惚。"何之、何适"，皆何往之意。罗，包罗。是，犹得也。归，亦往也。"死与生与"七句，谓万物死呀生呀，与天地相并呀，与造化同往呀，皆恍惚不知所之；道包罗万物，而不知其所往。"寂漠无形，变化无常"是总提，"死与生与"以下七句是变化无常的进一步说明。

③古之道术有在于是者，谓古之道术有在这一方面者，指上述"寂漠无形"诸端。最后评论庄周。

④谬悠，叠韵联绵词，深远之貌。荒唐，叠韵联绵词，广大不可测度之貌。"谬悠之说，荒唐之言"，成玄英疏作"虚远深弘之说，无涯无绪之谈"。无端崖，无边际之貌。恣纵，放任。傥，通"党"，王孝鱼校引赵谏议本即作"党"。恣纵而不傥，成玄英疏："放任而不偏党。"觭，通"奇"。不以觭见之，林希逸《南华真经口义》："其所见不主一端。"宣颖《南华经解》："言不以一端自见。"谬悠之说、荒唐之言、无端崖之辞、恣纵而不傥、不以觭见之，都是说庄子之文，放任恣纵，不可限度，不可范围。

⑤沉浊，沉霾污浊。庄语，庄正之语。

⑥以卮言为曼衍，成玄英疏："卮言，不定也。"《齐物论》成玄英疏："曼衍，犹变化也。"重言，借重先贤时哲之言。寓言，寄寓之言。"以卮言为曼衍"三句，谓以无心于言之言进行变化推衍，以借重先哲时贤之言见其真实，以寄寓之言加以广大。参见《寓言》篇注。

⑦敖倪，通"傲睨"，傲慢鄙视。二句谓心极广阔，独与天地精神往来而不傲视万物。

⑧谴，责问。不谴是非，即泯灭是非。与世俗处，即和光同尘，不敖倪于

万物。

⑨瓌玮（guī wěi），叠韵联绵词，奇特壮伟。连犿（lián fān），亦作"连抃"，叠韵联绵词，《释文》引李云："皆宛转貌。一云：相从之貌。谓与物相从不违，故无伤也。"

⑩参差（cēn cī），双声联绵词，变化之貌。俶（chù）诡，诡谲奇特。成玄英疏："参差者，或虚或实，不一其言也。俶诡，犹滑稽也。虽寓言托事，时代参差，而俶诡滑稽，甚可观阅也。"

⑪已，止也。不可以已，没有止境。造物者，自然也，道也。外死生无终始者，亦道也；道无所谓死生，亦无所终始。为友，为亲。"上与造物者游，而下与外死生无终始者为友"，两句实同义。

⑫本，道之根本。辟，通"闢"，成玄英疏："开也。"深闳，深厚广大。肆，放任。宗，犹"本"也，本真。稠，通"调"，《释文》："本亦作调。"稠适，即"调适"，和调随顺。上遂，成玄英疏："遂，达也。上达玄道也。""其于本也"五句，谓庄子之书，于道之根本而言，弘大而开旷，深远而纵放；于道之本真而言，可谓和调万物而上达玄道。

⑬来，往也，犹言未来的发展。蜕，通"脱"，离也。不脱，犹言不断，不绝。芒乎昧乎，成玄英疏："犹窈冥也。""虽然"六句，谓尽管庄子之书弘大深广，而于应对变化解脱外物，其理不可竭尽，未来的发展绵绵不绝，深远窈冥，未有尽期。


★第六章评论庄周。

庄子继承了老子关于"道"是世界的本原、"道"生万物这一基本的思想，但对待社会人生，庄子同老子却有很大的不同。本章评论庄子对"道"的认识，只着重点出"寂寞无形，变化无常"。这两句话有极大的概括性，需要用整部《老子》来诠释。但成玄英用最简要的话"妙本无形，故寂漠也；迹随物也，故无常也"来疏解，也可谓得其概要。后面接着说"死与生与，天地并与！神明往与！芒乎何之，忽乎何适，万物皆罗，莫足与归"，既是对道"变化无常"的说明，又似乎是庄子在芒乎忽乎的宇宙面前的彷徨。

在这段总提之后,整个评论,集中于庄子对社会人生的态度和他的语言风格,两者结合得密不可分。"以谬悠之说,荒唐之言,无端崖之辞,时恣纵而不傥,不以觭见之也。""以天下为沉浊,不可与庄语;以卮言为曼衍,以重言为真,以寓言为广。独与天地精神往来而不敖倪于万物,不谴是非,以与世俗处",对庄子的人风与文品把握得非常准,用这些话来品评《逍遥游》《齐物论》也最适合不过。

作者没有说庄子是"博大真人",但评价是非常高的。谓"彼其充实不可以已,上与造物者游,而下与外死生无终始者为友。其于本也,弘大而辟,深闳而肆;其于宗也,可谓稠适而上遂矣",真可谓至矣,尽矣,无以复加矣。但文章最后说,"其应于化而解于物也,其理不竭,其来不蜕,芒乎昧乎,未有尽者",这段话与开头谓道"变化无常","芒乎何之,忽乎何适"相应,大道仍在发展,未有尽期,这是很富有辩证精神的话。

自第二章到第六章,对墨翟禽滑釐、宋钘尹文、彭蒙田骈慎到,皆有褒有贬;即使贬也相当平实,没有尖刻的言辞。对关尹老聃和庄周,则颂扬之无以复加。

《天下》篇到此实已结束。后文评介惠施是另一篇作品。

## (七)

惠施多方,其书五车,其道舛驳,其言也不中[①]。历物之意[②],曰:
至大无外,谓之大一;至小无内,谓之小一。
无厚,不可积也,其大千里。
天与地卑,山与泽平。
日方中方睨,物方生方死。
大同而与小同异,此之谓小同异;万物毕同毕异,此之谓大同异。
南方无穷而有穷。
今日适越而昔来。

— 天下第三十三 —

连环可解也。

我知天下之中央，燕之北越之南是也。

泛爱万物，天地一体也。

① 惠施，宋国人，曾为梁惠王相，梁惠王死后复仕于梁襄王。惠子为庄子之挚友，亦庄子之论敌。已见《逍遥游》《齐物论》《德充符》《秋水》《至乐》《徐无鬼》《则阳》《外物》《寓言》诸篇。方，方术。其书，其所著书。五车，言其多。古代书用竹简，东方朔给汉武帝上书，"凡甲三千奏牍"，要两个人抬，可知惠施"其书五车"，未必夸张。舛驳，驳杂不纯。不中，不当。成玄英疏："道理殊杂而不纯，言辞虽辩而无当也。"

② 历（歷）物之意，王先谦解作"历指事物之意"，即分析事物之理。下面所述十个辩论题，通常称为"惠施十事"，即惠施"历物之意"。

一、至大无外，谓之"大一"；至小无内，谓之"小一"——

此就空间极限言之。"至大无外"，大到没有外沿，即无限大。宇宙没有边际，即属至大无外。"至小无内"，小到没有内质，即无限小。现代物理学研究物质的电子、中子、介子、质子等基本粒子即向物的无限小进行探索。古人用"一"来表现整体概念。王弼注《老子》谓"一也者，数之始而物之极也"。惠子把"至大无外"的空间称为"大一"，"至小无内"的物质称为"小一"；"大一"即大之极，"小一"即小之极，皆"物之极"也。提出"大一"（无限大）"小一"（无限小）的概念，对认识客观世界具有重大的意义。

《管子·心术》曰："道在天地之间，其大无外，其小无内。"用语与惠子相似，含意却有所不同。《心术》所谓道即是气，气无乎不在，充塞于无限大的宇宙，存在于无限小的物质。《心术》论述道存在的范围，是哲学范畴；惠子描述大小空间的极限，属物理概念，两者不同。

二、无厚，不可积也，其大千里——

无厚，没有厚度。这是几何学上的平面概念，几何平面没有厚度，自然不可以累积。但几何平面可以无限扩展，故其大千里。"其大千里"是泛说，其实是说可以无限展开。故从厚度上说是"至小无内",没有厚度。从宽度上说是"至大无外",可以无限展开。这是前一论题在平面上的体现。

成玄英疏云:"理既精微,搏之不得;妙绝形色,何厚之有!故不可积而累之也。非但不有,亦乃不无,有无相生,故大千里也。"惠子论述的是"物",成玄英仍用"道"来解说,本来简易的物理反而变得不可捉摸。

林希逸《南华真经口义》曰:"无厚,至薄也。不可积者,积则厚矣。积之不已,其大可至千里。"无厚,就平面的厚度言;既然"无厚"即没有厚度,不管累积多少仍然没有厚度。其大千里,就平面的宽度言。林希逸混淆两个概念,其错误极为明显。不管是成玄英还是林希逸,错误的原因,在于他们的认识中没有"物"的概念。

### 三、天与地卑,山与泽平——

成玄英疏云:"夫物情见者,则天高而地卑,山崇而泽下。今以道观之,则山泽均平,天地一致矣。"成疏仍以齐物之道来解释,其错误与疏解"无厚不可积也"命题相同。

胡适《中国古代哲学史》用地圆说加以解释。胡适认为先秦学者已知道地球是圆的,就这一边看天比地高,山比泽崇;从那边看,天在地下,泽在山上。按,惠施的时代,尚未能认识到地是球形,胡适之说超越了时代。

《释文》引"李云:以地比天,则地卑于天,若宇宙之高,则天地皆卑;天地皆卑,则山与泽平矣"。其说较他说为佳。"天与地卑,山与泽平"是以至大无外的"大一"作为前提的。在无限大的"大一"即宇宙面前,天(假定其为有限的存在)和地一样低,山和泽一样平。用无限大除任何数都等于零,在无限的宇宙下面,一般的差距就看不见了。但这个命题仍有诡辩的性质。在无限的空间,可以"略掉"天地山泽之间的差距;但在有限的范围内,天毕竟比地高,山并不与泽平,这种差距还是不能抹煞的。

应该说这个辩题尚未得到完美的解答,姑置于此,以待识者。

### 四、日方中方睨,物方生方死——

睨,偏斜。宇宙无边无际,没有中心,每个人看到自己的上空最高,四周都低，只是一种错觉。宇宙没有中心，任何时候都可以说太阳当中，也可以说已经偏斜。在甲地看太阳当中，在乙地看则已偏斜。

世间万物无时不在变化之中。所谓"物"的"生死"并非单指生物的生与死，而是一切"物"的生存与灭亡，即物的转化。任何物其生成发展的过程，也是向灭亡转化的过程，所以说"物方生方死"。有些基本粒子旋生旋灭，有些微生物分秒之间即变化孳生；如果从宇宙的高度来看待任何生命，任何物体，就同我们看待旋生旋灭的基本粒子或微生物没有区别，是"物方生方死"的最好说明。方生方死，实际也包括方死方生。物由生而死，又由死而生；循环往复，没有穷尽。

**五、大同而与小同异，此之谓小同异；万物毕同毕异，此之谓大同异——**

"同"是事物的共性，统一性；"异"是事物的个性，特殊性。"大同"和"小同"是属与种的关系，同属事物有其共性，同种事物也有其共性，两者不一样，惠子谓之"小同异"即小的同和异。世间万物有其统一的共性，这就是"毕同"；又有其各不相同的个性，那就是"毕异"，惠子谓之"大同异"即大的同和异。

按照惠子的观点，世间万物千差万别，各有特殊的个性，是"毕异"。一树的叶子似乎每片都一样，其实没有两片是完全相同的。一滩的卵石也似乎都一样，也没有两个完全相同。世间万物又有其统一的共性，所以又是"毕同"的。用"物方生方死"来理解"毕同"，则是说世间万物都是一方面在"生"，一方面又在"死"。用"至大无外谓之大一，至小无内谓之小一"与"万物一体也"来理解"毕同"，则是说世间万物都存在一个统一的空间，且都由某种统一的物质所形成。

**六、南方无穷而有穷——**

这个论题仍应联系"至大无外"来理解。地分南北，是就我们所处的位置相对而言，在有限范围内，南方是"有穷"的，而在无限的空间，无所谓南北，因而又是"无穷"的。所谓"南方"是任何一方的代表，任何一方都"无穷而有穷"。

**七、今日適越而昔来——**

宣颖《南华经解》以"知有越时，心已先到"为解，恐非惠子之意。身今日適越，心昔日已到，"身適"与"心到"是两回事，不能等同。

参照李颐对"天与地卑，山与泽平"的解释来理解，可否认为在无限的宇宙空间，两地的距离可以忽略不计。荀子正是这样理解的。《荀子·不苟篇》曰："山渊平，天地比，齐秦袭"，"是说之难持者也，而惠施邓析能之"。袭，合也。在无限的空间，来看待齐秦，则齐秦可以叠合，则此地与越也如在一起，故"今日適越"也是"昔来"。荀子是反对这种辩题的，所以他说："然而君子不贵者，非礼义之中也。"

《齐物论》云："未成乎心而有是非，是今日適越而昔至也，是以无有为有。"此以"今日適越而昔来"为"以无有为有"，也是对惠施的批判。

综上所述，可知这一辩题惠子的本意如何，实未得确解。

## 八、连环可解也——

《释文》引司马彪曰："连环所贯，贯于无环，非贯于环，若两环不相贯，则虽连环，故可解也。"成玄英疏全用司马之说，谓"夫环之相贯，贯于空处，不贯于环也。是以两环贯空，不相涉入，各自通转，故可解者也"。按，"可解"应指解开，"通转"不得谓之解开。

蒋锡昌《庄子哲学》谓"解即毁也"，连环毁坏之日，自然也就解了。冯友兰也持此说。按，"连环可解"决非"连环可毁"，毁不得谓之解。连环可以毁坏，如同人是要死的，磁器可以打碎，这用不着论辩，惠子论题不至于如此浅易。有人并引《战国策·齐策六》齐君王后打碎连环故事为证。"秦始皇尝使使者遗君王后玉连环，曰：'齐多知，而解此环不？'君王后以示群臣，群臣不知解。君王后引椎椎破之，谢秦使曰：'谨以解矣。'"按，君王后为田齐襄王后，其对秦使在齐王建之世，已是惠子百年之后，惠子是听不到君王后故事的。君王后打碎玉连环只是表现了这位聪明妇女的机智和魄力，并不能解释惠施的辩题。

钱基博《读庄子天下篇疏记》用庄子思想解释惠子辩题，曰："按此亦可明惠施为庄学之别出，庄周每好以连环喻道。"钱氏所引《齐物》《则阳》《寓言》诸篇，原文都是以"环"喻道，并非以"连环"为喻；环指圆形一环，连环指两环或多环串连，两者完全不同。钱氏转述司马彪语云："夫连环无端，所在为始。"查司马原文，明作"循环无端，故所在为始"。钱氏改易一字即全乖事理，"循环"可以"所在为始"，"连环"是不可能"所在为始"的。谓惠施为庄学之别出也不能成立。

故"连环可解也",也未得其解。

九、我知天下之中央,燕之北越之南是也——

按照中原地区范围内的概念,天下是有中央的,无疑在燕之南越之北。无限的宇宙是没有中央的,也就随处可以称为中央。《释文》引司马云:"燕之去越有数,而南北之远无穷,由无穷观有数,则燕越之间未始有分也。天下无分,故所在为中。"司马彪之说,可谓颖悟。

王先谦曰:"此拟地球中悬,陆路可达,故燕北即是越南。"后胡适亦持此说。从现存古代典籍中,还没有看到先秦人们已发现地球是圆的并空悬于太空的认识;王胡之说没有根据。

一〇、泛爱万物,天地一体也——

"万物"与"天地"互文。天地万物是一个整体,惠子关注天地万物的规律,因而"泛爱"。

★"惠施十事"是研究惠子思想的重要材料。惠施以诡辩著称,其实"十事"中除"天与地卑,山与泽平""今日适越而昔来""连环可解也"数事,我们不甚理解或甚不理解外,其他论题都有一定的道理,具有重要的科学价值,不能简单地以"诡辩"予以否定。

惠施以此为大,观于天下而晓辩者,天下之辩者相与乐之[①]:
卵有毛(一)。
鸡三足(二)。
郢有天下(三)。
犬可以为羊(四)。
马有卵(五)。
丁子有尾(六)。
火不热(七)。

山出口<sup>(八)</sup>。

轮不蹍地<sup>(九)</sup>。

目不见<sup>(一〇)</sup>。

指不至，至不绝<sup>(一一)</sup>。

龟长于蛇<sup>(一二)</sup>。

矩不方，规不可以为圆<sup>(一三)</sup>。

凿不围枘<sup>(一四)</sup>。

飞鸟之影未尝动也<sup>(一五)</sup>。

镞矢之疾而有不行不止之时<sup>(一六)</sup>。

狗非犬<sup>(一七)</sup>。

黄马骊牛三<sup>(一八)</sup>。

白狗黑<sup>(一九)</sup>。

孤驹未尝有母<sup>(二〇)</sup>。

一尺之捶，日取其半，万世不竭<sup>(二一)</sup>。

辩者以此与惠施相应，终身无穷。

① 大，重也，高也。观，显耀。晓，晓示。辩者，论辩之士。相与乐之，与惠施相与为乐。下面即天下之辩者相与为乐提出的辩题，凡二十一题：

**一、卵有毛——**

卵，此专指鸟类的卵。《释文》引司马云："毛气成毛，羽气成羽，胎卵未生而毛羽之性已著矣。"卵孵化为鸟，鸟有毛羽，则卵必已有毛羽的基因，故曰"卵有毛"。按，此判断并不准确，卵虽含有毛羽的基因，但需经过质的变化才成为毛羽，处在卵的阶段毕竟没有毛羽。《荀子·不苟篇》也批判"卵有毛""是说之难持者也"。

**二、鸡三足——**

此辩题又见于《公孙龙子·通变论》，曰："谓鸡足一，数足二，二而一故三。谓牛羊足一，数足四，四而一故五。牛羊足五，鸡足三。"说"鸡足"这个概念为一足，数具体的鸡足为二足，故曰"鸡三足"。此纯属诡辩，没有科学意义。

《释文》引"司马云：鸡两足，所以行而非动也。故行由足发，动由神御。今鸡虽两足，须神而行，故曰三足也"。司马彪是不得其解而强为之说。而且既是公孙龙的辩题，公孙龙本人已经解释了所谓"鸡三足"是"鸡足一，数足二，二而一故三"，本属诡辩，司马彪另立新说纯属多馀。

三、郢有天下——

郢，楚国都城，今湖北江陵纪南城。论题的意思是"部分即是全体""点即是面"，不知当时辩者如何解释。宣颖说楚国称王自大，故曰"郢有天下"。与论辩无关，肯定不是这个意思。

四、犬可以为羊——

《释文》引司马云："名以名物，而非物也。犬羊之名，非犬羊也。非羊可以名为羊，则犬可以名羊。郑人谓玉未理者为璞，周人谓鼠未腊者亦曰璞。故形在于物，名在于人。"（郑人谓玉未理者为璞，周人谓鼠未腊者曰璞，出《战国策·秦策三》与《尹文子·大道下》）司马彪之意，谓物是客观存在，名乃人之所命，故犬亦可名为羊。然如此理解，无任何论辩价值。犬若一开始即称为羊固无不可，但已称为犬了则不可再称为羊，司马所说决非原意。周恩来在重庆招待一位外国友人，用的一道名菜烤乳猪，没想到这位友人信奉的宗教不吃猪肉。周恩来情急智生，说："叫它烤猪不过是一个名词，你叫它烤鸭不就行了吗！来，这是烤鸭，尝尝吧！"客人大笑，饱餐一顿。这种概念游戏表现周恩来的机智固然不错，用于论辩则没有意义。

五、马有卵——

《释文》引"李云：故牛羊无定名，胎卵无定形，故鸟可以有胎，马可以有卵也"。成玄英疏云："夫胎卵湿化，人情分别，以道观者，未始不同，鸟卵既有毛，兽卵何妨名卵也。"李说与成疏解释一致。

凡高级动物的繁殖，非胎生即卵生。反正是腹中那个小生命，叫它为胎，叫它为卵，都无不可，故曰"马有卵"。这与"卵有毛"的思维方式相同，并无科学意义。

六、丁子有尾——

成玄英疏："楚人呼虾蟆为丁子也。"虾蟆的发育过程是，先是蝌蚪，蝌蚪有尾；蝌蚪成长为虾蟆，不再有尾。按照这位辩者的逻辑：卵本无毛，发育为鸟乃有毛，故曰"卵有毛"；虾蟆无尾，在其蝌蚪阶段有尾，故曰"丁子有尾"。其逻辑形式两者相同。作为辩题毫无价值。

七、火不热——

热是有感觉者触及火的感觉，火本身无所谓热，故曰火不热。辩者是否这个意思，无从证实。

八、山出口——

《释文》引司马云："呼于一山，一山皆应。一山之声入于耳，形与声并行，是山犹有口也。"司马彪之意，谓山有回声，故曰"山有口"。此说恐非原意。成玄英疏云："山本无名，山名出自人口。"谓"山出口"乃山名出自人口，恐离原意更远。此论题亦不明其为何意。

九、轮不蹍地——

《释文》引"司马云：地平轮圆，则轮之所行者迹也"。此说恐非。"迹"正是蹍地的结果，怎能叫"轮不蹍地"！

成玄英疏："夫车之运转，轮转不停，前迹已过，后涂未至，除却前后，更无蹍时。是以轮虽运行，竟不蹍于地也。""轮转不停"，正蹍于地。此论题亦未得其解。

一〇、目不见——

此论题见于《公孙龙子·坚白论》，曰："白以目，目以火见，而火不见，则火与目不见而神见，神不见而见离。"意思是说白色由目所见，目通过光才见；如果没有光目也无见，只有神见；如果神不见则无见。这种诡辩脱离正常的事实。所谓"见"指的是视觉发挥作用。在不在光照之下是客体的表象，视觉的作用仍然存在。有人用现代话替公孙龙解释说："比方白天看见物，黑夜就看不见，因为黑夜没有光，所以说'目不见'。"这种说法不对，白天就"见"到白天，黑夜就"见"到黑夜，怎么说"不见"？见到一片黑，也是"见"的作用。

公孙龙"火与目不见而神见，神不见而见离"，这是废话。如前所说，所谓

"见"是视觉发挥作用。而所谓"发挥作用"靠的是活人的"神"。死人无"神"，肯定"不见"，何需辩论？如果公孙龙的"神"指的是"想到"，需知"想到"是以"见到"为基础的，不"见到"也就无法"想到"。（当然还可以触到、听到、闻到、尝到等等。但那样得到的是另一些物象，与视觉得到的无关。）

《释文》引司马彪云："光中视物，必先见光。""故目之于物，未尝有见也。"其说当原于公孙龙子，其误自亦相同。

### 一一、指不至，至不绝——

《释文》引"司马云：夫指之取物，不能自至，要假物故至也，然假物由指不绝也。"司马以"指"为手指，亦即手。手取不到物，假借工具则"至不绝"。成玄英疏云："夫以指指物而非物，故指不至也。而自指得物，故至不绝也。"二说大体相同，但原题恐不如此简单。

近人多以"指"为公孙龙《指物论》之"指"，犹言概念。概念反映物，但概念并不能完全穷尽物的内涵，故曰"指不至"，物的内涵不可穷尽，故曰"至不绝"。胡适举水为例说：我们通常说水，并不去想它是氢氧化合物；想到氢氧化合物，也未必知氢氧的原子、电子；知道氢氧的原子、电子，更不明白还可以进一步探究。但原辩者未必如此深奥。此论题实亦不知所以。

### 一二、龟长于蛇——

《释文》引"司马云：蛇形虽长而命不久，龟形虽短而甚长"。司马彪将"长"一个概念变换为"形长"与"命长"两个概念，其错误甚为明显。

近人多用《齐物论》"天下莫大于秋毫之末而泰山为小"来解释。按《齐物论》所说，乃以道观之，物无所谓大小，皆可以齐一。但论题明说"龟长于蛇"，并非齐一。具体比较，龟绝不长于蛇。故此题亦未能解释。

### 一三、矩不方，规不可以为圆——

矩是量方的工具，规是测圆的工具。按几何学的概念，方是绝对的方，圆是绝对的圆，任何工具都无法办到。故曰"矩不方，规不可以为圆"。

### 一四、凿不围枘——

凿是榫孔，枘是榫头。榫头必须恰如其分地纳入榫孔才能牢固。但榫头榫孔密合的程度总是相对的，不可能绝对密合，故曰"凿不围枘"。

"矩不方，规不可以为圆""凿不围枘"，形象地说明具体事物永远达不到理想的程度。

### 一五、飞鸟之影未尝动也——

《列子·仲尼篇》公子牟曰："影不移者，说在改也。"（按，此语出《墨子·经下》，原文作"景不徙"。）张湛注："影改而更生，非向之影。"张注甚是。飞鸟投影于地，凭我们的视觉，影子随鸟移动。其实是旋见旋灭，一影隐灭，一影更生。电影银幕上看到的影象活动，其实是无数影象的连接，情节与鸟影略同；鸟影不同之处在于无数影连接之间没有中断。

### 一六、镞矢之疾而有不行不止之时——

镞矢，飞箭。本题原意当是说飞箭经过某一点的瞬间，比方说万分之一秒的时间内经过万分之一厘米的点时既是停在那儿又是在飞行。其思维甚为深入，但判断还是错的。即使是在万分之一秒的时间内经过万分之一厘米的点，飞箭也仍然在"行"而不是在"止"。

### 一七、狗非犬——

《尔雅·释畜》："犬，未成豪，狗。"郭璞注："狗子未生毵毛者。"郝懿行疏："狗犬通名，若对文，则大者名犬，小者名狗。散文，则《月令》言食犬，《燕礼》言烹狗，狗亦犬耳，今通名犬为狗矣。"《礼记·曲礼上》"效犬者左牵之"孔颖达疏："通而言之，狗犬通名。若分而言之，则大者为犬，小者为狗。"

综上诸说，知古代大者谓之犬，小者谓之狗，故曰"狗非犬"。但，如果仅仅因大小差异而名称不同，作为论题并无意义。

### 一八、黄马骊牛三——

骊，黑色。《释文》引"司马曰：牛马以二为三：曰牛，曰马，曰牛马，形之三也。曰黄，曰骊，曰黄骊，色之三也。曰黄马，曰骊牛，曰黄马骊牛，形与色为三也。"如果司马彪的理解不错，则"黄马骊牛三"与"鸡三足"是同样的诡辩。如果这位辩者同他妻子在一起，人们称他们"夫妻三人"，不知他是否同意。

### 一九、白狗黑——

《释文》引"司马云：狗之目眇，谓之眇狗；狗之目大，不曰大狗；此乃一是一非。然则白狗黑目，亦可为黑狗。"司马彪的推论颇为有趣，论题之意未必如此。

颜色的浓淡是相对的。白狗虽白，如果同"绝对的"白、"理想的"白对照就显得黑了。宋江并非面如锅底，只是和"小白脸"张文远相比要黑一点，所以被称为'黑三郎'。如果宋江是条狗，正可以叫作'白狗黑'。如此理解，或较旧说为优。

**二〇、孤驹未尝有母——**

《释文》引"李云：驹生有母，言孤则无母，孤称则母名去也。"《列子·仲尼篇》："孤犊未尝有母，非孤犊也。"俞樾曰："有母"下当更叠"有母"二字。谓原文当作"孤犊未尝有母，有母非孤犊也"。

此论题仅仅玩弄名词游戏，别无意义。

**二一、一尺之捶，日取其半，万世不竭——**

捶，通"棰"，木棒。近代不少哲学著作科学著作对"一尺之捶，日取其半，万世不竭"引用特多，甚至有些大人物也用此来炫耀自己的学问，赞赏之无所不用其极，无不认为我们古人已认识到物质可以无限分割。其实是极大的误解。"一尺之捶，日取其半，万世不竭"是逻辑推理，不是物理认知。意思是一尺之捶，如果日取其半，则万世不竭；因为不管剩下多么短，反正只取了一半，总还有一半在。用数学公式来表示，就是二分之一的n次方永远不等于0。并不是说真可以日取其半而万世不竭。这位"辩者"也许极有智慧，毕竟还不是爱因斯坦或海森贝尔。

★"惠施十事"是惠施一人的十事；"辩者"二十一题，则是多位辩者的二十一题。那些辩者为谁，无从考证，辩题价值彼此相差甚远。

"郢有天下""山出口""轮不蹍地""目不见""指不至、至不绝""龟长于蛇"六题，只作了一些分析，未得确切解释，谨誌于此，以俟识者。

"鸡三足""黄马骊牛三"两题，经前人注解，意思明白，纯属诡辩，并无价值。

"火不热"，虽有所解释，然未知是否。

"犬可以为羊""狗非犬""孤驹未尝有母"三题，系玩弄名词游戏。

"卵有毛""马有卵""丁子有尾"三题，得到解释，也无多大意义。

"矩不方，规不可以为圆""凿不围枘"两题，谓理想的概念与实际的事物总有一定的距离，很能给人以启发。"白狗黑"也与这一类型相近。

"飞鸟之影未尝动也""镞矢之疾而有不行不止之时"二题，颇耐人思考，亦颇有趣。

"一尺之捶，日取其半，万世不竭"，充分表现了哲人的睿智，是二十一题中最有价值的论题。

桓团公孙龙辩者之徒①，饰人之心，易人之意②，能胜人之口，不能服人之心，辩者之囿也③。惠施日以其知与人之辩，特与天下之辩者为怪，此其柢也④。

然惠施之口谈，自以为最贤，曰天地其壮乎⑤！施存雄而无术⑥。南方有倚人焉，曰黄缭⑦，问天地所以不坠不陷风雨雷霆之故⑧。惠施不辞而应，不虑而对，徧为万物说⑨。说而不休，多而无已，犹以为寡，益之以怪⑩。以反人为实而欲以胜人为名，是以与众不适也⑪。弱于德，强于物，其涂隩矣⑫！由天地之道观惠施之能，其犹一蚊一虻之劳者也，其于物也何庸⑬！夫充一尚可，曰愈贵道，几矣⑭！惠施不能以此自宁，散于万物而不厌，卒以善辩为名，惜乎⑮！惠施之才骀荡而不得，逐万物而不反，是穷响以声，形与影竞走也，悲夫！

① 桓团公孙龙，成玄英疏："(桓团)姓桓，名团；(公孙龙)姓公孙，名龙；并赵人，皆辩士也，客游平原君之家。"公孙龙已见《秋水》篇、《徐无鬼》篇。《汉书·艺文志》著录《公孙龙子》十四篇。属名家；今本《公孙龙子》中，《迹府》一篇为公孙龙传略，另存《白马论》《指物论》《通变论》《坚白论》《名实论》，凡五论。

② 饰，雕饰，犹言搅乱。易，改易。

③ 囿，限域，局限。

④ 之辩，进行辩论。王孝鱼校谓支伟成本无"之"字。按，无"之"字更简明，有"之"字亦通。特，独也，专也。为怪，为怪诞之论。柢，本也。"此其柢也"是轻蔑语气，谓原本不过如此，下文惠施自以为"最贤"正相反对。

⑤ 口谈，口辩。最贤，最善，最高明。曰天地其壮乎，成玄英疏："壮，大也。言天地与我并生，不足称大。意在雄俊，超世过人，既不谦柔，故无真道。而言其壮者，犹独壮也。"储庭焕曰："其，犹之也。乎，犹夫也。壮乎，即壮夫，壮伟之夫，犹言豪杰之士。《法言》：'或问吾子少而好赋，曰：童子雕虫篆刻，壮夫不为也。'此惠施自以为是天地间之壮夫。"储说与成疏小有不同，亦可备一说。

⑥ 施，惠施。术，学术。存雄而无术，心存雄心而实无学术。

⑦ 倚，通"奇"。倚人，奇人。黄缭，姓黄名缭，楚人。

⑧ 天地所以不坠不陷，天何以不坠落，地何以不陷塌。风雨雷霆之故，出现风雨雷霆的原因。

⑨ "惠施不辞而应"三句，谓惠施不辞谢即回应，不思虑而对答，遍为万物之说。

⑩ 益之以怪，加以怪异之说。

⑪ 適，合也，犹言协调。"以反人之实"二句，谓反人之常情而务欲得胜人之名，是以与众人不相协调。

⑫ 涂，道也。隩，《文选·班固〈西京赋〉》"则天地之隩区"吕延济注："隩，犹深险也。"其涂隩矣，谓惠施之道深险。

⑬ 劳，亦能也。庸，用也。"天地之道"二句，谓以天地之大道来看惠施之能，就如一蚊一虻的本事，其于万物何用哉。

⑭ 几，微也。"夫充一尚可"三句，谓惠施之能充一技之长还可以，要说还过于道，则微乎其微。

⑮ 宁，安宁。"惠施不能"四句，谓惠施不能就此安分，发散于万物而不知厌足，最终只能以善辩闻名，甚为可惜。

759

⑯骀荡，犹放纵。不得，犹不中。逐，追逐。响，回声。穷响以声，用声音来止住回声。"穷响以声，形与影竞走"，都是徒劳无功的行为。

★末段对惠施作总的评论。谓惠施"弱于德，强于物"，以善辩而无名，终徒劳而无功。盖作者与惠施道不同，故对惠施予以否定。

"惠施章"与前几章结构、语言、表述方式都不同，应为独立的一篇。《北齐书·杜弼传》谓杜弼"耽好玄理，老而愈笃，又注《庄子·惠施篇》"云云。杜弼所注，当即此篇。

《汉书·艺文志》著录《惠子》一篇，属名家。有些学者认为"惠施章"即是《惠子》，应该不是。先秦诸子，凡称某子者皆阐扬某子的学说，或其本人自著，或弟子所记，或后学所作，而《庄子》"惠施章"系他人评述，于惠施基本上是批判和否定。故"惠施章"决不可能即是《惠子》，惠施不会否定自己。

《战国策》中《楚策》《赵策》和《魏策》有九则文字记述了惠施的活动。惠施为魏惠王相，曾为魏王出使过楚国、齐国。在合纵连横的外交策略中，惠施主张连齐抗秦，与张仪对立。魏惠王三十年（前340），魏国与齐国大战于马陵，魏师大败，太子申被虏，惠施仍主张同齐国联和。惠施似意识到了连横事秦的严重后果，但他失败了，而张仪取得了成功。《战国策·魏策二》记魏惠王死，天大雨雪，民甚病之，惠施劝太子改期更葬；知魏惠王死后惠施犹仕于魏国。

惠施以"诡辩"闻名，以至古今注家一提到惠施，给他一个"诡辩"的恶谥也就得了。《荀子·解蔽》谓"惠子蔽于辞而不知实"，所谓"辞"即指辩辞。试看"惠施章"一开头就是"其道舛驳，其言也不中"，简单两句就把他否定了。在作者看来，惠施之道，差不多不值一提。

其实惠施之道，远不是那么简单。遗憾的是，《惠子》既已失传，对惠施学说的研究主要只有"惠施章"和《庄子》其他篇章有关的内容。而这些篇章对惠施又无例外都是否定的，我们只能利用道家学者对惠施的批判，用反推的方法去探索惠施的真相，也许还可以得一点影迹。

惠子和庄子是同乡，同是宋国人，他们是朋友，又是论敌。在《庄子》书中所记惠庄佚事，彼此总是对立的。由于记述这些佚事者都是庄派后学，右庄左惠，所以庄子总是胜利者；如果由惠子后学来执笔，情况会完全两样。《庄子》中有些故事甚至侮辱惠子，最突出的如《秋水》篇记惠子相梁，庄子往见之。惠子恐庄子来夺走相位，搜于国中三日三夜。庄子往见之，对惠子说了那则鹓雏腐鼠的寓言，说，"今子欲以子之梁国吓我邪！"这不仅丑化了惠子，也亵渎了他们双方的人格。这是庄派后学的恶意造作。清人姚鼐敏锐地看到了这一点，谓"记此语者，庄徒之陋"。从庄子与惠子濠梁观鱼、庄子妻死惠子即往吊唁、庄子过惠子之墓对故人的怀念，反映出他们的友谊相当深厚。但他们学术思想对立，确是事实。这给予后人以极大的教益，见解不同仍可以成为挚友而不必作为死敌。

惠子不用老庄之道来统率他的认识，所以"惠施章"的作者说他"其道舛驳，其言也不中"，说他"弱于德，强于物，其涂隩矣。由天地之道观惠施之能，其犹一蚊一虻之劳乎！其于物也何庸！"所谓"天地之道"其实就是老庄之道。老庄之道有其在哲学上的重大意义，但惠子另辟蹊径，也自有其独特之处。"强于物"可能真是惠子的长处，惠子很可能是先秦以"物"为研究对象的杰出的哲学家。他"泛爱万物"，试图摸索客观世界的规律。

把惠子论题的第一个和最末一个联系起来，可以看出，惠子认为世界纷陈的"万物"同时又是"一体"，即"至大无外"的"大一"和"至小无内"的"小一"的统一体。"大一""小一"虽纯系思辩的产物，只是数学上的无限大和无限小，但也足以说明其思想之卓越。我们不妨设想，"至大无外"指的是一个无限的没有边际的宇宙空间，这比任何有限空间的设想都要高明。"至小无内"是设想世界万物都由某种无限小的东西构成，则与希腊哲学中的原子假设颇为相似。

钱基博《庄子天下篇疏证》谓惠子"大一、小一"之说"即（庄子）圣有所生，王有所成，皆原于一之意"。此以庄子的"一"（"道"的同义语）释惠子之"一"。对惠子思想是一种歪曲，而庄子本人也不会同意。《秋水》篇里河伯和北海若的一段对话很能说明这个问题：

河伯曰："世之议者，皆曰'至精无形，至大不可围'，是信情乎？"

"至精无形"就是"至小无内","至大不可围"就是"至大无外",可见这个"世之议者"正是惠施或者惠施派的学者。北海若——庄子派的形象代表——怎么回答这个问题呢?他说:"夫精粗者,期有形者也。无形者,数之所不能分也;不可围者,数之所不能穷也。可以言论者,物之粗也;可以意致者,物之精也。"这本来说得不错,物质性的东西,不管它多么大,多么小,总还是可以言论,可以意致。(这段话间接说明了惠施的"大一、小一"确指客观存在的"物",而不是任何别的东西。)但北海若接着把话头一转,认为这些至大至小的"物"都是"有形"的东西,没有讨论的价值,只有"言之所不能论,意之所不能察致者,不期精粗焉",才是他所追求的有意义的东西。用言语无法讨论,用思维无法达到的东西,也就是他那玄之又玄的"道",它是不讲大小粗细的。这段话充分地表明了他们的原则区别:"世之议者"试图研究大小精粗的"物","北海若"则醉心于他那不讲大小精粗的"道"。两者是格不相入的,不能混为一谈。

"道"和"物"的对立,是惠、庄思想的根本分界。在惠子的论题中看不到老庄之道的影响。恰好相反,他的论题放射出对世界的物质性认识的光辉。

惠子论题里另一个重要内容是关于事物变的思想。

这一点突出地表现在"日方中方睨,物方生方死"的论题里。太阳运动不息,不会有一个静止的"中"。任何物的生成,也就开始走向灭亡。变是一切事物的"毕同"。这一认识符合客观事物的发展规律,符合辩证法的基本原则。

由于《齐物论》里有"方生方死,方死方生"的话,人们常用来解释惠子的这个命题,甚至有人把《齐物论》的著作权也判给惠子。这又是一个很大的误解。惠子命题和《齐物论》上的话仅仅是形式上的相似,实质上完全不同。首先,他们讨论的对象不同。《齐物论》说:"物无非彼,物无非是;自彼则不见,自知则知之。故曰,彼出于是,是亦因彼;彼是方生之说也。虽然,方生方死,方死方生,方可方不可,方不可方可。因是因非,因非因是。是以圣人不由,而照之于天。"庄子认为,人世间的是非不足凭,你以你的为是,以我的为非;我以我的为是,以你的为非。有是才有非,有非才有是。圣人反对一切是非,"而照之于天"即照之于"道"。用"道"来泯合一切是非。王先谦指出,"方生方死,方死方生"

并非说的生物现象,而是说的是非问题:"然其说随生随灭,随灭随生,浮游无定;郭(象)以此言生死之变,非是。"王先谦之说甚为正确。庄子在这里说的是人世间的是非,惠子研究的是事物发展的规律:说的不是一回事。其次,也是最重要的,他们的思想基础不同。庄子认为世间一切事物都可齐一视之,他否定一切事物的差别。王先谦集解引苏舆云:"天下之至纷,莫如物论。是非太明,足以累心。故视天下之言,如天籁之旋怒旋已,如鷇音之自然,而一无与于我,然后忘彼是,浑成败,平尊隶,均物我,外形骸,遗生死,求其真宰,照以本明,游心于无穷。"苏氏之说抓住了《齐物论》的主旨。庄子泯灭是非,混一成败,齐生死,同梦觉,不承认存在的真实性。惠子论题则是表述事物发展的规律,他看到事物的发展变化,并非否定其存在的真实性。"物方生方死",是说没有一成不变的"生",没有一成不变的"死","生"的开始也即"死"的萌发;在其"生死"(生成与灭亡)的过程中都是"物"。

惠子的"同异论"也有其重要的意义。提出认识事物的"同"和"异"即认识事物的统一性和特殊性,对事物的分类提供了哲学上的根据。

"大同而与小同异",他把事物之间的关系,区别为"大同"与"小同"。某些事物有其共同之处,可以归为一科。同科事物中某一部分又有其共同之处,可以归为一属。科中即可分为若干属。同属事物中某一部分又有其共同之处,可以归为一种。属中即可分为若干种。一切分类范畴都可以照此类推。如动物的分类,凡有脊椎这一共同特性的归为一门,称脊椎动物门。脊椎动物门中凡有哺乳这一共同特性的归为一纲,称为哺乳纲。哺乳纲中凡有食肉这一共同特性的归为一目,称为食肉目。照此类推,目下可以分为若干科,科下可以分为若干属,属下可以分为若干种。按照惠子的命题,这些分类范围的共同特性叫作"同"。每一分类范畴的共同特性对比它小的分类范畴来说是"大同",对比它大的分类范畴来说是"小同"。人类只有认识到"大同、小同"的区别,即认识到不同分类范畴的不同的分类根据,对事物的分类才有可能。我们知道,懂得对事物进行分类是科学研究达到一定高度的表现。例如,只有到了把生物科学地分类,才有了真正的具有科学意义的生物学;当人们懂得了化学元素的分类,化学研究才进入了一个全新的阶段。惠子"大同、小同"论题的提出,是战国时代的生产水平、人们对自然的认识水平有了相当的进步的反映。当时的科学水平毕竟非常低下,而惠子能够从哲学上提出对事物分类的普遍规律,不能不说理论上是杰出的成就。

"同异论"的另一方面是,他认识到了万物的"毕同"与"毕异"。所谓"毕同、毕异",说的是事物的统一性和特殊性。事物有共同的统一性,这是"毕同";又都有各自的特殊性,这是"毕异"。惠子这一论题,长期遭到误解,认为他只强调"同"的方面。远在战国当时,他的学说就被称为"合同异"。直到现在,"合同异"仍被用来概括惠学的内容。一种通常的看法是,惠施"片面地夸大了事物性质的'同'的方面,忽视了事物之间的差异,为相对主义开了后门"。诚然,惠子在"天与地卑,山与泽平""南方无穷而有穷""今日適越而昔来"这些命题中或许强调了无限范围中的"同",忽略了有限范围内的"异",也就带有诡辩的性质。但是,当惠子研究事物"同异"的普遍规律的时候,他是既看到事物的"毕同"(即统一性),又明确地说到了事物的"毕异"(即特殊性)的;他并没有夸大"同"的方面并忽视事物之间的差异。

人们常常把惠子"毕同、毕异"说同庄子的"齐物论"混为一谈,常常引用《齐物论》下这两段话作为它们相同的根据:

物固有所然,物固有所可,无物不然,无物不可。故为是举莛与楹,厉与西施,恢恑憰怪,道通为一。

天下莫大于秋毫之末而泰山为小,莫寿乎殇子而彭祖为夭。天地与我并生,万物与我为一。

庄子所说的"一"就是"道"。"道"无时不在,无处不在;世界万物千差万别,存在它里面的"道"却没有差别,所以说"道通为一"。世间万物都会变化,在它里面的"道"却永不变化,所以说"道通为一"。"道"就是"我","我"也就是"道";所以说"天地与我并生,万物与我为一"。庄子宣扬的是道家的人生哲学，与惠子研究万物之间的关系截然不同，不能等同看待。

人们常常引用的另一段话是《德充符》说的"自其异者视之，肝胆楚越也；视其同者视之，万物皆一也"。形式地看，这段话很像惠子"毕同、毕异"说，实质完全不同。庄子所说的"异"，固然也是说的万物之间的差别；但他所说的"同"，是指万物皆"道"的体现。事物千差万别，各不相同，所以说"肝胆楚越也"，但它们"道"的体现，则永恒不变，所以说"万物皆一也"。这与惠子所说的事物的共性与个性、统一性与特殊性完全不同。

最后还应该看到惠子对人生的积极态度。

庄子是彻底的厌世者，对现实世界的一切都加以否定，甚至把生命都看成赘疣。现实世界既然缺乏任何的寄托，于是"道"就成了他最好的麻醉剂。他把自己禁锢在虚无缥缈的"道"的云雾里，认为人世间的一切幸福悲哀，是非长短，生死有无，一概没有意义，全可齐一视之；所以他歌颂"无为"，宣扬"无用"，主张自身也忘掉，追求"无所待而游于无穷"的绝对的"逍遥"。（至少他表面是这样宣扬，他内心真正的希冀是另一回事。）惠子与之相反，他的思想和行动都是入世的，对人生采取积极的态度。庄子"宁曳尾于泥涂"也不受楚王的礼聘，惠子则不然，他做了魏惠王的相，积极参与了合纵连横的外交斗争。是否入世，并不决定人们的品格，决定品格的在于他表现如何，干了什么。惠子虽在《庄子》书中多次出面，但难得看到他的政见，只偶然在《则阳》篇露了一点迹象。魏惠王准备发兵伐齐，谋士们有的赞成，有的反对。作为相的惠施应有他的态度，却听不到他的声音。其实他表了态，而且采取了行动。他向魏王引见了戴晋人。戴晋人向魏王讲述了蜗牛角上蛮触之战的寓言，说服了魏王，制止了这场战争。戴晋人的成功，就是惠施的成功。故事中惠子反对伐齐，与《战国策》中惠施联齐抗秦的主张是一致的。

《庄子》书中有几场庄子与惠子关于"用"的论辩。《逍遥游》篇云：

惠子曰："吾有大树，人谓之樗，其大本拥肿而不中绳墨，其小枝卷曲而不中规矩，立之涂，匠者不顾。今子之言，大而无用，众所同去也。"

庄子曰:"子有大树,患其无用,何不树之于无何有之乡,广莫之野,彷徨乎无为其侧,逍遥乎寝卧其下,不夭斧斤,物无害者。无所可用,安所困苦哉!"

《外物》篇里有另一段对话:

惠子谓庄子曰:"子言无用。"

庄子曰:"知无用,始可与言用矣。夫地非不广且大也,人之所用容足耳。然则厕足而垫之致黄泉,人尚有用乎?"

惠子曰:"无用。"

庄子曰:"然则,无用之用亦明矣。"

惠子追求的是实实在在的用,生活之用,于国于民之用;庄子追求的是"无用之用"。对于"用"的不同,反映了他们哲学上的对立,表现了他处世态度人生态度的绝然相反。

《庄子》书中有几场庄子与惠子关于"情"的对话。《德充符》篇云:

惠子谓庄子曰:"人故无情乎?"

庄子曰:"然。"

惠子曰:"人而无情,何以谓之人?"

庄子曰:"道与之貌,天与之形,恶得不谓之人?"

惠子曰:"既谓之人,恶得无情?"

庄子曰:"是非吾所谓情也。吾所谓无情者,言人之不以好恶伤其身,常因自然而不益生也。"

这段对话表明,惠子认为人是应该有感情的,不管庄子对他的所谓"无情"作何解释,就叫"不以好恶伤其身,常因自然而不益生"也罢,总归是要对一切漠然置之。他们对生活的态度是截然不同的。

《至乐》篇里惠子吊唁庄子妻死的故事更为有名：

> 庄子妻死，惠子吊之。庄子则方箕踞鼓盆而歌。
> 
> 惠子曰："与人居，长子，老身，死不哭亦足矣，又鼓盆而歌，不亦甚乎？"
> 
> 庄子曰："不然。是其始死也，我独何能无概！然察其始而本无生，非徒无生也，而本无形；非徒无形也，而本无气。杂乎芒芴之间，变而有气，气变而有形，形变而有生；今又变而之死，是相与为春秋冬夏四时行也。人且偃然寝于巨室，而我噭噭然随而哭之，自以不通乎命，故止也。"

妻子死了不哭，还箕踞鼓盆而歌，认为生死不过如春秋冬夏四时之行，是自然的变化，达观是够达观了，毕竟违背人之常情。惠子与庄子对这个问题绝然不同的态度，正是他人生观生死观的对立。惠子追求实实在在的人生，有血有肉的人生；庄子则生活在他的"道"的迷雾里，"形固可使如槁木而心固可使如死灰"，故生死也可以等同。

对惠子"泛爱万物"的思想，必须放在他积极的人生态度的基础上来理解。如果对生活缺乏热情，是不可能"泛爱万物"的。《天下》篇一再批判惠子"弱于德，强于物"，"散于万物而不厌"，"逐万物而不反"，这些话从正面说正是"泛爱万物"，说明了他同庄子之道相违，说明了他探索万物的广博。

《天下》篇记述"南方有倚人焉，曰黄缭，问天地所以不坠不陷，风雨雷霆之故。惠施不辞而应，不虑而对，徧为万物说"。这个黄缭是南方人，和屈原是同乡，看来很有点屈原式的质疑求实的精神。《天运》篇章首云："天其运乎？地其处乎？日月其争于所乎？孰主张是？孰维纲是？孰居无事推而行是？意者其有机缄而不得已邪，意者其运转而不能自止邪？云者为雨乎？雨者为云乎？孰隆施是？孰居无事淫乐而劝是？风起北方，一西一东，在上彷徨，孰嘘吸是？孰居无事而披拂是？敢问何故？"这里提出的问题和黄缭提的是同类的问题，提问者好像就是黄缭，至少是黄缭一党。但答问者巫咸绝不是惠施，巫咸的回答非常神秘，实不知所云。惠施肯定是从"物"的角度来回答。可惜惠施的"万物说"没有流传下来，就他现存命题的奇特和思想的深邃推测，他的"万物说"一定是相当可观的。

《战国策·魏策二》，惠施劝魏王的贵臣田需团结群臣，讲了一则有名的寓言。曰："子必善左右。今夫杨，横树之则生，倒树之则生，折而树之又生。然使十人树杨，一人拔之，则无杨树矣。故以十人之众，树易生之杨，然而不胜一人者，何也？树之难而去之易也。"这里说的是破坏容易树立难的道理，用来比喻人事关系非常生动。故事的题材用的是杨树的栽培技术，说的也非常专业。这也可以作为惠子对"物"真有研究兴趣的例证。

惠子"泛爱万物，天地一体也"的思想也历来受到误解。人们常把"泛爱万物"同庄子《秋水》篇里"兼怀万物"的话等同起来，把"万物一体"同《齐物论》中"天地与我并生，万物与我为一"看成一个意思。"天地与我并生，万物与我为一"的实质前面已有所分析，其与惠子"天地一体"的思想毫不相涉是明显的。惠子的"天地一体"属于"万物毕同"，亦即万物有它的统一性。庄子的"万物与我为一"即万物与我均是"道"的体现。两者完全不同。对"兼怀万物"也必须加以分析。《秋水》篇说："以道观之，何贵何贱，是谓反衍；无拘而志，与道大蹇。何少何多，是谓谢施；无一而行，与道参差。严乎若国之有君，其无私德；繇繇乎若祭之有社，其无私福；泛泛乎若四方之无穷，其无所畛域；兼怀万物，其孰承翼？是谓无方，万物一齐，孰短孰长？"这段话的意思就是要泯灭一切事物的差别，什么东西都可以齐一视之。"兼怀万物，其孰承翼？"意谓对世间万物都一例看待，没有谁会受到什么帮助。可见所谓"兼怀万物"是要冷漠地对待一切，与惠子"泛爱万物"完全异趣。

惠子非常重视"物"的研究，对"物"有特别的感情，他有强烈的求知的欲望。庄子是反对这种研究的，他根本否定"知"的可能性。《秋水》篇里通过北海若之口把这一点发挥得淋漓尽致："计人之所知，不若其所不知，其生之时，不若未生之时。以其至小，求穷其至大之域，是故迷乱而不能自得也。由此观之，又何以知毫末之足以定至细之倪，又何以知天地之足以穷至大之域！"生命是如此短促，根本不可能去穷尽物的究竟。正是从这种思想出发，所以"惠施章"的作者指责惠子"逐万物而不反，是穷响以声，形与影竞走也"。"逐万物而不反"，正好说明惠施勇于探索万物的精神，所以惠施才能"泛爱万物"。

惠子的命题形式恢宏诡谲，思路恣纵开阔，广及太空之外，细入毫末之微，把人们的思想引向极其广阔的认识领域，是中国古代哲学的星天上倏忽飞驰的彗星，它的光芒将长远地给人以启发。然而惠子终究未能形成一个具有足够规模的学派。他的著作已经失传，我们无法究其原委。大概惠子哲学中缺乏一个"一以贯之"的主体，未能建立一个完整的体系。当时自然科学的水平还很低，他的"万物说"免不了掺有怪诞的成分，也未能摆脱诡辩的形式，这都妨碍了他的学说的发扬。保存惠子命题的《天下篇》的作者对惠子采取否定态度，后世注家又反过来把惠子思想纳入庄学的轨道，如此惠子思想就变得神秘而不可理解了。我们必须把惠子思想从历史加给它的深尘积垢中发掘出来，使之重新放出它原有的光彩。

# 后　记

　　年青时沉浸于孔孟之书，偶读《庄子》，觉甚为新奇。鲲鹏扶摇直上九万里，河伯顺流至于大海，都令人惊心动魄。中年饱经忧患，历尽艰难，然后知庄子实深感人生之累。岁月迁移，年华老去，回首平生，心境乃趋于平静，对庄子才稍有领会。"死生亦大矣而不得与之变，虽天地覆坠亦将不与之移；审乎无假而不与物迁，命物之化而守其宗也。"经过痛苦的追求，庄周先生似终于进入了一种虚静恬淡的境界。

　　然《庄子》其书很难读，内篇哲理深赜，有些文字相当艰深，外杂篇内容更极为复杂。由于教学需要，虽明知殿堂深邃，仍总想窥伺明白。早在二十多年前讲授老庄，即在讲稿基础上，随时积累，拟写《老子本原》和《庄子本原》二书。我工作繁多，总是多线作战，写作也往往几部作品交错进行。故老庄研究，时断时续，拖沓耗费了许多年月。《老子本原》于一九九五年由人民文学出版社出版，《庄子本原》竟又拖了十年！

　　我的注释和评论，自然尽量吸取前代注家训解。没有前人导引，简直寸步难行。但前代诸家解说至为纷繁，含糊不甚明畅甚至谬误之处亦所在多有，因而又不能受旧说拘限。我所作的努力，是尽可能发掘原文本义，作实事求是的解释。于外杂篇的梳理尤颇费心力。古代注家虽意识到外杂篇中有些篇非庄子所作，但许多学者仍认为大部分是庄子的作品，对大量明显与庄子思想抵触的内容也曲加解释。现在不少新型"学者"往往摘取外杂篇中词句天马行空地大加发挥，把个庄子撕来扯去，弄得这位古代哲人"疲惫"不堪，面目全非。其实外杂篇除少数篇如《秋水》等为庄子后学所作外，大多并非庄派作品，自然更非庄子所作。本书对外杂篇作了认真的梳理，哪些篇为老子之道的诠释，哪些篇为庄子哲学的发挥，哪些篇虽原于老庄而实已变异，哪些篇儒道混杂，或法家之术，纵横家言，甚或其他杂说，都力求说得清楚明白，决不含糊。如果我的理解正确，对读者或不无一得之助；如果我的解释错误，也让读者易于发现，以便是正。据说刘文典先生曾经说过：中国懂得庄子的只有两个人，一个是庄子本人，一个就是他刘文典先生自己。可知庄子堂奥，何等幽深。以我之肤廓，而要探索玄珠，实未免唐突，且有许多见解与刘文典先生也大相径庭；不知庄周先生与刘文典先生在天之灵能否见谅。

友人储君庭焕，深谙老庄之学，蒙多次审读本书全稿，于训诂词语，思想内蕴，皆不吝指教，多所发明。书中特具名录其创见四十三条，以为拙作增荣，其所教益实远不止此也。

小书终于脱稿，今夜冷清空斋，孤灯独对；开窗四望，明月在天，夜空澄澈，大野阒然。爱书一绝，以为本文结束：

役役终身亦自怜，庄生神照共年年。
今宵坐听人寰静，江水东流月满天。

湖南黄瑞云
二〇〇五年五月十二日
于黄石长梦潇湘夜雨楼

# 附录一

# 说"十二世有齐国"

**提要：**《庄子·胠箧》篇曰："田成子一旦杀齐君"，"十二世有齐国"。历代注家认为"十二世"文字有错。经考证，文字无误。由此推知，包括《胠箧》在内的这组文章产生于田齐亡国、秦始皇统一中国之后。文章抨击"仁义"，指斥"曾史"，归罪"杨墨"，是一种遮掩手法，实质是控诉暴政对人自然本性的压抑与摧残。文章产生于秦统一以后，也就填补了秦代文学的空白。

## （一）

《庄子·胠箧》篇曰："田成子一旦杀齐君而盗其国"，"十二世有齐国。"齐国原为周初太公望封地，姜姓，都营丘，后称临淄（今山东临淄县）。齐桓公十四年（前672）陈国内乱，陈厉公子陈完奔齐，齐桓公使为工正。陈完改姓田氏，即田敬仲，为田齐之始祖。五传至田釐子田乞，事齐景公。"其收赋税于民以小斗受之，其禀予民以大斗"，以收买民心。田乞立齐悼公，自为相，专齐国之政。齐悼公四年（前485）田乞卒，子田常立，即田成子。齐悼公死于内乱，子简公立，田常复相简公。简公四年，田常弑简公。——《论语·宪问》"陈成子弑简公。孔子沐浴而朝，告于哀公曰：'陈恒弑其君，请讨之。'"即其事。——田成子弑简公，复立简公弟平公，仍为相。成子相齐悼公、简公、平公三代，齐国之政尽归田氏。田常三传至田太公和，相齐宣公、康公。康公十四年（前391）田和迁康公于海上，食一城以奉其先祀。康公十九年（前386）周安王承认田和为齐侯，姜齐如此嬗变为田齐。事见《史记·田敬仲完世家》。自陈完奔齐至田和为齐侯，历时二百八十六年；自田成子弑简公至齐康公十九年田和为齐侯亦九十五年，并非"一旦"之事。

据《田敬仲完世家》田成子之后，依次为襄子盘、庄子白、太公和、桓公午、威王因齐、宣王辟疆、湣王地、襄王法章与齐王建；王建四十四年（前221）亡于秦；是年秦始皇统一天下。自田成子至王建，仅十世，与《胠箧》谓"十二世有齐国"相差两世。前代注家对"十二世有齐国"迷惑不解，如此采取了两种错误的做法。一是曲为解释。如《释文》曰："自敬仲至庄子九世，知齐政，自太公和至威王三世为齐侯，故云十二世。"陆德明认为《庄子》全书皆庄子所作，为了使文章与庄子年代吻合，所以把十二世从田敬仲（即田完，亦即陈恒）划到齐威王止。原文明明说"田成子一旦杀齐君"，怎么能从田成子前五代的田敬仲算起呢？其谬误非常明显。王先谦《庄子集解》引姚鼐说："自田常至王建十世，上合桓子无宇、釐子乞，为十二世。"姚鼐将田成子（即田常）之祖桓子无宇、父釐子乞拉来凑数，合为十二世。显然王先谦也同意这种说法。其实这样计算同样没有道理。另一种看法是认为文字有错。如俞樾《古书疑义举例》曰："疑《庄子》原文作'世世有齐国'。"马叙伦《庄子义证》附和其说，谓"十二世乃'世'字之烂文"。严灵峰、陈鼓应更擅自将"十二世有齐国"径自改为"专有齐国"。无论"世世有齐国"还是"专有齐国"语句都不顺。

按，《田敬仲完世家》司马贞《索隐》引《纪年》（即《竹书纪年》）："齐宣公十五年，田庄子卒。明年立田悼子。悼子卒乃立田和。"又，"齐康公五年，田侯午生。二十二年，田侯剡立。后十年，齐田午弑其君及孺子喜而为公"。是田庄子之后有田悼子，太公和之后有田侯剡。《史记》遗漏了两代,赖《竹书纪年》知田成子至齐王建确为十二世,《胠箧》所述不误。《索隐》引《鬼谷子》亦云"田成子杀齐君,十二代而有齐国"。也为《胠箧》所述提供了佐证。

## (二)

《骈拇》《马蹄》《胠箧》和《在宥》前二章,加上《天地·百年之木》章,思想内容一致,语言风格相同,全都批判"仁义",指斥"曾史",攻击"杨墨"。是外篇中独特的一组。"十二世有齐国"是田齐一朝历史的总结,由此可以推知,《骈拇》这组文章产生在田齐亡国、秦始皇统一中国之后;其时庄子已过世半个多世纪。

现存最古的《庄子》注解是魏晋之际的向秀郭象注,通常称之为郭象注[①]。郭象以《庄子》全书,包括内篇、外篇、杂篇,皆庄子所作。《天下》篇评论庄子,说"古之道术有在于是者,庄周闻其风而悦之",郭象也说"庄子通以平意说己,与说他人无异也"。这种荒谬的解释,竟然延续了一千多年,到明末王夫之、清姚鼐等人才怀疑有些篇不出于庄子。王先谦《庄子集解》引苏舆云:"《骈拇》下四篇多释老子之义。周虽悦老风,自命固高绝,观《天下》篇可知。四篇于申老外,别无精义,盖学庄者缘老为之。且文气直衍,无所发明,亦不类内篇汪洋俶诡。王氏夫之姚氏鼐皆疑外篇不出庄子,最为有见。"王夫之、姚鼐、苏舆、王先谦对《骈拇》这组文章确认"学庄者缘老为之"。但王先谦只知道这组文章非庄子所作,却没有考虑文章产生的时代,因此认为文章"无所发明","别无精义"。拙著《庄子本原》确定《庄子》全书只有内篇七篇为庄子所作,中间还间有后人插入的章段;外杂二十六篇没有一篇是庄子的作品。《本原》逐篇进行了论证[②];但大多是从分析思想内容得出结论。今得知《骈拇》这一组产生于秦统一以后,至少这一组从产生的时间上提供了硬证。

## （三）

这组文章把老子"大道废，有仁义；智慧出，有大伪""绝圣弃智，民利百倍；绝巧弃利，盗贼无有"这些观念推向极端。但文章的主要内容并非阐扬老子之道，却使用了大量的词句攻击"仁义"。《骈拇》篇曰："枝于仁义者，擢德塞性以收名声，使天下簧鼓以奉不及之法非乎？而曾史是矣。骈于辩者累瓦结绳窜句棰辞，游心于坚白同异之间，而敝跬誉无用之言非乎？而杨墨是矣。"《马蹄》篇曰："乃至圣人，蹩躠为仁，踶跂为义，而天下始疑矣；澶漫为乐，摘僻为礼，而天下始分矣！""毁道德以为仁义，圣人之过也。"《胠箧》篇曰："圣人不死，大盗不止。""故绝圣弃知，大盗乃止。""削曾史之行，钳杨墨之口而天下之德始玄同矣。"

"仁"，是孔子哲学的核心，"仁义"更是孟子的政治纲领。《骈拇》等篇激烈攻击仁义，却并不指向孔孟，而处处以"曾史""杨墨"作为射击的靶子，颇令人费解。

曾史，即曾参与史鱼。《左传》襄公二十九年（前544）吴季札适卫，称赞"卫多君子"，史鱼即是"君子"之一，其时孔子还不到八岁。史鱼时代以仁义学说作为核心的儒家学派尚未形成。而小孔子四十六岁的曾参，上距史鱼作为卫"君子"已半个多世纪，"曾史"不是同一代人。批判"仁义"之说却以"曾史"作为攻击的目标，毫无道理。文章之所以如此处理，无非是间接表明它并不反对孔子。这组文章也没有一个字涉及孟子，可知作者也不反对孟子。不反对孔孟，则说明他们实际上不反对儒家，不反对儒家，也就并非真反对"仁义"。这种做法只能理解攻击"曾史""仁义"只是一种遮掩，而另有深意。文章如此激烈地攻击仁义，却把罪过归之杨墨。"仁义"并非杨墨的主张，文章也没有揭露杨墨任何实质性的内容。说杨墨"游心于坚白同异之间，而敝跬誉无用之言"，同样近于一种烟幕，其攻击的目的或别有意图。

— 附录一 —

## （四）

那么这组文章的中心目的实际意图究竟何在？

文章反复强调"性命之情"。《骈拇》篇曰："彼至正者，不失其性命之情。""屈折礼乐，呴俞仁义，以慰天下之心者，此失其常然也。""自虞氏招仁义以挠天下也，是非以仁义易其性与？"《马蹄》篇曰："彼民有常性，织而衣，耕而食，是谓同德。"《在宥》首章曰："闻在宥天下，不闻治天下也。""故君子不得已而治天下，莫若无为，无为也而安其性命之情。"《天地篇》"百年之木"章曰："[桀]纣与曾史，行义有间矣，然其失性均也。"所谓"性命之情"，所谓"常然"，所谓"性"，是一个意思，都指人的自然本性。文章左转右折，东绕西弯，制造了许多烟幕，抨击"仁义"，指斥"曾史"，反对"杨墨"，表面上似乎和秦统治者一致；而真实的意图却是控诉残暴的统治摧残了人的自然本性。故在文章中激烈地反对"残生伤性"，"残生损性"。谓"曲折礼乐，呴俞仁义"，是"削其性者也"，是"侵其德者也"，是"失其常然也"；极力主张"任其性命之情"，"安其性命之情"，简直是维护人权的呐喊，是向往自由的呼唤，其真正立场实与秦统治者完全对立。文章如此激烈地反对"仁义"，却又说"自三代以下匈匈然以赏罚为事，彼何暇安其性命之情哉！"，"仁义"怎么会"匈匈然以赏罚为事"呢？

在《在宥》篇中作者大声愤呼："天下脊脊大乱，罪在撄人心。""今世殊死者相枕也，桁杨者相推也，刑戮者相望也，而［杨墨］乃始离跂攘臂乎桎梏之间！"③ 如此激烈地揭露刑法之惨酷，与"仁义"毫不相关，显系控诉暴秦的严刑峻法，却仍然把过错归之杨墨，为了回避文网的暴虐而采取遮掩的手法非常明显。为此我们有理由认为，文章鼓吹老庄是为了宣扬个性，呼唤自由。情绪如此愤激，抨击如此猛烈，仿佛满腔恨焰从万重压抑之下喷薄而出；这恰好透露出暴政统治下的时代信息。不断攻击"仁义",攻击"曾史、杨墨",不过是蒙蔽统治者的烟幕,是避免统治者镇压的幌子,实际上恰好是反对嬴秦的残暴统治。这是一个特殊时代采取特殊表达方式的特殊作品。

## (五)

《史记·秦始皇本纪》记始皇三十四年廷议,丞相李斯曰:"臣请史官非秦记皆烧之。非博士官所职,天下敢有藏诗书百家语者,悉诣郡守尉杂烧之。有敢偶语诗书者弃市。以古非今者族。吏见知不举者与同罪。令下三十日不烧黥为城旦。"始皇制曰"可"。李斯这一"议",始皇这一"可",战国时代百家争鸣便到此戛然而止,众喙息响,万马齐喑,致使短命的有秦一代,艺术的文学近乎一片空白。由"十二世有齐国"一句传达的时间讯息,得知《骈拇》《马蹄》《胠箧》与《在宥》前二章加上《天地》"百年之木"章产生于秦统一以后,则这组文章填补了秦代文学的空白,在中国文学史上也颇有意义。——确证"十二世有齐国"文字无误,乃能发掘出如此丰富而深刻的内容,就不会如王先谦所说这些文章"无所发明""别无精义"了!

注:

① 陆德明《庄子释文序录》列举《庄子》注七家,其中有向秀注二十卷,郭象注三十三卷。陆德明说明:"惟子玄(即郭象)所注,特会庄子之旨,故为世所贵。""今以郭为主。"今仅存郭象一家。按,《世说新语·文学》曰:"初,注《庄子》者数十家,莫能究其旨要。向秀于旧注外为解义,妙析奇致,大畅玄风,唯《秋水》《至乐》二篇未竟而秀卒。秀子幼,义遂零落,然犹有别本。郭象者,为人薄行,有隽才,见秀义不传于世,遂窃以为己注,乃自注《秋水》《至乐》二篇,又易《马蹄》一篇;其馀众篇,或定点文句而已。后秀义别本出,故今有向郭二庄,其义一也。"据此可知今本郭象注实主要为向秀注;然通常只称"郭象注"。

② 详拙著《庄子本原》外杂各篇题解。

③ 此句见《在宥》第二章，原作"儒墨"。前文《骈拇》《胠箧》皆"曾史、杨墨"并提，后文《百年之本》章指斥的也是"杨墨"，此处却"曾史、儒墨"并提，"儒墨"必"杨墨"之误。

原载《湖北师范大学学报》2020年第6期

# 附录二

## 天地与我并生，万物与我为一
### ——黄瑞云《庄子本原》述评

石云

**提要**：本文对黄瑞云《庄子本原》一书进行评述，列举本书重要的成果是：否定郭象对《逍遥游》的解读；揭示《养生主》的题旨；理清庄子哲学体系，认为庄子生活在战乱频仍的战国时代，感到"生之累患"，庄子因此接受了老子之"道"，并演绎成自己的人生哲学；论断《庄子》外杂二十六篇全不是庄子的作品；对《庄子》书中古今注家忽视的不少词语作了新的训解。《本原》以传统的严谨的训诂取胜，特别是辨正了注家们轻易改动原文的许多错误。就这个角度而言，这部书在近代《庄子》研究史上具有里程碑的意义。

黄瑞云先生对《庄子》的研究是与《老子》同时进行的，其《老子本原》在上世纪九十年代前期即已出版，而《庄子本原》延迟了近二十年才得以问世。《庄子》比《老子》内容复杂得多，书不出于一人一时之手，辨别真赝更非容易，故作者下了更大的功夫。我在评述《老子本原》时说，我采取摸着石头过河的办法，从书中去发掘作者特有的发明和见解。对《庄子本原》同样用这个办法，现在就让我下到这条"河"里去摸那些瑰丽的"石头"。

— 附录二 —

## （一）

《庄子》内篇第一篇《逍遥游》写大鹏自北冥徙于南冥，"水击三千里，抟扶摇而上者九万里"。而斥鷃之辈的小鸟却讥笑它说，"我腾跃而上，不过数仞而下，翱翔蓬蒿之间，此亦飞之至也"，有什么必要飞那么远呢！所谓"逍遥"是自由自在无所拘束之意。大鹏一飞九万里，小鸟翱翔于不过数仞的蓬蒿之间，究竟谁更逍遥呢？现存最古的《庄子》注家郭象认为，它们两者都能"物任其性，事称其能，各当其分"，"故小大虽殊，逍遥一也"。

自郭象至今，注《庄子》者不下百家，虽有不全同于郭说者，似乎没有谁明确否定郭象的解读。黄瑞云认为，严酷的事实恰好是"物不得任其性，事无以称其能，故小大虽殊，其不逍遥一也"。完全否定郭象之说。理由是，大鹏一飞九万里，需要凭借风力才能办到。小鸟翱翔数仞之上，也要有那样一丛蓬蒿。也就是说，无论大小都"有所待"，即有所凭借，也就并不逍遥。庄子追求的是完全"无所待"却能"乘天地之正而御六极之辩以游无穷"。这话说得很玄，简单的意思就是不用任何凭借，却能驾驭自然而游无穷，才是真正的逍遥。《世说新语·文学》刘孝标注引向秀、郭象对"逍遥"的解释说："然物之芸芸，同资有待，得其所待，然后逍遥耳。"黄的理解也恰好相反，认为庄子的意思是，不用资其所待才是逍遥，需要"得其所待"即不逍遥。

黄认为庄子生于乱世，统治者极其凶残，人民得不到生存的保障，庄子感到极其压抑，故产生这种"无所待"却能应付任何变故而"游于无穷"的遐想。郭象生于魏晋之际，同样是一个乱世，许多名士得不到善终，而他们倡导用隐遁或放浪的方式以求得苟且偷生，这就是魏晋的玄学。郭象对"逍遥"的解读，正是将庄子的道学改易成为魏晋玄学，两者有质的差别。那么无所待而游于无穷谁能办到呢？实际上谁也办不到。如此庄子提出所谓"至人无己，神人无功，圣人无名"。三者是三个层次，实质是一致的。无用声名，不图事功，连己身都"无"了，这才是彻底的逍遥。至于什么叫"无己，无功，无名"，实际是庄子整个的人生哲学，在后面诸篇逐渐展示出来。

## （二）

《养生主》篇的中心部分是庖丁解牛。文章极其精彩地描绘了庖丁解牛的绝技。当文惠君问他"技何以至此"，庖丁解释说："彼节者有间，而刀刃者无厚，以无厚入有间，恢恢乎其于游刃必有馀地矣。"这则寓言郭象注成玄英疏没有明确的解释。王先谦说："牛虽多，不以伤刃；物虽杂，不以累心，皆得养之道也。"黄认为王说不得要领。陈鼓应先生说所谓养生之主在于"顺应自然"。其说固然不错，但过于一般。黄认为全篇的主旨就在"以无厚入有间"。社会人生极其复杂危险，因此只能以"无厚"的方式在"有间"中生存；"因其固然"，回避矛盾，才是养生的关键。黄指出，故事诚写得精妙无比，其实质却是极其悲观的。人毕竟脱离不了现实，无所待而游于无穷的逍遥既不可得，总还是要生存下去，就只有"以无厚入有间"了。

《养生主》一开篇就说，"为善无近名，为恶无近刑，缘督以为经"，才可以保身，可以养生，这正是"以无厚入有间"的生存方式。文章开头就揭示了主题，然后用一则生动的寓言来加以表现。凡是脱离前面已经论述的主题对寓言所作的任何解释，《本原》认为都是错误的。

## （三）

黄氏《本原》通过对《庄子》内篇的分析，对庄子的哲学体系进行了清理。

我们先来看黄对《人间世》前面部分三个故事的分析。颜回将去卫国临行见仲尼，叶公子高将使于齐问于仲尼，颜阖将傅卫灵公太子问于蘧伯玉。张恒寿先生在其《庄子新探》中怀疑这三章不是庄子的著作，其主要理由是庄子绝不和统治者合作，而这三章中颜回、叶公子高、颜阖都积极参加政治活动，和庄子的政治态度完全不同，因此不是庄子的作品。这是两千多年来评论《人间世》篇的最新见解。黄不以为然。黄认为，故事中表示要参加政治活动的是颜回、叶公子高和颜阖，而体现这三章思想的是训斥他们戒阻他们的仲尼和蘧伯玉，仲尼蘧伯玉恰好认为和统治者合作是非常危险的，而这正是庄子的态度。而且即使是颜回等人描绘的社会现实也极为险恶，统治者非常残暴。卫君是"轻用其国，而不见其过；轻用民死，死者以国量乎泽若蕉"。叶公子高使齐提心吊胆，"朝受命而夕饮冰"，感到"未至乎事之情而既有阴阳之患矣，事若不成必有人道之患"。而颜阖认识的卫太子是"其德天杀，与之为无方则危吾国，与之为有方则危吾身"。至于仲尼，对颜回是严厉训诫，认为"若殆往而刑耳"，"必死于暴君之前"。仲尼回答叶公子高，全是教他消极应付。颜阖既不愿危吾国，也不愿危吾身，蘧伯玉只教他如何保全自己。——庄子生活在一个战乱频仍生灵涂炭的时代，面对污世暴君，使他感到"生之累患"；这些故事描绘的情景就是庄子认识的"人间世"，就是产生庄子人生哲学的社会背景。

面对这样一个"人间世"，人们怎样生存呢？庄子在《养生主》里的回答是"以无厚入有间"，在社会的夹缝中讨生活。在《人间世》里，庄子提出采取"无用之用"来求得生存。其中寓言"栎社树"和"支离疏"表现得最为典型。栎社树是不才无用之木，支离疏是残废畸形的人，他们都由于无用得以终其天年。庄子的结论是"人皆知有用之用，而莫知无用之用也"。

用"以无厚入有间"或"无用之用"来求得生存，这是何等可悲的人生！庄子在他苦闷的探索中，从老子之道中得到精神的寄托。《大宗师》有一段论"道"的文字：

夫道，有情有信，无为无形。可传而不可受，可得而不可见。自本自根,未有天地,自古以固存。神鬼神帝,生天生地。在太极之先而不为高,在六极之下而不为深,先天地生而不为久,长于上古而不为老。

道,是老子哲学的主要范畴,道家即由此得名。老子认为,道是宇宙的本体,它客观存在,却无形无象,视之不见,听之不闻,搏之不得,无法感知,故又名为"无"。"天地万物生于有,有生于无",又"复归于无物"。张恒寿先生也认为上引的这一段"决不是庄子的作品"。黄的看法刚好相反,他认定是庄子的文章,是庄子用极其精练的文字,把《老子》书中分散叙述"道"的内容概括在这一章书中。

老子认为,"道"生万物的方式是"无为而无不为",即看不到任何"为"的形迹,却永远发挥作用。这是老子哲学的精髓。庄子之所以和老子并称"老庄",正是在这个核心问题上继承了老子之道。他在《大宗师》里借许由之口,对"道"进行歌颂,曰:"吾师乎!吾师乎!齑万物而不为义,泽及万世而不为仁,覆载天地刻雕众形而不为巧。"这也是《大宗师》篇名的由来。

从老子之"道"出发,庄子按他的思维逻辑,形成他自己的哲学体系:既然"道"生万物,万物又复归于无,则世间万物都是一种短暂的虚幻的现象;因此物之大小、高低、寿夭,实质上都没有差别,都可以齐一视之。《齐物论》说:"天下莫大于秋毫之末而大山为小,莫寿于殇子而彭祖为夭。天地与我并生,而万物与我为一。"从"道"的角度看,大小寿夭都没有区别,秋毫可以看得很大,大山可以看得很小,殇子可以称为长寿,彭祖可以视为夭折。天地生成之时,"我"也同时存在,万物都是道的体现,则万物与"我"皆为一体。

既然"道"生万物,万物又复归于无,则人的生命也是短暂的虚幻的现象。《齐物论》说:"予恶乎知说生之非惑邪?""予恶乎知夫死者不悔其始之蕲生乎?"人们悦生而恶死,很可能是一种迷惑,是一种错误。说不定死如同家居,生倒是流亡在外不知道回来。外篇《至乐》写庄子妻死,鼓盆而歌，他说："察其始而本无生，非徒无生而本无形，非徒无形而本无气。杂乎芒忽之间，变而有气，气变而有形，形变而有生，今又变而之死"，生死有什么差别呢？生死尚且如此，梦与觉更说不清楚了，是庄周梦为蝴蝶呢，还是蝴蝶梦为庄周，能分得清吗？

黄归纳说，齐大小，等寿夭，一生死，同梦觉，世间万物纷繁，皆可齐一视之；这就是齐物。故"齐物论"可以理解为"齐物"论。

《齐物论》说："大知闲闲，小知间间；大言炎炎，小言詹詹"，"与接为搆，日以心斗"；"小恐惴惴，大恐缦缦"。又说："言者有言，其所言者特未定也。果有言邪？其未尝有言邪？"人世间大智小智，大言小言，人们日夜争斗，闹得不可开交，从"道"的角度看，这一切都没有意义。战国时代，百家争鸣，是非蜂起。《齐物论》曰："是亦彼也，彼一是也；彼亦一是非，此亦一是非。果且有彼是乎哉？果且无彼是乎哉？""有儒墨之是非，以是其所非而非其所是。"儒墨只是作为各家各派的代表，争鸣的百家无非都是"以是其所非而非其所是"，不存在真正的是非。在庄子看来，世界上根本没有共同认可的真理，没有人能判断是还是非。《齐物论》曰："既使我与若辩矣，若胜我，我不胜若，若果是也，我果非也邪？我胜若，若不胜我，我果是耶，若果非也邪？其或是也，其或非也邪？其俱是也，其俱非也邪？我与若不能相知也，则人固受其黮闇，吾谁使正之？"反正是谁也不能判断是非，在大道之明照映之下，一切是非皆可泯没。

黄归纳说，是非议论，即是"物论"。物论纷繁皆可齐一视之。故"齐物论"又可理解为齐"物论"。

"齐物论"是庄子哲学的核心。齐大小，等寿夭，一生死，同梦觉，泯灭是非，齐同物论；万物皆齐，实际上也就万物皆虚。老子由道生万物，万物又复归于无物的宇宙本体学说，得出"道常无为而无不为"的自然法则。老子把这一法则引入社会政治，主张为政也要"无为而无不为"，建立一个清静自然，老百姓自在生存的社会。庄子同样由道生万物，万物又复归于无物的宇宙本体学说，却演绎为社会人生尽皆虚幻的认识，这就是齐物论的由来。黄分析两者的关系之后说:"庄子经过艰难的跋涉进入老子的殿堂,出来之后却同老子分道扬镳了。"

"齐物论"包含了人间的一切,而"一生死"实际是其中的重心。怎样对待人生,特别是怎样对待死亡,是庄子人生哲学的关键。《德充符》篇塑造了六个肢体残废形容丑陋的人物,他们有一种独特的修养,具有极大的魅力,无论是普通的民众,还是国君圣哲,都对他们敬佩得五体投地。说他们的修养是:"死生亦大矣而不得与之变,虽天地覆坠亦不与之移。审乎无假而不与物迁,命物之化而守其宗也。"他们的精神境界,不随人的生死而发生变化,即使天塌地陷也不会失落。他们不用任何凭借而不随物变迁,一任外物变化而守其根本。所谓根本就是"道"。按庄子的观点,人生在这个世界上只是无始无终千变万化中的一个环节,一个瞬间,生死应任其自然。《大宗师》篇说:"夫大块载我以形,劳我以生,佚我以老,息我以死,故善吾生者乃所以善吾死也。""特犯人之形而犹喜之,若人之形者万化而未始有极也,其为乐可胜计邪?"庄子塑造的这些人物,他们从"生之累患"的桎梏中解脱出来,进入了一种淡化人生超脱生死的"自由王国"。这种人生哲学貌似非常达观,论其实质却是极其悲观的。

## (四)

庄子对当时"污世""暴君"的揭发相当深刻,其批判意义是显而易见的。庄子所处的时代,是一个黑暗的时代,是一个战乱绵延的时代,是一个苦难深重的时代;同时又是一个伟大的时代,一个光辉的时代,一个展现着希望的时代。诸侯割据的形势逐步向"定于一"的方向发展,社会学术得到空前的繁荣,出现了举世无双无比光辉的百家争鸣。庄子批判了社会黑暗凶残的一面,却忽视了前进辉煌的一面,因而只感到"生之累患"。庄子和孟子同时而略后。黄将两位大师进行了比较。孟子继承了孔子之"仁",发展为系统的仁政理论并大力推行。庄子继承了老子之"道",却不同于老子对"圣人之治"的关注，而致力于生存之道的探求。孟子周游列国，希图找位诸侯国君实行他的政治理想。庄子绝不同统治者合作，避之唯恐不及。孟子曰："居天下之广居，立天下之正位，行天下之大道。得志，与民由之；不得志，独行其道。富贵不能淫，威武不能屈，贫贱不能移，此之谓大丈夫。"庄子曰："死生亦大矣而不能与之变，虽天地覆坠亦不与之遗。审乎无假而不与物迁，命物之化而守其宗也。"格言都很精彩，内涵却有极大的不同。孟子表述的是坚贞不渝的人格精神，庄子表现的是任物自然的人生态度。庄子消极的人生哲学对后世的影响，远不能和孟子积极的政治学说相比，但也不是毫无意义。黄分析说，人生面对的矛盾万类纷繁，按其性质可以分为两大类，一类是涉及国家民族的安危，人民的生死，或个人的大节，那只能如孔子所说"杀身以成仁"，孟子所说"舍生以取义"，而不能采取庄子的消极态度。另一类是普同常见的如权势的倾轧，意气的较量，财富的掠夺，名位的争竞，"与接为构，日以心斗"，"是其所非而非其所是"，如此种种，实最为常见，无处不在。面对此类矛盾，则庄子修养于人颇为有益。庄子哲学过分地强调人生的累患，容易使人走向悲观绝望。但社会是复杂的，人生却存在着累患。悲观哲人的思想总比他人深刻，往往能透过事物表面的光泽，窥见深层的矛盾。思想浮躁的人是读不进庄子的。淡化人生的得失，冷静地对待道途的坎坷，也是一种珍贵的修养。这，也是黄瑞云先生对庄子人生哲学的理解。

## （五）

《庄子》内篇是庄子本人的作品。中间掺有他人的个别章节，古今注家的认识基本一致。黄瑞云只对《应帝王》似有所怀疑。但他不说无根据的话，所以他只审慎地说，"文章主旨没有超出老子政治的范围，其表达方式与语言风格和前六篇有所不同，是内篇中相对单薄的一篇"。

前文我们评述了黄对内篇的研究，下面看看黄对外杂篇的论断。外杂二十六篇情况相当复杂。《汉书·艺文志》著录《庄子》五十二篇，今存郭象所注三十三篇。郭象说当时《庄子》里面，"一曲之才，妄窜奇说，若《阏弈》《意修》之首，《危言》《游凫》《子胥》之篇，凡诸巧杂，十分之三"。（见陆德明《庄子释文序录》）今存郭象本三十三篇，或是从五十二篇中删掉了十九篇，是否郭象认为这三十三篇是庄子本人的作品？（但其中《让王》郭象只有两注，《渔父》仅有一注，《盗跖》一注也没有）《天下》篇论及庄子本人，郭象也肯定是庄子自己所作。成玄英则都作为庄子作品予以疏解。宋代以来，逐步有人指出外杂篇中有些不是庄子所作。明清时代王夫之姚鼐王先谦等"疑外篇不出于庄子"。尽管疑得很有见地，但并未加以论证。注家作为庄子作品加以注释的仍大有人在。黄通过发掘内证，用明确的语言，断定"《庄子》外杂篇没有一篇是庄子本人的作品"。认为这些作品，"内容庞杂，泥沙俱下。其中多数篇章为道家后学所作，其思想内容诠释老子之道者居多，间亦有发挥庄子之义者。有些虽原于老庄，而有所变异。有些篇儒道混杂。还有一些是法家、纵横家、杂家作品，以及一些无以名之的愤世嫉俗之作"。

黄在全书前言的"外杂篇提要"中将除《天下》篇以外的外杂二十五篇按内容风格分成十组，提纲挈领地分析每篇的思想内容（《天下》是汉人作品，现代注家认识一致），又在每一篇的题解和注释中进行了翔实的论述。这里举四组文章为例，看看黄所作的分析和结论。

第一组，《骈拇》第八、《马蹄》第九、《胠箧》第十和《在宥》第十一前二章，还加上《天地》篇"百年之木"章，这些篇章思想内容、语言风格以及某些独特的词语都相同，当出于同一作者之手。

这一组《胠箧》篇中有"田成子一旦弑齐君而盗其国"，"十二世有齐国"之句，这是外篇中难得有的可以大致推定其写作时间的坐标，黄的考证分析即从这儿入手。姜齐桓公十四年（前672）陈公子完奔齐，改姓田氏，即田敬仲。田敬仲七传至田常，即田成子。田成子弑姜齐简公，专齐国之政。田成子之子为田庄子，庄子之子为田太公和，太公和废姜齐康公自立为侯。姜齐如此嬗变为田齐。古代注家误以为外篇皆庄子所著，因此对"十二世"加以曲解。陆德明《庄子释文》可以作为代表，说："自敬仲至庄子九世知齐政，自太公和至威王三世为齐侯，故云十二世。"因庄子与威王同时，故陆德明将"十二世"从田敬仲算到齐威王。明明说田成子一旦弑齐君十二世有齐国，怎么可能上推到田成子之前几百年的祖上去呢？其错误是明显的。

到了清代王夫之姚鼐王先谦等认识到《骈拇》等篇不是庄子所著，作者无疑是庄子以后的人。但又出现了另一个问题。据《史记·田敬仲完世家》，田成子之后依次是襄子盘、庄子白、太公和、桓公午、威王因齐、宣王辟疆、湣王地、襄王法章与齐王建；建亡于秦；其间仅有十世，"十二世"如何解释？注家因此认为文字有错。俞樾谓"十二世"为"世世"之误，马叙伦说"十二世乃世字之烂文"，严灵峰陈鼓应更径自将原文"十二世有齐国"改为"专有齐国"。但他们都没有提供任何证据。严陈二位的改笔甚至连文辞都不顺畅。

黄瑞云从《史记索隐》所引《竹书纪年》考证出田庄子之后有田悼子，太公和之后有田侯剡，得知田敬仲至齐王建确有十二世。

解决了这个难题，黄先生由此推出了一系列结论。其一，《胠箧》原文并没有错，是《史记》遗漏了两世。其二，文章说"十二世有齐国"，则必作于齐王建亡国、秦统一六国之后。其三，王先谦引苏舆说，谓这一组文章，"于申老之外，别无精义，盖学庄者缘老为之。且文气直衍，无所发明"。事实恰好相反，文章大有深意，而且极为深刻。这组文章把老子"大道废，有仁义；智慧出，有大伪""绝圣弃智。民利百倍；绝巧弃利，盗贼无有""以智治国国之贼"这些观点推到了极致，甚至喊出了"圣人不死，大盗不止"这样激烈的口号。但深入考察就会发现文章真正反对的不是"圣人"，不是"仁义"，而是统治者的残暴，使人民"失其至性之情"。作者极力揭露"大盗"的罪行，"窃钩者诛，窃国者为诸侯"，"今世殊死者相枕也，桁杨者相推也，刑戮者相望也"，这些实质性的语言，同文章表面上极力攻击的"曾史""仁义"没有任何关系。这种特殊的表现方式，当我们知道文章作于秦统一之后就好理解了。作者大声呼喊，讨伐"曾史"，抨击"仁义"，表面上同秦统治者完全一致；而如此激烈地反对"残生伤性"，主张"任其性命之情"，简直是维护人权的呐喊，是向往自由的呼唤，实质上同秦统治者完全对立。之所以攻击"曾史""仁义"，不过是蒙蔽统治者的烟幕，实际是反对暴秦的统治。其四，"仁义"之说的代表照说理所当然是孔孟。外杂篇中攻击孔子的文字比比皆是，而作者却反反复复只攻击"曾史"，没有一个字涉及孔孟。而且文章还同时攻击"杨墨"，而"杨墨"正是孟子批判的对象，可见作者并不反对孔孟，不反对孔孟也就并非真反对"仁义"之说，正好说明作者采用的是一种遮掩的手法，他真正反对的是"残生伤性"的暴政。因此这组文章是在一个特殊的时代采取特殊表达方式的特殊作品，在文学史上具有特殊的意义。其五，根据上述分析，可知《骈拇》《马蹄》《胠箧》和《在宥》前二章，加上《天地》"百年之木"章，是秦代作品，在文学史上填补了有秦一代文学的空白。由此也可以断定，《庄子》是汉代人编辑完成的书。

第二组，《天地》第十二、《天道》第十三、《天运》第十四。

这组文章章次特多，没有相对统一的思想内容，系杂凑成篇。黄把其中相对重要的章次，分成若干类加以论述，第一类，基本上诠释老子之道。第二类，打着道家的旗号，实际上与老庄大相抵触。如宣扬所谓"天道、帝道、圣道"，"帝王天子之道"，"玄圣素王之道"等等，显然都不是老庄之道。第三类，儒道混杂。第四类，宣扬法家思想。谓"礼义法度者，应时而变者也"，与韩非思想相近。第五类，宣扬修炼长生。如此混杂，与庄子自不相干。

第四组，《秋水》第十七。本组就这一篇，计七章。

《秋水》首章是外篇中重要的作品，题旨与内篇《齐物论》相表里，认为"万物一齐"，亦即物之大小、多少、贵贱、得失、生死，皆可齐一视之，一切任其自化而已。文章用对话的形式展开，层层推进，结构相当严密,可看作《齐物论》的疏解。《齐物论》深邃诡谲,《秋水》首章畅达平顺,语言风格完全不同。后面寓言故事六则,与首章无内在联系,各则故事旨意也不一致。

第七组,《庚桑楚》第二十三。本组也只这一篇。

《庚桑楚》首章表现老子"生而不有,为而不恃,功成而弗居","功成事遂,百姓皆谓我自然"的政治理念。第二章讲述道家的养生哲学,实亦处世哲学,主张回避矛盾,消极退缩。本章虽也出现了庚桑子,但与首章的庚桑楚思想内容完全不同,两章是凑合的。《秋水》二章后面有十九节短文,内容庞杂,与前二章没有联系。

上面简介了黄对外杂篇四组文章的分析,既论述了作品的思想内容,也说明了它们不是庄子所作的理由。黄对外杂篇的分析由此可以大致了解。

## (六)

训诂是研究古典著作的基础,黄瑞云的古籍研究著作正以训诂擅长。书中对词语的训解大致可分三种方式。一是一般语言工具书上可以查到的词语,即所谓"常训"者直接注释。二是前代注家较为独到的训诂,注明来源,原文具引,这自有尊重他人成果之意。必要时加以补充。三是自己发掘的训诂,注明训诂来源,解释较为翔实,有的还引有旁证。这类训诂属于黄自己的发明,是黄氏所著古书重要特色之一。本文就这类训诂举若干例子,并稍加说明。

有些看似极为普通、注家们不加注释的词语,黄却发现其中可能大有内蕴而深入发掘。经他训解,会使人有恍然大悟之感。如内篇《养生主》篇:"吾生也有涯,而知也无涯,以有涯随无涯,殆矣。"句中"知"字,注家大多理解为知识,不加注释。陈鼓应先生将前二句翻译为"我们的生命是有限度的,而智识是没有限度的",黄认为这样理解就是错的。这里"知"不是知识而是欲望。《礼记·乐记》"好恶无节于内,智诱于外,不能反躬，天理灭矣"郑玄注："知，犹欲也。"又《广韵·支韵》："知，欲也。""知也无涯"之"知"正应训为"欲也"。理由是追求知识固然不易，但并不至于危殆；无限地追求欲望才会危殆。下文"为善""为恶"都属欲望而非知识。——黄提出辨正重要词义三条原则：一曰训诂有根据，二曰解释文章内容合理，三曰最好找到旁证。本文训"知"为"欲也"是运用这三条原则的典范。

又如外篇《胠箧》"圣人不死，大盗不止。虽重用圣人而治天下，则是重利盗贼也"，句中"虽"字注家往往按常义理解而不加训解。陈鼓应先生将后两句翻译为："虽然是借重圣人来治理天下，却大大增加了盗贼的利益。"然原文对圣人是否定的，翻译成"虽然是借重圣人"对圣人是肯定的，与作者原意不符。黄训"虽，犹若也，犹言如果"。引《左传》昭公七年："圣人有明德者，若不当世，其后必有达人。"《史记·孔子世家》作"吾闻圣人之后，虽不当世，必有达者"。是"虽"义同"若"之证。刘淇《助字辨略》："《论语》'仁者虽告之曰井有人者，其从之也'，虽告之曰，犹云若告之曰。亦假令之辞也。"本文"虽"字正应训"若"，犹言"如果"。这句话的意思就是"如果重用圣人治天下，就是重利盗贼"。这样理解才符合作者原意。

又如杂篇《则阳》："知游心于无穷，而反在通达之国，若存若亡乎？"句中"在"字很少有人注意，以为是个常用字，不需训解。陈鼓应先生将"反在通达之国"译作"返于通达之国"，原文是从空中看下面，"返于通达之国"，怎么"返"？从何处"返"于何处？黄谓这个"在"是实词，不是虚词。应训"在，视也"。《尚书·康诰》"今民将在祗遹乃文考"江声集注音疏："在，视也。"反在，犹言回看。原文的意思是，设想在无穷的空间，回看下面"通达之国"，似乎若有若无。如此训解，才符合原意。

还是《则阳》："丘山积卑而为高，江河合小而为大，大人合并而为公。"句中"合并"注家们以为和现代汉语"合并"没有区别，不用注释。其实是有所不同的。黄据《玉篇》"并，杂也"，特别说明，句中"并"有分散杂乱之意。三句中"积卑、合水、合并"结构相同，是动宾关系，不是同义联合。"合并以为公"即集中分散杂乱的意见成为共同的认识。

此类看似普通的词语注家通常都不加注意，黄却能发现其中可能别有深意。如果没有深厚的训诂根底，就不太可能如此审察入微。

上面所述那一类普通的词语，黄进行了新的训解，都引证了训诂来源。也有某些同样是普通的词语，在句中使用非常独特，黄作了新的训解，却没有引证来源。如《在宥》篇云将向鸿蒙提问，鸿蒙说"吾弗知！吾弗知！"下文"云将不得问"，这个"问"字黄训为"回答"。云将不得问，即云将得不到回答。问与答词义相对，却用同一个词"问"。黄称这是"相对义同词"。又如《天下》篇田骈"学于彭蒙，得不教焉。彭蒙之师曰……"文中田骈学于彭蒙，彭蒙就是"师"，怎么又冒出一个"彭蒙之师"来呢？黄训"师，教也"，彭蒙之师即彭蒙之教。黄称这是"名动同词"，名与动用同一个词。如此解释，非常合理。所谓"相对义同词""名动同词"，发掘出古汉语中两种词法，很有研究价值。

还有一些特别难讲的词，往往使人难以措手。黄会迎难而上，焦思尽虑去求得合理的解释。如《人间世》中孔子曰："若能入其樊而无感其名，入则鸣，不入则止。无门无毒，一宅而寓于不得已。"句中"无门无毒"古人解释极为分歧。郭象注"毒，治也"，林希逸说"毒，药也"，李桢说"毒"是"壔"的假借，还有各式各样的说法。显然注家对这个词都感到棘手，进行了各种猜测。翻译者们对这句话往往用一种含糊的话绕过去。黄瑞云说，解释这句话，要满足四个条件：一要训诂有根据；二要不强用假借；三要"门"与"毒"词义相类，两者能够并列；四要词义顺当，行文前后畅达。如此黄引《广韵·释诂三》"门，守也"，防守、防备之意。《公羊传》宣公六年"无人门焉"，句中"门"字即为防守之意。《国语·周语中》"若登年以载其毒"韦昭注"毒，害也"。《左传》僖公二十八年"莫余毒也已"，"毒"亦"害也"。"无门无毒"意即既无防人之意，也无害人之心，一切自然，与下句"一宅而寓于不得已"文意一致。如此训解，满足了前面所说的四个条件,似较前人的解释稳当顺畅。此种句例,过于特殊,黄的训解也许只是一家之言,这种探索精神总是可嘉的。

## (七)

古代典籍中的文字也会有错,世界上不存在绝对没有错误的书。那些经过长时间流传之后才编定的书,错误更在所难免,《庄子》的情况正是如此。我国古代严肃的注家对待古典著作中的错误是极其慎重的,通常指出错误而不轻易改动原文。晚清以来注家们怀疑改易古书的现象逐渐增多。现在更有日益严重的趋势。怀疑是可以的,改易则极宜慎重。如果没有足够的根据,轻易进行改动,就会对古籍造成严重的破坏。黄在《庄子本原》中对改易增删原文的作法进行了大量的辩正。所谓"辩正"实际是反驳、驳正之意,黄有意使用这个相对委婉的词。本文只举几个突出的例子以窥豹一斑。

《逍遥游》"汤之问棘也是已:穷髪之北,有冥海者,天池也……"闻一多《庄子内篇校释》云:"此句与下文语意不属,当脱汤问棘事一段。唐僧神清《北山录》曰:'汤问革曰:上下四方有极乎?革曰:无极之外,复无极也。'神清所问,即此处佚文无疑。"关锋《庄子内篇译解》、陈鼓应《庄子今注今译》等即据闻一多说将《北山录》二十一字补入。黄瑞云谓闻说非是,关陈等补字更属不当。第一,《北山录》二十一字,系《列子·汤问》篇中汤问夏革一段的省略,未必是庄子佚文。第二,同一故事,古代不同的作者各取所需,非必要后人不必将其互相补足。第三,为古书增补文字必须有足够的根据,补入之后行文比原文更完整顺畅,非此不宜代补。此处原文讲述大鹏故事,与上下四方是否有极毫无关系,增补这二十一字只是一个累赘。"汤问棘也是已"是紧承前文所述鲲鹏故事而来,犹言汤之问棘也是这样说的,语意何尝不属?无端插入这毫不相干的二十一字,语意倒真的"不属"了。

— 附录二 —

这是一个无端增补的例子，至于随意删改的做法则多不胜举。陈鼓应先生《庄子今注今译》一书，是当前最为流行的庄学大著，书中轻易改动原文的现象相当严重。前面我们曾论及俞樾马叙伦等怀疑《骈拇》中"十二世有齐国"文字有误，严灵峰陈鼓应即将该句改为"专有齐国"，黄瑞云论证原文不误，便是突出的一例。

再如《胠箧》篇中"夫川竭而谷虚"，李勉《庄子总论及分篇评注》谓当作"谷虚而川竭"，理由是"川之水由众谷而来"。陈鼓应也将原文改为"谷虚而川竭"。黄认为李陈非是。先引《尔雅·释水》："水注川曰谿，注谿曰谷，注谷曰沟，注沟曰浍，注浍曰渎。"郭璞谓"此皆道水转相灌注所入之处名"。意即水之所注，由小到大，依次是川、谿、谷、沟、渎；是川小于谿、谿小于谷。古今义异，不能以今改古。此其一。《老子》第三十二章"譬道之在天下，犹川谷之于江海"，先川后谷，先江后海，川小于谷之意甚明。此其二。《淮南子·说林》亦作"川竭而谷虚"。此其三。足证原文不误。

《天地》篇："以道观言而天下之君正，以道观分而君臣之义明，以道观能而天下之官治，以道泛观而万物之应备。"严灵峰《道家四子新篇》谓："钱穆曰'君或名字之误'，钱说是也。按《论语》'名不正则言不顺'，反之，言顺则名正。"陈鼓应即将"以道观言而天下之君正"改为"以道观言而天下之名正"。黄谓钱严之说非是，原文也不应改动。第一，钱严只是主观推测。第二，不宜以孔子之言作为修改道家著作的根据。第三，原文四句排比，依次是"天下之君正"，天下"君臣之义明"，"天下之官治"，天下"万物之应备"，从君到君臣到官到物，四者具体实在。将"君"改为抽象的"名"，便破坏了原文的顺序，而且砍掉了"君、君臣、官、物"这个链条上第一号主角。第五，也是最重要的，本文是一篇君德论，故上一段由"其主君也"立论，而以"故曰玄古之君天下"结之；本段以"天下之君正"开头，而以"故曰古之畜天下者"结之。将首句的"君"字改掉，等于阉割了全文的核心。

795

又,《盗跖》:"小盗者拘,大盗者为诸侯。诸侯之门,义士存焉。"四句仿《胠箧》篇"彼窃钩者诛,窃国者为诸侯。诸侯之门而仁义存焉"。刘师培《庄子斠补》认为"义士存焉"当作"仁义存焉"。其言曰:"盖'仁义'伪为'仕义',校者知弗克通,因更易其义,倒字舛词,冀通其句;幸有《胠箧》篇以正之。"陈鼓应即据刘说改"义士存焉"为"仁义存焉"。黄瑞云按,刘说甚误。此四句确仿自《胠箧》,但内涵并不全同。《胠箧》篇重在抨击仁义,故曰"诸侯之门而仁义存焉"。本文"诸侯之门而义士存焉"是针对子张"士诚贵也"而发,下文管仲为臣于桓公小白,孔子受帛于田成子常,正是"诸侯之门而义士存焉"的例证。本文两人辩论的全是"士之为行",没有一句涉及仁义,故"义士存焉"断然不误。刘说本属错误,径该原文尤为不当。诸如此类的辩正,应该说是相当坚实的。

黄并不认为原文绝对不能改易,他只是反对轻易改动,要求任何改易都必须有足够的根据,黄在《老子本原》《庄子本原》两书中,对原文也间有改正,但极为慎重。在注中对改正的根据作了详细的说明,并将有错的原文用另一种字体加括弧保存在原处。

黄瑞云认为注释应该明白准确,如果对错误进行辨正,理由必须充分。辩正是为了准确地弄懂原文。对原文的内容理解更加明白,而不是故作艰深。俞樾是清末著名学者,郭庆藩《庄子集释》对俞氏庄子平议引证特多。黄对于俞氏平议一分为二,认为正确的见解引入了自己的注释。但认为俞氏也有些说法故作艰深,则同样进行了辩正;而且后者比前者还多。举两个例子以见一斑。如杂篇《则阳》:"(伯矩)至齐,见辜人焉,推而强之,解朝服而幕之,号天而哭之曰:'子乎子乎!天下有大灾,子独先离之!'"俞樾平议曰:"子乎子乎者,乃叹辞也。《诗·绸缪》'子兮子兮'毛传:'子兮者,嗟兹也。'此云'子乎子乎',正与'子兮子兮'同义。"俞氏这段评议,黄即不以为然。他认为俞说"子乎子乎"与"子兮子兮"同义是确实的,但是惊叹呼唤之词,犹言"你呀你呀"。此处"子乎子乎"之"子"同后文"子独先离之"之"子",是同一对象,都指罪人。毛传所谓"子兮者，嗟兹也"，是说"子兮"为嗟呼之词，并非说"子兮"当读为"嗟兹"或"子"当读为"嗟"。"子"在《绸缪》诗中是爱称，在柏矩呼唤中是通称。从王引云、马瑞辰到闻一多，费了九牛二虎之力，考证"子兮"即"嗟兹"，亦即"子兮"是"嗟兹"的假借，都是误会了毛传，俞樾云云，只是重拾王、马旧说而已；这是把简单词语复杂化的典型例证。又如外篇《骈拇》："今世之仁人，蒿目而忧世之患。"《释文》引："司马云：乱也。"林希逸《南华真经口义》："蒿目者，半闭其目也。欲闭而不闭，则其目蒙茸然。"俞樾却说"蒿"是"睅"的假借。引"《玉篇·目部》：睅，目明，又望也。是睅为望视之意"。黄以俞说非是。蒿目而忧世之患，林希逸谓其目蒙茸然，符合忧思的情态。若作明目而望，与忧思的情态不符。且释为"明目""望目"词意句意都不顺。又，"睅"字音余入切（yù），入声屋部，与"蒿"音相距甚远。他主张凡原字可以讲通者即不必再用假借，假用生僻字且使文意不顺则尤为不当。黄并进一步说，清人谈假借者，得之者十之七八，失之者亦十之二三，大训诂学家也不能完全不错。

在整部《庄子本原》中对轻易改动原文和滥用假借的作法进行了大量的辩正，以至辩正成了本书重要特点之一。有些专家注释的古籍，擅自修改达几十处之多。如果这种作法泛滥，张学者这样增删，李专家那样修改，若干年之后我们的古籍会面目全非。因此黄瑞云的辩正，维护了严肃的学风，其意义远远超出了《老》《庄》两部本原的范围。笔者还注意到，黄瑞云的辩正，无论是反对轻率改动原文，还是反对滥用假借，都只针对大家名家在学术界产生了较大影响者，而不涉及现在许多"论著"中各种天马行空或捕风捉影的议论；显然黄认为那些高见不太可能产生多大影响，用不着去进行辩正。

（八）

通过以上粗略的评述，可以看出，黄瑞云在《庄子本原》中，对庄子哲学进行了深入的研究。从庄子继承老子之道，演绎出自己的人生哲学，进行了条分缕析的论述。区分了老庄的同异，理清了庄子哲学的脉络。庄子哲学极其深邃，历代注家仁智所见自然可以争鸣，黄的论述作为一家之言总是可以成立的。书中许多见解，颇为卓越。如对《逍遥游》郭象注的否定，对《养生主》篇主旨的揭示，对《骈拇》等篇的考订，对整个外杂篇不出于庄子的论断；再如，对《庄子》书中许多词语提出新的训诂，使不少长期晦而不明的词义得到认识；如此种种，都不乏真知灼见，发前人之所未发。《庄子》这部流传了两千多年的古典名著，注释研究者不知凡几，本书竟有如此之多的发明和新见，再现了严谨的训诂学的辉煌；特别是作者不惜篇幅，辩正了大量注家们轻易改动原文的错误，维护了传统的严肃的学风，对保护祖国的古典文献意义极为重大。

就这些角度说来，本书在近代《庄子》研究史上实具有里程碑的意义。还应该提到，黄先生的文章语言明净，自然流畅，不作迷离恍惚之语。一部以训诂擅长的书，却具有清顺散文的风格，也是难能可贵的。

原载《湖北师范学院学报》2014 年第 4 期

# 本书引用庄学书目

郭　象　庄子注
陆德明　经典释文庄子音义
成玄英　庄子疏
　　　　（以上三书并据郭庆藩《庄子集释》）
王元泽　南华真经新传
林希逸　南华真经口义
罗勉道　南华真经循本
焦　竑　庄子翼（后附有陈碧虚《阙误》）
释德清　庄子内篇注
林云铭　庄子因
王夫之　庄子解
宣　颖　南华经解
王懋竑　庄子存校
姚　鼐　庄子章义
王念孙　庄子杂志
王闿运　庄子内篇注
俞　樾　庄子平议
刘凤苞　南华雪心篇
马其昶　庄子故
孙诒让　庄子札迻

| | |
|---|---|
| 郭庆藩 | 庄子集释 |
| 王先谦 | 庄子集解 |
| 章炳麟 | 庄子解故 |
| 陶鸿庆 | 读庄子札记 |
| 刘师培 | 庄子斠补 |
| 武延绪 | 庄子札记 |
| 奚侗 | 庄子补注 |
| 朱桂曜 | 庄子内篇证补 |
| 马叙伦 | 庄子义证 |
| 蒋锡昌 | 庄子哲学 |
| 刘文典 | 庄子补正 |
| 王叔岷 | 庄子校释 |
| 高亨 | 庄子新笺 |
| 于省吾 | 庄子新证 |
| 杨树达 | 庄子拾遗 |
| 张默生 | 庄子新释 |
| 闻一多 | 庄子内篇校释 |
| 刘武 | 庄子集解内篇补正 |
| 关锋 | 庄子内篇译解和批判 |
| 陈启天 | 庄子浅说 |
| 李勉 | 庄子总论及分篇评注 |
| 张恒寿 | 庄子新探 |
| 曹础基 | 庄子浅注 |
| 陈鼓应 | 庄子今注今译 |